www.ingramcontent.com/pod-product-compliance
Lightning Source LLC
Chambersburg PA
CBHW070641150426
42811CB00050B/495

ספר

שבט מוסר

לרבינו המקובל

רבי אליהו הכהן

האתמרי

תוכן הספר

תולדות הרב בעל שבט מוסר

רבי אליהו בן אברהם שלמה הכהן האתמרי (איזמיר, 1659 (משוער) – איזמיר, 1729, ח' באדר ב' ה'תפ"ט) היה דיין, מחבר ספרים ומקובל מחכמי איזמיר. נודע בעיקר בזכות ספרו שבט מוסר.

נולד באיזמיר ושם ישב כל חייו. נודע כדרשן. בדרשותיו הטיף לסגפנות ולהתרחקות מתענוגות העולם הזה. עם היותו בעצמו עשיר, הטיף לעשירים לפזר את כספם לצדקה, וראה בעוני ובאי השוויון החברתי בעיה דתית מוסרית, הצריכה לבוא לידי תיקון על ידי הקהילה. את עשירי הקהילה ראה כ"אפוטרופוסים" המופקדים על הכספים של העניים. הוא עצמו שימש כאפוטרופוס לעניים, והיה מחלק להם מהכספים שהיה מקבץ מהעשירים. בדרשותיו הפליג בתיאורי השכר והעונש של העולם הבא מזה, והגיהנום מזה.

לאחר המרת הדת של שבתי צבי הוא יצא נגד מחשבי הקיצים. עם זאת, גרשם שלום כתב שיש בספריו רמזים לכך שהאמין ששבתי צבי היה משיח.

רבי אליהו חיבר עשרות ספרים, בעיקר ספרי מוסר, מדרש ופרשנות על ספרי התנ"ך, המוכר שבהם הוא ספר המוסר "שבט מוסר". הספר יצא לאור לראשונה בקושטא בשנת ה'תע"ב, ומאז יצא לאור בעשרות מהדורות. תורגם ליידיש, לדינו וערבית יהודית.

ספר

שבט מוסר

מרום מראשון מקום מקדשנו

שער שבט מוסר, מהדורת ירושלים ה' תרכ"ג

ידוע כי אין בר בלי תבן, כך אין ספר בלי טעויות, ועוד יודע אני כי דל ועני אני, **ואין עני אלא בדעה**. לכן מבקש אני בכל לשון של בקשה אם יש לכל אחד שאלות, הערות, הארות, תיקונים, נא לשלוח ל - simchatchaim@yahoo.com והשתדל לענות, ולתקן את הצריך תיקון.

להשיג ספר זה או ספרים אחרים לאינפורמציה
simchatchaim@yahoo.com

מהדורה ראשונה תשפ"ד 2024

שבט מוסר

הלז הנכבד ונחמד אשר חברו החכם השלם הדיין המצויין הרב כמוהר"ר אליה הכהן נר"ו מתושבי ק"ק אזמיר יע"א. אשר פעל ועשה ורבים השיב מעון. ושבט פושעים וחטאים הגיע לפרשת דרכים. דרך סלולה לרבים. ליראי ה' ולחושבי שמו. פתח להם פתח פתוח כפתחו של אולם. להחזיק מוסר ה' ודרכיו הישרים. זכה וזיכה הרבים זכות הרבים תלוי בו:

הקדמת המחבר

אמר הצעיר אליהו בן החכם השלם המופלג בחסידות כמהר"ר שלמה אברהם הכהן ז"ל, זה ספר שבט מוסר אשר טפחתי ורביתי לייסר את עצמי ולאחרים כמוני, אולי בהיותי מזכה אחרים עמי, ירחם הקב"ה עלי לקבלני בתשובה שלימה לפניו ולא הנחתי דבר גדול וקטון שלא כללתי בתוכו למוסר האדם המכניע נפש החוטא להביאו לשוב לבוראו להסתופף תחת כנפי התשובה, לכן מלבד פרק המוסר הוספתי לעשות ג' גדרים, א': להביא תיקוני העבירות מפי סופרים ומפי הספרים וקצת ממה שחנן הקב"ה בדעתי, כי הבא לטהר מסייעים אותו. ב': סדרתי שלשה דרושים מדברים בענין התשובה ובהם נכללים כמה וכמה חדושים. ג': הבאתי מאמרים מדברים בענין התשובה, דכיון שהלוקח מוסר שב בתשובה כדי שידע עשיית התשובה כיצד יתקן המעוות וגם שידע מעלת התשובה והעושה אותה כמה מעלתו. גם כתבתי ביאור על אבינו מלכנו שאנו אומרים בעשרת ימי תשובה, ועל אדיר ונאור, מי אל כמוך שנוהגין לומר בלילי סליחות ויום הכפורים, וביאור גם־כן על למענך אלקינו שאנו אומרים קודם כל הקפה, יען כל זה הם דברים של תחינה ובקשה, שייך לכל שב בתשובה. גם כתבתי בסוף הספר כמה חידושים מופלאים שנשמטו מספר המופלא מדרש תלפיות שחברתי ותמצא בספר הזה ב"ן פרקים כמספר שמי אליהו, והשם יזכני להדפיס כל מה שכתבתי מיום היותי עד היום הזה, לזכות את הרבים אמן ואמן, בזכות אבותי הקדושים אשר הוציאו ימיהם לזכות את הרבים. זכותם יגן עלי ועל כל ישראל. אמן.

מפתחות הפרקים

פרק א מבואר בו ענין בריאת האדם והחסד שעושה הקב"ה עם האדם ורשם בצורתו שמותיו הקדושים, וכל אבר ואבר שברא באדם למה משמש, וכל מה שברא בעולם ברא באדם, ופגם שעשה האדם הראשון בחטאו, וביאור מאמר אחטא ואשוב, ושיתרחק האדם מן התענוגים, וילמוד במה שלבו חפץ יותר, גמרא או דרוש או סוד שוודאי על זה נתגלגל, גם במצוה שיצרו מנגדו יותר, עליה יתגבר לקיימה כי זאת בא לקיים, ומי שלא למד בבחרותו ובזקנותו תכפוהו הטרדות, יתקן הדבר על ידי שירדוף לשמוע דברי חכמים ויעסוק עם בניו

שילמדו תורה או יתן לעוסקים בה מממונו כזבולון עם יששכר, ומוסר לעשיר ומעלת אשה הכשרה. ועל מה נשתבח שלמה המלך ע"ה ומעלה המגיע למקיים המצות. וביד האדם לעשות החומר צורה, ולקנות מעלת חנוך ואליהו ואותם שמנו חכמים שנכנסו חיים בגן־עדן.

פרק ב כולל בו מעלת נח הצדיק ורשעת דורו, וכמה מאריך הקב"ה עם הרשע כדי שישוב ואל ימות חייב. וביטול סברת כת המינין האומרים שברא הקב"ה את האדם להינקם ממנו ח"ו, וגודל ענותנותו יתברך, ושילמוד האדם ממידותיו כדי לעבוד לבוראו ושיקנה האדם מדרגת המלאכים, וט"ו דברים המרחקים הגאוה, וכמה תועלת מגיע לדכא ושפל רוח, ותוכחה מגולה על השותים במזרקי יין, ושלא יתגאה האדם כשהקב"ה משפיע עליו מטובו. ומעלת השפלים שממלא הקב"ה תאוותם אעפ"י שלא התפללו על זה, ופסוק ואנכי תולעת ולא איש, והשפלות המגיע לגאה וכל ימיו מכאובים, והצער המגיע לו בחוליו.

פרק ג כולל בו לימוד המוסר שילמוד האדם מהמקריות הנופלים בגופו להיישר דרכיו, וכיצד יוכל האדם להתפאר ביופיו ולהתגאות בממונו, וכן בכל המדות שנראות רעות לעשותם על צד ההיתר שיקבל שכר עליהן, ולימוד מוסר מיום שעבר ושיכול להכין כל טוב לנפשו ע"י מחשבה, ושלא יבעוט מנסיונות או יסורין הבאים עליו, ילמוד מאברהם אבינו ע"ה.

פרק ד כולל בו שיזכור האדם החסדים שהקב"ה עשה עמו מיום שנוצר ועד עתה, וירתת ויחזור לאחוריו מלחטוא לו, ודברים נכוחים שיביא לפני הקב"ה כדי שיכפר לו, וענין עצה שיקח החוטא בנפשו ולעשות עינויים מקבילות לתקן אשר עיוה. ולימוד מדור המבול ומסדום – חסדיו ית', ואמונת יום דין וחשבון מעכב לאדם מלחטוא, ודברים שיחשוב אדם בדעתו כדי לבטל יצרו. ושאין לו לאדם להתהלל כי אם להדמות עצמו ליוצרו, גם לעולם ישים אדם נגד עיניו העתיד כהווה. וכמה דברים של אוי ואבוי לאדם, וכמה דברים שאשרי לאדם.

פרק ה כולל בו נחמה על המתיאשים מחייהם, וז' תשובות על מה עשה אלקים ככה בעולמו לברוא עניים, ועיין כמה מצות מקיים האדם בכל יום ויום והוא חושב שאינו מקיים, ותנחומים לעני ואביון ומוסר על עני שחזר מזלו לטובה והעשיר ומואס בחבריו העניים מקודם. ומוסר על מי שמשתדל לתת בתו לעם הארץ בעבור שאביו עשיר, ומעלת בן עני החכם וענין עצת אשה הרעה בעניינים אלו, וענין נישואי יצחק ברבקה. וענין החטא הגדול מהחפצים למות מתוך צערם ודוחקם. וצריך להיות אדם שמח תמיד בזוכרו איזה מצוה מקיים, וענין דופי הבטלה.

פרק ו כולל בו המקריות הבאות על האדם מדופי הזמן, וענין שבגדולי הדורות נמצאו בהם ממקריות הזמן בלתי נאמן, כדי שאם יקרה מהם לדורות הבאים אחריהם יקחו נחמה עמהם, כי לא טוב הוא מאבותיו, ומשל למי שהיה חייב לאוהבו, ושיש כת אנשים שסוברים שכיון שאין מכים לשום אדם ואין מחרפים ומגדפים

ומתעסקים כל היום במלאכתם ומתפללים שחרית ומנחה וערבית ובאים לביתם ואוכלים וישנים, שעם זה קונים עולם הבא ושכר גדול, וענין מי הוא הנקרא טיפש ומי הוא הנקרא שוטה וכו', ומי הוא פיקח ומי הוא חכם. אופן להציל ממוקשי מות. וענין איך נשלם האדם ע"י קיום המצות מכל מה שחסר ממנו, וענין מרקחת לרפואת הנפש, וענין למה אסר לנו הקב"ה מה שאסר, וענין שלמדנו תשובה מהקב"ה. תוכחה ממלחמת יצה"ר עם האדם, ענין מי שמתודה אין דינו מסור אלא בידו של הקב"ה לטוב לו, ענין שלא יאמר האדם עדיין יש לו זמן לשוב מחטאי.

פרק ז כולל כתר מלכות של ה"ה מהרדב"ז, ותוכחת מוסר של רבי יהודה החסיד ומרגניתא דבי רב, ואיזהו בן עולם הבא וזכרון יום המות.

פרק ח כולל בו לעשות אופנים להבריח אדם יצרו, ומשל למי שנטע כרם ומשל הקונה עבד, ויכוח אדם עם אבריו וגידיו, קישוט האברים עם המצות, העונש המגיע לאברי החוטא, גוף אדם היכל ה'. ענין שאל יבטח האדם שלא יגיע לו עונש, על שנשמתו מתחת כסא כבוד חצובה, ענין העונש המגיע למרגיזי אל, ענין הרשע מתחזק ברשעתו, בראות שאין מגיע לו רע כשחוטא גם בראותו צדיק במצור ובמצוק, ענין שישים אדם נגד עיניו חסדיו ית' שמו עמו בעבר ובהוה. העובד את בוראו, אחרים נלחמים עם קטגוריו והדבר בהפכו, ענין הרוצה מנוח לנפשו כיצד ימצאנה.

פרק ט כולל בו תחינה שיסדר החוטא לפני הקב"ה, ז' מדורי גהינם, ענין אש גיהנם, וסיפור מגדולותיו יתברך על־דרך האלפא ביתא, ושיתפלל האדם להקב"ה להכניע יצרו שלא לחטוא לפניו אע"פ שלא יהיה לו שכר. ולימוד מן השמים ואילני הארץ שאין להם שכר ואין משנים את תפקידם. סיבת בריחת הרשע מלשמוע דברי תורה. פסוק כי אראה שמיך מעשה אצבעותך. ביאור משנה אוי להם לבריות מעלבונה של תורה, טענות היצר לאדם להחטיאו, ענין הצער המגיע לעני, ענין כל מה שעושה העני הוא מגונה, וכפי האמת הדין עמו, ענין הצער המגיע לעני ביום ו' לבקש הוצאת שבת בימי החורף ויום סגריר, מוסר לעשיר שילמוד מהעני, גם ישים החוטא נגד עיניו כל מקריות הרעות שאפשר להיות בעולם הנפסד, ענין יעקב עם יוסף.

פרק י כולל בו ראיות לסתור על מאמר הרשעים – הקב"ה ותרן, טעם למה הקב"ה מוותר לאדם עד ג' עונות ולא עד ד', ענין צדדי ההיתר שמבקש היצר לאדם להחטיאו. החוטאים מתחלקים לד' כתות וסתירה לכל א' וא', כלל להכיר את הרשע, ענין התורה נקראת מאכל, וכן העבירה והפרש בין מאכל למאכל. ענין מאי דכתיב אוי על המחליף טוב ברע.

פרק יא כולל בו שילמוד האדם מיום הגשם הצער שיגיע לו בהולך מן העולם, וענין כיצד עם התורה מוצל מכל צרה, ומשל נאה על ת"ח עניים, וענין כל־כך שמתמרק הגוף מתגדל אור הנשמה, ומשל הסכין וענין כשמבזין ת"ח אם הוא עני או בעל מום ומשל נאה על זה, ועניים עמי ארצות שמתחרטים לשעבר על שלא עסקו

בתורה, וענין כראות ת"ח עם הארץ שאינו מכבד לומדי תורה, יחניף לו. וענין כראותם נשי עמי ארצות שאין מכבדים הת"ח לבעליהן משתדלות עם בניהם שילמדו תורה, טעם למה עמי ארצות שונאים ת"ח וסתירה לסברתם, ענין עמי ארצות חסידים וסיבה על שהם חסידים, מעלת חכמת החכמים ודברים סגוליים, ענין יוסף הצדיק באומרו לאחיו אל תרגזו בדרך, ותיקון לע"ה.

פרק יב כולל בו סדר הנהגת העולם בסדר הנהגת האברים, יחשוב אדם בלבו הבזיון המגיע לו ביום הדין. ילמוד אדם לעבוד לבוראו ממה שאינו רוצה לעצמו. כשאדם חפץ לעסוק בתורה או לעשות מצוה, מזדמנין לו מונעים הרבה, עצה להבריח היצר מעליו, דבר המועיל לביטול היצר. הסיבה כשאין אדם יכול לבטל יצרו בשום דבר. סיבת השתרשות הגאוה, טעם הגאוה שמביא לאדם לעשות מה שלבו חפץ, הסיבה העיקרית שהרשע מתחזק בטומאתו. ענין הלוחם משלים וכו' ענין לידע מי נתגלגל בגלגול ראשון בבהמה או חיה וכדומה, משל מהזכוכית לבנה שממשיך האש דלמעלה. לימוד מהשבטים הקדושים לטהר אדם מעשיו.

פרק יג מבואר בו הדברים שיתנהג בהן האדם להכניע לבבו הערל. הנהגות של ר' אשר, עוד קל"ב הנהגות.

פרק יד מבואר בו כ"ו דברים שיעשה אותם האדם וחי בהם דברים הרבה, ויתבאר בהם פירוש עונותיו ילכדונו את הרשע, ופירוש ברית כרתי לעיני. ופ' אל תהי בסובאי יין. ופ' כי בעד אשה זונה עד ככר לחם. ופ' בית ישראל יושבים על אדמתם. ופ' ויבאו אל הגוים אשר באו שמה. ופ' וזכרתם את דרכיכם הרעים. ופסוק ויבאו המצורעים האלה. ופ' אבותינו חטאו ואינם. ופ' אולת שמחה לחסר לב. ופ' מה אנוש כי תזכרנו. ופ' לב חכם לימינו. ופ' ולרש אין כל כי אם כבשה, ופ' אור צדיקים ישמח. ופ' אשרי האיש אשר לא הלך. ופ' למה יתן לעמל אור. ופ' כי חיים הם למוצאיהם. ופ' אגר בקיץ וכו'. ופ' שש הנה שנא ה'. ופ' שאול ואבדון נגד ה'. ופ' פוקד עון אבות. וטעם אומרו והאלקים נסה את אברהם ולא ליצחק. ושאר פסוקים וענין גלגולים. וענין יסתכל אדם בפרעה שהקשה ערפו ונלקה.

פרק טו מבואר בו ויכוח הנפש עם הגוף וויכוח הגוף עם היצר וענין הפטירה. תפילה שרגיל בה האדם בכל יום, וויכוח אדם עם האדמה ותשובת האדמה לו, ושאין שליטה לארץ לבלות גוף הקדושים.

פרק טז מבואר בו צוואתו של רבי אליעזר הגדול להורקנוס בנו. עוד פ"ב אזהרות שסידרתי.

פרק יז מבואר בו הדרכת הבנים קטנים בדרכי ה'. והנזק המגיע מהגאוה ומעלת הענוה ומקריות יום המיתה, ואיך החיים נמשכים מהענוה וענין מליץ טוב לאדם וענין מעלת העבד בעבור היותו עבד, וענין חיבוט הקבר וז' דינין שעוברים על האדם. וצורה בפסוקים ואלה המשפטים עד סוף הענין.

פרק יח מבואר בו תחינה להקב"ה וגודל חסד בעולמו, ומגיד בשפלות ופחיתות האדם ומקצת שבחיו יתברך,

ובקשה מהקב"ה שהוא יטהרנו ויקרבהו אצלו, ותערומת האדם במזלות וכדומה, ואח"כ רואה שאין לו מקום עם מי להתרעם. ושאין אבר באדם שלא הכעיס בו לבוראו, ודיני האדם ותולדותיו ופעולות הנפש והרוח והמלבוש שמתלבש הנפש לעמוד בגן עדן, ועניינים אחרים רבים, פאת זקנו ומעשה בנפש שנכנס בשור ובא אל בנו בחלום.

פרק יט מבואר בו לבקש רפואה בדמים קלים, כיון שחולי הנפש כחולי הגוף, ובו ו' סגולות לרפואת הנפש. ומסרה ג' ונשמע, וענין עון הגזל ועיקרי התשובה עשרים, ותיקוני העבירות והדברים השייכים לבעל־תשובה, מליצת מטטרו"ן ענין לת"ח שחטא במקום סגופים יעסוק בתורה. העולם נמשל לים סוער ונשמת האדם כתל שעומד עליו. צריך שלא להכביד התשובה לכל שואל אותה, הכל הולך אחר ההרגל ועניני הקלים והכבדים לתשובה.

פרק כ מבואר בו לקנות שלימות הנפש, לא יזוז מדעתו לחשוב באחרית כל דבר ויראה כי הבל הוא, ויחשוב דבצאתו מן העולם אינו מוליך עמו שום דבר, וענין שאחר שחוטא האדם אינו יכול למצוא להקב"ה כי־אם אחר יגיעה רבה, וחמשה דברים יתן האדם בלבו. ודברי מוסר הנוגעים מן הגוף. ושלשים וששה דברים מספר הזהרת הקדוש. להרחיק האדם מן העבירה. ורמז נכון על פסוק שמן זית זך כתית למאור.

פרק כא מבואר בו שידמה אדם עצמו כאילו מוטל מת ועושים בו כל צרכי המת, וכיצד אשתו ובניו בוכים עליו והולכים אחריו עד הקבר, וכיצד נפשו רואה וכיצד נמסרת ביד הדנין אותה, וירגז ולא יחטא. מאמרר יזכור לו יום המיתה. וענין נורא דרך וידוי ותחינה לפני הקב"ה בכל אבריו והרגשותיו. ודרך אלפא ביתא ותשרק"ץ וא"ת־ב"ש. מסיפורי מקצת הילוליו של מקום. והשיר שאומרים בכל יום בכסא הכבוד. ותפלה קצרה מחכם אחד. ועצת הכליות לאדם. וענין נורא שאמר אדם לפני המקום בחייו דרך תנאי. ועניינים לביטול הכעס. ותיקון בכללות לכל העבירות. ענין בפרשת ויקהל למה הזכיר שם שבת. וענין שידע האדם ההבל היוצא מפיו כמה כח בו להרע או להיטיב.

פרק כב מבואר בו שילמוד האדם מוסר מהאילנות וצמח האדמה. וביאור פסוק אסוף אסיפם נאם ה'. וכדי שיוכל האדם לבא בניצוח עם יצרו, ידמה עצמו לאבל יקרה. וביאור מאמר מה דסאני לך וכו'. גם מבאר לימוד מוסר מכל הנבראים כנזכר שם. גם שלא יקל בעיני האדם איזה דבר חידוש שחידש בתורה אפילו קטן ויעלהו על הספר בדיו, פן ענוש יענש, ושם מבואר התועלת הנולד מחידוש אפילו קטן. ענין עשר ספירותיו יתברך נכללו בד' אותיות שמו הגדול. ומעלת האדם שבעבורו נבראו כל הנבראים. ענין שמכל הנבראים יש לאדם ללמוד לעבוד לבוראו. ומעשה בחסיד. וענין דביקותו של עם הקב"ה וענין פרו של אליהו כו'.

פרק כג מבואר בו י"ז תנאים שיזהר האדם בהם בכל מצוה ומצוה לעשותה כהלכתה, כמה מוסרים שהביאם הרוקח בהקדמתו, מה שנכבד בעיני

האדם קיום המצות הוא פיתוי היצר, אין טורח בעשיית המצות כי מן השמים מסייעים אותו. ביאור פ' אדם כי יקריב מכם קרבן לה'. וענין כל אחד חייב לקיים מהמצוות מה שיכול לקיים. להבין אדם קצת במה פגם בגלגול ראשון שבה בזה העולם. ענין בתלמוד שהיו שואלים במה היית נזהר. מאמר אין לומד תורה אלא במקום שלבו חפץ. אם במקרא אם במשנה.

פרק כד מבואר בו מוסר לנשים. ובו עשרה תנאים שצריך שיהיו בנשים. והחורבה היוצא אם נוהגת במדות שמנו חכמים עליהן לגנאי, סקרנית, צייתנית וכו'. גם צריכה שתהיה זריזה בענין טבילתה. ומעשה של אלישע כהן גדול. ומה תחשוב האשה בשעה שמזדוגה עם בעלה. וצריכה שתטבול בזמנה אף שאין בעלה בעיר. ומה תכוין בטבילתה. ושלא תכעוס בימי עיבורה. גם תהיה נזהרת במאכלה בימי עיבורה, ושלא תיכנס במקומות של טומאה. גם אל תתיאש מן הרחמים אם היא עקרה או שנתעכבה מלדת. גם אל יפציר האיש והאשה בתפלה על ענין הבנים. ומה יכוין האיש והאשה כשמוסרים הבן למילה. והתועלת המגיע לאשה כשאינה יולדת לתת רשות לבעלה שינשא. גם כיצד תתנהג האשה עם בנה הקטן. וענין הנשים כשמתחברות יחד. הדברים השייכים לנשים שהולכות בבית הכלה. דברים השייכים למילדות. טוב שתטול האשה התרה קודם שתשב על המשבר. הוראה שתתן האשה אחר שתלד. גם כשתקום מן המטה מה תאמר. פסוק זאת תורת העולה.

פרק כה מבואר בו ויכוח עם העשירים הרקים הרוצים להתגבר על החכמים. טבע הממון לסמות עיני מי שהוא נעדר מעלת החכמים. שטות של מי שיש לו די סיפוקו ומבקש עוד. גם ילמוד אדם למאוס ברע מהרשע עצמו. בנקודות התורה נרמז שיבחר האדם השפלות. ענין למי שאין לו מי ידריכהו בדרך טובה מה יעשה. פסוק לך מנגד לאיש כסיל. פסוק מלפנו מבהמות ארץ. גם סימן לעושה איזה דבר שיבחין מעצמו אם ישר בעיני השם או לא. משנה הסתכל בג' דברים – מאין באת. גם שלא ירגיש האדם בטורח עשיית המצות, ענין גן־עדן של מטה. הצדיקים מתהפכים בגן־עדן לתינוקות ולבחורים ולזקנים. ז' היכלות בגן עדן. איך הממית עצמו על התורה הוא חי במיתתו. הממיתים עצמן על התורה, בזכות זה אוכלים בניהם בעולם־הזה. ילמוד אדם להמית עצמו על אהבתו יתברך. מאומה אחת שממיתים עצמם בידם לכפרת מלכם. יראה האדם אהבתו יתברך עמו שהבדילו מהמאכלים המזיקים ככתוב בפרשת שמיני.

פרק כו מבואר בו מהו גיהנם של מטה ושל מעלה. ועין גן־עדן של מטה ושל מעלה. וענין שטיפה והגעלה של הנשמות. ומה שדעתי נוטה בענין עונש הנשמה עם הגוף. ושהמזיקים המכים לאדם אחר מותו הם שנעשו ברוע מעשיו. וכמה בני אדם ראו פתח גיהנם שבמדבר ושבים. ואופן קיבול השכר על כל מצוה ומצוה כיצד. ומעשה רבי יהושע בן לוי שהעמידו אליהו על פתח גיהנם. וענין חוזק אש של גיהנם. ז'

מיני גיהנם יש וסמיכות להבדיל בין הטהור לאשה כי תזריע.

פרק כז מבואר בו ג' סבות הגורמות לאדם לחטוא. ג' הוי – א' הוי מושכי עון. הוי חכמים בעיניהם. הוי גבורים לשתות יין. עוד ג' סבות. ששה סבות המונעות לאדם לעשות תשובה. משל של אבן בוחן. טענה למי שאומר איני יכול ביצרי לנצחו. אופן הלימוד כיצד ובאיזה מקומות ועם מי ילמוד. יעמוד בנסיון שלא להסתכל באשה. אל יתיאש אדם מן התשובה בעבור רוב חטאיו. ביאור מאמר שובו בנים שובבים חוץ מאלישע. מיד בבוא מצוה לאדם, יעשנה בלי שיחשוב כלל. ענין זריזות המתענה ג' ימים ידועים בשנה נמחלים עונותיו. כרוז שיוצא בהיכל נוגה ואומר כל דמחייב נזיפה יהא בנזיפה עד שישוב בתשובה. המרגיש שחוטא קל לשוב בתשובה. שאין אדם מתעורר עצמו לשוב בראות עצמו בריא. מעשה בבחור רשע מה שדיבר בשעת מיתתו. מודעא לבטל פיתוי סמא"ל לאדם בשעת מיתתו שיכפור באלקי ישראל ח"ו. מודעא לענין זרע לבטלה. ענין עון זרע לבטלה. בשעת המיתה אל יוציא אדם שום אבר מאבריו חוץ למיטה, והעומדים שם יעמדו על זה. כשם שיש נגעים גופניים יש רוחניים, מה יאמר האדם אחר שעושה התרה.

פרק כח מבואר בו מוסר דרך מליצה מספר התפוח. טעם שאדם לומד ענין מספר אחד ואינו טועם ממנו, ואם זה הענין עצמו לומד בספר אחר במלות שונות טועם ממנו. ביאור פסוק אחרי מות שני בני אהרן.

פרק כט מבואר בו תוכחה נאה. אזהרה לנפש עוד תוכחה יפה ומעולה. ענין של אחר ז"ל. דברי מוסרים לקוטים. ביאור פסוק קדושים תהיו. ואמר יכול כמוני, תלמוד לומר כי קדוש אני ה' אלקיכם.

פרק ל מבואר בו חיוב קיום המצות. אין אדם נקרא שלם עד שיקיים כל תרי"ג מצות. כל המצות מתקיימים בסוד הגלגול. ומשל מגוף האדם. עוד ענינים אחרים כיצד יתקיימו כל המצות. מאמר לא מצא הקב"ה כלי מחזיק טוב אלא שלום. טעם שפעמים יראה אדם אחד מאבריו קל ומזורז יותר משאר איבריו. משל אחד לזרז אדם במצות. ענין קיום כל המצות תלוי בקיום מצות מילה. מאמר לא נקרא אברהם שלם עד שמל. הפוגם בריתו סותם מקור החכמה. ענין לקיום השותפות בהקב,ה יחזיק במדת החסד. כדי שיתחזק האדם בדרכי הצדקה והחסד ישים נגד עיניו שהקב"ה מקור החסדים. לימוד החסד שעשה הקב"ה עם ישראל, ההפרש מהחסד שעושה הקב"ה לחסד האדם, ומה שאוכל ושותה האדם הוא חסד. העושה צדקה שלא לשם־שמים מקבל שכרו בעולם־הזה. הנותן צדקה קונה יראת שמים בלבו. טעם המתים שהכהן מטמא להם.

פרק לא מבואר בו שישתדל האדם שלא ישלוט בו יד בחיריי. היוצא לדרך מה יעשה. היוצא לדרך יתן צדקה קודם. ומה יאמר לפני המזוזה ובשער העיר. דיני לויה, תפילת הדרך. כשפוגע ביער מה יאמר, באיזה ימים בחדש יסע אדם מבית לבית, מה יאמר אדם בשחרית ואחר ברכת התורה. התועלת המגיע לקורא מזמור למנצח בנגינות בצורת המנורה. בימי העומר

כשיאמר שליח ציבור ברכת כהנים, יאמר היחיד למנצח. גם סגולות אחרות שיש במזמור זה. משלש שנים יעשה אביו טלית קטן לבנו. התפילה שיאמר האדם קודם הנחת תפילין וקודם התפילה מה יאמר. וגם בשעה שכורך הרצועה באצבע ומה יאמר קודם שיסיר התפילין וכשיוצא בבוקר מפתח ביתו מה יאמר ומה יעשה. התועלת שיש לנותן צדקה קודם תפילה, בבואו לבית הכנסת מה יאמר. דבר לזכך הנפש לבטל מחשבה רעה בשעת תפלה. מי שאינו מתכוין בתפילתו משליכין תפילתו לחוץ, המכיר בעצמו שאינו יכול לכוין בשמות ויחודים, יתפלל כפשוטו. מה יאמר קודם נפילת אפים. אל ארך אפים שאומרים שני וחמישי. יאמר בקירוב רגלים. הצדקה שנותנין קודם קריאת התורה יהיה מעומד, מה יאמר במנחה ובשבת בעת הוצאת ספר־תורה, ומה יאמר כשנוטל הספר־תורה וכשמנשקו, שכשהולך אחריו וכשעולה לספר־תורה. ומה יאמר בתפילת המנחה ובמוצאי שבת. קריאת שמע על מטתו. שם על הפרנסה. כשיטול מים אחרונים מה יאמר. חיוב של מים אחרונים. מה קורא קודם האכילה ואחר אכילה. מה יאמר קודם הלימוד. סגולה לתינוק שלא ינזק ושלא יפגום בריתו לעולם. תרופה למי שמתים בניו מיתה פתאומית. תרופה למי שמתים בניו קודם המילה. מה יכוין האדם כשאומר האל הקדוש. הרוצה לעמוד על שער תבואות. ענין מה ענין שמיטה אצל הר סיני.

פרק לב מבואר בו הברכות הבאות לעושים רצון יוצרו, והקללות הבאות לעוברים רצונו. ובפרשת בחקתי כולל בו השכר שמקבלים עושי המצות בעולם־הזה, וגם נרמז בה שכר המגיע להם בקבר מענין המנוחה ושכר המגיע לימות המשיח ולעולם הבא. ויכוח שיעשה האדם עם יצר הרע וענין שטר שיעשה עם יצרו להיותם שותפים לעבוד לבוראם ולחלק הריוח לפני בורא עולם. ענין אם אינו מגיע מהעונש לרשע בעולם הזה, אדרבא לרע לו, לכן ימהר בתרופת התשובה.

פרק לג מבואר בו הפגם שעושה החוטא בעליונים ובתחתונים שדיבר בזה מוהר"ם גאלנטי בספר קול נגידים, ותראה דברים נפלאים. ענין השמחה המגיע לדומם וצמח ובעל חי מדבר ושאינן מדברים, כשאדם משתמש מהם לעשות רצון בוראו. ביאור מאמר אומרים ישראל לאומות העולם, יכולים אתם לעשות לנו דגלים כאשר עשה לנו אלקינו. וענין כונת הדגלים מה הם.

פרק לד מבואר בו הדרכים שיתנהג בהם הש"ץ להשלמת נפשו ובמה יתדבק וממה יתרחק ותפלות שנוגעים לש"ץ. עוד תפלה שיאמר בשעה שנתמנה לש"ץ. רמוז חזן בפסוקי הקרבנות בפרשת נשא. בקרבן נחשון בן עמינדב. ולמה הפסיק בקרבן באמצע. ומעשה בש"ץ זקן שהיה עושה תנועות בידיו כשהיה קורא בספר תורה.

פרק לה מבואר בו מהמלבושים שמתלבשת הנשמה, והם ג' מלבושים שדיבר בהם מוהר"ר עובדיא המון מרוטנבורק זלה"ה. ומעשה רבי יוסי הגלילי שהיה בא בכל ערב שבת בביתו אחר מותו וחשדו לאשתו שני

תלמידים. בירור פסוק יְחַלְּקוּ בְגָדַי לָהֶם (תהלים כב יט). ביאור מאמר "רבי יוחנן קרי למאניה מכבדותיה". מדרש אגדה וחצת ורחצת וסכת (רות ג ג). פסוק וִיהוֹשֻׁעַ הָיָה לָבֻשׁ בְּגָדִים צוֹאִים (זכריה ג ג) וכל ההמשך. פסוק שׂוֹשׂ אָשִׂישׂ בַּה' (ישעיהו סא י). ענין שאול ודוד כשבאו מלבושיו כמדתו, ופסוק וְיִשְׂרָאֵל אָהַב אֶת יוֹסֵף (בראשית לז ג). פסוק אִם אֶרְאֶה אוֹבֵד מִבְּלִי לְבוּשׁ (איוב לא יט). פסוק בְּרָב כֹּחַ יִתְחַפֵּשׂ לְבוּשִׁי (איוב ל יח). פסוק צֶדֶק לָבַשְׁתִּי וַיִּלְבָּשֵׁנִי (איוב כט יד). פסוק וַיִּלְבַּשׁ צְדָקָה כַּשִּׁרְיָן (ישעיהו נט יז). פסוק אִישׁ זָקֵן עֹלֶה וְהוּא עֹטֶה מְעִיל (שמואל א כח יד). מדרש אגדה" "עוטה מעיל" על שם וּמְעִיל קָטֹן תַּעֲשֶׂה לּוֹ (שמואל א ב יט). פסוק ה' יְבָרֵךְ אֶת עַמּוֹ בַשָּׁלוֹם (תהלים כט יא). מאמר "מלמד שנתעטף הקב"ה כש"ץ. פסוק תְּפִלָּה לְעָנִי כִי יַעֲטֹף (תהלים קב א). פסוק בְּהִתְעַטֵּף עָלַי נַפְשִׁי (יונה ב ח). פסוק לָבַשׁ בְּשָׂרִי רִמָּה וְגוּשׁ עָפָר (איוב ז ה). ומאמר וְלִבְנֵי אַהֲרֹן תַּעֲשֶׂה כֻתֳּנֹת (שמות כח מ). שתי כתונות לכל אחד בתיקון קושיא חזקה. פסוק אֵת מַחְתּוֹת הַחַטָּאִים הָאֵלֶּה בְּנַפְשֹׁתָם (במדבר יז ג). פסוק הַנֶּפֶשׁ הַחֹטֵאת הִיא תָמוּת (יחזקאל יח כ). פסוק נֶפֶשׁ כִּי תֶחֱטָא (ויקרא ה כא). פסוק אִם יִהְיֶה אֱלֹקִים עִמָּדִי כו' (בראשית כח כ). מאמר וַיְהִי בִּימֵי אֲחַשְׁוֵרוֹשׁ (אסתר א א). ווי לאותם הימים. פסוק יוֹדֵעַ ה' יְמֵי תְמִימִם (תהלים לז יח). פסוק וְאַבְרָהָם זָקֵן בָּא בַּיָּמִים (בראשית כד א). פסוק וַיָּמָת אִיּוֹב זָקֵן וּשְׂבַע יָמִים (איוב מב יז). פסוק יָמַי קַלּוּ מִנִּי אָרֶג (איוב ז ו). פסוק רוּחִי חֻבָּלָה יָמַי נִזְעָכוּ (איוב יז א). פסוק יָמַי עָבְרוּ זִמֹּתַי נִתְּקוּ (איוב יז יא). פסוק כָּל יְמֵי רָשָׁע הוּא מִתְחוֹלֵל (איוב טו כ) והנמשכים. ענין מחדושי התורה שאדם כותב נכנסים מאותם האותיות לנפשו היכלות וחופות בגן עדן.

פרק לו מבואר בו מעלת ישראל שנכנסים בהיכלות הפנימיים. ושישראל משוכלל בכל הדברים העליונים והתחתונים. וענין כשישראל הם חוטאים חס ושלום, נמצא שהם מכניסים דמות בהיכל ומושלת שפחה בישא. ואין רשות לכל אדם לשחוט ולאכול. וענין הנפשות המתגלגלות בבהמות. מספר הקנה: כשמתאכזר השוחט לשחוט להראות בפני נשים והדיוטים. פסוק אדם כי יקריב מכם קרבן לה'. פסוק והנה ששון ושמחה הרוג בקר ושחוט צאן. תפלה שיאמר השוחט בעת שמתחיל לשחוט. שיכוין אדם בברכתו כשהוא אוכל איזה דבר כדי לתקן ניצוצי קדושה. פסוק צדיק אוכל לשובע נפשו מהאר"י זכרונו לברכה. ענין הבודק וממעך את הסירכות. השוחט כשיברך על השחיטה, יראה שיהיה המקום טהור. שצריך שיהי' השוחט ירא שמים עד מאד כדי שהוא יתקן את נפשות המגולגלות בבהמות. פסוק וילן שם בלילה ההוא ויקח מן הבא בידו מנחה לעשו אחיו. טעם שני השעירים. טעם פרו של אליהו. שצריך האוכל בשר לכוין לתקן. אזהרה לשוחט ולאוכל בשר בפרשת ראה בפסוק "רק בכל אות נפשך תזבח ואכלת בשר". טעם הקרבנות. בעל תשובה שלא יאכל בשר רק בשבת. פסוק אם עולה קרבנו מן הבקר. פסוק וכי תזבחו זבח תודה

לה'. אזהרה לשוחט שלא יניח הסכינים בלילה תחת מראשותיו. אזהרה שיחליף את מלבושיו אחר שמשלים שחיטתו. שיחשוב השוחט בלבו שאם יגיע לו מה שעושה בבהמה על קידוש השם יקיים. הוראה שיתן השוחט שהוא ממזל מאדים ואינו הורג נפשות בני אדם כי אם בהמות. ענין אם נתנבלה בהמה על ידו ידאג ויצטער. ענין שיראה השוחט בעיני שכלו איך מחוייב בכל התפלות והכוונת השייכות לו. ענין החמשה דברים שהי"ה וחלד"ה דרס"ה הגרמ"ה עיקו"ר. והחורבן היוצא מהפוגם בחמשה אלו או בא' מהן. מספר הקנה ומספר צפנת פענח מכתיבת יד. פסוק מבלתי יכולת ה' והנמשכים.

פרק לז מבואר בו מעלת השלום, ואיך רמזו באותיות שלום מעלתו. מאמר אין שלום אמר ה' לרשעים. מכאן שהקב"ה אוהב את הרשעים. ענין מילת שלום נדרש לכמה פנים. שאפילו הרשעים צריכים שלום. המקומות שדברו רז"ל בענין השלום. ענין איך השלום קיום הבריאה, בשלום נכלל כל מדות טובות המחזיק בשלום עם כל אדם יבא להיות בשלום עם בוראו. כל מלאכות שבעולם נעשית על־ידי השלום. ועניינים אחדים מענין השלום. איך המחלוקת מטריח גופו של אדם. ענין באבן היהלום שיש בו ג' אותיות של שלום. ענין האוהב השלום מקיים כל התורה כולה. ראשי־תיבות של שלום. פסוק דרכיה דרכי נועם בענין דופי המחלוקת מוסר שלא יכעוס אדם, כיון שעתיד לעבור עליו מאורעות המות. מאמר כל השונה הלכות בכל יום. מאמר תלמידי חכמים מרבים שלום בעולם, שנאמר וכו'.

פרק לח מבואר בו מוסר שיקח אדם בעצמו בראותו בחייו המקומות שעתיד להתגלגל בהם במותו. וענין השמות המכוערים שנקרא החוטא. אמר יצרו של אדם מתגבר עליו בכל יום ומבקש להמיתו. מאמר אם פגע בך מנוול זה מושכהו לבית המדרש. פסיקתא טוב וישר ה'. למה הוא טוב מפני שהוא ישר. ענין ממנורת המאור שחולי הנפש כחולי הגוף. מאמר אם ראית תלמיד חכם שעשה עבירה בלילה אל תהרהר אחריו ביום. ענין ז' מעלות בענין התשובה.

פרק לט מבואר בו מעלת האדם עובד אלהים, וענין השמות שהצדיק ראוי שיקרא בהן, והם ארבעים טעמם. מאמר אל תקרי למד אלא לב מבין דעת. משנה איזהו מכובד המכבד את הבריות. מאמר כל מי שיש בו יראת שמים דבריו נשמעין. משנה דאשתמש בתגא חלף. פסוק מה רב טובך. משנה הכל צפוי והרשות נתונה. ענין ששואלים לאדם אחר מותו מה שמו.

פרק מ מבואר בו ענינים נפרדים מספר יש נוחלין, מועילין לגוף ונפש. ענין המניח בן תלמיד חכם שמצילו מגהינם. מעובדא אותו רשע שהניח בן רשע, וחכם אחד החזירו בתשובה. ענין כל מה שהקרוב עושה לנפש המת מועיל לו מאד. אדם שמקבל יסורין בעולם זה, כדי להקל מעונש המת, מועיל לו. ענין התוכחה, אם העובר הוא דבר של תורה. צריך להוכיחו עד הכאה. מעלת הקדיש והקדושה שבעבורן הקב"ה זוכר גלות ישראל ומבקש לגואלם. מאמר המתפלל עם

הצבור, אומר הקב"ה, מעלה אני עליו כאיל ופדאני. ברכה בכוונה.. החפץ לבקש מהקב"ה שאלה, יתקן תחלה המעשה המעכב השאלה. כל מצוה שיעשה האדם, צריך לציירה במחשבה שכליית רודם שיעשנה. כל מצוה שעושה האדם, יכוין לתקן אותו אבר שכנגדה, כשאדם כותב מצוה, יאמר יהי רצון כו' שיהא חשוב כאילו קיימתי אותה. צריך לומר בקדיש לעילא ולעלמי בוי"ו. קבלה, האומר פרשת המן בכל יום אינו בא לידי עניות כשאומרו גם בתרגום. תירוץ על קושיא שכמה דברים אמרו רז"ל כל העושה כך וכך יענש בכך וכך, ולפעמים אינו מתקיים. העוסק בכל יום בענין הקרבנות כאילו מתעסק בבנין המקדש. סגולה לשמירת אות ברית קודש. הרואה קרי שיטבול. מוסר שיבקש אדם על נפשו מקודם שיחלה. כל לילה יעשה האדם חשבון מעונותיו. המבקר את החולה צריך להזכירו שיפשפש במעשיו. כשמברך ברכת הלבנה, אל יסתכל בה כענין הקשת שאמרו רז"ל. שלא לשכב שום תינוק במיטה עד שיהי' בן ב' שנים. לקנות אדם לו חבר ויבדקהו קודם. שיראה האדם את הנולד. ענין הבטחון. יהא אדם אוהב את השמא ושנא מה בכך. ענין כל מה שהנשמה יותר עליונה, פגמו עושה רושם גדול. שחייב אדם לקיים אפילו דקדוקי המחמירים כשיש יכולת בידו לקיים. שיתרחק האדם מדברים המסוכנים, דחמירא סכנתא מאיסורא. ענין גנות היין ומה גורם וטעם שכפל הדברים בפרשת מטות כמו איש כי ידור נדר וכן רבים שם.

פרק מא כולל בו שצריך האדם בהילוליו ושבחיו לקדוש ברוך הוא ותפילותיו וברכותיו לכוין הדברים לשורשם. וביאור מאמר עתיד הקב"ה לדין העולם בעמק יהושפט. ושואלים לאדם עד אם ידע מעשה מרכבה. ונחה לצדיקים לת"ח להלל לקב"ה ותפלה מספר כבוד חכמים. משנה הע לג' דברים העולם עומד על התורה וכו'. פסוק על מה אבדה הארץ. פסוק אשרי האיש. מאמר שמענו שהאדם משמיע תלמודו סמוך למיתתו. פסוק לעשו תרצונך אלקי חפצתי. פסוק כי אתה תברך צדיק ה'. צריך האדם בכל עניניו לומר לשם יחוד קב"ה. ולעשות הכנות לעבוד לבוראו, ומחשבה נחשב לו למעשה. פסוק כל היום חרפוני אויבי. פסוק תשימנו חרפה לשכנינו. ענין שהמקפיד על הדברים מונעו מהשגת השלימות. פסוק איש כי ידור נדר. וסמיכת פרשת נדרים לפרשת מסעי.

פרק מב כולל בו בענין האנשים המוציאים זמנם במיני שחוק ואומרים שמחדדים שכלם אוי להם ולנפשם. וענין היושבים בפתחים בערב שבת כמה מכשולים היו. וענין הבעלי בתים שאינן רוצים להשכיר בית לת"ח. וענין בעלי בתים המשכירים בית לת"ח שיאמר לו ספורים. וכיון שרואה שלא נעשה עצתו, שהת"ח לומד כל הלילה, מגרשו. מאמר ואהבת את ה' אלהיך בכל לבבך. בשני יצריך. פסוק ונהמת באחריתך. מאמר נתגלה לר"ע מה שלא נתגלה למשה רבינו ע"ה. מאמר תכלית הימים הלילות. מעשה באדם א' שעשה תשובה נפלאה. וידוי מספר צדה לדרך. דברי תחינה.

פרק מג כולל בו שיזהר האדם מהדיבור בכל מה שיכול. ענין איך האדם בכל דיבור ודיבור היוצא מפיו עושה שם הוי"ה. סוד מאמר המנבל פיו מעמיקים לו גהינם. וסוד איסור לדבר בבית הכסא. וביאור פסוק הוגעתם ה' בדבריכם. וטעם למה החמירה תורה במקלל אביו ואמו ממכה אביו וכו'. מאמר ד' כתות אינן רואים פני השכינה. מאמר כל הנותן לעני מתברך בו' ברכות, והמפייסו מתברך בי"א. מאמר אין דברי תורה מתקיימים אלא במי שמוציאן מן הפה. פסוק קחו עמכם דברים. ענין למה בכל הדברים צריך מחשבה דבור ומעשה. משנה הקנאה התאוה והכבוד מוצאים את האדם מן העולם. מאמר כל הרודף אחר הכבוד, כובד בורחת ממנו. מוסר שאל יבזה האדם לקטן ממנו. אין ההשתדלות מועיל להשיג מה שלא נגזר מאתו יתב', ונלמד מהתורה.

פרק מד כול בו תיקון זרע לבטלה. גם תיקון למי שאינו יכול לסבול יסורין. מה יעשה אדם כדי שלא יכשל בזרע לבטלה. תחבושת מג' סמנים כדי שיקנה מדת השפלות. לכמהר"ר משה קורדובירו זלה"ה. תפלה לקבלת עול מלכות שמים. ג' דברים מביאים לאדם לעול מלכות שמים. ענין שישים אדם ג' דברים נגד עיניו כדי להרחיק ממנו מדות רעות. פסוק ואתחנן אל ה'.

פרק מה כולל בו שיעשה האדם כ"ב דברים שעמהם יהי' אהוב למקום. ענין יקיים אדם המצוה שיכול ואל יאמר כיון שאינו יכול לקיים כולם אינו מקיים מצוה א' שבא לידי, דמה מעלה ומוריד. משלים לענין השלימות. פרשת והיה עקב.

פרק מו כולל בו איך כל מעשה בראשית כלול באדם. ביאור פ' מה אנוש כי תזכרנו וכו'. ביאור פסוק אני אמרתי אלהים אתם. ביאור פסוק את הברכה אשר תשמעון.

פרק מז מבואר בו לימוד מהבהמות לעבוד אדם לבוראו. כדכתיב מלפנו מבהמות ארץ. ביאור פסוק שופטים ושוטרים תתן לך.

פרק מח כולל בו לימוד מהתינוק, לעבוד אדם לבוראו ואל יחוש להמחרפים אותו. לימוד מהתינוק ומהנואף והגנב כדי שלא יתבייש מהמונעים אותו בקיום המצות. ביאור פסוק כי תצא למלחמה.

פרק מט כולל בו שיחשוב בלבו שעונותיו גורמים גלות השכינה וחורבן בית המקדש. ענין שיתן נגד עיניו הרעה הנגזרה לכל פרטי הבריאה בעונותיו. ביאור פסוק יקימך ה' לו לעם קדוש.

פרק נ כולל בו שיצטער בלבו על החסרון המגיע לו לכל אבר ואבר בעוד שהמקדש חרב והטובות שנמנעים ממנו. ענין שיחשוב בלבו על צער נפשו בגופו. פסוק אתם נצבים היום כולכם.

פרק נא כולל בו שלא יחשב קיצין, כי אם יקוה בכל יום אל הגאולה. ענין איך יש לאדם דמיון בהקב"ה. ענין שיחשוב אדם המעלות המגיע לו בימות המשיח. טעם על אריכות הגלות המר הזה.

פרק נב כולל בו שישפיל האדם עצמו בכל מה שיכול, שעל זה בראו הקב"ה מן האדמה ועשהו מבשר ודם כדי שלא יתגאה, ובו כמה דברים שמהם נלמד השפלות והענוה. פסוק כי שם ה'

אקרא הבו גודל לאלקינו. פסוק וזאת
הברכה אשר ברך משה. מאמר אומר
הקב"ה על הגאה אין אני והוא יכולים
לדור במקום א'. מאמר הרבנות
מקברת לבעליה. בסדר אלפ"א ביתא
ך' ל' מ'. אותיות אלו הם כל"ם ומל"ך.
למודים הרבה על השפלות. מאמר
למה נמשלת תורה למים. דברים
המביאים לאדם לעבודת הבורא
להשגת החכמה מיעוט הדיבור. מעשה
אברהם אבינו ע"ה. טעם למה הקב"ה
מביא יסורין על הצדיק בלי עון, אעפ"י
שהוא הרבות שכרו. תירוץ על קושיא
צדיק ורע לו, רשע וטוב לו. ויכוח
האדם עם יצרו.

פרק א

יתברך הבורא ויתעלה העושה עולמו בששת ימים וברא חשך וממנה הוציא אור והבדיל ביניהם. ועשה רקיעים והתקין בהם מאורות להאיר על הארץ. וקבע ביבשה ימים ונהרות. וגזר עליהם להוציא דשאים ומיני פרחים ועשב מזריע זרע ועץ עושה פרי מכל מאכל אשר יאכל משונים בטעמיהם ונפרדים בגווניהם ומובדלים בריחם. ושם על הארץ בהמה וחיה ועוף יעופף ובימים ובנהרות דגים מינים ממינים שונים. הכל מוכן ומזומן לאדם אשר ברא מובחר מכל הבריאה. ונתן לו עילוי ומעלה על כל הנבראים, כי בצלם אלהים ברא אותו, והשליטו על כל אשר עשה, וקישט אותו והעמידו לפניו לעבדו ולשמור תורותיו ומצותיו. כדי להיטיב עמו ולהעלותו על כל צבא מעלה, שרפים ואופנים ומלאכים. ורמז בתכונת צלם תבניתו שמותיו הקדושים. דשם הוי"ה רמוז בפניו, ושם שד"י על ידי המילה כנודע ב' עינים הם ב' יודי"ן, והחוטם צורתו וא"ו גימטריא שלו כ"ו כמנין הוי"ה. ועיין בספר ראשית חכמה שער הקדושה פרק ח' איך בעין האדם בלבד מרמז על שם ההוי"ה ומעשה מרכבה וכל שיעור קומה. ושם שד"י בגופו כשזוקף האדם ב' ידיו עד כנגד ראשו, היא כדמות שי"ן וכשפושט זרוע אחד הוא כדמות ד', ובהתגלות העטרה ע"י מילה ופריעה נראית כדמות יו"ד, והתקין בו רמ"ח איברים כמספר מצותיו של עשה, ושס"ה גידים כמספר מצותיו של לא־תעשה. ורמז בכל איבריו כל הבריאה אשר ברא עליונים ותחתונים, דכל מה שיש בעולם יש באדם, כמו שאמרו חז"ל, להראות כי כל שתה תחת רגליו. ויכוננהו בחכמתו הרמה והנשאה בתיקון איבריו ובבנין נאה ומשובח כמ"ש הסמ"ג (דף צ"ו ע"ב) ברא בו נקבים מבית ומחוץ, עשה לו נקבי עינים להביט ולראות בהם. עשה לאדם עפעפים לעצום עיניו ולישן ושלא להביט ברע, כמו שאמר דוד המלך ע"ה עוצם עיניו מראות ברע. עשה לו נקבי האזנים לשמיעה, עשה לו נקבי החוטם להריח ולהוריד בו דמעות העדפת ליחת הראש. עשה לו הפה למאכל ולדיבור, עשה לו השינים לטחון את המאכל, ועשה לו הלשון ללוש המאכל בתוך הפה, וכדי לחתך הדיבור. עשה לו בית הבליעה והושט לבלוע המאכל והמשקה. עשה לו גרגרת להעלות ולהוריד נשמת רוח חיים מן הלב מתוך הריאה אל הנחיריים ואל הפה, ולהוציא הברת קול הדיבור היוצא מתוך סמפוני הריאה הם ורידים הגדולים הבאה מנשמת רוח חיים. עשה לו הלב להיות לו בית מושב לרוח חיים ולחשוב מחשבות. עשה לו הקרב העליון והיא היא האיצטומכא לקבל המאכל והמשקה בתוכו, ולפרנס ולכלכל מטעם המאכל ומשקה כל הגוף להחיותו. ועשה לו הכבד לצד ימין עם המרה האדומה והדם מתבשל במקורות הכבד לחמום קרב העליון, ומחום הכבד והמרה האדומה והדם מתבשל המאכל והמשקה בתוך הקרב העליון. עשה לו מעיים לקבל פסולת המאכל והמשקה, ומתגלגל בתוכם בעקמומית לאט לאט עד שמגיע למקום

הוצאת גדולים וקטנים. עשה לו שתי הכליות ימין ושמאל לחמם הבטן התחתון בחומת לחותו ולחזקו ולהוציא צרכיו חוץ לגוף כדרך האדם. ועוד אמרו חכמינו ז"ל הלב מבין והכליות יועצות. עשה לו הטחול לצד שמאל עם המרה השחורה לקרר בקרירותה הקרביים והמעיים והבטן שלא יתייבשו ויחרבו המאכל והמשקה מפני חום ריתוח הקרביים המתחממים ומרותחין מחום הדם והכבד והמרה האדומה. ועוד אמרו חז"ל טחול שוחק. עשה לו עצמות של השדרה ושאר עצמות להיות בנין גופו חזק. שם בשר על העצמות כדי לחמם קור העצמות. עשה לו גידי הדם הם הוורידין להשקות הגוף והולכין מצד אל צד ומפה לפה, עשה מיתרים הם כמו רצועות וחבלים לבנים (האר פלאק"ס) בל"א, והם קושרים העצמות והחוליות יחד שמחזיקים דבק העצמות והאיברים. עשה איברים וקשרים ודבקים וחוליות על השדרה, וקשרי אצבעות ידים ורגלים וזרועות וירכים וברכים ושוקים וקרסולים וכפות הרגלים וחוליות הצואר ושכמי הכתפים כדי שיוכל אדם להתפשט ולכרוע ולזקוף ולעמוד ולישב. קרם לו עור מלמעלה לבשר ולעצמות ולגידים ולמיתרים כדי לכסות את הגוף להיות חם מלהתקרר ולהגין על ליחות הגוף והאיברים הפנימיים. עשה לו גלגולת הראש להיות מלך על כל האברים, ומוח הראש ששם ישכון יישוב דעת הנשמה והחכמה. עשה לו ליחה מסביב למוח הראש כדי שלא יתייבשו המוח והעינים מחום הקרביים העולה מלמטה למעלה אל מקום הראש, עשה

לו שערות הראש לחמם הראש שלא תתקרר בשביל שאין לו בשר בין העור ובין העצם של גולגולת. עשה לו שערות הזקן מפני תואר הדרת פניו, ולהיות מובדל במראיתו מן הנשים. עשה לו לזכר ולנקבה טבור כדי לקבל מחיה בעודן בבטן אמן עד צאתם לאויר העולם. כי לא יוכל הולד לקבל מזון ומחייה עוד שהוא סתום עד צאתו לאויר העולם, עשה לו ידים כדי למשמש ולתפוס ולאחוז ולהחזיק ולעשות המלאכות כדי את האדם. עשה לו רגלים כדי להעמיד עליהם את הגוף להוליכו ולהביאו בכל מקום, ואחר צאתו לאויר העולם מגדלו ועוזרו בכל מיני עזר:

וכיון שכן, איך יוכל האדם לעשות מצוה כל כך שיוכל לגמול הטובות שעשה הקב"ה עמו כבר, ומה שעושה עמו תמיד כל ימי חייו, ואיך יוכל יציר חומר לעבור על דבריו יתברך, לבטל אחד ממצותיו שהוא כמחריב דבר אחד מהבריאה אשר ברא אלהים בעבורו ולתועלתו, שהרי מספר תכוני צלם תבנית אבריו כמספר מצותיו, כל מצוה היא מיוחדת לאבר אחד, ובפוגמו באותו אבר כאילו מחריב פרט אחד מן העולם הנרמז באותו אבר. כי כל מה שברא בעולם ברא באדם, כדאמרינן באבות דרבי נתן (דף ה' ע"ב) וז"ל, הקב"ה יהי שמו הגדול מבורך לעולם ולעולמי עולמים בחכמתו ובתבונתו ברא את העולם כולו, וברא את השמים ואת הארץ עליונים ותחתונים ויצר באדם כל מה שברא בעולמו. ברא חורשים יערות בעולם ברא חורשים באדם זה שערו של אדם. ברא חיה רעה בעולם וברא חיה רעה באדם

זה בני מעיו של אדם. ברא קורצין מערות בעולם, ברא קורצין באדם זה אזניו של אדם, ברא ריח בעולם ברא ריח באדם זה חוטמיו של אדם. ברא חמה בעולם ברא חמה באדם זה אורו של אדם. מים סרוחים בעולם מים סרוחים באדם זה הוא מים חוטמו של אדם. מים מלוחים בעולם מים מלוחים באדם זהו דמעות של עינים. נחלים בעולם נחלים באדם זהו הדמעות. חומות העולם חומות באדם אלו שפתותיו של אדם שהם כחומות להגן על הלשון. דלתות בעולם דלתות באדם זה שיניו של אדם. ברא רקיטין בעולם נ"ל שצ"ל רקיעים שהלשון מבדיל בין מים למים כמו הרקיע ברא רקיטין באדם זה לשונו של אדם. ברא מים מתוקין בעולם ברא מים מתוקין באדם זה רוקו של אדם. ברא לסתות בעולם ברא לסתות באדם זה לחייו של אדם. ברא סתידראות בעולם בונה וחוצב אבנים, ברא סתידראות באדם זהו זרועותיו של אדם. ברא מגדלים בעולם מגדלים באדם זה צוארו של אדם. ברא יתידות בעולם ברא יתידות באדם זה אצבעותיו של אדם. ברא רחיים בעולם ברא רחיים באדם זהו קורקבן של אדם שהוא טוחן כל מאכל. ברא נמסים בעולם נ"ל שהוא מלשון וחם השמש ונמס, ופירושו דבר שגורם נימוח וטבע הטחול לעורר תאות האכילה מפני טעם החימוץ שבו, כדאיתא בשבילי אמונה נתיב ד', ברא נמסים באדם זה הוא טחולו של אדם. ברא אשפתות בעולם אשפתות באדם זה הוא כריסו של אדם. ברא בורות בעולם ברא בורות באדם זה טיבורו של אדם. ברא מים בעולם ברא מים באדם זה מי רגליו של אדם. ברא חיים בעולם כלומר שמתיילדים באדמה מיני בעלי חיים כגון שרצים ותולעים ברא חיים באדם, זה בניו של אדם. עצים בעולם עצים באדם זהו עצמותיו של אדם. גבעות בעולם גבעות באדם זהו עגבותיו של אדם הוא מלשון ותעגב על מאהביה, והוא ענין חשק ותאוה עלי ומכתשת בעולם מכתשת הוא כלי שכותשים בו בשמים מדברים אחרים ועלי הוא יד של המכתשת ונקרא כן ע"ש שמעלין אותו עלי ומכתשת באדם זה ארכובותיו של אדם. סוסים בעולם סוסים באדם זה שוקיו של אדם. מלאך המות בעולם מלאך המות באדם זה עקביו של אדם נראה לי שהוא על־דרך שאמרו חז"ל רגלוהי דבר נש ערבין ליה וכו'.. הרים ובקעות בעולם הרים ובקעות באדם, עומד דומה להר, נופל דומה לבקעה. הא למדת שכל מה שברא הקב"ה בעולם ברא באדם עכ"ל.

טעמו של דבר, להודיעו כי הוא כל העולם כולו ובשבילו ברא הכל, ובהיות פוגם באחד מאבריו, פוגם הוא בחלק העולם הנרמז בו, ואם עובר על כל המצות דאז פוגם בכל איבריו, נמצא פוגם ומחריב כל העולם כאשר אירע בדור המבול שאמרו לאל סור ממנו ודעת דרכיך לא חפצנו, שפרקו מעליהם עול אלהותו ועול מצותיו ונמצא כל פרט ופרט שבעולם פגום ונחרב העולם. ומה יענה האדם ביום שיעמידהו הקב"ה לדין על כל מה שחטא לפניו וגרם חורב בדבר שברא בעבורו להטיב עמו, משל למלך שנתן חרב חדה לאוהבו להיות נשמר עמה מכל הקם עליו להזיקו, ובדבר שהטיב

עמו השחית בהיכלו והכה בכותליו וכרת בעמודיו וזלזל כל מושב טוב שראה, היש מספר לעונשים הראוים לגזור עליו, כן האדם כיון שתקנו בוראו בתכלית התיקון לשמירת חייו, ורמז בו כל מה שברא בעולמו, להיות הוא עיקר הכל, בהיות כל העולם כלול בו כמדובר, דלזה נקרא עולם קטן, ובטובו אשר עשה עמו מכעיסו – יש כפרה לזה, ועם כל זה בחסדו הגדול חוזר להטיב עם האדם, דבשובו בתשובה לפניו מוחל עליו ומחזירו כבתחילה כשעה שיצא לאויר העולם וכנולד דמי, הבט ימין וראה באדם הראשון שהזמין מזונותיו קודם שברא אותו והכין שולחן לפניו ערוכה בכל ושמורה, ואח"כ בראו ותיקן ממנו לחוה וקשטה והעמידה לשמש לפניו כשפחה, ונטע גן בעדן מקדם מכל עץ טוב למאכל ונחמד למראה ותאוה לעינים שיהנה מהם, והוריד מלאכי מרום לשמש לפניו והיו צולין לו את הבשר וצוננין לו את היין, ואחר אשר השליטו על כל הטובות וכל מעלות צווהו צווי קל – שלא יאכל מפרי עץ אחד בלבד, ולא עמד על צוויו ושמע לעצת המסית נחש הקדמוני אשר חירף וגידף כלפי מעלה כחכמינו ז"ל הנחש מין היה, ואמר לחוה כל אומן סני לחבריה, וממנו אכל וברא עולמות, ולכך מצוה אתכם שלא לאכול, שלא תהיו כמוהו ולא עוד אלא שאחר שאכל העיז פניו נגד המקום באומרו הָאִשָּׁה אֲשֶׁר נָתַתָּה עִמָּדִי הִוא נָתְנָה לִּי כו' וָאוֹכֵל, (וָאוֹכַל אינו אומר אלא וָאֹכֵל) וָאֹכֵל הוא עתיד המהופך לעבר, משמע שאכל ועדיין עוסק באכילה ואינו רוצה להפסיק. רוצה-לומר אכלתי ואוכל עוד, יש עזות גדול מזה, מלבד מה שבעט במה שהטיב עמו לברוא לו אשה לשמשו, ובטוב זה שהטיב עמו בעט ואמר האשה אשר נתת עמדי היא נתנה לי וכו'. והפך עורף ולא פנים ועשה כל מה שלבו חפץ כאמרם חז"ל אדם הראשון מין היה, כופר בעיקר היה, מושך בערלתו היה, ועשה פגם גדול בעולמות וגרם להם שנתלבשו בקליפות, וגרם מות לכל באי עולם, יש חוטא גדול מזה, ועכ"ז בשובו בתשובה לפני בוראו מחל לו על כל מה שעשה, וביטל ממנו את גזרת "ביום אכלך ממנו מות תמות", ולא המיתו ביום שאכל כאשר אמר, ראה כח התשובה כמה היא.

ואם אמור יאמר האדם, כיון שאין דבר שיעמוד נגד התשובה אחטא ואשוב, כבר אמרו חכמים ז"ל, האומר אחטא ואשוב (אחטא ואשוב) אין מספיקין בידו לעשות תשובה וכו', טעמו של דבר לפי שהתשובה היא בית מנוס לחוטא לנוס ולהסתופף בצלה, וכיון שכן היא סניגור שלו לפני המקום עד שימחול לו, אך כשאדם חוטא על סמך התשובה, נמצא עושה התשובה שורש המחטיאים, ובהיות כך נעשית היא קטיגור שלו, ואנה ינוס לעזרה כשירצה לשוב, כי אין לו מקום שיוכל לנוס אל התשובה, שהרי עמה חטא והיא קטיגור שלו, אם כן אחטא ואשוב אין מספיקין בידו לעשות תשובה. הנה במקום שיתחכם האדם לבקש אופנים לחטוא ולהציל אחר כך מן החטא באומרו אחטא ואשוב, יחשוב אופנים שלא לחטוא כלל בשומו נגד עיניו דטעם החטא כמו רגע ועונשו אין מספר, ומנזקו גם אחרים ניזוקים עמו,

הבט וראה מה כתיב בחוה ותרא האשה כי טוב העץ למאכל וכי תאוה הוא לעינים ונחמד העץ להשכיל ותקח מפריו ותאכל ותתן גם לאשה עמה ויאכל, הרי בעבור שהתאותה דבר אכילה שהנאתו כמו רגע, גרם לה מיתה ולאישה ולכל הבאים אחריו עד סוף כל הדורות, וגם לכל בהמה חיה ועוף, כל הקללות הנמרצות שנתקללו והנזוקים שגרמו במציאות העולם עצמו, שנתלבשו כל הדברים בקליפה ונתקלקלו צנורי ההשפעה, ראה בעיניך כמה חטא אחד גורם, ובשומו אדם כל זה לנגד עיניו, יבא לחשוב דכפי גודל הנזק הגורם בחטאו כך עונשו ויפרוש מלחטוא, ואם חטא יתקן את המעוות, ואם נתעצל מקיום המצות ישתדל בכל מאמצי כחו לקיימם ובפרט מצוה שנפשו מתאוה יותר בה מבאחרות, שבודאי על זו נתגלגל בזה העולם, ואם לא יחזיק בה לקיימה צריך להגלגל פעמים אחרים עד שיקיים אותה מצוה, ונמצא בכל פעם טועם טעם מיתה וכמה מהצערות העוברות על הנשמה מביעתותא דמלאך המות וצער של חיבוט הקבר וכדומה, ונפשו תובעת ממנו דין, איך מביאה בכל פעם בצערות אלו, כי נפשו לעולם נוטה לצד הטוב כיון שממקום קדוש חוצבה, איך האדם בבחירתו מכריחה לצד החומר ומכניס אותה בכלל העונשים, ואיך ולמה בעבור שעה אחת של קורת רוח להיות יושב ובטל ושלא לטרוח בקיום המצות, מכניס נשמתך בתוך העונשים ודוחקים וצערות זמן רב, לכן מי שחננו השם בעינים לראות ולב להבין במאורעות שאירעו לרשעים שעברו חלפו מן העולם, ומה נשאר בידם מן התענוגים אשר אחריהם רדפו ומן המטעמים אשר בהם חשקו ומן הטיולים אשר בהם דבקו ומיני דברי חשוקים (והיתולים) ודברי ליצנות אשר שיניהם שרקו ומהמושבות זכי האויר אשר בהם דבקו, ומרוב הון שקבצו וחטפו וגנבו וערקו, האם נמצא באחד מהם שהוליך עמו דבר לקבר, אך יצא יצא בפחי נפש בעוזבו את המנוחות אשר בהם הורגל והולך לאנחות במקום עפר רימה ותולעה, יזורה על נוהו גפרית, יוצע רימה תחתיו ומכסהו תולעה ואיה כל תענוגיו ונועם חשקתם, ובהביטך בן אדם מה שעבר על אחרים למה תרדוף אתה אחר כל אלה הדברים הזרים, להשביע נפש מרורים ולמוסרה ביד צרים המה המקטרגים הצוררים, ולמה לא תחמול על נפשך ועל נועם תבנית צלם גופך למוסרו בידן ולהשליכו בתוך גחלי רתמים בטיט היון של גיהנם, להשחירו ולהתיכו כאשר ניתך הזפת בפני האש, אשר על כן תן עצה אתה בנפשך לברור בדרך החיים בעסק התורה והמצות, וגם להצטער עצמך זמן קצוב הם חיי עולם־הזה כדי שתתענג זמן רב בלתי סוף ותכלית, ואל יעלה על דעתך כאשר עלה בדעת הרבה שנאבדו בידם באומרם כיון שמכיר אני בעצמי שאין בדעתי להבין ולהשכיל, איני עוסק בתורה, טועה הוא בדבר, שהרי הוא מחוייב לעשות מה שנצטוה לעשות, ואם יבין יבין, שהרי והגית בו יומם ולילה כתיב ולא כתיב ותבין בו, וכן תמצא בדברי התנא אם למדת תורה הרבה נותנין לך שכר הרבה, ואינו אומר אם הבנת הרבה אלא למדת

אמרו, ותשתדל להבין ואם תבין תבין, ואם לא שכר לימודך בידך, וכמאמר התנא לפום צערא אגרא לפי מה שהאדם מצטער על לימוד התורה, כן יש לו שכר ומה גם שאמרו האדם איני לומד מפני שאיני מבין, הוא פיתוי היצר, יתמיד בלימודו וסוף הבינה לבא, שבראות קב"ה חשקו בתורתו ודבקותו בה, פותח לו מעייני החכמה, דכתיב כי ה' יתן חכמה מפיו דעת ותבונה: והנני מוסר לך דבר אשר תרדוף אחריה, ויהיה חיים לנפשך וענקים לגרגרותיך, לעולם יהיה עיקר לימודך בדבר של תורה שליבך חפץ יותר, אם בגמרא גמרא, ואם בדרוש דרוש, ואם ברמז רמז, ואם בקבלה קבלה, ורמז לדבר כי אם בתורת ה' חפצו, כלומר תורת ה' תלויה בדבר שלבו חפץ לעסוק, וכמ"ש האר"י זלה"ה בספר דרושי הנשמות והגלגולים פרק שלישי, וז"ל: יש בני אדם שכל חפצם ועסקם בפשטי התורה, ויש שעסקם בדרוש, ויש ברמז, ויש גם כן בגמטריאות, ויש בדרך האמת, הכל כפי מה שעליו נתגלגל בפעם ההוא, כיון שהשלים פעם אחרת בשאר העניינים, אין צורך לו שבכל גלגול יעסוק בכלם, עכ"ל. ואל תביט ותשגיח לדברי המנגדים על מה שחשקת לעסוק בתורה בגמרא או בפשט או בדרוש וכו', באומרם לך למה אתה מוציא כל ימיך בפרט זה של תורה ולא בפרט זה, משום שעל מה שחשקת ללמוד, על דבר זה באת לעולם, ואם תשים דעתך לדבריהם, יכריחוך להתגלגל בזה העולם פעם אחרת ולעבור נפשך בחרב חדה של מלאך המות ולטעום טעם מיתה, ולכן לא תשמע לדברי המשחית נפשך, כי דע שהשטן מתלבש באלו האנשים לדאוג ולהצטער ולהכאיב נפש הלומד ועוסק בתורה, בחלק שֶׁאִוְּתָה לשון תאוה נפשו לעסוק, כדי להבדילו משם שלא ישלים נפשו על מה שבא להשלימה, ולהכריחו גלגולים אחרים, וכשם שבדבר שחושק יותר האדם ללמוד, משם יבין שעל דבר זה נתגלגל להשלים, כך צריך האדם שידע שורש נשמתו ומהיכן נמשך ועל מה בא לתקן ולהשלים, כמו שאמר בזוהר שיר השירים על הגידה לי את שאהבה נפשי וכו'. וכדי שיבין יראה באיזה מצוה תקיף יצרו יותר לבטלה יתחזק בה לקיימה, כי בודאי על מצוה זו נתגלגל, וכדי שלא ישלים חוקו מנגדו יצרו לבטלה להוציאו מן העולם בידים ריקניות, וזהו שתמצא בחכמי התלמוד השלימים, שברוב חכמתם היו משיגים על קיום איזה מצוה נתגלגלו, והיו מחזיקים בה יותר משאר המצות, כדאמרינן בשבת דף קי"ח ע"ב, שאל רב יוסף לרב יוסף בריה דרבה, אביך במה היה נזהר טפי, והשיבו במצות ציצית וכו'. ויש במצות אחרים, לפי שהיו מכירים בחכמתם על מה באו להשלים.

ואם אירע לאדם שלא למד בבחרותו ונשא אשה והוא מטופל בבנים, באופן שאין לו עוד פנאי לעסוק בתורה כל ימיו, אל יתייאש חלילה לומר כיון שלא למדתי תורה, שוב אין לי תקוה ואלך ואעשה מה שלבי חפץ, וכאשר אבדתי אבדתי, אל יעלה לו בדעתו כך, כי יש לאיש תקוה על ידי שמיעה, דשומע כקורא, וכדכתיב שמעו ותחי נפשכם, ילך (תמיד) לשמוע דברי

חכמים וחדותם, ובשעה שהחכם דורש יתמיד שמיעתם לקבלם בחשק גדול, ויאמר בלבו יהי רצון מלפניך ה' אלהי ואלהי אבותי שתחשב השמיעה לי כקריאה, כי כבר אני דואג על מה שלא למדתי, ותן לי בנים עוסקים בתורתך יומם ולילה, כדי שישלימו מה שלא למדתי אני, ויחשב לפניך בעת למודם כאילו אני הלומד כי בני חלק ממני הוא, וישתדל עם בניו שיעסקו בתורה ויתן נפשו עליהם על זה, ויאהוב תלמידי חכמים לשמוע מעשיהם כיצד קיום המצות, ואם עשיר הוא יתן ממונו לת"ח לחלק עמהם בשכר הלימוד כזבולון עם יששכר, ואל יחוס עיניו בממונו פן יצא מן העולם בידים ריקניות ויעזוב לאחרים חילו, ומה תועלת מגיע לו שאחרים יתענגו ממה שטרח וקבץ והוא בגהינם רובץ, ואם יאמר העשיר לא לחנם העשירני הקב"ה כי אם שאני אהוב לפניו ושאתענג בממון שחנני בכל מיני תענוגים שברא בעולמו, ולמה לא אעשה מה שלבי חפץ, שנראה שאני בועט במה שהטיב עמי, ישים נגד עיניו כי טועה הוא, דידע איניש בנפשיה ומכיר הוא במעשיו הבלתי הגונים, ואיך יתכן שבעבור שהקב"ה אהבו העשירו, ואפשר שהעשירו בהיות שנאוי לפניו על מעשיו, ויש מצוה אחת בידו בלבד, ובהיות שאינו מקפח שכר שום בריה, משלם לו בזה העולם כדי לטורדו מעולם הבא, או למה לא יאמר שהקב"ה ברוב חסדיו לרחם עליו העשירו, ובראותו שהוא משולל מכל מצוה והטוב, מעכבו מלקיים המצות, לכך העשירו – להיות העושר לו לעזר ולהועיל לקנות עמה שלימות הנפש.

נמצא שהעושר ניתן על אחת מב' בחינות, או לטורדו או להשלימו, לכן ידין העשיר בעצמו ויאמר אם לטורדני מעולם הבא העשירני, ראוי לו להרבות עמה בתורה ובמצות, ולפדות נפשו מיני שחת, כדכתיב כופר נפש איש עושרו, שפודה האיש את נפשו על ידי עושרו, ואם כדי להשלים נפשי עם העושר העשירני, ראוי לי להשלים עצמי, לקיים בעושרי תורה ומצות:

גם ישים בלבבו שהקב"ה העשירו להשימו אפוטרופוס על העניים, ואם ימצא אפוטרופוס בלתי הגון שאוכל ממון העניים, יסיר אותו וישים אחר תחתיו, וכדאמרינן בילקוט רות על פסוק יתן ה' את האשה, מעשה בחסיד אחד שירד מנכסיו והיתה אשתו כשרה, לסוף נעשה שכיר, פעם אחת היה חורש בשדה, פגע בו אליהו זל"ט בדמות ערבי, אמר לו יש לך שבע שנים טובות, אימתי אתה מבקש אותם, עכשיו או בסוף ימיך, אמר ליה: קוסם אתה שחשב בדעתו שמכשף הוא, אין לי מה ליתן לך, אלא הפטר מעלי לשלום, וחזר אצלו עד שלשה פעמים, בפעם שלישית א"ל, אלך ואמלך ואתייעץ באשתי, הלך אצל אשתו ואמר לה, בא אלי אחד והטריח אותי עד שלשה פעמים, ואמר לי יש לך שבע שנים טובות, אימתי אתה מבקש אותם, עכשיו או בסוף ימיך, מה את אומרת, אמרה-ליה לך אמור לו: הבא אותם עכשיו, הלך וכך אמר לו, אמר-ליה: לך לביתך ואין אתה מגיע לשם עד שתראה ברכה פרוסה בבית, והיו יושבים בניו לחפש בידים בעפר ומצאו ממון שניזונו בו בטובה שבע שנים, וקראו לאמן, ולא הגיע לשער

עד שיצאת אשתו לקראתו, וכשראה אותה מיד הודה להקב"ה ונחה דעתו עליו, ומיד הודו להקב"ה, מה עשתה אשתו הכשרה, א"ל מכל מקום כבר משך עלינו הקב"ה חוט של חסד ונתן לנו ממון מזון שבע שנים, נעסוק בגמילות חסדים בשנים הללו, שמא הקב"ה מוסיף לנו מאצלו וכן עשתה, ובכל יום ויום אומרת לבנה הקטן, כתוב כל מה שאנו נותנין וכן עשה, לסוף שבע שנים בא אליהו זל"ט, א"ל כבר הגיע שעה ליטול כל מה שנתתי לך, אמר לו: כשנטלתי לא נטלתי אלא ברשות אשתי, אף כשאני מחזיר לא אחזיר אלא מדעת אשתי, הלך אצלה, אמר-לה כבר בא הזקן ליטול את שלו, אמרה-לו לך אמור לו, אם מצא בני אדם נאמנים ממנו תן להם פקדונך, וראה הקדוש ברוך הוא את דבריהם וגמילות חסדים שעשו והוסיף להם טובה, לקיים מה שנאמר והיה מעשה הצדקה שלום עכ"ל.

הרי לך בהדיא שהעשיר אפוטרופוס שמינהו הקדוש ברוך הוא בינו ובין העניים, ואם רואה הקב"ה שאוכל ממון העניים, לוקח העושר מידו ונותנה ביד אחר, לכן העשיר אשר חננו ה' דעת, ישים נגד עיניו שבממון העניים הנתון בידו, יכול הוא להרויח לקנות מקומו לעולם הבא, ולהסיר כל הקטרוגים מעליו, ולרחוץ מנפשו כל כתמי העונות הדבוקות בה ולנקות אותו ולהלבינה כשלג, כמו שנאמר אם יהיו חטאיכם כשנים כשלג ילבינו. ואיך ולמה יתגאה בממון שאינו שלו, והעולם אשר הוא בו כצל עובר, היום כאן ולמחר לקבר יובל, ולמה לא ישים העשיר נגד עיניו חכמת שלמה המלך ע"ה ועשירותו ומעלתו אשר נחכם מכל האדם אשר על פני האדמה, ונתרבה בעושר עד אשר עליו נאמר אין כסף נחשב בימיו למאומה, והשליטו הקב"ה על העליונים ועל התחתונים ומלך מסוף העולם ועד סופו, וכל בהמות וחיות השדה ועוף השמים, ושדין ורוחין ולילין מוכנעים לפניו לעובדו, וכל מלכי ארץ ולאומים משמשים לפניו וכמו שכתוב באורך (גדולתו ומעלת ממשלתו) בתרגום יונתן בן עוזיאל באחשורוש, ועם כל המעלות האלו לא זחח דעתו עליו והושפל לפני בוראו לעובדו בכל לבבו ובכל נפשו, וטרח להכירו כאשר צוה לו דוד אביו, דע את אלהי אביך ועובדהו, והוציא כל ימיו במושכלות וחיבר ספרים וגילה בהם רזא דרזין וסתרא דסתרין, וקיים כל המצות בלי חסר אפילו תג אחד, ומה שלקח נשים נכריות, טעמו ונימוקו עמו, להוציא (ניצוצות) מתוך הקליפות, ולכן אמרו רז"ל כל האומר שלמה חטא אינו אלא טועה, ועם כל העושר והמעלות שהשיג, יצא מן העולם נקי מנכסיו ולא הוליך עמו כי אם שלימות נשמתו אשר השלימה בעושרו, דאם זוכרים ומזכירים כל באי עולם חכמתו ועושרו ומברכים שמו הגדול, כלום היה אלא בשביל שקנה עולמו ובנה שם בגן אלהים מושבות משכיות החכמה לתענוגי נשמתו, ונשארו ספריו ומוסריו לתקן אחרים אחריו. שאם היה מוציא כל זמנו לתענוגי גופו בלי קניית שלימות נפשו, אף שנתעלה על כל המלכים ונתחכם מכל החכמים והעשיר מכל העשירים, במותו מניח הכל, ומי היה זוכרו ומזכירו לטובה,

ומי היה מספר גדולותיו, דמה איכפת לדורות הבאים בזכירת הדברים שעברו להעלותם לזוכרו נגד עיניו, כיון שמהם עולה חרס בידו, ואין לו כי אם אבוד הזמן וחולשת המחשבה. לא כן בהיותו עסוק כל ימיו בשלמיות נפשו הכתובים על הספר בידו, בשלשה ספריו מטיבי הנשמות, שכל הבא בעולם אוחז בהם ללמוד שלימות ותיקון לנפשו וזוכרו ומברכו, ברוך מי שהדריכנו עד כה. ואתה האיש העשיר שים זאת נגד עיניך ואל יהיה הממון שבידך קרדום לכרות עמו כל עצי יער להגדיל המדורה בגיהנם, להכין אש בוער תמיד לצלות שם כל נתח טוב שבגופך, ולהרבות עשנו לסמות בו עיניך ולהשחיר את תואר פניך, ואל תקנה עמו קטרוגים לאבדך שיעשו נקמות בנפשך מה שלא יכול שום מזיק ומחבל לעשות: ולחפור עמה בורות עמוקות עד תהומא רבה, מה שאין כח לחפור אם יתקבצו כל פועלים שבעולם ויעסקו בחפירתם כל ימי עולם להפיל עצמך בתוכה בצאתך מן העולם, ולשוט דרך שם לצאת לים הדינין והמשפטים המשונים, ומה זכר תשאיר לבאים אחריך, אם תאמר שיזכירוך על מעיינות שעשית ובנינים שבנית וכרמים שנטעת ומלבושים יקרים שלבשת, מה תועלת עולה לך באשפתו של גיהנם אשר אתה מושלך בו ככלב מוסרח, האם יוכל הזכירה הזאת להושיעך משם ולתת מנוחות לנפשך, כי אז בזוכרם שמך על הפעולות הגופניות אשר בהם טרחת, תחיל תזעק בחבלים נפשך, ובקול תאניה ואניה ואין לך מושיע, תחת אשר טרח הקב"ה עמך ליוצרך בבטן אמך ולשומרך תשעה חדשים שלא תצא נפל, והוציאך לאויר העולם בשלום והגדיל עמך חסדיו כל ימי חייך, והשפיע עליך מעושרו לגדלך, ואתה לא טרחת לכבודו כלום, ובטוב שהטיב עמך הכעסת אותו ולא השגחת למצותיו ולא בעסק חפצו ורצונו, להלוך בדרכיו הנעימים ככתוב בתורת משה והלכת בדרכיו התמימים, ככתוב בתורת משה עבדך והלכת בדרכיו. מה הוא חנון אף אתה חנון וכו'. במקום אשר הכין לך על זאת יותר מכל בני גילך בני מזלך, בהתעשר אותך עושר ונכסים, ולמה לא תקנה בעושרך בית מושב עיר חומה בעולם הנצח, במקום תרשישים ואופנים ותכין לך עבדים לשמשך שם, הם מלאכי רום הנעשים במעשיך הטובים, ובהבל היוצא מפיך בניחום אבלים, ובדברי פיוסים לעניים ונמוכי הרוח, ובקיום כל החיוב המוטל עליך להשלים לטוב לך, כדי לצאת מעולם הזה ולעוף השמימה, לבית תענוגי נפשך אשר חצבת, כמלך ההולך מהיכל להיכל, יותר ממנו שאין שטן ופגע רע, שבלכתו ממקום למקום, כן לא ישיגך פגע רע בצאתך מן העולם, כי כולם יברחו מפניך מיראתם שלא ישרפו משלהבת אש נשמתך הטהורה, תחת אשר עבדת את ה' אלהיך שנמשל לאש בוערה.

ונחזור למוסר הנוגע לכל אדם, יחד עשיר ואביון, האומרים פה אחד איך יוכל אדם (אשר) מחומר קורץ, ומטפה סרוחה כזרע להזדכך עצמו לעלות במעלות עליונות ולהבין במושכלות דברים נעלמים, היושבות ברומו של עולם, היאומן כי יסופר שהשחור יתהפך ללבן, היהפך כושי עורו ונמר

חברבורותיו כתמים יש בעורו ואם יעלה על לב שהעופרת יתהפך לזהב אופיר, ואבן מקיר ליהלום וספיר, אף שיעשו בהם כמה וכמה מהפעולות והשינויים. כך אי אפשר לאדם אשר מעפר יסודו, ורוח חיותו להפך הוייתו לבחינת הרוחניות, ולשום כמלאכי שמים חיותו. כל זה פיתוי היצר הרע המצירו הסותם עיני שכלו. דלא ראי זה כראי זה, כי אדם נמשל לאבן נופך ספיר ויהלום, שבעת שממחצבם נחצבו אינן מאירות, שעליהם החלודה והקליפות שבו, ובהתעסק האומן בהם מעט מעט להסיר הקליפה מהם, אז הוא מגלה את הסתום, היא האבן היקרה אשר תחתיה חתום, ומבהיקה באורה. בזוהר תפארה. ומתנוצץ לעינים. כעצם השמים. כן דומה בדומה האדם, הנשמה שבו היא האבן היקרה, והגוף המסבבה היא הקליפה, והאומנים העוסקים לנקות הקליפה שהוא הגוף, הם התורה והמצות עד שמגלין זוהר האבן הגנוזה היא הנשמה הטהורה, הבט וראה בחנוך ואליהו ומשה רע"ה אשר עלו למרום בחיים חייתם ונכנסו בתוך להבות אש, וניתן לחנוך להיות ראש המלאכים, ולאליהו מלאך הברית ולמשה להלחם עם כת האבירים ולנצחם, ותורה לישראל הוריד. וכמה מהשלימים אשר מנו חכמים שנכנסו בגן־עדן בגוף ונפש כמו אליעזר עבד אברהם, ורבי יהושע בן לוי, ואף השלימים שלא נכנסו במותם, והם קבורים בקבריהם ואין הרקבון שולט בהם, מסבת שגופם נהפך לאור בהיר וכנשמה מאירה, ואין הרקבון שולט בו כי־אם בגוף בולט, והם נתהפכו לצורה. ואיך יפול בהם צרה. הרי שביד האדם אף שהוא בשר ודם להזדכך חומר שלו ולהעלותו בבחינת רוחניות על עסקו בתורה ובמצות, כי בטורח עסקו בהן מתמרק קליפת החומר מעליו, כי הזיע שמזיע בעוסקו בהן ממחה את החומר ומזכך אותו כשמש המכה ברוב חמימותו במחנות הזהב, ומהפך העפר מן האדמה לעפרות זהב, דיש זהב שנעשה מחמימות השמש המכה בכח באותו מקום (עיין בספר שער השמים) כך גם־כן חמימות עסק התורה שנמשלה לאש, כדכתיב אש דת למו. ועסק מצותיה מהפכים את (הגוף) מצותיה לצורה. כל זה ישים האדם נגד עיניו, לא יסור לבבו מלחשוב תמיד לדברים אלו הטובים והנעימים, ויזכה לחזות בנועם ה' ולבקר בהיכלו בארצות החיים. כי אוהב דעת אוהב מוסר, והאוהב מוסר אוהב תורה, והאוהב תורה אוהב יראה, והאוהב יראה אוהב אהבה ואחוה, ומביאו לחקור בדרכי השם להדבק בו ולעובדו בכל לבבו ובכל נפשו, ולמסור גופו על קדושת שמו יתברך, כי האהבה מקלקלת השורה. וכיון שקושר אהבתו ביוצרו אינו חושש על בריאות גופו המחליש לעבודת יוצרו, ולא על תואר יפיו להשחירו על עסק תורתו ולא על גובה קומת גופו להשחירו על קדושת שמו יתברך, אדרבה שמחה הוא לו מתי תבא לידי ואקיימנה כרבי עקיבא שסרקו את בשרו במסרקות של ברזל, ונפשו שמחה עליו כאשר אִוְּתָה נפשו כל ימי חייו למות כך על אהבתו יתברך, כמו שאמרו רז"ל וכמה שלימים כמותו מתו על קדושת שמו יתברך, וזכו למחיצה שאין בריה

יכולה להכנס בה, ובודאי שלא הביאם לכלל זה, כי־אם האהבה והתשוקה שהיה להם באהבתו יתברך מיום שעמדו על אדמתם ודעתם עד יום מותם, זכותם יגן עלינו ועל כל ישראל אמן.

פרק ב

ישמחו השמים ותגל הארץ, כי צדיק מצרה נחלץ זה נח, והוא יסוד עולם כי בלתו עמודי שמים ירופפו וכמעט כל הבריאה היתה חוזרת לתוהו ובוהו ברשעת פועלי און, הם דור המבול שאמרו לאל סור ממנו ודעת דרכיך לא חפצנו, ועשו סניף לכל צבא השמים לפרוק מעליהם עול מי שבראם, וילכו אחר שרירות לבם ויבחרו בכל רע ועלה בעצתם להרבות במטעת כרמים לשתות מן היין להשתכר עצמם, להמשיך תאוות יצרם לכל אשר לבם חפץ, לבא על הנשואה ועל הזכור ולערב זרעם שלא במינם עם בהמה חיה ועוף, ועשו כל תועבות אשר שנא ה', והשם יתברך השפיע עליהם מרוב טובו, אולי יחזרו ויתנו לב לשוב מהחמדות שלא לאבד רוב השלוה והטוב אשר השליטם השם יתברך. וכראות כי לא היו שבים, הרעיש עליהם את ההרים והגבעות, אולי יכנס מורך בלבבם לשוב. וגם לזאת לא שמו לבם, והעמיד עליהם כרוז להכריז עליהם הרע העתיד לבא עליהם זה נח, וקבע להם זמן ק"ך שנה בעשיית התיבה שעשה, אולי יתנו לב לשוב, ויתנו כתף סוררת ועוד הוסיפו לחטוא, וחזר וקבע להם זמן עוד ז' ימים מאבלו של מתושלח הצדיק, והשמיע ממרום לכל יושבי הארץ ההספד שעשו למתושלח בשמים, והיו יורדין דמעות של חיות הקדש למטה, כמאמר רבותינו ז"ל (הביאו הילקוט סדר נח). וכוונתו יתברך היה, שיכירו מעלת הצדיק כמה היא ואולי ישובו, כאשר ראה כי לא שבו מדרכם הרעה, ויאמר ה' לנח קץ כל בשר בא לפני כי מלאה הארץ חמס מפניהם. כלומר באתי עד קץ כל אחד ואחד מהם, וראיתי שאין צדיק עתיד לצאת מאחד מהם, ולכן הנני משחיתם את הארץ. רק אותך ראיתי צדיק לפני בדור הזה, עשה לך תיבת עצי גופר, להסתיר עצמך מהקטרוג, והנך ניצול מכלם עם בניך הצדיקים כמותך ואשתך ונשי בניך עמך, ומכל הבריאה שלא השחית ינצלו עמך, וממך אני מייסד עולם כבתחילה.

ואתה בן אדם שים לבך לדבר הזה, לראותו ולהכירו גודל רחמנותו יתברך עם האדם, ועד כמה מאריך עמו שלא ימות חייב כדי להטיב עמו. הבט וראה כמה האריך עם אנשי דור המבול כדי שלא ימותו חייבים, וכל זה מכחיש (סברת) כת המינין שאומרים שהאדם לא נברא אלא לנקמה, כמו שכתב הרב ברוך בן ברוך ז"ל (בספר קהלת יעקב פירוש על קהלת דף ל"ד ע"ג) וזה לשונו: יש סברא מהאפיקורסים בראותם מקרי הזמן ומאורעותיו הרעים והטובים, שבו הוא מזוג במי ראש ולענה, אמרו שהאדם לא נברא אלא לנקמה ממנו, ואם נותנים לו גדולה לאדם הוא כדי להשפילו ולהשליכו משמי מרומים, כדי שתכבד עליו הירידה, ומצינו שהאדם בעולם הזה לא ישקוט ולא ינוח מרוגזו, וכל

ימיו ושנותיו מכאובים ויכלה ימיו
בהבל ושנותיו לבהלה, והוא מעותד
אל המקריים הרעים העתידים לבא
עליו, הן מצד המערכה הן מצד סבובי
הגלגלים המניעים את היסודות
המחייבים רעות רבות והשחתות
גדולות בזה המציאות, הן מצד
התחלתו הפחותה הוא ההיולי הראשון
וכבר אמרו עליו שהוא סיבת ההפסד
והכליון לפי שהוא לובש צורה ופושט
צורה היותו בלתי נמצא ומשתנה בכל
רגע ורגע, והכל בכח ולא בפועל, ואם
מצד השגותיו הם פחותות וחסירות,
שהם מן המאוחר אל הקודם כלומר
שהשגת האדם להשיג בעליונים הוא
קשה, לפי שהוא הולך בה ממטה
למעלה ע"י חקירת הטבע ועל ידי זה
בא לידיעת האל ואיך יאמר שיגבר
ויעלה אל השלימות איש אשר כזה,
נגוע מוכה אלהים ומעונה ע"כ. והנה
מכל מה שכתבנו שהאריך הקב"ה עם
דור המבול כדי שישובו, מפיל ארצה
הסברא הרשעה החשוכה והאפלה
הזאת של האפיקורסים אלו ימח שמם
בקברם. והכתוב מכריז טוב ה' לכל
ורחמיו על כל מעשיו, ודרשו רבותינו
ז"ל ומרחמיו נותן לבריותיו, כלומר
מלבד שהוא רחמן נותן לבריותיו
מרחמיו שיתנהגו כמדתו לרחם כל
אחד על חבירו. והעולם לא נברא אלא
להטיב עם בריותיו, ואדם צועק בצרתו
ומציל אותו, וכל התורה והנביאים
מכריזים על גודל רחמנותו יתברך,
והתלמוד והמדרשים מספרים כבור אל
וענותנותו יתברך שמו אשר כביכול
כמה מצטער בהגיע רעה על רשע,
ואומר קלני מראשי כו'. וכתיב עמו
אנכי בצרה. וכמה שמח בהיות משפיע

ומטיב, כי כעסו עם הרשעים הוא
מטעם שמונעים להשפיע טובו בעולם,
וצער גדול הוא למי שטבעו ומדתו
להיות ותרן, ומונעים ממנו מלתת
ולהרבות להטיב, ועל זה כתיב נוקם ה'
ובעל חימה. ורז"ל פירשו מה שפירשו,
עיין בע"ז פרק א', אך כפי דרכנו זה
הפסוק מכריז על האמור, דכיון שמדתו
יתברך להטיב תמיד, ויש רשעים
העושים מסך מבדיל בעונותיהם
מלעבור השפע, מתמלא חימה לעשות
נקמה בהם לאבדם, כיון שאינן שבים
כדי שירד השפע ויתרבה טובתו
לבריותיו, ואדרבה עשה את האדם
מפחד תמיד, כדי שיהיה משועבד
לעבודתו כדי להטיב עמו, ואם חטא
לפניו מפחדו במקריות הזמן כדי
שישוב לטוב לו.

ובהיות כן יש ריע אהוב נאמן שיאהוב
את רעהו וישתדל בטובו, אעפ"י
שיצפה ממנו גמול – שאיש את רעהו
יעזורו, או יש אח שיחזיק לאחיו כל כך
אעפ"י שבשר אחד המה אשר מבטן
אחד נוצרו, ומצפה ממנו עזרה
שולאחיו יאמר חזק, או יש אב ואם
שישתדלו כל-כך בטובת בנו אף על-פי
שמצפים ממנו כבוד והוד והדר
ושיכלכל להם עד זקנה ועד שיבה,
כהקב"ה המשתדל כביכול להטיב עם
בריותיו, אע"פ שאין מגיע לו כלום,
דכתיב אם צדקת מה תתן לו וכו' ומה
מידך יקח. והוא מושל בכל ומלכותו
בכל משלה, מלך מלכי המלכים ואדוני
האדונים, בורא יוצר ועושה הכל,
וכתיב מי הקדימני ואשלם, ועכ"ז ברא
עולמו בלבד להטיב עם בריותיו, יש
רחמן גדול ממנו, יש מרחם ומטיב
כמוהו. ולמה לא יתבייש האדם

ותכסהו בושה וכלימה לעבור על צוויו ולבטל אחת ממצותיו חלילה. ילמוד האדם ממדתו לעבוד ליוצרו. מדת האדם שלא יעברו על דברו, ולמה לא ינהג כן בבוראו שלא לעבור על דברו כאשר הוא חפץ בעצמו. מדת האדם שיתרבה כבודו ולמה הוא גם־כן לא ירבה בכבוד קונו. מדת האדם שיכבדו אותו בניו ולמה הוא לא ישתדל לכבוד האב של כלם ה' צבאות שמו, ולמה לא יתקנא האדם מהמלאכים שהם שוכני מרום, והוא בעפר מושבו בהיות לאל ידו להתגבר על מעלתם ולעלות על מדרגתם, כי מה מועיל קנאת אדם על חבירו, להתגבר על מעלתם לעלות על גבי חומר כמותו, היתפאר טיט על גבי טיט – לומר אני למעלה ממך, היש שבח לאבן אשר בראש פינה על היותה על חברתה, אין לשבח כי־אם יציר חומר נברא המתגבר במעשיו לעלות למעלה ממלאכי השרת, ולהכין מושבו תחת כסא הכבוד, וכיון שבידך בן אדם לעלות בסולם זו, איך ולמה תאחר עליתך, ולא די לזה אלא שאתה משבר מדרגות הסולם בקרדומות על־ידי מעשיך הרעים, שהם משברים וכורתים כחרב חדה, ואיך תוכל נשמתך לעלות דרך שם במותך, כי ברצותך לעלות תפול ממרומים לארץ נפילה בלי קימה, ואל מי תקרא לעזרה להקימך, האם העבירות שעשית יעזרוך או שהקטרוגים שמהם עשית יקימוך, ואם תשים פניך לרעיך אשר יפתוך לחטוא שיושיעוך, עוד מי לך פה שתוכל לדבר עמהם, ואם יצוייר שישמעו קולך, יברחו בהחבא מפחד שומעם קול כאוב אשר מארץ מצפצף, ולמה בהיות היכולת בידך להינצל מכל זה, לא תשתדל כדי לבקש ישועת נפשך, כי הרשעים שנאבדו מן העולם, קח אותם למראה וראה מה שהגיע להם, ופרוש מן דרכיהם. ראה דור המבול דשורש חטאתם היה הגאוה שנתגאו (כאמרם רז"ל במדרש פרשת בראשית) (כי הגאוה הוא שורש לכל עבירות שבעולם עד שאומר הקב"ה אין אני והוא יכולים לדור במדור אחד כארז"ל), והתחזק בדבר הזה שלא לשמוע בקול יצרך לפתותך על הגאוה, ובנוצחך אותו על הדבר הזה תוכל לנצחו בכל, כי כיון שנעקר השורש הענפים נופלים מאליהם.

והנני מלמדך שלא תכנס ותכשל בטומאת הגאוה, תחילה שים נגד עיניך שאינך מלך, וכיון שיש מושל עליך נמצא אתה בחינת עבד, יש צחוק גדול מזה לפני השמש עבד מתגאה, ולמה תתן מקום להזכיר שפלותך, שנית אם לבשת בגדי משי ובהם אתה מתגאה, דע שאין פחיתות גדול מזה, שאתה מתגדל בדבר היוצא מתולעים, ואם עם מה שיוצא מהם משלים אותך – נמצא שאתה טפל להם. ואם בגדי צמר לבשת ובהם נתגאית – היאמן שבהמה גדולה ממך שעמה אתה מתגאה, ואם בכלי פשתן היוצא השדה שנה שנה נתעטפת, דע כי הוא צומח ואתה חי מדבר, מי גדול ממי, ואם־כן איך תוכל להתגאות בכל זה. שלישית שים נגד עיניך שלא תעמוד ביופיך ובכחך כל הימים אשר אתה חי על האדמה, ובבא ימי הזקנה לא תוכל לנהוג דרכי הגאוה, והיית צחוק לכל מכירך באמרם הזה האיש המשתבח, איך נפל ונשבר והיה לקש. רביעית חשוב בדעתך שדרכך כבהמה בשעה שאתה

צריך לנקביך, וגוף המהפך כל פרי טוב הריח והגון לזבל ולסרחון – יש לו מקום שיתגאה. חמישית עלה על דעתך ימי החולאים הבאים עליך, אשר לבך נשבר בקרבך וכחך סר מעליך ולשונך לחכך דבקה וכמרורת פתנים בלשונך, ואתה כארמון נופל וכעי מפלה לשון חורבה ושממה, ופסוק הוא בישעיה י"ז היתה מעי מפלה נופל על ערש דוי והרוח נודף והקדחת מלחך, ואפיסת הכחות גוברות, ודם שבלב מתמעט ומלאך המות לפתח רובץ. שישית אמור בלבך אדם אשר הודו והדרו עור דק אשר גופו מכסה, ואם יסתלק ויתהפך מה שבפנים בחוץ כל רואיו, עיניו יכסה מלהביט דבר מיאוס כזה, ואיש אשר אלה לו יתגאה. שביעית תן דעתך באיש המנוגע מה מיאוס לראותו ומה חרפה להביטו, וכיון שלאיש יקרה זאת, מה מקום יש לו להתגאות. שמינית בשומך נגד עיניך כי לא לעולם חוסן הממון והנכסים, היש מבטיחך שתתנהג כל ימיך בגאותך, ואם היום או למחר נפול תפול, תמצא כל העולם שונאים שלך, ואין מנחם ואין מרחם עליך, וכאשר עשית כן יעשו לך. תשיעית שים נגד עיניך לכל הגאים שקדמוך מה עלה בידם, כי היו לקלון ולחרפה לכל באי עולם, ראה מה שאירע לנבוכדנצר שגאותו גרמה לו להתהפך לבהמה, והמן מרוב גאותו ירד לתחתיות ארץ, ודור המבול היו לקללה לכל באי עולם באומרם מי שפרע בדור המבול. עשירית שים תמיד נגד עיניך שגאותך אינך יכול לנהוג בה כי־אם בהקיץ, ובעת שתישן יכולים לסבבך צעירים ממך לימים, ועליך יצחקו ויתנו עליך רוק, ובפיהם ירימו קול בחירופים וגדופים ואתה מושלך כאבן דומם ואין קול ואין עונה, יש בזיון גדול מזה. אחד־עשר אם תרעב יש כח בגאותך להחזיקך ולהעמידך בלי אכילה ושתיה, לא כן כי־אם פניך משתנים וכחך סר מעליך, וכי איש אשר חייו תלויים על פת לחם יש לו מקום להתגאות. שנים־עשר אם המתגאה מתגאה בחכמתו, ישים נגד עיניו חכמת הראשונים כגון רבי עקיבא שהיה דורש על כל קוץ וקוץ תלי תלים של הלכות, ודואג ואחיתופל שהיו שואלים על מגדל הפורח באויר משנה היא פרק ד' דאהלות, ופי' תיבה ארוכה כמגדל תלויה בחבלים, ויש מפרשים ראשו של למ"ד למה היא גבוה מכל שאר האותיות שלש מאות שאלות ותשובות, וחכמת רבן יוחנן בן זכאי שלא הניח דבר שלא למד עד שיחת מלאכים, שיחת שדין ושיחת תמרים, כמו שהאריכו רז"ל בהפלאת תורתו וחכמתו, וכן בחכמת כל חכמי התלמוד (וכו'), ובעלות כל אלו החכמים בדעתו יכיר חסרונו ודקותו ושפלותו וישפיל גאותו, ואם מתגאה בעושרו יאמר בדעתו כיון שאם במציאות היה העושר כעושר המלכים ויועצי ארץ שהוא כלא חשוב, ואם מתגאה בגבורה יאמר בדעתו כיון שלא הגעתי לגבורת יהודה ושמשון אשר מקולם נפלו ערים בצורות ויעתק צור ממקומו, מה גבורה יש לי כדי שאוכל להתגאות, וגם יחשוב כי בזקנותו סר כחו מעליו, ואם ברוב בנים מתגאה, וכי כולם חכמים כולם נבונים, כולם עשירים כלם בלי מום הם, ועוד מובטח הוא שלא ימותו בחייו, הרי רבי יוחנן היה מכריז ואומר דין גרמא דעשיראה

ביר זה עצם של בן עשירי שמתו לו כל בניו כאמרם חז"ל, ועוד אם ימותו כולם מיתת עצמן היה לו לשמוח במיתתם, דאפשר אחד יפול במים ויחנק או יפול מן הגג, וכאלה מן המקריות שמתגלגלים בעולם או יתקצצו בחופתם. ואם ביופיו מתגאה – יכול להיות יפה יותר מיוסף ולא נתגאה, ואם יהיה בתכלית היופי, ישים בדעתו כי בימי הזקנה והשיבה פניו משתנים וקמטיו מתרבים וצעירים ישחקו בו, כי אז דומה לקוף כאחז"ל במדרש קהלת. שלשה עשר ישים בדעתו תמיד בשורשו כי ילוד אשה הוא, ועבר במקום השתן ב' פעמים, א' כשהולידו אביו, ב' כשילדתו אמו, ולאיש אשר אלה לו נשאר לו צד להתגאות. ארבעה עשר גדולה מכולם, יזכור תמיד יום המיתה, ואז בלי ספק יכנע לבבו הערל ויחלש כחו ותסתלק גאותו. חמשה עשר יאמר בלבו מי שמקוה ברוב תאותו שיתהפך במותו מיד לרימה משום שאך בשרו עליו יכאב, איך יוכל להתגאות כמו שפירש החסיד כמוהר"ר יוסף יעבץ ז"ל על משנת מאד מאד הוי שפל רוח שתקות אנוש רימה, כלומר תקותו שיתהפך מיד לרימה. הרי חמשה עשר דברים כמנין גאו"ה שישים האדם נגד עיניו (לשבר גאון עוזו גם ישים האדם נגד עיניו) כי השפל לא יפול לעולם, שכן תראה שכל יושב על הארץ אינו יכול ליפול כיושב על הכסא שיפול וישבר מפרקתו, וכן יסתכל באילן שהשורש הטמון בארץ, המובחר שבו והענפים שמתפשטים כל כך ועולין – מתרככין ונחלשים כי דקות המה. ישים דעתו בשמיר שמשבר הרים וסלעים, ושמירתו היא בחלוש שבמתכות – תיבה של עופרת שהוא דבר רך ולא היה יכול לשברו. הנה הבהמות והחיות אשר כח אבנים כחן – ניצודים ונלכדים ביד האדם, והיתוש והשלשול מרוב דקותו ושפלותו אע"פ שמזיקין אינו יכול לצודם. הבט וראה בארזים הגבוהים שמסיבת גובה קומתו קוצצין אותם לבניינים וחציר גגות הסמוכות לארץ אין מי שיגע בהם, ראה העפר הדק והנוצה – מרוב קלותם ושפלותם ברוח קימעא עולים למעלה, וראשי האילנות הגבוהים נוטים למטה, הבט בתורה וראה אברהם אבינו ע"ה שהמשיל עצמו לעפר ואפר (דבר שלא יועיל לכל, דעפר ואפר מעורב אין שום הנאה ממנו, דכתיב ואנכי עפר ואפר), זכה להיות מרכבה לשכינה, מעלה שאין למעלה ממנה, וסמא"ל שהיה בשמים ונתגאה ומרד בבוראו השליכו הקב"ה לארץ. נבוכדנאצר נתגאה ואמר אעלה על במותי עב אך אל שאול ירד, הרי כל המתגאה ירד, והמשפיל עצמו עולה. ראה לנח על שלא נתגאה באנשי דורו זכה לעלות למדרגת אדם הראשון, יציר חומר, כפיו יתברך להיות אב לכל באי עולם, דכולם בשם בני נח מתכנים, דכל המשפיל עצמו מגביהים אותו מן השמים, כדאיתא בזוהר פ' חיי שרה דף קכ"ב ע"ב, תוספתא: זכאה איהו מאן דאזעיר גרמיה בהאי עלמא שמשפיל עצמו בעולם הזה, כמה איהו רב ועילאה בההוא עלמא, והכי פתח רב מתיבתא: מאן דאיהו זעיר איהו רב ומאן דאיהו רב איהו זעיר, דכתיב ויהיו חיי שרה וכו'. מאה דאיהו חושבן רב כתיב ביה, שנה דאיהו זמן זעיר,

זעירו דשנין חד, אזעיר ליה, שבע דאיהו חושבן זעיר, אסגי ליה ורבי ליה (דכתיב שנים), תא־חזי דלא רבי קב"ה אלא לדאזעיר ולא אזעיר אלא לדרבי, זכאה איהו מאן דאזעיר נפשיה בהאי עלמא, כמה איהו רב בעלויא לההוא עלמא עכ"ל.

ואל יאמר אדם הנני קונה מדת השפלות כי רבה ויקרה היא, ואלך בדרך שלבי חפץ אחר תענוגי בני אדם לשתות במזרקי יין, ושפלותי יגן עלי, הבט וראה בנח אחר שהתורה העידה עליו מצדקותו ותמימותו, דכתיב נח איש צדיק תמים היה. ובהיות נח צדיק תמים כולל שפלותו וענותנותו, ועכ"ז כיון שנמשך אחר היין כמה נתבזה עד שהכתוב קראו איש אדמה, כלומר איש כולו אדמה כאחד הריקים מחובר לחומר, והכתוב מילל עליו דכתיב ויחל נח איש האדמה ויטע כרם וישת מן היין וישכר ויתגל וכו'. י"ג ווי"ן נזכרין בענין היין, לשון וי ויללה כאחז"ל. שא נא עיניך וראה מה שכתב מוהר"ם אלשי"ך ז"ל במוסר היין פרשת נשא (דף רמ"ה ע"ג) וז"ל:

תוכחת מגולה לסובאי יין וזוללי בשר גם בקרב ביתם, ומה גם למתקדשים ומתוועדים אל החנות, כי יקראו איש את רעהו אל תחת גפן ואל תחת תאנה ותחת כל עץ רענן נצב על עין המים באמור אליו, לך נרוה דודים עד הבוקר מיין הרקח, נתעלסה באהבים באשישי ענבים כוסות יין, כי במה יודע איפוא, כי אנשים אחים אנחנו באהבה מסותרת, אם לא נגילה ונשמחה יחד ביין ישמח לבב אנוש, כי כוס בידך מלא מסך אך שמריה אשתה למען בריתך, וגם עליך תעבור כוסי רויה ולקחתי מנחתי מידי למעני, ויהי הקשר אמיץ ביני ובינך אהבת עולם מעתה ועד עולם, כי נזכור אני ואתה יושבים צמדים שותים במזרקי יין, כוס מלא ברכת ה' מלא הין, וגם אתה אלי על הין הין, ופי פערתי ואשאפה פעם אחד ולא אשנה כי לזאת יקרא חפצי בך, וגם אתה קבעת כוס חמתי שתית מצית, ומי כמונו רעים אהובים אהבת עולם לא תשכח ויקומו ויעשו כן המה ורעיהם כיוצא בהם, ויחמו בבואם לשתות, שתו ולעו וירום לבם, ויהיו כל איש מהם כמוהו כפרעה, חשוב בעינו כמלך, כי תירוש ינובב וביין חמר, אל מי תדמיוני ואשוה יאמר, ובגובה לבו ישתרר גם משתרר על השתיה כדת, גבורים לשתות יין. והנה אשר יראה הרואה אותם בראשיתם, צדה ברך יברך, כי יראה על כל כוס וכוס תילי תילים של ברכות, זה יאמר בנטותו את ידו אל גביע הקצף כלומר שמביא קצף הקב"ה על העולם כה לחי, תעמוד אחי בשמחתך ביום חתונתך, וזה ישיבהו ויאמר גם את בדם בריתך וכהנה וכהנה מאה ברכות הערוכות בפיהם ובשפתותיהם, אך במרעיתם וישבעו יצא לבם, ויחלו לשתות בכלים מכלים שונים רבים ונכבדים מהראשונים, וימלאו את כליהם כאשר יכלו שאת עד יגר מזה, ואז יתהלל המתהלל באמת באמור מי כמוני גבור לשתות יין במדה טובה ורחבה, ובמדה שאדם מודד בו מודדין לכל אחד מהמסובין עד יצא מאפם, ומכל היוצא מפיהם, כל שלחנות מלאו קיא צואה בלי מקום. ואזי למי, אוי למי אבוי, זה נופל כשוכב בלב ים וזה קם והכה את רעהו באבן או באגרוף,

וזה יצא ומקלל אשר שתו וישכרו עמו – עד ששמחה לתוגה נהפכה, וגם אהבתם כבר אבדה וימירו את כבודם כפי חזיר בצואה עוברת, ונחת שולחנם צואה בלי מקום עד אפס מקום, והן זאת רעתם כי מר הרכה והענוגה שברעותיהם במנעמיהם, זולת שתים רעות אשר אלה ביין שגו – בגזל ועריות, כי ממשוך איש ביין את בשרו – יבא עד ככר לחם וילסטם את הבריות, כי על כן צוה לנו יתברך להמית בן סורר ומורה, כי מוטב שימות זכאי וכו', וגם לץ היין הומה זימה כי מפנק ביין את בשרו, האספסוף אשר בקרבו יתאוה תאוה לגלות בשר ערוה, כי בהשליך נפשו אחרי גוו נמשל כבהמות נדמו וכו' עד יחדיו ירננו, כי ישישו בני מעיהם בכל היוצא מפיהם, כדבר אחת הנבלות, ומה ירמזון עינים אשר הם זונים אחריהם, כי יחמדו לבותם ויפעלו גויותם, כי מי שלח ידו ביין ונקה, כי אבינו הראשון חטא בו כאמרם חז"ל, גפן היתה וכו' סחטה ענבים ונתנה לו, וימת הוא וכל זרעו, ונח מצא חן בעיני ה' ופשע ביין ונאשם, ואצילי בני ישראל (בני אהרן) שתויי יין נכנסו, עברו ונענשו, ומורם מהם כיוצא בהם. והן אמת כי אשר שתו וישכרו בימים ראשונים אשר היו לפנינו כאשר נכון היה הבית וארמון על משפטו, וחטאתם לא כבדה מאד כי רוב טובתם התעה אותם, ועל כן רבים שתו נימא, אך עתה כי הנה בעונותינו הרבים רבים ישתו לא נימא, כי אל ישמח ישראל אל גיל כעמים כו' כי יראה כי אזלת יד, כי נפלה עטרת ראשינו וגלינו מארצנו ושכינת עוזנו בקרב העמים, ומי האיש החפץ חיים אוהב ימים לראות ברע ובושת הפנים כיום הזה, כי שחה לעפר נפשנו דבקה לארץ בטננו. ואף לזאת יחרד כל לב, כי מה ראו על ככה ומה הגיע אליהם, השמחים אלי גיל ישישו כי ימצאו יין להתהולל בו. ומי האיש אשר הוא יהודי ולו דמוע תדמע עינו לילה מאין הפוגות, כי עיניו רואות וכלות עכו"ם אשר הבל המה, מעשה תעתועים מינייהו היא מלכי ואפרכי ועבדי השם אשר לו הגדולה ואין זולתו כי יוצר הכל הוא, נתונים תחת און עובדי כוכבים ומזלות, ומבטן מי יצתה הרעה הגדולה הזאת אם לא מרוע מעללנו אנחנו ואבותינו, כי מידינו היתה שפחה כי תירש גבירתה, ולו חכמו נשכילה זאת, קרענו את בגדנו ונלבש שק ואפר, ונצא בתוך העיר ונזעק זעקה גדולה ומרה עד פור התפוררה אדמתינו וגוייתנו, ויקרא זה אל זה ויאמר לכו ונשובה אל ה' בצום ושק ואפר, ואל תתן פוגת לו עד יכונן ועד יקים את סוכת דוד הנופלת, ולא די שלא יעשה כן, כי אם שתחת היותם כאבלים כל ימיהם, ולבלתי מלא שחוק מפיהם, הלא יאמרו נקחה יין ונסבאה שכר והיה כזה יום מחר, ולא יאמרו איה ה', היש ה' בקרבנו אם אין. כי עונותינו היו מבדילים בינינו ובין אלהינו, הלא נכלם כי אוי לאותה בושה, אוי לאותה כלימה, ואבחר דרכי ואתנה שכר לאובד ויין למרי נפש, ואשבה משומם ואבכה בצום נפשי, ואפר כלחם אוכל ושקווי בבכי משכתי עד ישקיף וירא ה' משמים, לתקן עולם במלכות שדי וישמח ה' במעשיו וישראל ישמח בעושיו עכ"ל.

גם שא נא עיניך וראה מה שכתב

הסמ"ג ז"ל (דף י"א ע"ד) על פסוק השמר לך פן תשכח את ה' אלהיך. במצותה כתוב וז"ל: אזהרה בענייני גאוה וענוה, שלא יתגאו בני ישראל כשהקב"ה משפיע להם טובה ויאמרו שבריוח שלהם ועמלם הרויחו כל זה, ולא יחזיקו טובה להקב"ה מחמת גאונם, שעל זה עונה זה המקרא ואומר בפרשת ואתחנן, ובתים מלאים כל טוב אשר לא מלאת וכו' ואכלת ושבעת השמר לך פן תשכח וכו'. וזה הפירוש שפירשתי מפורש בסמוך, פן תאכל ושבעת ובתים טובים תבנה וישבת ובקרך וצאנך ירביון וכסף וזהב ירבה לך וגו' ורם לבבך ושכחת את ה' אלהיך המוציאך מארץ מצרים וגו' ואמרת בלבבך כחי ועוצם ידי עשה לי את החיל הזה וזכרת את ה' אלהיך כי הוא הנותן לך כח לעשות חיל. ומכאן אזהרה שלא יתגאה האדם במה שחננו הבורא, הן בממון הן ביופי הן בחכמה, אלא שיש לו להיות עניו מאד ושפל ברך לפני ה' אלהים ואנשים, ולהודות לבוראו שחננו זה המעלה. ובמוסר השירה כתיב, הלה' תגמלו זאת וכו'. הלא הוא אביך קנך הוא עשך ויכוננך. ואיך לא תגמלהו בטובה ושבח הכתוב הענוה, שנאמר והאיש משה עניו מאד. ואמרינן בירושלמי דמסכת שבת פרק קמא: מה שעשתה חכמה עטרה לראשה עשתה ענוה עקב לסולייתה פירוש: למנעלה שנאמר ראשית חכמה יראת ה' וגו' ונאמר עקב ענוה יראת ה'. ודרך שתשרה שכינה על הענוים, שנאמר אשכון את דכא ושפל רוח. ודרשינן במסכת סוטה שכל המשפיל עצמו, מעלה עליו הכתוב כאילו הקריב כל הקרבנות כולם, שנאמר זבחי אלהים רוח נשברה. ולא עוד אלא שתפלתו מקובלת, שנאמר לב נשבר ונדכה וכו'. ואני דרשתי עוד כי אפילו משאלות לבם ותאותם שומע הקב"ה וממלא רצונם, ואע"פ שלא התפללו עליה, שנאמר תאות ענוים שמעת ה' תכין לבם תקשיב אזניך, תפלת ענוים לא נאמר אלא תאות, כלומר מה שחושבים בלבם. צאו וראו מה שפירש דוד מלך ישראל, ואנכי תולעת ולא איש חרפת אדם ובזוי עם. כלומר יש לי לדמות עצמי לתולעת שהוא תחת העפר בחרפה, כך כשאדם מת העפר למעלה מראשו, לכך היה שפל לפני המקום שהיה מפזז ומכרכר לפני בוראו, כמו שאמר למיכל והייתי שפל בעיני ולפני אנשים, כשקלל אותו שמעי בן גרא אמר הניחו לו, וכל זה גרמה לו הענוה היתירה. והאריכו רז"ל בגנאי גסי הרוח במסכת סוטה שנקרא תועבה, כדכתיב תועבת ה' כל גבה לב. ולא יראו בנחמת ציון, כדכתיב כי אז אסיר מקרבך את עליזי גאותך ולא תוסיף לגבהה עוד בהר קדשי והשארתי בקרבך עם עני ודל וחסו בשם ה', ואינו רוצה לומר עם עני ממש, שהרי כתיב כי לי איים יקוו ואניות תרשיש בראשונה להביא בניך מרחוק כספם וזהבם אתם, אלא ר"ל עם עניו, וכן תרגם יונתן עם ענותן. ואומר בספר משלי גאות אדם תשפילנו ושפל רוח יתמוך כבוד, ואמרו רז"ל מאד מאד הוי שפל רוח שתקות אנוש רימה, ומותר האדם מן הבהמה אין – כי אם מקום עבודת הבורא יוצר הכל ולעשות נחת רוח עכ"ל.

ולמה יתלבש האדם בגאוה שהוא

לבוש מלכו, דכתיב ה' מלך גאות לבש, בהיות דבר גלוי ומפורסם לכל מי שיש לו מוח בקדקדו שהלובש פורפירא של מלך מתחייב בנפשו, ונמצא זה הורג עצמו בידיו וידון במשפטי גיהנם עם חבריהם המאבדים עצמם לדעת. נקוט כלל זה בידך, שכל המתגאה כל ימיו מכאובים ודאוגים, כי הוא מרוב גאותו ורום לבבו כולם כאין נגדו, וכאילו חייבים לעובדו ולקום מפניו כעבד לפני רבו, ולישב ראש על כל נשא ורם, בין זקן ונשוא פנים, בין כהן גדול הנכנס לפני ולפנים. ובעיני כל רואיו חשוב כקליפת השום, ואין מי שישגיח עליו לכבדו כנפל טמון, ובבואו במקום אנשים אפילו קטן שביניהם לא קם ולא זע, ואם ידבר אין שומע, ובראות בזיונו מחזיר עורף להלוך הלום, ואין אומר ואין דברים מאיש או תינוק לשלחו לשלום. ובראותו כך, כלימה תכסה פניו ומרורת פתנים בקרבו מרוב בושתו, כי כפי גאותו וחשיבותו בעיני עצמו, כל זה קוצים כשיכים בצדו. ונמצא שכל עת ורגע מתמלא עברה ולבו מלא דאגה, ורוב שמחתו תוגה. באומרו אך איש שר ואוהב, חושבים אותו כאויב. ומאורעות אלו תמיד לו ערב ובוקר וצהרים, עד שמרוב צערו נופל על ערש דוי. צועק אוי ואין עונה. וכדי שירחמו עליו מודה ומכריז, ואדם אין ואין פונה. באומרם לא כן בדיו לא אמת כזביו, אלא מפני שקרקע עולם הזיקתו והחיים הרחיקתו, מודה ועוזב – ובאמת הוא כוזב. ואם יקום ממטתו ישוב לשטותו, ומניחים אותו סולד בחילה אולי יהיה לו מחילה. ואם ימות באולתו, מיתתו כפרתו, והוא משתומם על המראה איך איש כמוני בדד, כאיש אשם שודד. ובראות כן על־ידי ממון כל רופא הוא דורשו, ואם אין לו מוכר לבושו. אולי יעלה רפואה למחלתו אשר גרם בגאותו, ולמה אתה בן אדם אתה בונה בגאותך, בית מושב רופאים ומשכנות וקינות המוזרות בלבנה נשים המתקבצות לטוות לאור הלבנה. הבאות להרים קינה באוי ואבוי. על כל בית ומבוי, בהבל שבפיהן מקוננות, ובלבן מלות שונות, בוכות בעיניהן, ושמחים בקרביהם. מצדיקות בפיהן, ברוך מי שגזר כך לכל בריה, ומתי יבא אכילת ההבראה, לקיים מצות מנחם אבלים, באומרן להן האדם הבל הבלים, קחו נחמה בלבבכם, כי כך יארע לכם, זקן ונער, חכם ואיש בער.

פרק ג

יבין **ה**קורא **ו**יסתכל **ה**שומע, אתה בן אדם קח נא מפי מוסר ושים אמרי בלבבך, שא נא עיניך וראה בתכונת גופך וממנו תלמוד ליישר אורחותיך. יראו עיניך הליחה הנובעת מנחירך והמים הסרוחים המתהוים בגופך ומקום השתן והרעי היוצא ממנו בחיים חייתו. ובהתגבר על חום טבעי שבו קצת חמימות ממיני הקדחת המקריות המתגלגלות ובאות משנה פניו ותשלחהו לחרפות וארמון קומת הגוף תשפילהו לעי מפלה לשון חורבה ושממה, ופסוק הוא בישעיה י"ז, א: וְהָיְתָה מְעִי מַפָּלָה. ואם פרוח יפרח בעור בשרו שאת או ספחת או אם יקרהו מפגעי הזמן פצע וחבורה ומכה טריה משימהו כנבלה מוסרחת אשר מריחו ינוסו למרחקים בהכרזה וטמא

טמא יקרא ועליו ישרוק הזבוב ויתגבר הרימה חמרים חמרים ותבאש ערשו ועל לובן סדיני מטתו בהרות בהרות ככתומי הנדה מדם הסרחון הנובע ממנו והוא כחלל דומם בלי הרגשת הדבור וכגולם בלי צורה וכנוד נפוח מבלי שיוכל עין רואה להעיד על צורת פניו עם החוטם והוא נוגח בקרבו לצמאון המים מאש הקודחת בו כתנור בוער ואין נשימתו נשמעת אפילו לקרובים אליו מרוב חולשתו ודקות הנשימה כדי שימלאו שאלת תאותו ויסלד בחילה ולא יחמול עד שיוצא נפשו חבל בחבל כחבלי היולדה. ואם יאריך בחוליו ימים רבים על מטתו, יראו עיניו כידו שברו, וחמת שדי ישתה בימים הרבים ההם, ויצטמק גופו עד שיראו לחוץ בליטת עצמותיו ואבריו כאילו שתה מי המרים המאררים כסוטה. וישתנה צורתו ויתהפך כקוף בפני אדם וכל רואיו לא יכירוהו. ואפילו אשתו ובניו המורגלים עמו יכחשו בו לאמר אין זה אבינו אשר גדלנו ואשתו מיללת ואומרת אוי כי איננו, כי כקטון הנולד דמי, ותואר פנים אין לו וכנפל טמון בתוך מטתו מוצנע וחדל אישים בביטול ההרגשות ומניעות החושים עד יקוצו מפני חייו ומרבים עליו בתפלה בארבע פינות הבית לפנות הבית ממנו ולבערו מן העולם ושישוב לעפר כמו שהיה. ולאיש אשר אלה יקרה לו, איך יתפאר בתואר צורתו ואיך יתרומם בגופו המפואר וברום קומתו ואיך יתגדל בזרוע עוזו לאמר ידי אמה וכח עוצם ידי עשה לי את החיל הזה. ואיך יתגאה ברוב עושרו ובבגדי החמודות שעליו. ואיך ישרח בהתגבר על חבירו על שער בת רבים ויגיל בטובו ורוב בניו ואיך ישיש בכבוד שמקבל מאחרים. ואיך יתחזק בבריאותו. ואיך ירים קול בכעס על חבירו. ואיך ירגיל עצמו בטעימת המעדנים ובמשתה היין. ואיך יתאוה לטיולים בגנות ופרדסים תחת כל עץ רענן בשקתות המים במקום נהרים יאורים תחת צללי אלה ואלון לשמוע שריקות כל צפור כל כנף. ואיך יתקן ערשו בסדיני פשתן הדקים ואיך יתעדן בשינת השחר ואיך יערב לנפשו קול שרים ושרות, ואיך יתייפה בקשוטי היופי, ואיך ישמח בצחות לשונו. ואיך יחליץ עצמותיו בקלות המרוצה אשר ברגליו כאחד הצבאים אשר בשדה. ואיך ימלא שחוק פיהו כיון שעל כל זה נופל הצער והדאגה והיגון והמניעה והביטול כנזכר לעיל. ועתה שמע בקולי איעצך ויהי אלקים עמך ויבלו בטוב ימיך ושנותיך בנעימים ותקבל שכר טוב בעמלו בעולם הזה ובעולם שכולו טוב עולם שכולו ארוך בעשותך כל הכתוב לעיל על צד ההיתר והרצון הטוב. יתפאר האדם בתואר צורתו ובצלם דמות תבניתו להלל לשבח ולפאר ליוצר יצורים אשר ברא את האדם מעין דוגמא של מעלה. ויכוין על כל רואיו שיעלו צורתו בדעתם עלי משכב להיות לו בני' יפים כמותו לעמוד ביצרם כיוסף וכר' יוחנן דהוה יתיב בשערי טבילה על הכונה הזאת כנודע. ויתרומם האדם בקומת גופו להיות עומד בפרץ על כל צרה שלא תבא על הצבור להראות קומה ולהטיל אימה על הקמים לצער רבים או יחיד. ויתגדל ברוב עוזו להחזיק ביד נמוכי הרוח ולכל נרדף בצרה ולעזור עני

ואביון ולכל אלמנה ויתום. ויתגאה ברוב עושרו ובבגדי החמודות שעליו תכלת וארגמן בתתו פיזור לאביונים ולהיות מחזיק ביד חושקי תורת ה' תמימה ולהרבות צדקות וג"ח ולהטיל בכיס ת"ח ולהלביש ערום מבלי לבוש ולפדות שבויים ולעשות נדבות לכל כלי הקדש ולהוציא הוצאות לקנות ספרים שילמדו אחרים ולזון ולפרנס לכל שואל ולקבוע ישיבות לחלוק עמהם כזבולון ויששכר. וישמח בהתגבר על חבירו בשער בת רבים אם כונתו לבטל דברי טועה אם דבר נגד עניי עמו או אם הבל יפצה פיהו בדברו דבר הגורם קלות בתורה בעצתו או איזה מהדופי ללומדיה וכדומה. ויגיל ברוב בניו ובטובו על שחננו השם בבנים ונתן לו יכולת לגדלם בתורה כדי שיעבדו אותו ויקדישו שמו בכל לבבם ובכל נפשם וישיש בכבוד שמקבל מאחרים בהיות זה גורם ליישר אורחותיו באמרו בינו לבין עצמו מאמר הפייטן חטאי אלו יריחון בם שכני אזי ברחו ורחקו מגבולי ואין מכבדים אותי כי אם בחושבם כי חסיד אני ואם ירגישו אחד מני אלף ממעשי המכוערים יברחו למרחקים פן יזיק להם טומאת הבל פי. ונמצא הכבוד מביאו לתיקון מעשיו וראוי שישמח וישיש בו כיון שמדריכו אל היושר, שלא יראו בו ערות דבר הגורם מניעת הכבוד. ויתחזק בבריאותו לקיים והגית בו יומם ולילה, שהתורה מתשת כחו של אדם. ולעמוד על קיום המצות ולשמש תלמידי חכמים ולהלוך בשליחות מצוה. וירים קולו בכעס על חבירו למונעו מעבירה ולשבור זרוע רשע ולייסר לעוברים רצונו של

מקום. ויתענג בטעימת המעדנים והמשקים הערבים ניסוך יין במים הקרים על נפש עיפה ודבש וחלב תחת לשונו לברך לבורא הכל על כל מין ומין מעין ברכתו. ולענג שבתות וימים טובים כאחז"ל קדשו במאכל ומשתה וכסות נקיה ולשתות במשתה היין בסעודה של מצוה לגמרה של תורה וברית מילה וסעודת בת ת"ח לת"ח וכדומה. ויתאוה לטיולים בגנות ופרדסים לבקשת התבודדות להיות ביחידות לעיין ולהבין ולהשכיל במושכלות התורה להשיג סודותיה. ולשמוע שריקות קול צפור כל כנף לתת הודאה לבורא עולם ה' שהכל ברא לכבודו, וכולם אומרים לפניו שירה בצפצוף פיהם לפרסם כי אין אלוה מבלעדי ה', ויתקן ערסו בסדיני פשתן הדקין לנוח בהם בשבתות בחגים ובמועדים לכבוד השם ולכבוד היום המקודש. ויתעדן בשינת השחר כשעמד עם העומדים בבתי ה' בלילות ונדד שינה מעיניו כל הלילה על התורה ועל העבודה ויהי באשמורת הבוקר שגברה עליו השינה ונפל למשכב אז יישן וערבה שנתו. ויערב לנפשו שירים ושירות לזמר ולהלל לפני בוראו בספור מקצת נפלאותיו. ויתייפה בקישוטי היופי להיות מתוקן בהתפללו לפני בוראו על דרך הכון לקראת אלהיך ישראל, ולכוון שלא ימצא רבב על בגדיו ובכל עת יהיו בגדיו לבנים להתפלל בכסות נקיה ובגדים מיוחדים לזה. וישמח בצחות לשונו להיות דורש ברבים דברים ערבים לשומעיהם ולהגיד לעם את הדרך אשר ילכו בה ואת המעשה אשר יעשון. ולנצח בצחות לשונו ונועם

שפתיו ומוצא דבר למינין ואפקורסים אשר אמרו ללשוננו נגביר שפתינו אתנו מי אדון לנו, להפיל דבריהם ארצה והבל הבלים שבפיהם ולהשימם לרפש וטיט ויסך בשרו בשמן ערב ומיני הבושם שיעור להעביר מעליו סרחון הזיעה וכדומה הגורם שלא יתקרב אדם אצלו בדברו אליו ויתרחק ממנו וימאס בדברי תוכחתו וחידושי תורתו ומוסריו. ויחליץ עצמותיו בקלות המרוצה לרוץ בדבר מצוה ואפילו קלה כדברי התנא הוי רץ למצוה קלה. ולמהר לברוח מן העבירה עד למרחקים ולרוץ להציל נפש עשוק מהרודף ולמהר הליכתו בכל דרך מצוה. ולדלג בהרים לבער קוצים מן הכרם. וימלא שחוק פיהו לשמח חתן וכלה ובשמעו ישועות השם ומפלת אויביו ובשמעו שמועות מגאולתנו ומפדות נפשנו ושמועות חדושי התורה ודקדוקי מצות שנתחדשו. ואם כה תעשה תשמח בעולם הזה ותקבל טוב לעולם הבא. הטה אזנך ושמע ללמוד מוסר מיום אתמול כי יעבור ליום שאתה עומד בו, כי כל מה שעשית אתמול בתענוגי גופך מה בידך תקח היום, ואם גם היום תעשה ככה, גם זה יעבור למחר עד שבסוף ימיו יעלה חרס בידך, ונמצא הוצאת כל ימי חייך להבל וריק והכינו אבריך כלי מות לשאת בידך בצאתך מן העולם לעשות נקמה בנפשך עמהם, פוק דון בנפשך ואמור בינך לבין עצמך היוכל ארץ לסבול לתקן ולהכין בעצמי נקמות לי, מה שאין צר ואויב יכול לשער לעשות, כי תחת אשר בידי וברשותי להוציא כל יום מחיי בתורה ובמצות ולקבוץ על יד מעט מעט כפי יכלתי והשגת דעתי, ואם איני מבין בתורה לפחות לחשוב מחשבות לעשות ומחשבה הקב"ה מצרפה למעשה, ומעשי ומחשבותי בספר נכתבים כמעשה ממש, לקבל עליהן שכר משלם כמו מעשה, ונמצא אני מרויח בכל יום ומסגל טוב אשר עין לא ראתה אלקים זולתך במקום שאין היד שולט בו להשביע בצחצחות נפשי בצאתי מן העולם ואני בורא מלאכים במעשי ומחשבותי הטובים ללוות אותי בצאתי מן העולם ולהצילני מכל מזיק ומחבל ומשטין להכריז לפני בברוך אתה בצאתך ובשלום בואך עד הביאני אל המקום אשר הכינותי במעשי הטובים תחת כסא כבוד בוראי להתעדן מזיו שכינת עוזו, ואם כה תחשוב כל יום לשים בדעתך, דע באמת שתמאוס בחטאתך ותבקש הדרך הנותן מנוחות לנפשך. וכיון שביד האדם וביכולתו לתקן ולהכין כל טוב לנפשו ואפילו ע"י מחשבה טובה בלבד כמדובר, והוא לא כן עושה, היש קץ לרעתו המגיע לנפשו בהתפרדה מהגוף הנגוף אשר שמע לעצתו לטנפה במעשיו המכוערים להטותו אל דרכי העונג וריבוי המאכלים להרבות הזבל בקרבו מרוב אכילה ושתיה יום יום, להעלות אודי העשן האף והחמה מהאכילה אשר הרבה הזבל והזוהמא, לטנף משכן המוח והלב ששם מושב הנשמה ולגרשה משם ולהמליך במקומה נפש חיוני כבהמה, דמותר אדם מן הבהמה אין, לבד הנשמה הטהורה. לכן בן אדם חמול עליך כי אין שום בריה יוכל להצילך ממשפטי חרון אף והחימה אשר טפחת ורבית מיום היותך על האדמה עד אשר חשכו מאורי שמש

אורו שהוא פרידת הנפש מהגוף, כי ההצלה בידך מסורה וברשותך נתונה לשוב יום א' לפני מיתתך ולעשות לך הצלה אין כמוה כי בידך הכל ומידך נותנין לו שכר טוב מעמלך אשר עמלת בדברים בלבד באומרך חטאתי עויתי פשעתי על כל מה שאמרתי ודברתי בשפתי חלקות ועל מה שעברתי על המצות. וכיון שבדברים בלבד יכול אתה להציל ממות נפשך כדכתיב קחו עמכם דברים ושובו אל ה' אם נתרשלת גם מזו היש קץ למשפטיך המוכנים לנפשך, הבט וראה באבינו הראשון אברהם ראש המאמינים אשר משלש שנים הכיר לבוראו וטרח ועמל כל ימיו לעשות רצון בוראו ומסר עצמו בכבשן האש באהבתו אותו ית' ונסיונות אחרים גדולים כמוהו אשר גירשו מארצו וממשפחתו ומבית אביו ואע"פ שהבטיחו על הממון והשם והבנים שהדרך ממעטם, לא קיים מאמרו ית' בעבור מה שהבטיחהו כי אם וילך אברם כאשר דבר אליו ה' לקיים דברו בלבד ולא על־מנת לקבל פרס ואף שאחר שהובטח הגיע לו מהצרות, רעב כי בא עליו וירד מצרימה והגיע למות נפשו באומרו והרגו אותי ואותך יחיו ונלקחה אשתו בבית פרעה הרשע ומשם הצילה השם בנגעים גדולים. ואחר זאת לא שָׁלָו מרדיפת המלכים אשר רדפוהו, והשם הציל אותו ומיד שמע צרה כי נשבה אחיו ורדף ונסתכן להצילו. ולא שקט מזו כי אחר הדברים האלה הודיעו לו מגרות בניו ועבדום וענו אותם ארבע מאות שנה ושם הוגד לו גליות אחרות שעתידין בניו לעבור וידאג נפשו בקרבו מצרת זרעו. אחר זו נולד תיגרא מחלוקת בביתו משרה עם הגר, וקשה וצער גדול מחלוקת בבית, ממלחמת גוג ומגוג כאמרם רז"ל עד שבא לכלל ששרה אשתו מסרה עליו דינה לשמים באמרה לו חמסי עליך והוא סבל ושתק. על כל זאת בא אליו צווי המילה לחתוך בשר ערלתו וקיבל באהבה ולא נתרשל אף שהכיר בצער הגדול אשר יעבור עליו להעביר על בשרו חרב חדה ועכ"ז לא בעט ולא הרהר אחר מדותיו יתברך כיון שכל זה היה הפך מה שהובטח, ואדרבה הרבה אהבה על אהבתו ולא סר מדרכו יתברך כל ימי חייו וצוה כך לבניו אחריו, הבט וראה כמה טרח אברהם אבינו ע"ה להשיג השלימות, ואתה אף שכל ימיך הלכת אחר ההבל, אם תשוב בדברים להתוודות עונותיך אפילו באחרית ימיך תשלים נשמתך, שבמקום שבעלי תשובה עומדים אין צדיקים גמורים יכולים לעמוד. אם לא תשמע לעצה זו, דון בנפשך אם יש מקום לרחם עליך ביום אשר יביאו אותך במשפט.

פרק ד

יוצר הרים ובורא הברואים, צורי מחסי וגואלי, בעלותי על לבבי החסדים והרחמים שהגדלת לעשות עמי מיום שיצרתני ועד עתה, ואני הסכלתי עשו לעבור על כל אשר צויתני לשמור, תסמר שערת בשרי ואחז בשרי פלצות, ויתפרדו כל עצמותי ואחזתני רעדה ואסלדה בחילה באומרי מה אשיב בעת שיביאוני לדין לפניך וירשיעוני בבית דיניך הצדק, מה ששורת הדיו נותן לקצוב עלי

ממשפטי גיהנם, בהיותי כפוי טובה עם מי שהרבה להטיב עמדי טובות אשר לא יוכל רעיון לסופרם כי רבו עד שאין באין לכלל מנין, ובראותי הרע הגדול אשר עשיתי מת רוחי בקרבי בראותי שאין רפואה למכתי וכמעט נתייאשתי מן הרחמים, אך יעצוני כליותי לברוח ממך אליך קודם יחשכו כוכבי נשפי להסתופף ולהסתר עצמי בצל כנפיך, שתכפרני ברחמיך ותטבילני במי חסדך ותטהרני בגודל רחמיך, ותכין משכן נשמתי תחת כסא כבודך, כי ידעתי שלא יצרתני כי־אם להטיב עמדי כמדתך להטיב בלי הפסק רגע, ועל זה בטחתי לברוח אליך למסור עצמי בידך, כי ידעתי שתחשבני כשוגג או אנוס על עברי מצותיך, כיון שכל הגוף המטונף אשר מחומר קורץ, הם גרמו לי כל זאת, ונפשי נשמתי אשר בקרבי גולה וסורה, לא יכלה למנוע בחירתי ולהצילני בעת בואי לעבור רצונך, כי לא יכלה לברוח ממני ולמונעני מחטוא לך, כי חיוב צוייך עליה להיות סגורה בקרבי עד זמן שגזרת עליה לשבת שכונה בי, ואני במעשי המכוערים והמטונפים גרמתי לבת־מלך הנשמה שהיא בת מלכו של עולם לסבול טינוף מעשי, כי הוצרכה לבא עמי במצור, להאיר באברי לחזקם ולאמצם, לפעול כפי רצוני ובחירת נפשי, והכנסתיה בחלאת טומאת עונותי, וכיון שכך הרביתי לפשוע, וכי יספיקו מימי המבול הרותחין לטהרני, ואם אש ששרף לסדום יכול להתיך עובי חלודת זוהמתי, וכי מכות שבאו על המצריים יוכלו למרק עונותי, ואם מכת הטחורים והעכברים שבאו על הפלשתים יכפרו (יכסו) על פשעי, וכי כל מכה וכל חולי שנברא מעולם אף שיבאו עלי כחדא מחתא בבת אחת יוכלו לטהר ניאופי, ובראות עצמי מלא אשמות לא אוכל מלט, חשבתי מחשבות להתיעץ בנפשי, אף שהרעותי עמה לטמאה במעשי, ואומר לה נשמתי נשמתי הטהורה והחכמה אשר ממרומים ירדת לעשות שכונה במשכן בתי חומר הוא משל על הגוף שמחומר קרוץ, ולך נגלו תעלומות חכמה ושערי בינה מסורים בידך, וממך לא נעלם מה־שכתוב בתורה "לא תתעב מצרי כי גר היית בארצו", ואף על פי שעשו עמהם רעות, כך גזרה חכמתו יתברך להטיב עמהם כיון שגרו בארצם, גם אע"פ שהגדלתי לעשות עמך רעה, לא תתעב אותי למנוע עצה ממני, לייעצני בדרכי הישועה לשוב לקוני, כי אין לי פנים לשוב בלתי עצתך, לכן אל תמנע טוב ממני כי גר היית בארצי. ותען ותאמר לי, כן אעשה כדבריך כיון שבקרבך ישבתי ובלבך נתיישנתי עד שהורגלתי בעל כרחי להסכים ללכת במעגלותיך המסוכנים ובדרכיך המקולקלים עד שחייבתי ראשי למלכו של עולם (אבי שבשמים), וגם אני כמוך בהצטרכות רפואות להעביר ולטהר החלודה שהבאת עלי, וקודם שנתעוררת אתה גופי – לבקש ממני עצה על זאת, קדמתיך זמן רב בזאת, וגמרתי בעצמי ואמרתי (כי הצרי והרטיה המצטרך אל מכאובינו, אינו אלא דבר קל), כי כפי רוב רחמי בוראינו – כך גודל קבלת תשובתי, אף שנתגדל כל אחד מעונותי כרום המגדל שבנו פושעי עולם אחר המבול ובלבל השם לשונם למנוע

פשעם, אולי ישובו להטיב באחריתם, ומשם למדתי רוב חסדיו כי חפץ ה' שיושיע אדם עצמו בצחות לשונו לומר לפניו וידוי דברים, דכתיב קחו עמכם דברים ושובו אל ה', ועל העצה הזאת אנו כותבים וחותמים לעשות, ואבא נבא אני ואתה לפני בוראנו בדורון דברים לפייס לפניו, וכה יאמר רבון כל העולמים אבינו אב הרחמן, כשם שהכרנו גודל חטאתינו ועונותינו ופשעינו, כך שמענו והכרנו וידענו גודל חסדיך וריבוי רחמיך ועוצם יכלתך, ועל זאת בטחנו להסיר מסוה הבושה מעל פנינו, לבא לדפוק בשערי חסידותיך שתושיע ותשמע צעקת המבקשים ישועת המחילה ושואלים רחמים מבריכת החסד רמז לצינורות המשפיעים מספירה לספירה להשפיע אל היסוד לתת למלכות החסדים, כי מלך רחמן אתה ורצונך וחפצך לרחם ולחונן לשבים אליך, כי על התשובה יסדת עולמך, כי אינך חפץ במות המת, ואם ח"ו לא תועיל לנו התשובה, נמצא ח"ו בראת דבר לבטלה, כי לצדיקים העושים רצונך אין להם צורך בה, ובהתקבל אותנו מתפרסם על ידינו שאתה רחום וחנון ארך אפים וכו', ואם חטאנו בגודל שפלותינו, אנו פעלנו כחומר ואתה פעול כאלהותך, כי אין אלוה מבלעדיך למחול, וכגודל פשעינו בכפלי כפלים גודל רחמיך, ואם ח"ו מחייבים עונותינו לנעול דלתי רחמיך ממני, ריבון העולמים איך תראה בנין הגוף אשר יצרת בצלם אלקים, והנשמה אשר מאצלך חוצבה מבוזים ומכוסים במשרפות (במסרפות) סיד במשפטי שאול ואבדון, ומה תקוה לנו לצאת משם לעולם בהיותנו הגורמים כל זאת, על כן על חסדיך נסעדנו ועל רחמיך בטחנו שלא נשוב ריקם מלפניך בעשותנו הנוגע לנו לעשות כפי יכלתינו והשגת ידינו לתקן אשר העוינו והרשענו, ואתה עשה כאשר אתה אלקינו אשר בראתנו. במקום אשר אכלנו ושתינו במשתאות אשר לא כדת, אנו ממרקים אותה בתעניות וסיגופים עד שיתמעט הבשר שנתגדל מאותם המאכלים ויתך החלב שנתרבה מהם, ובמקום אשר ראו עינינו ראיות נכריות, יראו עינינו באור תורתך ולהסתכל בצורת אותיות קדשך המאירים את העינים, תורת ה' תמימה מאירת עינים. ואם שמעו אזנינו דברי ניוולים ודברים בטלים וכדומה, תמורת זה לעשות אזנינו כאפרכסת הוא כלי שעל הריחיים שנותנין לתוכה החיטין לטחון לשמוע תמיד בקול תורה ובדברי חכמים וחידותם. ואם הגדלנו לשוננו ברע ודברי חלקלקות, תמורת זה אנו רודפים בשיח שפתותינו לשים שלום בין אדם (לחבירו ובין איש) לאשתו. ואם ידינו גנבו וגזלו, תמורת זה אנו פושטים אותם לחונן דלים. ואם רגלינו רצו לרעה, ירוצו לכל דבר מצוה. ואם חשב לבבנו מחשבות זרות, לתקן זה יחשוב תמיד באלהותך להדבק בך, ובדרך זה אנחנו מתקנים כל מה שהרשענו. ובהיותנו בונים כל מה שהרסנו, אב הרחמים תן מרחמיך עלינו והושיענו, שאם כעבדים תחשבנו לפניך, וחונן כחונן הרב על עבדו. ואם כבנים אנו, רחמינו כרחם אב על בנים, שאע"פ שמרבים אשמה ופשע מכסה על פשעיהם לקרבם אצלו, ובהתקבל אותי כי הרבתי

לפשוע, ממני יראו וילמדו לשוב כל החוטאים שבעולם.

גם בן אדם, ראה גם ראה ענין סדום ועמורה ובזה תתחזק אל התשובה אף שהרבית לפשוע, כי לא תוכל להרבות בפשעים כאנשי סדום אשר העיזו להכריז בעריהם המחזיק יד עני ואביון ישרפו, ועל זה שרפו הנערה על שעברה על גזרתם והיו באים על הזכר ועל הבהמה ועשו כל תועבות שבעולם כאמרם חז"ל בסנהדרין, ועכ"ז לא אבדם הקב"ה מיד עד שגילה הדבר לאברהם, אולי יבקש להם זכות, עד שאם היו בכולם עשר צדיקים היו ניצולים, ואם היו שבים היה מקבלם אף שגדלו עונותיהם לשמים. ודע שאין לומר שלא ידע הקב"ה שלא היו שם בסדום עשרה צדיקים והיה יכול לאבדם מיד, אך הודיעו לאברהם כדי לפרסם עד כמה מגיעים רחמיו על הרשעים, כדי שילמדו הדורות לשוב ואל יתייאשו בעבור רוע העונות, אין דור רע בעולם כדור המבול אשר אמרו לאל סור ממנו ודעת דרכיך לא חפצנו, ועשו רעות אשר לא יסופר כנודע, ועכ"ז לא הרחיקם הקב"ה מלקבלם עד שאמרו רז"ל שהיה מרעיש עליהם את ההרים אולי ישובו. הרי שלעולם אין דלתי התשובה ננעלים וידו פשוטה לקבל שבים, וכיון שכן איך ימצא החוטא מקום להציל עצמו לאמר לא יכולתי לשוב כי יראתי שמא לא ירצה הקב"ה בתשובתי, בראותו שדור המבול וסדום אם היו שבים היה מקבלם, וגם עשה עמהם אופנים שישובו. אך ראוי לכל אדם ובפרט לשב בתשובה שלא יחזור לקלקולו להחזיק בלבו אמונת יום הדין

והנורא ושעתיד לתת דין וחשבון על כל מעשיו, ולחשוב בזה תמיד, לא יסור ממחשבה זו עד שירגיל כל-כך שידמה בעיניו שהיום או מחר מעותד לדין על חטאיו, וזהו מביאו שלא לחטוא ואם יחטא ואשם מסיבת תוקף יצרו המנגדו, מוכרח שמיד מתחרט וידאג על עונו ביודעו באמת שעתיד לתת דין וחשבון על מה שעשה, ויבקש רפואת התשובה ויסגף את עצמו בסיגופים שהם קשים כמות, ואם ישוב לחטוא, ישוב לחזור, כי אמונת הדין והחשבון מכריחו לזה, ובראות עצמו פעם ושתים בצער התעניות והסיגופין בעבור חטאיו, יפרוש מן העבירות וימאס בהן באומרו וכי בשביל תענוג רגע או שעה של עבירה אצטער בתעניות וסיגופים שהם קשים כמות ימים ולילות, מוטב לי לגעור ביצרי ולהצטער ממנו עדי רגע (מעט), מלהצטער זמן רב בסיגופי התשובה.

גם כדי להרחיק האדם מן החטא, ישקול בדעתו שאין עונג החטא כגודל החרטה שעתיד להתחרט ממנה ולמאוס בחייו, איך ככה יעשה, כיצד: אם חשק באשה על רוב יופיה, תשים נגד עיניך כשתזקין ונתרבו בה הקמטים ופניה כקוף חוזרות ורום קומתה נכפפת ונעשית כחטוטרת הגמל וליחות החוטם נופלות מנחיריה תמיד, ופיה עקומה ונמוכה בלי שינים, וכשאוכלת פיה מלא רוק, ואם ישכב עמה בימי נעוריה, בראות אותה בזקנותה יקלל יומו וימאס חייו איך מלאו לבו להניע גופו בגופה והכניס ברית קדש בחמת מלא צואה ופיה מלא דם, גם ישים נגד עיניו שכל יופי האשה הוא עור דק עד מאד, ואם

תתפשט עורה מחמת נגעים או מכה ותראה בשר חי תחתיה, וכמה מהמיאוס ליגע באותו הבשר הלח אשר היד נדבק בה מעובי הליחה, ובשומו כל זה בדעתו בעת שיפתהו יצרו על אשה, תמאס בעיניו ויתרחק ממנה כמטחוי קשת. ואם יצרו יפתהו לשכב עם זכר משכבי אשה, ישים נגד עיניו כשיתמלא זקן הנרבע ובפרט אם יפגעו שניהם בזמן הזקנה, כמה מהביוש והבשת והחרפה והכלימה והקלון בזוכרם איך שכבו זה עם זה, ועוד אין שום אחד מהם יכול להתפאר ברבים בפני חבירו על עשיית מצותיו, ואפילו עשה תשובה כי מגיע לו מן הקלון להתפאר עצמו בפני מי שהכעיס לבוראו עמו, כי עולה על זכרונו עת המעשה אשר טמא אותו וכלימה מכסה פניו, ובפרט אם הרובע עני והנרבע עשיר, איך יכול להתחנן לו שירחמהו, דמה יזכיר בפניו כדי שיכמרו רחמיו עליו, שאין לו פנים לזכור איזה זכות שבו, שאדרבא מעורר זכירת מעשיו הרעים והעשיר מוסיף עליו שנאה אשר טמאו הבזוי הזה, ואם הדבר בהפך שהרובע עשיר והנרבע עני בועט בחייו העשיר איך נגע בגוף הנגוף הזה. ומה גם בראות עצמו תכלת וארגמן לבושו, והעני הנרבע בבלואי הסחובות מטונף, מכסה את פניו ומעלים עיניו ממנו, כי נופלים פניו ארצה מהביט בו ותשלחהו לחרפות, ואיך בשים האדם נגד עיניו מקריות אלו אשר הם תחת האפשר להיות קרוב לודאי, יתגבר יצרו עליו לשכב עם זכר, כי מיד בעלות על דעתו כל זה יקרוש דמו בקרבו, ומה גם בחושבו גודל דופי והמיאוס והזרות מהמעשה עצמו. ואם עם בת עכו"ם יפתהו לשכב, ישים מיד נגד עיניו כי הוא גוף אשר בעט בהקב"ה ובתורתו ובעמו הקדוש, הוא גוף אשר שנא ה', (הוא גוף אשר נתהוה מסרחון הנידות), הוא גוף שנתגדל בשרו מאכילת השרץ והעכבר ומכל מין שרץ השורץ על הארץ, שעם זה פירש רבי עקיבא מגויה בעובדא שהביא אבות דרבי נתן דף ה' (סוף) ע"ד שסיפרו על רבי עקיבא כשהלך לארם הלשינו עליו אצל שלטון א', ושגר לו ב' נשים יפות נכריות כדי שישכב אצלם, והיו מתנפלות עליו כל הלילה, זאת אומרת אצלי וזאת אומרת אצלי, והוא לא פנה אליהן, הלכו להן והקבילו פני השלטון ואמרו לו תמית אותנו משתתננו לאיש הזה, שלח וקרא לו, א"ל מ"מ לא עשית עם הנשים הללו כדרך שבני אדם עושים לנשים, לא בנות אדם כמותך הן, א"ל מה אעשה ריחן בא עלי מבשר נבלות וטרפות ושרצים, ואיך יתחבר בגוף טמא כזה אשר הבל פיה כריח השרץ המטונף אשר אכלה, ואיך יגע בגוף אשר בחייה זוהמה נמאסת, ואחר אשר תשכב עמה היא הולכת לפעור או לסקול למרקוליס וכדומה מהטינופים אשר הם עובדים, ובאיזה פנים אני יבא להתפלל לפני אל חי אחר שחשקתי ונדבקתי בגוף אשר שנא ה', היש מהביוש הגדול הזה לחשוק בבת עובדי כוכבים ומזלות, ובשומו כן נגד עיניו מובטח שיפרוש ממנה, והבא לטהר מסייעין אותו. ואם לבא על החיה והבהמה (יפתהו), ישים נגד עיניו איך ידמה צורתו צלם אלקים לצורת שור או חמור, שבהיותו מתאוה שכיבה זו, מתאוה להיות כמוה ולהיות

עליה כדוגמת חמור עם חמורתו, והוא מהגנות והדופי והזרות והמיאוס, ובפרט בחושבו איך יחבק באהבת היצר עור מלא שערות, ואם היא עת להטיל גללים יטילם עליו בעת המעשה, זר מעשהו וישימהו כביב מלא צואה, ואיך ולמה מביא אני עצמי לבזיונות אלו, מוטב למות בהיותי אדם ולא להדמות עצמי לבהמה.

והנה בן אדם בעשותך כל זה, יתגבר וימלוך היצר הטוב בגופך, וגרש הצר הצורר בקרבך, באופן שלא יוכל עוד להרים ראש עד שיענה אמן בעל כרחו, ובהמשך זמן יתהפך לטוב, כי הצדיקים עושים החומר צורה, ויביאך זה לקנות דבקות גמור בהקב"ה כאברהם אבינו ע"ה שקראו אוהבי, דכתיב זרע אברהם אוהבי. על הדבקות שהיה עמו, על שמלאו לבו להקריב בנו רך ויחיד קרבן לפניו ולא איחר הדבר לעשותו, אף על פי שהיה חביב לו מנפשו, כי נגד אהבתו יתברך היה הכל לפניו אין, וביד האדם להיות כאברהם יצחק ויעקב אבותינו הקדושים אשר בוראם מתפאר עמהם, שהרי אין דור ודור שאין בו שלשים כאברהם אבינו ע"ה, שעליהם עומד העולם כאמרם רז"ל, הרי ביד האדם הוא להשלים מנין הל'.

ודע שאין אדם יכול להתפאר ולהתגדל עצמו כי אם בעשות התורה ומצוה, להדמות ליוצרו ושמלאכי השרת ישמשו לפניו ולמלוך על ש"י עולמות, לזה יקרא אדם, כי מה יתהולל ברעה רשע, כי אין כחו מגיע כי אם לפעול מה שעקרב ונחש או חיה וכלב שוטה פועל, שהרי פעולת הרשע להכות ולקלל, אלה וכחש ורצוח וגנוב ודורס ובועט ומזיק לחבירו, ובמה יתפאר על זאת, שגם אבן נופל על האדם ושוברו, קוץ נכנס בו מכאיבו, עשב מר אוכל וממררו, או חתול נושכו ומסכנו, כלב שוטה נובח אחריו ומבעתו, או חיה רעה דורסו ומטריפו, נחש נושכו וממיתו, צרעה עוקצו ונופחו, יתושים ופרעושים מצערים אותו, רפש וטיט טובעו, מים מחנקו, אש שורפו, אבן סוקלו, שור מנגחו, אם־כן מה גדולה לעשות רשע להדמות עצמו לדומם ולצומח ולבעלי חיים המזיקים. בזאת יתהלל המתהלל, להלל לשבח לפאר ולרומם ליוצרו להדמות עצמו לשרפי מעלה, להטיב עם הכל להדמות לבוראו, דטוב ומטיב הוא לעסוק בתורה להדמות לידידיו. לרדוף אחרי המצות להדמות לחסידיו. לעשות צדקה וגמילות חסדים להדמות ליריאיו לשמש תלמידי חכמים ולפזר מממונו להם להיות דומה לאוהביו, לזה יקרא איש, מעשות דברים שאין בכל הבריאה יכולים לעשותו זולת מין האדם, אוי לאדם שאין משים כל זה נגד עיניו, אוי למי שהשעה מצחקת לו, אוי למי שבועט ביסורין, אוי מי שאינו חושב כי צל ימיו עלי ארץ, אוי למי שאינו חושב כי הוא נוד מלא ליחות, אוי מי שאינו חושב בחולאים ובצערים, אוי מי שאינו חושב כי עפר הוא ואל עפר ישוב, אוי מי שאינו חושב בביעתותא דמלאך המות, אוי מי שאינו חושב ביציאת הנשמה, אוי מי שאינו חושב בצער חיבוט הקבר, אוי מי שאינו חושב בצער הרמה והתולעה, אוי מי שאינו חושב ביום הדין, אוי מי שאינו חושב במשפטי גהינם. אוי למי שאינו חושב במיתות משונות ובגלגולי הנשמה. אוי לאדם שאינו משים תמיד

נגד עיניו העתיד כהווה, פירוש ישים נגד עיניו הנולד להיות, כמאמר התנא שחכם יחשב הרואה את הנולד, והנולד הוא שעתיד להיות רימה ותולעה ומעותד לכל מקריות רעות. לכן כל איש חכם יתן נגד עיניו שאין בידו להשתמר עצמו מהמקריים היכולים לבא, ובזה יעמוד באימה ופחד וביראת אלקים נגד עיניו, שאפשר יבא עליו מיחוש הראש המבטל כוחות גופו, או אפשר שילקה בשחפת ובקדחת תמיד או בירקון או בעורון, או יתמלא כל גופו שחין פורחת או שאר חולאים שבעולם, או יחזור עליו הגלגל לבא לידי חסרון עד ככר לחם ולדפוק בדלתי שונאיו יען כי מזי הרעב מכריחו לזה, או אפשר יהיה מוכה אלקים כל ימיו על ערש דוי, אם־כן איך יכול אדם להתגאות בחכמתו ובגבורתו ועושרו ובבריאותו וביופיו וברוב בניו, כיון שהוא מעותד לכל מין חולי שבעולם, מעותד לכל בושה וכלימה, המעותד לבזיונות, מעותד לחרופים וגדופים. מעותד לשפלות, המעותד לשמוע קללות מאנשים אשר ידם תקיפה עליו, המעותד לבחור מות מחיים מתוך צער ודוחק, מעותד להיות שנאוי מאשתו ובניו אם יחזור עליו הגלגל לרעה, המעותד למיתת בניו בחייו, מעותד לראות בניו ובנותיו מתים בחופתם, המעותד לפחדים, המעותד לחתוך מבשרו חתיכות או אברים מחמת מכה או נגע, המעותד למות מיתה משונה סקילה שריפה הרג וחנק או חיה יאכלהו או דגי הים או קבורת חמור יקבר, המעותד לשפטים על־ידי בני אדם, המעותד ליסורים קשים, המעותד לראות ביעתתותא דמלאך המות, המעותד למות, המעותד לחיבוט הקבר הקשה, המעותד לרימה ותולעה, המעותד לחזור לעפר, המעותד לחזור באויר העולם אם הרבה בחטאות ואשמות, המעותד למשפטי גהינם, המעותד לגלגולים, וכיון שכן אוי מי שאינו משתדל לעשות החומר צורה, אוי מי שחפץ להיות בחינת בשר ודם נמשל כבהמה, אוי המתאוה לפעול בתוך מעיו ליחות סרוחות ורעי מהתמדת ריבוי אכילה ושתיה כבהמות יער וכשרץ השורץ על הארץ, אוי המתאוה להרבות בשינה להדמות לפגר מת, אוי האוהב הבטלה שדומה לאבן דומם, אוי המתאוה שיחה בטלה להדמות כאוב מלשון אוב או ידעוני, והם משמיעים קול נמוך מתחת לארץ מארץ מצפצף, אוי המתאוה למושב לצים ומיני היתולים ולצוד ציד להדמות עצמו כשאר האומות אשר בהם לא בחר ה', אוי לגוף שיוצא מן העולם ריק מזכיות ומלא עונות, אוי לרגלים שלא הלכו ביושר, אוי למעיים שנהנו מן הגזל, אוי לידים שנתעסקו בדברי שקר, אוי לעינים שלא הלכו באמונה, אוי לאזנים שלא קבלו תוכחות, אוי לפה שלא עסק בתורה, אוי לבשר שלא נתייגע ביראה, אוי ליצר שלא נכנע לפני בוראו, אוי ללב שלא עבד לבוראו שעתיד לעמוד בנזיפה. אשרי הנותן יראת בוראו נגד עיניו תמיד. אשרי העוסק בקיום המצות ובגמילות חסדים. אשרי המקיים והגית בו יומם ולילה. אשרי המדקדק במצות והמכוין בכוונתם. אשרי המחזיק ידי לומדי תורה ויד עני ואביון. אשרי האוהב לרדוף מצות. אשרי המשמש תלמידי

חכמים דגדולה שימושה, אשרי המטיב עם כולם. אשרי מי שהוא עלוב. אשרי מי שהוא שפל ועניו. אשרי המעביר על מדותיו, אשרי מי שאינו כועס, אשרי השומע חרפתו ואינו משיב, אשרי המאמין בתורה שבעל־פה ובתורה שבכתב. אשרי המטהר ומקדש עצמו כשרפי רום. אשרי המקשר נפשו ורוחו בנשמתו ונשמתו בהקב"ה. אשרי הראש שעליה תפילין ופאה. אשרי העינים המסתכלים בתורה ובצורות אותיותיה הקדושות. אשרי החוטם המריח כדי לברך לבוראו. אשרי הפה ולשון שאינן פוסקים תורה מהם ומרבים בדברי שלום בין אדם לחבירו ובין איש לאשתו. אשרי הגרון שמרבה בהרמת קול בשירים ותשבחות והלל לשבח ליוצרו. אשרי הלב החושב תמיד ביראת בוראו. אשרי הכליות היועצות לעשות כל טוב. אשרי הגוף הלובש ציצית ומתעטף בטלית. אשרי הזרוע שקושר תפלין. אשרי הרגלים ההולכים לבתי כנסיות ולבתי מדרשות ולבקר חולים וללוות את המת ולהכניס כלה לחופה. אשרי העקבות שמתנענעים לקדושה. אשרי הרעיון והמחשבה החושבות אופנים להשיג השלימות. אשרי הידים העמלים בעבודה למצוא לחם חוקם באמונה. אשרי האצבעות הכותבים חידושי התורה ומראים לתינוק ללמדו ספר. אשרי אדם שבוראו משתבח ומתפאר בו. אשרי אדם שבוראו שואל בשלומו בכל יום כאבא אומנא, אשרי אדם שבוראו מבטל רצונו מפני רצונו דצדיק מושל יראת אלקים. אשרי אדם שבמותו מבטל כל גזרות קשות ומכפר לדור בעבורו. אשרי לאדם שכביכול מצטער במותו. אשרי אדם שבמותו מלאכים יוצאים לעומתו בהכרזה יבוא שלום כחתן הנכנס לחופה. אשרי אדם שעליונים ותחתונים מושפעים בזכותו וכולם בוכים ומתאבלים בהעדרו מן העולם. אשרי אדם שבוראו מתקן לו חופה בגן־עדן. אשרי אדם שבוראו מטייל עמו כביכול בגן־עדן. והנה כיון שביד האדם להשיג מעלות אלו, איך לא ישים נגד עיניו שאין ראוי לעזוב ההרבה בעבור המועט שהם תענוגי העולם הזה העוברים ואין בידו מאומה. ובפרט בראותו בחוש הראות המקריות הרעות המעותד לו כנזכר, ואין בכחו למונעם מלבוא עליו. לכן שמע עצה וקבל מוסר לעזוב מנוחות עולם הזה שאין בהם קיום, ויעבור פחד היסורין על פניך למען תשחק ביום אחריתך כשתנוח נשמתך בצרור החיים שהיא מנוחה ועידון אשר עין לא ראתה אלהים זולתך יעשה למחכה לו.

פרק ה

יודע הלבבות ובוחן הכליות, המבין בכל דרכי איש החושבים עלי משכב על רוע מזלם ומתרעמים על מדותיהם ומחכים למות באומרם מה זאת עשה אלהים לנו לגרוע מדרגתינו ממדריגת שרים, זהב להם, הממלאים בתיהם כסף ואנחנו בחוסר כל, ואב א' בראנו ולמה נשתנינו. אין מקום להתרעם ואין מקום להרהר על זה, כי אין דעת שיוכל להשיג דעתו יתברך ודרכיו, כדכתיב כי לא מחשבותי מחשבותיכם ולא דרכיכם דרכי, והוא האדון הוא

בלבד היודע מה שעושה, וכל אשר חפץ עושה בשמים ובארץ, אבל מה שאנו יודעים באמת שכל דרכיו משפט, אל אמונה ואין עול צדיק וישר הוא. גם ידענו נאמנה, שכל מה שהוא עושה, אע"פ שנראה רע בעינינו, הוא להטיב עם האדם, כי כל כונתו ית' שיעבדו אותו כדי להרבות בשכר ולהגיעו במדרגות המלאכים המקדשים שמו, וידיעה זו יביאנו לפתח התשובה כפי השגת שכלנו, כי האנשים אשר הם עניים אולי בגלגול אחר הרבו אשמה והחזירם בזה העולם שיסבלו צער העוני למרק כל מה שעשו לשעבר ולהטיב עמהם באחרונה ברב טוב הצפון לצדיקים, או הם אנשים שמכיר בהן בתכונת טבעם כפי חיוב מזל שנולדו שאם יהיו עשירים, יתרחקו מן היושר ויבחרו ברע לחטוא ולהחטיא אחרים עמהם עד שיחייב כובד עונותיהם לטורדם מעולם הבא באפס תקוה, לכן גוזר עליהם העוני לטוב להם, או אפשר שהם נשמות עליונות הגונות להגין על הדור ומצערן בעניות כדי שיסבלו עון הדור והדור אוכלים בעבורם על דרך כל העולם ניזון בשביל חנינא בני, וחנינא בני די לו קב חרובין מערב שבת לערב שבת. או יהיה הסיבה שהוא יתברך חפץ לזכות את בריותיו ועשה עניים כדי שיזכו עמהם וינצלו מדין גהינם כשם שהשיב רבי עקיבא לטורנוסרופוס הרשע בשאול לו אם הקב"ה אוהב עניים מפני מה אינו מפרנסם וכו'. ובחר לגזור על אלו להיות עניים יותר מזולתם בהכיר בהם שאלו יסבלו העוני ולא יבחרו מחנק נפשם, מה שאין כן זולתם, והוא על דרך רז"ל "ראוי היה רעה לבא בימי שאול, ובראותו יתברך שהיו גרופית של שקמה ולא יוכלו שאת, הביאה בימי דוד שיוכלו לסבול". או עשה עניים להבין משכן לשכינה דמאנין תבירין דילה הם, כדכתיב אני את דכא ועשה עניים דוקא אלו, בהיותם ראויים לפעולה זו כאשר הוא היודע, או אפשר שעשה עניים ועשירים לצורך ישוב וקיום העולם שיהיו עבדים ונעבדים, שאם לא כן מי יזרע ומי יקצור, וכן כל מלאכת היישוב וגם מתרבה הכבוד ובושת פנים בעולם, כי העניים לעולם מכבדים לעשירים ומתביישים מהם, מה שאין כן עשיר מעשיר, דשניהם שוין ובזה לא יחדל כבוד מקרב הארץ. וגם מתרבה המוסר והיושר דאין ספק שעשיר לא יוכל להוכיח לעשיר כמותו, אך כיון שיש מקום לייסר לעני על שאין ידו תקיפה, מתפרסם מציאות המוסר בעולם ומרגילים בו, ובזה יש מקום לקצת עשירים לייסר עשירים אחרים אשר הטו מני דרך בסייוע קהל העניים המיוסרים, וגם עם זה העשירים מיישרים אורחותם כדי שיוכלו לייסר שלא ימצאו מקום לומר לו טול קורה מבין עיניך. ואין מקום להקשות, סוף-סוף ומה חטאו אלו מאלו, שלאלו עשה עניים ולאלו עשירים, דכפי זה אין לדבר סוף, וכיצד יהיה כיון שמוכרח להיות עניים ועשירים מהסבה הנזכרת, ומה גם שלאלו שעשה עניים לא אבדו כלום שבשביל העניות אינם רואים גיהנם כרז"ל, וגם מתרבה שכרם לעולם הבא יותר מהעשיר ובזה נשווה הדבר ביניהם, שהרי העשיר בעבור עשירותו בעולם הזה, נחסר לו לעולם הבא,

והעני בעבור חסרונו בעולם הזה מתרבה שכרו לעולם הבא, הרי שניהם שוין לטובה, וגם אם העשיר נהג בעולם הזה כעני, שעזב תענוגי ההבל ועסק בתורה ובגמילות חסדים ונדבק בעניים להחזיק בידם, לא יחסר לעולם הבא בסיבת עשירותו, שהרי רבינו הקדוש שהיה עשיר גדול ולא נהנה מן העולם אפילו באצבע קטנה, וכי נאמר שבעבור עשירותו חיסרו לו מעולם הבא חלילה. או אפשר לומר מעין התשובה השלישית שעשה עניים לתועלת שאר ההמון, דבר או רעב כי יבא בעיר, או איזה מן הגזירות ויצעקו אל ה' בצר להם, כיון שהעני רוחו נמוכה ודעתו שפלה ורעתו רבה, צועק בקול מר הנפש חפצה ובדבקות גדול ושומע אל אביונים ה', ותפילתם לא בזה ומרחם על בריותיו בעבורם ולעולם הבא נותן להם שכר פעולתם שהם בעולם הזה כפועלים לפעול פעולת בעל הבית, ולערב יחלק שלל, וכמה מעלה להם שזכו להיות פועלים של מקום לפעול על ידם הצלת העולם ואע"פ שמדת העני להתרעם כאשר שמעתי באומרו מה אני בעולם, הריני בו כדבר המותר שאין בו צורך, שהנני שוע בכור העוני ואני כמכשול לפני העשיר וכאבן נגף, ואף גם זאת מלבד צער החסרון והשנאה, נפשי עגומה ואוי לי מיוצרי כי מה אשיב ביום שיביאוני למשפט לפניו, כי אין בי יכולת לקיים שום מצוה, ויום הולך ויום בא ואיני מרויח לא ממון ולא מצוה, והריני כרע לשמים ורע לבריות. דע העני שטועה אתה מדרך השכל בדבר הזה, דע כי אין אדם בישראל יחד עשיר ואביון שאינם שוין בכל יום במצות אלו, מאור הבקר ועד לילה, מיד שקם ממטתו אפילו עני שבעניים מברך אל בוראו מאשר יצר ואילך, כי אין לזה מעצור בעבור העניות גם בצאתו מביתו מקיים מצות מזוזה, כי רבה היא בהיות מעמידה בפתח ואינו בועט להסירה, גם מצות מעקה וציצית ותפלה ועניית קדיש וברכו וקדושה וטלית ותפילין, ואחר זה תיקון לימודו מקרא או משנה כפי ידיעתו ונטילת ידים לאכילה וברכת המוציא וברכת המזון ואיזה גמילות חסדים אם בא לידו שהוא דבר שאין בו חסרון כיס, והזן את אשתו ובניו עושה צדקה בכל עת יחשב לו כאמרם רז"ל, ואפילו על מה שהוא בעצמו אוכל, חסיד על זו יתקרי, דכתיב גומל נפשו איש חסד כרז"ל על פסוק זה, וברכת אשר יצר כשעשה צרכיו, וערבית ומנחה וגם מקיים כל יום מצות לא־תעשה כיון שאין עובר עליהן, אלה המצות מקיים אפילו עני שבעניים בכל יום ושאר מצות עשה התלויים בממון כלולב וכדומה, מחשבתו לקיים נחשב למעשה ובהיות כן, מה מקום נשאר לעני לומר איני יכול לקיים שום מצוה בעבור עניותי, ואם־כן מה אני בעולם, הרי מוסיף בכל יום ויום שכר העולם הבא בהיות חוזר כל יום לקיימם, אלא כיון שהורגל בהן, נראה לו כאילו אינו עושה כלום ומשולל ממצות הוא, ומה גם שאף שלא יוכל לקיים כל זה האמור מסבת תוקף עניותו, הרי מקיים אותן במחשבה ומחשבה טובה הקב"ה מצרפה למעשה כאמרם רז"ל. ואתה העני כיון שבכל יום ויום בהיותך על האדמה אתה מוסיף מצות על מצות להרבות שכר עולם הבא, למה תקוץ

מחייך אע"פ שהם ימי צער, ולמה לא תשמח עם תוספת המצות שאתה מרויח בכל יום, אם בכל יום היית מרויח ממון, היית מצפה ליום מחר להוסיף עוד, אע"פ שבמותך תניח הכל ואוכלים זרים חילך, כל־שכן וקל0וחומר בן בנו של ק"ו, שיש לך לשמוח תמיד ולהתפלל לפני המקום על אריכות ימיך להוסיף עוד על שכר הנצחי. ובידעך זאת, ראוי שתסבול צער העוני באהבה, ושים בלבך שצער העניות מעט בערך השכר שאתה מרויח בכל יום שאתה חי, ואם תצטער שעניותך גורם לך מניעת כבוד הבריות, ואף גם זאת בזיון ושנאה, כדכתיב כל אחי רש שנאהו, שים נא נגד עיניך שכל הכבוד שמור לך לעולם הבא לפני רבי המעלה מלאכים וצדיקים קושרי כתרים, מה שאין כן כבוד אנשי עירך שהוא כבוד בשר־ודם שהיום כאן ומחר בקבר, ובפני אנשי חומר ומועטים, ומה בידך תקח מזה הכבוד ואם ישנאוך מסיבת עניותך, מה בכך ומה איכפת לך כיון שבוראך אוהב ומשרה שכינתו עליך, דכתיב אני את דכא, אם היית יודע שאהבת בוראך תלויה באהבה שלהם, שאם הבריות אוהבים אותך גם הוא אוהבך – ואם לאו לאו, אזי היה ראוי שתבחר מחנק נפשך, אבל אינו כן, ולמה תצטער ממניעת כבוד בשר־ודם ושנאתם ואהבתם. ואם צערך שאין דבריך נשמעין דכתיב וחכמת המסכן בזויה, שים נגד עיניך שהקב"ה שומע בקולך שנאמר כי שומע אל אביונים ה'. ואם צערך על שאין מתחברים עמך להביאך עמהם במסיבה, ואתה יושב בדד, שים נגד עיניך שהשכינה גבך ללוותך, דשכינה שורה על מנין תבירין כנודע, ועוד יש לך גם־כן לשמוח שאם היית מיסב עמהם, מרבים בשיחה וברוב דברים לא יחדל פשע, ונמצא היותך בדד, פרח חטא ממך. ואם תצטער שאין מזמינין לך בשום סעודה כבדה או קלה, שים נגד עיניך תענוגי גן־עדן המוכנים לך וביתר שאת על צער תאות המאכלים שלא הזמינוך לאכול מהן. אך יש לחקור על מה שעינינו רואות מעשה בכל יום, הלא תראה ב' עניים אהובים כשבת אחים גם יחד בהיותם בחסרון הלבנה, רצוני לומר: בחסרון הלבנים, ואם מתעשר א' מהם, שוב אינו משגיח באוהבו העני, ואדרבא מואס בו ומתנכר עמו ועושה עצמו כאילו לא ידעו מעולם, במקום אשר היה ראוי להודות לשבח לבוראו שגדלו ורוממו ונתן יכולת בידו לרחם על אוהבו להחזיק בידו ולכסות חסרונו, יען אשר מקודם ימתיקו סוד ואיש את רעהו יעזורו בחסרונם, ולמה לא יתן בדעתו שעכשיו שהעשיר לא נתחדש בו דבר מחודש, ועדין שוה לחבירו בכל דבר, ועדין שוה לחבירו בכל איבריו. וכי יעלו בו אבר כנשרים לעוף בהם השמים. וכי נתחדש בגופו גבורת הארי וקלות הצבי, וכי נתרבו שיניו ושאר חברי גופו, וכי אם היה פיסח או סומא נתרפאו מומיו. וכי נתעלה וקנה שלימות המלאכים שלא לאכול ולשתות, ושלא להוציא רעי ומי שתן כמעשה הבהמה, וכי קנה חכמה ורוח הקדש, וכיון שהוא משולל מכל זה, אע"פ שיעשיר כמו אז הוא עתה, ואם יחזור וירד מנכסיו חוזר לכמו שהיה, אם־כן איך יתגאה על חבירו הרש

בעבור דבר שבא לידו דרך השאלה שהוא הממון, אף שבעניותם ישבו כשבת אחים גם יחד. אין זאת כי־אם מרוע לב מסבת פיתוי היצר הצורר המתחיל להרגילו אל המרידה בדברי חלקלקות לאמר הרחק מעל העני דרכך ואל יכנס לפתח ביתך מכמה סבות, חדא: דתשעים ותשע מתים מעין הרע ואחד מדרך ארץ, כמו שאמרו רז"ל ואינו של העני הזה יכלה אותך ואת כל אשר לך. ובפרט מקנאתו לך ששניכם הייתם במצב אחד ואתה עלית למרומים והוא בין הדומים, טוב לזה שלא תכיר פניו, דחייך קודמין לחיי חבירך. סבה שניה: שבכל משתה של שמחה שתזמינהו, בראותך אותו תזכור ראשונות, הדלות והעוני שהיית בו ותאנח בשברון מתנים ויתהפך שמחתך לתוגה. סיבה ג': אם יארע פעם שלא תתן לו שלום מחמת טרדת שילוחך ממון לארץ מרחקים, מיד צעוק יצעק בבכיה וימסור דינו לשמים בקול מרה ויגיע אליך רעה, הלא טוב לך להתנכר עמו ולתת לו פסת יד על ידי אחרים. כל זה מפתהו יצרו לפתוח עמו בעבירה לשנוא למי שהקב"ה אוהב שהקב"ה אוהב עניים, ואחר זה מפתהו למנוע ממנו מתן בסתר בפיתויים אחרים וכיון שמכניסו ברשתו בעצת שנאת לעני חבירו, מפתהו אח"כ בכל עון ופשע אשר מחייב יכולת הממון לעשותם. לכן אחי שמע מוסרי, ואל קש"ב לדברי יצרך, תן הודאה לבוראך שהגדיל עמך להעשירך מה שלא עשה עם חבירך, ואמור בלבבך לא לחנם עשה אלקים ככה, כי אם לנסות אותי לראות אם אני בועט בעניים כיון שהכרתי בצערם, והדין נותן לרחם עליהם בכל יכולתי, ולהראות להם תמיד פנים צוחקות בכל עת ולקרבם בכל שמחה שיזמין לי הקב"ה, ולחזקם בדברים טובים ודברי נחומים ולהקריבם אל התועלת, באופן שלא יגיע להם מהביוש כדי שיחזיק הקב"ה הממון בידי בהיותו בנסיון שהכניסני, כי בעשותי הפך זאת יראה ה' ורע בעיניו ויחזיר הגלגל לכמות שהיה להשפילני, ויתרומם מזל העני חבירי, ומה פנים יהיו לי אחר־כך לבא אצלו שירחמני, מאחר שאני נתאכזרתי עמו ביום עלותי מאר"ש מצרי"ם, וגם שאר עשירים לא ירחמו עלי באומרם כאשר עשית כן יעשה לך. והנה בראותי דור הולך ודור בא ואיש אשר לו בת חביבה כבבת עינו, שלימה בכל ושמורה, ותדד שינה מעינו, בלילה לא ישכב וביום לא ינוח מלסבב בשוקים וברחובות לדרוש על בן העשירים לתתה לו במוהר ובמתן על כל אשר יגזרו עליו, סרסורי לדבר עבירה. לכן בני החכם, אל תקנא לבך בבני העשירים באותם שהם משוללים מכל חכמה. ורקים מכל דבר הנוגע לשלימות הנפש והגוף. ובהם לא כתב ולא לשון ואפילו לשון צחות. דברי בטלה ומלאים רשע ופשע. ועכ"ז תכלת וארגמן לבושם, והזלים זהב מכיסם למלאות תאותם על כל דבר פשע בכל אשר תאוה נפשם החוטאת. ועכ"ז כל איש אשר לו בת יחידה יפה וברה, מריבים עליו מי יזכה שיפול בחלקו הר האפל הזה ובמאזנים לעלות להרבות בממון. ולהרבות עמו במנחות ובמתנות. ואתה אשר הלוך הלכת בדרכי השם ונכסוף נכספת בעסק התורה והמצות ולא חסרת חכמה שלא

למדת ושלימות שלא קנית. ועכ"ז סחובי הבלאות לבושיך וטלאי על גבי טלאי מנעליך. ואין איש משגיח עליך, ואין מי יאמר מה מעשיך, ואין מי יחמוד לחכמתך הדבוקה בנפשך שאין יד שולט בה להסירה מעליך, ואפשר יסיתך יצרך להתרעם על מזלך לומר, תוהה על הראשונות, למה לא במזל בן העשיר נולדתי אף שאהיה רק כמוהו, כיון שחסרונו מעלהו וחכמת שלימותי הורידני עד תהום רבה, ולמה לא אבחר מחנק נפשי בראותי חמור עולה בסולם ואני בעמק הבכה. דע ההבדל בינו לבינך, ידוע תדע שיש כלי שיר עשוי מדלעת. ובה שקוע עץ ארוך, ובשערות של זנב הסוס מוליכין ומביאין בה, ומוליד נענוע ערב מאד לשומעיהם עד שמעורר לב נשים וטף ואנשים משוללי הדעת אל הריקוד ולשמוח באותו הקול, בחושבם שקול הערב ונעימות התנועות הוא מהכלי עצמו, והריק השומע קול הברה שבו. חומד וחושק בכלי זו, ואומר בלבו מי יזכני שיהיה כלי זה בחלקי בתוך ביתי יומם ולילה כדי להתייחד עמו, אני והוא יחד להודיע לי לשון נעימתו ועריבות דבריו ואשמחה ואגילה בשיריו ובזמריו. ומוציא הוצאות להגיע לו השעה ומצפה העת שהמנגן יניח לנגן להתייחד עמה חדר בחדר מרוב חשק אהבת הקול ששמע בו, ויהי העת שהמנגן סיים לנגן, והניח הלכי בזווית הבית תלויה. נתן זה החומד ממון הרבה להביא כלי השיר אצלו, והתחיל לנשקו ולחבבו, וקרב לפניו יקר המנחות, והתחיל לדבר עמו לשמוע נעימות דבריו ונועם אמריו, ואין קול ואין עונה ואין כס"ף. ממשמש בכלי לעוררו, פוגע ידו בשערות זנב הסוס הקשור בו, ואז מתפרסם לו דדבר דומם הוא. וכי אומרים לאבן ולעץ הקיצה לדבר, מיד ממרט זקנו וטופח על פניו והולך ובוכה מצטער כל יומו לאמר איך אבד ממון וזמן וכח להלוך אחר דבר דומם, ומצטער על זה כל ימי חייו עד שמת ביגון ואנחה. כך בן העשיר המשולל מכל חכמה, דומה לכלי הניגון הזה, שהמנגן מקיש ומנענע בו, ואותו נענוע גורם להוליד נעימת קול הגורם הריקוד והשמחה, כשם שאב הבן מעטפו בבגדים החמודות וכסף וזהב יכסהו, ומושב הגדולים יניחהו, ואל בית המשתה יביאהו, וכל רואיו חומדים בו בחושבם כי ממנו הכל, וכשלימות לבושו כך שלימות חכמתו ומדותיו, וכל זה בעוד שאביו מנענעו בכח עשרו, ובמות אביו או מאבד ממונו, מתגלה חרפתו ומיעוט ידיעתו, ונשאר כעץ שתול במקום אשר חרבו מימיו הולך ודל עד שעליו נושרות כלם, ונשאר עץ יבש לא יועיל כי אם לבשל הקדירה להדליק המדורה והולך נע ונד. והיה כי ירעב בוחר להיות פחמי או בורסקי או נושא סבל, אוי לאב ואם שביד מי מסרו בתם ועל מי הוציאו ממונם, ווי אבדה נפש על שלא חשקו 'בת"ח' כי אם לזה אשר עלה חרס בידם דאגה בעולם-הזה ומכשול לעולם הבא, והבת מיללת, ולאביה ואמה מקללת, כי בביתה – אין לחם ואין שמלה אין קול קידוש והבדלה, ובליל פסח אין הגדה בכל העדה, עד שכלם מתים ביגון ואנחה, ובאים לגיהנם עד עמוקה שוחה. אך אתה הבחור החכם השלם ודל דומה

למרגניתא דלית בה טימי, דומה כנופך ספיר ויהלום הנתון בתיבה של עץ קטנה מהקלים שבעצים מושלכת בטיט חוצות, כל הרואה אותה עובר עליה ואם נכשל בה ירמסנה ברגליו, ואינו עולה על זכרונו מאמר התנא אל תהי בז לכל דבר עד שעבר אחד ירא אלקים וסר מרע וירם את התיבה. לקיים מה בתוכה, ויפתח את התיבה נתמלא הבית אורה, והעשיר עושר רב, עד שעלה למדרגת המלכים, ובאותו עושר סיגל מצות ומעשים טובים ושמחו הוא ואשתו ובניו וכל משפחתו בעולם הזה בעושר ובשם טוב ומתו בשמחה להלוך לנחול שכר עולם הבא. – כך האיש הנותן בתו 'לתלמיד חכם' אף שלבושו קרעים, ועטופו כלים רעים, ואין משים לבו על זה באומרו כי אין אל ודברים דבוקים בגופו, כי הוא רואה מה שבתוכו, ובהסיר אותו עיטוף מעליו מראה תוארו ואור תורתו, ובין מלכים יושב, מאן מלכי רבנן, ובקהל קדושים דורש וגזרת דינו בכל העולם הולך, והוא כמלך על כסאו כלם מוכנים לעובדו מכינים פרנסתו, מלמד דרך את העם לעבוד לבוראם להנחילם עולם הבא, אהוב למעלה ונחמד למטה, – אשרי אשה שככה לה, אשרי איש שכך בחר בחלקו, ואע"פ שיהיה ריק מכל, חתנו החכם ירוממהו, ותורה ודרך ארץ ילמדהו, ובין חכמים יושיבהו, עד שנוהגים בו כבוד וקמים מפניו כתלמיד חכם, זהו בחייו, ובמותו דורש עליו בקבוץ רב וברוב עם הדרת מלך מספר שבחיו, עד שבכח תורתו שאומר עליו מרחיק מעליו כל צר ומשטין ומוסרו ביד מלאכי שלום להוליכו למנוחות שאננות. אם כן אתה הבחור החכם כיון שאתה נמשל למרגליות שבתיבה כמדובר איך יש מקום לעלות על לבך קנאה במי שהוא ריק מכל בעבור לבוש שעליו דבר שאינו דבוק עמו כחכמתך שדבוקה בנפשך, ואם לשעה אין דורש לך, האמת יורה דרכו וסוף הכבוד לבא, לא כן השקר שאין לו רגלים לנפילתה בלי תקומה על אחת וכמה. – והאיש הירא מהקב"ה ובוחר בדברי חכמים וחידותם למסור בנותיהם לתלמיד חכם, שנמצא מוסרם ביד מלכים, דכתיב בתורה (משלי ח, ט"ו) בִּי מְלָכִים יִמְלֹכוּ, ויזכה לבנים תלמידי חכמים, או מלומדי דרך ארץ יראי שמים, ומעולם אין בתו תבא לידי עוני, דתלמיד חכם אחזורי אפתחא אינו בא. וכמה הפליגו חכמים על זה, ודבריהם ידועים עד שאמרו רז"ל "כל הנותן בתו לעם־הארץ כאילו כופתה ונותנה בפני ארי", שדורס ואוכל, כך העם הארץ מכה ובועל. הביטו וראו באברהם אבינו ע"ה גדול בענקים, מלך מלכים, כבד במקנה בכסף ובזהב ולא שלח לרבקה כי אם נזם זהב בקע משקלו ושני צמידים עשרה זהב משקלם, וכי אברהם שהיה מופלג בעושר שלח דבר מועט כזה. עוד להבין מה יוצא לכתוב בתורה מה ששלח לה, שהוא נזם זהב וכו' דמה יוצא מידיעה זו, אלא נכתב זה ללמדנו שהכלה ואביה ואמה, לא יקחו החתן לשם ממון כי אם עבור השלימות שבנפשו, ולכן אברהם אבינו ע"ה שלח לה דבר מועט לרמוז לרבקה שלא יעלה על לבה לחשוק ביצחק בעבור רוב עשרו כי אם על שלימות נפשו וחכמתו של תורה, דבזה תזכה לבנים

מקבלי תורה בסיני בשני לוחות אבנים כדברי רז"ל במדרש דזו רמז לה אברהם בשני הצמידים כנגד שני לוחות התורה, ועשרה משקלם רמז לעשרת הדברות הכתובים בהם, כלומר אם תחשוק בו אף אם היה עני, ששולח מועט, רק בעבור צדקותו, מוטב ואם לאו אל תקרב לפתח ביתי, ורבקה הצדקת הבינה הרמז והודה נגד רצון אביה ואמה הרשעים החומדים ממון ומואסים בדרכי ה' כי חשקה ביצחק להתדבק עצמה בדוף הקדוש אשר מסר נפשו על אהבתו בהקב"ה לזכות עמו לזרע מקבלי תורה. גם דע המשכיל כמה מהגנות והרע, אדם שמסבת צער או דוחק העניות מתאוה למות, זה נראה כאילו קיים כל החיוב המוטל עליו לקיים וכבר השלים עצמו וגורם לעורר הדין עליו למעלה לבקר פנקסו ומוצאים אותו חסר מכל וגוזרים עליו יסורין, תוספת על מה שיש לו. ומה גם שהמתאוה למות נראה כלועג על דברי חז"ל שאמרו על כרחך אתה מת, וזה מורה שהמיתה אינה על־כרחו של אדם, והלועג על דברי חכמים נידון בצואה רותחת כרז"ל, גם המתאוה למות הוא כאילו קץ בקיום המצות ובעבודת בוראו, שאם הוא היה שמח לעבוד להקב"ה בהיות עושה מצותיו בכל יום, לא היה חושב שום צער בעולם בערך מה שמרויח בכל יום לעבוד לבורא, דאין שמחה גדולה מזו, והוא משל לאדם שמובטח להיות מלך אחר שיעבוד שבע שנים עבודת פרך, שכל אותה עבודה חשוב בעיניו אין, בערך מה שעתיד להיות מלך. אך אם רואה אדם עצמו שיצרו מתגבר עליו בכל יום כדי להחטיאו ומתיירא פן ילכד ברשתו, אז יתפלל ליוצרו שיצילהו מיצר הרע, ואם באולי יצרי יפתני מצד בחירתי לחטוא לפניך מתאוה אני למות קודם זמני ולא להיות רשע לפניך רגע אחד, זה המתאוה המיתה על צד זה נקרא עובד אלקים, לא המתאוה ומתפלל עליה מתוך צער או דוחק המגיע לגוף. עוד מהרעה חולה, שהמתאוה למות באומרו שטוב מותו מחייו, נמצא אומר שהקב"ה ח"ו עושה רעה במה שאינו ממיתו ושכוונתו להנקם מן האדם ח"ו כסברת המינין, ולא נעלם שלא ברא הקב"ה עולמו כי־אם להיטיב עם בריותיו, וכדכתיב אמרתי עולם חסד יבנה, וצריך שיחשוב שכל פרצה או תקלה, או מיני יסורין הבאים עליו הם לטוב לו, למרק איזה עון שבידו מגלגול זה או גלגול אחר, או להרבות שכרו למען ישחק וישמח באחריתו. ועוד המחכים למות מעידין בעצמם שאין מאמינים לא במשיח ולא בדין ולא בחשבון ולא בשכר ועונש. לפי שאם תקוע בלב עיקר צפית לישועה והיה מקוה לה יום יום, למה בוחר מות מחיים, שאפשר מחר יבא וינצל מצרתו. וגס אם מאמין בשכר הצדיקים ועונשי הרשעים אחר מותם, איך מתאוה למות להנצל מכל צרה, הן אמת שניצול מצער עולם הזה, אבל הולך בצער גדול ממנו כפלים, במשפטי גיהנם על מה שעשה, כי אין צדיק בארץ אשר יעשה טוב ולא יחטא ובפרט ביעתותא דמלאך המות ביציאת נשמתו וצער חיבוט הקבר, אין זאת אלא שכופר בכל זה וסובר שבמותו ישוב עפר כמו שהיה, ואין דין ואין חשבון על גוש עפר. ועל־זה אמר

התנא ואל יבטיחך יצרך שהשאול בית מנוס לך, כלומר אל יבטיחך כדי להחטיאך באומרו בלכתך שאולה תחזור לעפר ואין דין וחשבון על עפר, ונמצא שהשאול בית מנוס לך להנצל מכל עונש. כמו שפירשתי באורך בחיבורי פירוש על פרקי אבות אשר לי. גדולה מזו כל המתאוה המיתה בעבור שהוא בצער, נמצא כל היום בתערומות עם הקב"ה שאינו ממלא תאותו וחושבו לאויב לו ח"ו, וזה מביאו להיות תוהא על הראשונות ולמאוס בתורה ובמצות ולבו מלא כפירות. ובהיות שמאס בחייו שוב אינו מתאוה בעבודת הבורא, וכמת מחשב עצמו ואינו חש על חיי שום אדם, ותמיד הדאגה דבוקה בלבו עד שמרוב הדאגה, מתבלבל דעתו, ומכח שטותו כופר בפרהסיא, וכל מה שבלבו מוציא לחוץ עד שיכלו ימיו ברע וימות באין מוסר. לכן צריך האדם להיות שמח תמיד על איזה מצוה שקיים, ואיך עבד לבוראו עוד יום אחד. ויחשוב בדעתו כי הצער והדוחק שעומד בו – אין, בערך מה שהרויח מהמצוה בעבור שיהיה חי על האדמה. ובהיות דעתו על זה, לא ישגיח על צער ויהיה כרודף כל היום לבקש לקיים מצוה ויוציא זמנו בזה וישכח רישו. צא וראה אדון הנביאים ואב לחכמים משה רבינו ע"ה שבקש להיות כחיות השדה וכעוף הפורח באויר (כדאיתא במדרש פ' וזאת הברכה) ושיניחנו הקב"ה בעולם הזה ולא למות. ולמה כך, נתאוה כך כדי להיות בעולם הזה עוד כדי לעבוד לבוראו ולעשות מצותיו אעפ"י שלא חסר דבר מן התורה שלא קיים, אלא היה מתאוה לחזור ולקיים מתוך אהבה וחבה שהיה עם קונו, ולא היה חושש על הצער להיות כחיה או עוף בערך עבודת הבורא, ועל זה הרבה בתפלות שיניחנו בזה העולם, לפי שכיון שאדם מת נעשה חפשי מן המצות, דכתיב במתים חפשי, וגם לא המתים יהללו יה. ומה משה רבינו ע"ה שקיים כל התורה כולה ובמותו היה הולך תחת כסא הכבוד ובמדריגות שאין בריה יכולה לעמוד. ועל כל זה רצה לסבול צער גדול בעולם הזה ולא למות, לעבוד לבוראו עוד זמן. קל־וחומר בן בנו של קל־וחומר כל אדם שהוא ריק מכל המצות ומלא עונות שבמותו מעותד לכל עונשים, שאעפ"י שיעמוד בכל צער ודוחק שבעולם, צריך שלא יבקש למות, כי־אם לבקש רחמים על חייו, ולא יחוש לשום צער שבעולם בערך שמרויח בכל יום לקיים איזה מצוה, ולפחות מה שמתפלל לפניו תפלת השחר ותפלת הצהרים וערבית. ודע שהחולי הזה נולד באדם מהבטלה, שאדם שהוא בצער, אפילו עני החוזר על הפתחים כשמתעסק באיזה עסק העסק טורדו מלחשוב בעומק צער שהוא בו ומבטלו מלבקש למות. וכמה הגדילו רז"ל לדבר על ענין הבטלה כמה רעה כנודע, וציוו שחייב אדם ללמד את בנו אומנות, ובכלל כוונתם שהוא כדי שימצא במה יתפרנס, גם־כן למונעו מלחשוב מחשבות זרות ולהרגיש בצערו כדי שלא יבקש המיתה בפיו. ותלמיד חכם עסק תורתו מונעו מכל זה אם יהיה עוסק בה תמיד ולא יתעסק בבטלה, שהרי התורה בקשה מהקב"ה שיעסקו בה מתוך דוחק כאמרם רז"ל.

ועינינו הרואות שעוסקים והולכים

ואינם עוזבים אותה, אין זה כי אם שאין משגיחים בצערם מתוך מה שעובדים לבוראם בעסק תורתו.

פרק ו

יודע הלבבות ובוחן הכליות, ורואה בדאגת לבות בני אדם מסבת מקריות המאורעות רעות, גזר אומר על ידי נבוניו רבותינו חכמי התלמוד ז"ל שאמרו "אין אדם נתפס באם נתרעם האדם על הקב"ה על־ידי צערו, אין הקב"ה מענישו על צערו", כאשר הוכיחו מאיוב שאחר שפער פיו והרחיב לשון כלפי מעלה עד שחבריו הוכיחוהו בדברים קשים לכבוד המקום ועכ"ז חרה אף ה' בהם על שדברו עמו קשות, באומרו איוב לא בדעת ידבר ודבריו לא בהשכל. ואע"פ שאין אנו יכולים להכחיש הטבע המחייבו לאדם צער ודאגה בהגיע מהמאורעות הזמן ולבטלו מעסק מילי דשמיא בתורה ובמצוה, כמאמר החכם דרך הלצה "תורתו של דואג מהשפה ולחוץ", ירצה: תורתו של מי שהוא דואג מסבת איזה צער, לומר באין מבין, ודבריו לא בהשכל כי אם מן השפה ולחוץ, עם כל זה צריכים אנו לבקש אופנים ממיני תנחומים לאדם הדואג לבא עמהם נגד הטבע, כדי שיוכל האדם לעבוד לבוראו בשמחה, שהיא עבודה ראויה ולא ישגיח לשים לב אל המקרה שפגע בו. והנה עתה נזכיר קצת מהמקריות הבאים על האדם מדופי הזמן בלתי נאמן, כדי להזכיר אח"כ נחמתם, אלו הן: טלטול, רדיפה מאחיו וקרוביו, מחורף מגודף, בנים שאין ממלאים מקום אבותיהם, חסרון בנים, בנים שאין הולכים בדרכי אביהם הצדיקים, בנים סוררים אויבים ושונאים לאדם, אניות, אומנות מגונה, בעל יסורין, מיתת בניו בחייו, כהות עינים, אשה רעה קשה מכולם, וכן רבים כאלו, רבו מספור, והנה אלו המקריות ויותר מהם, נתחלקו בגדולי עולם צדיקים גמורים, שהעולם נברא בעבור אברהם ראש המאמינים שפרסם אלהותו בעולם, היה נרדף מנמרוד ויצא בטלטול מארצו וממולדתו אל ארץ אשר לא ידע תמול שלשום, וכן יצחק ויעקב הגיע להם מהטלטול, יצחק לגרר ארץ פלשתים, יעקב לחרן, יצחק המנוסה כהו עיניו, וכן כמה מחסידי עליון חכמי התלמוד, כגון רב ששת ורב יוסף. יעקב בחיר שבאבות היה נרדף מאחיו עשו הרשע ומכל אנשי ביתו הקרובים. ויוסף הצדיק נרדף מאחיו הצדיקים. משה רבינו ע"ה רדפו דתן ואבירם עד שנתחברו עם קרח ועדתו וחרפוהו וגדפוהו עד שחשדוהו באשת־איש כאמרם רז"ל, גם הגיע לו צער שאליעזר וגרשם לא מלאו מקומו ויהושע ירש מקומו. ליהושע ראש הכובשים לא היו לו בנים כי אם בנות. בני עלי ובני שמואל לא הלכו בדרכי אביהם. חזקיה הצדיק היו לו בנים סוררים. דוד ראש למלכים בקש בנו להורגו, גם נתרבו לו האויבים והשונאים כדואג ואחיתופל וכדומה, וביקשו להמיתו. הלל ור' חנינא בן דוסא ור' אלעזר בן פדת וכאלה רבים פגע בהם מדת העניות. ואומנות מגונה כהלל העניו שהיה חוטב עצים, ור' יוחנן הסנדלר מתעסק במנעלים וכאלו מהשלמים שנתעסקו באומניות כאלה

כנודע. רבינו הקדוש שלא הניח כמותו נתייסר בחולאים קשים שנים הרבה. ר' יוחנן מתו לו כל בניו בחייו. כמה מחסידי עליון פגעו באשה רעה כנודע מכמה מעשיות שבתלמוד ובמדרשים. כלל העולה שכל חולי וכל מכה וכל מיני מקרה רע שבעולם, תמצא שהגיע לקדושים אשר בארץ המה, ודוק ותשכח. ובהיות כן בפגוע א' מהנה לאיזה אדם או רבים יחד, כאשר באו לנחום איש גם זו כדאיתא בתעניות, וכמו שהגיע על איוב תם וישר וירא אלקים וסר מרע, אין לו מקום לדאוג ולהצטער על הדבר הקשה שבא עליו פן יחשדוהו לבלתי הגון כיון שפגעו בו מהחולאים והחסרונות, כי יש מקום לו להתגבר במענה פיו ולהשיב לחושדו דבר, הרי לחסידי עליון אירע כמוני ובהם יתנחם כל אדם ויסיר דאגה מלבו בנושאו קל־וחומר בעצמו, אם לידידי אהובי עליון הגיע להם כך וכך וקבלו בשמחה, אנכי עפר ואפר על אחת כמה וכמה, ובזה יקנה שמחה וחוזק בלבו ויסיר דאגתו ויעבוד לבוראו ויגיל ברעדה וילך בטח ולא יתייאש מחייו. ואתה בן אדם, אחר אשר ידעת שכל חולי או מכה ומקרה רע נתחלק בין חסידי עליון, למה תקוץ בחייך אם הגיע לך רדיפה או טלטול או חירוף או גידוף, או שונאים או אויבים או חולי או יסורין או מיתת בנים או מום או אשה רעה או בנים בלתי הגונים, הרבה במוסר עמהם עד יום מותם להחזירם למוטב, זאת החיוב עליך בלבד, ובזה את נפשך הצלת ואיש בעונו ימות, שהרי להם בא המאורע הרע להרבות שכרם ולך למרק עון, ולמה תקוץ ממנו כיון שהיית חייב לאותו מקרה, דזהו משל למי שהיה חייב לאוהבו חוב גדול וכראות אוהבו שנכבד עליו החוב, בא וציערו בהכות אותו וכונת הכאתו כדי שבעבור שהכהו למחול לו החוב, שבודאי ראוי לחייב הזה שישמח על המכה, ועליו לשבח לאוהבו על מה שהכהו. כך האדם חייב להקב"ה על מה שחטא לפניו ועכ"ז זן ומפרנס אותו כי אין בו מעשים לאכול מדיליה, וכראות הקב"ה שמרבה החוב על האדם, מכהו ביסורין לנכות החוב. ובודאי שחיוב על האדם להודות להלל ולזמר על אותה מכה שבא עליו כי אין ספק שלטובתו בא. ובעלות זה על לבבך, תהיה כל ימיך בשמחה ולא יטרד לך דאגת המקרה למונעך לעבוד לבוראך כאשר יאות לעובדו, לעשות התמדה בתורתו ולרדוף אחר מצותיו לקיים אותם בדקדוקיה, ואל יעלה על דעתך כדעת השוטים אשר שמעתי באזני אומרים, מובטחים אנו לעולם הבא עם מה שאנו מתפללים שחרית מנחה ערבית ואין אנו עסוקין כל היום במלאכתנו ואין אנו גונבים וגוזלים ואין אנו רוצחים ולא זונים בנשי חברינו, ואין אנו מריעים לשום אדם, ובהבטחה זו אינם עוסקים בתורה ואין רודפים אחר מצותיה, ואין חוששין לכבוד חכמים כי אם לפניהם, ואין מרחמים על העניים כי־אם בעל כרחם, שהעניים גוברים עליהם ליקח מהם בחזקה. ואני אמרתי לשוטים אלו, דהן אמת דהמצות גדולות מה שאתם עושים, אבל אינם מספיקים להשלים נפשכם לכשתהיו ראויים לראות גן־עדן אפילו מרחוק, וכ"ש וק"ו שעדין לא הגעתם בקיום זה לכלל יהודים, משום שהשלש תפילות שאתם

מתפללים, חדא: שההרגל בהן רגליכם מוליכות אתכם להתפלל, וראיה שהיא תפילה בלא כוונה, וכמה מחשבות ובלבולים בראשיכם ובמהירות כמשליך משא מעליו ובריבוי דברים כל איש עם חבירו בתוך התפילה מענייני הבלי הזמן, ועוד דהליכה זו להתפלל, כל אחד משום שמתבייש מחבירו שלא יקל בעיניו. ועוד שאילו הם מצות הכרחיות בקיומם, כיצד מוכרח הוא להתפלל כדי שלא להיות גרוע מגוים שהולכים לבית תפלתם, גם מוכרחים שלא לגנוב ולגזול ושלא לזנות מיראה שאם מתפרסם הדבר יהרגום, והם דברים קשים להשיגם ומסבת הסכנה הגדולה שבהן אדם מונע עצמו מלבקשם, גם מוכרחים שלא להרע לשום בריה, פן יתגבר עליו ויוציאהו מן העולם, לכן דעו כי אין אדם מובטח להיות מזומן לעולם הבא, וצריך להתפלל לפני הקב"ה בכל כוונת לבו, ולמסור נפשו עליו, ולכוין שמתפלל אליו משום בחיוב הגדול המוטל עליו כי הוא אלוה שבראו ובידו להחיותו ולהמיתו, ובלתו אין אלקים ולעסוק בתורתו בכל כחו על מנת לקיים, ואם בעל מלאכה הוא לקבוע עתים לתורה, ובעת עשיית המלאכה יהא מחשבתו לתורה ואותה מחשבה מורה על החשק עליה, ואגב אורחיה מרויח דמחשבה זו מצרפה למעשה, כדכתיב לעשות רצונך ה' חפצתי ותורתך בתוך מעי, ירצה על ידי מה שאני חפץ במחשבתי בתורתך, נחשב למעשה כאילו היא בתוך מעי, גם ישתדל בכחו בנפשו ובממונו לקיים כל מצוה שאפשר לעשותו ושלא יניח גם שום מצוה מדברי קבלה ומדברי סופרים וגדרים וסייגים שעשו לתורה, והכל באהבה רבה ולהרבות בחסידות ולהיות טוב עם השמים והבריות ולתפוס דרכיו יתברך ללכת בהם, כדכתיב והלכת בדרכיו ולא יסור מלבו אהבתו יתברך ותורתו רגע, עד שאם יהרגוהו על אהבתו ימסור את נפשו בשמחה, זהו המזומן לחיי עולם־הבא, זולת כל זה הוא פיתוי היצר הרע המפתה לאדם להדמות לו שבדברים הנהוגות בנשים קונה אדם עולם הבא, כדי לסמות עיניו שלא יחקור ולא ידע ולא יבין עוד גודל החיוב המוטל עליו לקיים כדי לקנות שלימות הנפש, כדי שיזכה לעולם הבא, לכן כדי שלא ילכד האדם ברשתו של יצרר־הרע המפתהו על דרך זה, ילך עם חכמים ובמקום ישיבתם ובהתחברם יחד על כל מצוה, וכראות רוב מעשיהם ודקדוקי חסידותם יתחכם ויבין שצריך הרבה כדי להשיג שלימות לנפשו לזכות לעולם שכולו טוב, עולם שכולו ארוך, ומשם ואילך לא יטה אזן עוד ליצרו, כי הכירו לאויב לו בעצות הרעות והמקולקלות אשר יעץ לו בתחילה, וכבר הכיר כי הבל המה, מעשה תעתועים וכלי משחית לכלות נפשו ולהכינה ולהזמינה לשריפת אש בשאול תחתית, שהנה עתה שנתחבר על החכמים הכיר האמת, כי רגלים לה להאמין בה. אשריו לאדם המוציא כל ימיו בעבודת בוראו. אשריו לאדם שכל מחשבתו בהקב"ה ובתורתו. אשרי אדם שנענוע אבריו בעסק התורה ובמצות. ודע כי אין טפש כי אם המתחכם בספרים חצוניים. אין סומא כי אם הרואה בהבלי העולם, אין חרש כהשומע בקול שירי עגבים ודברי

תפלות ודברי בטלה. אין אלם כי אם לשון מדברת גדולות ודברי חלקלקות. אין שוטה כהשותק בדבר מצוה. אין מפסיד כי אם המרויח עונות ופשעים. אין קונה שם רע כי אם הקונה גדולות. אין קונה שפלות כהמתגאה. אין ישן ונרדם כי אם הניעור בלילה ומפנה לבו לבטלה. אין עצל כהזריז לרוץ לרעה. אין עני כמתעשר מן הגזל. אין חלש כי אם המתגבר ביצרו לעשות מה שלבו חפץ. אין מכוער כי אם המקשט עצמו לעבירה. אין דאגה כי אם המשמח במשתאות של רשות. אין רוע מזל כי אם המתחבר עם אנשי מעלה מרגיזי אל. אין פחד כי אם המתייאש מן הפורענות. אין יראה כי אם מי שאין יראת אלקים נגד עיניו. אין זיע כי אם מי שאין מזדעזע ונבהל מקללת חכם. אין רתת כי אם מי שאינו מרתת מיום הדין. אין חלחלה כי אם מי שאינו מתחלחל בזכור יום המיתה. אין בהלה כי אם מי שאינו נבהל בעלות על לבו משפטי גהינם. לא כן העובד אלקים ובתורתו עוסק ואחר מצותיו רודף, הרי הוא חכם ופקח ושומע ובעל דברים ובן דעת ומרויח תמיד ובעל שם טוב ורם על כל מעלה והוא ער וזריז ועשיר וגבור ויפה ושמח ורום המזל, ובטוח מפחד ורתת וזיע ובהלה וחלחלה. ואתה בן אדם לסור ממוקשי מות יהיו עיניך פקוחות תמיד, להבין ולהשכיל איך הקב"ה גומל לרשע רע כרשעתו, כי אין להקב"ה לעשות ארובות בשמים ולהשמיע בקול מכריז ואומר הביטו וראו זה שהבאתי על החוטא הוא בעבור רשעתו, אלא יבין מעצמו על ידי רמז וישקול הפגע שפגע בו שהוא מעון החטא שבו נכשל, דלמה יגרע מן האילם שעושים בפניו רמזים והוא מבין, והוא כמו מעשה בפועל ואין מבין, ובהיות האדם שוקל תמיד העונש נגד החטא שבו נכשל או הפשע אחר פשע, ישתרש בלבו כי יש משגיח על כל דרכי איש והוא צעדיו יספור, ובזה יכנע לבבו הערל אל היראה בראות שיש רואה ויהיה בוחר בטוב ומואס ברע, וגם לא ימנענו בושת בשר־ודם מלקיים תורה ומצוה, שבהיותו מודה על השגחתו יתברך על כל מעשיו, יתאמת לו יום הדין והחשבון ויעצוהו כליותיו דאיך מעכב לו בושה של בשר־ודם לבטל מלקיים דברי אל חי אשר ביום הדין והחשבון יגררו בחבלים לאיש אשר ממנו נתבייש נפוח כנוד ופניו כשולי קדרה, ומסרחונו יברחו למרחקים, ומה יאמר ומה יענה אז, האם יולכ לומר רבש"ע מזה נתביישתי ולא ממך, מה צרה יגיע לנפשו, זה ישים האדם בחיים חייתו ולא יכלם ולא יתבייש משום אדם שבעולם נגד אהבתו יתברך, כמאמר התנא הוי עז כנמר כו' לעשות רצון אביך שבשמים. עוד ישים אדם נגד עיניו כי יש לאל ידו להשלים עצמו בכל מיני שלמיות, כי הוא גרוע ממלאכי השרת ומחיות הקודש ומסגולות המעלות הנמצאים בדומם וצומח ובבעלי חיים, ולמה יתרשל כיון שכח בידו לעשות, לקנות כל שלימות החסר ממנו, ולכלול בו שלימות כל הבריאה אשר ברא אלקים. הנה יש יתרון למלאכי השרת מן האדם, היותם בעלי כנפים ויודעים בעתידות ורואים ואינם נראים, ובחיות הקודש מהירות הריצה, כדכתיב והחיות רצוא ושוב כמראה הבזק, ועל ידי שמקיים האדם

מצות ציצית, דכתיב בו על ציצית הכנף פתיל, קונה שלימותם להיות גם הוא בעל כנפים כמוהם ובהתחכמותו בתורה רואה את הנולד, דהחכם רואה הנולד כמאמר התנא, הרי יודע עתידות בחכמתו כמלאכים, ומגיע בכח תורתו למדריגת פנחס שהיה רואה ואינו נראה, כדברי רז"ל על פסוק ותקח האשה את שני האנשים ותצפנו, ובהיות רץ במצות בהתמדה כדכתיב דרך מצותיך ארוץ, וכמאמר התנא הוי רץ למצוה קלה, מדמה עצמו לחיות הקודש הרצות. ובדומם – הארץ מוציא עץ עושה פרי ומיני צמחים ופרחים, ובכללה אבנים יקרות כנופך ספיר ויהלום המאירות, ולילה כיום יאיר מכח אורם המאירות וכמה מהסגולות המועילות מוטבע בהן כאבן האודם הנקרא רובין שמועיל להריון כמו שכתבו חכמי הטבע ול"ה, ואבן האיסמיראלדה היא אבן קנאית שהנושאה עליו אם עושה זנות מיד נשברת מקנאה, ואבן הסאפירה סגולתה להחכים, והפירלה סגולתן לתת חן לנושאה עליו בעיני כל רואיו, וכן כל אבן ואבן, יש סגולה מיוחדת לכל אחת ואחת, ואדם על ידי עסק התורה וקיום מצותיה כולל בו כל אלו הסגולות, שעל־ידי חידושי התורה שמחדש בכל יום ופרפראות לחכמה, קונה שלימות הארץ המוציא פירות ומיני צמחים ובעסק התורה בלילה כיום ישים, קונה מאורות כל אבן יקרה, שחכמת אדם יאיר פניו על־ידי התורה שנקראת אור, שנאמר כי נר מצוה ותורה אור. ובכח תורתו וצדקתו מתפלל על ההריון כדכתיב ויעתר יצחק לה' ויעתר לו ותהר רבקה אשתו וקונה סגולת הרובין. ובהיותו תלמיד־חכם מקנא על הזנות כפנחס וקונה סגולת האיסמיראלדה. ובעסק התורה חוט של חן משוך עליו, כדכתיב כי לוית חן הם לראשך כסגולת הפירלה, ותורתו מוסיף חכמה על חכמתו דכתיב יהב חכמתא לחכימין כסגולת הסאפירה דמחכים לכל נושא אותה עליו, וכן קונה על ידי התורה סגולות שאר אבנים טובות ומרגליות, דוק בסגולתם בספרי המחקר ותשכח סגולתם באדם העוסק בתורה, כי לא יכולתי לפורטם מפני יראת האריכות, שדי בזה לתכלית כונותינו. גם יש במיני עשבים מחולפים בסגולתם, יש מהם ממיתים ויש מהן מחיין לאדם כנודע מרז"ל במדרש, דיש עשב מחיה מתים, ובהן סגולת הרפואות לאין חקר, ואדם בעסק התורה קונה סגולתם, ממית מי שראוי להמית על דרך נתן עיניו בו ועשהו גל של עצמות ומחיה מי שראוי להחיות כאליהו לבן הצרפית ואלישע לבן השונמית ויחזקאל שהחיה בני אפרים ורבי יוחנן לרב כהנא ורבי חייא לעבדו של תלמי המלך, וכאלה רבי המעלה שהחיו מתים וכן עתיד להיות על ידי מלך המשיח ובעוסקים בתורה גם־כן סגולת הרפואות לרפא כל חולי וכל מדוה בתפלתם לפני הקב"ה וכאלישע שרפא צרעת נעמן ובבעלי חיים בלתי מדברים בהמות חיות ועופות נמצא בהן התחכמות והמצאות כשועל וכדומה ומהן סגולת אריכות הימים כחול, כדכתיב וכחול ארבה ימים עוף הוא ששמו חול, ולא נקנסה עליו מיתה, לפי שלא טעם מעץ הדעת ולבסוף אלף שנים הוא חוזר לנערותו,

ויש מהן בסגולת הגבורה כארי וכדומה, ובבהמות חכמות המלחמה בקרנותיו וכאשר תמצא בספר שער השמים. ועל ידי עסק התורה קונה אדם סגולת החול, דהתורה מאריך ימיו של אדם, דכתיב כי היא חייך ואורך ימיך, וכתיב כי בי ירבו ימיך וכתיב עץ חיים היא למחזיקים בה, וקונה גבורת הארי דכתיב אני בינה לי גבורה, ולוחם במלחמתה של תורה ומנגחים זה לזה בפלפולים, שעל זה נקראים בעלי תריסין כנודע, הרי על-ידי דבקות האדם בהקב"ה ובתורתו, משלים עצמו מכל מה שחסר ממנו מסגולות הטובות הנמצאים בכוללות הבריאה כמדובר, ובהיות כן שביד האדם לעלות על כל הבריאה, אם ח"ו לא יעשה בה, כמה מהבושה והכלימה מגיע לו סיום הדין בראות עצמו נעדר מהדומם והצומח ובעל חי הבלתי מדבר, ובהיות לאל ידו להשלים עצמו ולא עשה, זאת אשים על לבי, אני הכותב על כן אני אוחיל לעשות ולקיים. והנה לרפואת הנפש הנני מציג לפניך מרקחת בדוקה, נעימה ומתוקה לחלישות תשות כח הנשמה, מועיל לכל חולי וכל מכה שלא יתקרב לאדם, לרבינו יהודה הריזי ז"ל, הוא ז"ל הביא בקיצור נמרץ כאשר תראה בספר התפוח, ואני הכותב הארכתי בתוספת על תוספת ביתר שאת ויתר עז. וזה המרקחת אשר עמה תתרפא רפואת הנפש והגוף, קח ששה שרשים, שורש יראת שמים ושורש שפלות, ושורש ענוה, ושורש ביישנות ושורש רחמנות, ושורש גמ"ח וענפי אילני השכלות וחכמות אלקיות, ועשבי מצות עשה ולא תעשה, ושבולת סייגים וגדרים ופרחי הצדקה ופיוס דברים לעניים וצמחי הענוה והשפלות ופירות האמת ועסק התורה ותכתוש הכל במכתשת החרטה והוידויים ותבשל הכל במי טבילה וטהרה. ותערבם בכף דמעות העינים וזרוק עליו בשמים של דקדוקי המצות והחסידות ויהי' מטוגן בשמן שם טוב, ותשים כל המרקחת על עלי התשובה והחרטה על כל העונות ושכב על משכב היסורין, וסוך עצמך במרקחת זו מבית ומחוץ, ומיד תזיע זיעת מחילה וסליחה וכפרה, ובזה רֻטֲפַשׁ פסוק הוא באיוב, ופירשו בו המפרשים: שהיא מלה מורכבת משתי מלות: רטוב ופש, כלומר רטוב ופרה, שתרגום של פרו ורבו הוא פושו וסגו, בשריך מִנֹּעַר, תשוב לימי עלומיך וכנולד דמי. ומרקחת זו רמזה חכם שבחכמים שלמה המלך ע"ה בדברים מועטים באומרו בספרו הקדוש משלי חכמים וחידותם, רפאות תהי לשרך ושקוי לעצמותיך, וכתיב כי חיים הם למוצאיהם ולכל בשרו מרפא, ופירשו דבריו הנעימים רבותינו הקדושים במדרש פקודי ה' ישרים משמחי לב, תני חזקיה נעשו דברי תורה עטרה לראש, שנאמר כי לוית חן הם לראשך, וענק לצואר שנאמר וענקים לגרגרותיך, מוליגא ללב שנאמר פקודי ה' ישרים משמחי לב, קלורית לעינים שנאמר מצות ה' ברה מאירת עינים, כוס עיקרין לבני מעיים שנאמר רפאות תהי לשרך, מנין לרמ"ח אבריו של אדם שנאמר כי חיים הם למוצאיהם ולכל בשרו מרפא, עכ"ל. הכוונה: כל מצות ומצוה סגוליית לקיים אבר אבר א', ובהתקיים האדם

כל המצות הנוגעות לקיים חיות לכל האברים, נולד מביניהם סגולה מחודשת מועילה לכל האברים יחד כצרי טריאק"ה בלעז שהיא מכמה שמנים מעורבים, שאע"פ שלכל סם יש סגולה בפני עצמה, אך בהצטרפות כולם יחד, מתחדש סגולה מחודשת מועלת לכל חולי ולכל מכה. הרי רמוזה המרקחת במאמר הנזכר שדברי תורה הם כמרקחת לראש ולצואר ולראשי האברים ללה ולעינים וכוס עיקרין לבני מעיים וכו', וכן למד הקב"ה מוסר לאדם לקנות עמו שלימות המדות במה שאסר לנו אכילת העופות והבהמות הטמאות שמלבד הסוד הגנוס בזה, רמז לנו גם־כן ללמוד נזה נוסר על־דרך מלפנו מבהמות ארץ ומעוף השמים תחכמנו, כמו שהשיבו הזקנים לתלמי המלך, עיין בספר אמרי בינה, שנהג התיר לנו הקב"ה עופות הנאספים בבית ללמד לאדם שיהיה ביתיי ולא יוציא זמנו אנה ואנה, ואוכלת מאכל טוב חטים ושעורים ואין טורפין, ומהן ילמוד האדם להבחין באכילתו שלא יהיה כבהמה שטורפת ואינה מבחנת בין טוב לרע, הכל נמתק לחכה, והעופות הטמאות טורפות ואוכלות והם במקום שוממות, ופירש אותנו מכל זה וכן הבהמות הטמאות, ולכן הבדילנו מהם שלא נלמוד ממדותם. הגמל אע"פ שמעלה גרה כיון שאינו מפריס פרסה טמא הוא, לרמוז לאדם שלא יאמר די להיות שלם במדה אחת אע"פ שאהיה חסר משאר שלימות המדות, ידוע תדע כי לא שלם טמא הוא, וכן החזיר אע"פ שמפריס פרסה כיון שאינו מעלה גרה טמא הוא לרמוז על האמור. והחסידה אע"פ שטובלת אחר שמתחברת עם בת זוגו עכ"ז טמא, טובל ושרץ בידו אין שייך בו טהרה, הבהמה הטהורה מעלה גרה היא, ללמוד לאדם ללעוס הדברים ולטחנן, ולבחון בהן קודם שיוציאם מן הפה, ומפריס פרסה שיבחון להפריס פרסותיו בהילוכו בין דרכי חיים לדרכי מות. הרי שמלבד סודי התורה שיש במה שהתיר ובמה שאסר, נלמד גם־כן מוסר לרפואת הנפש. הבט וראה כמה אופני לימוד עשה אלקים לפקוח עיני עורים שילמדו להיישיר ולהטיב דרכיהם, כדי להנחיל להם י"ש עולמות, ואם אמור יאמר האדם הרביתי בחטאות ואשמות לפני מי שהרבה להטיב עמי, אשר בבטן אמי יצרני ושם שמרני ולא עשה אותי שפיר ומנפל הצילני והדליק נר על ראשי, ומסוף העולם ועד סופו הראני ושם תורתו למדני והוציאני לשלום לאויר העולם ופרנסני והזמין חלב בדדי אמי וגדלני ואחר אשר נשאני ומכל רע ופגע הצילני השלכתי כל הטובות אחרי גוי וכל חסדיו לא זכרתי ולפניו הכעסתי, וכל אשר שנא עשיתי, ואם־כן מה פנים נשארו לי לשוב אליו, כי בושתי וגם נכלמתי, זאת אשוב לך והחזק במוסר אל תרף, כי אוהב שבים הוא וממנו תלמד לשוב יען דפסיקתא רבה אמר הכי: שובה ישראל עד ה' אלהיך, וכל מה שברא קב"ה לא נשבע עליהם אלא על התשובה, שנאמר חי אני נאם ה' אם אחפוץ במות הרשע, אמר הקדוש ב"ה: אם מתביישים אתם לעשות תשובה, הנני ראשון שב, שנאמר כה אמר ה' הנני שב, ומה מי שאין בו חטא כביכול אומר הנני שב, בני אדם על אחת כמה וכמה שצריכים

לעשות תשובה ע"כ. ובראותך בן אדם עד כמה מגיע כח התשובה, מה מקום נשאר ליצרך לעכבך ממנה באומרו לך הרבית לפשוע אין לך תקוה, וכיון שכן עשה מה שלבך חפץ מהתענוגים ואל תאבד שתי עולמות, כי כל דבריו פיתוי מר ורע הוא לאבד אותך מן העולם הזה ומן העולם הבא, נקוט האי כללא בידך שמדת היצר להחטיא לאדם כדי לאבדו, וכיון שכן אף שתראה ממנו עצה לתועלתך, עשה הפך עצתו, כי אין תועלת נמשך מעצתו, ודע שלפעמים מייעץ היצר הרע לאדם בדרכי חיים וכונתו להחזיקו עמו ויחשבהו לאוהב לו, כדי להפך אחר כך העצה לעשות נגד החיים להוליכו בדרכי מות, עשה זו בני והנצל לך במה שהכניס עמל ליועצך בדרך החיים, ובבואו להטותך מדרך זה, אל תאבה ואל תשמע לו, ואמור לו כיון שהגיד שוה אינו חוזר ומגיד, והוא כבר העיד על הדרך ראשון שהדריכו כי טוב הוא, ואם־כן אינו יכול לחזור בו, ובראות יצרך כך, ירפה עצמו ממך בראותו כי מאבד זמנו עמך כי אין לו שומע. שים בן אדם נגד עיניך, מי שמע לעצת יצרו והצליח בסופו, מי הלך בדרכו ולא ראה חושך ולא אור, מי יערב דבריו ולא נדבק לשונו לחיכו. מי שר דברי עגביו דברי אהבה וחשק לזנות ולא ניחר גרונו, אף שלכאורה מועצותיו כדת נתונות כיונק משדי אמו שכל מיני מטעמים טועם בו, איך יראה בסופו שעַל מְאוּרַת צִפְעוֹנִי גָּמוּל יָדוֹ הָדָה הוא מין נחש ועיניו מאירות כאבנים טובות, ותינוק הגמול משדי אמו רואה האור מה שיש בחור הצפעוני, הוא חושב שהוא אבן או זכוכית ורוצה לשחק בו, ובא בסכנה, כך הוא הנמשל האדם השומע לעצת היצר הרע, והוא חושב שמייעצו לטובה ולבסוף נמצא שהוא לרעה וְחֻר פָּתֶן צדה, ומוצא עצמו בתוך בור מלא נחשים ועקרבים ככל אשר זדה. אבל דע באמת כי לא יעשה ה' אלהים דבר בכל אשר צוך לעשות ולכל אשר אמר לך לשמור כי אם להטיב עמך, ואף שנראים הדברים לכאורה קשים בעיניך, לסוף ימתקו כנפת צופים בתוך חיכך. ומה רב טוב באוצרותיך בעולם אשר עדיין לא ראו עיניך. מוכתר בכתרי כתרים ומלאכים אשר עשית במעשיך. המה ישרתוך. ומי הוא אשר ימלאו לבו אחר שומעו גדולת המקום אשר ישב בו למרוד עיני כבוד יוצרו. ולשמוע ליצרו. אף שיתגרה בקרבו תמיד. וריבוי הפיתויים עליו יצמיד. כיון שניכר בו שכוונתו להשמיד. ולהשליך לשומעו בבור סיד. ואציג לפניך תוכחה מתגרת יצר טוב עם יצר הרע, וטוב לאומרה להכניע הלבבות.

אראה יומי הוא מתרחק והפועלים עצלים. ובעל הבית דוחק. השוכר את הפועלים: נתון בי יצרי אכזרי. מתגבר כאש אוכלת. אוי לי מיצרי ויוצרי שנים אוחזים בטלית: יצרי גוזר אקשיב קולו. ויוצר מזהיר לי אזהרות. מה יעשה איש אשר אלה לו. שני דייני גזרות: אש אויר מים אדמה. כלם ביצרי דבוקים. ארבע יסודי גם המה. ארבע אבות נזיקים: בראותי נפשי כסוחה. תהיה מרה באחריתה. גם היא אחר יצרי הלכה נערה שנתפתתה היא הנשמה שנתפתה מעצת יצר הרע : רצתי לקום בהשכמה. יצרי יעצני עצות. תישן על מטה נעימה. תפלת

השחר עד חצות: הוכחתיו על רוע נאמו. והוא בתוכחתי יקוץ. דוממתי לפניו כמו מי שאחזו קורדייקוסהוא מין חולה בלב, שהרוח דופקת בלב וזיעה קרה נגרת מהגוף : מול יצרי אין אני יכול. ברוב טענות ומילין. אקרא בתורת אל. כי כל כתבי הקדש מצילין: שמעתי ותרגז בטני. כעת על לבבי אעיר. יום יטרוף נפשי שטנילעת המיתה שיטרוף השטן נפשי, כי השטן הוא יצר הרע והוא מלאך המות הכונס צאן לדיר משל המיתה כמי שכונס צאן לדיר : על כי אין ידי לאל. מצוק יצרי ראש פתנים. מה אעשה כי יקום אל. השוכר את האומנים: ואזכור לילי ויומי. אשים יום מיתה לפני. כי לא במהרה חוטא מי שמתו מוטל לפניו לומר שמזכיר תמיד יום המיתה. אלה עצותיו מאסתים. לרדוף אחר המותרות. יועץ קח חזקת הבתים. בורות שיחין ומערות: לא אבחר דירה תחתונה. מעץ ואבן בנויה. אקנה בה דירה עליונה. הבית והעליה: לבי אעיר מתנומות. אשחר אל ולא אלין. כי שוחרי על עולמות. יש נוחלין ומנחילין: נפשי ולבי שניהם דרשו לאלהים בתשובה. ויאמרו כל ישראל יש להם חלק לעולם הבא:

ואתה בן אדם שים נגד עיניך, אם כשזה החוטא עושה העבירה חושב בדעתו שהאל יתברך רואה אותו מה שהוא עושה, מה מאד עזות פנים הוא זה, שמאחר שהוא יודע שהאל יתברך רואה אותו במעשיו ומלאו לבו למרוד בהאל יתברך רואה אותו במעשיו ומלאו לבו למרוד בהאל יתברך ולחטוא והוא רואה אותו, הגם לכבוש את המלכה עמו בבית אתמהא לשון בתמיה הוא, ואם יחשוב החוטא שאין הקדוש ברוך הוא כביכול רואה אותו, נמצא שהוא כופר ומכחיש בהמגביה לשבת המשפילי לראות בשמים ובארץ, וכי רם ה' ושפל יראה, והרי הוא כופר ומכחיש האמונה, ומי הוא זה שימלאנו לבו בשביל חטא א', דתענוגו רגע לכפור בעיקר, ועיין בספר החסיד בעל לוחות הברית זכרונו לברכה (דף רל"ו ע"א), שמזכיר שם להנצל מן החטא, קחם נא אליך וכתבם על לוח לבך ואל תנתקם מבין עיניך וזכור תזכרנו כל ימי חייך.

וטוב הרבה לחוטא שיתודה חטאיו לפני המקום, כי סגולת הוידוי ופרטיו היא לסלק ממנו כל הקטרוגים, כי כל המתודה אין דינו מסור כי אם בידו של הקב"ה, ורחום הוא ונחם על הרעה ומום שבו יקדים לאומרו ואל יתן מקום לאחרים לאומרו, כי העושה כן הקב"ה מעביר על כל פשעיו, דכתיב אמרתי אודה עלי פשעי לה' ואתה נשאת עון חטאתי סלה. וזהו עיקר הראשון של תשובה, כמו שאמר איש או אשה כי יעשה מכל חטאת האדם והתודו את חטאתם אשר עשו, דרז"ל אותו החטא עצמו אשר עשה יתודה עליו, וכן אמרו בפרק בתרא דיומא ר"י אומר: וצריך לפרוט החטא עצמו, שנאמר (שמות לב, לא): "אָנָּא חָטָא הָעָם הַזֶּה חֲטָאָה גְדֹלָה וַיַּעֲשׂוּ לָהֶם אֱלֹהֵי זָהָב". ופירש רש"י "צריך לפרש, כשהוא מתודה יאמר חטא פלוני חטאתי" אשר לפי זה אין אדם יוצא ידי חובת וידוי באומרו אשמנו בגדנו וכו', ולכן כל אדם ישים אל לבו בשעת הוידוי ויפרש החטאים והעונות והפשעים שחטא ושהעוה ושפשע

ויבקש מהן מחילה ממי שבידו היכולת למחול לו, ולא ישוב עוד לכסלה ויתבושש כל ימיו על העבד כדי שלא יתבושש עוד ביום הדין הגדול והנורא. ואל יאמר אדם מאחר שלעולם ידו יתברך פתוחה תמיד לקבל שבים, הן עוד היום גדול והשמש במרומים ועדיין יש שהות לחזור, כי אפילו בשעת מיתתי, והן כעת אעשה מן הרע בעת שאני יכול ולכשאפנה אשנה פרשה זו של תשובה שהיא פתוחה לפניה ולאחריה, גמור בכל לבבך מה שנמשך אחר לכשאפנה אשנה, שמא לא תפנה. זכור עת הנסיעה כי היא פתע פתאום בלי עת ידוע, רק כאשר יגזור אל חי תמים דעים וטרדות הזמן לעולם אינן נפסקות, והזמן קצר ובוגד והמלאכה היא מלאכת עבודת הבורא בתיקון הנפש, והשגת המעלות מרובות הם וכל מה שיתאחר האדם לתקן נפשו, היצר הרע הולך ומתגבר ומתקשה הלב מחמת שיורגל בעבירה, וכל העבירות יהיו בעיניו כהיתר ולא בנקל יוכל לטהר עצמו, כי אוי יהיו עונותיו ישנים וישכחם ולא ייראו מהם, דכיון דדש דש כיון שהורגל הורגל וקשה לפרוש, ואם באולי לעת זקנותו ישוב, אין תשובתו מעולה ולא יקבל שכר עליה כאילו עשאה בימי בחרותו, כאשר הנה נא כוחו במתניו, ולזה רמזו בזוהר על פסוק מפני שיבה תקום, כלומר קודם שיבה שלך, תקום לשוב, על כן לאהבת הבורא יתדבר על יצרו בימי בחרותו בעוד שהוא מוצא ומצוי לו, ועודנו בידו וימנע עצמו מן הרע אשר התחיל להרגיל עצמו בו וימאס בלבו הרעות ויאמין שזו היא הרפואה האמיתית לכל מכאובי לבו בעונותיו, שאם לא כן לא יחוש אליה לעשותה בכל תיקוניה ופרטיה שרבו כמו רבו בין חכמי האמת רופאי הנפש, ומצאתם כי תדרשם בכל לבבך ובכל נפשך, ועיין עוד בספר אור קדמון שהוא ספר מעט הכמות ורב האיכות ותמצא שם דברי תשובה, דברים מנופים בי"ג נפה, נוגעים לנפש ולבשר וגם מעוררים לב נרדמים ומקיץ לנמהרים, ואין צריך לומר שצריך כל שב בתשבה לאחוז תמיד בידו ספרי המוסר המלמדים לאדם דרכי התשובה כספר חובת הלבבות וראשית חכמה ושל"ה והרבה ספרים כמוהו, זכותם יגן עלינו, אמן, נצח, סלה, ועד.

פרק ז

כתר מלכות של הגאון המופלא כמוהר"ר דוד בן אבי זמרא הרדב"ז ז"ל:

והוא תפלה יקרה לצום, רם ונורא. באימה ובמורא. לפאר שמותיו. וסוד מחשבותיו. והוד מפעלותיו. ולה אין תמורה. תמלל גבורות. למדות יקרות. אשר בם סדורות. בשפה ברורה ועומק יסודות. ורזים וסודות. רמוזים והודות. ודרך ישרה לסקל מסילות. לעורכי תהלות. לנורא עלילות. לעתות בצרות. לך ה' הגדולה והגבורה. ותפארת והנצח וההוד כי כל בשמים ובארץ:

אתה יסוד היסודות וסוד היסודות, עילת על כל העילות וסבות כל הסבות עילה וסיבה הם שמות נרדפים ופירושם א' הוה הויה קיימת. ומצוי מציאות נעלמת. לכל נמצא קודמת, ולכל סבה גורמת: אתה יחיד בכל דרכי

היחוד יחוד שלם אמיתיי ולא כאחד המנייני אעפ"י שאחד המנייני הוא רומז לתחילה שאין תחלה לפניה, אעפ"כ לא נוכל לרמז בזה על הקב"ה, לפי שדבר המנוי הוא מורגש בחושים הגופניות ולא כאחד היחסי אחד היחסי הוא כמו שהוא בן עיר ירושלים, מצרים. או אחד השבט כמו ראובני שמעוני וכדומה, אעפ"י שהמקום אחד או שבט אחד, אבל הוא כולל אנשים רבים ולא כאחד המיני כמו שאנו אומרים מין אדם או מין שורים, אעפ"י שהמין א' הוא כולל אישים רבים, כי מצד אחד הוא נקרא אחד וגם נקרא רבים, לפיכך אין לדמות הש"י לאחדים הללו. אלא אחדות פשוטה מוחלטת אין ערוך אליך ואין דמיון, כאשר בא עליה המופת והנסיון, וכל חכמי לב עליה יתמהו, כי לא ידעו מה הוא אתה נמצא אבל לעצמך ולא אחר עמך, משגב לכל רעיון. נעלם מכל חוזה וחזיון. נסתר ברום חביון. עליון על כל עליון, וגם עם כל זה משגיח על כל דל ואביון: אתה הוא קדמון לכל קדמון. ואחרון לכל אחרון. ושנותיך אין להן תכלה ולא תחלה. ולא כליון וכל לשון אתן לסדר שבחיך ילאה, לכן אמרתי אשמרה דרכי מחטוא בלשוני: ואם במכתב יכלה כל ספר וגליון ולך דומיה תהלה: אלקים בציון כי לך נאה שלילות התוארים והשבח כי לא יתמו עד נצח נצחים כי אין לך מקום קבוע ולא שם ידוע. כי אתה תמלא כל המקומות ומשלים כל השמות ומגיד כל תעלומות כי לך עוז ותעצומות: אתה אצלת אורות פנימיות. דקות מחשביות קדמוניות. נעלמות אשר לא נקבו בשמות: רק בשם אורות צחות מצוחצחות כחות אלהיות נשמות לנשמות, ומי ישיג סתרי תעלומות והשם המעיד עליהם הוא שם הוי"ה המתמלא בעשר אותיות מילוי הוי"ה בעשר אותיות יו"ד ה"י וא"ו ה"י, ולכן אמר שיש בו ג' יודין, והם רומזים לג' אורות עליונים והם אור קדמון אור צח מצוחצח, עיין בראשית חכמה דף קפ"ו ע"ב, ולפיכך אמר למעלה מחשבות קדמוניות אורות צחות מצוחצחות, ודוק דקות באור השכל נרשמות ובמחשבות הלב נחקקות ובו שלשה יודי"ן מעידין ומגידין כי אין זולתו ומבלעדו אין אלהים, ועל שם זה אמרו קודם שנברא העולם היה הוא ושמו לבד, כי הוא קדמון בקדמותו ונעלם בהעלמותו, אין קדוש כה' כי אין בלתו: אתה הוא מסתתר בסתר, אתה עמוד האורה לא תשורנו עין של כל נוצר ונברא, ידע מה בחשוכא ועמיה שרי נהורא, לבושיה כתלגא חוורא ועתיק יומין נקרא היה הוה ויהיה, וזה שמו בתורה אהיה אשר אהיה יתברך ויתעלה. אתה חכם וממך החכמה הרשומה נודעת. ולהשיג תעלומה נבער כל אדם מדעת. ומעני כל חי נעלמה, והוא ידע את מקומה. כי הוא יש מאין שנאמר והחכמה מאין תמצא, להחיות את בעליה, והראש אשר בראש הויה מעיד עליה. שהיו"ד לכל האותיות יסוד, כן החכמה לכל ההויו"ת יסוד, ונסמך אליה אות ה', כי בי"ה ה' צור עולמים, והדברים סתומים והתומים: אתה מבין כל תעלומות וסתר החכמה ורזי התבונה ממך לא נסתרה וכל עליונים ותחתונים מדעת נבערו, כי ממקור החכמה נאצלה התבונה, כדכתיב ואיזה מקום

בינ"ה, כי היא אות ה"י ראשונה של שם הוי"ה כי אמר והיה העולם והזוכה לה ואכל וחי לעולם. ושם המיוחד לה בכל המקרא שם ההוי"ה בניקוד אלקים, וכאשר היו לאחדים מי ימלל גבורות ואין לנו עסק בנסתרות. ולך הגדולה אשר אין לה חקר ותכלה לא ראש ולא תחלה. פותח תמיד בהצלה. מרומם על כל ברכה ותהלה. אמרתי עולם חס"ד יבנה. כי ללמד זכות לעולם פונה. והוא אשר גבר על ברואיך. והטוב הצפון ליראיך. ולשמו ב' אותיות אלקיות והוא אל למוצעות. לך הגבור"ה הגמורה. אשר אין לה שינוי ותמורה. ערוכה בכל ושמורה להנקם מכל עושה רשעה, פן יצאו מרעה אל רעה, כי זה לעומת זה עשית. כדי שיראו מלפניך. וישובו מורדיך אליך, עדיך לעובדיך. וידעו כי אין בלעדיך. וידעו כי אין בלעדיך. ומי יעשה כמעשיך וכגבורותיך: לשמך הנרשם בכל המקרא אלהים חמש אותיות אלקיות. הליכות עולם צופיות. לתת לאיש כדרכיו וכפרי מעלליו. ומי ימלל גבורות תוקף מפעלותיו: לך התפאר"ת השלמה והדעת התמימה. ולא אתנו יודע עד מה. כי נבער כל אדם מדעת. אך ממך מקור הדעת נובעת. ובדעת חדרים נמלאו. ותהומותיו נבקעו. וראשו לרום יגיע ובין זרועות עולם מכריע. ושש קצוות מגיע. ויעש אלקים את הרקיע. לתת תפארת והדר לכל הגויות. ושמו המיוחד של ארבע אותיות. שהוא נורא תהלות. ולו נתכנו עלילות. לך נצחיו"ת מקיימ' על שרי הימין מתרוממות. ולוחמת לבל יכנסו זדים בהיכל עונג זועמת מתקוממת וגם נצ"ח ישראל לא ישקר ולא ינחם כי הוא ענף הגדולה אשר אין לגדולתו חקר. עמוד הימיני אשר הבית נכון עליו לעד לנצח נצחים ונעימות בימינך נצח לקבץ נדחים והאובדים בעמק התמורות (והשלחים) מקור הנבואות. אל ההודאות. אדון הנפלאות. וזה שמו ה' צבאות: לך ההו"ד וההדר והכבוד עוז והדר לבשת ובזרוע עוזו ים סוף הובשת. וכל שרי הסמא"ל כבשת. ענף הגבורה הגמורה לדכא תחת רגליו סמא"ל וחיילותיו. הצרים על שרי ישראל וצבאותיו. שומרי בריתו ועדותיו. והוד והדר הוא לכל חסידיו. וזה שמו אשר יקראו לו בכל הנבואות. אלהים צבאות בימינו נוראות. ובשמאלו נפלאות. ברוך אל ההודאות: לך סוד היסו"ד הנעלם צדיק יסוד עולם. סוד הסולם אשר יעקב אבינו חולם. ראשו מגיע השמים העליונים וסופו מוצב ארצה חפץ בו כי כל בשמים ובארץ והוא ענף התפארת. שושבין בינו ובין עטרת תפארת. ומכריע בין הנצחים. ולא יפריד בין אחים. על כל קרא שמו שלום. ואמרתם כה לחי אתה שלום. וכל אשר לך שלום: לך המלוכה הנסוכה. שמורה בכל וערוכה. ובה היו כלם לאחדים וראש ואדון לכל הנפרדים והוא הכסא המתנשא הנושא את נושאיו ועומס את עומסיו בלי יגיעה ובלי עיפה והוא אפריון והנוה הנקרא ציון ושם חביון האור הצפון ושם יקוו המים הקדושים. ומשם יפרד והיה לארבעה ראשים. הם משרתיו אשר אליו כנשים. ומדרכי אנשים נפרשים. וקדושה יחד משלשים. לאל נערץ בסוד קדושים. גבורי כח לשמוע בקול

דברו. ולהקים מאמרו עיני כל אליך ישברו לך מקוים. ומאור שפטיך חיים והווים. לא נעתקים ולא דווים. כי מדשן ביתך רווים. ואליך נכספים ומתאוים: ולעובדך נאספים ונלוים. ואיש את רעהו מלוים. ולוים שוים. ולהעריצך מזהירים ומצוים. באימה וביראה דברי אלהותך זה אל זה מספרים ומחוים. באין קנאה ומדון שקטים ושלוים. וכל צבא השמים משתחוים ואומרים ברוך שם כבוד מלכותו לעולם ועד. חיות הקדש יקדישוך ואופנים יהללוך ואראלים יזכירוך. וחשמלים יאמירוך: ושרפים יעריצוך ומלאכים יאדירוך. ואלים ירוממוך. ובני אלהים ישבחוך. וכרובים יכבדוך. ואישים יברכוך. ושנאנים יגדלוך. ועירין וקדישין יפארוך. כי תפארת עוזמו אתה: שבעה היכלות כוננת להם לכל מדרגה ומדרגה כפי מעלתה וקורבתה ואלה שמותם לעלות ולראות את פני ה' צבאות: היכל א' נקרא לבנת הספיר ועליו נאמר כמעשה לבנת הספיר: היכל ב' נקרא עצם השמים ועליו נאמר וכעצם השמים לטוהר: היכל ג' נקרא נגה ועליו נאמר ונגה לו סביב: היכל ד' נקרא היכל הזכות ועליו נאמר זכות ומישור לפני כסאו ומי שיש לו זכות נכנס לשלום ויצא לשלום כי שם בית דין של מעלה: היכל ה' נקרא היכל האהבה על שם אברהם אבינו ע"ה אהובו ושם נגנזה נשמתו ושם כבוד מנוחתו: היכל ו' הוא היכל רצון כי שם רצון שוכני סנה ועליו הכבוד העליון חונה ודרך שם קולו של משה רבינו ע"ה ונבואתו ושם ידבר אתו: היכל ז' קדש קדשים ובו שלשה ראשים, הם הם הנגשים ואתה משפיע ומשביע לכל חי רצון, וכנגדם הכינות והזמנת שבעה היכלות כלולות בכל מיני זעם ועברה ומשלחת מלאכי צרה יומם ולילה לא תכבה אשם, זעום ה' יפול שם, הכל עשית יפה בעתו לתת לאיש כדי רשעתו ויראו מלפניך לעשות רצונך:

אנא האל בלי שני, מצוי בלי ממציא, קיים בלי שינוי, קדמון בלי עת וזמן, אחרון בלי גבול וקץ, יהי רצון מלפניך ה' אלהי ואלהי אבותי להופיע ממקום החפץ ולהשפיע על כל מדותיך החמודות אשר בתפלתי סדורות, וכל שמותיך היקרים וכל מחנותיך הקדושים והטהורים רוח חן ונעימות, ויתגלגלו רחמיך הנעלמות על המדות הנסתרות והנגלות למלאת האוצרות אשר שם השאלות לתת לכל נוצר די סיפוקו להשלים את חקו ולכל גויה די מחסורה ולכל בריה די צרכה ולכל איש ואיש שאלתו ובקשתו, אם חיים הוא שואל כי עמך מקור חיים, ואם מזון הוא צריך לכל א' בך ואם בנים הוא הוא חפץ, אתה מבטל גזרתו ופוקד עקרות ורומז למלאך הממונה על ההריון כי שלשה אלה תלוים במזל העליון: ואם חכמה מבקש לא לחכמה יקרא ולא תבונה יתן קולו, אלא למי שהחכמה שלו, על זאת יתפלל כל חסיד אליך וישליך יהבו עליך להשפיע עליו מחכמתך ונחה עליו רוח חכמה ובינה. כי מפיך דעת ותבונה. ויכוין להמשיך לאוצר הדרום שפע חכמה כי ישא עיניו במרום לבקש משם שאלתו כי לא תשוב ריקם בקשתו וסוד הדברים הרוצה להחכים ידרים: ואם בעל תשובה הוא, תשובתו הרמתה כי שם ביתו. ושם אוצר בקשתו: ויזמין

מחשבתו ועומק דעתו למי אל כמוהו נושא עון ועובר על פשע, לשארית נחלתו ויאיר פני הרצון אל מדת התשובה בשובה ונחת כי ידו פשוטה לקבל שבים, וזה סוד יום הכפורים בלשון רבים: ואם עושר הוא מתאוה כי קדמוהו ימי עוני ותקרב לשחת נפשו כי ירעב ולחם לא ישבע וילדיו אל אל ישועו לתת אכלם בעתו ורוח מבעתו ובולמוס אחזתו לא למדת הצפון יצפה, לא בכתב ולא בעל פה כי לא מצפון יאתה וגחלים על ראשו יחתה, אלא ישים מגמתו ותשוקתו אל אלוה נורא אשר הוא מלפניו העושר והכבוד לפתוח את הטוב אשר משם בקשתו ותנתן לו בקשתו, כי עיני כל אליו מצפים וצופים, על זה אמרו הרוצה להעשיר יצפין: ואם מן המצר יקרא בעת צרה, לא על שמאל יפנה ולא על ימין, אלא למדת הרחמים יעמיק את מחשבתו בשעת תפלתו להמשיך משלש עשרה מדות של רחמים פשוטות עליונות רוחניות אל י"ג מדות תחתוניות בנוניות, כי שם פני הרצון תמיד מביטים ונוטים, ואז ישיבו הכל בשמחה ונסו יגון ואנחה כי היתה הרוחה: והתפלה נשמעת ונובעת כי המעין העליון נובע והחדרים נמלאו בדעת אשר לא יכזבו מימיו וטל אורות ירעפו שמיו: ואם יצרו עליו מתגבר ורוצה להכניע הצר הצורר אויבו אשר בקרבו, לא לנצחים יבקש לנצחו ולהבריחו מעליו ולהכריחו שישמע עליו עומד, נכחו אל אל אשר בידו נשמתו ורוחו לחזק את העמודים אשר הבית נכון עליו ובהם יתחזק וישען כנגד הצר הגדול אשר כח מכחו אויבו אשר בקרבו וימשיכנו אצל בית המדרש אצל למודי ה', אם אבן הוא נימוח, אם ברזל הוא מתפוצץ ואם חזק כשמיר מתרוצץ ויצא ממנו כלו חוצץ. ואם לחן הוא צריך, כי לפני מלכים יתיצב יכוין לעלות אל המחצב במעלות סולם מוצב מדריגה על פני הרצון למשוך משם רוח חן ותחנונים על מדת יוסף הצדיק וחפץ ה' בידו יצלח, כי יתן את חנו בעיני כל שר ומושל ולעולם לא יכשל: ואם הוא נגיד ומצוה לאומים ועמים תחתיו יפלו, ולפי רצונו יעלו ורבים צריכים אליו ועול כולם עליו והוא צריך להתחזק עליהם ותהי יראתו על פניהם דרך שערי צדק יעלה ויבא בזאת אל הקדש פנימה לבקש משם (את) מאת משלו הממלכה והמתנשא לכל לראש ומאתו ידרוש להשפיע בה ברכה: והיתה לה' המלוכה ובזה יעזור על ממשלתו ויאריך ימים על ממלכתו: ואני עבדיך בן אמתך, לא ידעתי בלשוני מלה. ודעתי קצרה. השגתי יש לה גבול ומסלה. ומשם לא תעלו. למעלה ולשבחיך אין קץ ותכלה. כי אתה נורא תהלה. ואיך יקיפנו בעל תכלית ותחלה: וכל שכן בריה קלה ושפלה. בים הגלות והדלות צלולה. ולכן לך דומיה תהלה: אבל כי מבקשי חכמה אני דורש. להבין סודותיה אני מחפש. ולפתוח לבי בטעמי מצותיך אני שואל. כי אין זולתך גואל. ולא אשכח דבר מכל מה שאני לומד. אני מתאוה וחומד. ועל משמרתי אני עומד. תנתן לי נפשי בשאלתי ורוחי בבקשתי. ואם המושג יקר ועמוק מי ימצאנו והמשיג נבער מדעת. אתה חונן לאדם דעת. וידעתי שאיני כדאי הקשתי לשאל. ועמוק משאול. קרוב

הדבר אל הנשאל. כי הטוב לא ימנע טוב ואין טוב אלא תורה. ואם יחתום תורה. וינוד תעודה מי יהנה מהסעודה העתידה. התר התר חכם הרזים. כי אין בתוכנו נביאים וחוזים. והראנו נפלאות מתורתך: ואל יכלמו בי מבקשיך: אנא השם גל עיני ואביטה לדעת נתיבותיה. ולפרש תעלומיה. ולהבין אורחותיה. ולהשיג טעמי מצותיה וחקיה. כי בם חפצתי, חננתני תורה חונני למודה. חננתני נשמה. חנני דעת ומזימה. חננתני שכל. חנני בינה והשכל. חננתני אברים רבים. חנני להרגילם למעשים טובים. חננתני נכסים. חנני בהן לחון עניים אביונים תאבים. אנא האל ידעתי כי כפי גודל שלימותך כן גודל חסרוני. ולפי רוממותך קצרה לשוני. וכפי חכמתך נבער רעיוני. ולפי צחותך נלאה הגיוני. ולפי שבחיך קצר מעיני ותושיה נדחה ממני. ולכן עשה למענך לא למעני. כי יחיד ועני אני. ומשברי אל תבישני. אנא ה' כוף כח יצרי עוכר שארו אכזרי להשתעבד לפניך ולשוב בתשובה שלימה אולי אמצא חן בעיניך והיה לבי לשמור מצותיך ונפשי לעשות רצונך. ורוחי לשיח באמרתיך ולשוני תהגה צדקתך, העבר עיני מראות שוא, ואזני משמוע שקר, וכפי מתמוך בשוחד ובגזל ורגלי לטובה ירוצו, וכל שאר אברי לעבוד אל אל אחד יתברך ויתעלה: אנא אלהי אל באפך תוכיחני ובקצפך אל תדינני ובעל זעמך אל תייסרני כי מי יעמוד לפניך מאז אפך ובצל כנפיך תסתירני ואם אני כבן סורר ומורה, הורני השם דרכיך דרך לשכון אור לאור באור החיים, ואם אני איש און ורוע דרכים חסדך גדול עלי והצלת נפשי משאול תחתיה, על כן אמרתי אראה יה בארץ החיים, ואם כזאת וכזאת עשיתי, ממך לא כסיתי רק אליך חליתי כי עמך הסליחה למען תורא, ומי האיש הירא כמוני היום אברח מזעמך אליך. ואל רחמיך ואל תוכחות מוסרך. ואל נחומיך. ומאימת דינך אנוסה אל חמלתך ומפחדך אנוסה אל חסדך אשר אין להם קץ ותכלית ואחזיק בם עד אשר תאמר סלחתי כדבריך: אנא ה' אם זקנתי ושבתי ושובבתי עתה שבתי ונחמתי וכפי לפניך שטחתי לשחר את פניך להפיק רצוני ואם לא עכשיו אימתי: כי ימי חלפו ואינם והנשארים לא ימקו ואם לא עכשיו אימתי: כי ימי חלפו ואינם והנשארים לא ימקו בעונם ואם היום לפניך מחר עיניך בי ואינני, לכן קבלני ורצני ומהר ענני ואחר כבוד תקחני: עם הצדיקים האספני ובמנוחת בעלית שובה תנחני ועם המנויים בחלד חלקם בחיים תמניני וזכני לראות בטובת בחירך וזכיני בטוב עמך ובבנין אולמך וכשם שראיתיו בחרבנו כך אזכה לראות אותו בבנינו ובשוב ארמון לשבת על כנו, הביטה וראה את חרפתנו כי לזרים נהפכה נחלתנו, טמאו את היכל קדשך וכל זב ומצורע בא אל מקום הכרובים אשר בזאת יבא אהרן אל הקדש ביום הכפורים בדם פרים ושעירים וקטרת סמים ארבעה פעמים לבד ולא בשאר ימים ועינינו רואות ונלאות ואין לאל ידינו כי עונינו ענו בנו ועתה ה' קנא לשמך הגדול המחולל בגוים ויחד שמך בכל החיים ואת בית תפארתך תרומם תחת אשר היה חרב ושמם: וחרבות ירושלים תבנה ותכונן במהרה בימינו אמן: ובא

לציון גואל לקבץ נדחי ישראל יהיו לרצון אמרי פי והגיון לבי לפניך ה' צורי וגואלי, ברוך שם כבוד מלכותו לעולם ועד: הנה כתבתי לך כתר מלכות הקדוש הזה בהיות כלול בו כמה מהמוסר בסופו ובו שבחו יתברך שמו, ומה שמחסיד לעשות עם האדם וטוב לאדם לאומרו למען יכנע לבבו הערל ואוסיף ידי לכתוב תוכחת מוסר של רבינו בחיי החסיד, הביאו בעל ספר אור קדמון וז"ל: ברכי נפשי את ה' וכל קרבי את שם קדשו, נפשי עוז תדרכי. וצורך ברכי. וחן לפניו ערכי. ושיחה לנגדו שפכי. והתעורר משנתיי כי משינת הבלי העולם והתבונני ממקומיי כי אי מזה באת מטיפה סרוחה ואנה תלכי למקום עפר רימה ותולעה. נפשי אל תהי כסוס כפרד אין הבין וכשיכור נרדם ואיש נדהם כי ממקור בינה קורצת. וממעין החכמה לוקחת. וממקום קדוש הובאת ומעיר גבורים הוצאת מאת ה' מן השמים נפשי לבשי בגדי שכל והתאזרי אזור בינה ומלטי את נפשך מהבלי פגרך גופך אשר את מתגוררת בו ואל ישיאך לבך בנועם חמדותיו. ואל יסיתך בנועם תאותיו. אשר ימסו כמו מים יתהלכו למו וזכרי כי לא לעזר ולא להועיל ראשיתם כי אם לבושת וגם לחרפה אחריתם נפשי שוטטי ברחובות תבונתך וסובבי בחדרי חכמתך ובואי עד תכונת בנין משכיתך אשר בעפר יסודו: הלא הוא גוף נמאס ופגר מובס קרוץ ממעין נרפס וממקור משחת בנוי מטיפה סרוחה שרופה באש כסוחה לשון קוצים כסוחים נכרתים גולם כדמות תולעה והיה רק זעוה. עצור בבטן מטונף סגור ברחם מלוכלך נולד בצירים וחבלים. לראות עמל והבלים. כל היום התאוה תאוה. וסר ממוסר וממצוה. כל היום החשך הולך. דל אביון עני והלך. לא דעת לו מבלעדיך. ולא תבונה לו מבלתך. בחייו עפר ובמותו עפר בעודו תולעים יסובבוהו באחריתו רימה וגוש עפר יכסהו לא ידע בין ימינו ושמאלו טמון בארץ חבלו, לכן לכי אתנגד הנשמה אמר כן ומלכי עליו כי לבני חכמה מלוכה תאות ועבד אויל הוא הגוף לחכם לב זהו הנשמה. ואל תלכי בשרירות לבך הרע ואל תבקשי במועצותיו ומאסי בבצע מעקשותיו אל תבטחי בעושק ובגזל אל תבהלי כי העושק יהולל חכם ויאבד לב מתנה. נפשי שיתי לבך למסלה דרך הלכת, כי הכל היה מן העפר, אמנם הכל שב אל העפר ולכל נברא ונוצר יש קץ ותכלית לשוב אל הארץ אשר ממנו לוקח. מהחיים והמות אחים שבתם יחד איש באחיו ואיש ברעהו ידובקו יתלכדו לא יתפרדו אחוזים בשתי קצוות גשר רעוע וכל ברואי תבל עוברים עליו. החיים מובאו והמות מוצאו. החיים בונה והמות סותר. החיים זורע והמות קוצר. החיים נוטע ומות עוקר. החיים מחביר והמות מפריד. החיים מאסף והמות מפזר. ודעי נא וראי כי גם עליך יעבור כוס ותצאי ממלון חדריך כרגע כי יקרך עת ופגע ותשובי אל בית עולמך ביום ההוא תרצי פעולתך ותקח משכורתך חלף עבודתך אשר יגעת בו בעולם הזה אם טוב ואם רע. לכן שמעי בת וראי והטי אזנך ושכחי עמך ובית אביך וקומי רוני למלכך. יומם ולילך שאי אליו כפים. והשתחוי לו על אפים. בכריעה על ברכים. ועפעפיך יזלו מים.

אולי יתאו המלך יופיך. ויחון עליך בימי עוניך. בעולם הזה וישא פניו אליך וישם לך שלום אחרי שיבה למנוחייכי. כי מעולם גמל עלייכי. נפשי הכיני צידה לרוב אל תמעטי בעוד בחיים חייתך ויש לאל ידך כי רב ממך הדרך ואל תאמרי למחר אקח צידה. כי פנה היום ולא תדעי מה ילד יום ודעי כי תמול לעד לא ישוב וכל אשר פעלת בו שקול וספוד וחשוב. ואל תאמרי מחר אעשה. כי יום המות מכל חי מכוסה. ומהרי בכל יום חקו: כי המות בכל עת ישלח חצו וברקו. ולא תתמהמהי מעשות חק דבר יום ביומו. כי כצפור נודדת מקנה כן איש נוד ממקומו. ואל תדמי בנפשך כי אחרי צאתך ממסדר פגרך, תשובי לתוכחה ממושבה נצח, כי לא יתכן לך אז עשות טוב ורע ולא יועילך תשובה ממושבה ולא הנחם לך מרשע ואשמה ופשע כי העולם ההוא נכון לחשבון וספר כל חתום וסתום וצפון אשר ביד כל אדם חתום וערוך לשלם שכר טוב ליראי ה' ולחושבי שמו ולהנקם בו נקמת ברית משוכחי אל האומרים לאל סור ממנו ודעת דרכיך לא חפצנו מה שדי כי נעבדנו ומה נועיל כי נפגע בו. נפשי אם חכמת חכמת לך, ואם לצת אתך תלין משגתך, שמעו מוסר וחכמי ואל תפרעי שיתי על לבך תמיד דברי קהלת בן דוד המלך סוף דבר הכל נשמע את האלהים ירא ואת מצותיו שמור כי זה כל האדם כי את כל מעשה האלהים יביא במשפט על כל נעלם אם טוב ואם רע ואל תשכחי, ביד כל אדם יחתום לדעת כל אנשי נעשהו וזכרי כי אין חשך ואין צלמות להסתר שם פועלי און. בקשי את ה' קונך. בכל כוחך והונך. בקשי צדק בקשי ענוה אולי תסתרי ביום אף ה' וביום חרון אפו ותזהירי כזוהר הרקיע וכצאת השמש בגבורתו ותזרחי עליך שמש צדקה ומרפא בכנפיה ועתה קומי לכי התחנני לאדניך ושאי זמרה לאלהיך הללויה כי טוב זמרה לאלהינו כי נעים נאוה תהלה: תוכחת מוסר לרבי יהודה החסיד ז"ל: אזכרה יום מותי. ומאין באתי ולפני מי עמידתי. באתי מליחה סרוחה. ואלכה אל עמק שוחה. ולפני מי מגיד אדם שיחה כיוון למאמר התנא: הסתכל בג' דברים ואין אתה בא לידי עבירה, דע מאין וכו'. גויתי תסרח. כי נשמתי תברח. תולעת תפרח. דרכי מיתה ארוצה. גולל ודופק לי למחוצה. שם אשכב ולא אצא חוצה. היום ההוא חשך וצלמות יגאלוהו. ושופו עצמותי לא רואו. וכדומן על פני השדה. תולעת בי תרדה. אין גואל ואין פודה. זרה רוחו לאשתי. לבני בטני נתעבתי. ובעיני כל נמאסתי. חביבי ורעי המה יעזבוני. ואקרא שמה אמי ואחותי לרימה. טרף אהיה לשיניהם. ויחפרו בי מעונותיהם. ויחנו עם ילדיהם. יחד יבאו גדודים. רמה ותולעה צמודים. לאכול עצמי וגידים. כל קרבי ירמסו. יחלידו וגם ידרסו ועל כל בשרי ועורי יבוסו. לא ארים ידי ורגלי. ולא אוכל לגרשם מעלי. אכול יאכלו עלי. מעניתם יאריכו. וכליותי יפלחו וידרכו. ומדרתי לארץ ישפכו. נמלה תורשיני תולע תאכלני. רגב ורימה תמתקני. סביבות שני רימה. תשכון כחומה. ועל ראשי אדמה. עיני תמקנה בחוריהן. ורמה תבא בהן ירבצו שם גוריהן. כי תאכלנו. ולא ישאר ממנו. נמלים שם יקננו. צמתו

בבור הדרי ורימה תכסה כל אברי. ועל חלקת צוארי. קדקדי וכל קרבי מוחי וכל טובי תולעת תתעדן בי. רוחי חובלה. ונפשי נבהלה. ביד מלאכי חבלה. שאול ישאלוני והמה יעידוני. וכל לבי יועידני. תרחם נא נשמתי. ועל אברי וגויתי. ואבא בשלום אל מנוחתי: מרגניתא דבי רב, הביאה בעל אור קדמון ובעל ספר ראשית חכמה, הביאה מרבי מאיר לעורר ולתוכחת: אמר רב: אמר הקב"ה לישראל לא יועילו בהם לא היסורין ולא התוכחות ולא ההתראות ולא הגלות ולא ההבטחה ולא טלטול ולא אריכות הרוח ולא ציווי ולא קללות ולא חכמות ולא נחמות ולא בושה ולא פחד ולא אימת עולם הבא ולא אימת חשבון ולא אימת דין ולא שמי המחולל בגוים. ומי שלא יועילו בו כל המעשים הללו, מאבד את בכיותיו ומונעים ממנו טובות הרבה ושנותיו מתקצרות וקונה שם רע ומזכירין לו עונותיו ועונות אבותיו ותפלתו אינה נשמעת וכל מעשיו מפורסמים ונותן עליהם דין וחשבון. וכל שמחה שישמח בה יצרו היא נעשית לאבל והם נתבעים ממנו בדינים חשוכים ובושה מרובה ומלאכים אכזרים, הה"ד ומה תעשו ליום פקודה. ועוד הי' אומר אם אדם חוטא בעיניו, עיניו כהות, באזניו שומע חרפתו, בפיו אין דבריו נשמעים, בעצה עצתו מתמעטת. במחשבה פניו מוריקות. בלשונו יסורין באים עליו. בידיו יורד מכבודו. בלבו מת מדאגה, ברגליו שנותיו מתקצרות. חוטא ומחטיא קובר את אשתו ובניו בליצנות גזר דינו נחתם: וכי מה הנאה יש לאדם בחטאו וסופו לפרוש מעולם לעולם מחיים למות, מאורה לחשכה, משינה מתוקה לשינה רתוקה, מאור מתוק לרמה ותולעה ממטעמים מתוקים לטעם עפר: כמה עשירים יצאו מן העולם הזה בפחי נפש: כמה חכמים היתה להם חכמתם לתקלה, כמה מגדלי בנים לא שמחו בבניהם, כמה גאים נראה על ידם לתקלה: כמה זקנים לא ראו כבוד כמה בחורים נקברו בחופתן, וכי מה הנאה יש ממאכל שהוא מביאו לידי חולאים. מה שמחה שמביאה את האדם לידי דאגה ממלכות שהוא גורם למכאובים מרובים. מהשינה מתוקה שהיא גורמת למיתות משונות מהחטא שהוא גורם לעונות הרבה. ואיזהו בן העולם הבא, המתרחק מן העבירות ומההרהורים ומכל שררה ומכל שנאה ומהכיעור ומן הדומה לו, והמקיים את המצות ויש בידו מצוה על תומה וענוה, ומתרחק מן החטא ומתודה על עונותיו לפני הקדוש ברוך הוא. המתחבר לרשע הרי זה מרגיז אל, והמטה את חבירו מדרך טובה לדרך רעה מת בחצי ימיו. והמלעיג על המצות אין מרחמים עליו מן השמים. והמלעיג על ענייותן של עניים סוף הוא יגע ואחרים אוכלים את יגיעו. והמרגיל להלבין פני חבירו פנקסו פתוח בו ביום, ואין לך קשה ממי שעוסק בדברי שקר: אוי למי שהעולם מטעה אותו: אוי למי שהשעה משחקת לו: אוי למי שיצרו הוא מנצחו. אשריו מי שיראתו על פניו. אשרי מי שהוא עניו. אשריו מי שיראתו על פניו. אשרי מי שהוא עניו. אשריו לאדם שמהללים לו מהוניו. אשרי מי שהוא צנוע בעניניו. אשרי מי שמטה אזנו לשמוע דברי־תורה בכל

יום ויום, תורת ה' תמימה עומדת בפני האדם בשעה שהוא עוסק במשנתו ואומרת לו ה' עמך גבור החיל. הנה באתי ללמדך על כן יצאתי לקראתך לשחר פניך ואמצאך, אשריך אם תזכרני, אשריך אם בלבבך תצפנני. אשריך אם תקיימני. אשריך אם תשמעני ובכל יום בי יהיו זממיך מחשבותיך, כי בי ירבו ימיך, הרחק מן העבירה והדבק בתורה, וברח מן השררה. ותהיה בחכמתי תמיד כי היא ירגיעך וישביעך. ויניח לך. וזכור כי אתה טפה סרוחה. מזומן לעפר ושוחה. לכן התרחק מן המנוחה. ועבוד אלי בשמחה. ויהיה לך לחמלה. והרבה צידה לדרך כי הדרך שחוחה. ויהיה לך למשאת וארוחה. ואם את הדבר הזה תעשה לך יאירו כנוגהים וצוך אלהים כי תעבוד את אלהיך באהבה וחיבה אשריך בעולם הזה וטוב לך לעולם הבא: בזכרון יום המות יאמר אל לבו: לבי לבי הלא ידעת. כי לא נבראת. כי אם לשוב אל העפר מיום היותך. מדוע לא זכרת אחריתך. הלא תדע כי כל הימים אשר אתה על האדמה. כצל עובר אתה. וכמוץ יסוער מגורן וכעשן מארובה. ימיך חרוצים. וחייך קצוצים. וכל אשר יעבור עליך. יום או לילה תחסר חלק מחלקי חייך. ובל יום אתה קרב אל הקבר. ותעוף בלי אבר. ומדוע לא ידעת כי עפר אתה ולא זכרת כי מן האדמה נוצרת. ועל מי בטחת כי מרדת. ומדוע אתה נמהר ולא תעלה על על לבך יום המר. יום אשר תאבד עצתך. ונסרחה חכמתך. יום אשר ידבק לשונך בחכך. יום אשר ישאוך, על כתף יסבלוך. ואל ארץ תחתית ישליכוך ועל כל מעשה חשיבוך. ובאבק תרבה. ואשך לא תכבה. יום אשר תראה החשבון ערוך והספר פתוח. ומאזני משפט וכוס תרעלה ביד השם שם תמצה שמריה. ותהנה נפשך בציריה. ומה תשיב על זדונותיך. הלא אז תראה פרי מעללך. ותמצא גמולך. ואם תמות כמות הבהמה ולא היית עתיד לתת דין וחשבון היה לך לשמוח במותך. אך תלך למר ממות. למקום בושה וכלימה. ולבושך גוש עפר ורימה. ויזורה על גופך גפרית לבלתי השאיר לך שריד. הלא היום נורא ואיום. יום אשר אין לו פדיון. יום תמרר בבכיה. יום תאניה ואניה. יום חרדה וצעקה. יום שואה ואנקה. יום מספד מר. יום תערוך אבל משמר מול משמר. יום יחרה אף האל וקנאתו. ונתכה כאש חמתו: יום ירבו המעצבים והמכאובים. יום תהמה כדובים. יום כל איש ידיו על חלציו. יום אשר יאבדו חפציו. יום אשר תצא הנשמה. נשאר הגוף כלי מלא כלימה. מושלך כאבן דומם. לילה ויומם. ועתה אתה בן אדם על מי תנוס לעזרה. או מי יהיה עליך לסתרה. הלא אז תאמר אוי לי מה עשיתי. ומדוע דבר ה' בזיתי. ואחר שרירות לבי פניתי. במה אתכסה וערום אנכי. התקושש והתבושש והכלם מן חטאתי' ותן תודה לאלהיך. בעוד הנפש בגופך. בטרם יחשכו כוכבי נשפך. אנא האל החזירני בתשובה שלימה לפניך. כדי שנעשה רצונך כרצונך. וממשפטים קשים הצילני וממות גאלני ותביא משיח צדקנו ותסיר לב האבן מבשרנו. יראו עינינו וישמח לבנו. אמן.

פרק ח

יהו"ה **האלהים ושמו המיוחד**, ברא את השמים ואת הארץ את הים ואת כל אשר בה, וייצר את האדם עפר מן האדמה ויפח באפיו נשמת חיים לדמותו לעליונים שיבין וישכיל ויגע לעבוד למי שבראו ולבקש אופנים ולמשול משלים בשכלו ובדעתו בשבתו ובלכתו. לברוח מיצרו לעבור ליוצרו להאיר את דרכו בלכתו אל סוכו בצאתו מעירו לקבל שכרו לנחול את חוקו בהשלים את חקו ממצות ותורה בדרך ישרה ולבא בשלום בגזרת יהלום פירוש: שיבוא שלם בלי מום. בגן עידונו ולישב על כנו בכבוד וגדולה ורוממות מעלה. בשמחה והלל. שבחות למלל. ולראות פני אל כשרי ישראל. ולזכות לכל זה ימשיל משל זה ויבין מה מהדופי וזרות הגדול לשמוע בקול יצרו ולפרוש עצמו מעבוד אלהים. וידוע ידע אריכות אפו של הקב"ה עמו. משל לאדם שנטע כרם ויעזקה ופירוש: חפרו. מדברי רבותינו ז"ל: מצאום יושב ועוזק תחת הזתים, או כפירוש רש"י בישעיה ה' סייגו וגדרו סביב מוקף כמין טבעת דמתרגמינן עיזקא. ויסקלה והוציא אבנים מתוכו, שרעים הם לגפנים. ויטעהו שרקהם זמורות היפות לנטיעה משאר זמורות.. ויבן מגדל בתוכו שיהא השומר בו לשמור. וגם יקב חצב בו הוא הבור שלפני הגת לקבל בו היין. ויבן המגדל לאכול ולשתות בתוכו ויקו לעשות ענבים ויעש באשים ענבים רעים. ורבינו האי ז"ל כתב באושים, הוא מין ידוע ממיני הענבים, והוא הרע שבהם וידוע הוא מלשון המשנה בריש פרק-קמא דמעשרות האובשים בהקדם א' לב'. וכראות שעמל לריק מיד חרה יחרה ואוחז קרדום בידו ומשחיתה עד בלתי השאיר לה שורש וענף מסיר סוכת וגדר הסוכך ומגין עליו והוא העשוי מקוצים. והיה לבער פורץ גדרוה עשוי מאבן או מעץ. והיה למרמס ומשים אותה בטל לא יזמר שלא יהיו כורתין הזמורות כמו שמנהג לעשות בכל שנה להרבות הפירות. ולא יעדר שלא יהיו חופרין סביב הזמורה ותולשין עשבים רעים. שיעלה בה שמיר ושיתמיני קוצים הם. וירמסו בה כל חיתו יער וכל זה בעבור שלא יצא רצונו בפועל כי הוא נטע כרם למשוך פרי הילולים ולשתות מיינו לשמוח לבו ויהי להפך. זה ישים אדם בלבו ויגעור ביצרו ומה אדם שנטע כרם ובעבור דטרח לריק כועס עליה לשחתה אעפ"י שאין לה לא דעת ולא בחירה ורצון כי יוצר הכל בטל פריה, ק"ו ובן בנו של ק"ו הקב"ה שטורח עם האדם להוציאו לאויר העולם ולזונו ולפרנסו ולהגין עליו להצילו מכל רע ופגע ומקריות הזמן כדי שיעשה פרי מהתורה ומצות. ויקו לעשות ענבים מיין המשומר מחדושי תורה. ויעש באושים במעשים מכוערים. והיה ראוי שמיד ימיתוהו ומן העולם יבערהו באף ובחימה ובקצף גדול ואינו עושה כן אלא מאריך אפו וזן ומחיה למכעיסו ושומרו מכל פגעי הזמן אולי ישוב ויעשה פרי. שהברירה בידו לשוב ולהטיב דרכיו. ויתבושש האדם מכל זה ויחשוב ויאמר לא תהא כהנת כפונדקית משנה היא בפרק ג' דדמאי, ופירושו הוא אם הפונדקית שהיא המוכרת מזונות, ויש לה בית מלון

לאורחים נאמנת אינו דין שכהנת נאמנת, והנמשל הוא אם האדם כועס כך על כרמו, עאכ"ו שיהא הקב"ה כועס על האדם.. אם הוא כועס על דבר דומם וצומח שהם משוללים מבחירה ורצון מוכרחים במעשיהם על שלא עשו רצונו משחית ומחבל משורש ועד ענף, ק"ו הקב"ה שהיה ראוי שיכעוס על החוטא מיד לעשות בו כליון חרוץ כיון שמסר הבחירה בידו לעשות מהטובות ולא עשה, ואם כן יחשוב תמיד בזה ויאמר אל לבו איש אשר אלוה זה לו, איך יעבור דברו לבטל רצונו כי סוף סוף אם איני שב לו עם מדותי ידינני, אתה כעסת מיד עד להשחית על שנתבטל רצונך, גם אני כמוך לכעוס עליך להשחית על שלא יצא רצוני לפועל עמל, וכן הקונה עבד ויחלש אפילו שרואה רבו שאינו עובדו כי סר כוחו מעליו, ומה בידו לעשות, עם-כל-זה מרבה חמתו עליו עד להשחית וגרש יגרש אותו חוצה בלי מחלה באומרו לא די שאינו מועיל לעבדני אלא דצריך אני לשמשו ולשים עיני השגחתי עליו לזונו ולפרנסו. והקב"ה ברא את האדם עבד לעבדו בקיום מצותיו כדי להרבות שכרו והוא ברי אולם ובועט בו ובתורתו ומכעיסו יום ולילה לא ישבות ועכ"ז אינו מוציא אותו חוצה מן העולם אלא כביכול משמשו לתת עיני השגחתו עליו להחיותו ולזונו ולפרנסו ולהגין עליו מכל רע ופגע, מי יודע כן, מי שומע זאת ואינו יוצא לקראת נשק ללחום עם יצרו להתגבר עליו ולהפיל מועצותיו ארצה ולהדבק ביוצרו ברצונו ובחפצו ביראה ואהבה כיון שמכירו לאוהב ולמטיב לחונן ומרחם ומרבה לצפה לחוטא ולמזיד שישוב ויזכה לטובה מרובה. ויקנה מקומו ויצא הדומו בגנו ועדנו במצב נשמות נשאות ורמות: וכדי להסתלק היצר מעליו ידבר אדם באבריו ויוכיח עם גידיו וישפוט עם עצמותיו וכה יאמר להם על משכבי בלילות יבהלוני רעיוני ויתפרדו כל עצמותי. ורעדה אחזתני. וחלחלה הלבישני ואחז לבבי פלצות רעדה.. בשועי בשכלי משפטי שבילי וצעקתי אללי לי, בראותי במותי כליון חרוץ בגויתי. ודברתי עם ראשי ואמרתי. ראשי ראשי אם לא ידעת אם לא שמעת משפטי שמו אל המעותרים עליך. ביום אשר בקבר ישליכוך. בכלות העור אשר תכסה ובשרך מעליך נשאר עצם קדקדיך כדלעת יבשה נקובה וחלולה ונעשית חור פתן ומאורות צפעונים ונחש ועקרב שם פונים. נקרא זה אל זה ועונים. כאן מעון תנים. וביודעך מקרה זה במותך איך תשא כאש בחייך. כוף כאגמון כמין מחט כפוף וצדין בו דגים. ראשך עיני המאירות צופות פונות כמאורות בעוד אור החיים בכם. אם לא הבינותם. שהמות בנה בנין בכי וקינה לעורר עליכם בקול תאניה בשכון עליכם עננה ויחשכו כוכבי נשפכם. אוי ואללי לכם אריוך דמעותיך כי חשכה גדולה נפלה בארמנותיך. ויאפל הבית והעליה כארץ שוממה וציה. אוי לבית שחלונותיו פתוחות לתנין גלגלי עיניך ימסו כמים וישפכו לחוץ ונשארת כחורי הנמלים יוצאים ונכנסים. ואז אנא תראה ואנא תביט. כי הנה גלדי העין נתקרעו כגלדי בצלים מאליהם כלים וריח סרחון נודף וחברבר מין נחש. רודף ולקבוע דירתך

בהם. וביודעך כי זאת במותך איך תשא עיניך עוד לראות בגנים וללקוט שושנים ומיני חדושי הבלי הזמן תחשכנה עיניך מראות ואל יראה עוד במאורות כיון שסופם נמשכות כבורות נשברות. חוטמי המהודרת לכבוד ולתפארת מה תועלת כי תריח בריח בשמים ופרחי שושנים אחר שבמותך תסריח ושני נחיריך כביבין הוא צינור שיורדין שם כל השופכין והטינופות. מתהפכים וכנחל שוטף נובע מהם כל מיני סירחון אשר תרצה לסתום ולא תוכל לברוח ואין מקימך כי המוח נימס בקדקדו ומשם מוצאו להשליך חוצה כל ליחה סרוחה ותולעה נסוכה ואנא תברח ואנא תנוס להנצל מן המיאוס וכיון דסופך לצרה זו וכזה וכזו מה כי תריח. ומה כי תסריח. כי אחר מיתך אינך תרויח. אזני המגינות את הראש איך בקבר יסתמו מעגלי השמיעה אין יוצא ואין בא כי אם שריקות השרצים ובתוכם רצים. וקול המולה מרימה ותולעה. וסוף סוף יתמלא עפר כבור מתמלא מחוליתו כתחלתו כך סופו עפר חזר אל העפר ונתמלא מקום לקחתו משם ולמי שמגיע לו כזאת במותו איך יעקב לו בחייו בקול שרים ושירות הם כשני ערים להופכם לקול פחדים. פי המהללת וכקולמוס לשונך במרוצה מדברת אם לא תזכור כי במותך תתהפכנה לאילמת בדד ושוממת ותחת מקור הרוק המתוק סירחון נובעת. לשונך שטוחה ופיך פתוחה והנה שבר בה עוברת ולזבובי מות מעברת והשינים הלבנות נקבצים לצד הפה עם עצם הלחיים כי נפרץ בנינם ונופלים מסדורם וכמקור נרפס ומעין נשחת כי מתהפכים מימיו רפש וטיט אבל משם מתהוה כל דבר נושך ממית בארסו ומושך ולפה אשר אחר מותו כזאת מגעת מה לה בחייו בדברים יגעת להמתיק דבריו ולעניים אמריו כיון שאחרי מות שתיקה בצרה וצוקה ועם רימה ימתיק סוד וכתולעה לחשות בלי קול ודבור ככינור השבור. חלקת צוארי הדרת ארמוני ראיתיך בקבר כנחש כרוך סביבי תכונת עצמיך כחרוז וענק. ומוטל כמגדל נהרס ונפרץ יסודו מפוזר רגמיו מפורר. עשוי כמו גל לאשפה יתגלגל הנמצא בתוכו גלולים בלכתו. ואיו הדרך רוממות קומתך. ועתה בנפילה במו גוי מעלה סביבך. שודדים משפחות. תולעים גדודים גדודים במותך כמו כן בחייך. למה כן לחבוק ולנשק צוארי ידידים. פנים מאירים אדומים ויפים רחיצה מצפים וליבון חפצים בקרים ועתים קשוטים מתאוים. והנה במותם דחוקות צמוקות מיופי רחוקות. שחורות נשברות מתהפכות כשולי קדרות. זרועי הרמות כארזים נטועות ואצבעותי הנעימות כאילנות סדורות. כטבעות ספיר ויהלום כלולים. ובמותם נפולות נשברים כפולות כקנים רצוצות. עלי חוץ מושלכות בחלול עצמם. כל רואיו ישתומם בראותם בתוכם יתושים מתהוים. ומיני שרצים הידיהם מלאים ובמיני גוריהם במעיהם הם באים ויורדים ועולים כזרזיר בסולם ובבטחה ובהשקט כמושב לעולם. תא חז"ה ובך אחזה מוחך כשיש לבן מיופי הלובן אין כתם בו ואין פגם בקרבו מראה כמראות הצובאות כך מבהיק ומבריק ואין בו דבר לריק כי כל יופי בך נמצא וכל מבקש מצא ובמותך איך נהפך

כלוח הקצבים מלאה עצבים מלוכלכת בדמים שחורות כדיו הם דומים מאסיפת זבובים נמאס לפנים כפרעוש וכנים ושטח החזה כשטח אשפה אשר חתול וכלב מת שם נספה כי הבשר שעליך נתמרק ונתך כמרק הנמאס ונשפך עלי ביב ועל טיט סרוחות. כריסי ברי כערימת חטים סוגה בשושנים בחייך ומלאת בו מלואת אוכל ומשקה לרוב לא יסופר האוצר אשר מלאת מכל מה שראו עיניך לא חסרת דבר הלא אספה לך המקריות אשר ישיגוך במותך בטנך כנוד יבקע והוא כבקעה וכשוחה עמוקה בעמק הבכה וזרמת סוסים מלאה גדושה כאשפה סרוחה ברחישת שרצים יתמה הרואה ויברחו בהחבא וכיון שכן למה תרבה צואתך להכין על פניך מסוה הבושת כשיתבקע בקבר ומתנך בצורתך הגללים שבה נכנסת ובמה תרחץ אז כי תצעק אי שמים והבור ריק אין בו מים וכמו שדרשו חז"ל: מים אין בו, אבל נחשים ועקרבים יש בו. רגלי ושוקי קלי המרוצה במהירות ובמרוצה בחיים חייתכם. ובאשפת קברכם כעצים יבשים וכמטות חלושים אפלים ודקים חלולות נקובות כחורי פתנים ומוחם נמסים מבפנים. כשתן נמאסים בשולים על אשים ובחורם קינן עכברים ואישים. אבל בן אדם ראשך בתפילין תעודה. ועיניך תמיד תחזינה מישרים באור התורה ואזנך תשמענה דברי תוכחה. וחוטמך יריח לברך לבורא. ופניך מאירים בתורה. ופיך יהגה אמת ולשונך יגדיל להודות שיר בשבחי המקום ושניך לא יאכלו גזול ועשוק. וחזך נתכסה בציצית ובבטנך לא הכנסת כי אם דברים המותרים ומלאת אותה מאכילת מצוה ורגליך לטוב ירוצו אז נתקדשו כל אבריך ונעשה בנין גופך דוגמת מקדש מוכן להשראת השכינה בו, כי כל כלי המקדש נרמזים בגוף כנודע אמר מנחם בן שלמה לוי המפרש: נ"ל שכיון למה שכתב הרמב"ם ז"ל בפרק הצלחה פרק א' וז"ל: ודע כי משכן לבך הוא משכן הארון הנגנזים בו לוחות העדות, והאריך שם ע"ש. ובכתביו שכתב לבנו ר' אברהם ביאר יותר ואמר: דע בני אברהם ירחמך האל, כי המשכן וכליו בא המשל על גוף נכבד. והתחיל בארון, דע כי הארון הוא משל על הלב בלי ספק. והלוחות שהם נתונים בארון, בא המשל בהם על השכל האנושי שהוא נתון בלב. ואומרו והיו הכרובים פורשי כנפים למעלה, בא המשל בזה על הריאה שהיא סוככת בכנפים על הלב להחיותו. והשלחן, בא המשל בזה על הכבד כמו שהשלחן שהיא מלאה במאכל ובמשתה שהוא מבשלם ומחלקם לכל איברי הגוף כך הכבד שמקבל עליו האצטומכא המונחת עליו שהיא מלאה במאכל ובמשתה שהוא מבשלם ומחלקם לכל איברי הגוף. והמנורה בא המשל בזה על המרה, כי כמו שהמנורה מאירה במשכן, כך המרה מאירה על הגוף כולו. ומזבח העולה אשר נאמר בו אש תמיד תוקד על המזבח לא תכבה, בא המשל בזה על החום הטבעי הנתון באדם שלעולם לא יחסר ממנו עד יום מותו. ומזבח הקטורת, בא המשל בזה על השפע הנשפע על השכל האלקי שהוא נתון במוח. והמסך בא המשל בזה על המסך המבדיל בין איברי

הנשימה לאיברי המאכל. והאדנים הם משל על הגידים והעורקים. והכיור והמים שבו משל על הליחות הנגררות בגוף. והיריעות בא המשל בזה העור המכסה את הגוף. והקרשים הם משל על בשר הגוף שהוא מחזיקו. ונראה שהקרשים ג"כ משל על העצמות שהם דפני הגוף כלו. עכ"ל. ונ"ל המפרש שבוודאי לזה נתכיון החכם אבן עזרא שכתב בפ' תרומה ואם נתן לך השם חכמה בלבך, תבין סוד ארון והכפורת והכרובים וכו', ומסיים והיודע סוד נשמתו ומתכונת גופו יוכל לדעת דברי העולם העליון כי האדם כדמות עולם קטן וכו' ע"ש ותמצא שכיון לזה. ובזה בהכניסך לקבר הוא דוגמת גניזת הארון הקדש ואין רמה שולט בו ואתה כחי ממש ביתר שאת וגופך גנוז בקבר שלם, עד בא עת התחייה ונשמתך למעלה מכל הצבא שבמרום מקום אשר עין לא ראתה וכו'. וכיון שבידך להעלות עצמך במעלות אלו למה תשמע לקול יצרך המתגרה בקרבך כי בעת צרה עזוב יעזוב אותך לחרדה ביד מלאכים אכזרים אשר אין להם חמלה. ואיך תראה ברעה אשר ימצא את עמך הם אברי גופך בראותך נקמות הגדולות המגיע להם ואין מציל, איך תראה כפיפות בראשך. סמיות בעיניך, חרישות באזניך. שחרות בפניך. סתמיות בחוטמך. אלמיות בפיך. כריתות בלשונך. שבירות בשיניך נעירות בצואריך חגרות ברגליך. מיד אשר אין מידם פדיון ואז תזעק אוי ואין עונה, צועק ואין פונה, מבקש פדיון ואין פודה תתחנן על ההצלה ואין מציל, ואנא תפנה ואנא תראה אוהב או קרוב או בן או בת שירחם עליך כי בכל מקום אשר תשא עיניך לראות היש מציל, שם תראה חרדה ופחד מחודשת ואימת מות ומלאכי חבלה כדמות החיות המשונות והשרצים הטמאים כי בעת רואך אותם והנה חשכה גדולה נופלת עליך ויתפרקו כל חוליות נפשך לפרקים ותרגיש צער ואימה בעת אשר נבהלת בצאת נפשך מן הגוף מראית מלאך המשונה הנראה לך להבריח נפשך ממסגר גופך ע"י אימות ופחדים ורעדים, הטוב לך כי תעשוק אבריך למוסרם לגלות בלי פדיון בעבור תענוג היצר שהוא רגע, ונמצא אתה מחליף תענוג רגע בעבור נקמות אין חקר משפטים משונים אין מספר מיני מיתות משונות לרוב אין מנין, ובהיות שאין אתה מרחם על עצמך איך כשתבקש הצלה ורחמנות מהמלאכים האכזרים הממונים עליך יביטו לראות, לא יטו אזן ולא לב להבין ואתה לא חסת על עצמך ואיך המוטבעים באכזריות שיש להם טבע להתאכזר. ירחמו עליך, אדרבא ירבו חימה ילבשו נקמה יעלה רוגזם וחמתם בהתגברות בהם עד להשחית ולבלתי ישאיר בגופך שארית בראותם העזות לבקש מאחרים רחמים והוא לא ריחם על עצמו יען שבידו לרחם ולא ריחם, מה מקום הניח לאחרים שירחמו עליו ובפרט היות הבקשה עם מי ששונא שם רחמנות הוא שטן הוא מלאכי חבלה הוא יצר הרע, ואדרבא עושים עמו הכעסות שמורים לו מעין הצלה, כגון שיאחוז בחירגא דיומא פירוש: מה שמתנסר מן הרקיע שנראה בחמה. כדי שלא יפול לשוחה עמוקה עד התהום שמראים לו תחתיו, והוא בחושבו כי מקום האחיזה יש בו ממש,

מיד ממהר לתפוס ובידו מאומה ונופל נפילה פתאומית בשאול תחתית אחר שהובטח אל ההצלה, דאין צער גדול מזה וכאלה רבות מההכעסות לאין מספר עד במרובה המצוקות והאימות מתאוה לכליון חרוץ בנפשו שתשוב לאין להיות בכלל אותם שלא חיים ולא נדונין כדי להציל מכאבי ומכאובי המשפטים כי אין לסבול, אוי לאדם שיוותר לו להיות כמקודם דלא הוה, או אחר שהיה ישוב לאין ולא יעמוד לדין על מעשיו, כך תצעק וכך תכריז על כל מכה ומכה הבאה עליך משבט המוסר מהממונים האכזרים אשר בידם את מסור מוסגר וקשור בבית מקור חשך וצלמות. צלמות ולא סדרים, כותליה מלאים זוהמא רותחת מסיגי עונותיך ומליחות סרחונות חטאתיך תחתיה אש גפרית אוכלת: ומלמעלה זפת וסיד רותח בוערת וצורות משונות בדמות השרצים המכוערות ושעירים מלאים עינים ושערות תראה בכל מקום שתפנה ואם אין בשום מקום תפנה עכ"ז לא תציל כי הדמיונות המשונות בתוך עיניך ישימו: ואף אם עיניך תסיר לא תציל כי גזרת הבורא שתראה אשר לא תרצה, יען שבחייך הכעסת ובתשובה לא שבת כיון שהרשות נתונה לשוב. ואל תעלה על דעתך בן אדם לומר גופי ואברי היכל ה' היכל ה' היכל ה' הם כמו שפירשתי למעלה שהמשכן וכליו הם רומזים לגוף האדם. ואיך יפול בו הריקבון והפיזור והפירוד וההריסה והפחד והבזיון והרמה והתולעה כי מצלם אלהים יברחו כי זר הבא אל הקדש יומת, דע כי החטאים והעונות הפכו היכל לאשפה, ומעייני הישועה שבתוכו לביבין, כי נתרבו בהם ריח הסרחון מחלאת זוהמתן. ונשתחררו כותלי ליבון הסיר שעליהם ויופי משכיותה לבהרות בהרות כמראה נגעי הבתים המטמאים בהית והכלים והיה יצרך לארמון גופך כמטאטיה השמד לבער הקדש מן הבית וישימוה בתה ואריג קורי עכביש בכל זויותיה וציפוי רצפי יופיה שם למרמס והיה לבער ושולחניה טמא וזבח עליהם גורי פשעיה ושחיטתם תריבנה בשלח פירוש: בחרבו, כמו וחייתו מעבור בשלח (איוב ל״ג:י״ח). של מלאך המות מלאה דם בריבוי פגימותיה עד כי רעה התרועע כותליה פור התפוררה עמודיה מוט התמוטטה רצפיה ונתרבו טלטוליה בטלטולא דגברא ומעיניה מלאו דם. ועוד הוסיף יצרך חורבן בהיכל גופך והוציא כרוז בתוכו כל ידים תרפנה מעשות מצוה, וכל לבב ימס אם יחשוב ביראת בוראו ונבהלו צירים וחבלים יאחזון כי יולד יחילון אם בתורתו יעסוק. והמלמד תורה יהרג וכל גמול חסד יחנק, עד שגדלה הצעקה בהיכל אוי ארץ צלצל כנפים פסוק הוא בישעיה י"ח, ופירש רש"י שם ארץ שהיא מצולצלת בכנפי עופות. והנמשל הוא כאן על האדם שיש לו כנפים לעוף בשמים בחכמתו לדמות למלאכי מעלה והוא משפיל עצמו ע"י עונותיו. אוי היכל וארמון המהודר לבני"ם נפלו ושחרות נבנה, מעיינות נסתמו וביבין עמד משכיות כהו ובהרות באו עד שגדלה בו החלודה כפין כפין. ואתה בן אדם כיון שעונותיך גרמו להמליך אויב היצר הרע. בהיכל גופך ונמסר הבית והכלים כל הגוף והאיברים. ביד צר עד שצריך

בהן שטיפה והדחה במימי היסורין והמשפטים סבול תסבול עד כי נבול מהרעות הבאות עליך. אוי לעינים המעותדים לראות בעל כרחם בקמי חבריו האברים. אוי לצואר המעותדת לסבול משאת החטאים בכובד אבן ונטל החול והעופרת. אוי לפה העתידה להגיד עונותיה לקבל עונשן: אוי לפנים שיסבלו ירקון הכלימה: אוי לשאר כל האברים הנמצאים במלחמה משפטים אלו. ואל יבטיחך יצרך שאדם אשר בצלם אלהים נברא אין יכול ליפול בו הרקבון והתולעה ולא ישלוט בו כאב המשפט כי החטאים גירשו צלם אלהים מעל פניך, תדע בהמה או חיה שמתה אין לה שינוי פנים כי כמו שהיתה בחייה כך צורתה המותה והטעם כי לא נסתלק ממנה במותה כי אם רוח חייונית הגורם לה תנועת ההליכה, לא כן האדם אשר בצלם אלהים נברא, כי חביב אדם שנברא בצלם ובמות אדם רשע מסתלק הצלם מעליו ופניו משתנות ונראה ההשנות בו בהיות שהגיע לו העדר במותו בהסתלקות הצלם, לא כן הבהמה אבל הצדיקים דאין הפרש בהם במותם לחיים כי אם הדבור בלבד כאמרם רז"ל, אין פניהם משתנים במותם, אדרבא פניהם מאירים וכדכתיב במשה רבינו ע"ה לא כהתה עינו ולא נס לחה כי ה' אלהים עמהם לעולם. ישים אדם נגד עיניו תמיד במענה בלדד השוחי בסי' י"ח העונש המגיע למרגיזי אל, ובזה יכניע יצרו וגרש יגרשהו מקרבו. אור רשעים ידעך כלומר נשמת הרשעים יקפץ ממקומו. ולא יגה שביב אשו ולא ישוב להאיר עוד. רק יהיה בחשך הגהינם תמיד. אור חשך כי האור של גהינם יהא חשוך באהלו הוא הגהינם ונרו עליו ידעך הוא נשמתו יענש בו. יצרו צעדי אונו ותשליכהו עצתו ובעולם הזה יענש כשירצה ללכת בכח, יצרו צעדיך ולא יוכל להשלים חפצו. כי שלח ברשת רגליו ועל שבכה יתהלך שבכה הוא נעשה כמעשה רשת, כלומר ברשתו אשר טמן לאחרים ילכד בה. יאחז בעקב פח יחזיק עליו צמים שיחזקו עליו אנשים הצמאים לגזול ולעשוק. טמון בארץ חבלו ומלכדתו עלי נתיב חבל מצודתו אשר ילכד בה. כמו שטומנים חבל למלכודת העופות. סביב בעתהו בלהות והפיצהו לרגליו יהי רעב אונו הם בניו, כמו ראשית אונו. ואיד נכון לצלעו ושבר יהא מוכן לאשתו שהיא נקראת צלעו ע"ש חוה שנבראת מן הצלע. יאכל בדי עורו כלומר: שיפול אח"כ בחלאים זרים, באופן שיאכל בדי עורו, הם העצבים והוורידים. יאכל בדיו בכור מות הוא ראש החלאים הממיתים כמו הקדחת הדקה.. ינתק מאהלו מבטח ותצעידהו למלך בלהות הם השדים.. תשכון באהלו מבלי לו יזורה על נוהו גפרית לפי ששכן באהל שלא היה שלו כי־אם מהגזל, לפיכך יזורה לשון פיזור על נוהו גפרית.. מתחת שרשיו יבשו וממעל ימל קצירו יכרת קציר שלו.. זכרו אבד מני ארץ ולא שם לו על פני חוץ. יהדפהו מאור אל חשך ומתבל ינידהו. לא נין ולא נכד בעמו ואין שריד במגוריו: על יומו נשמו אחרונים וקדמונים אחזו שער על יום רעה שלו יתמהו הראשונים שראו אותו בכבודו ובמפלתו, וגם האחרונים שישמעו ממנו יאחזם רעדה.. אך אלה משכנות

עול וזה מקום לא ידע אל כלומר: זה הוא סופם של כל הרשעים.. הנך רואה הרעות ואם לשעה תראהו בשלוה, דע שסוף־סוף מגיע לו כך, ודע שהרשע פועל הרשע בראות שמיד כשעושה הרעה אינו מגיע לו כאב הראש או העינים ואין מרגיש רע בשום אחד מאבריו ואין אחזתו אשא דגרמי אש הקדחת השורף בעצמות. כקדחת תדירי ובזה מחזיק בטומאתו, זהו משל לאוכל דבש שנתערב בו סם המות שמחזיק לאכול מסבת מתיקות השעה, אבל ס"ס עושה הסם המות פעולתו ופתע פתאום מת בלי תקוה, ועוד אל תבטיח במה שאינו מגיע רע לחוטא מיד שאם יהיה כך, נמצא הקב"ה מבטל הבחירה שאין מקום לצדיק להחזיק לו טובה ולא לרשע שפירש מן העבירה, דמוכרח לפרוש משום שמיד נלקה ומה יכול לעשות, ועוד טעם שרוצה הקב"ה לשלם לו בזה העולם איזה מצוה שעשה שאינו מקפח שכר שום בריה וטורדו מן העולם: ויש רשעים מואסים בטוב בראותם תלמידי חכמים וירא השם במצוק ובמצור ואדרבא זהו מצודה להם ללוכדם ביום הדין שהיה להם להיות הדבר הזה לפתח תקוה לקחת מוסר בנפש ולומר אם לעושים רצונו כך, לעוברים רצונו אעכ"ו, ואם לא היום למחר, ויאמר הרשע בלבבו איך יתכן שאני מכעיס לבוראי והוא מטיב עמי, אין זו כי אם לשלם לי איזה זכות שבידי ולטורדני מעולם הבא ובחושבו כן ישוב מדרכו הרעה בראותו בעיניו כי מרה אחריתו: והפתח לרשע שיבאהו אל התשובה ירגיל עצמו לרחם על הבריות ובפרט על העניים שרחמנות זה יביאהו לרחם על עצמו באומרו אם על אחרים אני מרחם, ואיך איני מרחם על נפשי, ואל יקוץ מדברי העני המרבה עליו דברים בהתחננו אליו, ישים בדעתו אם אני קץ משעה אחת שמגיד צערו עאכ"ו הוא שכל ימיו בצער ובדוחק תדירי, גם ישים תמיד נגד עיניו בחסדיו של הקב"ה עמו לשעבר ובהווה, שאם ישים נגד עיניו מה שיוצרו ושמרו בבטן אמו, מה הודאות יספיקו להודות לו, ואם יזכור שהוציאו מאפלה לאורה, מה הילולים יספיקו להללו, ואם יבין שכל יום זן ומפרנס אותו, מה שבחים יספיקו לשבחו ואם ידע שמצילו תמיד מפגעים רעים מה הידורים יספיקו להדרו, ואם יתבונן נפלאות שעושה עמו בכל יום מה גדולות יכול לגדלו, ומה התרוממות יספיקו לרוממו אעכ"ו כפולה שאפילו בעת שמכעיסו משמרו מכל רע ופגע ומחזיר לו נשמתו לבקרים אע"פ שיודע שיחזור להכעיסו כיום אתמול, וכי יש אלוה גדול מזה, כל זה ישים אדם נגד עיניו וימנע עצמו מלחטוא, ואם חטא יתחרט וישוב ואם לא ישוב, על מי יבטח ביוצאו מן העולם. להלחם עם השטנים אשר פעל בחטאיו מי הוא היוצא למלחמה ומוליך עמו שונאיו לעוזרו, מי הוא שמרחם על עצמו ומרורות פתנים בקרבו, מי הוא המרחם על בניו ושוחטם בידיו. מי הוא המבקש עידונין ומנוחות לנפשו ושורפה באש עונותיו. מי הוא המבקש כסות בקרה ושוכב על השלג, מי הוא המבקש אריכות הימים ותבחר מחנק נפשו. מי הוא המבקש לשכון בטח ועורך מלחמות על עצמו. מי הוא הרוצה לשכב על כרים וכסתות ושוכב

בין עקרבים, מי הוא שאוהב מאכלים ערבים ואוכל סם המות. מי הוא החפץ במשקים מתוקים ושותה מי ראש ולענה. מי הוא אוהב שינה מתוקה ושוכב בין הקוצים ועקרבים. מי הוא החפץ חיים והולך בדרכי מות: מי הוא המתאוה בגן אלהים וחופר למצא פתח ליכנס בגהינם שהרי האדם שעוזב עבודת הבורא נמצא יוצא מן העולם להלחם בקטרוגיו בעזר שונאיו היוצאים עמו, הם העבירות שעשה ונמצא אין מרחם על עצמו ושוחט בניו בידיו על שמתים בעונו וגורם שרפה לעצמו באש גהינם ונידון בצינים ופחים בגהינם אש ושלג ומתכסה שם בכסות חושך וגורם לעצמו קצרות ימים ונמצא מחנק עצמו בידיו על ידי חרבו של מלאך המות המנוול. ומכין משפטי גהינם בנפשו ויושב בין עקרבים בקבר ושם מאכלו כנחש עפר לחמו ושותה כוס התרעלה מהליחות היורדים ממותו ונכנסים בפיו ושכיבתו על הקוצים מנשיכת התולעים וגורם על עצמו מיתה עולמית ודין גהינם תדירי.

אשר על־כן הרוצה לנצח שונאיו מן העולם, הם השטנים והמקטרגים העומדים לטרוף נפשו, יצא מזויין בתורה ובמצות: הרוצה לרחם על עצמו יתאכזר עליו להתיש כחו על עבודת בוראו: הורצה לרחם על בניו ישעבדם בעול היראה ועסק התורה: הרוצה בעידונין ובמנוחות יברח מהם: הרוצה כסות בקרה יקום בעוד לילה בלילות הארוכים לעסוק בתורה: הרוצה באריכות ימים, יקצרם בעינו באומרו היום הנני כאן ומחר לקבר: הרוצה לישב בטח יכתת רגליו מעיר לעיר לבקש ממי ללמוד: הרוצה לישכב בלי פחד יקיים בעצמו אשרי אדם מפחד תמיד: הרוצה מאכלים ערבים פת ומלח יאכל: הרוצה במשקים מתוקים מים במשורה ישתה: הרוצה בשינה מתוקה ינעור כל הלילה לחדש חדושי תורה: הרוצה בחיים ימית עצמו על התורה לקיים אדם כי ימות באהל וימסור עצמו על קדוש השם: המתאוה בגן אלהים ימנע עצמו מטיולים בגנות ופרדסים: הרוצה להיות מכובד בשמים יבזה על התורה על דרך אם נבלת בהתנשא שדרשו על־זה רז"ל: אם נבלת עצמך על דברי־תורה, סופך להתנשא. : הרוצה להיות חביב בעיני המקום יהיה שונא כל עושה רשעה: הרוצה מלאכים יצאו לקראתו במותו, אל יצא לקראת חבירו לחלוק, ישמע חרפתו וישתוק: הרוצה לקנות שם טוב, יאבד שמו לבל יזכר בין מרגיזי אל: הרוצה לרוץ לראות כל מה שיש תחת השמים מנבראים ודברים משונים, ירבה בישיבה עם חברים החכמים והם יודיעו לו בחכמתם תבנית כל הברואים: הרוצה ללמוד חכמות חצוניות יאטם אזנו מלשומען: הרוצה להיות שורר על עמו יברח מן השררה: הרוצה בכבוד יברח ממנו: הרוצה בעושר יפזר מעותיו לעניים: הרוצה בגבורה יתיש כחו בתורה: הרוצה בחכמה ילמד מכל אדם: הרוצה להרבות בנים בני קיימא ימעט עצמו מבעילות אסורות: הרוצה לשכב בטח על הארץ ישב: הרוצה בית משכית וכותלי מבצר ירגיל עצמו לישב באהל כאורח נוטה ללון: הרוצה ריבוי יינות יזיר עצמו מן היין: הרוצה לידע טעם כל מאכל ומשקה ירגיל

עצמו מן היין: הרוצה לידע טעם כל מאכל ומשקה ירגיל עצמו בתעניות: הרוצה בתאות המשגל יזדווג עם אשתו מליל שבת לליל שבת: הרוצה ביופי ישחיר פניו על התורה: הרוצה בחן ילבש שחורים: המתאוה מלבושי רקמה ילבש שק על מתניו על עונותיו: המתאוה לקול שירים יקונן על סופו שעתיד לחזור לעפר ורימה: המתאוה לשחוק יבכה תמיד על מה שהכעיס לבוראו: המתאוה משתאות ימעט במאכלו: המתאוה לצחות לשון יחזק בפלך כי ברוב דברים לא יחדל פשע: המתאוה עצלות ינוח עצמו כל היום מלגמול חסד: המתאוה נשים לא יסתכל אפי' בפני אשתו: הרוצה לשמוח ידאג תמיד על כי מחומר קורץ והוויתי נפסדת: החפץ בברכה יתרחק מברכת רשע שהרי רבקה נעקרה שלא יאמרו ברכת לבן עשה פירות: החפץ לראות בחופת בניו ובנותיו ומשתדל על זה, יניח השתדלותו ויבטח בשם ה': הרוצה לקדש עצמו יתעסק במת מצוה שאין לו קוברים: הרוצה לשמור שבת יחללהו על פקוח נפש: הרוצה לקיים נפשות בישראל יבער מן העולם כל המוחזק למסור: הרוצה לכתוב ספר־תורה ימחק וישרוף ספרי מינין: הרוצה לקיים כל התורה יבטל עבודה־זרה. הרוצה להקביל פני שכינה, אל יסתכל בפני רשע: הרוצה להחיות נפשות רבים אל ירחם על מינין ואפיקורסים דרחמי רשעים אכזרי: הרוצה להעמיד תלמידים ימנעם מללמוד בספרים חצוניים: הרוצה לקרב הגאולה ידחיקנה מדעתו שאין בא כי אם בהיסח הדעת: החפץ במתנות ישנא אותם: המתאוה להיות כמלאכים ישים עצמו כבהמה לבל יתגאה: החפץ בשכר עולם־הבא יתרחק משכר עולם־הזה: החפץ בתחיית המתים ימית עצמו על התורה בעולם־הזה ואל יחיה מריבית ויחיה בתחיית המתים.

פרק ט

יתודה האדם ויעזוב החטאים והעונות והפשעים שעשה ולא יפסיק מלבקש רחמים מה', והוא יתברך בודאי ירחם כי חנון הוא, וכה יאמר: אנא ה' אלקי ואלקי אבותי אשר בראתני, ואל יצא פעולתך לריק להחזירני כלא הייתי בעבור שהכעסתיך, כי גלוי לפניך כיון דמחומר יצרתני, שהחומר מטנף כל מקום אשר יגע, ועל־זה בראתני לעזרני בבואי לחזור ממעשי הרעים, כדי להטיב עמי, כי על־זה בראתני. ובאתי לפניך כי אין מי שיכול לתקן שברי כמוך, כי האומן שעשאני, הוא יודע מקום השבירה לתקן. ועוד אמרתי ועל־זה באתי, כי אין מי שמכיר צרת נפשי אלא אתה, והמכיר בצרה מהר מרחם, לכן קבלני בתשובה לפניך ועשה למענך אם לא למעני, כיון שטרחת בי כל כך עד שגדלתני לבא לכלל זה, לבא לפניך בתשובה, לכן רצה תשובתי ונקני מכל סיג וחלאה וחלודה שבנפשי, יען שלא יהיה הלבוש שהלבשתני מלא כתמים לפניך ואהיה מן השבים אליך בכל לב, אם תעזרני לשוב, כי אין בי כח לבדי לנצח מלחמה חזקה כזאת מיצרי הלוחם בקרבי בכל כלי זעמו, אבל מגערתך ינוס ויברח ובעזרתך בטחתי ובאתי עדיך: יהי רצון מלפניך ה' אלקי

שתצילני מיצר הרע אחר שובי לפניך, שלא יתגרה בי עוד בחזקה, רק לב לעשות בשר בלבד, שאם יתגרה בי אחרי שובי, הוא יתגרה בכל כחו לאבדני באופן שלא אשוב עוד, וכיון שמגדיל לעשות כל־כך מה שלא צוית לו, אף אתה הקהה את שיניו לגרשהו מעלי מכל וכל, ואם אי־אפשר זה, עמוד לימין אביון לעוזרני לבל יצא מחשבתו של רשע בפועל, ומכל צרה וצוקה שהביא עלי במועציו, על שהחטיאני לפניך, הצילני ותכונן מעשה ידי לעשות מלאכות השייכות להן במלאכת הקדש, כגון לכתוב ספרים ולקשור תפילין וציצית, ותרפא את מכותי ומכאובי אשר הכה בי אויבי מכות אכזרי, ולא ישמע בכי וזעקה בביתי, ולא שוד ושבר בגבולי מקול בכיה וצעקה מאברי הצועקים עלי לאמר, למה זה רמיתני באמור אלינו כל היום סייעוני לעבירה כי טוב לכם, ועתה הן צועקים אלי לאמר, הבא לנו רופא מובהק לרפא אותנו, ובקשתי ולא מצאתי אלא אתה, ובלתך אין רופא מכיר ברפואתם, לכן רפא את שברם ותפור הקרעים שגרמתי להן, כי אין תופר כמוך לתפור ישן להחזירו חדש ממש, ואהיה מן יראיך ומעושי רצונך באהבה ושלא על מנת לקבל פרס, כדי שתקבלני לפניך במקום קיבול שכר מכל מצות אשר אעשה לפניך מכאן ואילך ומכל אשר עשיתי מקודם, אך תשכילני שכל טוב מלפניך למען אשכיל לקיים מצותיך בכוונתם, כאשר עם רצונך למען אעשה כל המוטל עלי לעשות ולמען אפנה בכל דרכיך עד היום אשר תאספני אליך ותוציאני מן העולם משלום אל שלום

על־ידי מלאכי שלום, ואמצא חן וחסד בעיניך ובעיני כל רואי, כדי שלא יעכבוני מלעבדך וכדי שיהיו דברי מקובלים בסופרי להם כי מקבל שבים אתה. ובעוד נשמתי בי בחיים אשר קצבת עלי, כונן מענה לשוני לייסר לאותם אשר נטו מיני דרך והלכו חשך ולא אור, כדי להיות מהמזכים את הרבים וטהר מחשבות לבבי שלא אהיה נאה דורש ואין נאה מקיים, וכאותם המחמירים על אחרים ומקילים לעצמם, והיה עם פי בעת הטיפי מלשון הפסוק: אטיף לך ליין. ופירושו דיבור.. ועם לבבי בעת מחשבי, כדי שיהיה פי ולבי שוין לטובה. והיה עם ידי בעת מעבדי שלא יצא תקלה ממעשי לא לי ולא לאחרים, ועם רגלי בעת שבילי, שלא לעבור במקום טומאה נעלמת ממני, ואל אומר לפניך דבר שאינו הגון ושלא כרצונך, כי איני יכול להוציא כל דברי במשקל מאזני צדק, ואל יבהלוני חלומות רעים, יען שלא ידאג לבי עלי לבטלני לעובדך בשמחה, כי אתה יודע רבון העולמים שרצוני לעשות רצונך, לכן הרחק ממאתים וארבעים ושמנה אברי, דבר המבטלני מדרכיך הטובים ומלוך עלי יצר טוב לשמור חקיך ולעשות רצונך בהתמדה, כי נהיתי ונחלתי להלחם ביצרי הרע מלחמה חזקה ועצומה כמלחמת גוג ומגוג מעודי עד היום הזה, כי לא נפל בו השינה והתרדמה אפילו רגע אחד, תמיד נלחם בחוזקה וכל זמן שמזקין כחו מתגבר עליו כמדת נחש וחזיר, ואף על פי שנת יישן עמי מצאתיהו שונא חדש, בקשתי אהבתו וכרתי ברית עמו שלא יזיקני ומצאתיהו

מאחרי חופר גומות להפילני נפילה בלי תקומה, ראיתיהו ובחנתיו שאין לבטוח עליו, ובאתי בתפלה לפניך שתרחיקהו ממני או להופכו לאוהב לי לעשות חברה עם יצרי הטוב שילכו שניהם יחד לבית המדרש, וקבל תפלתי ככתוב שמעה תפלתי ה' ושועתי האזינה אל דמעתי אל תחרש וכו', ותשים חלקי מיושבי בית המדרש ותצילני כל ימי מלהכשל ליכנס בעצת רשעים ומלישב במושב לצים בבלי דעת, ותן לבי נשבר ונדכה ושפל רוח לפני כל בני אדם, כדי שלא ילכדני גאותי וכעסי לאבד מה שהרוחתי בתשובתי, ולמקללי נפשי תדום כדי שיהיו הקללות כצרי לרפואת כפרת כל מה שהעויתי לפניך, רבון העולם שמרה לפי מחסום שלא להשיב חרפי דבר, לסבול עונות נעורי ושלא יוכל שום בריה להזיקני כדי שלא יבטלני מלעובדך נגד המזיק. ויחד לבבי לאהבה וליראה את שמך, כי חפץ חסד אתה ויהיו דרכי מתוקנים נגד פניך, כדי שממני יראו וכן יעשו לעבדך, גל עיני ואביטה נפלאות מתורתך, כדי לגלות ליראי שמך עומק סודי תורתך, ואתה יוצרי וגואלי עורך שולחן לכל בריותך ומלאת פני תבל תנובה לתת חיים לעם עליה ומזון להולכים בה, תמציא ברחמיך הרבים ובחסדיך הגדולים מזונותי ופרנסתי שלימה בשופע גדול ובדרך כבוד בהיתר ולא באיסור, בנחת ולא בצער, מידך ולא מיד בשר־ודם, וכדי שלא יהיה לי עיכוב המזונות סיבת ביטול מצותיך, ואל יעכב עלי שום קטרוג לפרנסתי כי בך בטחתי, שתרחיקם מלקטרג על מזונותי כיון שכוונתי בהם לבל יהיה עיכוב וביטול לעבדך, ותן לי בנים ובנות שיקדישו את שמך בעולמך, ותתפאר עמהם בפמליא שלך לומר ראו בריות אלו שבראתי בעולמי, וכל מלאכי רום יתאוו ויבאו לשמוע מפיהם חידושי תורה ויהיו יפים ומתוקנים בכל אבריהם בלי שום מום, ראויים להתקרב על גבי המזבח כאהרן קדוש ה', ואל ישלוט בהם לא עין הרע ולא בחירת בני אדם ולא שום פגע ונזק, אמן נצח סלה ועד, ואל יתחלל שמך בי, ואל תעשני שיחה בפי הבריות על איזה דבר דופי, אך שימני שיחה בפי הבריות לדבר מעשי הטובים כדי שילמדו לשמור ולעשות כמוני בראותם כח התשובה שקרבתני וקבלתני והגדלתני בריבוי מעשים טובים וזכיות אין מספר שיעור העונות שהרבתי שהפכת אותם לזכיות בתשובתי, ה' שמעה בקולי תהיינה אזנך קשובות לקול תחנוני, ענני ה' ענני בעת ובעונה הזאת, ורחם עלי ועל נפשי ועל כל נפשות ביתי, וייחד לבבי לאהבה וליראה את שמך תמיד כל היום בלי פיסוק רגע, ותבשרני בשורות טובות ממעוניך, ותרפאני רפואה שלימה, רפואת הנפש ורפואת הגוף, וחנני דעה ובינה והשכל לדעת את שמך הגדול, יהיו לרצון אמרי פי והגיון לבי לפניך ה' צורי וגואלי, ברוך שומע תפלת השבים. ואם ח"ו, רבש"ע הרבתי לפשוע עד שגדלו עונותי לשמים ועשו פגם רב עד שרבו הקטרוגים עלי לאין מרפא, כי חייבו כובד עונותי לנעול לפני דלת התשובה ומדת הרחמים נהפכה לדין גמור, וכיון שכן כל דברי תחנונותי ישא רוח ותעניותי נחשבים לאין, כאיש המוסגר

במאסר שאינו אוכל ושותה בעבור שאין לו, עכ"ז רבש"ע איני זז מחבבך, להיות מהמקוים רחמיך, ומלבקש ליכנס בחצרותיך, ומה גם שמודעת זאת דחוצפה כלפי שמיא מהניא, וחוצפא מלכתא בלא תגא כאמרם רז"ל, לכן הנני עושה החיוב המוטל עלי, להתודות כדרך כל השבים ולבכות ולהתאבל על כל מה שהכעסתיך, כי ההפצרות מועיל, ואם לא יועיל לא יזיק, ואף אם תשליכני בשתי ידים מלפניך שלא לקבלני, עכ"ז איני זז מתחת כנפי חסדיך, ואף שעם כל זה תחזירני לאין כאשר הייתי אין מקודם שיצרתני, די לי במה שנפקחו עיני לידע שיש דין וחשבון, ומנעתי עצמי מלהכעיסך במעשי המקולקלים ובטנופי מחשבותי, כי מה מעלה יותר גדולה מזו יכול אני להשיג אחר שידעתי כי אלקי עולם ה' אתה, ומה גם שאבותי סיפרו לי שדלתי תשובה לעולם פתוחים, אין מסגר להם, ועוד למדוני כי העולם על התשובה תכנת יסודותיו, וידיך פשוטות לקבל שבים ומתחת כסא כבודך פתחת פתח תקוה לקבל משם כל יוצא חייב בכל בתי דינין של מעלה ומטה. ואם יאמר האומר: הנה בכל זאת לא צדקת, כי כל זה נאמר על כל חוטא שבעולם ולא לך, משום שלא קדם חוטא כמוך, אדרבא זאת היא נחמתי ולמשיב נפשי ולחוזק והבטחה לשוב ושתקבלני בודאי, כדי לפרסם עמי בכל צבא המרום במרום וכל מלכי האדמה באדמה עד היכן מגיע כח התשובה לקבל חוטא אין כמוני במוקדמים ובמאוחרים. הכלל העולה, שאדרבא כל חלקי הסותר המה ינחוני, הורוני, החזיקוני, ואל התשובה הביאוני, ובזכות אשר עם חוטא כמוני נתפרסם כחה של תשובה, עשה עמי אות לטובה לעטרני ולהכתירני בין הצדיקים בגן־עדן, ויעבור כרוז לפני וכה יאמר: הביטו וראו מעלת השבים אשר פרסמו בעולם כי חנון ורחום אני, ארך אפים ורב חסד ואמת: ועתה אדון הסליחות כדי להכניע יצרי הערל, אשים נגד עיני תמיד עומק שבעה מדורי גהינם, כדי שיהיה מוראך על פני. והנם כתובים בספר רזיאל דף ל"ה. ביום הששי ברא את האדם כו', וברא שאול תחתון ואבדון ובור שחת וטיט היון ושערי מות ושערי צלמות וגהינם. ורשעים שבהם מלאכי חבלה ממונים עליהם. מדור העליון שאול תחתית עמקו מהלך ש' שנים. מדור ב' אבדון עמקו מהלך ש' שנה. מדור שלישי בור שחת עמקו מהלך ש' שנה. מדור רביעי טיט היון עמקו מהלך ש' שנה. מדור חמישי שערי מות עמקו מהלך ש' שנה. מדור ששי שערי צלמות עמקו מהלך ש' שנה. מדור שביעי גהינם, עמקו מהלך ש' שנה. האש של שאול תחתית היא חזקה ס"א מאש של אבדון. האש של אבדון חזקה ס"א מאש של בור שחת. האש של בור שחת חזקה ס"א מאש של טיט היון. האש של טיט היון חזקה ס"א מאש של שערי מות. אש שערי מות היא חזקה ס"א מן האש של שערי צלמות. האש של צלמות היא חזקה ס"א מן האש של גהינם. וביודעי שאדם נידון בשבע מדורות אלו כפי כובד חטאיו, והם מלאים אש וברד רוח סערה וכו', חמת ה' עזה אש וגפרית בוערת בנחלי זפת. ונחשים ועקרבים משונים נושכים את הנפש, ושם

צלמות ולא סדרים ותופע כמו אופל
אשר אין שם דסרי העיתים, קור וחום
וחורף ותופע, כלומר היום הוא כמו
אופל הלילה.. וצואה רותחת מחלאת
סיגי הפשעים, אם־כן איך יתחזק יצרי
עלי להחטיא אותי, ועם־כל־זה לא
יכניע ויוציאני מדעתי לבלבל את שכלי
למרוד לפניך, הבט משמיך וראה כי
אין בידי עוד כח לעשות, אם לא
שימינך תסעדני להצילני מידו,
וכאמרם רז"ל אלולי הקב"ה עוזרו לא
היה יכול לו, ובהיותך בעזרתי לעשות
חסד עמי, תנוח מלחמת יצרי המתגרה
בי, ואז באותו זמן שאני פנוי, חייב אני
להודות להלל ולפאר ולשבח ולרומם
ולברך ולגדל ולקדש וליחד ולהקדיש
ולהמליך שמך עלי בקצת תואריך
הכתובים בספר רזיאל: מלך אמת.
מלך אביר. מלך אחד. מלך אחרון
וראשון. מלך אמיץ: מלך ברוך. מלך
ברור. מלך בחור. מלך בורא. מלך
בוחן: מלך גדול. מלך גבור. מלך גאה.
מלך גואל. מלך גבוה. מלך גנון: מלך
דר במרומים. מלך דגול. מלך דיין.
מלך דורש דורים. מלך דובר שלום.
מלך דורש צדקה: מלך הדור בלבושו.
מלך הוגה המולה. מלך הוד. מלך הדר:
מלך ועד. מלך ותיק. מלך אומר
ועושה: מלך זך. מלך זן. מלך זוכר
נשכחות. מלך זוקף כפופים. מלך זוכר
רחמים: מלך חסין. מלך חסיד. מלך
חנון ורחום. מלך חי העולמים. מלך חי
וקיים לנצח. מלך חזק. מלך חונן דלים.
מלך חוקר כליות. מלך חי החיים. מלך
חוצב להבות אש: מלך טוב ומטיב.
מלך טוב וישר. מלך טהור ומנוזר.
מלך טוב לטובים ולרעים. מלך טוב
לקויו: מלך יחיד. מלך ישר. מלך יקר.

מלך יודע ועד. מלך יושב בסתר. מלך
יציב. מלך יתרונן. מלך כבוד. מלך
כביר. מלך כונן בכסא צדק. מלך כובש
כעסים: מלך לובש צדקה כשריון. מלך
לעד לעולם. מלך לוהט. מלך לובש
רחמים: מלך מוחל וסולח. מלך ממית
ומחיה. מלך מכפר. מלך מעביר על כל
פשע. מלך מכסה. מלך מהודר. מלך
מוריד ומעלה. מלך מוריש ומעשיר.
מלך משפיל ומרומם. מלך מטריף
ומכלכל. מלך מפרנס ומעודד. מלך
מרום ונשא. מלך מלא רחמים. מלך
מלא זכיות. מלך מהולל בתשבחות.
מלך מלכותו לנצח. מלך מושל על כל.
מלך מפליא פלאות. מלך מצמיח
ישועה. מלך מבטח ומשען. מלך מתיר
אסורים. מלך מוציא אסירים. מלך
ממליך מלכים. מלך משובח ומפואר.
מלך נורא עלילה. מלך נערץ. מלך
נשגב. מלך נשא ונפלא. מלך נאמן.
מלך נכבד. מלך נעים ונחמד. מלך
נוצר חסד. מלך נאה. מלך נושא עון.
מלך נבון. מלך נצח נצחים. מלך סומך
נופלים. מלך סובל עולמים. מלך סתר.
מלך סתרך להבי אש וענני כבוד. מלך
סולח עונות. מלך סגיא עוז וכח. מלך
עזוז וגבור. מלך עליון ונורא. מלך
עונה בצרה. מלך עובר על פשע. מלך
עושה פלא. מלך עושה בראשית. מלך
עתיק. מלך עריץ ואמיץ. מלך פודה
ומציל. מלך פועל ישועות. מלך פותח
ידו לכל. מלך צדיק וישר. מלך צח
ואדום. מלך צופה עתים. מלך צור
עולמים. מלך צבאי צבאות. מלך קדוש
ונורא. מלך קרוב לקוראיו. מלך קנא
ונוקם. מלך קונה שמים וארץ. מלך
קדושתו למעלה. מלך רם ונשא. מלך
רחום וחנון. מלך רם על רמים. מלך

רוכב ערבות. מלך רוכב על כסא הכבוד ועל הכרובים ועל כנפי הרוח. מלך רוצה בתשובה. מלך שוכן שחקים. מלך שומע תפלה. מלך שדי. מלך שוכן במעלות. מלך תקיף. מלך תמים דרכו. מלך תולה ארץ על בלימה. מלך תהלתו במעלה ובמטה. מלך ששמו מלך מלכי המלכים הקב"ה ולו המלוכה הרחמים והסליחות. מלך סולח לכל עוניכי הרופא לכל תחלואייכי. מלך עושה עמי ועם כל העולם אות לטובה בעבור שמו הגדול שנאמר מגיד דבריו ליעקב. וכיון שבהיותי פנוי מיצרי איני מתעסק כי אם להודות את שמך, אם כן גרשהו מקרבי הכניעהו השפילהו אבדהו. ואם תאמר יוצרי וגואלי להחזיקו בקרבי לתת לי שכר מצות בעבורו בהיותי עמו בעל בחירה, טוב להודות לפניך תמיד בלי קבלת שכר מהיותי רשע לפניך אפילו רגע כמימריה ונשמתי אשר בקרבי לובשת קדרות בחוטאי לפניך ומייללת ומקוננת עלי, איך השלכתי כתם בלבוש המלך שהיא מתחת כסא הכבוד חוצבה, ומי יכול לסבול לראות בכל עת נשמתי מתאבלת, טוב לי שיצרי חלל בקרבי, ולא בעינא לא הוא ולא שכרו, שאין טוב לאדם כי אם לעבוד לבוראו לפארו ולרוממו כמלאכים שבמרום. ואל יעלה בלב החוטא לומר כיון שנשמתי היא מן השמים וגופי מן הארץ, הם יליצו בעדי ביום הדין, זה אינו אם על עצמם אין יכולים, על אחרים לא כל־שכן דכתיב כי שמים כעשן נמלחו והארץ כבגד יבלה, אדרבא הם יתבעו ממנו בדין אשר טמא חלק מהן, ואדרבא ילמוד החוטא מהם לתקן דרכיו כי ישא עיניו לשמים ורואה את השמש ואת הירח ואת הככבים זכים וברים עומדים ומשמשים ואין משנים תפקידם ואין להם שכר והוא מחומר קורץ, שפל ואפל מוכן לשכר, למעלות רמות ונשאות, שצריך לטרוח בכל מאמצי כחו לעבוד לבוראו ואל יאבד רגע מחייו כיון שזיכהו השם לשכר מה שלא זכו השמים וכל צבאם הזכים. ואפשר שלזה כיוון המשורר דוד המלך ע"ה בפסוק כי אראה שמיך מעשה אצבעותיך ירח וככבים אשר כוננת מה אנוש כי תזכרנו ובן אדם כי תפקדנו, ירצה כי אראה שמיך וירח וככבים אשר כוננת, זכים ומבריקים באורם, ועכ"ז לא זכו לשכר, אז אני אומר מה אדם מלשון מה רב טובך, כמה מעלת האדם מכל צבא המרום במרום, וראוי כי תזכור ותפקוד אותו תמיד לתת עיני השגחתך עליו. גם ילמוד אדם מן האילנות שטוענים פירות בכל שנה אע"פ שאין להם קבול שכר על זה, וכל־שכן הוא שצריך שיוסיף כל שנה ושנה חבילות חבילות של מצות, כי בנפשו הוא עושה לקבל שכר טוב. ילמוד הרשע מן הזבובים שכשם ששורים על כל דבר נסרח, גם שורים על הדבש ולפחות ראוי לרשע לנהוג כך, שכשם שעושה עבירות שיעשה ג"כ מצות, והוא לא כן עושה, כי־אם תמיד מרעה אל רעה ובורח מכל דבר מצוה כבורח מן הארי. גם תראה פחיתות הרשע, שהלואי יהיה כשממית, שהנה שממית בידים תתפש במקום האשפות, משום ששם מצויין הזבובים לרוב לריח הסרחונות המושלכים שם, וכונתה לתופשם

כנודע, ועל כל זה לפעמים תתפש בהיכלי מלך אע"פ שהוא מקום נקי בהעדר זבובין, והנה הרשע מצוי תמיד במקומות המטונפים בבית הזונה ובבתי טרקס אות בתי שחוק וקלות ראש. ובמושב לצים ואפילו במקרה אינו נכנס בהיכלי המלך הם בתי כנסיות ובתי מדרשות. והטעם הוא משום שבית הכנסת ובתי המדרש הוא לצדיקים כגן אלקים ולרשעים כבור שאול. גם תחת זאת רגזה ארץ, שהרשע יושב ובטל לילה ויום בדברי בטלה, ואם יפתח א' ספר לפניו ללמוד מיד בורח ונעשה להם דברי תורה כמו ויהי נועם לשדים להבריחם, והטעם הוא כי מתחלה בחרו להיותם מנודים ולא לעסוק בתורה כאשר שמעתי מהרב הגדול כמהר"ר יהודה שאראף משם הרב הגדול כמוהר"ר אברהם אסכנדראני ז"ל על משנה אוי להם לבריות מעלבונה של תורה, שכל מי שאינו עוסק בתורה נקרא נזוף כו' דצריך להבין מה עלבון התורה איכא הכא, אלא העלבון היא שכל מי שאינו עוסק בתורה נקרא נזוף, כלומר מנודה ועכ"ז אינו עוסק בה, נמצא שיותר חפץ להיות מנודה ולא לעסוק בתורה, יש עלבון לתורה גדול מזה, עכ"ל. והנה כיון שמתחלה רצה להיות כל ימיו בנידוי מלעסוק בתורה, עכשיו כששומע דברי תורה הם לו כסם המות ובורח כאשר בורח השד מויהי נועם. ועוד נמשיל לך משל, סיבת בריחת הרשע מלשמוע דברי תורה, משל לאדם שמתו לו בניו ואשתו ואבד כל ממונו והוא בתכלית הדאגה, אם יבא אדם בפניו בקול שיר ומזמור, יברח משמוע כי ידאג שקול השיר מוסיף על דאגתו, כך הרשע נקרא אבל כדכתיב גבי הבעל תשובה ואשלם נחומים לו ולאבליו שהם המלאכים מהלוין לאדם שמתאבלים עמו ברשעתו. ומה גם שהרשע נפשו עגומה ואבלה תמיד שהיא רואה ויודעת בעונשים המגיעים לה על מעשה הרשע, שאע"פ שהוא לא חזי היא חזיא ומתאבלת. ולכן כששומע בקול שירים ושירות יש הוספת דאגה ואבלות לה ובורח. לכן כשהצדיק פותח בדברי תורה משמחים את הלב, דכתיב פקודי ה' ישרים משמחי לב, וכמ"ש רז"ל שלשה קולות משמחים את הלב, קול כספים, וקול תורה וכו'. מסיר הרשע אזנו משמוע תורה, דמוסיף לו קול תורה דאגה על דאגתו ובורח כמדובר. ודע שהיצר מפתה לרשע שלא יעזוב את חסרונו בשומו בפיו טענה ליום הדין, וחי בהם כתיב ואם-כן לא יכול להניח הרגלו מהטיולים והמאכלים הערבים והמשקים המתוקים והשינה עד ארבע שעות ביום, פן ימות בהניח הרגלו אשר נרגל בו הרשע, ואינו מן הדין לאבד את עצמו בידיו. וטעמו ונימוקו עמו להינצל בזה דוחי בהם כתיב ולא שימות בהם. זהו טענה כוזבת, כי יש לו ללמוד מעשיר שהעני שאע"פ שהורגל בתענוגים וטיולים ומאכלים ערבים ובמשקים מתוקים כמוהו, ועכשיו שהעני מאכלו פת סובין ושוכב על גבי קרקע ואינו מת, וחי בעולם. ואפשר שלפעמים עושה אלקים עשיר ירא שמים שירד מנכסיו להיות מוסר לרשע כמדובר, דכיון דירא שמים הוא, רוצה לזכותו שישובו רשעים בעבורו, ואם לא לדונם עמו להרבות שכרו לעולם הבא על הצער שסבל

מעוני ומדלות, כשם שדן לרשעים שהלכו אחר יצרם לזנות, באומרם לו הרי יוסף.

ומה גם דכמה הרפתקי מקרים וצרות. שעובר על העני ואינו מת לאור יקום עני רואה עולליו שאלו לחם פורש אין להם, יצא לחוץ לבקש אינו יודע אנה יפנה ואנה ילך ומביט ורואה בפני כל עובר ושב אולי יכירו בצערו לתומכו ולסומכו, ואין משים על לב, כי אין נבואה בעובר ושב, והוא הולך ובא הולך ובא, סובב בעיר עד שברכיו כושלות מצום ויצרו צעדי אונו ודעתו על בניו העטופים ברעב אחוזים בבולמוס הוא חולי מחמת רעבון עד שידיו ורגליו קרים ופניו ירוקים וחושיו נחלשים עד שכמעט לא נותרה בו נשמה. ואשתו העניה בראותה בצרת בניה נשקפה בעד החלון לראות מדוע מתאחר פעמי רגלי בעלה לבא, שומעת פסיעות חושבת הנה בא מבטת ורואה איש נושא בר ולחם ומזון עובר הלאה, אומרת לא הוא, אין רע מזל כמוהו, חוזרת אצל בניה ביגון ואנחה ובאפס תקוה, צועקת אוי בני בשומעה קול צעקתם, אבי אבי ואין קול ואין עונה ואין קשב, ואביהם בחוץ מתגולל ברתיחת דמו בקרבו מפני זלעפות רעב ואצל כל פינה יארוב, חוזר מכאן ולכאן ודא עקא אף זו על צערו חמת המציק הכרג"אמס שנותנים למלך. והחובות לאלפים ולרבבות ולבו בל עמו מצרת בניו ואשתו המצפים לו ואינו יודע אם ימצאם מתעלפים בחיים או מתים, וכל היום מוציא נפשו בשוקים וברחובות אולי ימצא דבר להחיותם ולרפא מכתם והנה לעת ערב והנה בהלה בהיותו בידים רקניות. וכראותו כי כלתה אליו הרעה מסיר מסוה הבושת מעל פניו ומעיז פניו וכלימה כוסה פניו עד שהם משתנים לגוונים ככרום עוף אחד יש בכרכי הים ששמו כך, וכשהחמה זורחת עליו מתהפך לכמה גוונין. ומתקרב לחד מן קאמיא בחנות מוכר אוכל נפש ומתחנן לפניו ברוב חמלה שיפתח לו בצדקה עד ככר לחם וחוזר לביתו בלחם צר ובדאגה רבה. וכראותם אותו אשתו ובניו פונים לידיו שחייהם תלויים שם, וחוטפים וטורפים הלחם שבידו להשיב נפש ומיד רצים אל המים למלא כריסם מחסרון הלחם ונופלין כחולים בלי כח עד שהם משתכרים בשינה בחלומות מבולבלין מאדי החולשה העולה על ראשם ומצטערים בשינה יותר ממה שהצטערו ביום מחרפת הרעב, וכה דרכם כל הימים ואביהם בת טות לן בתענית. ושינה לא עבר בעיניו. בבוקר יקום ומאחר פעמי יציאתו לצאת מדלתי ביתו החוצה באומרו למה אעמול לריק, אתמול ערום יצאתי מן ביתי וערום שבתי שמה, ואם־כן למה אוסיף לצאת להרבות כאבי ולהוסיף כלימות והוא נחבא בכלים בתוך ביתו. וכראות אשתו ובניו כי אבדה תקותם ממנו יוצאים לחוץ להלוך ולחפש באשפתות העיר אולי ימצאו ממותרי קליפת הפירות המושלכים שם, והעצמים היבשים לגדר להשיב נפש, ואם אין שם מאומה מתפזרים על פתחי הנדיבים על פת לחם, ואמותם העניה נושאת על כתפה העולל והיונק שם על שכמה ויוצאה לבקש אוכל לנפשה כי חשכו עיניה, מראות בצרת בניה הקטנים ובעלה צועקת אחריה בצאתה,

אולי יחנן השם ותמצא מזון גם לי גם לך, ונמצא אב ואם ובניהם נפרדים זה מזה כל היום בחוסר כל, והבעל מצפה לאשתו מתי תבא והנה באה ואין בידה מאומה, ואם באולי כביר מצאה ידה איזה דבר אכילה אוכלת בצינעה ובלב רך לקיים חייך קודמים לחיי חבירך. והאיש כראות כך ישן בדאגה ויללה במקום אכילה ובבקר חוזר ומתחזק לצאת לחוץ על המחיה ועל הכלכלה: וכיון שאלו קצת קורות העני, אין להאשים עליו אם הוא במיעוט דרך ארץ ומעשיו מגונים כי לבו בל עמו: ורע דרכיו של עני נראין מעוקלים ומגונים ועכ"ז הם ישרים, כיצד בהיות שאין העשיר מכיר בדוחק העני כי לא נסה, אם רואה עני בימי החורף ביום סגרירים גשמים שהכל מסתגרים בבתיהם. מרחם עליו וקראהו אל ביתו שיאכל וישתה ויחם לבבו, מיד בעלות בסולם רואה לעשיר יושב כמלך בגדוד בחדרי משכיתו ומצעות שתחתיו בגדים לבנים, מיד יושב רחוק ממנו לבל יתקרב אצלו לישב בצדו פן יטנף בטיט שברגליו המצעות בהרות בהרות והעשיר שאינו מכיר בזה קורא וחוזר וקורא שעלה יעלה וישב בצדו ויסיר גלימתו והעני מפציר שלא לעלות כדי שלא יתגלה חרפתו מטינוף רגליו וכסותו ומיד העשיר חושבו לכבד ולמדות מגונות דאון ותרפים הפצר מונע דבריו עמו וכשמקרבו על שלחנו מאחר לשלוח ידו בקערה ובכוסו כי יכלם מגידול צפרנו כי לא היה בביתו מספריים לקצצן ומסמרטוטי הבלואים אשר סביב בזרועו. ובהיות נעלם זה מן העשיר חושבו לגאה כי דרך המתגאים לאחר לשלוח יד במאכל שבפניהם ומבזה אותו בלבו, וכששולח יד במאכל ממהר לשלחה אל פיו, כי לחם לא בא אל פיו כל היום, ובראות העשיר שטורף ואוכל שלא כמותו, אומר בלבו אוי למי שמביא עני בביתו. ואינו מבחין כי הוא קצת שבע מסעודת הצהרים ולכן אוכל בסעודת הלילה בנחת, אך העני הרעב מכריחו לטרוף ולאכול כי לא יכול לסבול רעבו וטורחו, ואחר שמאכלו בטורח ובמשא כי ניחם על מה שהביאו, רצה להשכיבו על מטה בסדיני פשתן הדקים וכשלג לבנים. כראות העני שהעשיר הופך ממנו פניו מיד קם ושוכב על־גבי קרקע יען שהטיב עמו להכניסו בביתו ואיך יגמול לו מהרעה למלא מטתו כנים, וכראות אותו העשיר על גבי קרקע חושבו לשוטה או בעל ערמות כי אין מכיר במשפחות הכנים שעליו ושרוצה לגמול חסד עם בעליו עד שגוער בו בחרון אפו שישכב על המטה אשר הכין לו פן ימות בצינה בתוך ביתו ויעלילו עליו שהרג את הנפש לבוז את כל אשר לו עד שמואס העשיר חייו ואומר יאבד יום שקראתיו ולביתי הבאתיו, תאלמנה שפתי הקורא עני בביתו טוב מזה יום מותו. וכראות העני כל הנזק שעשה בלילה אחד בבית העשיר, טינף מצעותיו בטיט שברגליו, הפציר שלא לשלוח יד בקערה, אכל שלא כהוגן מלא המטה כנים, מה עושה יקום בטרם יכיר איש את רעהו לפתוח פתח החצר ולברוח כדי שלא יתגלה חרפתו לעיניו לאור הבקר ובורח משם בלי תת תשואות חן חן לעשיר ולביתו על החסד שעשו עמו, וכשקם העשיר ורואה פתח חצרו פתוח והעני אינו

בביתו צועק מר על העניים שהם משוללים מדרך ארץ ומלאים מדות מגונים ובאים בבתיהם לגנוב ולברות, וכפי האמת אין להאשים על העני כי הוא מוכרח במעשיו ואע"פ שדרכיו נראים מעוקלים ומגונים, עכ"ז הם ישרים כמדובר דמה שמכריחו העניות לעשות עושה, אך העשיר שאינו יודע תעלומות עניותו, חושבו למגונה. גם דע גודל צער העני על קיום מצותיו יתברך, הנה בימי החורף שהימים קצרים וביום ששי ביום סגריר וקרח וצינה ומנעליו קרועים ואין פרוטה בכיסו להוצאת שבת, מה צער יש בנפשו, אין כמוהו בכל צער שבעולם ועכ"ז אינו בועט ויוצא ומוסר עצמו למיתה לבקש הוצאות לכבוד שבת, וכן עומד על נפשו על קיום שאר מצות. ואתה חלל רשע בראותך בצער העני ואף אם היה עשיר וחזר עליו הגלגל ודחפו לחצר מות בסוג העניות סובל העניות וחי בחוסר כל ואינו מת ואיך תמות אתה בעוזבך גם את תענוגי זנותיך וטיולי זדוניך, חזור בך ותאריך ימיך וריבוי עונותיך יתהפכו לזכיות ונמצא אתה בלי עמל וטורח כתיבה מלאה ספרים ועליונים ותחתונים ישבחוך כי עזבת הרגלך על אהבת בוראך, וכה יאמרו לך אשרי האיש אשר הלך חשכים ונוגה לו הדליק נר מתוך החשך וידע שבילו ויצא לאויר צח ומצוחצח ועליון ממנו, לא חשך מהטוב הגנוז לצדיקים ולהעמידו בקהל קדושים. ישים הרשע נגד עיניו להכניע יצרו הרע כמה בחורים ובתולות מתים בחופתם ופעמים ממיתות משונות כגון שעולים בסולם ונופל הבית על כולם, או גזרת מלך עליהם להתיז את ראשם. גם ישים נגד עיניו אנשים שמפשיטים עור גופם בחיים חייתם באין חמלה צועקים ואין מושיע: גם ישים נגד עיניו שיש בני אדם שוחטים בניהם לעיניהם ואין לאל ידם לרחם עליהם, ישים נגד עיניו דיש אנשים מנוגעים עד שתולעים יוצאים ממנו ואין רפואה למכתם, ישים נגד עיניו בנים קטנים מתים מחולאים קשים ומתחננים בתנועות בלי דיבור ואב ואם רואים ומעיהם מתחתכין ואין יכולים להושיע: ישים נגד עיניו בחורים ובתולות שמגנין השמש ביופיין ונופל בהם סמיות עינים וחיגרות רגלים ואינם רואים עוד שמחה בעולם ובדאגה ויגון יוצאין מן העולם. גם ישים נגד עיניו זקנים מכובדים נופלים בגלות והולכים בגילוח הראש והזקן ומתים תחת משאם אבן ונטל החול. ישים נגד עיניו חורבן העולם במבול והפלגה וסדום, גם ישים נגד עיניו גזרת דור המדבר, ישים נגד עיניו צרת ישראל בימי המן. ישים נגד עיניו אנשים אוכלים בשר זרועם, גם ישים נגד עיניו קללות שבמשנה תורה. ישים נגד עיניו בני אדם שעושים כלים מעצמותם, גם ישים נגד עיניו מתים שמוציאים אותם מקבריהם ליקח מהם איזה איבר לאיזה תרופה. ישים נגד עיניו כמה אנשים ונשים לא ראו בנים מעולם וכל ימיהם ביגון ואנחה ולבסוף יוצאים מן העולם בלי חמדה וזרים יורשים את יגיעם. ישים נגד עיניו שרים זהב להם הממלאים בתיהם כסף ולבסוף חוזרים על הפתחים בבושת ובקלון, ישים נגד עיניו מוטלים עלי משכב כל ימיהם בחולי קשה, צועק בכאב תמיד עד

שיוצא נפשו בחבלים. ישים נגד עיניו בני אדם נטבעים בימים ובנהרות מאכל לדגים ומהם נטרפים במדברות מחיות רעות וקבורת חמור נקברים, ומהם מתים מנשיכת נחש שרף ועקרב ומהם מלחומי רשף וקטב מרירי, גם ישים נגד עיניו אנשים טועים מדרך הישוב ומשתוממים בחורבות ובמדברות ומושבם עם החיות ואין מכירים עוד מיישוב ומתים פניהם אל הקיר. גם ישים נגד עיניו אנשים ונשים יוצאים מדעתם והולכים חשופי שת בשוקים וברחובות שם מושבם ושם הם ישנים וסביבם כלבים. ישים נגד עיניו הריסת מגדלים ונפילת ארמונים וחורבות בתים וחצרים ושריפת עיירות ומדינות וכרכים ושטיפת מים וחרבן איים ועקירת גנות ופרדסים וכסף וזהב לרוב ובגדים חמודים וכתרי מלכים מתבלאים וחוזרים לעפר. וגם ישים נגד עיניו שגם לעתיד שמים כעשן נמלחו והארץ כבגד יבלה, ישים נגד עיניו בני אדם שמאריכים בחוליים שנים וביום שמתרפאים וקמים ממטתם יוצאים לחוץ ונופלים ביד אויב וממיתם במיתות משונות, ישים נגד עיניו ספינות טובעות בים סחורות נאבדות. ישים נגד עיניו נשים מתאות לבנים ובסוף ימיהן יולדות ומתות בלדתן והנולדין מחזירין להן על המניקות ואין ומתים מבלי חלב או מתים הולדות מיד ביוצאם לאויר העולם ואמותיהן בדאגה כפולה יותר מקודם עיבורן, ישים נגד עיניו עקרה שתלד בן בזקנותה ומיד בצאתו מרחם אמו שוחטים אותו בגזרת מלך ליקח דמו לרפואה, ישים נגד עיניו יתומים ואלמנות סומך ותומך אין להן ומתים בלי חמלה. גם ישים נגד עיניו אנשים שרבו עליהם החובות ובוחרים מחנק נפשם או נופלים על חרבם או מן הגג וממיתים עצמם, ישים נגד עיניו בני אדם מתים פתאום בעת שמחתם. גם ישים נגד עיניו בנים מתים כאבן הנופל ביום הגשם בעת הרעם, גם ישים נגד עיניו בן ממית אב ואם בכעסו ואח ממית אח אחות ואח"כ ממיתים אותו במיתות משונות, ישים נגד עיניו אב ואם שוחטים בניהם ומבשלם בידיהם לאוכלם מפני הרעב או שוחטים בן אחד להאכילו לשאר בניהם שלא ימותו ברעב. ישים נגד עיניו בני אדם נרדפים כל ימי חייהם. גם ישים נגד עיניו שרים נופלים ביד עבדים ומשתעבדים בהם בפרך. ישים נגד עיניו מלכים מורדים בהם העם ובורחים למרחקים להציל נפשם ובאים לכלל הדיוטות לגרר ביבין, גם ישים נגד עיניו קול צווחות ויללות על צרות ומיתות, גם ישים נגד עיניו צרת בנים שלא הכירו אב ואם ולא אח ואחות והם יחידים בעולם בלי סמיכה, צועקים בצרתם ואין עונה, ישים נגד עיניו איש ממית לאשתו ואשה לבעלה מסיבת מחלוקת ואיבה ושנאה. ישים נגד עיניו בני אדם נתפסים מסיבת בעבירה ומתים מרוב הבושה, גם יתן נגד עיניו ריבוי עם הנופלים במלחמות לאלפים ולרבבות והמתים במגפה לאין מספר, ישים נגד עיניו בן יחיד נפרד מאביו ואמו והלך למדינת הים והיה שם שנים רבים ומקוים אותו בכל יום ומכינים לו צרכי חופתו וביום בואו נפל מן הסולם ומת. ישים נגד עיניו באנשים החטאים בנפשותם שסופם לביזה ולהרג. ישים נגד עיניו אוננין

ואבלים מאב ואם בכניסתם לחופה, ישים נגד עיניו חתן בעת שנתייחד עם כלתו מתה מיד מחמת בעילה. גם ישים נגד עיניו גרושים ושמדות שהיו בישראל ונקמות שעשו בחסידי עליון ובזיונות שעשו האויבים בנשים להביא עליהן בהמתן ולבקע כריסן ועוקרים בידם ולדותיהן ומלאים בורות מתינוקות חיים ומכסים עפר עליהם ומיריעות הספרים עשו למנעליהן וברצועות תפילין קשרו להן, ונקמות אין חקר ככתוב בספר טיט היון, גם ישים נגד עיניו גרושי הילדים באיי העקרבים, וקודם גירושם חתכו לשונם כמו שהובא בשבט יהודה, ישים נגד עיניו כל הגרושין והצרות הכתובות בדברי הימים ושבט יהודה, ישים נגדו המלחמות והצרות שהיו על ירושלים ללוכדה. ישים נגד עיניו חרבן שני בתי מקדשות. ישים נגד עיניו הריגת ביתר והצדיקים שנהרגו באכזריות גדול' כפלים כיוצאי מצרים כאשר בא במסכת גיטין ובמדרש איכה ובבן גוריון. ישים נגד עיניו במשפטי רשעים שבגהינם, ישים נגד עיניו בונים היכלות ומכינים סעודות ומתקנין מלבושים ומצעות ואחר תשלום הכנתם מתים ונמצא הכינו לבעלי נשותיהם, ישים נגד עיניו בחבלי משיח ובמלחמת גוג ומגוג ובהריגת משיח בן יוסף ובצרת ישראל בעת ההיא, ישים נגד עיניו המיתה המהלכת בכל יום בגזרת חטא אדם הראשון. והנה בשומו החוטא נגד עיניו את המאורעות הרעות והמיתות המשונות והנקמות וחורבות השוממות והנפילות וההריסות והאיבודים והעקירות והשפלות והשעבודים והמלחמות והחורבנות והמקריות המשונות אשר תחת כל השמים, אז יכנע לבבו הערל מהרעדה ומהפחד פן יפגע בו אחת מהנה או קצתם או כולם, ומה גם שבזכור אדם צרות רבות מזדעזע ונעשה בשרו חדודין חדודין ולבו מת בקרבו ומסתלק ממנו כל תאוה חומרית ומתאוה באור החיים ומתדבק בהקב"ה ובתורתו ומקוה בכל יום מקום כבודו בגן־עדן כאשר תראה מיעקב אבינו ע"ה שאע"פ שהיה בחור שבאבות וצורתו חקוקה בכסא הכבוד, עם כל זה בזכור צרת יוסף היה נכנע ולא היה נכנס עוד שמחה בלבו, ונהג אבלות ימים רבים ולא היה מקבל נחמה אע"פ שהיה מובטח לעולם הבא, דאין שמחה רבה מזו, אף שיהיה על האדם כל צרות שבעולם עכ"ז זכירת הצרה היה מכניע אותו, ק"ו בן בנו של ק"ו חוטא מלא עונות מעותד לכל משפטי גהינם, ואע"ג דהוא לא חזי, מזליה חזי שבודאי בשומו נגד עיניו זכירת צרות המקריות שיכנע וישוב אל ה'.

פרק י

יודע **האמת** ומבין **המחשבות** מכיר בדעת הרשע שמתחזק לחטוא באומרו הקב"ה ותרן, וכבר אמרו רז"ל כל האומר הקב"ה ותרן, יוותרו בני מעוהי, אך הנני מביא ראיה לרשע במופת חתוך, איך מחשבתו הבל ודבריו שקר ודבר כזב, אם האמת אתו שהקב"ה מוותר על העבירות שהרשע עושה, מה צורך מבחירה ורצון, דלמה ברא יצר הרע שיכעיסהו הרשע כדי

לוותר לו אח"כ, זה דבר קשה לכל מי שיש לו מוח בקדקדו להאמינו. ואם תאמר עושה הקב"ה לוותר כדי לפרסם חסדו עם החוטא שמוותר לו, אם כן קשה רשע וטוב לו, רשע ורע לו, מוכרח לומר דלזה ויתר ולכך טוב לו, ולזה לא ויתר ולכך רע לו, ועול בחוקו יתהרך ח"ו, דלזה הוא מוותר להראות חסדו עמו ולזה אינו מוותר, דלמה אינו מוותר לו כדי שידע ויכיר בחסדו גם הוא, ואין לומר דיש הפרש בין החוטא להכעיס לחוטא מצד תוקף יצרו דקצת אנוס הוא, ולכן להחוטא להכעיס אינו מוותר ולחוטא מצד תוקף יצרו מוותר, זה אינו דהא קא חזינן רשע גמור חוטא להכעיס וטוב לו, אם־כן אין מקום להבדיל בין רשע לרשע, והדרא קושיא לדוכתין, למה מוותר לזה ולא לזה, אם־כן מוכרח שאין הקב"ה מוותר ורשע וטוב לו ורשע ורע לו טעם אחר יש להם, רשע וטוב לו רשע שאינו גמור כו' כמסקנת הגמרא מסכת ברכות, ועוד אם אמת שהקב"ה מוותר כדברי הרשע, נמצא על מגן נברא גהינם, כבר מוותר על העבירות, ואם־כן רשעים אינם וגהינם למה, ועוד אם אמת כדברי הרשע, הרי התורה ונביאים וכתובים ותלמוד ומדרשים מעידים ומספרים פה אחד המקומות שהכעיסו הרשעים להקב"ה וכעס עליהם והענישם, דמה לו לכעוס ולהעניש, דהיה לו לוותר, אם־כן מוכרח שאינו מוותר. עוד ראיה אם הקב"ה ותרן, מה להם לצדיקים לצער עצמם להתגרות עם יצרם שלא לחטוא, שהיה להם לעשות מה שלבם חפץ והקב"ה מוותר להם, לא תהיה כהנת כפונדקית, לרשע שאין לו מצוה מוותר, לצדיק לא כל־שכן. ועוד מצאנו אדרבא להפך, שהקב"ה מדקדק עם הצדיק כחוט השערה ולמה אם־כן מוכרח אתה חלל רשע להודות בעל כרחך שאין הקב"ה מוותר אלא מאריך אפו לתת זמן לרשע אולי ישוב, וכיון שרואה שאינו שב גובים ממנו כל עבירות שעשה, אך בזה מוותר דוקא שלא לחשוב לאדם שלש עבירות כדכתיב על שלשה פשעי ישראל ועל ארבעה לא אשיבנה, וכשחוטא והולך משלש ואילך חוזר וכולל גם השלשה הכלל עונותיו כמ"ש הרמב"ם ז"ל וטעמו של דבר נראה דכתב דוד הקטן, דלמה מוותר הקב"ה עד שלשה וכו', אלא דיש לפני השכינה ג' מחנות של מלאכים וכל מחנה מעכב עון אחד שלא יעבור לפני השכינה, אך כשחוטא עון רביעי, עובר בתוך השלשה מחנות ועומד לפני השכינה, ולזה ועל ארבעה לא אשיבנו, עד־כאן. ובזה ניחא כשחוטא מרביעי ואילך שכולל גם השלשה כמדובר, דכיון דמעיז הרשע פניו לחטוא חטא רביעי, אף שיעמוד לפני השכינה גילה דעתו שגם הג' שחטא לא היו בעבור שיש מעכבים אותם בחוץ שלא יכנסו בפני השכינה, שהרי חטא חטא רביעי אע"פ שיכנס, לכן בדין הוא לשלם לו גם על השלשה. עוד נראה טעם למה ועל ארבעה לא אשיבנה כו' מעין טעמו של דוד הקטן, כי הנה באדם יש שלשה מחיצות סביב חלל הגוף ששם הלב משכן הנשמה מחיצה אחת, עוד שניה בשר, עוד ג' עצמות עם גידים וכו' ואם־כן כל חטא מטמא מחיצה אחת, אבל כשחוטא חטא רביעי, נכנס ומטמא החלל שנוגע לנשמה, ולכן על

ארבעה לא אשיבנה, כי כבר נטמא כל הגוף מבית ומחוץ, ומזה הטעם עצמו מעון רביעי ואילך כולל עמהם גם השלשה להעניש עליהם, דכיון דטומאה מבפנים בעון רביעי טומאה זו שמבפנים בוקעת ועולה בתוך העצמות והבשר והעור ומטמאין עוד ונמצא הכל צריך ליבון ומירוק, מה שאין כן אם לא היה חוטא עון רביעי, הנכנס לחלל וטמאו שרוב הקדושה שבחלל היה חזקה כל־כך שהיה יכול לדחות טומאת המחיצות לחוץ, לא־כן עתה בנטמא החלל כמדובר, ודוק. הכלל העולה שהיצר מבקש לרשע כמה צדדי היתר להחטיאו, ואחר שמחזיקו לחטוא מביאו לחטוא להכעיס, דכיון שהרגילו עד שנשתרש בעבירות, אינו יכול לפרוש וחוטא אפילו בזדון דקשה לו כמות להניח הרגלו. ואלה צדדי ההיתר המורה לו, משנולד עד י"ג שנה אומר לו עשה מה שלבך חפץ שאינך חייב לא בבית־דין של מעלה ולא בבית־דין של מטה, מי"ג עד כ' שמענישים אותו בבית־דין של מטה אומר לו כיון דכפי האמת אינך חייב לפני המקום שהרי אינו מעניש כי אם מעשרים שנה ואילך, אם־כן טעום מכל עבירה ואח"כ תפרוש מלחטוא וכשעובר מעשרים שמענישים אותו בבית־דין של מעלה אומר לו עשה כל הבא לידך לעשות ואח"כ חזור בתשובה כדי שתהיה חביב לפני המקום יותר, כיון שיש מצוה יתירה עליך מהצדיקים גמורים והיא מצות ושבת, ובמקום שבעלי תשובה עומדים אין צדיקים גמורים יכולים לעמוד, ועוד שתמצא בידך חבילות חבילות של מצות מהחטאים שמתהפכים לזכיות כאומרם רז"ל. ואם־תאמר אפשר יתפסו לך בבית דין של מטה בעבירה ויהרגוך, זה אינו דכיון שכונתך לחטוא כדי לקיים מצות התשובה, הקב"ה מסייעך להעלימך מבית דין שלא תבא ליפול ביד ב"ד, כדי שיצא כונתך הטובה לפועל, כי חפץ הוא בתשובת השבים אליו. ואחר שמחטיאו בעוברו מעשרים שנה ואילך בטענת התשובה, ורוצה לחשוב בתשובה, אומר לו אם עצתי תקח, טוב שתאריך זמן בעבירות כדי שתשתרש בהן ואז תשוב, דקשה הדבר לשוב ותקבל שכר הרבה, כי לפום צערא אגרא. ואחר שמשרישו בחטאים ומטביעו בבור טיט העונות והפשעים, אם רוצה לשוב אומר לו מה לך ולצרה לשוב עכשיו, כיון שהקב"ה מקבל שבים עד דכדוכה של מות, וכיצד עושה לו כשרוצה לשוב סמוך למיתתו, מקשה את ערפו שלא ישוב וכיון שהוא בתכלית החולשה, אינו יכול לעמוד כנגדו ומת בלי תשובה וכמאמר רז"ל רשעים אפילו בשעת מיתה מקשים את ערפם, והסיבה זו כמדובר וכיון שממיתו בלי תשובה, הולך לפניו הוא שטן הוא יצר הרע, ועושה לו מיני הכעסות ונקימות ומראה לו חשך ולא אור, ומראה לו דמיונות מכוערות וצורות מגונות. ומרוב הפחד והאימה רוצה להסתיר פניו שלא לראותם, ואינו יכול ומכריז יצרו לפניו ואומר ככה יעשה לאיש אשר שמע בקו ליצרו ולא עשה רצון יוצרו עד שמוסרו ביד הממונים המשחיתים העומדים על הנקמה שיעשו לו כמשפטו, ודע שהחוטאים מוחלקים לעשרים כיתות לעשות רצון יצרם ולכולם סתירתו בצדו, יש כת א'

חוטאים באמרם הקב"ה וותרן והסתירה מבוארת כמו שהזכרתי לעיל. כת ב' משימים בדעתם לומר כמה דוחק וצערים לנו, ויכפרו על מה שאנו חוטאים ובוטחים על־זה ומרבים לחטוא. והסתירה לזה שהקב"ה מרבה בצערם כדי שימנעו מלחטוא, ונמצא במה שרוצה למונעם מלחטוא חוטאים לפניו ומכבידים עונשם עם זה. כת ג' אומרת אין הקב"ה חפץ במות המת, וכיון שכן אע"פ שאנו מרבים לחטוא, יזמין לידינו מצוה, בבוא לטהר מסייעין אותו. כת ד' מתחזקת לחטוא באומרם כמה רבבות של חוטאים היו בעולם ויש בהוה, ומה שהיה מאלו יהיה ממנו, ובזה מתחזקים לחטוא, והסתירה לזה מי שיש לו מוח בקדקדו אומר, כיון שפלוני עשה נקמות בעצמו, גם אני עושה בעצמי. כת ה' חוטאים באומרם כיון שרוב העולם חוטאים, היאמן שהקב"ה יאבד כל הברואים אלו אשר פעלו ידיו, אלא מוכרח שירחם ברחמיו לכפר כדי לפרסם כי רחום הוא. והסתירה לזאת דכת דור המבול יוכיח, שכולם היו רשעים והחריב העולם בעבורם. כת ו' חוטאת באומרם אחטא ואשוב כי רוצה בתשובה הוא, והסתירה לזה מבוארת מדברי רז"ל, האומר אחטא ואשוב אין מספיקין בידו לעשות תשובה. כת ז' בוטחים לחטוא באומרם אנו מולידים בנים ואנו טורחים שיעסקו בתורה ויהיו צדיקים, וברא מזכה אבא ויצילנו מדינה של גהינם, והסתירה לזה שאפשר שלא יולידו, ואם יולידו אפשר יהיו רשעים כמותם, ואם יהיו צדיקים אי־אפשר להנצל מעונש, כיון שעל פניה זו חטאו. כת ח' בוטחים לחטוא בראות עצמם משורש היחס אביהם, כולם חסידים, כולם קדושים כולם טהורים, כולם מוסרים עצמם על קדוש השי"ת, ואומרים לכבודם הקב"ה מצילנו מגהינם, כי אין כבודם היותם הם בגן־עדן ובניהם וקרוביהם בגהינם, הסתירה לזו מבוארת מדברי רז"ל, אין אברהם מציל את ישמעאל, ואין יצחק מציל את עשו וכו', אע"פ שאין צדיקים כמותם ואביהם היו, כל־שכן וקל־וחומר קרוב לקרוב, ואדרבא הבא משורש צדיקים עונשו כפול, כיון שהיה לו ממי ללמוד ולא למד. כת ט' חוטאים שבוטחים בעצמם שהם צדיקים מלאים מצות בחושבם שקיום חייהם מצוה, ומה שמתעסקים כל היום בסחורתם מצוה, ומה שאין מכים ומקללים לשום אדם מצוה, ומה שבאים לביתם ומתחברים עם השכנים להרבות סיפורים באהבה ואחוה מצוה, ומה שישן וקם לאור הבוקר לעבודתו מצוה, ועל כן אומרים אם אנו חוטאים יתבטלו העבירות ברוב הזכיות, והסתירה לזאת מבוארת שאין נקרא מצוה אלא תרי"ג האמורים בתורה ועסק התורה, ואף המקיימם אם חוטאים, אין הקב"ה מנכה זו בזו, דזהו פירוש שאינו לוקח שוחד שהזכיר התנא. כת עשירי חוטאת באומרה מי רואני, עבים סתר לו ולא יראה וחוג שמים יתהלך, והסתירה לזו, כי מלא כל הארץ כבודו, וראיה מדור המבול דסברו סברא זו והרבו לחטוא שאמרו לאל סור ממנו וכו' עבים סתר לו ונאבדו מן העולם, והראה לכל באי עולם כי עיניו על דרכי איש. כת י"א מתחזקת לחטוא באומרם אפשר שיבוא משיח בימי, והקב"ה מוחל

לדורו של משיח בעבורו כדאיתא בילקוט ישעיה ואני ניצול מכל עונש, הסתירה לזה אפשר שלא יבא ואם יבא אין לו שכר, אע"פ שנמחל כמי שקיים המצות בגלותו, דאין קץ לשכרו ולמעלתו וכמה ביוש יקבל אז בנפשו. כת י"ב כת רמאית חוטא ועושה תשובה על חטא ראשון ואומר כבר נמחל עון זה ואינו, אם-כן אני חוטא חטא אחר ואני חוזר בי, וכיון שמסתלק חוזר אני לחטוא ולשוב, באופן שאני עושה כן לטעום מכל חטא וביום מותי אין עון בידי, והסתירה לזו דכיון שכונת תשובת העבירה ראשונה כדי לחזור ולחטוא, אפשר ימיתנו הקב"ה מיד כששב מעבירה ראשונה כדי שלא יחזור לחטוא ונמצא גורם לו קצצות חייו. ועוד שעל זה כיון השלם באומרו האומר אחטא ואשוב אחטא ואשוב אין מספיקין כו', כיוון הכפל אחטא ואשוב אחטא ואשוב לכת הזו שעושה בערמה לחטוא ולשוב ולחזור לחטוא ולשוב כדי לסלק כל עון ראשון ראשון, כדי שבסוף לא ימצא בידו עון ועכ"ז אומר אין מספיקין בידו לעשות תשובה, ואם-כן מה מועיל בתקנה זו. כת י"ג מתחזקת לחטוא באומרה לית דין ולית דיין, והסתירה לזו דמצאנו ראינו כמה רשעים נתפשים בעונשים מעין חטאם כמכות המצריים שהוכו בעשר מכות, כל מכה מקבלת למה שעשו עם ישראל כדאיתא במדרש וכן נפל המן בשחת שכרה, וכן רבים לאין חקר וכל זה מורה באצבע דיש דין ויש דיין, ואם תראה חוטאים שאינם נלכדים מיד ברשת עונותם, הקב"ה מאריך אף ולבסוף גובה ממנו, ואם מת בשלום הוא לרע לו לשלם לו בגהינם דקשה

מדין העולם הזה על שחטאיו כבדים וקשים. כת י"ד מתחזקת לחטוא בראותם שאע"פ שכשלו בעונות ודרכיהם מקולקלים נושאים חן בעיני בני אדם ומצליחין במעשיהם, ובזה אומרים דרכינו ומעשינו רצויים לפני המקום, ובזה הולכים וחוטאים והסתירה לזו שאפשר שהקב"ה רוצה לשלם להם בעולם הזה איזה מצוה שבידם לטורדם מעולם הבא או נושאים חן בעיני בני אדם רשעים כמותם, ואם בעיני הצדיקים מורין להם כך מפני שמחניפים לרשעים מפני דרכי שלום. כת ט"ו חוטאים באומרם ידענו דמשפטי גהינם מוכנים לעוברי עבירה, עם כל זה חפצים אנו לטעום מתענוגי עבירות כי רב הוא, והסתירה לזו שאין התענוג נשאר מודבק בהם לעולם, כי הוא כהרף עין וכל דבר שאינו בר קיימא אין ראוי להחזיק בו, ומה גם שאין ראוי לאדם להחליף הרב במועט, שהתענוג דבר מועט ובזמן מועט ושכר עולם הבא רב אין חקר. כת י"ו מתחזקים עצמם לחטוא באומרם משפט רשעים בגהינם י"ב חדש, וכיון שכן הנני מתעדן בחטאים כל ימי בחלוף עונש י"ב חדש, הסתירה לזה שקודם שיכנס בגהינם מגלגלין נפשו באויר שנים הרבה כדי רשעתו בעונשים, כפלים מגהינם ומכניסים נפשו בבהמות וחיות טהורות וטמאות ובשקצים ורמשים ובכל מקומות המטונפים וכאלה מן העונשים ובסוף נכנס בגהינם. כת י"ז בראותם שנכשלו בעונות, אומרים כולנו אבדנו וכיון שכן אין לנו לירש שתי גהינם ועושים כל מה שלבם חפץ ונטבעים בעבירות, וזהו בחושבם שכיון שחטאו אבדה

תקותם, לכן עושים אח"כ כל הבא לידם. והסתירה לזה מבוארת, שהקב"ה יסד העולם על עמודי תשובה, ואין דבר שיעמוד בפני התשובה וידו פשוטה לקבל שבים אף כי עונותינו רבו למעלה, ושערי תשובה לעולם פתוחים. כת י"ח חוטאים מסבת שלא היה להם מי שילמדם להבחין בין טוב לרע ולא שמעו ולא הבינו, ולכך בחשיכה יתהלכו וחושבים שעליהם לא יפול עונש הדין, הסתירה לזו דגוי שאינו חוקר להשיג האמת ודרכי החיים, ולהכיר תורת משה ומצותיה, גהינם כלה והוא אינו כלה, כ"ש וק"ו הנולד מישראל, שאע"פ שלא היה לו מי שילמדהו, כיון שגדל ראוי לו שיבקש ויחקור וילמוד תורה ומצות. כת י"ט כת האנוסים הם החולים שמאכילים אותם דברים האסורים לרפואה וששים ושמחים באכילתם, באומרם כיון שבא הדבר לידינו דרך היתר, נטעום מן האיסור להתענג בו ואינו מגיע לנו עונש כיון שחכמים התירו לנו, ומי יתן והיה להיות חולים פעם אחרת להרבות באכילה זו, הסתירה לזו דהן אמת דמותר להם, אבל כיון ששמחים על הדבר מורים שיותר טוב מה שאסר הקב"ה ממה שהתיר, וכאילו דבר ההיתר כמשא עליו וכדבר מאוס, ובהיות כן דבר בזוי וקל בעיניו קיום מצות הבדלה מן הבהמה הטהורה לטמאה ומכל מאכלי הטהורים לטמאים, ואין חטא גדול מזה ועונשו מרובה. כת כ' הנשים הן שמחות לומר, טוב שאנו פטורות ממצות שהזמן גרמא ומתלמוד־תורה ומה לנו ולצרה, שהרי מורים ומעידין בעצמן שאין התורה חביבה בעיניהן והמצות בזויות להן, שהרי שמחות על שאין חיוב הקיום עליהן, וראויות לעונשים רבים מן הסתירה המבוארת כנזכר, ואינן יודעות שחיוב התורה ומצותיה עליהן כאמרם רז"ל כה תאמר לבית יעקב אלו הנשים, ותגד אלו האנשים, ולא עוד אלא שמקדים הנשים לאנשים, וחייבות בכל מצות לא תעשה ובעשה באותן שאין הזמן גרמא, רק באותן שהזמן גרמא דפטורות משום שעול בעליהן עליהן, חוץ מפסח וחנוכה ופורים שחייבות אע"פ שהזמן גרמא, משום שנעשה הנס על ידם, פסח בשביל נשים צדקניות יצאו ישראל ממצרים, חנוכה על־ידי יהודית, פורים על־ידי אסתר כמ"ש התוספות, גם אע"פ שפטורות מתורה שבעל פה, חייבות לעשות במאמצי כחן שילמדו בעליהן ובניהן ונחשב כאילו הן עוסקות בהיותן מעשין וגדול המעשה מן העושה. נקוט האי כלל בידך, כל אדם המטיל מום באנשים כשרים ומגלגל דברים לפרסם עליהם עונות נעורים או שמשמח על עבירות שעושים אחרים, דע באמת שהוא מלא עונות ולוקח נחמה לנפשו באומרו יש רבים כמוני, וכל אדם המשבח לאדם בתוך חבורה שיש שונא לו, אין רשע כמוהו, שאין כונתו לשבחו רק כדי שישמע השונא שבחיו ויהפכם לגנאי וירבה עליו חרופים ויעליל עליו דברי דופי ויתגנה בפני כל החבורה וירבו עליו שונאים ונמצא עושה מעשה זמרי ומצפה שכר כפנחס באומרו אני נתכוונתי לשבחו ולכן אפילו חדושי תורה לא יאמר אדם משם אומרו בחבורה שיש לו שונא, רק יתלה הדבר

באילן גדול, והעושה בהפך עושה
כאילו הקב"ה ח"ו אינו מכיר
במחשבות האדם ותחבולותיו, וכל
אדם שתראה כועס על חוטא אחד עד
שמייאש אותו מן התשובה, דע שיש
עבירה בידו ונוהג בה וכדי שיבטחו בו
ולא ידקדקו אחריו כועס כל-כך על
החוטא שיחזיקו אותו מקנא ובורח מן
העבירה. ואם תראה אדם כעסן דע
שהגאוה שבלבו גורם ושכינה אינה
חשובה כנגדו ואל תתעסק עמו אפילו
בדבר ריוח פן תפסיד חייך. ואם תראה
אדם עצב כל ימיו, דע שמיעוט הבטחה
שבו גורם לו העצבות, אל תשכון
בשכונתו פן תסיר אותך מאחרי ה'. אם
תראה אדם מלגלג על דברי חכמים
הרחק ממנו וברח עד אחר העולם וצוה
לבניך אחריך שלא יעברו במקום
ההוא עד שיעבור עליו שריפת אש
ושיבולת מים לטהרו. ואם תראה אדם
מתעסק בלשון הרע, דע שהרבה דמים
שפך: וכן אם תראה אדם אכזרי ואם
תראה אדם קמצן ונבלה עמו, אל
תרבה תחנוניך עמו שירחם עליך פן
תוציא זמנך לריק ואם תראה אדם
ליצן, דע שמטמא בחייו כבמותו ורבים
הוציא מדעתם ובחרו מחנק נפשם
ועליו אמרו רז"ל אינו מקבל פני
שכינה, ואם תראה אדם דובר שקרים
בלום פיך מלדבר עמו כל חייך, פן
תדאג תמיד ממראות רעות שתראה
בדבריו כמראה סמא"ל לרשע בעת
מותו ואם תראה אדם בעזות מצח,
סבול קללותיו וחרופיו פן אם תשיב
אמריך לו, יוסיף עליך כהנה וכהנה עד
שיעיד על אשתך שהיא זונה ובניך
ממזרים ואם תראה אדם רוב ימיו
במשתאות, דע שכל עבירה הבא לידו

אינו מניחה וכל דבריו נבלות ואינו
מדבר בשבח שום אדם ומורגל בפיו
בזיון של ת"ח ובזקנותו מוטל ברעב
וסופו יורש גהינם, ודע בני שהתורה
נקראת מאכל דכתיב לכו לחמו בלחמי
והעבירה נקראת מאכל דכתיב אכלה
ומחתה פיה וההבדל ממאכל למאכל,
מאכל התורה דהיינו לימודה מאכל
רוחני הוא, וכל עוד שאוכל מתאוה עוד
לאכול ואינו שבע באופן שמעולם אינו
קץ מאכילתה ומאכל עבירה הוא מאכל
גופני וגס, ואחר שאוכל ושבע קץ
באכילתו ומואס כל מאכל שבעולם
והמשל לזה להנחת השלחן וסילוקה
מאכל התורה בשעה שאדם עורך
שלחנו לאכול והיא נקיה וטהורה ונחת
שלחנו מלא דשן ואדם מתאוה לאכול
כל מאכל שיביאו לפניו כי מחמת רעבו
לא תשבע עינו. ומאכל הזנות ושאר
עבירות בשעת סילוק השלחן שהיא
מלאה קליפות ועצמות ומאוסה מהמרק
שנשפך בה ואדם קץ לראותה ומואס
בכל מאכל. כך הרשעים אחר שעושים
העבירה ונשבעים ממנה, מיד מואסין
בה, וזהו שאמרו רז"ל רשעים מלאים
חרטות והטעם שמיד שמלא תאותו
יצרו מסתלק ממנו ועולה למעלה
לקטרג עליו ובאותה שעה רואה בדופי
המעשה שעשה ומתחרט עד שיחזור
יצרו בקרבו לחזור להחטיאו, לא כן
הצדיקים האוכלים לחמה של תורה,
דכל עוד שאוכלים ממנה מתאוים עוד
לאכול ואינו שבע, והטעם שכל עוד
שאוכל אותו לחם, כל פרוסה ופרוסה
שאוכל דוחה ומגרש חלק מיצרו לחוץ
כי התורה כסם המות ליצר הרע
ונשאר הגוף פנוי ממנו בבחינת
הרוחניות ואין שביעה ברוחניות כי

ראשון ראשון מסתלק למעלה להליץ בעדו לפני המקום. אוי לאדם המחליף לחמו של תורה בלחם עצבים או המחליף תענוגים רוחניים בתענוגים גשמיים המתהפכים לזבל, אוי העוקר נטיעות של גן־עדן לנטוע כאן גנות ופרדסים, אוי המוכר חלקו של עולם הבא, לקנות כאן חצרות ומקומות, אוי לגוף המתלבש מגז כבשים ועזים וממשי תולעים ואינו מתלבש בחלוקא דרבנן. אוי המכבד ביתו מן הזבל ומכל שרץ השורץ על הארץ ואינו מכבד גופו מן העבירות. אוי הקונה בממונו כלי זיין להשחית נפשו, אוי לכיס שמלאה לעולם ואינה מתרקנת לעמלי תורה ולפדיון שבויים ולשאר מצות. אוי המבקש ישוב לגופו ואינו מבקש ישוב לנפשו, אוי שוכן במשכנות און ואינו שוכן בבתי מדרשות. אוי לבית שכליו חדשים מבלי הכנסת אורחים בתוכה, אוי לבית שחלונותיו פתוחות לשוק של זונות, אוי לבית שספריו חדשים מבלי לומד בהם, אוי לבית שתיבותיה מלאות מבלי תת מהן לנדוניית היתומות, אוי המשתדל בנשואי בניו ובנותיו ואין משתדל בנשואי גופו בנפשו, כלומר לעשות החומר צורה. אוי המגרש האויבים מביתו ואינו מגרש אויבי נפשו מעליו, אוי הבונה היכלות לגוף ואינו בונה היכלות לנפש, אוי המחליף שמיעת קול שירי המלאכים בשמיעת שירי עוגבים. אוי לחצר שכל שכניו עמי ארצות, אוי לעיר שראשיה נערים ועמי ארצות ואכזרים וכל העם זוכרים מהם עונות נעורים, אוי הממית עצמו בידיו על־ידי עונותיו, אוי הממית בניו בחטאיו. אוי המכין צידה לדרכו גפרית ומלח וחרון אף, אוי הלומד אומנות להשביע גופו ולהרעיב נפשו (פירוש אומנותו לאכול ולשתות ולזנות ובזה מרעיב נפשו מכל טוב לעולם הבא). אוי לעיר שיושביה מועטין ומחלקותיה מרובים, אוי לעיר שיושביה מרובים ולומדיה מועטים: אוי המכיר כל דרכי עירו ואינו מכיר בדרכי תורתו, מכיר דרכ ביתו ואינו מכיר דרך בית תפלתו, אוי מכיר ומכבד מי שהולידו ואינו מכיר ומכבד למי שבראו, אוי משביע נפשו מלחם ומרעיבה מתורה, אוי למטה ששוכבין עליה כל הלילה, אוי ללילה שאין עוסקין בה בתורה שאין רינה של תורה נשמעת בה כי אם קול צווחה על היין. אוי ליום כשמוציא אורו להאיר לכל עושה רשעה ולא לעוסקים במצוה, אוי לחכם שמשתמש בתורתו, אוי לבעל מלאכה שמובטח בזרועו. אוי לרופא המבקר עשירים ולא עניים וגוזר רפואות בלי צורך לייקר הסמנים. אוי לסוחרים יוצאים כל היום בעסק סחורתם ולא בסחורה של תורה כי טוב סחרה מסחר כסף, אוי לאב ואם השוחקים מרשעת ילדיהן באומרם קטנים הם, אוי לבחורים שימי כחם מוציאים לריק. אוי לזקנים שבאו לכלל זקנה ואין מזכירין מיתה בפיהם. אוי לאדם האומר שלום עלי נפשי ואינו מצטרף בשום צרה עם הציבור. אוי לאדם שמשמח בגדולתו, ואוי ואבוי למי שהוציא כל ימיו בהבל וריק ומת בלי תשובה אוי לאותו גוף שיאכלהו תולעה ויתלבש בבושה וכלימה כגלימה. ונפשו עומדת נזופה וזעומה אוי לאותה בושה אוי לאותה כלימה.

פרק יא

יום המעונן ויום הגשם נפשו של אדם עגומה עליו, בראות היום חשוך ומעורבב מקול הגשם וקולות וברקים ומרמס בטיט חוצות, ואע"פ שיודע דכל זה הוא להביא חיים בעולם, שיורד הגשם להגדיל תבואות ולהפריח אילנות ולעשות ציצין ופרחים, ואחר כך חוזר השמש וזורח על הארץ כמו שהיה, ועם כל זה דואג ומתעצב בשעה שחשכה נפלה על ארעא. מכאן יחשוב אדם הצער והדאגה שישיג לו בבא ימי הרעה ימים המתקרבים למיתה, ובפרט היום ממש שבו יפטר מן העולם שהוא יום חשך ואפילה צלמות ולא סדרים ותופע כמו אופל, מה דוחק צרה וצוקה ויגון ואנחה ירגיש נפשו מאין הפוגות. לכן לצאת מאפלה זו לאור גדול אין עוד אלא בעסק התורה שנקראת אור, שנאמר כי נר מצוה ותורה אור, ויאיר לאדם בלכתו מן החיים לחצר מות, ובשכבו בקבר כזוהר המאורים, תדע שהרי אדם ישן על מטתו בלילה וחולם שהשמש זורח על הארץ ורואה אור גדול ונפשו שמחה ומתענגת באור זה כאילו הדבר בפועל ממש, הלא תראה בחוש הראות האור הנולד מן התורה כשאדם מחדש איזה חידוש בתורה נכנס שמחה בלבו, כדכתיב פקודי ה' ישרים משמחי לב, וכתיב ושמחת בכל הטוב ואין טוב אלא תורה כדברי רז"ל במדרש שוחר טוב על־פסוק זה, וטעם שמחת הלב משום שאור התורה שלמד וחידש נכנס שם ומאיר באופן שהתורה כנר להאיר לנשמה לשמחה, וסמך לדבר נר ה' נשמת אדם, ירצה נר ה' שהיא התורה להאיר לנשמת אדם,

וכשם שעל־ידי האור יכול האדם לעשות כל צרכי גופו להקריב התועלת ולהרחיק הנזק ולהציל עצמו מפח יוקשים ומליפול בשוחה עמוקה, כך התורה מאיר עיני האדם להציל נפשו מני שחת לראות באור החיים ומלמדו להועיל, לבקש דברים הגורמין הבריאות לנפשו ולגופו לעבודת בוראו, שלא יפול בו מקריות החולאים המבטלו מלעובדו, שהרי התורה מזהירו מזה תאכל ומזה לא תאכל, כי מכל מאכל המזיק הבדילו מלאכלו, כרופא זה העומד על האדם לאמר לו לא תאכל מאכל זה כי מזיק הוא, כך התורה ג"כ מרחיקו ממאכל המזיקו ומקרבו למאכל הנותן בריאות לנפש ולגוף, וכן תורה שבעל פה גם־כן עיין בהרמב"ם הלכות דעות ובראשית חכמה בחופת אליהו שקבץ דברי רז"ל אל מקום אחד, ומזכיר שם הדברים שדברו לתועלת בריאות האדם מה יעשה ואיך יעשה, תראנו משם ובזה תדבק נפשך בשתי תורות בראות חיבתם עליך להדריכך בדרך החיים ולהבדילך מדרכי מות, לא כן דתות נמוסיות מלמדם תענוגי הגוף בכל מה שאפשר, ומבדילם מתענוגי הנפש כי כל דתם לעשות הפך תורת משה שנקראת חיים ונותנת חיים לעושיה, ואם תראה עוסקים בתורה מדוכים ולבושי סחובות מלובשים, דע טעמו של דבר כל דבר נחמד ויקר הערך ותאוה לעינים מכסים אותו מן העינים וחופים עליו מפה בלוי' ומבוזה כדי שלא ישלוט בו עין הרע, אבל מי שיש בו דעת ומכיר בחפץ המכוסה במפה בלוי' זו, מתאוה להיות כאותו דבר נחמד ויקר הערך, אע"פ שיהיה מחופה

בשק ואפר כי בבא במקום שאין עין הרע שולט בו כזרעו של יוסף דהיינו לעתיד, מסיר המכסה מעליו ומאיר שבעתים כאור החמה, ומשם נולד שרשע עם הארץ פוער פיו כגמל ומוציא ריח רע מפיו כצואה ומבזה ת"ח, כי אין נפשו הבהמית משגת לראות כי אם הלבוש הקרוע שעליו ולא החפץ היקר שמחפה עליו. ובזה רואה הרשע עצמו בבגדי שש וארגמן ות"ח בבגד קרוע מתחזק לצעוק עליו ככלב, וטומאת יצרו אשר עשה חלודה בנפשו הגדיל סמיות בעיניו מלראות מה שתחת לבושי רקמתו, שהוא גוף נגוף משולל מכל טוב דומה לחמת מלא צואה בחייו ובמותו לכלב מוסרח, מלא תולעים יוצאים מלשונו ונכנסים בטיבורו. ודע שכל זמן שמתמרק הגוף ע"י עסק התורה מתגדל אורה של נשמה כסכין זה, כל זמן שמשחיזו במשחזת מתמרק החלודה שעליו ומתגלה צחצחות אור בהירותו, כך ת"ח כשממרק ומחליש כחו ע"י עסק התורה שנקראת אש, דכתיב הלא כה דברי כאש וכתיב אש דת למו, מתגלה אור שבנפשו עד שמכח המירוק מתגדל כ"כ אור שלה, עד שמגיע למדרגת נשמה ורוח, וכל מדרגה ומדרגה להשיג צריך מירוק יותר גדול כנודע, ואם יש תלמיד חכם שמבזים אותו ליצני הדור, מטעם שהוא מכוער או בעל מום ומקלים בכבודו עד בוש על שהוא בזוי בלבושו, אל ישים לבו לדבר הזה בשומו נגד עיניו דכל זה בעולם עובר ובזמן קצוב ואח"כ הולך אל המלוכה למלוך על י"ש עולמות, דכתיב להנחיל אוהבי יש, וריבי רבבות של מלאכים עומדים לשרתו וכתר מלכות בראשו כדברי רז"ל צדיקים עומדים ועטרותיהם בראשיהם ושכינה שורה עליו ופניו מבהיקים ומאירים מסוף העולם ועד סופו, והליצנים יראו ויבושו וילכו לחרפות. וזהו משל לאדם שאמרו לו, אם תסבול כמה ימים בבזיון לצאת בשוק בלבוש הבורסקימי שאומנותו לעבד עורות ופניך מפוחמות וגם אוילים יצחקו בך, ובמלאת הימים האלה תמלוך על עם רב בעושר רב ובכבוד גדול, שאין ראוי לאיש זה לחוש על הבזיון שסובל בימים קצובים נגד המעלה הנמשכת אחר כך, מעלה אין למעלה ממנה ותמידי, ואדרבא ראוי שישמח מאותו בזיון כיון שגורם לו המעלה. גם הת"ח שמבזים אותו, אין ראוי שיצטער על זה הבזיון שסובל בערך השכר והמעלה שעתיד לקבל בעבור שסבל הבזיון ולא פירש מן התורה. ואם יראה הת"ח עמי ארצות מתחרטים על שעבר, שלא עסקו בתורה ועגמה נפשם עליהם על זה ומתאוים להדבק עם ת"ח לשמוע תורה מפיהם ומחזיקים בידם שילמדו בעבורם לחלוק עמהם כזבולון עם יששכר, אז הת"ח חייב לכבדם ולהתבייש מהם כדי להראות שעושים להם כבוד. אמנם אם העמי ארצות אין נוהגים כבוד בת"ח כראוי, ואין מהם שום תועלת ואדרבא מבוזים בעיניהם התלמידי חכמים ומתאכזרים עמהם, אז התלמיד חכם אל יחניף לתת להם שום כבוד בעולם, משום שמחזיק ידי עוברי עבירה ומרגיזי אל, אלא אדרבא יחשבם כבהמות וכאילו יושב בתוך ארוות סוסים שאין האדם מתבייש מן הסוסים כלל להלוך יחף או בלי גלימא

או לדבר בקול רם או כיוצא מדברים כאלו שצריך האדם לנהוג מפני כבוד הבריות, וכשיראו העמי ארצות שבעיני הת"ח הם חשובים כבהמה, יחזרו בהן וישתדלו על בניהם שילמדו תורה והנשים הארורות בראותן שפלות בעליהן שבעיני הת"ח הם נחשבים כבהמות ומנועים מכל כבוד שבעולם, גם המה יעזרו ביד בעליהן על בניהם שישתדלו ללמד להם תורה מפני הכבוד שיש ללומדי תורה, גם בראותן בשפלות עם הארץ ובכבוד התורה, יחשבו בעת הזיווג בת"ח שיהיה הולד הנוצר כמוהו כרבי יוחנן שהיה יושב בשערי טבילה כדי שיהיו להן בנים חכמים ויפים כמוהו. וכל המחניף את עם הארץ שאין ממנו שום תועלת בעולם ואדרבא מבזה ת"ח, מביא רעה לעולם ומשפיל כתרה של תורה ומכבה את אורה ואין לו חלק לעולם הבא. והעון הזה מביאו בעולם הזה שיצטרך לעם הארץ ויצפה ממנו תמיד ויצא מאצלו בידים ריקניות.

והנני מודיעך בפעם הזאת טעם ששמעתי מעם הארץ א' למה העמי ארצות שונאים לת"ח, משום שהת"ח מונין לנו כבהמות לכן אנו שונאים לת"ח. וראיה לדבר שאין מתערבין עמנו לאכול ולשתות ולדבר ואין מגלין לנו סוד מסודם ואין מתייעצין עמנו לשמוע עצה ממנו וכאלה מדברים אלו ואני השבתי לו, תדע למה ת"ח שונאים לעמי ארצות וחשובים בעיניהם כבהמות, משום שאינם מתערבים עם ת"ח ללמד מהם ואין מרבים עמהם בטובת הנאה כדי שיברו עמהם ואין מגלין מהמחשבות שבלבם כדי שהת"ח יתקנם ואין מתייעצים עם ת"ח לשמוע עצה, למען לא יכשלו בשום דבר מדרכי השם, ואין באים לאכול עמם כדי שילמדם הנהגי סעודה וברכותיה, ומטעם זה ת"ח מונין אתכם כבהמות. ועוד אמרתי לו שאין הת"ח יכול להתערב עם עם הארץ אפילו שיהיו בבית אחד משום שטבע כל אחד מובדל מחבירו כהבדל האור מן החשך וכשם שמים מתוקים ומים מלוחים וסרוחים בגוף אחד ואינם מתערבים זה עם זה כאמרם רז"ל במדרש פרשת קרח דף רמ"א ע"ב וז"ל: ברא הקב"ה באדם מלא הסיט (פירוש שיעור קטן) יש בו כמה מעינות ואינם מתערבים זה בזה, מי עינים הם מלוחים, מי אזנים שמנים, מי החוטם סרוחים, מי הפה מתוקים, מפני מה מי עינים הם מלוחים, שבזמן שאדם בוכה בכל שעה היה מסתמא, אלא על־ידי שהם מלוחים פוסק ואינו בוכה. מפני מה מי אזנים הם שמנים, שכשהאדם שומע שמועה קשה, אלמלא תופשה באזניו מתקשה ומת ומתוך שהם שמנים מכניס בזה ומוציא בזה: מפני מה מי החוטם סרוחים, שבזמן שאדם מריח ריח רע, אלמלא מי החוטם סרוחים שמעמידים אותו, מיד מת. מפני מה מי הפה מתוקים, אלא פעמים שאדם אוכל אכילה ואינה מתקבלת בלבו, אם אין מי הפה מתוקים אין נפשו חוזרת. ועוד לפי שקורא בה בתורה, דכתיב בה ומתוקים מדבש ונופת צופים, לפיכך מי הפה מתוקים, עכ"ל לענינינו. הרי שכשם שיש מימות מחולפים בגוף האדם ואינם מתערבים זה עם זה, משום שכל אחת מובדלת מחברתה בדבר אחד ואם יתערבו יפסידו את הגוף ולא יהיה לו קיום וימות. כך אי

אפשר לת"ח שיתערב מדותיו במדות עמי הארצות אפילו יהיו בבית אחד, שאם יתערבו נמצא שהמה מתערבים מים מתוקים עם מים מלוחים ושמנים וסרוחים ויפסיד העולם. עוד אמרתי לו הנני מודיעך קושט דברי אמת, למה עם הארץ שונא ת"ח, כאמרם רז"ל יותר שונאים עמי הארצות לת"ח מאומות העולם לישראל ונשותיהם יותר מהם וכו', משום שטבע האדם להיות מקנא בטובת חבירו והקנאה מביא השנאה, וביודעם עמי ארצות שת"ח עוסקים בתורת אל ומובטחים לטובות הגנוזות לעולם הבא, ואף שעמי הארצות שאין בהם דעת כדי להבחין בזה, אע"ג דאיהו לא חזי מזלייהו חזי, ומשם יוצא הקנאה ונולד ממנה השנאה. ועוד שונאים ת"ח בראותם שהת"ח מואסים בדרכיהם ובכל מעשיהם, ובזה אינם חשובים בעיניהן לכלום עד שאין מוסרים סודל עם הארץ ואין ממנים אותו אפוטרופוס על היתומים ואין מתלוין עמו בדרך שעל חייו לא חס כל-שכן על אחרים כאמרם רז"ל ובראותם כך מרבים בשנאה עם ת"ח. עוד שונאים לת"ח ביודעם שת"ח מכירים ויודעים בעבירות שבידם ובהרהורי עבירות שבלבם ובדרכיהן החשוכים שהולכים כל היום ובתחבולותיהן ומחשבותם הרעים שחושבים תמיד לעשות, ובראותם שיודעים בגנותן נופל בהם השנאה. ועוד שונאים אותם בראותם עצמם משוללים מכל חכמה, לא עצה ולא תבונה ולא דעת ביראת ה', ות"ח משכילין בכל חכמה לתורה ולתעודה ובקיאין אף בחדרי סעודה ויודעים ומכירים מהדברים שבעולם אשר תחת כל השמים מסגולות האבנים והאילנות והצמחים ומבהמות וחיות ועופות ודגי הים, וכיצד הויית כל אחד ואחד וטבע המוטבע בכל דבר, ולמה נברא ולאיזה דבר מועיל וכיצד הנהגתם, וחכמות אין חקר עד שמדבר למעלה מהשמים, ובראותם כך שונאים אותם ליקח חוזק בעצמם לכסות על חסרונם. גם שונאים אותם כדי להתרחק מהם שלא ימחו בידם מלעשות רצון יצרם. וגם נולד השנאה מחמת קנאה, איך מוצאים עצמם מלאים עבירות ות"ח תורתו שומרה לו, כאמרם רז"ל תבלין ליצר-הרע היא התורה, ועל הקנאה הזאת שונאין אותם. תדע שלעולם העמי ארצות מבקשים תועה על הת"ח ומדברים עליהם מהדופי. וכשומעם איזה דבר גנאי על ת"ח מחזיקים לקיימו עליו, ובכל מה שיכולים לבזותו מבזים אותו, כי יצרם מפתה להם על זאת כדי להרבות להחטיאם בשומו בלבבם, הרי ת"ח יודע בכבודו של מקום ומורד, כ"ש אתה ועונשך מועט או ולא כלום, מה שאין כן ת"ח שידע ומרד, ותראה עמי ארצות מחזיקים לת"ח לתם שאינו מכיר בשום דבר ולעצמם מחזיקים שהם יודעים ומבינים מעשה אדם ותחבולותיו, וכל זה אינו אלא כי אם מהעדר דעת שבהם, שאין להם דעת להבחין אם יודעים אם לא יודעים, וכיון שכן כל מה שמדברים וכל מה שהם עושים נחשב בעיניהם חכמה, וזהו טעם אחד ששונאים ת"ח בחושבם שהם משכילים ומבינים, לא כן הת"ח ונקל כבודם לעיניהם ובאים לשנאותם והודה האיש הזה שדברתי לו כל אלה הדברים, ונשבע באמת שרוב דברים

אלו היו בלבו, וכן בודאי בלב חבריו ומסיבות אלו שונאים ת"ח ובקש מה תקנתו ואמרתי לו שיתדבק כל ימיו בת"ח לשמוע מפיהם וללמוד דרכיהם וישמשם כפי יכולתו, דגדולה שמושה, וישים נפשו בכפו לכבוד ת"ח ואם שומע נוגעים בכבודם יחלוק עד הכאה, ולעולם ידבר בשבחם וידאג על מה שלא זכה לתורה, ובזה יזכה ללמוד מהם דרכי השם לעשות ולקיים, וגם יזכה לבנים ובני בנים ת"ח ומביאים אותו לחיי עולם הבא, וכן קבל עליו לעשות. ויש עמי ארצות חסידים אשר עליהם אמרו רז"ל ולא עם הארץ חסיד, והם אוהבים ת"ח, רודפים אחר מצות, מבקשים לשמוע דברי תורה, קובעים מדרשים, נותנים מכיסם וממםמונם שיעסקו בתורה בעבורם, אף על פי שרוב מעשיהם טעיות ושיבושים משום שאינן יודעים כיצד עשיית המצות, משום שלא למדו עכ"ז נחשבים שוגגים ולא מזידים, ודע שכל מעשיהם הטובים האלו נמשך שנשמתם משורש עליון, גם נשמתם בעולם הנשמות היו באילן שכנים וסמוכים אצל אלו הנשמות של ת"ח, ולכך אוהבים להם כמו שפירשו רז"ל על פסוק ויש אוהב דבק מאח, והטעם שבאילן הנשמות היו נשמותם של האחים רחוקים זה מזה, אך בנשמת זה האוהב היו קרובים ע"כ, וכן תראה עם הארץ דבק מאד בת"ח אחד דוקא ומהנהו מנכסיו כל ימיו יותר מת"ח אחרים, אין זו כי אם שנשמותיהם היו כשבת אחים גם יחד באוצר הנשמות. גם יש טעם אחר לאלו עמי ארצות חסידים שהוא מסבה שאביהם בשעת הזיווג הרהרו בחסידי ישראל והולד נולד כפי אותה המחשבה כנודע, ואילו היו עוסקים בתורה מצד בחירתם היו יוצאים אנשים חכמים חסידים, אלא שלא עסקו בתורה, אך נשאר בהם רושם המחשבה והם חסידים ומכבדים ת"ח ויש טעם אחר לעמי ארצות החסידים, שהם נשמות מגולגלים אשר בגלגול שעבר כבר עסקו בתורה אבל לא נשלמו במידת החסידות, ובאו להשלים כל מה שחסרו, ומזומנים לעולם־הבא בהשלים עצמם במעשים הטובים האלו בגלגול זה, וברוך יודע הנסתרות. ויש טעם אחר שפעמים יש עמי ארצות מקנאים במעלת הת"ח וחכמתם וכיון שרואין שאינן יכולים לעסוק בתורה, להגיע למעלתן מתדבקין במה שיכולים לעשות להדמות להם לנהוג בחסידות כפי דעתם ומבקשים לשמוע תורה ולרדוף אחר המצות ולקבוע מדרש שילמדו במקומו ומהנה ת"ח כמדובר. ומתחרטים על מה שלא למדו תורה ומתאוים שיהיו להם בנים עוסקים בתורה ומוציאין ממון עליהם על זה, גם לאלו אשרי חלקם. ולהכיר בהם מאיזה סבה מהנזכרות הם חסידים, אם מסבת שהיו שכנים עם נשמות הת"ח באוצר הנשמות או אם מסבת שאביהם הרהרו בחסידי ישראל בשעת הזווג או אם מסבת שהן נשמות מגולגלות ובאו להשלים מה שחסרו או אם הם מסבת קנאה. דע שעמי הארצות שמקטנותם אהבו ת"ח הוא מסבת שהיו שכנים באילן הנשמות ואותם שבהמשך זמן קנו אהבה עם ת"ח והולכים בדרכי השם, הוא מסבה שאביהם הרהרו בחסידי ישראל בשעת הזווג והמחשבה טובה פעל שחזרו בהם, ואם תראה

שקונים חסידות ודרכי השם מיראת העונש, דע שהם חסידים בעבור שנתגלגלו להשלים מה שחסרו בגלגול שעבר, וכיון שכבר קבלו עונש יראת העונש טמון בנפשם ומתייראים ומבקשים להשלים עצמן כדי שלא יחזרו לעונשם, ואם מתפארים בחסידות ובמעשיהם הטובים שעושים, דע שהם מסבת קנאת הגדולה והמעלה, וכיון שכן בהגיעם לדמיון מעשיהם של ת"ח וחושבים שהגיעו למדרגתם, הם מתגאים ומתפארים באומרם כולנו שוין. ונחזור למעלת התורה ונדבר בחכמת החכמים שנגלה להם תעלומות חכמה ויודעים ומכירין בכל מה שברא הקב"ה בעולמו ובקיאין בכל, ולא מבעיא חכמי התלמוד שגדלה מעלתם ממלאכי השרת, אלא אפילו החכמים שבכל דור ודור. ואכתוב לך קצת רפואות ודברים סגוליים ומענין בריות משונות בטבעם ובהולדם, הבאים מפוזרים בספריהם כדי שתראה בעיניך שלא נעלם מהם דבר, חוץ מהדברים הבאים בתלמוד ומדרשים שאיני כותבם כי ידועים הם, ואיני מביא מהם כי־אם קצת שנראין נעלמים ואינן מפורסמים לכל. מי שבלע עלוקה, כדי שישליכנה יקחו פשפשים ויתנו אותם על אש ויפתח פיו ויקבל אותו עשן ויפול העלוקה. במקום שיש נמלים יניח אגודת אזוב במקום שהם, או יזרוק עפר גפרית ויברחו כולם. מי שנשכו עקרב ימיץ העקרב ויניחנו על מקום הנשיכה ויקשור עליו ויתרפא. ובכלי חמדה כתב: יעביר על הנשיכה ברית של תינוק שעדין לא פגמו ויתרפא. ונראה לי טעם לזה, למה לנשיכת העקרב מועיל המילה לרפואה, אלא שאבריו של אדם נבראים על פי המזלות והמילה היא במזל עקרב, עיין בשלשלת הקבלה ומזה הטעם היתה מילתו של אברהם על־ידי עקרב כדאיתא בילמדנו (מ' תנחומא) סוף פ' לך לך, כשאמר הקב"ה לאברהם אבינו ע"ה על ענין המילה אחזתו רעדה ונפל על פניו ובא עקרב ונשכו ונמצא מהול, שנאמר בעצם היום הזה נימול אברהם ע"כ. ופירש כמהר"ר אברהם היכיני ז"ל בעצם ראשי־תיבות בנשיכת עקרב צדיק מל. הפתן כיצד מתעברת, הנקבה פותחת פיה ומכניס הזכר ראשו תוך פיה וחותכה בשיניה ואוכלת ומתעברת משם, וכשמתגדלין ילדיה בבטנה מנקרין בבטנה ויוצאין ופתן זה הוא כמין נחש קטן, והאוכל מבשרו מוסיף לו כח, ופתן זה ממית בנשיכתו ואם צולין אותו באש ומכסין אותו באפר ומשימין אותו על הנשיכה יתרפא הנשוך. החולדה עיבורה מן האזן, עיין בספר אמרי בינה. ועורב מזריע בפיו והנקבה יולדת מפיה, עיין ספר ראשית חכמה דף ש"פ ע"ב. העכבר יש בכבד שלו וורדין כמנין ימות החמה, ושמעתי שבני מעיים שלו כשהם יבשים יש בהם ריח מור. הכלבים כשמרגישים בעצמם שמזיק להם האכילה, אוכלים עשבים שיש עליהן טל ומקיאין אותה אכילה. יש בריה בים שנקרא גלאוק"ו והוא אוהב את האדם ומתיירא ממנו ובריה זו כשרואה מי שבא ליקח בניה, בולעם ובורח ואח"כ חוזרת ומקיאן חיים. זבובים שנפלו למים ומתו, אם תשימם בשמש ותשליך אפר מקלה עליהן,

חוזרין לחיותן, ואם תמלא צלוחית מים עד חציה ותשליך בתוכה זבובים ותסתום פי הצלוחית עד ארבעים יום, מתהפכים הזבובים לצפרדעים. ובבבא קמא פרק א' תניא צבוע זכר לאחר שבע שנים נעשה עטלף, עטלף לאחר ז' שנים נעשה ערפד, ופירש רש"י ז"ל ערפד תרגום ירושלמי עטלף – ערפד. ערפד לאחר ז' שנים נעשה קימוש, קימוש לאחר ז' שנים נעשה חוח, חוח לאחר ז' שנים נעשה שד. שדרה של אדם לאחר ז' שנים נעשה נחש, והוא דלא כרע במודים עכ"ל. אם תתלה חרב באויר לעת ערב, באים העטלפים ונחתכים בחרב ונופלים, ושמעתי שדמם מועיל לחולי העין אם תשחטם בדינר זהב. דבורים אם תבשלם ואיזה אבר שתרחוץ במים ההם מתעבה האבר ובלי כאב כלל, וכדי שיחזור האבר כמקודם ישים עליו צרי אלטריאק"ה בלעז. המים כבדים הם בימות הגשמים מימות החמה, מים חמין אם תשימם בשמש, מצטננין מהרה. מים מרים או מלוחים, אם תשליך בתוכם קמח חטים ויערבם בעץ אחד ויניחם בתוך ג' שעות נמתקים. מכתשת אפילו גדול מאד, אם תהפך פיו למטה ותשים בשוליו כמין עוגה של עיסה ותתן על העיסה וינטוזה אחת באש כדרך שמשימין על בשר החולה, תוכל להקים המכתשת בנקל ע"י האוינטוז"ה, אפילו יהיה המכתשת גדול מאד. עשב הנקרא אלטאמיס"ה ונותן פרח כמין עשב הנקרא מאנסאניא"ה, אם ישים אדם עליו זאת אלטימיס"ה, לא יזיקנו השמש ולא ילאה בהליכתו, ואם תכתוש עשב זה ותשליכהו ביין, יתן בו גוון טוב וריח טוב ומעמידו שלא יחמיץ. השמן אם תתן בכלי שאתה מדליק אותו, גרעיני מלח יתקיים יותר. בהמה שאינה יכולה להשתין ישפשף באותו מקום שומין כתושין וישתין. השכרות ישקוט אם ישתה חומץ, גם ישקוט אם יאכל כרוב או שקדים המרים. הקיאה ישקוט אם מריח פת. בשר שיתלו אותה במסמר של נחשת, אינה נבאשת, ויותר נבאשת אם תשימנה לאור הלבנה יותר מאור השמש. צואת האזן אם תשים על נשיכת הדבורה יתרפא. קוראליש שנאבד הגוון שלהם, אם תשימם בחרדל כתושה, יחזרו לגוון אדמימותם. השינים נרקבים מאכילת דברים מתוקים או חמוצים. צואת החזיר אם תשליכנה בשורש אילן שקדים מרים או בשורש אילן של רמונים חמוצים נמתקין. אם ירד אדם בבור עמוק אפילו בחצי היום וישא משם עניו לשמים יראה הכוכבים. רמונים תפוחים ושאר פירות אם תשימם בתוך קמח, יתקיימו לחים ורטובים. אם תסוך שמן בראש התרנגול או תכרוך בצווארו זמורה, אינו קורא. החתול בת עינו מתגדל ומתחסר עם הלבנה. זנגבי"ל מועיל ליתן תוך מאכל לחולי ההתעלפות, דיזמאיו"ש בלעז ומועיל ג"כ לחולשת הלב. ציפור דרור, אין בונה קן בבית, מסוכנת ליפול. רמונים מעץ אחד מספר הגרעינים שיש בגדולים יש בקטנים. ובכתר הרמון יש פיות, אם הפיות זוגות, גם הגרעינים שבתוכה הם זוגות והדבר בהיפוכו. קמח שנטחן באגושטו"ס מתקיימת כל השנה. הזקנים שיש יבלת בפניהם יאכלו תאנים ויפלו. חרולים אורטיגא"ש

בלעז, אם תבשלם בשרשם ותרחוץ פניך באותם המים יתלבנו. בצים אם תשימם בתוך שמן יתקיימו הרבה. מין אדמה ייס"ו בלעז אם תשרפהו באש ותתן ביין, ישמור היין שלא יחמיץ. חלמון של ביצה הנולד במילוי הלבנה, אם תשים אותן בכתמים שבפנים, יוסרו. הדמעות של שמחה הם קרים ושל בכיה הן חמין. מים הנוטפין משריגי הגפנים, אם ישתה אדם אותן מואס היין. עץ הנקרא אאועיל, אם תקח שני עצים ממנו ותשפשף זה עם זה בחוזק, אם תזרוק עליהם עפר של גפרית יעלה אש. אם תזרוק על המכה עפר יבש, יתרפא. כשאדם מודד יין כדי שלא יעלה אישקומ"ה בלעז, ישפשף בורית או גבינה בפי הכלי מבפנים. לכתוב אותיות ירקרקות, יקח מין עשב רוד"ה בלעז עם קרדינילי"ו ושפרא"ן הכל מעורב יחד. הדיו כדי שלא תתעכב כשתכתוב השלך בתוכה טיפה של מרה. לעשות דיו אדומה יקח עץ הנקרא באקא"ם בלעז אדום ויעשהו עפר דק וישימהו בשמן של שמרי יין הנקרא טורט"י בלעז. החומץ מכבה האש יותר מכל משקים. לעשות החומץ חזק, יבשל קצת מהחומץ וישליך על השאר ויתחזק. אם תשפשף סיד על אותיות, נמחקים והולכים. אותיות מטושטשות, אם תסוך עליהם שמן יוכל לקרותם. לזכירה יסוך רקתו במרה של קורא פידרי"ש בלעז. אם בקיץ ירחץ אדם אזניו במים יצטנן כל הגוף. אם תסתום אזני רחלה בצמרה נמשכת אחריך. יאכל יונים בשעת מגפה או בחולאים אחרים. החולה שממשמש כסות המטה הוא סימן שימות. כלב השותה מים שבשלו בהם עשה איספאראגו"ש בלעז מיד מת. רגלים קרים מתחממים אם תרחצם בשכר. יש דג קטן בים ועוקץ בשדרה ותוקע אותו בספינה ומעכבה. אם תסוך פניך בחלבון ביצה, לא יכה בהן השמש לשחררם. הדם באדם ובבהמה מתרבה ומתחסר עם הלבנה. פרי בינבריאו"ש בלעז, אם תכסה אותם בחומר יוצרים, יתקיימו ימים רבים. כתמים שנפלו על בגד אדום יסירו אם תכבס הכתם במי רגלים ואח"כ במים. ובמ' שבת שממית לעקרב זבוב לצרעה ע"ש. יש ציפורים גדלים באילן הביאו הבית־יוסף הלכות טריפות והאוכלם מתחזקת תאות המשגל, ויש מקום מיוחד מגדל דגים ידועים מסוגלים גם לזה. ויש בריה מן האש אסלמנדר"א כדאמרינן בחולין ומועיל דמו שלא ישלוט האש הסך ממנה. ויש עוף גדל באויר ואינו נח לעולם על עץ או על הארץ ואני ראיתי עוף זה והנושא נוצה שלו אין עין הרע שולט בו. ויש דגים שיוצאין ליבשה בערב־שבת בין השמשות ונוחים שם ואין חוזרין לים עד מוצאי שבת, כמ"ש האפודי, והעושה לבוש מעור דג זה, אין עובר בו חץ וחנית. הנה כתבתי אלו הדברים משום שנוגעים לעבודת ה', שתדע שאין אלו"ה מבלעדו, והוא משנה הטבע כעיבור הפתן והחולדה ועורב ובריה שבים שבולע ילדיו ומקיאן חיים, ודג קטן מעכב הספינה בעוקצו, והכל הוא בגזרתו ית' ויש מהן דברי רפואות כדי שתהי' בריא לעבוד ה' כמ"ש הרמב"ם דברי רפואות לסיבה זו, ומהם דברים מרחיקין הנזק ומסירין מומי הפנים שלא יתבייש בין חבריו והמבטל השכרות ושנאת היין

הגורם לעבירות והגורם קיום הפירות שלא ירקבו, והיין שלא יחמיץ והקמח שלא יתליע כדי שלא תטרד מעבודת ה' ומחיקת אותיות בנקל לסלק טעיות ותיקון קריאת אותיות מטושטשות. ומהם דברים מטבע המוטבע בבעלי חיים לבקש רפואתם כדי שידע האדם ויתן הודאה לבוראו שנתן חכמה לכל ברואיו, ומהם דברים סגוליים מועילים לאיזה הקדמה להבין דבר התורה, כי כל מה שברא הקב"ה בעולמו, לא בראו אלא לכבודו, דלכן צריך האדם לידע מכל הדברים ויכוין בידיעה זו שכונתו להבין דברים בתורה ולהלל ולשבח ולפאר למי שברא הכל ברצונו לצורך אדם כדי שיעבדו אותו להטיב עמהם בשני עולמות בשכר עבודת התורה והמצות אשר המה עושים. הבט וראה בעמודי עולם אשר עליהם נתייסד העולם הם שבטי י"ה, דכתיב יצב גבולות עמים למספר בני ישראל, שהיו כ"כ דבוקים בתורת משה בשכבם ובקומם ובלכתם בלי פיסוק רגע, תדע שהוצרך יוסף הצדיק להזהירם ולומר אל תרגזו בדרך, אל תתעסקו בדבר הלכה כאמרם רז"ל, והטעם שלא יטעה עליהם הדרך, ומדא יצטריך להזהיר להם על זה, מכלל שלא היו מפסיקים רגע מלימודם, אפילו בלכתם בדרך, כי נגד אהבת המקום ואהבת תורתו, לא היו חושבים טרדת הדרך וטרדת הרעב וכל־שכן טרדות אחרות לבטלם מן התורה, ואע"פ שכבר היו חכמים מחוכמים יודעים בנגלות ובנסתרות בסודות עליונות, כ"ש וק"ו שאר בני אדם, שאם אפילו יחיה אלף שנים, לא יוכל להשיג כטפה מן הים ממה

שהשיגו השבטים שצריך שלא יאכל ולא ישתה ולא ישן כדי שלא לאבד רגע מלימוד התורה ולחשוב בה, כי לא נברא אלא לזה, ואדם שהוא עם הארץ ואינו יודע ספר כלל, ילך בשבתות ובימים־טובים ובאיזה שעה מהיום בבתי מדרשות לשמוע ומה שישמע מסיפורי אגדות ודברי דרך ארץ, יספר בלילה לאשתו ולאנשי ביתו ובעת שמתכנסים השכנים בלילי טבת הארוכות. גם ידבר ממאורעות הנסים שאירעו בעולם ובזמנו ששמיעה זו מביאו לדבקות השם, ואם אינו בר הכי, גם לזו יספר ממקריות הרעות שאירעו בעולם או בזמנו שזה מביא לו ולשומעים לו לידי הכנעה שלא לחטוא ולזכור יום המיתה, וסיפורי אלה הדברים עושה פעולה לזכך האויר באותו הבל היוצא מפיו, הפך סיפורי דברי הבאי המעפשו ומזיק לבריות. ואל תקשה בעיניך איך הבל היוצא מפי אדם אחד יש בו כח לעשות שתי פעולות הפכיות, לזכך ולעפש, הבט וראה אם אדם נופח בהבל פיו בכלי זכוכית, מתעפש ומתחשך כשוכן עליו עננה, וכלי פארפור"י אינו מזדכך וקונה בהירות כי אם ע"י הבל פה שנופחין בו בשעה שעושים אותו, הרי הבל אחד מזכך ומעפש. גם־כן הבל מדברים טובים נותנים אור והדבר בהופכו, הלא תראה בדיבור עצמו דיבור ממית ודיבור מחיה, כגון מלך שאמר שיסירו ראשו של פלוני מעליו, או שגזר ואמר יסירו מכה זאת מעליו, מיד מרפאין אותו. הרי במילת יסירו ממית או מחיה, גם תראה הרוק ממית והרוק עצמו מחיה, רקק בפני חבירו דרך בזיון או דרך מיאוס, ממיתו. לחש

ורקק על מיחוש עינו מרפאו. גם הבל דברי זנות ודברים בטלים מעפש האויר וממית הבריות והבל דברי תורה או דברי מוסר מזכך האויר ומחיה העולם.

פרק יב

יחיד המיוחד ובורא העולם ברא גבולים לכל לישוב עולמו, כי לכל הדברים יש גבולים, ארי מלך בחיות, שור בבהמות, נשר בעופות, ואדם מלך על כולם, וכולם קצתם מנהיגים ומשפיעים וקצתם מונהגים ומושפעים, והוא יתברך אדון הכל, והמלך המנהיג הראשון אין זולתו ראוי לכל המציאות כולו, מקצתם משתררים על קצתם ובזולת זה אין קיום והעמדה בכל המציאות כולו, וכן באדם עצמו בגופו יש אברים שהם ראשים על קצתם, קצתם עובדים וקצתם נעבדים, שהרי הידים והרגלים עובדים לשאר אברים ואם ירצו הרגלים לעשות פעולת הראש והראש פעולת הרגלים, יאבד הגוף. כן ראוי לכל קיבוץ אנשים שיהיו קצתם שרים וקצתם עבדים, קצתם מנהיגים וקצתם מונהגים, כי בזולת זה אי־אפשר שיתקיים הקיבוץ ובהיות שקרח רצה לעשות הפך זה, שיהיו כולם שוין באומרו כי כל העדה כלם קדושים ובתוכם ה' ומדוע תתנשאו על קהל ה', ורצה שיהיו כולם שרים, נאבד מן העולם הוא וממונו וכל אשר לו ולא נשאר ממנו אפילו מחט אחד, מדה כנגד מדה כאשר היה בא העולם בלקיחת עצתו שלא היה נשאר ממנו כלום שהיה נחרב ועיין על זה בפירוש התורה לכמהר"ר משה אלבילדה זצ"ל. הנלמד מכל זה לעבודת הבורא, דכיון שהעולם קיומו ועמידתו להיות הבריאה כולה קצתם נעבדים ומונהגים וקצתם עובדים ומנהיגים ומוכרח הדבר, כן יבחר האדם להיות עובד לנעבד מכולם שהוא הקב"ה, ובזה ינצל מהיות עובד אפילו למלך שהוא נעבד מכל הקיבוץ, ועוד עלה יעלה למדריגה להיות כבוראו נעבד מכל העובדים אותו עליונים ותחתונים ומלכם בראשם, לפי שהצדיק שותפו של הקב"ה הוא, ועוד מעלה עושה הקב"ה עם העובדים אותו, שמבטל רצונו מפני רצונם, דכתיב צדיק מושל יראת אלקים, ואם לא יחפוץ האיש לעבוד לבוראו יהיה עבד לכל העובדים ויחשוב בלבו הבזיון שיכול להגיע לו ביום הדין והחשבון להיות רצה עובד לעובדים ולא לנעבד מכלם ית' שמו, שהרי מלך שרים ועבדים ועבדי עבדים כלם עובדים למי שלמעלה ממנו עד שכלם והמלך עובדים להקב"ה, והעובד להקב"ה ינצל מלעבוד אפילו למלך וכמאמר התנא האלקי כל שיש עליו עול תורה פורקים ממנו עול מלכות ועול דרך ארץ, וכל הפורק ממנו עול תורה נותנים עליו עול מלכות ועול דרך ארץ, וזה שאינו עובד להקב"ה בוחר להיות עבד לעבדים ולא להיות נעבד מכל העובדים להקב"ה, יש בזיון גדול מזה ויש עונש מספיק לזה. לכן ישים אדם זאת בין עיניו, לא יסור ממנו רגע וישתומם בחושבו מה אשיב לה' למאוס מלהיות עבדו ולבחור להיות עבד לטיפה סרוחה, צל עובר ולא ישוב, ומחשבה זו מועלת לקרבו לעבודת בוראו, הלא תראה אטימי

לבא סתימי עיינין מתפארים להיותם עובדים למלך או שר, אף על פי שיודעים שמבטיח ואינו עושה, גוזר ואינו מקיים לפי שהיום כאן ומחר בקבר, ולמה לא יתפארו לעבוד לחי העולמים קיים לעולמי עד ולנצח נצחים, מבטיח ועושה גוזר ומקיים מעלה ומגדיל ומרים על ראש ככבים לעובדים אותו. ילמד אדם ממנו ומעצמו לעבוד לבוראו, ולהכיר גודל עונשו במנוע עצמו מלעובדו, יראה ממה שכועס הוא על עבדו בגזור עליו דבר לעשות ולא עשה, ואפילו היה ביטול גזירתו בשוגג, ואפילו אדם שאינו עבדו ואנו חייב לו, אם שאל ממנו דבר וביטל רצונו ולא השלים את בקשתו יורד עמו עד לחייו ומבקש להמיתו, וישא קל־וחומר ממדותיו, אם מדתו הוא לבקש המיתה לעוברים רצונו, אעפ"י שהעוברים רצונו בשר־ודם כמותו שנופל בהם ולו הכליון חרוץ, שהיום בהוה ולאחר שעה כצל עובד, קל־וחומר העונש המעותד לו בעוברו רצון יוצרו אחר כמה חסדים שעשה עמו ובמקום להחזיק לו טובה, הרבה להכעיסו במעשיו היש קץ לעונשיו.

וידע האדם שבבא ללמוד תורה או לעשות מצוה, יזדמן לו מניעות הרבה ומעשה שטן הוא, אז יתגבר האדם בכחו לבטל רצון מנגדו כדי שלא יעשה עצמו שותפו של שטן כי הוא שותף אכזרי גזלן וגנב בסתר ובגלוי, מבקש לגנוב הקרן והריוח ולהשים עליו חובות הרבה עד שבעלי חובות ירדפוהו לחרפות לשים אותו בבור תחתיות עד יום מותו. ואל יעלה על דעת איש לומר, כיון שמזדמנין לי מניעות בבואי לעשות מצוה או ללמוד תורה, אין רצונו של מקום בתורתי ובמצותי, זה אינו ונהפוך הוא, אלא אדרבא כיון שיש מניעות זהו מודעא רבה שמעשיו רצוים לפני המקום והשטן מעכב בידו כאשר נצטוה, ואדם גם־כן יעשה ציווי לבטל רצון יצרו מצד בחירתו כדי שיקבל שכר בעשיית המצוה, שאם לכל עושה מצוה לא יבא עשייתה בצער ובטורח גדול וכל העם ינשקו ויחבקו אותו, מה שכר ראוי להיות לו, שהרי כולם יבקשו בעשייתה בעבור טובת הנאת הכבוד שמקבל, אך אחר הצער והטורח שעובר עד שיכנס להתחיל לעשות, מיד משם ואילך מסייעין אותו מן השמים, וכדברי רז"ל בא ליטהר מסייעין אותו. ועוד אמרו אלמלא הקב"ה עוזרו לא היה יכול לו, ומשלים לעשותה בלי שום מניעה ובשמחה מחמת מה שמתעדן בעשייתה, ועכ"ז הקב"ה משלם לו שכר גם על מה ששמח וקבל תענוד, בעבור מה שטרח ונצטער בהתחלתה מקטרוג השטן המנגדו במניעותיו הרבות, ועתה איעצך לעשות אופנים חוץ מהנזכר בפרקים דלעיל להבריח היצר מעליך, בבא היצר להסיתך לעשות עבירה מיד תצייר לפניך צורת אדם גדול, מכיר אותו ומתייראי ממנו וכאילו עומד לפניך ממש יושב על כסא דין בפנים זעומות ומלא חרון אף נגדך ותשתקע דעתך בדמיון זה, והדמיון פועל להפחידך כאילו הדבר ממש בפועל כאילו אותו אדם גדול עומד בפניך, ובזה יחלש היצר, כי מי הוא זה שרואה אדם בפניו ומתעורר לעבור עבירה בפניו ובפרט בפני אדם גדול שמוראו

עליו, ומזה תמשך לחשוב ולהדמות נגד עיניך דשכינה כנגדך כי מלא כל הארץ כבודו, ויפול עליך אימה ופחד להכניע לבבך הערל, ואם בכל זה לא נכנע היצר, ידמה נגד עיניו בעת בא עבירה לידו, כלבים שוטים צועקים וחיות רעות טורפים בני אדם וחותכין בשרם בשיניהם, רוצחים חרבות בידיהם שוחטים אדם בפניהם צורות מכוערות שורפות ומכלות כל טוב מבערות ודמיון רעש תפיל הבית עליו וממית ומשבר כל כליו, וכאילו נחש כרוך בעקבו עקרבים מסבבו, ובזה יזדעזע גופו וישוב אחור מלחטוא. ואם עד אלה לא נכנע היצר, ידמה נגד עיניו שיושב בטיולין ועידונין ומעדנים ובמנוחות ושאננות והשקט ובטחה ויושב נצחי ומלכות וממשלה והלולא ושבחים וקול שיר וזמרה לפניו משבחים, וידמה נגד עיניו שאם יעשה העבירה מאבד כל זה והולך ערום ויחף חשופי שת, עני ונבזה חלוש ומכוער ירוק ומאוס מתועב ודחוי יחיד ושומם תמהוי ומשתומם בהול ומפוחד בזוי ונרמס שנאוי ומשוקץ מנוול ומשוגע מחורף ומגודף מבולבל ומקולל מצעירים ממנו לימים הרודפים אחריו, פוחזים ורקים נבזים אפלים ודקי' שפלים ומוכנעים, וידמה שאין לו מנוחת ישיבה נסבת רדיפה, מתמרק על רגלי בהתעלפות וחולשת לב רעב וצמא, צועק ואין עונה שואל ואין נותן, מתחנן ואין מרחם, בוכה ואין מפיס, מכה עצמו ואין מעכב, מילל ואין מנחם, נופל ואין סומך, כושל ואין תומך, ממשש ואין מדריך, יושב בחשך ואין מאיר, מתפלש בעפר ואין מנער, נרדם ואין מקיץ, חולה ואין מבקר, כואב ואין רופא, מנוגע ואין רטיה, נשוך מנחש ואין צרי, גוסס ואין רואה, מת ואין קובר, כלבים אוכלים אותו ואין גוער, עצמותיו נגררין באשפות ואין מקבץ, אשתו ובניו אחר מותו שואלים לחם ואין מביט. מתים ברעב ואין מצטער, נאבד הוא וכל אשר לו ואין זוכר, ובעלות כל זה בדמיונו שהעבירה מביאו לכל זה, יצטנן דמו ותתבטל יצרו בעזרת ה' ית'. ואם עד אלה לא נכנע לבבו הערל, ידמה כאילו רואה עצמו שחוט ומושלך באשפה וכלבים אוכלים בשרו ותולעים יוצאים ממנו, גם יריח ריחות רעות ויראה מינים מאוסים ויכנע, וסוף־סוף אם לא יועיל להכניעו, עכ"ז ומביאו לכלל מעשה, יתחוב מחט בבשרו או יכה בידו על פניו בכל כוחו באופן שיכאב ויוסר יצרו מעליו שיותר טוב שיכה הגוף ולא הנפש, גם מועיל לביטול היצר הרע, שירוץ אל המים ובפרט אם הם מים קרים וישליך עליו כד של מים מראשו ועד רגליו ויכנע יצרו ועל הכל יעסוק בתורה בקול רם בדברים הרעים שבירמיה ובאיוב ובקהלת שמהביל כל הדברים שבעולם ולא יפסיק מלימודו בקול רם, גם מועיל הרבה להינצל מיצרו בבא לכלל מעשה, ירים בקולו שיבואו אצלו אנשים כמו שעשה רב עמרם שהרים בקולו נורא בי עמרם, כמו שאמרו רז"ל, ואם עכ"ז לא הואיל לו דבר וחטא, אל יתיאש מן הרחמים לומר וכאשר אבדתי אבדתי ואעשה מה שלבי חפץ, דשערי תשובה לא ננעלו, וכל ימי חייו בכם פעם שיתגבר יצרו עליו, יעשה כל הכתוב שאם לא יועיל לו בפעם ראשונה ושנייה, יועילו

בשלישית, סוף־סוף איזה פעם יואיל או יסייעו אותו מן השמים להצילו, בראותם לו נלחם עמו בדברים סגוליים להכניע, ואפילו לא סייעו אותו מן השמים על איזה סבה ידועה לפני בורא עולם, ובכל פעם ופעם שנלחם לא יכול להכניע יצרו וחטא, אעפ"י כן אל יתיאש וישוב עד דכדוכה של מות. ואדם שאינו יכול להכניע יצרו בשום דבר שבעולם, נראה לי שהסבה היא משורש גאוה שבלבו, שהגאות שורש לכל העבירות כאשר הזכרתי הפרקים דלעיל, ולהסיר גאותו יטלטל עצמו מעיר לעיר ויכנע ויושפל, על דרך שאמרו חז"ל מי שיצרו תוקפו עליו, ילך למקום אחר ויעשה מה שלבו חפץ וכו', שהכוונה שהדרך מכניע אותו ואז יעשה מה שלבו חפץ אם יכול, כלומר שאינו יוכל, גם ישים נגד עיניו שהגבהתו היא השפלתו, על דרך כל המוסיף גורע, שתי עשרי י"ב, עשתי עשרי י"א, גידול התיבה בהוספת אות הקטין מספרו מי"ב לי"א כדברי רז"ל, והן גמל נמל. הוספת מספר אות הנו"ן שהם חמשים מקטין לגמל ועושה אותו נמלה, גם תראה הכוכבים על היותם ברקיע יותר עליון מן הלבנה נראים דקים וקטנים והלבנה בעבור היותה ברקיע שפל ממנו, נראה גדולה, הרי נלמד שמתגאה גורם לו השפלה, שגורם הגאוה להחטיאו, ואין השפלה גדולה מזו, שבסופה נעשה מיאוס בעולם ואולי על ידי שיחשוב בגנות הגאוה יקטין ויושפל, וכיון שיושפל באמת, נתרפא, ובלתי הסרת גאוה מעליו אין רפואה למכתו ולחולי נפשו, כי הגאות מסמא עיני הרשע שלא יראה בנראה. כי הרשע אינו רואה בנראה, איך יראה בשאינו נראה (פירוש הנראה לעין שכל דבר עבירה הוא ענין מגונה וקשה, וסופו של רשע לא טוב, ועם כל זה מעלים עינו מכל זה ועושה מה שלבו חפץ, באופן שאינו רואה בנראה, אם־כן איך יראה במה שאינו נראה לחוש העין, הם משפטי גיהנם ושאר צערו' המגיעות לנפש כדי למנוע עצמו מלחטוא). ואני ראיתי כמה גאים מקטנותם, ונשתרש בהם הגאוה ומתו עמה כי לא ידעו ולא שמעו ולא למדו דבר להכניעה, ואחרים בבחרותם היו בתכלית הגאות וחזרו בהם עד תכלית השפלות והענוה והחסידות והכרתי בהם שנתחברו בתלמידי חכמים ושמעו מפיהם ולמדו וחזרו. וטעם הדבר שהגאות מביא לאדם לעשות כי מ שלבו חפץ, משום שהגאה מצד גאותו מחזיק עצמו שאין חכמה בעולם כמו חכמתו, וזהו הרשת שפורש לו השטן לצודו וללוכדו, דכיון שמשים בלבו שאין חכמה כחכמתו, כל מה שיעשה ישר בעיניו באומרו דאיך יתכן חכם כמוהו טועה, ואפילו אם מכיר טעותו לא ישוב אחור שלא לאבד שם חכמתו שנפל טעות בשכלו. ועוד בהיות מחזיק עצמו חכם ואין כמוהו, מפתהו יצרו שחביב לפני המקום על חכמתו ואינו מקפיד עמו על מעשיו, ומה גם שהמתגאה מתגאה גם על בוראו כנחש הקדמוני כמו שאמרו רבנן ז"ל (כמו שאמרו בב"ר על פסוק והנחש היה ערום. לפי גדולתו של נחש היתה מפלתו, וכשנגע הנחש באילן צווח אל תבואני רגל גאוה. שנתגאה ודיבר דלטורין על הקב"ה, ואמר לחוה מאילן זה אכל הקב"ה וברא עולמות, והוא אומר לכם לא תאכלו ממנו שלא

תבראו עולמות, דכל איניש סני בר אומנותיה). וכיון שכן הוא, איך יחוש שלא להכעיסו בעבור מצותיו, ואין אני מאריך בגנות הגאים כי כבר הארכתי בפרקים דלעיל.

ודע הסבה העיקרית שהרשע מתחזק בטומאתו לעשות מה שלבו חפץ ואינו נותן לב לשוב, שהרשע בעבירה ראשונה שבא לידו, לבו מרתת עליו לעשות פן ישיגהו לו מהרעות, והוא באימה ופחד להכניס בה, אך כשיצרו מכריחו לעשותה, אומר בלבו הנני ממלא תאותי ויעבור עלי מה, אף שיודע אני שעונשי אחורי תרעא קאי, ועושה אותה ביראה גדולה, ואחר שעיניו רואות שעשה העבירה ואינו מגיע לו שום נזק שבעולם, ואדרבא מצליח בכל משלח ידו ונושא חן בעיני כל רואיו ושאר מיני הצלחות שבעולם מזדמנים בידו. גם רואה רשעים כמותו בגדר ההצלחה ויצרו מפתהו על ידי מראות אלו שרואה שיסכים בדעתו דלית דין ולית דיין, וכשמכניסו בכפירה זו, משם ואילך עושה כל מה שלבו חפץ עד שמטביעו בטיט העונות, וזהו טעות גדול נראה לעינים, ופרסום הטעות יובן במשל אחד לאדם שרגם איקונין של מלך ורקק בפניו וקילל לשלטון ושיבר פתח בית האסורין והוציא אסיריו, ושמע המלך והעשירו עושר גדול וישם את כסאו מעל כל השרים אשר אתו, והצליחו על כל המעלות, וכי אינו ראוי שיחשוב אדם זה בלבו, היאמן שבעבור שהכעסתי למלך ראוי אני לכל זה הכבוד, זהו נמנע מכת הנמנעות, אין זאת כי דבר סתר לו, שעל ידי גדולות אלו מתנקם ממני בכפלים ומוכרח שכוונתו להגדילני ולהשפילני ולהענישני אחר־כך, ויורגש העונש בכפלים, על־דרך שאומרים דרך הלצה עני חשוב כמת, כלומר עני שהיה חשוב תחילה ובא לידי עניות, זה דוקא חשוב כמת, שאחר גדולה שפלות יורגש בכפלים, וכאמרם רז"ל על פסוק היו צריה לראש. שהקב"ה מגדיל לצר כדי להשפילו וכדי לאבדו אחר כך, ויריגיש העונש מר ממות, והמן הרשע יוכיח שגידלו כדי שירגיש השפלתו בכפלים, כך הדבר בעצמו החוטא להקב"ה ומצליח בידו, שהוא להאבידו ואדרבא צריך לבכות ולילל על אותה הצלחה, כי בזאת ההצלחה סם המות מעורב בה והיא פח ללוכדו ולהכניסו בים המשפטים, שאיך יתכן שבעבור שהרבה לחטוא לפניו מצליח בידו, לכן חלל רשע שאי בקו לקינה ואל תשכן עוד באהלך רננה, אמור אוי על הצלחתי, כי ירה בי חיצי מות, כי בה בטחתי, אויבי עלי המלכתי, כי בדרכיו הלכתי מועצותיו שמעתי, ואשר אהב יוצרי שנאתי, אוי כי בידי עצמי הרגתי טבחתי ולא חמלתי, כל זה אעלה על ראש שמחתי כל ימי חיי עד יום מותי, אולי ירחם עלי בוראי לרחם על נשמתי, ודע כי הלוחם משלים והמשלים לוחם, כי הלוחם עם יצרו בעולם הזה, ניצל ממלחמת מלאך המות עמו בצאת נפשו כי מת, כי הלוחם עם יצרו הרע עושה שלום עם יוצרו, והעושה שלום עם יצרו לוחם עם יוצרו, נמצא המלחמה עם יצרו שלום לעולם לגופו ולנפשו, שלום בעולם הזה שלום לעולם הבא, שלום לביתו שלום לבניו ולכל הבאים אחריו שמתעטרים באביהם בצדיק שנצח

מלחמת יצר־הרע והשלים עם יצרו מלחמה לה' מדור דור, לכן יעמוד אדם כל ימיו במלחמה כדי שיהיה כל ימיו בשלום, ומלחמת אדם עם יצרו מחמת תדירי היא, יום ולילה לא ישבות ואם בבחרותו במלחמת יצרו יחזור להלחם עמו ולהתגבר עמו להפילו ארצה, כי אין דרך המלחמות שבעבור שמלך לחם במלך ונפל אחד ביד חבירו, שאינו חוזר להילחם אלא חוזר ולוחם וחוזר הגלגל על הנופל ומפיל את חבירו, גם אם לחם ביצרו ונפל, אל יתריע מזלי אלא יחזור להלחם עמו ויחזור עליו הגלגל לטוב לו, שצריך האדם לבנות עצמו ממצב למצב שאם היה במצב רע ישנה מצבו, ודע כי כל אדם שהיה המצב אחד בדעתו ובמדות ובמעשים מיום שנולד עד זקנותו, אין ספק דזה נתגלגל בגלגול ראשון בבהמה או חיה, כי הבעלי חיים מיום שיוצאים לאויר העולם עד שובם אל האדמה הם בטבע אחד ובמצב אחד, כי אינם עולים ממדריגה למדריגה לא בדעת ולא בשום דבר, וזה הורגל זמן בבהמה, והטבע בנפשו טבע הבהמה, לכן צריך לזה להרגילו תמיד שישנה בעל כרחו עד שיתפשט נפשו ממדות הבהמות אשר הוטבע בה, כי ביאתו של אדם בעולם־הזה כדי שיעלה ממדריגה למדריגה, כי עיר פרא אדם יולד, ואם יעמוד עולם במדריגה אחד, בהמה יחשב שהאדם צריך לעלות ממדריגה למדריגה לקנות שלימות עד שיזדכך ויעלה למדריגת הרוחניות בגוף ובנפש וימשיך השפע על ידי הזדככותו בתחתונים, ואל תתמה שהרי זכוכית לבנה אם תשימהו נגד השמש ימשיך אש מלמעלה למטה, וזה גורם הזדככות הזכוכית, שאם תשים נגד השמש זכוכית עב ואין צריך־לומר אם תשים חרס שלא ימשוך שום דבר, וכל־שכן האדם שכל הבריאה בשבילו, שבהזדכה עצמו שימשוך שפע מלמעלה למטה. וכשם שבזכוכית הזך הזה הממשיך האש מלמעלה למטה, אם נפל בו כתם וכהה אותו, מפסיקו מלהוריד האש מלמעלה, אע"פ שהוא שלם בזכותו, כך האדם השלם, מעכבו עון אם יש בידו מלהמשיך מלמעלה שפע בעולם שהוא כמו הכתם בזכוכית עד שיטהר עצמו מאותו עון שהוא ככתם לנפשו המכהה אורה, ילמוד אדם מהשבטים הקדושים שלא נמצא בהם שום פגע כלל ועיקר, רק על דבר מכירת יוסף, ואע"פ שהיה קצת סבה מאת ה' ענין מכירה זו, כדי שירדו מצרימה ויצאו משם לקבל התורה וכדברי רז"ל וישלחהו מעמק חברון. להשלים עצה עמוקה שבחברון שאמר לאברהם כי גר יהיה זרעך. עם־כל־זה כמה נצטערו עצמם על מעשה המכירה, להסיר ולטהר כתם זה מעליהם והשפילו עצמם לפני יוסף ובקשו ממנו מחילה ובמות אביהם שלחו אחריו לאמר אנא שא נא פשע אחיך וחטאתם, אע"פ שרעה גמלנוך כל־שכן וקל־וחומר שצריך כל אדם לפשפש אם יש בנפשו איזה כתם לטהר ולהזדכך עצמו לתת נשמתו להקב"ה זכה וברה כאשר נתנה לו.

פרק יג

יזכר האדם ובורא הכל, ברא בראש כולם תשובת השבים, והורה דרכי נוע' לחטוא וחפץ לשוב שיתנהג בדרכים

אלו, למען סור ממוקשי מות ולהכניסו בדרכי חיים וחי לעולם, אשר על כך מלבד הדברים שכתבתי בפרקי' לעיל מדברים המכניעים את יצר הרע, נראה להוסיף ידי לכתוב עוד מהדברים שיתנהג בהם האדם כדי שיכנע לבו הערל, וישתדל באהבת הבורא ולא ישוב לכסלה. רוב ישיבתו של חוטא יהיה בין העניים ובתי כנסיות ובבתי מדרשות, יען שקונה שפלות בזה, והשפלות מכניעו ואינו מעוררו אל החטא בעבור שבית הכנסת ובית המדרש נקראים מקדש מעט, והם מסוגלים אל היראה כיון דשכינה שרויה שם ומוראת שכינה עליו, ונראה דעל־כן אמרו רז"ל אם פגע בך מנוול זה (היצר הרע) משכהו לבית המדרש וכו'. והטעם כמדובר, דכיון דשם מקום השראת השכינה, מוראת השכינה עליו ונמנע לחטוא, ובפרט בראות שהחוטא בהיכל המלך עונשו קשה ובכפלים, ואדם מרתת ומזדעזע בחושבו משפטים הקשים, ועל כן הזהירו רז"ל שלא יזוז אדם מבית־המדרש, ובפרט דשמיעת שם חדושי התורה מקדש את גופו וקונה כח קדושה, לדחות טומאת יצרו, גם ישיבתו בין העניים, על ידי ששומע כמה הרפתקי שעברו עליהם ומה שהם גם בהוה בצער גדול, נכנע לבו ובפרט מיראה שלא יגרום לו החטא להביאו לכללם, ורמז לדבר שמשיח עומד בפתחא של רומי בין העניים, דכיון שגדלה מעלתו אין כמוה כאמרם רז"ל ירום ונשא וגבה מאד. ירום מאברהם, ונשא ממשה, וגבה ממלאכי־השרת. לכן מושבו בין העניים כאילו יושב שם לקנות שפלות ולא יתגאה במעלתו, ואע"פ שדבר זה לא שייך בו, אך כדי ללמד לעולם שירבו ישיבה בין העניים כדי שלא יבואו לכלל גאוה ויקנו הכנעה להחריש כח יצר הרע.

ואלה הדברים אשר יעשה אותם האדם וחי בהם, סדרם רבינו אשר ז"ל, שידבק האדם בהם לקנות שלימות לנפשו ודביקות בהקב"ה בעשותם, עד שירגיל בהם הרגל תמידי ולא יפול בהן ביטול לעולם.

והם כ"ג דברים, ואלו הם:

(א) שיפריש מעשר מכל ריוח שיזמין הקב"ה לידו.

(ב) שיתן צדקה מיד מכל אשר תשיג ידו, ולסוף כל שנה זהוב וחצי.

(ג) שיתפלל ערב ובקר עם האבות.

(ד) שיניח תפילין בכל יום.

(ה) שיקבע מזוזה.

(ו) יקבע עתים לתורה.

(ז) שיהיה נאמן במשאו ובמתנו ובדיבורו.

(ח) שיכבד לומדי התורה בכל יכולתו.

(ט) שיוכיח את עמיתו ולא ישא עליו חטא.

(י) שידון את חבירו לכף זכות.

(יא) שימחול בכל לילה קודם שישן למי שחטא לו בדברים.

(יב) שישתדל להכניס שלום בין אדם לחבירו ובין איש לאשתו.

(יג) שיזהר לאנשי ביתו על התפילה ועל נטילת ידים ועל ברכת הנהנין.

(יד) שיפרע התמיד בכל יום הששי.

(טו) שילמוד הפרשה בכל שבוע שנים מקרא ואחד תרגום ופירוש רש"י.

(טז) שיקרא איגרת התשובה שחיבר רבינו יונה בשבוע שחל ראש־חודש להיות בתוכה.

(יז) שיכבד יום השבת כברכת ה'

אלקיו אשר נתן לו.

(יח) שיקבע סעודה שלישית בכל שבת אחר המנחה.

(יט) שיערוך שולחן בכל מוצאי שבת ויאכל אפילו דבר מועט.

(כ) שיסייע לחבירו לכל מה שיצטרך בגופו בדבריו.

(כא) שיתודה קודם שישן, מלבד הלילות שהן אסורות בהספד ובתענית ויתאבל על עונותיו על אורך גלותינו ועל חורבן בית מקדשינו שיבנה במהרה בימינו אמן.

(כב) שיעשה יום א' תענית בכל חדש ביום שקורין בתורה, ואם לא יוכל להתענות יתן ב' פשיטין לצדקה.

(כג) שיקיים בהצנע המעשים-טובים כי היא עבודת ה' הנבחרת לפניו.

אורח חיים למעלה למשכיל, למען סור משאול מטה, הנהגות אחרות:

(א) להתרחק מן הגאוה בתכלית הריחוק.

(ב) וכן מהחניפות.

(ג) וכן משקר וכזב.

(ד) וכן מן הליצנות.

(ה) וכן מרכילות.

(ו) ומן הכעס.

(ז) שיזהר ממכשול נדרים.

(ח) שיזהר מאונאת הבריות.

(ט) שלא יכנה שם רע לחבירו.

(י) ולא יקראנו בכינוי שכינוהו אחרים, אם לא יהיה נזכר ונכבד בשמו. שלא יספר לשון הרע ולא יקבלהו.

(יא) שלא ישב גם יושבי קרנות ולא בבתי כנסיות עם עמי הארץ.

(יב) שלא יסתכל באשה שהיא אסורה לו.

(יג) שלא יסיח על כוס של ברכה.

(יד) שלא יספר מברוך שאמר עד שיסיים תפילת לחש ולא בעוד ששליח-ציבור חוזר ומתפלל תפילה, אלא-אם-כן בדברי-תורה או בדבר מצוה או לתת שלום או להחזיר.

(טו) שלא ידבר בקריאת ההלל ולא בעוד ששליח-ציבור קורא בתורה.

(טז) שלא יאכל פת בעלי בתים של כותים ולא של פלטר אלא-אם-כן לא יזדמן לו של ישראל.

(יז) שלא יסעוד בסעודת הרשות.

(יח) שלא יסיח שיחה בטילה ויזהר ללמוד בלילה עד שישן מתוך דברי-תורה ולא מתוך שיחה בטילה.

(יט) שלא יכניס עצמו בספק חשיכה, יזהיר בני ביתו על שמירת שבת ויקדים ערב-שבת להתפלל תפילת מנחה כדי שיקבל שבת מבעוד יום.

(כ) כשיגיע עת התפילה מג' תפילות שביום, יניח כל עסקיו ויתפלל, וראש כל הגדרים שישמור את עיניו מדבר שאינו שלו.

(כא) אל ידבר בין ברכת נטילה להמוציא ויקדים שלום לכל אדם.

(כב) לברך את בוראו שהשביע נפש שוקקה, ואם יקללהו בן אדם אל ישיב להם אלא יהא מן הנעלבים.

(כג) אל יצא לריב מהר ויתרחק מהשבועות ומנדרים, שבעון נדרים בנים מתים.

(כד) יתרחק מן השחוק ומהכעס, כי מבלבל דעתו של אדם, ויעבוד תמיד יוצרו באהבה ולא יניח דבר לעשות מענין זאת התקנה.

(כה) לאהוב את ה' בכל לבבך ובכל נפשך ובכל מאדך, וגמור בדעתך באומרך את ה' אלהיך, למסור נפשך

וממונך וּבזה יקויים עליך דברי המשורר כי עליך הורגנו כל היום.

(כו) לבטוח בה' בכל לבבך, והאמן בהשגחתו פרטית, ובזה תקבל בלבך היחוד הגמור והשלם בהאמין בו, כי עיניו משוטטות בכל הארץ, ועיניו על כל דרכי איש וחוקר לב ובוחן כליות, כי מי שאינו מאמין באשר הוצאתיך מארץ מצרים, גם באנכי ה' אלהיך אינו מאמין, ואין זה יחוד שלם, כי זהו סגולת ישראל על כל העמים, וזהו יסוד כל התורה כולה.

(כז) להרחיק גאוה וכעס, וגעור ביצר המשיאך ללכת בדרכי לבך, ואל תבט אל דרכיו אשר המה מצודים וחרמים להראותך כי דרכך ישר וזך.

(כח) מדבר שקר תרחק, ואל תוציא שם שמים לבטלה ולא במקום מטונף.

(כט) הסר ממך משענת הקנה הרצוץ, משענת בני אדם והצנע לכת עם אלקיך, ואל תשים זהב כסלך כי זו תחילת ע"א, ופזר ממונך באשר הוא רצונו ובידו למלאות חסרונך.

(ל) דע את אלקי אביך, ודבריך במאזני צדק תשקול, והין צדק יהיה לך, ותקל בעניך הוצאת ממונך מהוצאת דבריך, ופיך אל ימהר להוציא דבר רע עד שתשקלו במאזני שכלך.

(לא) וידוי על עונותיך ערב ובוקר אל יחסר וזכרון ציון וירושלים בשברון לב.

(לב) זכור יום המות תמיד, וצידה לדרך הכן, ושים בין עיניך ב' דרכים אלו תמיד ויהיו מזומנים לך ליום הפירוד ומטתך בדמעה תשחה ויבהלוך רעיונך מידי זוכרך חרדת רבי־יוחנן בן־זכאי ז"ל.

(לג) חבר טוב היה ליראי ה', והתחבר בחברתם ומפועלי און הרחק.

(לד) טוב וישר לך והמעט בעניך פעולתך הטובות ולהרבות בעיניך פשעיך להרבות חסדי יוצר מבטן ונותן אכלך ולא תשמש על־מנת לקבל פרס בעשותך מצותיו.

(לה) יום ולילה זכרו מפיך לא ימוש, בשכבך תשגה באהבתו ובקומך ובהילוכך תמצאנה והקיצות בו תשעשע, והוא יישר אורחותיך.

(לו) כוין בתפילתך כי היא עבודת הלב, ואם בנך ידבר לך ולא מלבו הלא יחר לך, ומה תענה טפה סרוחה לפני מלכו של עולם, ואל תהיה כעבד שמסרו לו מלאכה נכבדת לטובתו, ואיך יעמוד לפני המלך, ומה טוב לבקש סליחה באומרך סלח לנו בלא כוונה, ואם אי אפשר בכל התפלות ברכה ראשונה של י"ח ופסוק ראשון של קריאת־שמע אל יחסר, כי לא יצא ידי חובת התפילה כשלא כיון בהם.

(לז) למוד פרשיותיך עם הציבור שנים מקרא וא' תרגום ופירוש רש"י כנ"ל מהרא"ש, ותדקדק בו כאשר תוכל וכן בגמרא כי כל העוסק בגמרא אין לך מדה טובה הימנה, ותלמוד־תורה כנגד כולם.

(לח) מכל מאכל אשר תאכל ומכל משקה אשר תשתה, אל תהנה בלא ברכה תחילה וסוף, ותכוין בה היטב וכסה ראשך כשתזכיר השם, ויעצים עיניך ואל תהיה כאמור "בפיו ובשפתיו כבדוני ולבו רחק ממנו".

(לט) נטילת ידים לתפילה ולאכילה, ובעת צאתך מצרכיך ברך אשר יצר, ועל נטילת ידים אל תברך.

(מ) גדילים תעשה לך על כנפות כסותך, למען תזכור וקדש עצמך בכל דברים, והוי צנוע בבית־הכסא ועם ביתך, כי אפילו על שיחה קלה שבין איש לאשתו, עתיד ליתן עליה דין, ואל תנהג עצמך בקלות ראש, ויהי מורא שמים עליך והשמר מהסתכל באשה אפילו פנויה, ומזוזות בפתחי ביתך אל תחסר.

(מא) סוד אחר אל תגל, גם הדברים שהם שלא על־דרך סוד טמנם בלבך, ואם תשמע מאחר אל תאמר כבר שמעתי זה, ומשוכבת חיקך שמור פתחי פיך.

(מב) ערב בקר וצהרים שמור עת התפלה ופתח לבך שעה א' קודם תפלה והוי מי' ראשונים, ואל תדבר שיחה בטלה בבית־הכנסת, ותפילין על ראשך וזרועך אל יחסר.

(מג) פלס מעגל רגליך, לישר עצמך בדרך בינוני במאכל ובמשתה ובכל מדותיך, ואל תט ימין ושמאל ורדוף אחר השלום.

(מד) קבע עתים לתורה קודם אכילה ושכיבה ועל שולחנך, והזהרת לאנשי ביתך להדריכה ע"פ התורה, לשמור פיהם מלהתחלל, כי תחילת דינו של אדם קבעת עתים לתורה.

(מה) שמח בשומעת תוכחת מוסר כמוצא שלל רב, והוכח לחכם ויאהבך, כי טובה תוכחת מגולה מאהבה מסותרת ולמוכחים ינעם.

(מו) תחילת מעשיך הבט סופה, והוי מחשב הפסד מצוה כנגד שכרה, ושכר עבירה כנגד הפסדה, כי החכם עיניו בראשו.

(מז) הזהר שלא תסמוך בלבבך, ושמע עצה וקבל מוסר ותהי' זריז לעשות כל מה שמוטל עליך, ומכל משמר נצור לבך.

(מח) אל תקום ממיטתך כעצל, כי אם בזריזות לעבוד יוצרך.

(מט) אל תאחר מלכת לבית התפלה ושמור רגליך פן תהינה מטונפות, אל תשים לבך אחורנית בשעת התפלה והתכוין לברך ליוצרך.

(נ) אל תדבר בלעגי שפה ובלשון אחרת כל עת שהחזן מתפלל ותענה אמן.

(נא) אל תנשה פגיעת המות שתבא פתאום ותזכיר מעמד יום הדין.

(נב) אל תתעסק במצוה כדי לקבל פרס, ואל תרחק מעבירות מפני העונש.

(נג) אל תתרשל במצוה אם בא לידך, ותעשנה לשם שמים בלא איחור.

(נד) אל תתרשל בברכת הלבנה, שאם לא זכו ישראל אלא להקביל פני אביהם שבשמים דים.

(נה) אל תעשה דבר שילעיגו הבריות שדרכם להעלים הטובות ולגלות הרעות.

(נו) אל תקלה אביך ואמך ואל תצער אותם וכבדם כפי יכולתך כל ימיהם.

(נז) אל תהי פניך זעומות נגד עוברים ושבים, וקבל אותם בפנים מאירים.

(נח) אל תשכח לענייך לתת צדה לדרך ולעשות לויה להם ותנחם בדברים.

(נט) אל תשים עיניך למי שעלה יותר ממך, אלא למי שהוא תחתך.

(ס) אל תבהל לקצוף משום דבר, והאריך אפך פן תאבד את חכמתך.

(סא) אם לא תוציא ממך חלק עקשות פה וניבול פה, דע כי על כל אלה יביאך אלקים במשפט.

(סב) אל תחזיק כעסך עם חבריך

אפילו יום א', ותכניע לפניו קודם לבקש ממנו מחילה.

(סג) אל תדבר בצואר עתק, ואל תרים מצח שלא לקבל עליך יראת שמים.

(סד) אל תשיב למחרפך ולנבזיך, ותשים יד לפה ושתוק פן יחם לבבך.

(סה) אל תתעבר על ריב לא לך, כי לסוף הם ישלימו ביניהם ואתה תשאר בכעס.

(סו) אל תתגאה על הבריות, ותהיה שפל רוח כארץ שהכל דשין בה.

(סז) אל תהי בז לכל אדם ולכל דבר, שאין לך אדם שאין לו שעה, ואין לך דבר שאין לו מקום.

(סח) צדק צדק תרדוף כו' ואל תחסר מחצית השקל בכל שנה בפעם אחת, ובכל חדש ובכל שבוע כפי מסת ידך, ובכל יום לא תחסר מתנה מועטת לכל הפחות קודם תפלה, ואם הגיע למעשר טרף בביתך ככל אשר תמצא ידך לגמול חסד הן לחיים הן למתים הן לעניים הן לעשירים.

(סט) רצה באשר רוצה יוצרך, שמח בחלקך אם מעט ואם הרבה, והתחנן לפניו תמיד להטות לבבך אל עדותיו, וכל דרכיך השלך על ה' יהבך, ואל יקשה בעיניך מלהוציא לכבוד שבת ויום טוב ככל הצריך והשתדל לכבדם ולקבלם מבעוד יום, ולהתעדן בהם באכילה ושתיה וחציו בבית המדרש וכבדהו בכניסתו וביציאתו לערוך שולחן במוצאי שבת.

(ע) אל תישן כעצל שינה רבה, ותרגיל לעצמך להקיץ בהנץ החמה ולקול התרנגול קום ממטתך.

(עא) אל תתפלל בלא נקיות כפים ובלא טהרה, כי תפלתך לא תהיה נשמעת.

(עב) אל תתפלל כי אם בכוונת הלב ובנחת, כדי שישמע האזן.

(עג) אל תשכח צור ילדך ומחוללך ובכל דרכיך דעהו, ותביאהו לנגדך תמיד.

(עד) אל תרבה לשמוח וזכור כי רוח חייך, ואתה נוצר מן העפר ואחריתך רימה.

(עה) אל תאמר על שום מצוה אעשה אותה למחר, שמא לא תפנה לעשותה.

(עו) אל תפרד מהגיית חכמה ומוסר ומתאבק בעפר רגלי חכמים ותתחכם.

(עז) אל תניח דרך חסידות אע"פ שילעגו עליך, ואל תיבוש לדבר מצוה.

(עח) אל תקפוץ ידך מליתן תמיד לעניים ולאביונים ומבשרך לא תתעלם.

(עט) אל תאחר מלרחוץ ולמהר ולהכין לפני העניים שולחן ולחם כי שמא הם רעבים.

(פ) אל תאחר מלהביא את המעשר לבית האוצר כי מתן בסתר יכפה אף.

(פא) אל תרים ידך אל חבריך ואף שהוא מקלל את אביך ואת אמך בפניך.

(פב) אל תביט למי שהוא קטון ממך בעבודה וביראת חטא כי אם לגדול ממך.

(פג) אל תוציא דיבה או לשון הרע על שום אדם ולא לזות שפתים או רכילות.

(פד) אל תהי נבהל להשיב בעזות מצח למי שאמר דברים אשר לא טובים.

(פה) אל תשמיע בחוץ קולך ואל תהי צווח כבהמה ודבריך יהיו בנחת.

(פו) אל תלבין פני חבריך ברבים כי העושה כן אין לו חלק לעולם הבא.

(פז) אל תראה יכולת אצל שום אדם אם ידך גברה כי תחליש.

(פח) אל תרדוף אחר הכבוד ואל תעלה במעלה שאינה ראוי לך.

(פט) אל תשתדל שיכבדוך בני אדם פן לא ירצו וישפילוך.

(צ) אל תרף ידך מלבקש רעים ואהובים ואל ימעט בעיניך שונא אחד.

(צא) אל תגנה מקח חבריך ואל תחליש דעתו כי זה מנהג לחסר דעת.

(צב) אל תאמר בצדקתי היתה זאת פן תקבל שכרך בעולם־הזה.

(צג) אל תטה את חברך מדרך טובה אל דרך רעה, כגון מסית ומדיח וכיוצא בזה.

(צד) אל תאכל אכילה גסה עד שתמלא כריסך כי הרבה חולאים באים על רוב אכילה.

(צה) אל תהי בסובאי יין בזוללי בשר פן תשכח את בוראך.

(צו) אל תטיל אימה יתירה בתוך ביתך, כי הרבה קלקולים באים על רוב מורא.

(צז) אל תתייחד עם שום אשה חוץ מאשתך ואמך ובתך, ואפילו עם שתי נשים.

(צח) אל תחמוד אשה ביפיה, כי ברוב טוב מעשיה יאשרוה השומעים.

(צט) אל תתן תפארת לעצמך, ואל תיקר גופך בעיניך ותקטין את עצמך.

(ק) אל תבהל את מעשיך.

(קא) אל תרבה לדבר דברים המועילים ובלא נזק, כי אם בקוצר לשון.

(קב) אל תרף ידך מלקנות לך חבר נאמן, ושמור אותו ואל תאבדהו.

(קג) אל תפתה את חבריך בדברי חלקות ובחניפות, ואל תדבר בלא לב.

(קד) אל תתחבר לאדם רע, חוטא וכעסן וכסיל, פן תביא כלימות עליך.

(קה) אל תכעיס לשום אדם, כי אין אדם שאין לו שעה.

(קו) אל תעלה בדעתך לנצח את החכם, כי לא תרבה על חכמתך חכמה.

(קז) אל תהי קפדן לדבר מועט נגד שום אדם, פן תלקט שונאים על חנם.

(קח) אל תעשה בסתר מה שתתבייש בגלוי, ואל תאמר מי רואני.

(קט) אל תחשוב עון למי שבא להתנצל לפניך, אם אמת ואם שקר.

(קי) אל תכעיס לשום אדם, כי אין אדם שאין לו שעה, ועברתם שמורה נצח.

(קיא) אל תסמוך לידי מתנות בשר ודם, ותעבוד לבקש מזונותיך.

(קיב) אל יהיה ממון שלך חביב עליך יותר מגופך, כדי לעבור על המכס וללכת יחידי.

(קיג) אל תתן בלבבך קנאה שהיא חולה רעה שאין לה רפואה.

(קיד) אל תהי רגיל לא בשבועה ולא בנדרים, שהרבה רעות באות על זה.

(קטו) אל תרגיל לישבע על גופך או על נפשך, ואפילו על דבר אמת.

(קטז) אל תאחר לעשות תשובה שלימה ולבקש רפואה על נפשך.

(קיז) אל תעמול לרוח, ואל תשמע דברים בטלים.

(קיח) אל תכנה שם רע לחבירך, שהמכנה שם רע אין לו חלק לעולם הבא.

(קיט) אל תבטח בעושרך, כי הבוטח בעושרו מלקט שונאים ויכשול תחתיהם.

(קכ) אל תהי סרבן לאנשי עירך ובטל רצונך מפני רצון אחרים.

(קכא) אל תרגיל עצמך לאכול חוץ מביתך עם קבוץ הרבה שלא לסעודת

מצוה.
(קכב) אל תשכור גופך בשכרות יין, פן תהיה מגונה ותנבל את פיך ותתחרט.
(קכג) אל תכעוס באשתך ואם רחקת אותה בשמאל, קרב מיד בימין בלי איחור.
(קכד) אל תבזה את אשתך, וכבד אותה ותסירנה מן החטא.
(קכה) אל תהי רגיל לישב עם הלצים פחותי נפש פן יחטיאך.
(קכו) אל תתעצל לבקש חכמה, וליסר את חבריך בסתר ובדרך כבוד.
(קכז) אל תדבר בלא עתו ובדבר שאין בו תועלת, ושמור פתחי פיך.
(קכח) אל תדבר עם סכל ומשוגע, שלא יקבל דבריך ויבזה אותם.
(קכט) אל תהי כופי טובה, וכבד למי שפתח לך פתח לבקש די ספוקך.
(קל) אל תוציא מפיך דבר שקר וכזב, ותהי נאמן לכל אדם.
(קלא) שלא תתעצל להקדים שלום לכל אדם.
(קלב) אל תרגיל עצמך לעמוד כי אם אצל חכם, ושמע והאזן את דבריו.
עד־כאן.
הא לך כ"ג הנהגות של רבינו אשר ז"ל, וקל"ב אחרות שאם ירגיל בהן האדם, מובטח שאין חטא בא על ידו, ובא ליטהר מסייעין אותו מן השמים, עוד הוסיף לכתוב כ"ו הנהגות אחרות שחיברתי בימי בחרותי וסמכתיו על הפסוקים, וכאן אכתבם בקיצור נמרץ, כי אין כוונתי אלא על המוסר, ולפי שבאים על אופן אחר אייחד להן פרק בפני עצמו.

פרק יד

ימי הבחרות וימי הזקנה צריך אדם לערבבם יחד לטובה, רוצה־לומר שמה־שכתב אדם בבחרותו, יערבהו עם מה שכותב בזקנותו, שבאים הדברים מתוקנים ומוטעמים יותר כיון שעד שבא לכלל זקנה ראה ספרים אין קץ, ויש בידו על כל דבר ודבר חבילות חבילות של ראיות.

א' יראה אדם ביסורין הבאים עליו או הפרצה או תקלה, לחקור ולפשפש ולשקול בדעתו איך הם מדה כנגד מדה על עבירות שבידו, וזהו מביאו לענות אמן בעל־כרחו, שהשגחתו ית' על הכלל ועל הפרט לשלם לאיש כמעשהו, שאם לא יסתכל בדברים ויפילם על צד הקרי וההזדמן, מעולם לא יכול לחזור מעונות שבידו ולהטיח דברים כלפי מעלה שבאו עליו רעות על חנם, וזהו רמז שלמה המלך ע"ה באומרו עונותיו ילכדונו את הרשע ובחבלי חטאתו יתמך. ירצה כפי האמת עונותיו ילכדונו את הרשע, אבל הרשע כיון שאינו מפשפש בעונות שבידו ובחבלי חטאתו יתמך היסורין הקשי' שבאו עליו, ומטיח דברים ואומר אין משגיח, שהרי לחטא שהוא שוגג באו עלי יסורים שייכים לעון שהוא מזיד, אין זו כי אם שנופלים הדברים דרך מקרה, אך כשמפשפש הרשע במעשיו ומכיר עונות שבידו, מכיר שהעונשים הבאים עליו, הם בש[י]ק[ו]ל כנגד העון, ואז אין יכול לכפור שאין משגיח.

ב' יתרחק האדם מן הדברים שאם יסתכל בהם ימשך עליו מן ההרהורים והמחשבות הרעות, ועל זה היה משתבח איוב באומרו ברית כרתי

לעיני ומה אתבונן על בתולה. דלא קאמר בבתולה – לומר לא־מבעיא שעשיתי סייג לעיני מלהסתכל בבתולה, אף על־פי שאין האיסור חמור, אלא אפילו על הלבוש שעליה לא נסתכלתי וזהו על בתולה, ירצה מה שעל הבתולה.

ג' כשאוכל לא תהיה כוונת אכילתו להרבות בשר גופו להיות שמן ודשן ובעל קומה, כי אם יכוין באכילתו להבריא גופו לעבודת בוראו, וזהו רמזו שלמה המלך ע"ה על אומרו אל תהי בסובאי יין וכו'. ירצה מלבד האיסור להיות זולל וסובא הגורם לו רעות רבות, יש פינה אחרת לאוחזים במדה זו לכוין להרבות בשר גופם, ולזה מזהיר אל תהי בסובאי יין בזוללי לעשות בשר למו, לעצמם ולגופם, וזהו דקאמר למו שנראה מיותר, דהל"ל אל תהי בסובאי יין בזוללי בשר ודי. אלא אמר למו לרמוז מה דפרישית.

ד' יחשוב האדם תמיד בעונש הגדול של עבירות, וזהו יהיה לו סייג מלעשותם, וכמו שאמר שלמה המלך ע"ה, כי בעד אשה זונה עד ככר לחם וכו'. חוץ מפשוטו שהזנות מביא לאדם בעניות עד הצטרכות ככר לחם, ואפילו שיהיה עשיר גדול. יש־לומר עוד במעשה שהיה בעשיר מופלג שחשק באשה זונה ולא היה יכול לבא אצלה לפי שהיו מכירים בדבר, דאדם גדול מאי בעי אצל אשה עניה בערכו, מה עשה שינה את לבושו ולבש בגדי עני וגילה שער ראשו ויתנכר לכל מכיריו ועשה עצמו כחוזר על הפתחים, והיה בא לפתחה של זונה זו לזנות, וזהו כי בעד אשה זונה עד ככר לחם, ירצה בעבור להשיג הנואף לזונה, מבזה עצמו להחליף שמלותיו היקרים וללבוש בגדי עוני, ולהביא עצמו לחזור על הפתחים לשאול ככר לחם, יש פחיתות גדול מזה שמביא העבירה לאדם.

ה' יזהר אדם מעשות דבר שמורה הדבר שמתיירא יותר מבשר ודם מהקב"ה, וזה רעה חולה, והתורה החמיר בגנב מבגזלן, (שהגנב משלם תשלומי ארבעה וחמשה כשטבח ומכר ולא הגזלן) שהגנב מורה שמתיירא מבשר־ודם יותר מהקב"ה, ועל זה מתרעם הנביא, בית ישראל יושבים על אדמתם ויטמאו אותה בדרכם ובעלילותם כטומאת הנדה היתה דרכם לפני וכו'. כלומר עיקר התערומת שדרכם היתה לעשות חטאתם בסתר מיראת ב"ו יותר ממני, והוא כטומאת הנידה שהיא טומאה נסתרת, ידועה לבעלה בלבד לא לשום אדם, כך היתה דרכם לפני, היו נחבאים מכל אדם והיו עושים בסתר באופן שלפני בלבד היה טומאת חטאתם גלוים, היש כעס גדול מזה שמתיראים מב"ו יותר ממני.

ו' ישים אדם נגד עיניו תמיד, שאין הקב"ה עביד דינא בלא דינא, אלא כל דרכיו משפט אל אמונה ואין עול, וכשיראה איזה עונשים באים על האדם, אעפ"י שיהיה צדיק בעיניו, ידע באמת שבדין הביאה עליו, שאם לא ישרש בלבו אמונה זו, יבא לידי חילול ח"ו שהקב"ה פועל שלא כדין חלילה, או יתלה הדברים מבלתי יכולת ה', וזהו כונת פסוק ויבאו אל הגוים אשר באו שמה ויחללו את שם קדשי באמור להם עם ה' אלה ומארצו יצאו. ירצה ענין החילול הוא באומרם הגוים עם ה'

אלה, כלם צדיקים כלם חסידים, ומארצו יצאו בתמיה, אין זו כי אם מבלתי יכולת ה' שלא יכול להצילם מיד אויב, אבל אם היו מודים שהקב"ה עביד דינא וכל דרכיו משפט, לא היו באים לידי חילול זה.

ז' יזכור תמיד עונותיו ויהיו נגד עיניו, וידמה כל עונותיו מנגדים עליו, על־דרך וחטאתי נגדי תמיד. כלומר אמר דוד המלך ע"ה היה נדמה לי תמיד כאילו חטאתי היה מנגד נגדי תמיד וכו'. ובחושבו החוטא כך, ישמור שלא לחטוא עוד, וזהו רמוז בפסוק יחזקאל סי' ל"ו. וזכרתם את דרכיכם הרעים ומעלליכם אשר לא טובים וכו'. דקשה כיון שכבר אמר בפסוקים הקודמים וזרקתי עליכם מים טהורים כו'. ואת רוחי אתן בקרבכם כו' ושבתם בארץ אשר נתתי לאבותיכם וכו' והרבתי את פרי העץ וכו'. אם־כן מאחר שחזרו בתשובה לפניו וטיהר אותם, מאי וזכרתם את דרככם הרעים דקאמר, אלא הוא אשר דברנו, שצריך החוטא אחר ששב ליתן תמיד נגד עיניו עונות שעשה אשר עם זה יתבייש ויכלם ולא יוסיף למרוד עוד, לכן אחר ששבתם ואחר הטוב הנשפע מאתו ית' לכם, וזכרתם את דרכיכם הרעים, להיותם נגד עיניכם תמיד, ועל ידי כך ונקטתם תמיד על עונותיכם ומעללכם, ירצה תראו בעיניכם כי חייבים אתם כליה על העבר, וע"י כך לא תוסיפו לחטוא ותכירו החסד שעשה עמכם הקב"ה להטיב עמכם, אעפ"י שהרבתם לחטוא לפניו.

ח' צריך אדם להרחיק ממנו איזה מדה רעה שנשתרש בו – עד תכלית הריחוק, וירגיל בזה זמן רב עד שתתרחק ממנו, כמו חמדת ממון וכדומה, כי בעוד שהמדה מושרשת בו, עיכוב גדול שיוכל לחזור בתשובה, הלא תראה במלכים ב' סי' ז' גבי המצורעים גחזי ובניו, דכתיב ויבואו המצורעים האלה עד קצה המחנה ויבאו עד אהל אחד ויאכלו וישתו וישאו משם כסף וזהב ובגדים וילכו ויטמינו. דקשה מה מועיל להם מה שהטמינו כיון שהיו מצורעים, מחוץ למחנה מושבם, ואם־כן מה מועיל היה להם לבושי הכבוד והכסף שהטמינו, אלא שנשתרש בגחזי ובניו המדה שעליה נלקה, כי אלישע קללו – צרעת נעמן ידבק בך ובזרעך, על שחמד כסף ובגדים מנעמן כנודע, עכ"ז לא הסיר טומאתו ממנו, להפך טבעו מחמדת הממון, אף על־פי שלא היה לו עכשיו הנאה ממנו כיון שהיה מצורע, ואם הטמין עד לאחר שיתרפאו הוא ובניו, כאמרם רז"ל שד' מצורעים אלו היה גחזי וג' בניו, אם כן מי שירפא אותם יזמין אז להם כסף ובגדים, אין זו כי אם רעה חולה שנשתרשו במידה הרעה של חמדנות ולא יכלו להסירה מהם, לכן הרוצה לשוב בתשובה, אם יש בו מדה מגונה מושרשת בו, צריך להקדים להרחיקה ממנו, שאם־לא־כן מדה זו יגרום לו לחזור לכל מעשיו הרעים.

ט' ירחיק אדם מכל מחשבה פגומה בשעת הזיווג, שאם ח"ו פוגם, הבנים היוצאים ממנו הם בלתי הגונים, כנודע שהולד נוצר כפי המחשבה, והבנים בלתי הגונים מעכבים לאדם מעשות תשובה, כי מתביישים לחזור פן בראות אדם עושה עבירה צריך למחות בידו, ויאמר לו טול קורה מבין עיניך,

לכן כל זה מתתקן לטהר מחשבתו בשעת היחוד עם אשתו, וזהו כונת פסוק אבותינו חטאו ואינם ואנחנו עונותיהם סבלנו. ירצה הם חטאו במחשבה בשעת הזווג כמדובר, וזהו גורם שאנו בלתי הגונים, ואעפ"י שמתו ואינם בעולם, אנחנו עונותיהם סבלנו, וזהו אבל חטאנו אנחנו ואבותינו. ורצה מה שחטאנו אבותינו גרמו לנו.

י' יסתכל אדם תמיד במעשה הכסיל ויכיר גנותו, ובזה ירחק עצמו מאותו מעשה שלא לעשותו, שאדם עצמו העושה המעשה אינו יכול להכיר בגנות המעשה, כי כל דרך איש ישר בעיניו, אך בהיות המעשה באחר, יראה הרואה דופי המעשה ומתרחק ממנו, הרי נמצא שהכסיל הוא מלמד של חכם, שהחכם רואה מעשיו, מכיר בדופי שבהן ומתרחק מהם, הרי מכאן שהחכם לומר מהכסיל לתקן דרכיו, וזהו רמזו שלמה המלך ע"ה בפסוק אולת שמחה לחסר לב ואיש תבונה יישר לכת. ירצה למי שהוא חסר לב האולת שמורה היא לו, אך ואיש תבונה מבין בגנות מעשיו ומתרחק מהם, ובזה יישר לכת מיישר דרכיו ללכת בדרכי יושר..

יא' יתן נגד עיניו תמיד החסד שעשה הקב"ה במין האדם שאע"פ שמחומר קורץ, המשילו על כל הבריאה משא"כ למלאכי השרת ובזכות החסד הזה, יבוש מלהכעיסו כיון שהרבה להטיב עמו, לגדלו ממלאכי השרת, וזהו דקאמר המשורר מה אנוש כי תזכרנו וכו'. אמרו רז"ל קטרגו מלאכי השרת ואמרו מה אנוש וכו'. הכונה מה מלשון ונחנו מה שאמרו משה ואהרן שמיעטו עצמם יותר מאברהם שאמר ואנכי עפר ואפר כו'. ומלאכי השרת מיעטו לאדם בתכלית המיעוט ואמרו, כיון שמה אדם, שהוא דבר שאין בו ממש, למה תזכרנו ותפקדנו, ואומר דוד הכרתי חסדך ה' שעשית עם האדם, שאעפ"י שותחסרהו לאדם, והוא מעט מזער מאלהים, כי המלאכים הם רוחניים נצחיים, ואדם עפר מן האדמה, ונמצא ותחסרהו מעט מאלקים, ועכ"ז החסד שעשית עמו, תמשילהו במעשה ידיך כל שתה תחת רגליו כבוד והדר תעטרהו. מה שלא עשית למלאכי השרת, יש חסד גדול מזה..

יב' אל יחשוב אדם בקבלת שום שכר בעולם הזה מהמצות, שאם יחשוב כן, סופו לבעוט, שבראות שמרבה במצות, ואין מהן המשכת התועלת, בא לומר לית דין ולית דיין לשלם, אך יחשוב דשכר מצוה בהאי עלמא ליכא. והכל מוכן ומזומן לאריכות ימים של עוה"ב. וזהו רמזו שלמה המלך ע"ה בפסוק לב חכם לימינו ולב כסיל לשמאלו. דקשה דהחכם והכסיל הלב מצד שמאל. ועוד לב חכם בימינו הל"ל, מאי לימינו. אמנם הכונה שגביה תורה היינו הקב"ה, כתיב אורך ימים בימינה בשמאלה עושר וכבוד. והנה לב חכם נוטה לימין של הקב"ה, שיש בימינו אורך ימים שהוא שכר לצדיקים בעולם שכלו יום, בעולם שכלו ארוך. אבל לב כסיל נוטה לשמאלו של הקב"ה, דיש בשמאלו עושר וכבוד שהוא שכר עולם הזה, ולאיזה איש שעונותיו מרובים על זכיותיו לשלם לו שכרו בעה"ז לטורדו מן העולם הבא, והכסיל בעשות מצוה, פונה למה שיש

בשמאלו של הקב"ה, דהיינו עושר וכבוד שיתן לו בעולם־הזה בשכר המצוה שעשה, ולזה לא אמר בימינו בשמאלו, שאינו חוזר לחכם ולכסיל עצמו, אלא חוזר לימינו ולשמאלו של הקב"ה כדפרישית.

יג' יסתפק האדם בהכרחי ואל יבקש המותרות, פן יסורו אותו מאחרי ה', אלא ידמה לו המועט כהרבה, וכאילו יש בידו כל הטוב שבעולם, וזהו פתח לעבוד בוראו, כיון שאינו מוציא זמנו לבקשת המותרות, ורמוז זה בשמואל סימן י"ב, ולרש אין כל כי כבשה אחת קטנה. דקשה דהל"ל ולרש אין לו, מאי אין כל, אלא בא לרמוז על חסידות, הרש מסתפק במועט כהרבה, ואין שבידו נדמה לו כאילו כל טוב בידו, וזהו אין כל, ירצה האין נדמה לו כל, וכמו שמבואר אצלי על פסוק אין לשפחתך כל בבית, כלומר מה שאין לשפחתך שום דבר בבית, נדמה לי שכל בבית, כיון שבעלי הוציא הכל לצדקה לזון הנביאים שנחבא, וזהו גם כן הנאמר במן, ועתה נפשנו יבשה אין כל, ירצה במן היה טועם אדם כל טעם שירצה, אך בעין לא היה רואה כי אם דבר א', מן בלבד, ונמצא שאין בה כלום ויש בה כל, וזהו אין כל משום שבלתי אל המן עינינו ודו"ק.

יד' יתן אדם נגד עיניו תמיד, שעונותיו גורמים לו קצרות ימים, ונמצא שאם חוטא מאבד עצמו בידיו, לפי שכשחוטא קב"ה מקצר ימיו ואותם ימים שקוצר ממנו מוסיפים לצדיקים שהגיעו זמנם לפטור מן העולם ומאריך ימיו, ונמצא שטרח הרשע לבא בעולם להרויח חיים לאחר ולא לו, וזהו כונת פסוק אור צדיקים ישמח ונר רשעים ידעך. דקשה דהל"ל נר צדיקים כמו שאמר נר גביה רשעים, אמנם הוא אשר דברנו, שהקדוש ב"ה מקצר ימיו של רשע, ומוסיפן על הצדיק העוסק בתורה, שנקרא אור, כי נר מצוה ותורה אור. ושיעור הפסוק אור צדיקים, דהיינו התורה של צדיקים, ישמח כשנר של רשעים ידעך, כלומר שמתים בקצרות ימים, כמו שמחייב מלת ידעך שהוא קודם זמנו, והטעם משום שאותם ימים של רשעים, מוסיפים על צדיק, ויש לו עדיין זמן לעסוק בתורה, ולכן אור צדיקים, כלומר תורת צדיקים שמח, בזמן שנר רשעים ידעך ויוצא מן העולם.

טו' שלא יחלוק אדם על דבר שמועה שייכה מדברי עולם הזה, דאינו יוצא מזה כי־אם איבוד זמן, גם בשומעו איזה חידוש מן התורה שאומרים לו, אע"פ שלא ערבה לו, אל יבקש אופנים לסותרו ולומר לא כן האמת, רק יחזיק לו טובה שבא לומר לו חידוש, ויבקש ראיות להחזיקו, כי דרך של הכסיל בשומעו כל חידוש שיהיה, מיד חולק ואומר לא כן, וזהו מדה מגונה מאד, מביאתו לאדם להיות כפוי גם בטובתו של מקום כאמרם רז"ל, ורמוז זה בפסוק משלי שפתי חכמים יזרו דעת ולב כסילים לא כן וכו'. מי לא ידע דלב כסילים לא כן, אלא הכונה לומר בעת שפי חכמים יזרה דעת מחידושי תורה, ולב כסילים השומעים חולקים על השמועה ואומרים בלבם לא כן הוא האמת כמו שאמר, כי מדת הרשע לחלוק על כל דבר, כמו שמבואר אצלי בחיבור הדרושים אשרי האיש אשר לא הלך בעצת רשעים וגו' והיה כעץ

שתול וגו'. לא כן הרשעים. דקשה פשיטא דלא כן הרשעים, שאם יהיו כן כצדיקים מה הפרש יש ביניהם, אלא הכונה דוד אמר דכל מי שאינו הולך בעצת רשעים וגו' יהיה כעץ שתול וגו'. אמנם הרשעים אומרין לא כן שיהיה כעץ שתול על פלגי מים אשר פריו יתן בעתו וכל אשר יעשה יצליח, אלא יהיה כמוץ אשר תדפנו רוח, על כן שחלקו על האמת לא יקומו רשעים במשפט לא חיים ולא נידונין.

טז' אל יהא אדם מיצר מה יולד יום, אלא לעולם יהיו פניו שוחקות ובדחן, שזו מורה על הבטחתו בהקב"ה, ולכך הוא שמח תמיד, כי בוטח ביוצרו שאף אם יבוא רע, הוא ית' יתקנו, ועל כונה זו אמר אליהו לרבי ברוקא על שני אנשים בדחנין ומשמחים לדאוגים שמזומנים לעולם הבא, כדאיתא במסכת תענית, וכי בדבר זה קונה אדם עולם הבא – אלא שהיו בעלי הבטחה ומכניסים לאחרים למדה זו, ובעל הבטחה לעולם שמח, רמז לדבר "וטוב לב משתה תמיד". ירצה – מי שהוא טוב לב בוטח ביוצרו, לעולם הוא בשמחה כאילו עומד תמיד במשתה, אך מי שאינו בעל הבטחה, תמיד הוא עצב יומם ולילה, ועל זה אמר איוב למה יתן לעמל אור וחיים למרי נפש. ירצה – לעמל שיוצא לעבודתו עדי ערב ובלילה ינוח מטורחו, טוב לו שיהיה לעולם לילה ולא אור, ולזה אמר למה יתן לעמל אור, אבל למי שהוא מר נפש, שמרירתו עמו יומם ולילה ואין לו נחת רוח לא יום ולא לילה, למה לו חיים, טוב לו המות, וזהו וחיים למרי נפש, ירצה – ראוי שלא תתן לעמל אור ולא חיים למרי נפש.

יז' כשעושה אדם מצוה, יבין וידע שמתקנים עמה כל איבריו, שנכנס קדושת המצוה בקרבו ודוחה לחוץ טומאת היצר, ולכן יעשה אותה בשמחה רבה ובכל כחו שמעורר כונתו, על־דרך שאמרו רז"ל העונה אמן בכל כחו, קורעין לו גזר דינו וכו'. וכתב רש"י ז"ל בכל כחו ובכל כונתו, אלא דברי רז"ל אין יוצאים מידי פשוטן וכונתם לומר בכל כחו ממש, והטעם משום שהקול מעורר כוונתו, וע לזה בא רש"י ז"ל לפרש שטעם אמרם בכל כחו, שעל־ידי כך בא לענות בכל כונתו, ובחיבור אחר פירשתי קרוב לזה על אופן אחר, והטעם בעשות המצות בכל כחו ובכל כונתו, מתנענעים כל אבריו ומתקדשים, שהם כמספר רמ"ח מצות, ואם יש אבר שחטא בו ונגזר יסורין על אותו אבר, בזה יתכפר ותתבטל הגזרה ונמצא עשית מצוה בכחו ימצא חיים בכל איבריו, וזהו כונת שלמה המלך ע"ה באומרו, כי חיים הם למוצאיהם וכל בשרו מרפא. דדרשו רז"ל למוציאיהם בפה, ירצה העושה התורה בכחו להוציאה בפה, גורם לכל בשרו מרפא, שהקדושה נכנס בקרבו ומתרפאים כל איבריו אם חטא באיזה מהם.

יח' יתרחק אדם מעצלות בכל דבר וענין, כדי שירגיל אל הזריזות להיות מוכן וזריז לעבודתו יתברך, כי עצלה תפיל תרדמה במצות בוראו, ולהפלגת גודל הגנות של עצלות אפילו בדברים הגשמיים, אמר שלמה המלך עליו השלום, אגר בקיץ בן משכיל נרדם בקציר בן מביש. ירצה ראה דופי העצלות עד כמה מביא לאדם להכביד

איבריו כמת, כשהבן משכיל אוצר בקיץ, דהיינו בסוף הקיץ שמאסף פירות האילן, עדיין הבן מביש נרדם בקציר שהוא בתחילת הקיץ, שעדיין לא קצר תבואתו.

יט' יראה האדם במעשיו של רשע, כמה מהדופי יש בהן, שאפילו הוא בעצמו מודה ומעיד שמעשיו מגונים הם, אלא שאין יכול להסירם כיון שהורגל בהן, כאדם שלמ[ו]ד לאכול סם המות מילדותו, עד שהורגל בו מעט מעט ונעשה בו טבע, שיום שלא יאכל אין דעתו מיושב עליו, ואף על פי שיודע ומודה שהוא סם המות, אלא שהרגלו גורם לו, וכיון שכן בראות כל אדם שאפילו הרשע מודה בדופי מעשיו, איך ישמע לקול יצרו הרוצה הרגילו בהם, וזהו דקאמר שלמה ע"ה שש הנה שנא ה' ושבע תועבת נפשו. וי"ו שבושבע מושך עצמו ואחד עמו, כלומר שש הנה שנא ה' שהם עינים רמות וכו' וידים שופכות דם נקי כדמפרש ואזיל השש האמורות, ושבע שהיא משלח מדנים בין אחים, תועבת נפשו של רשע, אלא כיון שהורגל בהן, אינו יכול לעזוב הרגלו, אע"פ שמכיר ויודע בדופי שבהן.

כ' יתן אדם נגד עיניו תמיד חמלתו של הקב"ה עליו, שמצטער כביכול בצרתו על משפטי הדינים המעותדים לבא עליו כפי חיוב הדין, וכביכול אומר קלני מראשי קלני מזרועי. ואע"פ שאינו מגיע לו כלום מצדקתו של אדם או מרשעתו, דכתיב אם צדקת מה תתן לו, עם־כל־זה מצטער על צרת הרשע ומשמח בטוב הצדיק, וכיון שכן, איך יחטא האדם לפני אלהיו אשר כמה צער מצטער כביכול בעבורו, וזהו דקאמר שלמה המלך ע"ה, שאול ואבדון נגד ה' אף כי לבות בני אדם. שלכאורה נראה פסוק זה משולל הבנה, שאין שום שייכות רישא לסיפא, אמנם הכוונה שאול ואבדון, שהוא גיהנם מוכן למשפטי הרשעים, הם נגד ה', ירצה נגד רצונו, כי הוא הוי"ה בעל הרחמים, מצטער בצרתם של רשעים, ומזה הטעם אף וחימה יש לו, כביכול כשיש שני לבות לבני אדם, שהם יצר טוב ויצר רע, דרצונו שיהפך האדם יצרו הרע לטוב, כדי שלא יגיע לו שום נזק משום שמצטער מנזקו.

כא' יחשוב אדם בעת שבא לחטוא, כי לא לעצמו בלבד גורם רעה, כי גם לבניו גורם, ובראות כן יתגדל בעיניו צער בניו ויצטער וישוב אחור מלחטוא, שאדם מחבב לבניו יותר מגופו כנודע, דלזה כתוב והאלקים ניסה את אברהם, ולא קאמר ליצחק, לפי שיותר היה מרגיש אברהם מצער יצחק, ממה שהיה מרגיש יצחק בעצמו, ונמצא שהנסיון הגיע יותר לאברהם מיצחק. באופן שבהיות משים אדם נגד עיניו שעונו נופל על בניו, חושך עצמו מלחטוא. ורמז לדבר פוקד עון אבות על בנים וכו'. פוקד מלשון כי יפקד מושבך. ירצה חושך ומונע עון האבות, שלא יעשו אותו משבר על בנים, כלומר כדי שלא יפיל עונו על בנים, ולחמול אדם על בניו מונע עצמו מלחטוא.

כב' יחשוב אדם כשמוציא הוצאות לדבר מצוה, שמוציא פרוטה כדי ליקח דינר, שאז יעשה המצוה באהבה רבה, כי באמת כך היא המדה כאמרם רז"ל, אדם נותן לעני פרוטה, הקב"ה נותן לו פרוטות. וזהו רומז שלמה המלך ע"ה

בפסוק רודף צדקה וחסד ימצא חיים צדקה וכבוד, כלומר במקום שתים ימצא שלש, במקום צדקה וחסד ימצא שלשה חיים וצדקה וכבוד, בחיים כולל כל הטובות, ובצדקה כולל כל הגבורות, שמחיה מתים בצדקתו ומקרב גאולת ישראל, דכתיב שמרו משפט ועשו צדקה כי קרובה ישועתי לבא. ובכבוד כולל כל המעלות, כי למי שמכבדים אותו נותנים לו כל מיני מעלה.

כג' ייסר אדם בניו ובנותיו מקטנותם להדריכם וללמדם דרכי השם, ואל יאמר כשיתגדלו יעזבו מדותם הרעים, כי כיון שמרגיל בהם, נעשה לו טבע שני, ושוב לא יחזור ממדותיו הרעות ומדרכיו המקולקלים, וזהו שרמז שלמה המלך ע"ה באומרו חנך לנער על פי דרכו גם כי יזקין לא יסור ממנה, הכוונה אל יעלה על דעתך בן אדם, להניח לנער שיעשה מהרעות ממה שלבו חפץ, באומרך כשיתגדל יראה בגנות המעשים ויניחם, דע באמת כי גם כי יזקין לא יסור ממנה כיון שהורגל, ושיעור הפסוק חנוך לנער על פי דרכו, ותראה כי אף שיזקין לא יסור ממנה, וכיון שכן אל תבטח להניח בנערותו בדרכיו, אלא מיד שבט מוסרך עליו. ועוד אם הנחת אותו לעשות כל רע, סוף שישנא אותך והדבר בהפכו, וזהו כוונת פסוק חושך שבטו שונא בנו. כלומר לבסוף בנו שונא אותו על שלא ייסרו בקטנותו, אמנם ואהבו בנו כששיחרו מוסר.

כד' אם ראה אדם שיסורים באו עליו, לא נשאר מקום בגופו שלא נלקה, אל יבעט מתוך צערו, לומר אעשה מה שלבי חפץ, כי הנה עתה לא נשאר מקום פנוי בגופי שיביא עוד יסורין, כי יכול להכביד יסורין שעליו או להביא על ממונו ועל ביתו ועל ארצו. וזהו שמתרעם הפסוק על מה תוכו עוד תוסיפו סרה כל ראש לחלי וכל לבב דוי. מכך רגל ועד ראש אין בו מתום וכו' ארצכם שממה. הכוונה אמר הקב"ה בכל איברים הכיתי אתכם אולי תשובו, ואדרבא על מה תוכו עוד, ויתר מפעמים אחרים תוסיפו סרה באומרם כבר נלקה כל הגוף ואין לו מקום להביא עליו מכה אחרת, שהרי כל ראש לחלי וכל לבב דוי מכף רגל ועד ראש אין בו מתום פצע וחבורה ומכה טריה וכו'. ואם־כן על איזה אבר יביא מכה, על ארצכם ועל עריכם ועל אדמתכם. וזהו ארצכם שממה עריכם שרפות אש אדמתכם לנגדכם זרים אוכלים אותה וכו'. ועל־ידי כך אתם מתים בפחי נפש, לכן כראות אדם ריבוי היסורין באים עליו, יפשפש במעשיו ויתחזק בתשובה, לא יעלה על דעתו מחשבות הרשעים, כי ימות באין משפט, וברוב אולתו ינחול גהינם.

כה' יתרחק בתכלית הריחוק על להיות מקנא בהצלחת הרשעים בכל משלח ידם, וחביבים בעיני ההמון נשים וטף ורשעים כמותם, שקנאה מביאו לבעוט בכל מה שטרח כל ימיו מתורה ומצות, לבחור הדרך הרע אולי יצלח, גם לא יפתהו יצרו לומר הנני יושב עמהם ואיני עושה כמעשיהם, רק להשתתף עמהם בעבור הצלחתם, שכך דרכו של יצר הרע להתחיל בדרך היתר ולסיים באיסור. וזהו שאמר המשורר דוד המלך ע"ה אשרי האיש אשר לא הלך בעצת רשעים, כלומר הלך בתורת ה', ואשריו לו שלא פיתה אותו יצרו הרע,

לעמוד בדרך חטאים ולישב במושב עם לצים, להשתתף עמהם בעבור הצלחתם, אף שלא היה עושה כמעשיהם, כי אם בתורת ה' חפצו דווקא, ואפילו בדוחק ובצער סופו להצליח ולקיימה מעושר, שיהיה כעץ שתול על פלגי מים אשר פריו יתן בעתו וכל אשר יעשה יצליח, לא כן הרשעים שהצלחתם תתהפך כמוץ אשר תדפנו רוח, וכן הזהיר שלמה המלך ע"ה (משלי סי' כ"ג) אל תקנא באנשי רעה ואל תתאוו להיות אתם וכו' כי שוד יהגה לבם ועמל שפתיהם תדברנה. בחכמה יבנה בית ובתבונה יכונן ובדעת חדרים ימלאו כל הון יקר ונעים. הכוונה לומר אל תקנא באנשי רעה, כי לא יפול קנאה כי אם בראות בהם מצליחים, ועכ"ז אני מזהירך שאל תקנא באנשי רעה, וגם אל יעלה על דעתך להשתתף עמהם באומרך ואיני עושה כמעשיהם, ואל תתאו להיות אתם בחברה, שאדרבא יגיע לך הפסד לא ריוח, כי כל מה שמבטיחים לך הבל יפצה פיהם, כי שוד יהגה לבם ועמל שפתיהם תדברנה, לכן החזק במוסר אל תרף, משום כי בחכמת התורה יבנה בית, ובתבונה של תורה יתכונן, ובדעת תורה ומצות חדרים ימלאו כל הון יקר ונעים, לכן אל תקנא לבך בחטאים מסבת הצלחתם, כי הבל הוא ובזמן מועט, כי יש אחרית לרשע וצדיק פרוח יפרח כו'.

כו' ישים נגד עיניו יומם וליל, מאורעות הבאות על האדם מענין גילגוליו, ובזה יכיר מהותו וישפיל קומתו ויכיר שפלות ודקותו. והנני משים נגד עיניך כמה דברים שמתגלגל בהם נפש הרשע למען זכור תזכור שלא לחטוא להנצל מהצערות האלו, כתב בכוונות האר"י זצ"ל דף כ"ז ע"א המשמש מטתו לאור הנר, מתגלגל בשעיר עזים. המתגאה על הציבור מתגלגל בדבורה. שופך דמים מתגלגל במים, וסימן על הארץ תשפכנו כמים. גם מי שעונש עונו חנק מתגלגל במים. הבא על אשת איש מתגלגל ברחיים שטוחנין על ידי המים ושם נידונים שניהם האיש והאשה. מדבר לשון הרע וכיוצא מתגלגל באבן דומם. מאכיל נבלות לישראל מתגלגל בעלי אילן והרוח בא ומגלגלתו והוא צער גדול. מי שלא נטל ידיו גם־כן מתגלגל במים, וזה הוא סוד "אזי עבר על נפשנו המים הזדונים". גם מי שאינו מקפיד בברכת הנהנין, מתגלגל במים. משכב זכור מתגלגל בארנבת שהוא אנדרוגינוס ובאים זכר על הזכר. ובספר נשמת חיים במאמר ד' פרק י"ג דף ק"ס ע"ב כתב משם הרקאנטי שמביא בפ' נח ובפ' שמיני ז"ל: ויש מהמקובלים אחרונים המאמינים בגלגול הבהמות, אמרו שאם עשה אדם עבירה יתירה על זכיותיו, יתגלגל בבהמה טמאה, וזהו "וגרה אינה מעלה טמא הוא לכם", מי שאין לו גרה על זכיותיו, ואם מעלה גרה על זכיותיו, מתגלגל בטהורה, רק אם חטא בע"ז בג"ע וש"ד באלו הג', אפילו מעלה גרה יתגלגל בטמאה אם לא חזר בתשובה, וזהו סוד שפן גמל חזיר, ובפ' קדושים כתב ז"ל: כבר הודעתיך סוד הבהמות טהורות וטמאות, וקצת חכמי הקבלה האחרונים אומרים כי העובר על העריות סופו להתגלגל בבהמה טמאה או בשקצים ורמשים, ולזה רומז "ולא תשקצו את נפשותיכם בכל הרמש",

שבודאי יוכל אדם לשקץ נפשו בהם, וזהו "ויקוץ בם", ואמרו ז"ל בעונש הבא על חמותו סופו להתגלגל בחסידה וחברותיה יהרגוה. הבא על דודתו סופו להתלבש בכותית ותתגייר, וזהו דודתך כלומר שסופה לשוב לדתנו ולתורתנו. הבא על אשת אחיו סופו להתגלגל בפרד, שנאמר "ועיר פרא אדם יולד" על שהפריד הבנין של מעלה. הבא על א"א יתגלגל בחמור, וזהו סוד "כי תראה חמור שונאך עזוב תעזוב עמו". הבא על אשת דודו יתלבש באשה אשדודית. הבא על הבהמה יתלבש בעטלף כי נתעטף בדבר עבירה. הבא על הכותית יתגלגל בקדרה יהודית, שנאמר "וחייתם בקדשים". הבא על הנידה יבא בכותית המשמשות מטותיהם נדות, כי כיון שעבר אדם עבירה ושינה בה הותרה לו. הבא על כלתו יתגלגל בפרדה, הבא על שתי אחיות יתגלגל בקדשה כותית שיבואו עליה שני אחים, הבא על אשת אביו יתגלגל בגמל, וזהו שנאמר "גומל נפשו איש חסד ועוכר שארו אכזרי", שארו זו שאר אביך היא, והנה הוא חצוף בעריות וסופו להיות צנוע כגמל. הבא על אמו יתגלגל בחמירתה, וכלם דוקא אם לא שב בחייו, וכן אמרו שזהו סוד מה שאמרה תורה איש מבית ישראל אשר ישחט שור או כשב או עז ואל פתח מועד לא הביאו להקריב קרבן לפני משכן ה' דם יחשב לאיש ההוא דם שפך". ורמז לדבר "אדם כי יקריב מכם", כי לפעמים המקריב נפש בהמה עמה מקריב נפש אדם, זהו סוד "אדם ובהמה תושיע ה'", לכך נצטוינו בשחיטה, ובסכין בלי פגימה, כי מי יודע אם גלגול מבשר אחיו כשיש שם

גלגול נפש, וזהו סוד לא תאכל הנפש עם הבשר, ואמרו שבגלל הדבר הזה אמר דוד המלך ע"ה "הצילה מחרב נפשי מיד כלב יחידתי", והקב"ה רצה להראות לכל אדם דוגמת גלגול מאדם אל הבהמה, בגדול שבמלכים אשר מלך בכיפה, הוא נבוכדנצר הרשע שבעוד חייו חיותו, הורידו מכסאו והשליכו לשדה, והיה הולך על ארבע כבהמה ונדמה לכל הבהמות כבהמה, יען שלח לשונו ודיבר נגד עליון, ואחר כל קצף הזמן אשר קצף בו, חזר והודיעו שהוא האלהים, כדכתיב "ולקצת יומיא וכו'", ובזה נראה לפרש פסוק "לתאוה יבקש נפרד בכל תושיה יתגלע", ירצה בעבור התאוה שמתאוה האדם בעשיית העבירות, יבקש נפרד, שמפריד עצמו מאדם לבהמה, שמתגלגל בבהמה חיה ועוף ושקצים ורמשים, וזהו "בכל תושיה יתגלע", כי בגלגולים נחלש ומתיש כח נפשו החטאה, וכמו-שכתבו המקובלים ז"ל, שאע"פ שכשמתגלגל האדם בצורת אדם אינו יודע בגלגול ראשון, מכל-מקום כשמתגלגל בצורת בהמה חיה או עוף, יודע בגלגול הראשון ומצר ומצטער איך ירד משמים מצורת אדם לצורת בהמה, הרי מבואר כשיתבונן האדם בכל זה, יהיה לו סייג וגדר גדול מלמרות עיני כבודו, והנה הצגתי לפניך כ"ו סייגים שהנזהר בהם יסיר מעליו כל סיגים, והם במספר שם הוי"ה, כי מצד רחמיו המרובים, לא יחפוץ במות המת כי אם בשובו מדרכו הרעה וחיה, ואל יהא אדם קשה עורף לשוב, יסתכל בפרעה שנתקשה ונלקה במכות משונות עד שהוצרך בעל כרחו לשלוח לישראל לרע לו, שרדפו

אחריהם ונטבעו בים סוף, לכן אל תהיה כפרעה וכל עדתו, אלא שוב מיד אל אלהינו כי מרבה לסלוח, ועיין ברוקח באורך תיקון על כל עבירה.

פרק טו

יתעורר **המשכיל** ויעמוד **המבין**, לעורר את נפשו שידבר אל גופו וגופו ידבר עם יצרו.

וכה יאמר הנפש לגוף: גוף גופי הלא תדע רדיפת מצעך בקבר רימה, וכסותך תולעת, וכסת שתחת ראשך גוש עפר, וכיון שכן למה תרבה במאכלים להרבות בשרך להכין מטעמים לתולעים, ולמה תכין בגופך משכנות לנחשים ובתים לשרפים וחדרים לעקרבים ועליות מלאות כל טינוף לזבובים, ולמה את בונה מעיין מדמך להשקות כל שרץ על הארץ ונהרי נחלי מהתכת חלבך למצוץ מהם צפעונים, וחלונות שקופים אטומים מנחירי עיניך את פותח לחולדה פתוחות לחשך ואטומות לאור, ולמה אתה מעמיד עמודי מעצמות ארכבותך וזרועך להסתופף תחתיהם עכברים ומצלעותיך את כורת לוחות לישיבת צפעונים וגרונך מעפר לפתנים, ואזנך פשפשים ליתושים ופיך בית שער לכל זוחלי עפר ומעורקיך וגידיך את עושה חבלים לגררך לבור שאול ולטיט היון, ולמה את עושה צפורניך קרדומות לחתוך בהן עצי יער, להכין לשרפתך בגהינם, ופניך מאכלות לנקר בהם חלודת עונותיך ואצבעותיך יתדות לבקע כריסך לפלוט חוצה צואת פשעיך ולבער משם אשפתות זבליך אשר הרבת בריבוי מאכל תענוגי זנותיך, ולמה את מכין לשונך להיות חץ לזרוק בך לפלח כליותיך למה לא תחמול עלי, ולמה לא תרחם על צלם דמותך. עד כה יאמר ועד כה ידבר הנפש לגוף הנגוף.

והגוף ידבר עם יצרו וכה יאמר לו: מה לך יצרי תרדפני, ולאויב לך תחשבני, דע כי לא תהיה תפארתך מודעת ומפורסמת בדרך אשר תלך להלחם בי, שאתה אש לוהט ואני מוץ יסוער מגורן בכל עת, היתפאר האש באכול מוץ וקש, אתה רוח רעה חזק מאד ואני עשן מארובה הולך ואין חוזר, עוד היש לשבח לרוח חזק מפזר עשן. אתה ים סוער בזעם ובחמה, ואני קליפת אגוז או לוז וערמון בתוכה, שהוא דבר מה, היתפאר ים סוער שטבע קלפיה קטנה. אתה גלגל כולו ברזל בלא עץ ואני עפר דק ויבש, היתפאר גלגל ברזל לפרק עפר יבש. אתה גרזן חד ואני עץ נרקב ענף ושורש יחד. היתפאר הגרזן לחצוב עץ אכלו עש. אתה פטיש החזק משבר סלעים, ואני רך כמהין ופטריות, היש לשבח לפטיש המשבר כמהין, אתה מזויין בכל כלי זיין ואני חלוש וערום ובידי אין, היתפאר המזויין שנצח ערום וחלש. אתה נחש ממית ואני יונה הומיה, היתפאר נחש שנשך יונה חלושה. אתה ארי נוהם ופוסח ואני גדי נוסע, היש לשבח ארי טורף גדי. אתה נשר מתעבר ושוסע ואני צפור קטן וצולע. היתפאר נשר הורג צפור צולע ונשבר. אתה מלך זדוני ואני אביון ועני, בושת למלך להיות כועס על דל והלך. אתה זקן כועז ומתעבר ואני ילד הולך ועובר וכי ראוי שישוה זקן מלא דעת לדבר עם

תינוק מוחו דק כדלעת. וגם עם אנשים גדולים אין לך לדבר כיון שסופו תאכלהו תולעת, לכן יצרי אע"פ שאתה שנאתני, אני אהבתיך לתת לך עצה לבל יגיע לך בושת וכלימה מכל הצדדים, כאשר יעצו מלכות הנשים לאלכסנדרוס מוקדון כשהלך להלחם עמהן, אמרו אם אתה נוצחנו, מה גדולה מגיע לך לנצח נשים, ואם אנו נוצחים אותך, עוד כל ימי הארץ לא יהיה לך שם במלכים, ושמע לעצתם ונתרחק מלהלחם עמהן. גם אתה יצרי תן דעתך והתרחק מעלי כי לא תרויח כלום להלחם בי, שאם את נוצחני אין לך שום התפארות לנצח מוץ ועשן וקליפה דקה ועץ נרקב ועפר דק וערום וחלוש ודל והלך, ואם אני נוצח לך תכסך בושה ותלבשך כלימה ואל תבטח שאין החלש ממית את הגבור, דע מאמר רז"ל במסכת שבת פרק המוציא צד חמש אימות הם: אימת חלש על גיבור, אימת מפגיע על ארי (היא חיה קטנה שהיא מהלכת בין רגלי הארי וצועקת בקול גדול וממנה מתפחד הארי), אימת יתוש על הפיל, אימת סממית על עקרב, אימת סנונית על הנשר, אימת כלביא על לויתן (כלבית שרץ קטן), מאי קרא "המבליג שור על עז וכו'". הרי לך דברים קטנים וחלושים ממיתים גבורים גדולים וחזקים, וגם אתה כאחד מהם, וכמו שאמר רב עמרם ליצרו כשנצחו "אתה אש ואני בשר, ויכול הבשר לדחוף האש", כנודע מרז"ל ואם תרצה עוד איעצך לטוב לך, שתתחבר ביצרי הטוב להיותכם שופתים כשבת אחים גם יחד לעבוד לבוראנו יוצרנו וגואלנו, שאף שלפתות צווך, גם בשותפות זה ירצך, ושמוע זו ישכון לבטח ושאנן מפחד פתאום.

ומצאתי בספר באר מים חיים מענין הפטירה, וראיתי לכותבו כאן לחבר את האהל מהדברים המכניעים לבו של אדם לקנות יראה ואהבת המקום, וז"ל "הקבצו ושמעו בני יעקב, שנקראים בשם ישראל, שמעו והאזינו ואל תגבהו והתמהמהו ותמהו, השבעתי אתכם לטוב לכם, האספו ואגידה לכם אשר יקרא אתכם, מי האיש הירא ורך הלבב, אל יהיה שובב ילך באור ה' בעודנו עמו. בטרם בא יומו. וישוב לבית עולמו. פן ימות בימי עדנה. ולא ישיג ימי זקנה ואיש אחר יקח את כל אשר אתו וישלח בעמל ידו ולא ירד אחריו כבודו ולא יועיל בבניינו. ולא יצליח בקנייניו יעזבוהו רעיו ונאמניו. ולא יעזרוהו בניו. במותו בצאת נשמתו הם ישנאוהו. ולאויב יחשבוהו. ומתוכם ינידוהו ומבית יוציאוהו ועל לוח יסבלוהו ועל כתף ישאהו ולמקום ציה יוליכוהו ולמאה לארץ יורידוהו ובאבנים יסובבוהו, ושם יחיד יניחוהו וישכחוהו ולא יזכרוהו, והוא שוכב לבדו לא יהפך מצדו אל צדו ולא יריח באפיו באשו ולא תראנה עיניו. בהשתנות פניו ואזניו תחרשנה. וטוב להם שלא תשמענה. קולות התולעים בקרבו עולים ויורדים בו, שותים דמו ואוכלים חלבו ויכרתו עורו וימלאו גרונו וישתקשקו בלשונו על פיו יצאו ועל פיו יבואו וכלו כרקב יבלה, נמשל לאבן דומה ולא ידע מאומה, זה חלק ילוד אשה מכה אנושה. ישנה ולא חדשה. ככה משפט הראשונים וכן יקרה לאחרונים. כנערים ישישים. כאנשים כנשים. כאביון כמלך. כעשיר

כהלך. כנכבד כנבזה. כשמן כרזה. כמות זה כן מות זה. איפה חכמי הנבונים אשר היו לימים ראשונים. בבוא פקודתם. נבערה תבונתם. איפה הגבירים. אנשי השם הגבורים. על מרכבות הולכים, יצא דבר מלכות מלפניהם. ויעשו רצונם בכל מחניהם יחד על עפר ישכבו. ואל עפר שבו. זאת אחרית בשר ודם. וזה סוף כל האדם מרעה אל רעה יצאו. וערומים ילכו כאשר באו. מהבל לאבל משבר לקבר. מנגע לפגע. מחולי למות. מלילה לגיא צלמות. מעצבון לרקבון. ואין תחת השמש יתרון כי אם חסרון. מלבד לירא את ה' השם הנכבד והנורא שהוא משגב לעתות בצרה. אשר בידו נפש כל חי. אשרי השם את לבו בעוד רוח אלהיו בקרבו לבררה וללבנה ולהשיבה אליו כאשר נתנה. והוא ברוב חסדו יחזיק יד עבדיו לשמור מצותיו, אשרי שאל יעקב בעזרו שברו על ה' אלהיו" עכ"ל.

ירגיל אדם את עצמו בתפלה זו בכל יום:

ה' אלקים הפושט יד בתשובה לקבל השבים ומסייע לבא לטהר, פתח ידך וקבלני בתשובה לפניך, וסייעני להתחזק בתורתך ועזרני נגד השטן הנלחם בי בתחבולות ומתנקם לנפשי להמיתני, אל ימשול בי, ורחקהו ממאתים וארבעים ושמנה אברים שבי, ותשקיעהו בתוך מעמקי מים רבים, וגעור בו לבל יעמוד על ימיני לשטנו, ועשה אשר אלך בחקיך, והסר לב האבן מקרבי, ותן לי לב בשר. אנא ה' אלקי, שמע את תפלת עבדך ואל תחנוניו, וקבל את תשובתי ותחינתי ובקשתי, ויהיו לפני כסא כבודך מליצי יושר להליץ בעדי לפניך ולהכניס תפלתי באזניך, ואם בעונותי הרבים אין מליץ בעדי, ואין מלמד עלי זכות, חתור נא לי מתחת כסא כבודך ורחמיך וחסדיך, יהיו מליצי לפנים, ושמע תפילתי כי אתה שומע תפלת כל המבקש רחמים ממך, כי מקור הרחמים אתה ואין זולתך מרחם ומושיע, ברוך החונן ומרחם ומושיע חנם.

ויכוח האדם עם האדמה אשר ממנה לוקח ברוב אונים ואמיץ כח: הפך בשובו אליה יעלה חוח. ארץ ארץ פניך שחורות ודמותך מכוער בגוונו, אין פניך כמעשיך. ואין דמותך כגבורותיך. הנה ממך יוצא וגדל כל מין אילן. בקומה ובצביונים כל אחד במצב ועל כנה בגזרת אל עליון. יושב ברום חביון. יוצאים ומבצבצים ממך פרחים וציצין ומיני בשמים נרד וכרכום קנה וקנמון לפני מלכים לעלות. כל עצי בשמים מור ואהלות ומיני עשב מריח ומסוגל לרפואה. גדל בכל פאה גנות ופרדסים. ויער מגדל עצים במיני פירות מחולפות. במראיהם ובשיעורם ובריחם ובכוונם ובטעמם. ובצורם ומיני שושנים. מינים ממינים שונים. ופירות משובחים זו מזו משונים בטעם לשבח ובריח להלל כלהו ולברך ברוך שברא כל אלו, וברדת הטל על רפידת מצעך לילה ויום תצמיח חציר לבהמה ועשב לעבודת האדם ומאכל לאיש נרדם. שוכב על מטתו בטל מעבודתו ומתרבים ונובעים ממך נהרי נחלי מים יפים מים צנונים ומעין גנים ברא מים חיים לנפש עיפה להשיב ולהחיות בהם נפש כל חי. וממך יוצא המשי וכל הכנת המלבושים. מלכים ושרים

עליהם להשיב. לכסות בשר ערוה לכבוד ולתפארת. וממך כל אבן יקרה זכה וברה נופך יהלום וספיר. וכסף וזהב אופיר. כלל הכל ממך כל חמדה יוצא ובך כל איש חפצו עושה. ובראות כי כן האמת. ובתוכך נקבר כל מת. השאל ממך שאלות מדוע תתהפך מרחמן לאכזר במות אדם מלך ושר. גדול וטפסר. חתן וכלה. ועדה כלה. בהכניסך אכסנייא בצל קורתך למה לא תחמול עליהם וצלמות תכניס בהם. וחתנים וכלות המסתופפים בקרבך בקשוטי פארם. נכמר כתנור עורם. ובמקום רחיצת ידיהם במי וורדים לחלוחית סירחון בהם יורדים. ולבושי פארם בשבתך עמך משתחררים. ומיד מתחבלים. הולכים וכלים. מצנפת שעל ראשם נעשה קרעים מלאה כתמים. מטיפת הדמים תפארת העכסים והשביסי' מתהפכים רגבים גסים ובמקום נטיפות. מיני טנופות. ותחת הרעלות כוס תרעלות. והפארי' והצעדות והקשרים. מלוכלכות ברפש וטיט דרים. ובתי הנפש והלחשים. הפכת אותם לנחשים. הטבעות ונזמי האף. הפכת לחימה ואף. ולמה סדינים וצניפות ורדידים. שמתה תחתם קוצים ודרדרים. ובמקום מחלצות ומעטפות ומטפחות וחריטות גליונים רמה ותולעה פונים עולים ויורדים בהם במקום כיסוי מרוקי זהב שהיה עליהם ביום חתונתם וביום שמחת לבם, ככה את עושה לכלות וחתנים ולבנות ובנים החביבים והיחידים. נעים ונחמדים. ויונקים שדים. בך רפו ידים: ובמקום יניקת חלב ומיני מתיקה, נפלה עליהם השתיקה וזקן ונכבד בך תכביד אנשי המנוחה קנו בך כאב ולחלחלה ברתת צרורה ושבירה רבה בעצם השדרה כל ריחות וגוונים מתהפכים בך סרחונים. כלל העולה בחיי האדם את טובה ומשכלת. ובמות האדם את מתהפכת ארץ משכלת. השיבני נא על אלו שאלות שממך שאלתי. והדברים אשר חקרתי. כיון שמדותיך להטיב לשמור חיי האדם ולגדלו בכל מיני מאכלים ומלבושים ותענוגים במדת בורא עולם דקאמר תוצא הארץ דשא וגומר. איך ולמה תתהפך לאכזר להאבידו במותו ולהסריח ריחו ולהסיר יופיו ותפארתו ובגדי חמדתו כי לבי בוער בקרבי לדעת זאת, כיון דגמירי לן דטבא לא חוי בישא.

והאדמה תשיב אמריה בנועם דברים: בן אדם שמע בגדולתי וגודל קדושתי, אני אם כל חי הייתי, ממני יצאו כל באי עולם כעולים בסולם ואלי ישובו כולם. כל ימי עולם אני טהורה ומכלה כל טומאה ביד רמה. אין כתם בי, קדושה בקרבי, בי נגנזים כתבי הקדש שבלים, ובי הרבה שבילים, גניזת כלי המקדש והארון ביום אף וחרון, ובוראי שמני פקיד נאמן להחזיר הגופות בכל זמן שיחפוץ להחיותם. ומשאול לעלותם. ואני שומרת מצותי "תדשא הארץ דשא" להוציא כל מין על פי מאמרו, ולברך שהכל נהיה הדברו בי נגנזים הגופות הקדושיםף בצביונם ובתואר יופים יושבים כחיים ממש, שוכבים במשכנים ואינן משתנים. ובשפתותיהם שונים כמעשיהם בחיים חייתם. בהיותם במושבותם. יעיד עלי תנא וגדול מעוז ומגדול. רבי בנאה הצדיק שלא הוציא זמנו לריק. ובא למדוד מערת שוכני חברון. בזריזות ולא בשברון וראה

לאבות במערה. ברוב אורה. וגלגל עקבו של אדם הראשון מכהה גלגל חמה. ופניו כשושנה אדומה. עוד תוספת נמצא בי, ממני לוקחים עפר לכסות דם עוף וחיה ולהשקותו לסוטה לבער יונה פותה. ואם הקב"ה קללני "ארורה האדמה". לא בי מצא דבר מה. כי הנחש הרשע גרם על אשר עם חוה נתן ונשא. והוא עונו ישא. כי שם מות בקרבה. ובהדי הוצא לקי כרבא, ובהיות כל זה ששמעת. למה בי עון שמתה. שאני מכלה הגויות. כעדות כל פיות. שקר מעידים. כמנהג כל זדים. כי הם המלכים (נ"ל דג' המלחים, והם נוהגי הספינות) עצמם, כי העולם אשר הלכת עליו בחיים חייתך דומה לספינה בלב ים בגלים ודכים. והדרך אשר הלכת בו. אבדון נתיבו. ומלאת את הספינה משאות גדולות מטומאת רשעתך. ומשקים מלאים מחלאת זדוניך ונכנסת עם כל זה על כני. וטמאת את משכני. והסחורה שהבאת עמך מלאה הספינה גפרית ומלח ותצא אש משם ואילך, עד שהגיע אצלך. ועל עשנו ונשתחרר פניך והאש תתיך חלבך ודמך ונקרש כטיט וירם תולעים ויבאש ונפסד בגי חמדתך, נמצא את הגורם בנזקך ובחורבן גופך. ומה עלי תרעומתך, הישר דרכיך. ובבואך בקרבי תשוב לימי עלומך. כחתן שוכב על מטה חמודה. ישן וחולם כיושב בתוך קהל ועדה. במיני עדונים וקול נגונים. לכן בן אדם עצתי קח, טהר מעשים וכשיאמרו לך קרב הלום. תשכון בקרבי בשלום. הבט וראה ישראל כשהיו במצרים בלא תורה ומצות היו טבועים בכובד השעבוד בחומר ולבנים דחופים וסחופים ויהי בשלח פרעה את העם ונקרע לפניהם הים. ויאמינו בהשם ובמשה עבדו. ונתקדשו בתכלית הקדושה, זכו לבא להר סיני וקבלו אש דת. והיו אוכלים המן לחם הנבלע באברים וקנו מדריגת הרוחניות, וכשמתו לא שלט בהם רמה ותולעה ולא כהתה עינם ולא נס ליחם והיו פניהם אדומים כי לא נשתנה תואר צלם דמות תבניתם. דומים כשוכבים על מטתם כדאמרינן בפרק בבא בתרא פרק המוכר את הספינה, אמר רבה בר בר חנה, אמר לי ההוא טעייא, תא ואחוי לך מתי מדבר, אזלי וחזיתינהו ודמו כמאן דמיבסמי' (שהיו שוכבים בפנים צהובות כשתויי יין) וגנו אפרקיד (פניהם למעלה) ע"כ. הרי בן אדם, שאין הארץ מבלה ומכלה גופות הקדושות, רק ברשעים שוטל הריקבון והכליה מסבת טומאת חלאת עונותיהם. שמכניסים עמהם. וזהו הגורם להם כליון חרוץ, נמצא הם מכלים ומבאישים את עצמם ולא אני כי האדמה ברא הבורא לא להמשיך ממנה רעה. כלל העולה שהאדם בידיו גורם מיתה או חיים לעצמו. עד כאן תשובת האדמה. לאדם אשר להבל דמה. ומייעצת ומדרכת לתת חיים להולכים בה.

ואני המחבר הנני מציג לפניך צוואת של רבי אליעזר הגדול זלה"ה להורקנוס בנו, להדריכו בדרך הטוב והישר הנקרא אורחות חיים, ובעבור היותם דברים מזוקקים ומתוקים מנופת צופים יקרים ונחמדים מפנינים ומכל חפצים, אייחד להם פרק בפני עצמו.

פרק טז

ישמחו הצדיקים ויגילו החסידים אשר מניחים אחריהם דברים שבהם ידע ויכיר האדם לעבוד לבוראו, הביטו וראו רבי אליעזר הגדול ז"ל מה שצוה להורקנוס בנו, להאירו בדרכי קונו וכיון לזה סמוך למיתתו, כי הדברים אז מתפעלים לשומעיהם עוד, כיון דשכינה למעלה ממטתו של חולה כאמרם רז"ל, ולמד כן מיעקב בחור שבאבות שצוה לבניו סמוך למיתה מהטעם הנזכר. והקדושים שבכל דור אחזו דרכו.

אמרו, כשחלה רבי אליעזר הגדול ז"ל, נכנסו חכמים אצלו, כיון שראה אותם אמר, תמה אני על חכמי הדור אם ימותו מיתת עצמם, אמרו לו רבי למה, אמר להם מפני שלא שמשתם אותי, לאחר כך נכנס רבי עקיבא בר' יוסף, אמר לו מפני מה לא באת לשמשני, אמר לו מפני שלא היה לי פנאי, אמר לו עקיבא תמה אני אם תמות מיתת עצמך, באותה שעה נתחלחלו אבריו של רבי עקיבא ונמס דמו בקרבו, אמר לו רבי, מיתתי מאי, אמר לו שלך קשה מכלם (מפני שלבך פתוח כאולם, ואילו שמשתני היית למד תורה הרבה) אמר לו רבי למדני, באותה שעה שנה לו שלש מאות הלכות פסוקות על בהרת עזה כשלג (בהלכות מראות נגעים). קרא להורקנוס בנו וישימהו על צד ימינו, בכה רבי אליעזר ואמר, בני עד היום הייתי מתנהג עמך ברוגז ולא הסברתי לך פנים כדי לכוף אותך ביראת קונך, ועתה בני הנני הולך בנועם ה' והדרו, בא ואלמדך אורחות חיים: פתח רבי אליעזר ואמר, ה' שמעתי שמעך יראתי וגו'. בני שים נא כבוד לה' ותן לו תודה, וזכור כי מחומר עשאך והוא הוציאך לאויר העולם וכוננך בעצמות עצם אל עצמו, והכניסך בעולם הזה, ואתה לא הכנסת בו, כי הוא אינו צריך לך ואת צריך לו. בני, אל תאמן בעצמך עד יום מותך, הלכתא כרבנן הלכתא. אבל אל תאמן עצמך בשלות גופך בעולם הזה. כמה שכבו על מטתם ולא קמו. כמה שכבו על מטתם שמחים וטובי לב וקמו בחלאים רעים, כמה שכבו על מטתם בריאים וקמו במכאובים רבים. בני הוי זהיר להתאבק תמיד באבק עפר רגלי החכמים, ואל תסמוך על דעתך ואינך רשאי לומר קבלו דעתי. בני, ירא את ה' אלהי אביך ועבדהו, והוי זהיר בקריאת שמע של ערבית ובתפלה של שחרית, כמו־שאמר דוד המלך ע"ה ערב ובקר וצהרים אשיחה ואהמה וישמע קולי. כמו שתקנו אבות הראשונים. ותפלת ערבית שים תחלה לכל התפלות, כי יעקב אבינו תיקנה, והקב"ה עשאו ראש לכל האבות, שנאמר והנה ה' נצב עליו ויאמר אני ה' אלהי אברהם אביך ואלהי יצחק. בתחלה הזכיר שמו הקדוש עליו, ואח"כ אלהי אברהם ואלהי יצחק. בני תהא קל כצבי, ואל תהי עצל לקרוא קריאת שמע בעונתה, ואל תעכב אותו לשיעור דרבנן, כי הזריזין והזהירין מקדימים למצות, וכל הקורא קריאת שמע בעונתה נותן כבוד לבוראו. בני הוי זהיר בקריאת שמע שעל מטתך, ולקדש עצמך ולברך לבוראך, ושכבת וערבה שנתיך ולאחר שתקדש עצמך בזה, אל תספר בדברים בטלים ואל תספר עם אשתך בדבר אחר, הואיל וכבר קדשת עצמך בקדושת קונך, כי

נשמתך תעלה ואינך יודע היאך יקבלו לעמוד לפניו, והקיצות היא תשיחך. בני, הכהנים נכנסים לאכול בתרומתם ונשמתך עולה באותה שעה, אם תזכה תכנס ביניהם, ואם לאו ידחו אותך לחוץ. בני, כשתעור תשנתך בחצות הלילה, אז תספר עם אשתך בקדושה ואל תנבל את פיך אפילו דרך שחוק, כי אתה עתיד לתת דין וחשבון על שיחה שבינך לבין אשתך ובהקיץ משנתיך אל תפנה לבך בהרהורים רעים, כי ההרהור מביא לידי מעשה, הנה מה טוב ומה נעים כשהקב"ה נכנס עם הצדיקים, שתהיה מצוי בתוכם למשוך חוט של חסד עליך להיות גורלך עם הצדיקים בגן־עדן, ואם תזכה ותהיה עמהם אשריך וטוב לך. הוי זהיר בכלי של מים סמוך למטתך, וכשתקום בבקר אל תקח חלוק ללבוש קודם נטילת ידים, לא מידך ולא מיד אחר שלא נטל ידיו, כי רוח הטומאה שורה על הידים ואל תעביר אותה על עיניך, פן יכשלו רבים במראית עיניך כי אין ברכה שורה בראיית עין שקבל טומאה, ואי עביד להסתכל בשונאו, שונאו נמלא ואוהבו נכשל. הוי זהיר לנקות גופך ולפנות דירת נפשך שלא תשקציה ואל תגרום להיות נמאס. בני הוי זהיר בנטילת ידים, כי נטילת ידים בכלל הדברים העומדים ברומו של עולם, וכל המזלזל בנטיל תידים, הרי זה מנודה לשמים, וכל־שכן שאין לו חלק לעולם הבא. וכשתרחץ ידיך זקוף אצבעותיך למעלה וברך ליוצרך ואל תברך עד שתהיו הידים נרחצות, כי אסור להזכיר קדושת שמים בלכלוך הידים כשהם מזוהמות, ואל תטול ידך ממי שלא נטל ידיו. בני, אל תלבש בגדיך בלא ברכה, כי כשם שנהנה האדם לתת אוכל לנפשו וצריך לברך, כך צריך לברך על הנאת המלבוש בכל עת שלבש, ומי שלא ברך על מלבושיו, ילבש ברימה וגוש עפר בקבר, וקשה אותה רימה כמחט בבשר החי. בני הוי זהיר להתעטף בעטיפת מצוה (טלית מצויצת), כסוי מצוה על גוף צדיק ינוח, וכל מי שאין לו כסוי מצוה על לבושו בגופו, קרא לבושו בגד בוגדים בגדו. כי מעיד עדות שקר בעצמו. בני הכון לקראת אלהיך ושים עטרת תפארת בראשך כשמן הטוב על הראש שהם התפילין, שם יוצרך ולוית חן הם לראשך, וראו כל עמי הארץ כי שם ה' נקרא עליך ויראו ממך. וקשור על זרועך חותם תבניתו, הוא מראה דמות כבוד ה'. בת קול יוצאת בכל יום ואומרת, הכירו נושאי כליהם, שלשה מלאכים הולכים לפני האדם באותה שעה ומכריזין ואומרים תנו כבוד לדיוקנו של מלך ששכינת אל על ראשו. ואומר עבדי אתה ישראל אשר בך אתפאר. בני אל תשכים בבית חבריך להזכיר עליו שם שמים לברכו, כתיב תחת שלש רגזה ארץ. ואחד מהם שפחה כי תירש גבירתה. וכל המברך נשמת חבירו קודם ברכת השם, מוריש לשפחה ירושת הגברתה.

בני, הוי זהיר שתהיה מי' ראשונים בבית הכנסת, להיותך נוטל שכר כנגד כולם, כנגד כל העשרה, כנגד כל הבאים, הלכתא כרבנן הלכתא. אלא נוטל שכר כנגד כל העשרה, וכל אחד מי' הראשונים שכרו כנגד כולם, והם כלל מאה. וזהו שנאמר "ומשחרי ימצאונני". בב' נונ"ין, אשרי הנמנה מהם. בני, כשתכנס לפני בוראך תכנס

באימה וביראה, וכשאתה מתפלל, דע לפני מי אתה עומד. בני, כל עצמותיך תרגיש לקדיש ובקדושה בכח גדול לכוף יצרך אצלו, משום כל עצמותי תאמרנה ה' מי כמוך מציל עני מחזק ממנו. ומשום תנו עוז לאלהים. למנצח בנגינות. בני, אל תשוח שום שיחה בבית המדרש, והט אזניך ושמע דברי חכמים, ואל תהי בז לכל דבר ואל תהי בז לכל אדם, כי כמה מרגליות ימצא באפקריסותו (בלבושו התחתון, והוא פתוח בכתפיו וכשלובשו קושרו) של עני, אין אדם נכנס בתחומו של חבירו, ואין אדם יכול לחדש דבר בתורה שחבירו מזומן לחדשו, כי הכל מוכן לפניו מיום שהתורה נבראת. בני, הוי זהיר לבקר את החולה, והמבקרו גורם להקל חוליו, וראה להשתדל עמו לשוב לקונו והתפלל עליו ובא. אל תכביד עליו ישיבתך, כי די לו מכובד חוליו. כשתכנס לחולה תכנס אצלו בשמחה ודבר עמו בשמחה, כי לבו ועיניו על הנכנסים עליו. בני, הוי זהיר בהוצאת המת לקוברו ולהכניסו ביד קונך, כי מצוה רבה הוא עליך, וכל העושה חסד חנם, הקב"ה עושה עמו חסד חנם. בני, הוי זהיר לנחם אבלים ולדבר על לבם כי לא היו ראוים להענש חבריו של איוב, אלא על שאמרו דברי קנטורין ולא דברי נחומים, דכתיב ולא דברתם אלי נכונה כעבדי איוב. בני, טוב ללכת אל בית האבל מלכת אל בית המשתה לתת מוסר בנפשך ולשפוך דמעות מעיניך, כי כל השופך דמעות על אדם כשר, לא ישפוך דמעות על בניו כשהם קטנים. בני, הוי זהיר בהכנסת כלה לחופה ולשמח חתן, שכל המשמחו כאילו קבל תורה מהר סיני, שנאמר ויתן אל משה ככלותו. כלתו כתיב ודאי, יום שנתנה תורה כיום שנכנסה כלה לחופה. בני, הוי זהיר לכבד לעני ולהפיק לו נפשך ולתת לו מתנה בסתר ולא בפרהסיא, והאכילהו והשקהו בביתך והעלי' עיניך מלהסתכל בו כשהוא אוכל, כי נפשו רעבה, ותיטוב עליו אוכל. בני, אל תדכא לעני בדבריך, כי ה' יריב ריבם, ועון זה גורם לכמה קנטורין למעלה, לגלות חטאיו לרעה, ומליץ לא נמצא עליו, וכל העושה כרצונו ודברים טובים, מונה לו כמה פרקליטין למעלה, וכולם מליצים עליו לטובה. בני, התקן צדה לנפשך, והדלק נר להאיר לפניך, ואל תניחהו להאיר לאחריך, שמא לא יוכלו אחריך להאירו, ואפילו שהוא לאחור, לעולם לא ידליקוהו ותשאר אתה בנשף בערב יום באישון לילה ואפילה (נ"ל שרמז בזה שיעשה צדק' בממונו בחייו שיהיה מאיר לו לעולם הבא, כד"א והלך לפניך צדקיך. ולא יניח המעות אחריו, לומר שלאחר מותו, בניו יתנו ממנו צדקה, כי שמא לא יתנו) בני, אל תאטם אזנך מצעקת דל, למען ישמע ה' את קולך בזעקתך. כי כל האוטם את אזנו מזעקת דל, גם הוא יצעק ולא יענה:

בני, בכל תפלתך שים עצמך עני ואביון לפני בוראך, כי כמה הם מקטרגי' עליך כאשר ידע יעקב הענין, ראה שעשו דוגמתו למעלה, מיד אמר ויהי לי שור וחמור. כעני ואביון. ודוד המלך ע"ה אמר הטה ה' אזניך ענני כי עני ואביון אני. כיון שעבר היום, ובמקום העניות הכניס עצמו בחסד בוראו, שנאמר לאחריו שמרה נפשי כי חסיד אני. וקיים בעצמך אל תתהדר

לפני מלך. בני, הוי זהיר בעונג שבת לפי כחך, ולענגו במאכל ובמשתה ובסעודת הלילה אל תשים עצמך כעני, כי אם יותר מיכולתך, והיזהר בסעודה השלישית, והוי זהיר בדבורך ביום השבת, כי על כל אלה אתה עתיד ליתן דין וחשבון. בני, אל תכנס לביתך פתאום, וכל שכן לבית חבירך, ואל תטיל אימה יתירה בתוך ביתך, כי כמה רעות גוררת האימה. בני, הסר כעס מלבך, כי הכעס בחיק כסילים ינוח, ואל זר שורה על ראשם. בני, אהוב את החכמים ורדוף אחריהם והשתדל לדעת לבוראך, כי גם בלא דעת נפש לא טוב. והוי זהיר לתת שלום לכל אדם, ודבר אמת. בני, הוי זהיר להיות צנוע בבית הכסא, ואל תפרע עצמך במקום מגולה, והוי צנוע בדבר אחד. בני, כשתשב על שולחנך לאכול, דע שאתה יושב לפני המלך, אל תהי חצוף ובלען. בני, הוי זהיר במים ראשונים ובמים אחרונים, כי שניהם לצורך, כשאוכלים בני הסעודה ואתה שותה, אל תרים קולך בברכת היין ואל תשיח בתוך הסעודה ואפילו בדברי תורה, והוי זהיר בדברי תורה לומר על השלחן, וכן שלחן שאין עליו דברי תורה נקרא קיא צואה בלי מקום. בני, הוי זהיר כשתכנס לחולה ואין לו, אל תכנס בידים ריקניות, כשיקום הוי מקדים לו המאכל ויחשב עליך כאילו את מקיימו ומשיב נפשו וגמולך ישלם לך נורא. בני, אל תגלה סודך לאשתך, הוי נאמן רוח אצל כל אדם ואל תגלה סוד בריבך עמו, כל־שכן בהיותו בהשקט עמך. בני, הוי זהיר לאכול את העשבים ואל תשאל מבני אדם, וכשתשאל תשאל ליוצרך כי בידו הכל. בני, תבחר מחנק נפשך ואל תצטרך לבריות, והוי זהיר להיות ל דבנים ולגדל לתלמוד תורה, כי בשבילם תזכה לחיי עולם הבא, והוי זהיר מאשתך מחתנה הראשון (במסכת פסחים אמרי לה משום חשד, ואמרי לה משום ממון, ואיתא להא ואיתא להא). ואל תמנהו אפוטרופוס בביתה ואל תקרב לאשתו סמוך לוסתה והרחק מהכיעור ומן הדומה לו, ואל תלך אחרי אשה בשוק ואל תעבור בין ב' נשים, והוי זהיר שלא תקפיד לחכם שחמתו חמת עכשוב וחמת צפעוני שאין לו לחש, חמתו מות ורצונו חיים. בני, אל תלך יחידי ואל תדין יחידי ואל תעיד יחידי, ואל תהי עד ודיין כאחד, כי אין יחידי ודיין זולתי אחד. בני, הוי זהיר מזעקת יתום ואלמנה, כי הוא אבי יתומים ודיין אלמנות. אל תהי להם קובע הואיל והוא קבע כל טוב שלהם, על־כן הוא קובע את קובעיהם נפש. בני, כל חטאתיך שים במשקל ותשובתה במאזנים ישאו יחד, ואחרי כן תן וידוי ותפלה להכריע השקל. בני, התרחק משכן רע ומאדם ששמועתו רעה, כשם שאומרים עליו מלמטה כך אומרים עליו מלמעלה. בני, בנפול אויביך אל תשמח, פן יראה ה' רוחע בעיניו והשיב מעליו אפו. אבל אם רעב שונאך האכילהו לחם. בני, אל תרדוף אחר השררה, כי הכל גזור מלמעלה ולכל אשר יחפוץ יתננה, בכל יום קורא הקב"ה על זה בעצמו, ראו קראתי בשם. שנאמר ראו קרא ה' בשם בצלאל. בני, אל תבי כזבוב לחבריך על נגעו, שמניח מקום בריא ושורה על הנגע. כסה לחבריך על נגעו ואל תגלה קלקולו לעולם. בני, הוי רץ

לדבר מצוה ולא תהי המצוה קלה בעיניך ואל תאמר זו קלה וזו חמורה, שאינך יודע מתן שכרן של מצות, כל מעשיך יהיו לשם שמים, בני, אל תהי צדיק הרבה ואל תרשע הרבה, ואל תהי ביישן הרבה ואל תחמול על הרשע המקלקל שורות חכמים, אל תהי ביישן הרבה אפילו לשתות מים הנשארים מפיו של חבירך, כי ההבל יוצא מבית חללו ואינך יודע איזה חולי בגופו, בכל דבר הוי ביישן ובמקום דהיזק שכיח אל תהי ביישן. בני, לעולם הוי מנבל עצמך בבית במדרש ואפילו ששחקו עליך חבירך. בני, אל תשב בחבורת האומרים גנאי על חבריהם ובעלי לשון הרע, כי כל הדברים עולים ובספר נכתבים, וכל העומדים שם נכתבים חבורת הרשע חבורת לשון הרע. בני, אל תשתה מים שאולים. אל תאכל מיד כל אדם, הוי משתין בפני מאה ואל תשתה מים בפני אחד. בני, אל תבשל בקדרה שבישל בה חבירך (כלומר שלא תקח אשה אלמנה) וכל־שכן אם בשלו בה שנים ונסתלקו מן העולם, כי כבר מלאך משחית מכיר בה. בני, הוי זהיר באשה שאינה הגונה לך, אוי לו לפוסל את זרעו, אבשלום גרם כמה רעות לישראל, רדף אחר אביו להורגו ושכב את נשיו. אדוניהו אחיו הפליג על המלוכה ובקש לאשת אביו. בני, הוי זהיר שלא תשמש מטתך בשעה שהיא מנקת את בנה ואל תניח בנך בעריסתו יחידי בבית בין ביום בין בלילה. בני, אל תהי ישן בלילה יחידי בשום בית, כי בדברים אלו לילית מזומנת להזיק וכיון שאוחזת לאדם או לתינוק היא מוציאתו מן העולם.

בני, הוי זהיר לגדל בנך לתלמוד תורה ולא תסלקם ממנה, שכל המסלק בנו מן התורה יסתלקו ימיו מן העולם, מפני שהקב"ה בוכה עליו בכל יום ויום. בני, הוי זהיר שלא תשתה מים מגולים בלילה כי מקטרגים משתכחים בעולם ובהם נוקשים בני אדם כצפרים בפח. בני, אל תשב בצל החמה בימי תמוז ואב וכל־שכן שלא תישן, ואל תישן לאור הלבנה, ועל־זה נאמר יומם השמש לא יככה וירח בלילה. ביום מפני קטב מרירי ובלילה מפני אגרת בת מחלת, וכל שכן כשהלבנה בחידושה, ה' ישמרך מלכ רע ישמור את נפשך, השם ישמור צאתך מעתה ועד עולם. בני, אל תאכל בשר שנסנסה בעור שמסתלקת ההבל, בין צלי בין מבושל, ואל תאכל תבשיל מקדרה שלא בשלו בה שלשים יום. בני, הוי זהיר מכל מאכלך לתת חלק לבוראך והחלק שלו הוא של עניים, לפיכך טול מן היפה שיש בשולחנך לתת לקונך, ואל תקלל חרש ויראת מאלקיך. בני, דע כי בטחון הצדיקים הוא הטוב הגנוז מבחר תבל ארצו, והוא מקום גנוז וסתום ואין כל בריה יכולה לעמוד באותה מקום זולתי הרוחות הקדושות הטהורות המזומנות ליכנס לאותו מקום והמקום הוא מטע שעשועיו של הקב"ה, ונראה קודם שנברא העולם, אינו מן העולם הזה. תם ונשלם שבח לבורא עולם.

ואלה הדברים שהייתי נזהר בהם אני המחבר, וראיתי לכותבם ומועילים הרבה לכל אדם ובפרט לתלמיד חכם שלא יבא חילול ה' על ידו, בני, הוי זהיר כשתבא בבית חבריך, אל תרים

עיניך לראות בכלי ביתו ולא בשום דבר שבבית וכל־שכן שלא תסתכל בפני אשתו ובנותיו, גם לא תשפיל עיניך כל־כך יותר מן הראוי, שגם זו רעה חולה שנראה כערמה שיחזיקוהו חסיד, וכשתאכל על שולחן חבירך, אל תשבח מאכל שאכלת בבית אחר, שנראה שאתה פוסל מאכלו, וכל־שכן שאל תאמר מאכל זו מוטעם וזו לא. אל תבא בבית חבירך יחידי שאם יחסר איזה דבר, אע"פ שיתביישו לחשוד בפניך, יחשדוך בלבם שאתה גנבתו. בני, אל תשבח אשתך בפני חבריך וכל־שכן בחברת אנשים, פן יבואו לשנאות נשותיהם וא לחשוק באשתך ולהרהר בה. בני, הוי זהיר בבית שאת רגיל ליכנס ותראה נוהגים בתוכה דבר מגונה, תהא מוחה בידם ואל תחניף שהקולר תלוי בצוארך, שאפשר שאינן יודעים בגנות הדבר ולכן עושים ואם יודעים ועושים אל תהיה ממחזיקים. בני, כשתכנס לבית חבירך ואת רואה בו דבר מגונה, אל תיסרהו בפני אשתו ואל תשבח עצמך בפני אשתו במדות טובות שיש בך, שמא תבא למאוס בבעלה ולחשוק בך. והוי זהיר בבית שתרגיל ליכנס אל תרבה בשאלות ואל תשבח להם בפניהם ואל תרבה שיחה עם אשתו ובנותיו וכל־שכן אחרי בעלה, ואם היא מתחלת לדבר עמך אחרי בעלה, תהיה תשובתך לה בקול רם ולא כמתלחש עמה, פן יחשוד בעלה שדבר סתר בינך לבינה. וכשתשב לאכול בשולחן אחד עם הבעל הבית ואשתו, אל תשאל דבר ברמיזות כי אם בפירוש, שקרוץ עינים יתן עצבת לבעלה שיחשוד שהרמיזה היה לדבר אחר עם אשתו. בני, הוי זהיר כשתלך באכסניא, אל תרבה ישיבתך בבית כל היום כי אם בעת האוכל ואפילו בעל הבית בביתו כל היום כלו, שאפשר שרוצה לעשות דבר שלא תדע, וכשמדבר עם אשתו אל תכניס בתוך דבריה, ואם תראה בעל הבית מדבר עם אשתו בלחישה לפניך, ובפרט על השולחן, חקור עצמך אם יש בך דבר מגונה במאכלך ומלחש שתבין ותפרוש ממנה. בני בלכתך באכסניא עם חברים, הזהר להם אם תראו בי דבר שאינו הגון במאכלי או בדברים אחרים אמרו לי להזהיר עצמי ממנו, שאין אדם רואה חוב לעצמו. הוי זהיר באוכלך על שולחן חבריך, אל תספר דופי משום אדם, פן יאמר למחר גם־כן יספר ממני על שולחן אחר. הזהר כשבעל הבית קונה כלים לביתו, כראותך אותם עשה עצמך שאינך יודע שקנאם מחדש. הוי זהיר כראות לבוש חדש על חברך שלא לעשות תמיהות ולשבחו פן יפול עליו כתם או יקרע ויחזיקך לעין הרע ויתרחק ממך לעולם. בני, הזהר עם האדם שנשאת חן בעיניו אל תרבה ישיבתך עמו, וכל־שכן שלא תרבה עמו בשאלות, פן ישבעך וישנאך, וכל־שכן עם אדם שלא נשאת חן בעיניו. הזהר שעם אדם שהוא כבדן, אל תדבר עמו אלא שלום בלבד, פן תבחר מחנק נפשך להנצל ממנו. בני, הזהר ותשמר מלשאול חסד של ממון מנבל וכילי, פן יכלה כחך ותאבד ימיך ולבסוף יעלה חרס בידיך. בני אל תתראה עצמך שבע בפנים רעבים. הוי זהיר מלדבר בדופי שום אדם בחברת אנשים או אפילו בפני א' פן יהיה אביו או אחיו או קרובו ואינך יודע, וביודעך תכסך

בושה וישיגך כלימה ואינך יכול לתקן, דכיון שהגיד שוב אינו יכול להגיד. בני, הוי זהיר כשמשבחים אותך ומגדלים אותך, השפל עצמך יותר ואל תכניס באזניך דברי שבחם, כי אדם יראה לעין והשם יראה ללבב, ומכיר אדם בעצמו ובפרט שאין צדיק בארץ אשר יעשה טוב ולא יחטא. בני, אל תזכור אהבת בנים בפני מי שהוא חשוך בנים, וכל־שכן שלא תשחק עם התינוק בפניו, ואם תבין בו שמקפיד שאתה חושדו לעין הרע עשה אופנים שאף שתשחוק עמהם יהיה על אופן מכוער או שיש לו מום באיזה אבר שבגופו, אל תסתכל בפניו ולא באבר שהמום בו. הוי זהיר כשתכנס במקום אנשים, אל תשב במקום יותר גבוה וגם לא על הארץ שהוא יותר שפל, השני הקצוות מורין גאוה. בני, הוי זהיר אם קללך חבריך וביזה אותך, אל תשנא אותו בלבבך, אדרבא עשה עמו חסד בכל אשר תמצא ידיך לעשות לשלם לו הטובה שבא לך על ידו, על ידי שקבלתה בזיונו וקללתו נמחלו עונותיך. בני, כשתלבש בגד חדש בעומדך בפני אנשים כסהו וכל־שכן בפני נשים, כי דבר מהדברים המגונות הבאים מפחיתות הנפש שבו להראות לאחרים כי הוא לבוש שני.

בני, הזהר שלא ליכנס בבית חבריך בשעת הסעודה, פן תכבד העיניך. בני, הזהר כשמביאים איזה דבר אכילה בפני אדם, עשה אופנים שיבין מהם שמעולם אין רצונך במאכל זה, או עשה אופן שיכיר בך שכבר אכלת כדי שלא תכבד עליו ישיבתך שם, ובפרט אם היא סעודה שאינה מספקת לבעליה. בני, הוי זהיר אם נתתה מתנה לאדם, לא תעבור לפניו גם המקבל לא יעבור לפני הנותן עד יעבור זמן, שלא יחשוב שתעבור כדי שיחזור ויתן, ויבא לבעוט ממתנה ראשונה. בני, הוי זהיר כשתתן מתנה לאדם, אל תביט בפניו פן יתבייש ונמצא במקום מצוה נתתה ממון לקנות עונשים לעצמך. בני, הוי זהיר שכל מצוה שאתה עושה יהיה ראשונה בעיניך שעל ידי כך תבא להרבות במצות, ואפשר שכל רמז זה התחלת התורה בראשית (כלומר שבכל יום יהיה בעיניך כאילו היום הוא פעם ראשונה שלמדת תורה, כמו שלמדו רז"ל על־פסוק היום הזה ה' אלהיך מצוך). כך פירש החכם השלם ידידיה אבולעפיה. בני, הזהר אם נכשלת באיזה חטא, אל ימעט אותו חטא בעיניך. בני, הוי זהיר בראות עצמך עשיר ומלובש בגדים יקרים ויושב בשער בת רבים, אל תמעט אדם בעיניך כי הממון והלבוש והכבוד, אינן בכלל אבריך הדבוקים בגופך אלא נפרדים ממך, היום עמך ולמחר באחר שגלגל הוא שחוזר בעולם, וביארו ז"ל למה נקראו זוזים, שזזים מזה לזה. בני, כשאתה במושב אנשים, בלום פיך מלדבר שאין שום כבוד נמשך מריבוי הדיבור, כי כל המרבה דברים מביא חטא, וברוב דברים לא יחדל פשע, והתנא (אמר ב)אבות: ולא מצאתי לגוף טוב אלא שתיקה. ואף על פי שהדברים ערבים לשומעים, דע שלא תקום משם בלי מסה ומריבה, אך תרבה בישיבתך בדברי תורה ומוסר או בסיפרוים המביאים לשומעיהם לידי יראת שמים. בני, הוי זהיר שכל מעשיך יהיו לשם שמים והוא יישר אורחותיך. בני, הוי זהיר בכל דבר

שאתה עושה, לומר לשם יחוד קודשא בריך הוא ושכינתיה. ותשרה ברכה בכל מעשה ידיך. בני, אל תבטח בחכמתך וכל דבר שאתה עושה ומצליח, דע שחכמתך לא עשה כלום, כי אם שרצונו יתברך כך, שהרי כמה חכמים יותר ממך, אין מועיל להם חכמתם להצליח, וכמאמר שלמה המלך ע"ה וגם לא לחכמים לחם. בני, הוי זהיר בכל עת ורגע לזכור יום המיתה ויום הדין, וזו מניעה גדולה לאדם שלא לחטוא. בני, ביום שאתה מתענה, אל תתראה עצמך בפני שום אדם שאתה בתענית ואל תתגאה בתענית, פן תמעט דמך וחלבך חינם. בני, הוי זהיר בתועלת אחרים יותר מתועלתך, שאינו דומה עושה צדקה לעצמו מהעושה לזולתו, מורה על חיבוב המצוה, וגם אחרים רואים ומלמדים לעשות. בני, הוי זהיר בעשותך מצוה ותמצא בה מונעים הרבה כל כך שתראה מונעים בה, התחזק לעשותה שתועלת רבה מגיע לנפשך ממנה, והשטן מבקש למנוע טוב מבעליו, ובכל אותם המונעים נתלבש בהם השטן למונעם והם שלוחיו. הוי זהיר לתת מותר מאכלך לשכניך העניים, ואל תאמר בלבבך איך אני נותן להם שיורים, דמה דסנאי לך לבחרך לא תעביד, דזהו פיתוי היצר למונעך ממצוה ולהמית לעניים ברעב, שהדבר שלך מותר – לעני תחילת אכילה. בני, הוי זהיר אפ נכנס ויוצא אדם בביתך, אל תמנע ממנו אכילה ושתיה בכל יום כפי יכולתך. בני, הוי זהיר כי תראה ערום וכסיתו, ואפילו בסחובי בלואות שבביתך, שאם לפניך דבר קל ובזוי, לעני נדמה לו דבר גדול ונחמד, דיותר טוב להיות מכוסה בזה ולא ערום. בני, הוי זהיר כשתשמע בשבח חבירך, אע"פ שאין אתה מכיר בו, הוי מסייע עם המשבח אותו. בני, הוי זהיר כשתראה חתן נכנס לחופה להקל בעיניו הוצאות הבית, שאין ביד האדם כלום, והקב"ה הוא הזן ומזמין פרנסה לכל אחד בעתו, וזה מעשה בכל יום עם כל אחד ואחד, ובזה ילך לחופה בשמחה ויקנה בטחון בלבו וישען באלהיו, והוי זהיר בחתן הנכנס לחופה לסעדו כפי יכולתו ולשמחו ולכבדו בימי חופתו ולספר בשבחו באופן שתשמע נכלה וכל קרוביה. והוי זהיר לנחם למי שמתו בניו ובפרט למי שמת לו בן יחיד, דברים הנודעים ללב כדי שיכנסו דבריך באזניו ויקבל נחמה, כגון לומר לו אדם אינו חייב כי אם לעשות צוויו, שהוא לעסוק בפריה ורביה להוליד בנים בין חיי' בין מתי', מקבל שכרו והקב"ה עושה מה שהוא חפץ לטוב לאדם, ואם מתו לא נאבדו, דמה לו שהם אצלו או שהם בעיר אחרת, שלעולם בניו נקראים, וסוף להתקרב אצלם ולהיות עמם, שנאמר שנים אין מספר. ועוד אם היו בעולם עמו, היה מקבל צער מחולאים או שמא יקדיחו תבשילו ברבים, ואז הי' מתאוה העדרם יותר ממציאותם, ועכשיו בטוח הוא בהם מכל נזק ובמותו יצאו לקראתו להגינו מכל צר ומסטין ולהכניסו לגן עדנו, כיון שכן מה לי להרבות בבכי' יותר ממה שנתנו חז"ל ג' לבכי ז' להספד ל' לתספורת. ולעבור על דברי רז"ל לקבל עונש בנפשו ועולה חרס בידו, שאין רוב בכייתו ישוב מתו בביתו, כי אין על האדם כי-

אם לעשות צוויו ית', כי על־זה בלבד בא לעולם הזה, ועל הקב"ה לעשות מה שהוא חפץ בעולמו וכדומה לזה, ירבה כמו לנחמו. והוי זהיר בעשיר שירד מנכסיו והחזקת בו, אם תוכל וכבדהו כמקודם וספר לו מה שאירע לכמה שירדו מנכסיהם והיו באפס תקוה ועכ"ז חזרו לעושרם, ואם תראה שאין תקוה שיחזור לעושרו לפי הטבע וכפי השעה, הדריכהו בדרכים שנמשך מהם הנאה מאחרים, ובכל אופן היותר קרוב שלא יתבייש, והוי זהיר שלא להראות עניות לבני ביתך, וכל דבר ששואל אשתך הוי מבטיח לה לעשות, וקב"ה יזמין לך כי עיניה תלויות בך, ועיניך תלויות בהקב"ה, ואם לא בא לידך למלאות שאלתה, תתלה הדבר שלא נזדמן עדיין דבר טוב וממתי' עד שיבוא לידו וידחנה בדברים עד שתבין כי אין ידו משגת, כלל העולה: מפיך אל יצא אין בי יכולת, שתתבזה בעיניה וירבו הקטטות, אך כל־זמן שתבטיח אותה תהיה בשמחה כל אותו זמן, ואם כך לא תשמחנה מתי תשמח כיון שאין יכולת בידך, וביום שתרויח תן לה מאותם המעות, שעם זה תאמין לך כשתבטיח אותה, ותמשך עם זה זמן בשלום בבית, עד שירחמו מן השמים, ואל תספר מדוחקך עם בני ביתך, כי אין יכולים להחזיק בידך רק יהיו עצבים וחייהם בצער, אלא אמור להם התפללו עלי שיתן לי השם כדי להביא לכם. שבדברים אלו אין ניכר חסרונו, שאפילו על עשיר מוטל לומר כן. והוי זהיר כשהאכילה שלפניך מועט, משוך ידך כאילו אתה שבע כדי שתספיק לבני ביתך, והוי זהיר אם זקנה אשתך, שים נגד עיניך צלם דמות נערותיה, ובזה לא תתגנה בעיניך ולא תבא לתת עיניך באשה אחרת, ושים נגד עיניך בניך ובנותיך שיש לך או שהיו לך ממנה, והוי זהיר אף בימים שאתה עצב על איז' סיבה, אל תמנע מלהראות פנים שוחקות לאשתך, כדי שלא יראה לה שנכנס לך שנאה עמה, שהיא אינה יודעת בעציבותך, ואם תספר לה לא תאמין. בני, הוי זהיר מלהראות פנים שוחקות לבניך עד שישאו אשה, ולעולם יהיו תחת עול המוסר ולא תניחם בטלים רגע מתלמוד תורה ולמדם כתיבה ושיהיו בקיאין בברכת נשואין וברכת אבלים וחיזון וכאלה הדברים שיהיו גבר בגוברין בכל דבר שבקדושה, וללמדם אומנות כאמרם רז"ל ולהזהירם שכל חייהם יעסקו בתורה ולהרגיל אותם מקטנותם במילי דחסידותא, שיעשה בהם טבע וכשיגדלו לא תכבד עליהם הדבר, ולא תנשק לאשתך ולא תצחק עמה בפני בניך, אפילו הם קטנים מוטלים בעריסה, ואין צריך לומר דברים אחרים, כי הראיה הרשם בדעתם וזוכרים עד יום מותם, והוי זהיר ממובחר במאכל תן בפי אשתך כדי שתהיה כל דעתך עליה ותגדל בניך בחיבה ותדריכם לתורה למלא רצונך כי רצונך בבנים בני תורה. בני, הוי רגיל בוותרנו' אפילו בדבר מועט שיש לך. בני, הוי זהיר אף בעת שיש עציבות בלבך לדבר עם כל אדם בפנים שוחקות. בני, הוי זהיר כשאתה בסעודה של שמחה שלא להזכיר אפילו דברי תורה שנזכר בהם דברי מיתה ואבילות וכדומה, אלא אם כן אתה רואה באותה סעודה אנשים משחקים עם נשים ח"ו וכיוצא

מדברים אלו, שאז תגלגל להביא דברים המכניעים את הלב כדי שיפרשו. בני, הוי זהיר מלהרבות דברים עם שכנותיך, דכיון שמצוין אצלך בנקל יפתח השטן לחטוא בהן. בני, הוי זהיר לעשות חסד עם כל אדם שבעולם בין ישראל בין גוי. בני, הוי זהיר מלהרוג שום בריה שבעולם לבד המזיקות שהתירו רז"ל להורגם ככלב שוטה וכדומה, כי לכל עשב יש מלאך א' עליו כאמרם רז"ל, ונמצא אז מסירו מממשלתו, כי זמן ניתן לו מן השמים על עשב בו עד עת שתצטרך לעוקרה לצורך האדם. בני, הוי זהיר שלא לצחוק משוטה או מאדם שיש בו מום, כי אינך יודע מה ילד לך. בני, הוי זהיר להיות קצת עצב כשעובר שבת ומועד, כדי שלא יראה שהיה עליך למשא. בני, הוי זהיר כשאתה מוציא הוצאות לסעודת שבת ומועד, הוצא אותם בעוד שאתה רעב שעל ידי כך תרבה בהוצאה, לפי שהרעב יראה לו שלא ישבע ומרבה לקנות, ובימי השבוע להפך, אחר שאתה שבע צא לקנות. בני, הוי זהיר כל הוצאה שאתה מוציא לדבר מצוה, יהיה בשמחה רבה ותזכה לעושר ולחכמה. בני, הוי זהיר אפילו בשעה שאתה הולך בשוק לחשוב בדברי תורה או בדבר מצוה לבקשה. בני, הוי זהיר כשתראה אדם עצב, אל תעבור עליו אלא שאל ממנו סבת עציבותו ולפחות אם לא תוכל לתקן צערו, עם מה שמדבר עמך מפיג צערו כדברי רז"ל ישיחנה לאחרים. בני, הוי זהיר שלא לצאת לשוק בלי פרוטה בכיסך, רצוני לומר אם יש לך אם תניחם בבית, כי פרוטה אחת מציל נפשו ממות או ניצול עמה מיד רוצח או רואה עני מוטל למות, ובאותה פרוטה קונה לו פת ומחייהו. בני, הוי זהיר כשתבקר איזה קרוב או אהוב בחגים ובמועדים, בקר גם לשכן שכנגדו ולעניים שבחצר. בני, הוי זהיר לברך על הפירות בט"ו בשבט, שמנהג ותיקין הוא. בני, הוי זהיר לקרב קרוביך העניים להשתתף עמהם בגילם ובאכלם ויהיו מראשי הקרואים בכל שמחה וגיל שיש לך. בני, הוי זהיר אם חננך השם בקול ערב אל תהי משורר שירי עגבים או שירי מלשונות הכותים, כי אם שירי שבח והילול לה'. ותוכחות מוסר המכניעים לב האדם יראתו יתברך. ויהיו ביראה ולא בקלות ראש ולא בפני נשים כדי שלא יהיה עריבות קולך לך לפח מוקש ללוכדך ביד יצרך. בני, הוי זהיר שלא ימצא כתם על בגדיך ובכל עת יהיו בגדיך לבנים משום הכון. בני, הוי זהיר לחצות היום חציו לתורה וחציו לגמילות חסדים. בני, הוי זהיר בכל מקום שתכנס לקבוע ישיבתך בין העניים שנמצא שם ובאמצעותך יכבדו אותם, כי באמצעות המוכן מקבל הבלתי מוכן, ואם מקום סעודה הוא בסבותך יאכלו גם הם ממובחר המאכלים. בני, הוי זהיר כשתכנס במקום סעודה, אל תרבה ישיבתך שם, ואין צריך לומר שלא תשתכר ואל תתעסק בדברי שחוק והיתולים. בני, הוי זהיר בהיותך במושב אנשים בשומעך מדברים בדופי שום אדם, קום ברח לך. בני, הוי זהיר מטיולים ומשתאות שהם חבלים לגררך לגהינם. בני, אל תקנא לבך בהצלחת הרשעים ובמעלתם וכבודם, כי המה יאבדו ואתה תעמוד. בני, הוי זהיר

באשתך שלא תהיה יצאנית לבית
המשתאות, ואין צריך לומר בטיולי
פרדסים ובחברת נשים המנבלות
פיהם, ולא יהיה המניעה דרך מחלוקת
כי אם בדברי פיוסים ודברי מוסר כדי
שתזכה לבנים מהוגנים. ואל תמנענה
מלהלוך לבית אביה ואמה או בבית
קרובותיה, דמניעה זו שורש לקטטות
ומריבות בביתו של אדם, ואם
מהליכתה שם נמשך עצות רעות
וריבוי השאלות, אזור נא כגבר חלציך
למנוע הליכתה שם, כי סופה לבא לידי
גירושים. בני, דע שכל קלון ובזיון
המגיע לך יותר הם מקרוביך ומכירך
מאנשים מבחוץ. בני, הוי זהיר
מלהתחבר עם כעסן ובעל מדות רעות
לעשות שותפות עמו ושלא לשכון
בשכונתו, פן יהיו כל ימיך מכאובים
ותהיה עבד לו, וגם לא תשלוט
בממונך. בני, הוי זהיר שלא להפציר
על שום אדם ושלא תכפול הדיבור שני
פעמים בדבריך עם שום אדם. בני, הוי
זהיר מלדבר עם איש חכם בעיניו, כי
תשחית עמו דבריך הנעימים ותצא
מלפניו מחורף ומגודף, הרחק ממנו
כמתרחק אדם מן הנחש. בני, אל
תבקש גדולה ואל תחשוק כבוד, פן
תאבד הגדולה והכבוד שבידך. בני, הוי
זהיר מלעשות שותפות עם דמאי
בחושבך שעל ידו תרויח, דע שלא
תרויח כלום אלא ירויח ממונך לו
ואתה תצא נקי מנכסיך. בני, הוי זהיר
לבקש חתנים לבנותיך תלמידי חכמים
ובעל מדות טובות ומן משפחות
מיוחסים, ועל כל פנים עם הארץ לא
תקח, שנמצא את מוכר בתך לשפחה
ביד אכזרי, שאין לה פדיון לעולם וכל
ימיה יגון ואנחה וקלון וחרפה ובושה

וכלימה. בני, הוי זהיר מלבד החיוב
המוטל עליך לבקר חולים, הזהר יותר
לבקר חולים מיסורין קשים ורעים, יען
תראה בעיניך ותכניע את לבבך הערל,
שאע"פ שהדברים הקשים והיסורין
הרעים נשמעים, אין פועל השמיעה
כראיה, אע"פ שתהיה שמיעה מפי
מגידי אמת, מי לנו גדול ממשה רבינו
ע"ה, הלא תראה שהקב"ה אמר לו לך
רד כי שחת עמך. ולא היה הדבר ההוא
בספק כלל אצלו אחר שנאמר לו מפי
השם יתעלה, עכ"ז הסכים להוריד
הלוחות ולא הניחם בהר, וכשקרב אל
המחנה וראה העגל ומחולות, חרה אפו
ושבר את הלוחות, הרי שנתפעל מחוש
העין יותר ממה שנתפעל מחוש
השמיעה, אע"פ שכבר היה יודע הדבר
באמת בלי ספק כלל. וכן תראה
"וישמע יתרו את כל אשר עשה אלקים
למשה ולישראל עמו וגו'". ושמע
קריאת ים סוף ומלחמת עמלק, עכ"ז
לא נתפעל מן השמיעה כל כך, עד שבא
בעצמו אצל ישראל במדבר לראות
בעיניו ניסי מתן תורה והמן והבאר
והעננים המסבבם. בני, הוי זהיר שאל
תוציא דבריך מפיך, אלא אם-כן תבלע
אותם שבעה פעמים ואח"כ עיין בה
הרבה קודם שתוציאנה. בני, אל
תצטער מדוחק השעה פן יבא עליך
איזה מקרי ממקריות דופי הזמן
ותצטרך להתפלל לחזור למצב שהיית
בראשונה. בני, הוי זהיר למנוע רגליך
מבית העשיר כשאין לך תועלת ממנו,
פן תהיה הכנסה זו לך לפוקה ולמכשול
בעת חסרונך, ובפרט בעת חולייך
שכלם מסירים דעתם ממך להחזיק
בידך, באומרם פלוני העשיר כבר עיני
השגחתו עליו להספיק צורכו ותמות

בלא עתך. ובבבא קמא פרק א' אמרו רז"ל "בתר מרי נכסי ציבי משוך". (פירושו לך אחר על נכסים שציבי משוך ממנו, כלומר שיטב לך גם כן וציבי פירושו שומן, כהא דתנן במסכת חולין ד' קכ"ד הנוגע בציב היוצא ממנו) שהכונה לך אחריו, משום דמשוך ציבי, אבל כשאין נמשך ממנו דבר, קום ברח לך ובמקום שתראהו הטה את הדרך. בני, אל יתמעט בעיניך אויב אחד אעפ"י שיהיה לך אלף אהובים, לפי שהאויב האחד יכול להפוך לאלף אהובים לאויבים והאלף אינן יכולים להפך האויב האחד לאוהב. בני, הזהר כשתכנס בבית חברך, אל תאכל מביתו דבר בלי רשותו, שמא דבר אסור הוא שעשו משום רפואה, וכן אזהרה לבעל הבית שלא יניח בביתו דבר אסור במקום שהיד שולטת בו, פן יכנס חבירו בביתו ויאכל בבלי דעת. בני, במקום שתניח ממונך כדי שתתקשר נפשה של אשת' בנפשו של איש הלוקחה אחר מותך, בחייך פזר אותו לצדקה כדי שתתקשר נפשך עם השכינה. בני, הזהר הרבה בענין הצדקה בין כשיש בידך לעשות בין כשאין בידך, תן כפי יכולתך, ואם אין בידך כלום, עשה בגופך ואם חולה אתה בגופך, במקום שאתה שם הוי מצטער בינך לבין עצמך מצרת העניים, ואם באים לפניך פייס אותה בדברים והחזק לבבם עם הקב"ה כי הוא בעל היכולת להשפיל ולהרים.

פרק יז

יוכיח המבין וידריך המשכיל לבניו מקטנותם בדרכי השם, מיד כשהם קטנים שמתחילים לדבר, ירגילם לכל דבר שיאכלו שיאמרו אמן וכשיגדל יותר ירגילם בפסק כגון תורה צוה לנו וכדומה. כמו שכתב הרמב"ם ז"ל. ומצאתי ספר נקרא אורך ימים קטן הכמות ורב האיכות, וכל הספר ג' פרקים, הפרק הראשון מדבר בחינוך ומוסר הקטנים. הפרק הב' מדבר בענין הגאוה. הפרק השלישי ידבר במדת הענוה. וראיתי לכלול הג' פרקים בפרק א' רק בהפסקה בין הפרקים לחבר את האהל להיות אחד בענין המוסר.

וזה לשון הספר, ראיתי בדור הזה הרבה בנים הולכים אחר שרירות לבם, בנים לא אמון בם, נתגדלו בלי תרבות ובלי דרך ארץ, אמנם אין להאשים הבנים על כך, כי הפשיעה היא מצד האב ואם שאינן חוששין לראות את הנולד ומונעים מוסר ומורא מן הקטנים, גם שיגדלו אינן מקבלין עוד מוסר, לכן כדי להסיר את המכשול מדרך עמנו, שמתי את לבי לסדר ספר קטן בענין חינוך ומוסר הנערים, ולא באתי כמזהיר רק כמזכיר הדברים איך יתנהגו, ובכלל זה אזכיר הנשים והזכרים שילכו כישרים, כבד את אביך ואת אמך למען יאריכון ימיך, אב ואם חושבים שהם אוהבים את בניהם אהבה שאין למעלה ממנה, ובאמת הם שונאים אותם שנאה גדולה, ועל זה העיד שלמה המלך ע"ה חושך שבטו שונא בנו ואוהבו שחרו מוסר. הקטן משעה שיש לו שכל להבין גערה אביו ואמו חייבים לגעור בו אם הוא עושה דבר שלא כהוגן, ועתה בזמן הזה לא די שאינן גוערים בו אלא הם שמחים ומתפארים על חכמת הילד שיודע

להרע, ומלמדים אותו לקלל ולדבר דברים רעים, וגם כן ממלאים תמיד כל רצון הקטן, הן באכילה הן בשאר דברים, יש נותנין לילד ספר לשחוק בו והוא קורע הספר, והוא עון פלילי לעשות שחוק באותיות הקודש, ויש זקנים שאינן נוהגים כבוד בספרים, מניחים המחזור או התפילין במקום שהם יושבים וזהו זלזול גדול. הקטן יושב לאכול עם אביו ואמו ופושט ידו לאכול קודם כל המסובין, ובזה מתגדל הנער בזדון לבו בלי מורה ובלי תרבות ובלי דרך ארץ עד שיגיע לבן ח' שנים או ט', אז אביו ואמו רוצים לתקן את אשר עותו כבר, ולא בא מידם, כי הנער מבקש למודו ואם לא יתנו לו, אז הוא בא לקלל אביו ואמו, ומי חייב בכל זה, הלא אהבת אב ואם ורחמנות שלא לשם שמים, והנה מאהבה זו והרחמנות נתהפכו לשנאה ולאכזרים לפי שמנעו מורא ומוסר מן הקטן, ועתה בגדלו הוא מטיל מורא עליהם ואין להם עוד רשות ליסר אותו לפי שיפחדו עליו שלא יצא מן הכלל ואם ישאל אדם למה אתם מונעים מוסר מן הקטן, אז משיבים המגפה מצויה ואנו מפחדים ליסר הקטן, והנה ראה והבן שקר התשובה הזאת, התורה אמרה כבד את אביך ואת אמך למען יאריכון ימיך, ואב ואם מונעים המורא מן הקטן, וזו סבה שלא יקבל מצות כבוד אב ואם, ולא זו בלבד אלא שגורמים להם שיבאו לידי חיוב מיתה כי המקלל והמכה אביו ואמו מות יומת, ואיך יעלה על הדעת שיענש הקטן בעבור שידריכו אותו ללכת בדרכי התורה, ח"ו לחשב מחשבת און על משפטי השם ית', ועוד ראה שטות וסכלות התשובה הזאת, הילדים האמונים עלי תולע, ואשר לא נסו כף רגלם הצג על הארץ, ותמיד ממלאים כל רצונם, מהם מתים ממגפה או משאר מיני חולאים אם כן אין המוסר גורם המיתה רק החטא ממית ואדרבה בזכות המוסר הטוב ינצל מן המיתה. יש אומרים שטבע הרע הוא שולט ואינו מועיל המוסר, גם זה הבל ושקר, ועל זה אמר שלמה המלך ע"ה אולת קשורה בלב נער שבט מוסר ירחיקנה ממנו, ר"ל אף על פי שהטבע הרע הוא קשור בלב הנער, עכ"ז במעט מעט מוסר ירחיק ממנו האולת, ואמר עוד חנוך לנער על פי דרכו גם כי יזקין לא יסור ממנו, וכן בהרבה מקומות הוא מזהיר על מוסר הבנים, אם כן ההרגל הוא שולט ולא הטבע, ואם אינו מורגל במורא ומוסר בקטנותו, גם לאחר שיגדל לא יחלוק מורא וכבוד לאביו שבשמים ולא לאביו ולאמו, ואיך יזכה לאורך ימים. אמנם המורא והמוסר הזה, צריך ישוב הדעת ולא חרון אף וכעס, אמרו רז"ל אל יטיל אדם אימה יתירה על בני ביתו, ודע שכל מקום שאתה מוצא כעס ורוגז, שם המזיקים מוכנים להזיק, השם ישמרנו, ובפרט בזמן המגפה שאז מצוין הרבה מזיקים והמכה הבאה בכעס מכת המגפה מתדבקת עם המכה ההיא, ועיני ראו ולא זר, ולכן יהיה כל אדם מושל ברוחו ויהי נזהר מאד מן הכעס, ואם צריך להטיל מורא על בני ביתו יעשה תנועה כמי שכועס, אבל תהא דעתו מיושבת עליו, ויהי' נזהר מאד שלא יקלל אשתו ובני ביתו, וכן אסור לאדם להכות אשתו כי די לאשה שהיא סובלת צער הריון ולידה וצער גידול

בנים, ועליה מוטל כל צרכי הבית, ואין ראוי לצער לה יותר על מה שיש לה כבר, ואם היא עושה דבר שאינו ישר בעיני בעלה, יתקן הדבר בדברים רכים המושכים את הלב ולא יכה ולא יקלל אותה. חייב כל אדם לכבד אשתו יותר מגופו כי אין בית אלא אשה. הנשים מקללים בני הבית במגפה ושאר קללות, צריך להזהיר אשתו ובני ביתו שלא ישלוט קללה על פיהם, לפי שהשטן הוא מקטרג, ועל הזכרת עון תחול הקללה השם ישמרנו. רבים נוהגים ללמד הקטן לקלל והוא שטות, ראוי ללמדו דברים טובים וברכות ומי יתן ויועילו הברכות, דברים רעים וקללות אינן צריכים לימוד כי יצר לב האדם רע מנעוריו.

עוד יש מנהג רע, בעת שמוליכים הקטן לבית המדרש שמצווים למלמד לפני הקטן שלא יכו אותו, והקטן שומע שאין לרבו להכותו, אז הוא מוסיף זדון, אמנם המלמד אינו יוצא ידי־חובה אם אינו מטיל מורא על הנערים להדריכם בדרך הישר, וכאמרם רז"ל לא המדרש הוא עיקר אלא המעשה, ראוי הוא לחקור המלמד אם הנער שומע בקול אביו ואמו, ואם נזהר בנטילת ידים וברכת המוציא וברכת המזון, ואם הוא מרוצה במה שישימו לפניו לאכול, ויצוה לו שילך לבית־הכנסת להתפלל ולענות אמן, ושלא ידבר בבית־הכנסת בשעת התפילה וכיוצא בזה ידקדק על הנערים לחנכם במצות ולהנהיגם בתרבות ובדרך ארץ, ומצד הזה מותר למלמד לקבל שכר מהנערים ולא שכר הלימוד. כל הנזכר לעיל הוא קל לעשות אבל אם אב ואם מכסים פשע הנער וזדונו, הנזק הוא שלהם, וסוף שיקבלו חרטה, בקיצור עצה היעוצה שירגילו אב ואם את הקטן במורא ובמוסר הטוב, וישימו לו לאכול על שלחן קטן לבדו, ובזה יתגדל בתרבות ודרך ארץ, וגם אחר שיזקין ינהוג אימה וכבוד לאביו שבשמים, וגם־כן באביו ואמו, ובזה יזכה לאורך ימים וימצא חן בעיני אלקים ואדם. והכל יאמרו ברוך שזה ילד, ברוך שזה גידל. אחר שכתבתי ענין חינוך הנערים, ובלי ספק מי שממלא רצון הקטן סופו יעלה למדת הגאוה, על כן אזכיר הנזק המגיע לאדם ממדת הגאוה, ודע כי הגאוה היא פתח והתחלה לכל מדות הרעות, בעל גאוה אינו עושה שום מצוה לשם־שמים, רק כוונתו ליוהרא, ותמיד הוא חס על כבודו ולא כבוד הבורא וכל־שכן שאינו חס על כבוד שום בריה, והוא מתכבד בקלון חבירו ומוציא דיבה על כל אדם ומדבר בגאוה ומסתיר פניו מהביט אל עני ונכה רוח כי נראה לגזול ולגנוב, בעל גאוה רודף תמיד אחר השררה ורוצה שתהיה ידו על העליונה, ומתוך זה הוא בא לידי שנאה ומריבה.

צא ולמד מקורח, בעבור שנתגאה בעשרו, רדף אחר השררה וירד חיים שאולה הוא וכל אשר עמו. וראה כמה קשה כח הגאוה והמחלוקת, אפילו יונקי שדים שלא חטאו נאבדו עמו. אמר החכם הזורע גאוה וקטטה, יקצור דאגה וחרטה, ואמר אם תקום תדאג ואם תספח תשמח, הרודף אחר הכבוד הכבוד בורח ממנו. בעל גאוה לעולם אינו מודה על האמת, ולא די זה אלא שגם־כן מבקש לאמת השקר שלו, ועובר על לא תשא. הראב"ד ז"ל

האריך מאד בענין השבועה, וכתב שלאו זה הוא קשה מכל לאוין שבעשרות הדברות, כי הרוצח או הגונב או הנואף למלאת תאותו הוא עושה עבירה בסתר ואינו יכול לעבור בכל עת שירצה, כי יפחד על נפשו, וזה עובר על לא תשא, לאו קשה שכתוב בו כי לא ינקה בלי שום הנאה שיגיע לו מזה, והוא מחלל שם שמם בפרהסיא בכל עת ובכל רגע, ואפילו לפני דיבור קל הוא מקדים השבועה ואין פחד אלקים לנגד עיניו, ואם לא היה בישראל רק עון זה מספיק להאריך הגלות, ואפילו השפל, כל אדם יחרד על הרגל הרע הזה, וכל הרגיל בעבירה זאת, ראוי וטוב היה לו לקבל עליו לתת פרוטה אחת לתלמוד תורה בכל פעם שמוציא שם שמים לבטלה, והשומע שם שמים מחבירו לבטלה, והשומע שבועה מחבירו, ראוי להזכירו שיתן הפרוטה לתלמוד תורה, ובדרך זה מעט מעט כל אחד ירחיק עצמו מהרגל הרע הזה ומן העונש הגדול, והעושה גם המעשה, תבא עליהם ברכת טוב. הנשים רגילות לישבע בחיי בעליהן ובניהם, אפילו על כל דבר הבל, גם זה מנהג רע הוא מאד, כי אי־אפשר שלא ישבעו לפעמי' לשקר, לכן כל אשה האוהבת בעלה ובניה, תסלק עצמה מן ההרגל הרע הזה. הנשים יש להן גאוה ואינן יודעות העונש והנזק הבא מגאוה זו, לכן ראיתי להודיע להן במה יכשלו כדי שירחיקו עצמן מן העון, יש אשה בביתה היא לובשת בגדי שפחה ויוצאה בחוץ בבגדי מלכות כדי להראות לכל את יפיה, ולא נכון לעשות כן, אשה צנועה אשר יראת אלקים בלבה, ראוי שתתקשט עצמה בביתה, כדי שלא יתן בעלה דעתו באשה אחרת. אשה שהיא יוצאת בחוץ מקושטת היא חוטאת ומחטיאה אחרים, כי אפשר שיפגענה בו עם הארץ, ויעבור על לא תחמוד אשת רעך. ולא זו בלבד אלא בעת שיתחבר חיבור עם אשתו, יתן דעתו ביופי האשה שראה ביום, והבנים הבאים במחשבה זו נקראים בני תמורה, ואלו הבנים אי אפשר שיהיו טובים לפי שבאים במחשבת עון, והנה האשה היוצאה מקושטת גורמת מכשול עון ותקלה לאיש ההוא, והנזק הבא מגאוה זו, אנחנו בגלות בעונותינו והקמים עלינו רואים תכשיטי אשה מכסף וזהב, ומבקשים ממנו עלילות שקר, השי"י יצילנו מידם ומכל רע אמן.

שום תועלת אינו יוצא מהגאוה, ועתה בזמן הזה אפילו שאין יד בעלה משגת, היא רוצה להראות גאותה, ואינה חוששת אם יבא בעלה לידי סכנה בגזילה או בגניבה, אמנם האיש שיש לו שכל, ראוי לו לראות את הנולד. גם ישים לבו על העבר, כי כמה גזירות רעות וקשות ושמדות עברו עלינו בעבור בגאוה, כמו שנזכר בספר שבט יהודה. יש אשה יושבת בפתח ביתה להניק את הילד והעובר דרך שם רואה אות' מגולה, ויש אשה שמגלה שער ראשה, אין אלו דרכי צניעות, כל בת שכל תשים אל לבה, איך היא צריכה רחמים בעת לדתה, השי"ת ירחם על כל בת ישראל. כל בת ישראל תבחר ללכת בדרך הישר בעיני אלהים ואדם כדי שתזכה לאורך ימים, ותזכה לראות בנים ובני בנים עוסקים בתורה ובמצות. בעל גאוה בועט ביסורין ואינו

שם לבו לשוב להתפלל אל השם בעת
צרתו, והוא יודע שהועילה התפילה
לחזקיה המלך לאחר שנגזרה עליו
המיתה, ועל ידי תפילתו ועל הדמעות
שהוריד, הוסיף לא השי"ת ט"ו שנה.
רבים מישראל אינם חוששין להתפלל
עם הציבור כל ימי השבוע ובשבת הם
באים רגע אחד, וגם ברגע ההוא אינם
מכוונים לשמוע תפילת החזן ולא על
עניית אמן, אבל הם פונים לדבר זה עם
זה דברים בטלים, ובאמת כל המדבר
בשעת התפילה, גדול עונו מנשוא,
ולמה לא יקח קל-וחומר בעצמו, אם
הוא בא לדבר עם הדיוט, הוא מכוין
לשמוע את דברי חבירו כדי להשיב לו
על דבריו, ולפני הקב"ה אשר בידו
נפש כל חי, הוא פונה עורף לדבר עם
חבירו. יש לך עון גדול מזה. ראוי ונכון
לעמוד בכל קהל איש א' להזהיר את
העם ולגעור במי שמדבר בשעת
התפילה. כל מי שאינו מכוון להתפלל,
אינו מאמין בהשגחה ולא בשכר
ועונש. בעל גאוה הוא מכפויי טובה,
ואינו נותן שבח והודאה למקום,
שנאמר ורם לבבך ושכחת את ה'
אלהיך וגו'. הכלל העולה כל מי שיש
לו גאוה, הקב"ה והבריות אפילו בני
ביתו שונאים אותו, לפי שהוא אכזרי
וכעסן, אמר החכם מן התימה, איך
יתגאה האדם והוא עובר תמיד על גשר
רעוע ושבורה, ואין ראוי שישען ויבט
עליו לב אדם, כי אינו יודע בשכבו
ובקומו, מה יולד יום ולא יועילו להציל
אותו, לא גאות החכמה ולא העושר
ולא הגבורה. הגאוה היא חולי קשה
וכבד מאד, מביאה את האדם לאיבוד
עולם-הזה ועולם-הבא, לכן כל בעל
שכל, יבקש לו רפואה לחולי זה קודם

שיגבר עליו החולי וקודם שתקפות
עליו הזקנה, כי יבחר במדת הענוה, כי
אורך ימים בימינה בשמאלה עושר
וכבוד. מדת הענוה היא סולם לעלות
בה לכל המדות הטובות, והיא ראש
והתחלה לכל מצות התורה, ראשית
דבר יראת ה', יסוד הענוה היא אדם
המכניע ומשפיל את עצמו לפני הבורא
יתברך בימי בחרותו בעודו בכחו והוא
שמח בחלקו, ואם הוא עשיר נותן שבח
והודאה לאל הנותן לו כח לעשות חיל,
ומכיר החסד והטובות שעושה עמו
הקב"ה בכל עת ובכל שעה, אם עושה
מצות הרבה, הם מעטים בעיניו ואינו
מחזיק טובה לעצמו. ואם משבחין
אותו על מעשיו הטובים, הוא מצטער
על זה לפי שיודע ומכיר שאין מספיק
לו כל המצוה שיעשה בערך על אחת
מאלף הטובות שהקב"ה עושה עמו
בכל יום. בעל ענוה אינו רודף אחר
הכבוד ולא אחר הנאת הגוף ולא
באכילה ולא בשתיה ולא בשאר כל
צורכי הגוף, רק תמיד הוא מכוין
לעבודת הבורא ית', אוכל ושותה כדי
שיהיה לו כח לעבוד את השם, נושא
אשה לקיים מצות השם ומלביש עצמו
לכבוד השם וכל מעשיו הם לשם
שמים. יש אדם בוחר במדת ענוה
ומלביש עצמו בלויי סחבות ופורש
עצמו מכל הנאת העולם מסגף עצמו
בתעניות יותר ממה שיש לו כח לסבול,
על אדם כזה אמר שלמה, ראית איש
חכם בעיניו, תקוה לכסיל ממנו.
התורה אמרה וחי בהם ולא שימות
בהם. יש אדם מראה עצמו כעניו
וחסיד שובע תועבות בלבו, וסופו
תגלה רעתו לכל ויהיה ללעג וקלב
וחרפתו לא תמחה בעה"ז ובעה"ב.

בששה אותות ניכרת הענוה האמיתית, האות הראשון מי שמביישין אותו ויש בידו לנקום, והוא מוחל עלבונו, זה אות נאמן שהוא עניו. האות השני מי שבא לו נזק או צער וצרה, והוא מקבל עליו מאהבה, גם זה עד נאמן על הענוה. האות הג' הוא מי שמשבחין אותו על מעשיו הטובים, והוא מצטער על זה ואומר כל מה שעושה הוא כטפה מן הים כנגד מה שאני חייב לעשות, ואם אין בו מה שמשבחים אותו, הוא גוער בזה המשבח אותו ואומר אינו אמת מה שדברת. גם זה עד נאמן לענוה. האות הד' הוא זה שנתן לו הקב"ה עושר ובנים וכל אשר יעשה יצליח, והוא משפיל עצמו כנגד השם וכנגד עניים ומרודים, גם זה סימן מובהק לענוה. האות הה' הוא הרואה חובה לעצמו, אם עשה לחבירו דבר שלא כהוגן הוא מכניע עצמו לפניו ומפייסו, הן בממון בן בדברים, ענוה זו היא טובה מאד. האות הו' הוא המלביש עצמו בענוה ומדבר בנחת עם בני ביתו ועם כל אדם והוא נאמן במשא ובמתן ובכל עסקיו. כל אלו הדרכים מורים על אמיתיות הענוה. בכל המדות ילך האדם בדרך בינוני, ובענוה יבחר לו הקצה האחרון, אברהם אבינו היה אב המון גוים ואמר ואנכי עפר ואפר, משה אדונינו היה מלך על כל ישראל, ואמר ונחנו מה. וכתיב והאיש משה עניו מאד. כל עניו הוא רחמן וסבלן, ולומד מן כל אדם ודן את כל אדם לכף זכות, והוא אוהב שלום ורודף שלום ובכל עסקיו הוא רואה לקיים ואהבת לרעך כמוך. הקב"ה הוא אוהב הענוה יותר מקרבנות, שנאמר זבחי אלקים רוח נשברה לב נשבר ונדכה אלקים לא תבזה. הרבה ענפים טובים מסתעפים מאילן הענוה, והאוכל מפירותיהן בעולם הזה, הקרן קיימת לו לעולם הבא. זה הכלל הענוה היא יתד שהכל תלוי בה. עץ חיים היא למחזיקים בה ותומכיה מאושר. יקרה היא מפנינים וכל חפצים לא ישוו בה. בא אחי ודעי, שמעו נא לעצתי ואכלו מפרי עץ החיים, פרי הענוה ותזכו בזה לאורך ימים, ותמצאו חן ושכל טוב בעני אלקים ואדם.

דבר ידוע הוא שהעני מתרשל במוסר הנער, יותר מהעשיר, ואשה תחניף הילד יותר מהאיש, לכן כדי להציל זרע קודש מדינה של גהינם, ראיתי להזכיר עוד ולעורר אב ואם שלא יתרשלו במוסר הבנים, ובזה יזכו הם גם בניהם לאורך ימים, השם יזכנו לביאת משיחנו, במהרה בימינו אמן. ויקיים בנו מקרא שכתוב אורך ימים אשביעהו ואראהו בישועתי. אמן ואמן.

עד כאן דברי ספר אורך ימים, ובפרקים דלעיל כבר הארכתי הרבה במעלת הענוה ובגנות הגאוה, אך כיון שהזכיר בעל ספר אורך ימים מענין הענוה, שהרבה ענפים טובים מסתעפים ממנה. הנני (ל)הראך שחיים נמשך לאדם על ידי השפלות והענוה, ומזקנים אתבונן, דפירשו על פסוק יתן למכהו לחי ישבע בחרפה, שהכוונה הבא להכות לחבירו ומשפיל את עצמו בפניו ונוטה לו לחייו שיכהו, מתבייש המכה איך השפיל זה לפניו ונמסר בידו, ומניח אותו, ושיעור הפסוק כשיתן האדם למכהו לחי, ישבע המכה בחרפה ואינו מכה אותו, הרי שפלות נתן לו חיים. הלא תראה דבר קשה נופל ממקום גבוה ונשברת, ונייר או

נוצה נופלת ואינו נשבר, קלות שבהם הוא מצילם משבירה. עוד דע יש מקום בעולם שבא עליו רוח חזק מאד משבעים שנה לשבעים שנה ועוקר הרים ומשבר סלעים ועוקר האילנות וכ להבתים ובני אדם הנמצאים עומדים על רגליהם, ונושא אותם למרחקים, מקום שלא נודע, אך בראות אנשי אותו מקום שמתחיל הרוח הזה, נופלים שטוחים על הארץ, ואוחזים עצמם בעשב אחד רך מאד ובהיותם נאחזים באותו עשב, אין יכול הרוח להשיאם וניצולים, כי הרוח הזה אינו עומד כי אם כשיעור רביע(י) שעה, אך כל דבר רשה וכל דבר גבוה מפיל ומשבר ונושא אותם, ואין צריך לומר לאדם שנמצא עומד על רגליו ואפילו נופל אם אינו אחוז באותו עשב הרך דוקא, וזהו בודאי שעשה אלקים להראות לאדם מעלת השפלות, שאין דבר קשה יכול לעמוד בפני הרך.

תדע רמז נכון למעלת השפלות, שהרי העבד בעבור ירידתו שירד למדרגת עבד קנה שתי מעלות, מעלה ראשונה מתורה שבכתב שקוראהו עברי, שנאמר כי תקנה עבד עברי, כשם גדול בענקים אברהם אבינו ע"ה, דכתיב ויגד לאברהם העברי. מעלה שניה מתורה שבעל פה שקראו אדון, שהרי אמרו הקונה עבד עברי כקונה אדון לעצמו. וכדי שתשפיל ותכניע לבבך הערל, אכתוב לך דברי המקובלים ז"ל ממאורעות האדם בגופו ובנפשו, וז"ל: צריך כל אדם להיות זהיר וזריז בעבודת אלקים, בשביל שבכל יום ויום מכריזים ואומרים עד מתי פתאים תאהבון פתי, שובו בנים שובבים ארפא משובתכם. וכן התורה מכרזת כן, ואין מי שישגיח בה, והרי אדם הולך ואורח בעולם הזה, והוא סבור שלעולם יחיה על הארץ ויעמוד בה לדורי דורות, וכאלו כל העולם הוא שלו, ואין זוכר לא יום המיתה ולא יום הדין, עד שהוא פתאום נמסר ליאסר בקולר ליפטר לבית עולמו, וניתן ביסורין קשין, בקרב שאר נידונין, אם יש לו מליץ אחד, הוא ניצול מאותו דין הקשה, שנאמר אם יש מלאך מליץ מני אלף וכו'. ומי הוא המליץ, מעשים טובים העומדים לו לאדם בעת צרה, ואם לא נמצא לו מליץ יושר הוא יוצא חייב מן הדין שימות באותו חולי, ובאותה שעה שנתנוהו בקולר (סיגר הניתן בצואר השבויים), של מלך מלכי המלכים, בעוד שפותח את עיניו רואה שבאים אצלו שנים שכותבים לפניו כל מה שעשה בעולם הזה, וכל דיבור יתירה שדיבר בעולם הזה לבטלה כותבים לפניו, שנאמר להגיד לאדם מה שיחו. ורז"ל אמרו אפילו שיחה קלה שבין איש לאשתו, הוא נידון עליו, והאדם בעצמו מורה על כל מה שעשה בזה העולם, וגם מעשה העבירה שעשה מעיד עליו ואומרת ביום פלוני ובמקום פלוני בזו השעה, עשיתי אותו עבירה פלונית, ונכתב ונרשם הכל בספר.

וקודם פטירתו כאשר ניתן בקולר של מלכו של עולם, כשלא נמצא לו מליץ יושר, מיד מלאך המות יורד ועומד בפניו מצד רגליו והרב חדה בידו, וכשרואה אותו החולה ורואה שכל הבית מתלהט מזיו המלאך המות שהוא אש, וגם הוא מלא עינים ושאר הבריות אין רואים כי אם הוא לבדו, ואל תתמה על זה, שהרי לפעמים כמה בני אדם

רואים מראה אחד ושאר בני אדם שהם
אצלם אינו רואים, כמו שנאמר בדניאל
שהוא לבדו ראה המראה, והיאך יכול
לראותו, והכתיב עושה מלאכיו רוחות
משרתיו אש לוהט. אלא כיון שירד
למטה לארץ, מתלבש במלבוש גופני
כמו המלאכים שבאו אצל אברהם
אבינו, ובאותו מלבוש רואהו, ושלשה
טיפין תלוין בחרבו כמו שאמרו רז"ל,
ממנו מת, ממנו מסריח, ממנו פניו
מוריקות, וכאשר רואה אותו האדם,
מיד אוחז בשרו פלצות וכל אברי הגוף
לא ישקטו מאימתו, ובפרט הלב
שנוקש בקרבו כפעמון בשביל שהוא
מושל בכל הגוף ונשמתו הולכת בכל
אבריו ונוטלת רשות מכל אבר ואבר,
כמו אדם הנפטר מחבירו שנוטל רשות
ממנו, ואז נופלת זיעה על כל האברים
ומכל אבר שהיא נוטלת רשות
ומסתלקת ממנו, מיד מת אותו האבר,
וכן כל האברים לאחר שנוטלת רשות
מהם מיד מתים, באותה שעה אומרת
הנשמה, אוי לי על עולם עובר שלא
מצאתי שום עוזר לפדותי מן המות,
אלא רפואתי הם התשובה ומעשים
טובים, וקודם שיגיע אותה שעה,
מתיירא האדם ורוצה להיסתר ואינו
יכול להחבא ממנו, ואז פותח את עיניו
ורואהו ומוסר עצמו ונשמתו ביד מלאך
המות, באותו שעה נידון האדם בעולם
הזה ובצאת נשמתו מן הגוף השכינה
עומדת עליו, אם נמצא בו תורה
ומעשים טובים. ואשרי לאדם שמדבק
בשכינה ונשמתו זוכה לעלות למקום
קדוש, ואוי למי שמרחיקין ממנו
השכינה ולא מתדבקין בה, ובשעה
שמוציאין לאדם בקבר, כל המעשים
שעשה בעולם הזה כולם מוכנים

ומזומנים ועומדים לפניו, ושלשה
כרוזים מכריזים, אחד בפניו ואחד
מימינו ואחד משמאלו. ואומרים זה
הפלוני מורד בקונו המושל למעלה
ולמטה ולארבע רוחות העולם, מורד
בתורה ובמצות, ראו מעשיו וראו
דבריו, טוב היה לו שלא נברא. וקודם
שיגיע לקברו כל המתים חרדים
ורוגשים ממקומם בשבילו ואומרים,
אוי לו לזה שנקבר עם המעשים הרעים
שעשה שעומדים עליו בשעת פטירתו,
ומקדימין והולכים לפניו עד הקבר,
ושם עומדים על גופו.
וגם הנשמה הולכת ושוטטת עליו
ומתאבלת על הגוף שנפרדה ממנו,
וכאשר קברו אותו המלאך דומ"ה,
עומד וגם יוצאים מתחת ידו שלשה
ממונים על חיבוט הקבר ושלשה
שרביטים של אש בידם, ודנין הנשמה
והגוף יחד, אוי לו על אותו דין, אוי לו
על מעשיו הרעים. וכמה וכמה דינין
שדנין לאדם כשיוצא מזה העולם.
הראשון כשנשמתו יוצאת מן הגוף.
השני כאשר מעשיו הולכים לפניו
ומכריזים עליו. השלישי כשמכניסים
הגוף בקבר. הרביעי דין של חיבוט
הקבר. החמשה דין של תולעים ואחר
שלשה ימים ששוכב הגוף בקבר,
כריסו נבקעת ומעיו מבטנו ונוטלים
המעיים על הטינוף שבהם וטורפים
אותם על פניו ואומרי' לו טול מה
שנתת במעיי' שלך ממה שאכלת
ושתית ולא נתת מהם לעני מכל חגים
ומועדים שעשית כל יום, כמ"ש וזריתי
פרש וכו'. ואחר ג' ימים דנין לאדם
מעינים שלו ומידיו ומרגליו שעשו
העבירות עד שלשים יום, ובכל
השלשים יום דנין הנשמה והגוף יחד,

ובשביל כך נמצאת הנשמה בארץ כל שלשים יום שאינה הולכת למקומה כאשר נדה שיושבת בחוץ כל ימי נדתה. הששי דין גהינם. השביעי שנשמתו הולכת ומטורפת לשוט בעולם ואינה מוצאת מקום מנוח עד שישלימו ימי עונשה, אלו הז' דינין פורחים ובאים על האדם, סימן לדבר ויסרתי אתכם שבע על חטאתכם. ויען כי החי יתן אל לבו לזכור יום המיתה ושבעה דינין הללו, וישוב אל ה' וירחמהו ואל אלהינו כי ירבה לסלוח מרדת שחת ע"כ.

וכיון דשבעה עידנין אלו יחלפון על האדם, צריך השתדלות נמרץ בעוד שיש בידו לתקן מעשיו ולצאת מן העולם-הזה טהור כדרך שבא טהור, משום דכיון שמת נעש' חפשי מן המצות, כאמרם רז"ל ורמוז כל זה בפרשת משפטים, דגלגוליא תשים לפני כל אדם. כדאמרו בזוהר וכו' כי תקנה עבד עברי. ירצה כי תקנה את הגוף שהוא עבד עובר מזה העולם, וזהו אומרו עברי, שש שנים יעבוד בתורה ובמצות, משום דהיום לעשותם ואין מחר לעשותם, משום ש־"ובשביעי", ימי שנותינו בהם שבעים שנה. יוצא מן העולם לחפשי חנם, דכיון שאדם מת נעשה חפשי מן המצות, לכן אם בגפו יבא בגפו יצא. כדברי רז"ל ברוך אתה בבואך וברוך אתה בצאתך. שתהא יציאתך מן העולם כביאתך. מה ביאתך בלא חטא, כך יציאתך בלא חטא. באופן כשם שבא בגפו בלי חטא, כך בגפו יצא מן העולם בלי חטא, אם בעל אשה הוא. כלומר אם תלמיד-חכם הוא, שהתורה נמשלה לאשה כנודע מרז"ל על פסוק מצא אשה וגו' ויצאה אשתו עמו. שהתורה יוצאה עם האדם ללוותו עד יום הדין, מה שאין כן הבנים והממון, ובלבד שתהיה תורה לשמה, שאם אדוניו – שהוא הקב"ה, יתן לו אשה – ירצה שגזר עליו להיות חכם כאמרם רז"ל שגוזרין עליו חכם או טיפש, וכן נגזר עליו להיות חכם, גרם שלמד והצליח. וילדו לו בנים או בנות – כלומר קיים מצות עשה ומצות לא תעשה. האשה – שהיא התורה שעסק בה, וגם ילדיה – שהן המצות שעשה. תהיה לאדוניה – ירצה תהיה לשמה, שמקיימה בעבור לקיים מצות בוראן ולא לקבל שכר, ויאמר שהוא יצא בגפו בלי שכר כרבי אבהו דקאמר אני אמרתי לריק יגעתי וכו'. ואם יאמר העבד – שהוא הגוף, "הנשמה חוזרת למקומה תחת כסא הכבוד, ואני אהבתי כמוה את אדוני שהוא הקב"ה, את אשתי שהיא התורה, ואת בני שהם המצות. לא אצא חפשי – מקבלת שכר כמותה. והגישו אדוניו אל האלקים – לפני בית דין של מעלה, וירשום בו סימן להקימו בתחיית המתים לשלם לו שכר, וכמבואר אצלי ענין זה באורך בחיבור פירוש על התורה, יען שאדם מעותד לחטא, כי יצר לב האדם רע מנעוריו. ואין צדיק בארץ אשר יעשה טוב ולא יחטא, הנני מסדר דרך לפני השב בתשובה, ליכנס בו לבא לפני בוראו שירחמהו ויקבלהו, כי רצוי גדול הוא ואייחד לו פרק בפני עצמו.

פרק יח

יבא המבקש והחפץ הפתח ליכנס בה לשוב אל ה' וכה יאמר:

רבש"ע אדון הסליחות והרחמים, יוצרי מושיעי מגיני וקרן ישעי משגבי לעד. פשפשתי וחקרתי, ודרשתי וחקרתי ולא מצאתי דבר לבא לפניך בתפלה ותחינה שתמחול ותסלח ותכפר לעבדך בן אמתך, כי אם בהגיד לפניך שהכרתי שפלותי, דלותי ודקותי ואפלתי וחסרוני והכרתי מעט מזער מרוממותיך, ורחמיך וחסדיך הרבים. ידעתי שאתה אלהי האלהים ואדוני האדונים מלך מלכי המלכים, מוכתר בכתרי כתרים. חי יחיד ומיוחד על כל המיוחדים, בורא יוצר ועושה, אין אלוה מבלעדיך, אין מלך זולתיך. אתה בעובר ובהווה ובעתיד, ואין מי שיאמר לך מה תעשה ומה תפעל, כי מלכותך בכל משלה, ובכל דרכיך יושר צדק ומשפט, אל אמונה ואין עול צדיק וישר, אתה חפץ חסד, תמיד מצדיק בריותך, מורה חטאים הדרך ילכו בה למצוא חיים, מרחם חנם על כל מעשה ידיך, אתה מעינו של עולם משגיח בעליונים ובתחתונים, השגחתך על הכלל ועל הפרט. זן ומפרנס מקרני ראמים ועד ביצי כינים, אבי יתומים ודיין אלמנות, האל הגדול הגבור והנורא, שומר הברית והחסד לאוהביך ולשומרי מצותיך. אל רחום וחנון, ארך אפים ורב חסד ואמת וכו'. אינך מקפח שכר כל בריה, אפילו מהמכעיסים לפניך, מקבל שבים ומשלם שכר לכל צדיק י"ש עולמות וש"ם עולמות מתנה, שנאמר שם עולם אתן לו. כדאיתא באותיות רבי עקיבה, במתנה שלך תוספת על העיקר, אשר מי אל בשמים ובארץ וכו' (אשר יעשה כמעשיך וכגבורתך). ואני בשר ודם, אפר דם מרה, בושה סרוחה רימה ותולעה גוש עפר, נוד מלא צואה, כולו מלא בושה וכלימה, גוף נגוף מלא אספסוף, קצר ימים ושבע רוגז, רוח קימעא מפילני, צל פחד ואימה ממיתני, יסודי עפר, אחריתי רימה, דרכי ליסורין, נתיבתי לפשעים, מעגלי למיתה, לשוב לאין כאלו לא הייתי. אתה מלך מוכתר בכתרי כתרים, ואני דל ונבזה, אביון ובזה, בזוי ושסוי, שפל אפל ונופל, ונעדר וחסר, אתה מקור החכמות ואני טפש אויל, סכל כסיל ומשוגע, אתה מקור הבינות ואני מקור ההבלים והחסרונות והשיבושים והטעיות והמכשולות, אתה מקור החסדים ואני מקור הנבלות והכילות והקמצנות וההקפדות, אתה מקור הגבורות ואני מקור החולשה והתשות והחלאים, אתה מקור התפארת ואני מקור הכיעור והשחרות והדופי, והמומים והשינויים. אתה מקור הנצח לנצח נצחים, אין לך לא ראשית ולא תכלית, ואני מקור ההבל, קיר נטוי, צל עובר, שנותי אין וחיי אפס ותהו. אתה מקור ההוד הזיו וההוד וההדר, ואני מקור האופל והחשך והצלמות, אתה מקור היסודות ואני מקור העיקרות (וההמיסות) והנפילות והמכשולות. אתה מקור המלכות ואני מקור העבדות והשעבוד והסכלות והמשאות הכבדות. וכיון שכן כל מה שאתה מוציא מאוצרותיך להשפיע על האדם, אינו אלא כי־אם על היותך מקור החסד והרחמים, כי מה אדם מקור החסרונות שישגיח עליו מקור השלמיות והמעלות, לכן אל תביא במשפט את עבדיך, כי לא יצדק לפניך כל חי, וכשם שנתגדלת, ונתרוממת על הכל, כך יתרוממו חסדיך ורחמיך על יתוש

נתוץ כמוני, למחול לו על כל מה שחטא, ומה שעוה ופשע לפניך מיום שהוצאתני מרחם אמי עד יום מותי. ה' שמעתי שמעך יראתי, ואימת מות נפלו עלי, וכל עצמותי נתפרדו ונתפקקו כל חוליות שבשדרה, והייתי כלא היו, וכדבר שלא בא לעולם, ואיך אבוא לפניך לדין, כי לא נשאר ממני מאומה, ואם בכחך הגדול תחזור לברוא אותי ותעמידני בעל כרחי למשפט לפניך, מה אוכל להשיב כי־אם להגיד האמת שאני רשע ואתה צדיק, ועל כל החסד שגמלתני בצדקתיך, רעה גמלתיך, הנה מה שאני עתיד לומר לפניך ביום הדין, מעתה (בחיים חיותי אני) מודה בזה, ואם־כן למה לך להביא ולהעמידני לפניך לדין, רב הטומאה והמהומה, גדול השיקוץ והחלאה, מעוטף מבית ומחוץ בחלאת צואת עונותיו, יתגלגלו רחמיך וחסדיך עלי לקבלני בתשובה ולטהר טומאת עונותי, ואע"פ שהקשיתי לשאול, כיון שכל הדעות מסכימים – כיון שהחוטא לפני מלך רם גדול כמוך, אין לו כפרה עולמית, אך בטחתי ועל זאת סמכתי, שכפי גודל רחמיך כך גודל שפלותי, שאין מחשבותיך ודעותיך כמחשבות ודעות בני אדם, שכל כך שהם מחייבים אתה מזכה, שהם מקור האכזריות ואתה מקור הרחמים, ואיך ישוו ויסכימו שני קצוות אלו יחד, ובהבטחה זאת השלכתי מסוה הבושה מעל פני ושמתי פני כחלמיש, לאחוז בכנפי רחמיך שתרחמני ותקבלני בתשובה שלימה לפניך, ואל תשיבני ריקם, ולך החסד ולי בושת הפנים, והמסך המבדיל שעשיתי בחטאתי, מחהו כענן ברוב צדקותיך, וחומת ברזל שבניתי בעונותי הרוס ברוב ענותנותיך, ומבצר נחושת שהחזקתי בפשעי, כלה ברוב חסידותך, ותטבילני במקוה רחמיך ותטהרני בים חסדיך, וכבסני במימי צדקתך ורחצני בטל ענותנותיך, להחיות אותי ולהחזירני בריה חדשה, ואם רבו עלי קטרוגים, לעכב ברוב רוע מעללי, קבלני בחתירה שתחת כסא כבודך, והסתר אותי בצל כנפי רחמנותך, ואל תמסור יגיע כפיך ביד המשחית צלם דמות תבנית, צורתו כעורב וכשולי קדרה, עשה לכבוד שכינתך שנתנה עצה לברוא אותי, שנאמר ויאמר אלהים נעשה אדם בצלמנו כדמותנו, חמול ורחם על עבד דופק בדלתי חסדיך ורחמיך בדמעות כמעיינות ואנחות בשברון מתנים, ומרירות, שאין כח במי שעפר יסודו לבנות מה שהרס בחטאיו, ומה שקלקל בעונותיו ומה שהחריב בפשעיו, אלא ברוב החרטות והוידוים ועזיבת דרכי טינופיו ואתה המתקן והבונה, תחשב לפניך הרצון למעשה והמחשבה לפועל, והדברים לבנין, ויחשב לפני כסא כבודך כאלו בניתי בידי ממש מה שהרסתי והחורבות שהחרבתי, כי בידך הכח והגבורה והמלכות והממשלה לעשות רצוני ומחשבתי ודיבורי מעשה ממש, ואם ח"ו עם־כל־זה לא תקבלני בתשובה, כפי חיוב הדין על רוב פשעי ותעזבני, אני איני עוזבך ואיני מתייאש מרחמיך, כי ידעתי כי אל חפץ חסד אתה, ועמך הסליחה, ובראת התשובה רטיה מועלת לכל מין מכה וחולי. רבש"ע אין עוד מענה בפי לדבר לפניך, ומה נאמר ומה נדבר ומה נצטדק. דאף לזאת יחרד לבי ויתר ממקומו שאין לי על מי להתרעם עליו

שגרם בחטאי כדי להשליך עליו חובתי ולהקל ממני המשא. שאם אני מתרעם על אמי שנתקשטה בפני אבי שיתן דעתו עליה, ומאותה שעה נתעברה ממנו ונמצא גרמה יציאתי בעולם. אין לי מקום להתרעם עליה, כי היא עשתה המוטל עליה במאמר פיך, ולי קדמה צוויך כבר את אביך ואת אמך. ואם מתרעם אני על המזלות שסייעו ליצירת אברי, איני יכול דמוכרחים במעשיהם היו שלא לשנות את תפקידם. ואם מתרעם אני על מלאך הממונה על ההריון איני יכול שעל זה שמת אותו וקיים צוויך. ואם על היום שנולדתי בו אני מתרעם, איני יכול כי בו פתחת דלתי בטן אמי והוצאתני בו ביום בעל כרחי. אם מתרעם אני על המילדת שקבלתני ותיקנה אברי איני יכול שדעתה היתה להחיותי נפש לעבדך. והוא עצמו מה שכיוונו אבי ואמי והמלאך הממונה על ההריון והמזלות והיום שנולדתי בו, להעמיד בריה מוכנת ומזומנת לעשות תורה ומצות לקיים רצון יוצרו. גם אין לי מקום להתרעם על שום אדם, כי לא נתיעצתי עם שום בריה לחטוא לפניך, כי נכנסתי חדר בחדר שלא יראני אדם שאפשר אם נתיעצתי עמהם היו מוחים בידי. כלל העולה שאיני מוצא על מי להתרעם שגרם בחטאי, כי־אם על עצמי בעצמי, כי פתאום ראיתי היה כמו ארב ומיד במעונותיו שכנתי רעם עלי בקול גאונו ולדברו לבי נטיתי, ראיתיהו צוררי ואויבי מבקשי רעתי, ועם כל זה לא עזבתיהו עד שהמשלתיהו עלי והכריחני בכל דרכיו הרעים והמקולקלין עד שנטבעתי בטיט היון עד צוארי וכשהגיע הטיט לפי להיכנס בגרוני, נתעוררתי לבקש הצלה לנפשי, כי ראיתי בצרה אשר מצא לי, ואמרתי אולי אוכל נכה בו. ובקשתי אופן הצלתי כיצד, ונטה לבי לכל אופני הצלה שיש תחת האפשר ולא מצאתי זולת לקרוא אליך תמיד. שאין מי יוכל לסלוח ולרחם אלא אתה יוצרי וגואלי כי אתה אדון כל הנשמות. נאה לאדון לכפר לעבד המתחנן לפניו אע"פ שהרבה העבד לחטוא לפניו, שהעבד עשה כעבד בזוי והאדון צריך לעשות כאדון רב הפעולות, ובפרט לעבד אשר בשם ישראל יכונה, דשם אל נתן בשמו בשם שרי המרכבה מיכא"ל גבריא"ל. וגם אברי כל אחד מישראל הם כלי קודש להשראת השכינה, כדכתיב ושכנתי בתוכם, בתוך כל אחד שכינה שריא כאמרם רז"ל. ואף על פי שיצאו לחולין בטומאת החטאים על ידי טבילת התשובה הם חוזרים לטהרתם. לכן נמסרתי בידך ריבון העולמים. שתטהרני במה שדינך הצדק מחייב, אך מפיל אני תחינה לפני כסא כבודך, שכשם שאתה עושה חסד עמי לקבלני בתשובה, לטהרני שיגדל חסדך עלי שלא יהיה טהרתי במים המרים, היסורין והחולאים הקשים, כי אם מירוק מעט מעט באופן שאפרע חובתי בלי הרגש, שאם ח"ו יהיה טבילת טהרתי במים אדירים והיסורין הקשים יכנסו המים בגרוני ויחנקו אותי, ונמצא חרס בידי. ואע"פ שהדין מחייב מירוק עונותי – רוב יסורין קשים, חלותי היא שיכופו רחמיך על מדותיך ותתנהג עמי במדת החסד, שעל החסד נתייסדה עולמך, שנאמר אמרתי עולם חסד יבנה. ובהיותך רבש"ע עושה

חסד עם חוטא כמוני, שלא נשאר בי אבר שלא הכעסתיך בו, ממני יראו וכן יעשו כל החוטאים לשוב אליך, בנושאם קל־וחומר ממני שקבלתני. וכל שכן כל מי שלא חטא כמוני. ובזכות שממני הם ילמדו לשוב החוטאים אצלך. מחול והעבר פשעי מנגד עיניך כמדתך הטובה שאין אתה מקפח שכר שום בריה. יהיו לרצון אמרי פי והגיון לבי לפניך ה' צורי וגואלי. והנני מעמיד לפניך – דיני האדם ותולדותיו למען דעת הצרות הצרורות העוברים עליו, שעם זה יכנע לב השומע וימנע את עצמו מלחטוא, הנה בעת יצירת האדם הוא ית' נותן כח אל כוכבי מעלה ומזלות ההולכים בעגולי השמים שיפעלו כחותם כל אחד כפ י תכונתו ומעלת מלאכתו עד הבריה שנבראת כפי השעות והרגעים שהולד יוצא לאויר העולם ושנבראת בבטן אמו. ובפרט נפסק הדין מהמזלות והכוכבים ההם ברשותו יתברך כמה יהיו ימי חיי זה הולד הנברא אז בעולם הגשמי כפי שיעור השנים שגזר הוא יתברך אל הנשמה לעמוד בגוף ההוא נגד רצונה בהיותה מתענגת מאז כשנבראה בששת ימי בראשית במראות צבאי מרום, וזה נקרא אפיסת הכחות. והנה אם לאיזו סיבה זה הולד ימות בלא עתו במיתה משונה, אם ברצונו או על ידי אויביו או דיינים. לא תוכל הנשמה לעלות תיכף אל דייני מרום לתת חשבון מפעולותיה בעולם־הזה, אם טובים או רעים, עד אם כלו הימים שיגזרו עליה ממרום להיות בעולם־הזה. אבל באולי היא תעמוד בגן עדן של מטה או מקום אחר בינוני אשר אינה מתענגת מאומה, ובאולי אינה מקבלת צער עד שישלימו כל הימים ההם. (ועיין במסכת חגיגה פרק א', מעשה מלאך המות על פסוק יש נספה בלא משפט וכו' יפה ע"ז הדרוש). אולם יש להאמין כי לא נמנע ממנה צער בהמצאה שהיא משוללת מהתענוג שהיה לה בגוף בעולם־הזה אם היתה שוכנת בגוף זך ובעל מדות טובות ואיש חמודות וירא אלקים. ותוך זה לא תחזור מלתת זיו כחה הנהוג אל הרוח כאלו היתה בגופה ממש. כן אל הנפש עפי כחותיה הנהוגות. והנה הנפש אשר פעולותיה גסות הולכת אל הגוף בקבר ומשתדלת לפעול ואינה יכולה, כי נעדר משם כח הנשמה והרוח. ועם כל זה פועלת כפי כחה אף שם, מגדלת שערות הגוף וצפרנים וכיוצא באלה. ושם עומדת ובוכה אל הגוף וככלות הגוף תכלה גם היא ונעדר זיו של הנשמה מעליה מכל וכל. אולם כח הרוח מקבל גם היא מהנשמה כל משך החיים האלה כחה הנהוג כאלו יהיה הגוף חי וקיים והולך אל הגוף לפעול בו, וכראותה שאינו קם ולא זע חושב שאין זה גופה הקדום. ובכח זכותו וחסידותו הולך ומשוטט בעולם לבקשו במשך גלותו והתשוטטתו לרוב עונותיו. לפעמים יפגע בחבורות של מלאכי חבלה אשר גם הם משוטטים בעולם כנראה באיוב. ובראותם הרוח הזה לוקחים אותו ומצחקים בו ומשליכים אותו בכף הקלע מחבורה לחבורה, ולבסוף משימים אותו באיזה גוף של בני אדם אסור בבית האסורים, שם לא ידע בשכבו ובקומו זולת אחר הכנסו. והנה בהיותה עלולה ממלאכי חבלה, וגם אחר שנאסרה בגוף האדם לא תמנע

הנשמה מלהשרות זיוה הנהוג בכל האפשר אל הרוח לקבל, וזה למען תוכל לעמוד ולחיות כל ימי הצער ההוא. ובזה האופן יש לרוח ההוא כח לעמוד בהיכל האסורים ההם ולפעול פעולותיה הרוחניות כמנהגם ממש אל הגוף הראשון שלה אם לרע אם לטוב. כאשר נמצא בזוהר פרשת תצא. כי המת בלא בנים רוחו הולך נע ונד עד שימצא פרוק ומנוחה. תכלית הדברים על הדבר הזה תוכל לקחת ההילוך שהרחבתי עד עתה. או הילוך אחר שאומר הזוהר פרשת ויחי ותרומה האומר בקוצר רב שהימים אשר הצדיק פועל איזה מצוה הולכים ומעידין עליו, ואז עושים לו מן השמים מלבוש טהור והולך לעמוד לגן־עדן כפי מדרגתו. וכן ימי הרשעים הולכים להעיד נגדו על חטאיו, ואז עושים לו מלבוש של טומאה והם נטרדים הולכים נעים ונדים ואין להם מנוחה. או שתוכל לקחת אליך הילוך אחר הנרמז ברמב"ן בפרשת בראשית ואערכנו לפניך בקצרה. השם ית' ברא מן האפס המוחלט יסוד דק מאד אין בו ממש, אבל הוא כח מוכן לקבל צורה הנקרא אצל היונים היולי. ואחר ההיולי לא ברא דבר אחר אבל יצר ממנו הצורות ובפרט צורת האדם. באופן שכל חלק קטן או גדול שבגוף האדם ותמונתו ועד שער ראשו יהיה בו מן היסוד הדק ההוא, ואפילו שימות ויכלו החומרים העבים, עכ"ז ישאר תמונת הגוף וכל אבריו מן היסוד הדק ההוא הפשוט אשר לא יפגשהו הראות וכל־שכן המישוש. והוא מעוטף בנפש החיונית, ואותה התמונה הוא חלק בגוף אשר יקבל שכר ועונש הנצחי, וזהו שנקרא ריח להיותו יסוד דק פשוט. וכפי דרכינו יוכל להיות זה הנכנס בגופות זרות ועושה מה שעושה עכ"ל. עיין בשלשלת הקבלה (דף פ"ז ע"ב, ודף פ"ח ע"א) וכמה ענינים של רוחות ראיתי אני המחבר שנכנסו בגופות בני־אדם, ומגידים בעונשם שעברו מיום מותם עד שנכנסו בגוף זה, תסמר שערת בשר האדם משמוע, והכל מהעונשים הנזכרים בתלמוד ובזוהר ובמדרשים ממשפט העונשים המוכנים לנפש החוטאים ומבקשים מן החיים שיבקש להם אופני מנוחה על־ידי תפלה, אולי יועיל להם. ואע"פ שדברי רז"ל אינן צריכים חיזוק, כי הם אמתיים מעצמם, מכל־מקום כדי שיתפעל השומע אכתוב מה־שכתוב בספר החרדים (דף מ"ב). מעשה היה בקשטיליאה שהיה מזומן לאנשי העיר שור לצחוק כמו שהם רגילים להכות בו ולענותו באותו היום. בלילה ההוא בא לאדם אחד יהודי בחלום וראה אביו ואמר דע בני שבעונותי הרבים גלגלו אותי אחרי מותי בשור, והוא השור המזומן למחר לעינויים וליסורים קשים בצחוק העם. לכן בני פדני והצילני שאני אברח דרך מקום פלוני טרם יהרגוני וטרם יטרפוני, ואתה תפדני ולא תחוס על ממונך ותשחט השור ההוא כשר ותאכילנו לעניים בני תורה, כך הודיעני מן השמים והרשוני להגיד אליך, ובזה תחזור נפשי מגלגול בהמה לגלגול אדם ואזכה לעבוד את ה' בעו"ה. ומעשים רבים כאלה אירע בישראל שאל אביך ויגדך זקניך ויאמרו לך. לכן כל איש יחרד ויהיה ירא ורך הלבב בעוד בחיים חיותו, שהרשות בידו וידע את אלהיו יכפר

עונותיו וישיב חרון אפו ממנו. ובצאת נשמתו ינוח וישקוט ויסתופף בצלו בגן־עדן, כי חנון ורחום הוא ומרבה להטיב, ובמקום שבעלי תשובה עומדים אין צדיקים גמורים יכולים לעמוד. על כן הנני כותב פרק בפני עצמו בענינים מועילים לתקוני נפש האדם לחזות בנועם ה' ולבקר בהיכלו.

פרק יט

יראה המשכיל ויבין המבין במה־שכתב הרב בעל ספר החרדים בסוף ספרו (פרק ז') דף פ' ע"א, וז"ל:

יש לנו לבקש רפואות בדמים קלים, אחר שנמשלו חולי הנפש לחולי הגוף, ולפעמים רפואה שיעשה הרופא חכם רפואה במאה פרוזים הוצאה מכמה מיני רפואות יקרות הערך, ופעמים ימצאו מיני רפואות בכסף אחד או בחצי כסף של מיני עשבים מרפאים בדרך סגולה, ושמעתי מפי מגידי אמת שאירע בקשטיליאה שאחד משרי המלך הפרתמים, בלכתם לצוד ציד להביא, בא לרדוף אחר שועל אחד ללכדו, ועקץ השועל את רגל השר עקיצה קטנה לא הרגיש בה, ביום השני התחיל רגלו לצבות. ביום השלישי צבתה מאד עד סוף הירך, ורופאי המלך נלאו לבקש מיני רפואות משונות בדמים יקרים מאד ולא יכולו, ונתייאשו ממנו. והיה מצוה מחמת מיתה וכל בני ביתו בוכים. והיה נכנס ערבי אחד ממשרתיו שהיה מביא לו דורון כמנהגו, וירא את הצרה הגדולה הזאת, וישאל מהם מה החולי הרע הזה פתאום (בא לאדוני), והיום שלשה ימים ראיתיו שאנן ושליו. ואמרו לו עקיצה קטנה של שועל הביאה לו את המות. ואמר להם אל תיראו כי בעזר האל אני מרפא אותו, וילך הוא במהירות אל השדה וילקט מיני עשבים ידועות לו, וירץ ויבא אל אדוניו ויכתוש את העשבים במכתש, וישם על רגל אדוניו פעמים שלש, מיד התחיל להרפא, ביום השלישי נתרפא וקם על רגליו, וישתוממו הרופאים ויהללו את האלהים אשר ברא מיני סגולות בעשבים. ובזה אנו מבינים מה שאמר רבי אליעזר בפרקי אבות, ועקיצתם עקיצת עקרב (ונשיכתן נשיכת שועל). וכן שמענו כמה מיני חלאים שנמצא להם רפואות בעולם בדמים קלים בדרך סגולה. ועל דרך זו יש לנו לבקש בשדה אשר ברכו ה', הוא הגמרא מיני סגולות ורפואות קלות לרפאות חולי הנפש החלושים, שאין כח לסבול הרפואות הקשות. והנה מצאנו לרז"ל שאמרו:

"כל העונה 'אמן יהא שמיה רבא' בכל כחו, אפילו היה בו שמץ מינות מוחלין לו". והחמירו בזה בזוהר ואמרו שצריך שיזעזע כל איבריו ולענות בקול. ומי שהוא רגיל לעשות כן, הנה הוא מבושר שנמחלו לו עונותיו, אם לא ישוב לכסלה. – הרי סגולה א'.

סגולה ב' – כל הזהיר וזריז בשמירת שבת בכל תנאיו ובכל דקדוקיו, אפילו עבד ע"ז כאנוש מוחלין לו, שנאמר שומר שבת מחללו, אל תקרי מחללו אלא מחול לו. ואל תקשי לך מה הוסיף בעשותו מצות שבת כדי לכפר עונותיו, הרי זו אחת מן המצות שהוא חייב בהן, דיש לומר על הזירוז הוא דמכפר וכן בעניית אמן.

סגולה ג' – יכוין בשירת הים שאומרים

בכל יום לאומרה בקול רם ובשמחה רבה כאילו אותה שעה יצא ממצרים. שהרי אמרו במדרש ויסע משה את ישראל מים סוף, שהסיעם מעונותיהם שנמחלו על ידי השירה שאמרו, שכל מי שנעשה לו נס ואומר שירה, נמחלו לו עונותיו. הנה שצונו לומר שירה זו בכל יום, כדכתיב ויאמרו לאמר, וכדכתב רשב"י ע"ה שרוצה לומר שיאמר אותו בכל יום בשמחה רבה כשעה ראשונה שאמרנו אותה, ודאי כח סגולתה כל יום כשעה ראשונה למהדרין.

סגולה ד' – אמרו חז"ל כל המעביר על מדותיו מעבירין לו על כל פשעיו, שנאמר נושא עון ועובר על פשע. למי נושא עון למי שעובר על פשע כו'. לכן יוכיח האדם את נפשו ויאמר לו למה תסבלי יסורין בעוה"ז ובגהינם על עונותיך, הלא טוב לך לסבול חרפת אנוש וגדופיו, ולא תענה ותשמח ביסורין אלו, כי תועלת רפואה הם לנפשך, זרח בחשך אורך. כמו שאמרו רז"ל הנעלבים ואינן עולבים שומעים חרפתם ואינן משיבים, עושים מאהבה ושמחים ביסורין, עליהם הכתוב אומר ואוהביו כצאת השמש בגבורתו. פירש החסיד ששלש מדריגות פירש התנא זו למעלה מזו. ראשונה מי ששומע חרפתו ומשיב אבל אינו מכלים את חבירו בתשובתו. שנית שאינו משיב כלל אך לבו מר בקרבו. שלישית ששמח ביסורין, הם בדברים של חרפה אשר שמע, אולי גם השם יכפר עונותיו.

סגולה ה' – היא ההתבודדות שיפרוש במקום מיוחד שלא יראוהו בני־אדם וישא עיניו למרום, אל מלך יחיד עילת כל העילות וסבת כל הסיבות, כמטרה לחץ כמים הפנים לפנים כן לב האדם לאדם. ועל־דרך זה כאשר הוא יבא לשום פניו אל אלהיו, כן הוא יתברך ישים אליו ויחדיו ידובקו. כך שמעתי מפי מורי, הרב החסיד הקדוש במוהר"ר יוסף סאגיס ז"ל וכך הוא היה עושה. וכן מצאתי לרבינו יצחק דמן עכו, שכמה חסידים היו עושין כן בימיו. ודוק ותשכח כן בדברי הרמב"ם והרמב"ן וחובת הלבבות והר' יונה ז"ל סגולה ו' – ישמח בחשק דברי חכם כשדורש יראת שמים ודברי אגדה שמושכין לבו של אדם, כמו שאמרו חז"ל שבזה ימחול עונותיו. וחייבים אנחנו לשמוע לקול מוכיח, דהכי קבלנו בסיני. במסרה ג' ונשמע. א' נעשה ונשמע. ב' ונשמע קולו בבואו אל הקדש. ג' ונשמע פתגם המלך. קבלנו נעשה ונשמע עד עולם כל אשר יצונו וגם קבלנו כל עת וזמן יבא מאן דהוא מרבנן, ידרוש תוכחה שנשמע קולו בבואו אל הקדש, דהיינו בית הכנסת שנקרא מקדש מעט לדרוש לרבים, למה כי לא לדרוש הכבוד כי אם למלך, הוא מלכו של עולם. וזהו אומרו ונשמע פתגם המלך, על דרך שאמרו בכל מקום שנאמר במגילת אסתר מלך סתם, (ולא אמר בהדיא אחשורוש) הוא מלכו של עולם, אע"פ שאין מקרא יוצא מדי פשוטו. וכן אמר משה רבינו ע"ה כשאמר ברבים תוכחת האזינו השמים, הם העשירים הגדולים, על דרך היקום אשר ברגליהם, שפירשו שהממון מקים האדם על רגליו. ותשמע הארץ הם העניים שפלים כארץ, ולמה כי לא תתנו לי הכבוד כי לה'. זהו שאמר

הכתוב כי שם ה' אקרא הבו גודל
לאלקינו. אי-נמי ונשמע פתגם, כבר
ידעתם מה שאמר בזוהר בת קול
יוצאת בכל יום ומכרזת שובו בנים
שובבים, ובת קול יוצאת מהר חורב
ומכרזת אוי להם לבריות מעלבונה של
תורה. דקשה למי מכריזים, והלא אין
אנו שומעים כלום, אלא ודאי אף על-
גב דאיהו לא חזי מזליה חזי, (כמ"ש
במסכת מגילה), הכי-נמי אע"ג דאיהו
לא חזי מזליה חזי, כדכתיב נפלאים
מעשיך (נפלא) לשון כיסוי. כמו כי
יפלא ממך דבר, ואפילו-הכי ונפשי
יודעת, שעם היותם נפלאים אפילו הכי
נפשי יודעת, וזהו שלפעמים מתעורר
באדם רוח טהרה מקול הקורא לאזן
נשמתו. ומכל-מקום לא יזכה לזה רק
השומע לקול החכם המוכיח, והיינו
דכתיב והיה אם שמוע תשמע, כלומר
אם שמוע למוכיח באזן בשר, תזכה
לשמוע באזן הלב כרוז מלכו של עולם,
והיינו ונשמע פתגם המלך. שעל-ידי
רוח הקודש ידעו בסיני זה הענין,
ואמרו ודאי דנשמע קול המוכיח, לפי
שאז נזכה לשמוע פתגם המלך. אמר
הנביא ירמיה נחפשה דרכינו ונחקורה.
זהו שאמר במקום אחר והיה עקב
תשמעון. ואמרו רז"ל אם תשמרו
ותעשו אפילו מצות הקלות שאדם דש
בעקבו. ואמר הכתוב עון עקבי יסובני.
הכא נמי דרכינו אלו העונות שאנו
דורכים ברגלינו ודשים בעקבנו.
ונשובה אל ה', שאם לא ידע החולי
מחוליו איך יבקש רפואה. והנה חיפוש
דרכינו, כמאמר רז"ל רובם בגזל
ומיעוטם בעריות, וכלם באבק לשון
הרע. לכן יש לדקדק מאד בחומרת
הגזל, דאפילו שוה פרוטה נחשב

לשפיכות דמים. והעושה מלאכת
חבירו בלי אמונה נקרא גזלן.
והסתכלות בעריות עון פלילי הוא
ונקרא נואף, דכתיב ועין נואף שמרה
נשף ויד ליד לא ינקה רע. מגהינם
ואפילו הרהור בעבירה פוגם הנשמה.
ועון לשון הרע גדול מנשוא שהוא
שקול כעבודה-זרה, גילוי עריות
ושפיכות דמים. לפיכך הוא חמור יותר
מכולם, וכדי שלא יבא לידי לשון הרע,
צריך אדם להרגיל עצמו להיות כאלם,
כמו שאמרו רבותינו ז"ל על פסוק
האמנם אלם צדק תדברון. מה אומנות
יקח האדם כדי להנצל (עצמו) מלשון
הרע, יעשה תמיד עצמו כאלם ולא
ידבר רק צדק שהיא התורה, כדכתיב
מה אהבתי תורתך כל היום היא
שיחתי.

וזה לשון רבינו האי גאון ז"ל בספר
מוסר השכל:

שים לשונך בפיך אסורה, וכאלם היה
בין החבורה. ואל תרפה ארי אסור
בחבלדדימה הלשון לארי טורף שהוא
אסור בחבל, ואם אותו תשלח ואכלך,
ועל שלש תועבות אלה הזהיר הקב"ה
בקריאת שמע, שצונו לקרוא בכל יום
פעמים כדי שנשמור נפשנו מאד מהם.
על עון הזנות הזהיר בהדיא בפרשה
שלישית של קריאת שמע, ולא תתורו
אחרי לבבכם ואחרי עיניכם אשר אתם
זונים. ועל עון הגזל הזהיר בפרשה
שנית ואספת דגנך ולא של אחרים,
וכפל הדבר שלשה פעמים לחזק העין,
כמו שאמרו רז"ל 'מגל זו' – 'מזל זו' –
'מגל זו' שלשה פעמים שהיו אומרים
במצות העומר כדי לחזק, הכי-נמי כפל
'דגנך', 'תירושך', ו'יצהרך' (לחזק).
ועל לשון הרע הזהיר בפרשה ראשונה

שכתב תיקונה ודברת בם. ופירשו רז"ל בם מיעוטא הוא, (בם תדבר) ולא בדברים בטלים, ולאו הבא מכלל עשה – עשה, וכל המרבה דברים מביא חטא – לשון הרע. וכן נחפשה דרכינו ונחקורה בשלש תועבות אחרות, דתנן הקנאה והתאוה והכבוד מוציאין את האדם מן העולם. ופירשו ז"ל מן העולם הזה ומן העוה"ב, וגם אלו נרמזו בקריאת־שמע, ויש לתת לב בכל יום בעת קריאת־שמע כדי להשמר מהם תמיד.

הכבוד: מי שהוא עבד לא יתגאה לפני המלך, כדכתיב אל תתהדר לפני מלך. וכתיב וה' אלהיכם מלככם. ואנחנו לפניו תמיד, דמלא כל הארץ כבודו, וכתיב האותי לא תיראו אם מפני לא תחילו. וכתיב המכעיסים אותי על פני תמיד. ודרך בני אדם להתכבד במלבושים, דרבי יוחנן קרי למאניה מכבדותיה. ואין נאה ההידור והכבוד אלא למלכו של עולם. שנאמר זה הדור בלבושו. וכתיב ה' מלך גאות לבש. ולרמוז זה מצות ציצית בבגדנו. והיה לכם לציצית. והיה הוא השם כי י"ב צרופין יש לוכלומר לשם הוי"ה, וזה אחד מהם, לכם בהיפוך אותיות מלך, וראיתם בהיפוך אותיות ויראתם, כי העבד לא ילבוש גאות אלא יכוין בלבושיו להדר את המלך, כי אין לבא אל המלך בלבוש שק. ורבי פלוני מציין נפשיה ומצלי, דכתיב השתחוו לה' בהדרת קדש. ואפילו הכי קרי נמי בחרדתשיעמוד באימה וביראה ובחרדה. כדאיתא במסכת ברכות משום אל תתהדר לפני מלך. לכבודך אלא לכבודו. ואנו אומרים בכל יום ברוך אלקינו שבראנו לכבודו, הרי

הרחקת הכבוד. ולב שפל בפרשה שלישית של ציצית, והיינו דכתיב מכנף הארץ זמירות שמענו. פירשו במדרש דעל כנף הציצית קאמר, ולפי זה הארץ רמז לישראל שהם משפילין עצמן כארץ, ועליהם אמרו רז"ל שאמר הכתוב דור הולך ודור בא, אלו עובדי גלולים, והארץ לעולם עומדת אלו ישראל, דכתיב בהו כי תהיו אתם ארץ חפץ. וכנף הציצית רמז להם לישראל וסימן להשפיל עצמם. והתאוה רמוזה בפרשה שניה דכתיב ואכלת ושבעת וכתיב בתריה השמרו לכם פן יפתה לבבכם, פירוש פן תמשכו אחר תאות העולם, אלא מיד ששבעת משוך ידך. תרגום וכי תרחיב וארי יפתי, שאם תמשכו היא גרמה לוסרתם מדרך השם מעט מעט עד שתעבוד אלהים אחרים, כענין שנאמר ויאכלו וישתו ויקומו לצחק. ופירוש צחוק כולל ע"ז ג"ע וש"ד, כמו שלמדו מן הפסוקים וכן עולה עם המלה סמא"ל, כי מיד בראות השטן כי האדם מוסיף אכילה ושתיה, מרקד לפניו להכשילו בכל העבירות. והקנאה רמוזה בפרשה ראשונה בפסוק ראשון דקריאת שמע, מקובלת בידינו מיעקב אבינו עליו השלום בעת שנסתלק מן העולם צונו וזרזנו על יחוד השם, כדאיתא במסכת ברכות, וכדכתב הרמב"ם ז"ל. ונרמז בכתוב כדכתיב הקבצו ושמעו בני יעקב כו', דקשה מאי הקבצו, הרי אמר להם האספו ואגידה לכם, והרי הם לפניו. אלא פירוש האספו על הגופות, ואחר שהיו לפניו צוה אותם שיסירו מלבם קנאה שנאה ותחרות, כאלו הם איש אחד נפש אחת, שאם לא יעשו כן אי אפשר

לקבל עליהם יחוד שירצה וישרה עליהם, כדכתב רשב"י דהיינו והוא באחד ומי ישיבנו. דהפסוק קשה להבין דהול"ל והוא אחד מאי באחד, אלא רוצה לומר הוא יתברך אינו שורה כי אם בישראל ביחוד לב אחד בלי קנאה דוגמת מלאכי השרת, דכתיב בהו כלם אהובים וכלם מקבלים עליהם עול מלכות שמים, ואמרו באבות דרבי נתן דהמלאכים מכבדים זה לזה, וכל אחד אומר פתח אתה, שאתה גדול ממני. וזהו לשון שמע שאמרו המקובלים שהוא לשון קיבוץ, כמו וישמע שאול את העם. וכל אחד בעת קריאת שמע מייחד לבו עם כל עדת בני ישראל, ומדבר אליהם שמי ישראל כלנו באהבה וקשר לב אחד בלי קנאה ושנאה, ועתה אנו מקבלים יחוד אלקינו עלינו ואומרים ה' אלקינו ה' אחד. עכ"ל. וכיון שבמעשה העגל אבדו היחוד דשיתפו ואמרו אלה אלקיך ישראל אשר העלוך, ואין דור ודור שאין לוקחים אונקי אחת של עגל, לכן צריך כל אחד מישראל כשמייחד השם באמרו ה' אלקינו ה' אחד, לכוון לתקן עון העגל ששתפו דבר אחר. ויעקב אבינו ע"ה כשראה לעשו קרא קריאת שמע כדאיתא במגלה עמוקות. ע"כ נראה לי דרמז לשרו של עשו שהוא סמא"ל שאע"פ שעתיד להחטיא לישראל בעון העגל ולאבד מהם היחוד באומרים העלוך לשון רבים, עכ"ז אינו יכול עמו, שהרי הם עתידין לתקן עון זה ביחוד של קריאת שמע. ולרמוז לזה קרא קריאת שמע, וגם ישראל לא היו נוצחין במלחמה כי־אם בזכות יחוד השם שמיחדים בקריאת שמע כאמרם רז"ל והיה כקרבכם אל המלחמה ונגש הכהן ודבר אל העם שמע ישראל. אמר רשב"י אמר להם אפילו אין יש ביניכם זכות כי אם קריאת שמע שחרית וערבית וכו'. וקודם בואי לכתוב תיקוני כמה עבירות חמורות, נקדים לכתוב עשרים דברים שצריך שיתחזק בהם הבעל תשובה, ויִרגיל בהם עד שיעשו בו טבע שני, כדי שיקבל אח"כ בשמחה סגופי העבירות ויוכל לסובלם ולא יבא לבעוט.

כתב החסיד הקדוש רבינו יונה ז"ל בספר שערי תשובה עיקרי תשובה עשרים:

הא' – החרטה על מעשיו הרעים שעשה, ולומר מה עשיתי, איך לא היה פחד אלהים נגד עיני ולא יגורתי מפני האף וחימה.

הב' – עזיבת החטא. יעזוב רשע דרכו ויגמור בכל לבו שלא ישוב בדרך ההוא עוד עד יום מותו.

הג' – היגון הגדול, יתחולל ברעיוניו ויאנח במרירות לב ונפשו תהיה מרה לו כי הכעיס למי שבראו וברא השמש והירח והשמים והארץ, והכל מעשה ידיו.

הד' – הצער במעשה, כמו שנאמר שובו עדי בכל לבבכם. בצום ובכי ובמספד.

הה' – הדאגה והפחד והעונש מהעונות שעשה וכמה רעה עתידה לבא עליו ואיך ינצל.

הו' – הבושה הגדולה שיבוש מהמלך ולא ישא פניו, שנאמר בושתי וגם נכלמתי. בושו והכלמו.

הז' – הכנעת הלב שיודע שהממרה על דבר המלך הגדול, שוודאי נגרע מערכו, והוא נתעב ונאלח ויהיה נבזה

בעיניו נמאס כמוכה שחין ולא ישוב למגדף לו.

הח' – הכנעה במעשה שיהיו עיניו תמיד שחוח למטה לארץ ודיבורו בקול נמוך וידבר רכות ולא קשות.

הט' – שבירת התאוה הגשמית. יפרוש מן התענוגים ולא יאכל רק לשובע נפשו וקיום גופו ולא יגש לאשתו רק לקיים מצות פריה ורביה.

הי' – ייטיב פעלו בדבר אשר זדה. אם הסתכל בעריות יתנהג בשחוח עינים תמיד ויכוין לעסוק בתורה ויאיר עיניו בתורה שבכתב. רצו רגליו אל עבירה ירוץ תמיד לדבר מצוה. לשון שקר מכאן ואילך ידבר אמת ופיו יפתח בחכמה. ידים שופכות דם או גזל שהוא ש"ד, יפתח ידיו לעני ליתום ולאלמנה ויציל עשוק מיד עושקו. לב חורש מחשבות און, יטהר ויתבונן בגדולת יוצרו. שם מחלוקת בין איש לחבירו יבקש שלום וירדפהו תמיד.

הי"א – חיפוש דרכיו שנאמר נחפשה דרכינו ונחקורה, כדי שיזכור כל הדברים שחטא כדי שיתודה ויכנע ולא יוסיף לחטוא בהם.

הי"ב – לחקור גודל כל אחד מעונותיו איזה חיוב מלקות או כרת או מיתת בית־דין, למען יכנע וימרר בבכי וכתיב ראי דרכך בגיא דעי מה עשית.

הי"ג – שיהיו העבירות הקלות חמורות בעיניו. שאין לו להסתכל בקטנות העבירה אלא בגדולת המלך שצוה עליה.

הי"ד – הוידוי בפרטות דכתיב והתודה אשר חטא עליה. ויש לו להזכיר גם עונות אבותיו דכתיב והתודו אם עונם ואת עון אבותם.

הט"ו – התפלה שיתפלל לה' ויבקש רחמים שימחול לו וימחוק עונותיו, שנאמר הרב כבסני מעוני. ומחטאתי טהרני.

הט"ז – תיקון המעוות ישיב הגזילה אשר גזל או את העושק אשר עשק. ופירוש עושק שהיה חייב ממון לחבירו ומעכב מלפרע לו. וכן אם ציער את חבירו בדברים או הלבין פניו או סיפר לשון הרע אין לו כפרה עד שיבקש ממנו מחילה.

הי"ז – לרדוף תמיד פעולת החסד והאמת, שנאמר בחסד ואמת יכופר עון. החסד צדקה וגמילות־חסדים והאמת שיחזיק ידי אנשי האמת וינשא ראשם ואנשי השקר ישפיל. ויקרא תמיד את ה' בכל עוזו.

הי"ח – שיהיה חטאתו נגדו תמיד עד יום מותו, שנאמר וחטאתי נגדי תמיד.

הי"ט – עזיבת חטאו אם נזדמן לו אותו החטא יכבוש את יצרו ויברח כמפני חרב מפני יראת אלהיו. ואף אם לא יזדמן – בעת אמרו בכל נפשך יכוין אפילו הוא נוטל את נפשו בשלש עבירות בע"ז ובג"ע וש"ד, שאם יבואו לידו ימסור נפשו ולא יחטא בעבור אהבת ה' ית'.

הכ' – להשיב רבים מעון כאשר תשיג ידו, שנאמר והשיבו מכל פשעיכם, למדנו כי זה מעיקרי התשובה ע"כ.

אלו תקוני קצת העבירות ביותר חמורות בקיצור נמרץ, דשאר תקוני כל העבירות הלא הם כתובים בספרי המקובלים, ומיראת האריכות לא יכולתי לכתוב כולם פה. החוטא בזרע לבטלה עון גדול, הוא עון של דור המבול, תשובתו שמונים וארבע תעניות כמנין שנותיו של יעקב אבינו ע"ה שהיה בן פ"ד שנים ולא ראה קרי.

וקודם התעניות יטבול ויאמר פסוק ויקרא אלהים ליבשה ארץ ולמקוה המים קרא ימים בדמעה, ויכוין שהקב"ה יטהר נפשו על דרך וזרקתי עליכם מים טהורים וטהרתם. חטא במשכב זכור יטבול ויתענה רל"ג תעניות כמנין זכור, ובכל בקר וערב של תעניות יאמר פסוקים אלו: זָכוֹר תִּזְכּוֹר וְתָשׁוֹחַ עָלַי נַפְשִׁי (איכה ג, כ). ואומר: וַאֲנִי אָמַרְתִּי בְחָפְזִי נִגְרַזְתִּי מִנֶּגֶד עֵינֶיךָ אָכֵן שָׁמַעְתָּ קוֹל תַּחֲנוּנַי בְּשַׁוְּעִי אֵלֶיךָ (תהלים לא, כג). הבא על כותית או על בהמה חיה ועוף בין טמאים בין טהורים, פגמו גדול – יתענה רי"ו תעניות וסגופים וטבילות ומלקיות, כל מה שיוכל המרבה – הרי תשובה משובחת. הבא על הנדה יתענה נ"ט תעניות כמנין נדה, ועל כל אחד מאלו העבירות ילקה וילבש שק ויתפלש באפר ויעשה מספד מר יותר מאילו מת לו בנו יחידו בכורו מוטל לפניו. שהרי אין לאיש נכבד מנפשו, ועוד הרי המלאכים שהיו סביביו רחוקים ממנו ארבע אמות, יען כי מנודה לרב מנודה לתלמיד, וכולם מנדין לרשע הזה אשר פגם בספירותיו, ועצב את רוח קדשו ובכל יום מכריזין עליו בשמים. הנשבע לשוא ולשקר יתענה שלשים ושבעה תעניות כמנין הבל שיצא מפיו. המקלל את אביו ואמו או מבזה אותם בדברים או בלתי מכבד אותם, עון גדול הוא, יתענה ששים תעניות ושק ואפר יציע. אמרו הראשונים תשובה בראשי־תיבות ת'ענית ש'ק ו'אפר ב'כי ה'ספד. והתענית צריך צדקה, מה שהיה צריך לאכול ביום ההוא יתן לעניים. וכן אמר רבינו שלמה מלכו ז"ל תענית נוטריקון תת עני כארז"ל אגרא דתעניתא צדקה; המדבר בבית הכנסת יתענה ארבעים יום בין רצופים בין מופלגים כנגד התורה שניתנה למ' יום, וזלזל בה בדברו בבית־הכנסת דברים בטלים ולא חשש לספר תורה העומדת בבית־הכנסת. הגורם איבוד ממון כאילו המית אותו ואת אשתו ואת בניו, צריך לפרוע כל מה שהפסיד לו בגרמותו, ויעשה שורה של בני אדם לבקש ממנו מחילה וילקה ויתענה יותר משתי שנים ויתודה כל ימיו שנחשב כאלו הרג לו ולאשתו ולבניו.

הולך רכיל אין לו תקנה כמו הנחש, לכן תשובתו לעזוב מעשיו הרעים עזיבה עולמית וישוב בתשובה שלימה, ויתודה כל ימיו ויהיו כל עסקיו בתורה ומצות, ולשים שלום בין אדם לחבירו ובין איש לאשתו ולעסוק בעסק מחייתו. המלבין פני חבירו ברבים אין לו חלק לעולם הבא, וצריך להתענות כמה תעניות וילקה, וגם יתודה כל ימיו. המכנה שם רע לחבירו שהוא בוש ממני, יבקש ממנו מחילה בפני רבים, וגם ילקה ויתודה לכל הפחות שלשים יום ויצטער כל ימיו על עון גדול כזה ולא יוסיף עוד. החונף ובעל גאוה יתענה מ' יום וילקה בכל יום. המנבל פיו עון פלילי הוא, ויתחרט ויתודה כל ימיו על רוע מעלליו ויתענה לפחות חצי שנה שני וחמישי ויחשוב תמיד בלבו שלא נברא פה לאדם כי־אם לעסוק בתורה ולדבר חפצי שמים. הגוזל או גונב ממון חבירו, יפרע לו ויבקש ממנו מחילה ויש לו ללקות על לאו זה ולהתענות כמה תעניות כי על כל עבירה צריך להתענות ארבעים יום, ועל כריתות ומיתות בית דין

כפלים, ולצער ולסגף גופו. על לא תשא יותר מכל. ויתודה בכל יום, וכשמשיב הגזלה יזהר שלא לקבל פקדונות ויתן צדקה יותר מכל אדם, ויעשה גמילות חסדים בגופו ובממונו ויַוַתֵּר משלו לעמלי תורה ואז ימצא כפרה. הלוקח רבית מישראל צריך להשיב הרבית לו או ליורשיו וילקה ויתודה ויתענה כל הפחות שנה תמימה. ולא ילוה אפי' לנכרי שנה תמימה בין ברבית קצוצה בין באבק רבית ואפילו רבית דברים אסור. וכל הנוטל רבית מישראל אינו קם בתחיית המתים כדאיתא בתנחומא, לכן יעשה תשובה גמורה. המאנה את הגר צריך לבקש ממנו מחילה וגם ילקה ויתודה ויתענה ארבעים יום. חטא בראית עין יבכה עד שיזלו עיניו פלגי מים. חטא במאכל ובמשתה מדברים אסורים או בריבוי תענוגים לבא תמיד במשתאות ובטיולים, ירבה בצומות עד שיחליש גופו עד שימרוק חלבו ודמו, וגם יתבודד בביתו ויתחבר תמיד עם העניים, חטא בחילול השם יודה על פשעיו נגד הרבים, ויאמר אל תלמדו ממני שאני חטאתי עויתי ופשעתי, רשעתי חללתי השם באולתי ויתענה כמה וכמה תעניות, וילקה ויתודה על עונותיו בכל יום עד יום מותו. (ועיין בתחלת הספר בקונטרס החידושים), כללו של דבר, התשובה אין לה קץ ותכלית. כל אותם ששנינו שאין להם חלק לעוה"ב מיירי כשלא עשו תשובה, אבל עשו תשובה כהוגן, אין לך דבר שיעמוד בפני התשובה. ואם בקשת לידע כחה של תשובה, צא ולמד מקין ומאחאב ומאנשי ענתות ומאנשי גינוה ומדוד מלך ישראל וממנשה ומיכניה המלך, שכל אלו עשו תשובה ונתבטלה הגזירה והשבועה. וכן מפרעה שמרד בהקדוש ב"ה ולבסוף עשה תשובה ומלך בנינוה, צא ולמד מריש לקיש ושתי רעיו שהיו גוזלים בהרים, ריש לקיש עשה תשובה וירש גן עדן וחביריו שלא עשו תשובה ירשו גיהגם. צריך כל אדם להתפלל שלא יאסף מן העולם בלא תשובה, כמו שהתפלל דוד המלך ע"ה אל תאסוף עם חטאים נפשי, שפירושו שלא יאספנו מעולם הזה בלא תשובה אלא יניחנו בעולם עד שיעשה תשובה שלימה להכין לעצמו צידה לדרכו, כי אין מעשה המצוה בשאול אשר הוא הולך שם. צריך בעלי תשובה שישיב רבים מעון, וילמד וידריך בני אדם בדרך ישרה ויזהירם בתשובה ויוכיחם ויודיעם עונשן ומתן שכרן, איך הקב"ה מקבל תשובה, כמו שאמר דוד המלך ע"ה בתפלתו גל עיני וכו' אלמדה פושעים דרכיך וחטאים אליך ישובו.

מליצת מטטרו"ן.

מליצה זו אמר מטטרו"ן שר הפנים: בני אל תחטא בעינים. פן תכשל בזה ובבא. וישקול במאזנים כעדים שנים. ואל תחטא באזניך. בשמע שוא לפניך שלא ישמע בפני אדוניך. בעת שתעמוד בתחנוניך. ואל תחטא באף ובריח פן תהיה מכל טוב קרח. כי מפניו לא תוכל לברוח. ואל תחטא בפיך ובלשונך כי בעל כנפים יגיד עונך. ולא תועיל כל הונך. לבא ולהתחנן לפני קונך. ואל תחטא במאכלך. ולא תקלקל מעלליך. כי גופך ושכלך לא תעמוד בגורלך. ואל תחטא בידך. כי איך תעמוד לפני

שודדך. ככלות כחך וסודך. ומעשיך יעידו כנגדך. ולא תחטא בלבבך. ובעוות מחשבך. ובכליות קרבך. המלךהתייעץ בקונך. יודע כל ענינך. ואל תחטא בשאר אבריך ויעידו על כל דבריך. הנה ככלות בשרך. יגידו אמריך ואל תחטא במשגל. ולא בראיה יופי שגל. כי האביונההוא כינוי לאבר המשגל סופה לרגל. ואל תחטא ברגליך. ורוץ למצוה מעגליך. להרגיל עם צדיק רגליך. ואל תחטא ברוחך ובנשמתך רק עסוק בתורה כפי כוחך ואל תחטא לפני בוראך. זכור כי הוא בראך.. הלא הוא אביך הוא מוראך והוא יכלכלך. עד זקנה ושיבה לא יעזבך. עד כאן כתב בספר החרדים (בדף ס"ו ע"א).

וזה מצאתי בתוך ספר המקובל איש האלהי חסידא קדישא הרב רבי יצחק לוריא אשכנזי זצוקלה"ה. בספר א' כתיבת יד נקרא בית מדותאינו אותו ספר בית מדות שהוא בדפוס מ"כ כל מה שתמצא בדברי ראשונים תוכחות על עון סיגופים ויסורים קשים שלג וחרולים והפסקות עינויים, לא נזכררו אלא למי שאין בן תורה, אבל מי שתורתו אומנותו ויודע דעת ויראת ה'. זאת היא תקנתו, לא יחלש ולא יבטל מלימודו אך יום אחד מן השבוע, יתרחק מבני אדם ויתבודד בינו לבין קונו, ותתקשר מחשבתו בו כאילו כבר עומד לפניו ביום הדין וידבר לאל ית' רכות כאשר ידבר העבד לרבו והבן לאביו ע"כ.

שם דף ע"א ע"א: העולם ים סוער עגול תל עפר בתוכו, הנשמה איש עומד על התל ועץ החיים נטוע עליו, אם הוא חכם לב יתחזק ויתקשר באילן, כי היום או מחר יכה בחזקה גלי הים בתל ויהרס, ואם לא יהיה הוא נקשר באילן ישטפוהו בתל, היינו דכתיב עץ חיים היא למחזיקים בה ותומכיה מאושר. וכתיב על זאת יתפלל כל חסיד אליך לעת מצוא, דהיינו מיתה שנאמר למות תוצאות. כדפירשו במסכת ברכות. רק לשטף מים רבים אליו לא יגיעו, אליו היינו נשמה, אתה סתר לי ע"כ.

צריך לכל הבא לשאול תשובה, שלא להכביד עליו פן יתקשה בעיניו הדברים, ובסוברו שלא יוכל לסבול יבעט ויאמר כאשר אבדתי אבדתי. לכן צריך להקל בפניו דרכי התשובה ולומר אין לך אלא עזיבת המעללים הרעים בלבד, עד שירגיל זמן בזה, ואח"כ להרגילו בתענית מעט מעט, וכן בסיגופים השייכים לאותו עון שבידו, דכיון שכבר קבל עליו לשוב, מן השמים מסייעים אותו, ואח"כ כל מה שמכבידים עליו מקבל. רמז לדבר, על עון החמור של עגל הקיל הקב"ה בכפרתם וגזר לתת העשיר והעני מחצית השקל לכפר על נפשותם, ואח"כ סיגפנו בטלטולים וגליות וגזירות למרק עון העגל כנודע. ואם מיד בשובם ה' מודיעם על כל זה היו בועטים, אך הקיל הדבר בעיניהם במחצית השקל בלבד, ואחר שקבלו עליהם נטהרו, ומסייעים מן השמים לסבול עול הגליות וגזירות הרעות על העגל, וכארז"ל אין דור שאין לוקחים אונקיא מעון העגל. הקב"ה יעזרנו ויסייענו לשוב אליו כל ימי חיינו אנס"ו.

וכמו שכתב ר"ת בספר הישר בדף י"ו ו"ז וז"ל: ודע שלא יקוץ האדם בשום מעשה רק בהתחלתו, וכשיאריך בו

ימים ושנים יהיה לו הכל מנהג ותדבק בו נפשו, ואע"פ שיש בו טורח גדול, כי כן נראה כל המרגיל עצמו לאכול דבר שלא אכל מימיו, או דבר אשר ימאסנו או דבר מר, אם יתנהג בו ימים אז לא יכבד עליו ויהיה לו כמנהג וידבק בנפשו. ע"כ אומר כי המרגיל נפשו בעבודה, אל יתחיל בעניינים קשים כי־אם בעניינים קלים, ואם לא יוכל לעשותם אע"פ שהם קלים יעשה קצתם, וכל אשר ילך יוסיף עליהם. ובראותו כי תקוץ נפשו מהם, ימעט ויעשה קצתם ואל יניח הכל. והענינים הקלים הם כמו התפלה, והצלה שלו לעזור לעניים כפי יכלתו, ולבקר חולים וללוות מתים, אך העניינים הכבדים כגון להתענות בצומות, ולהמנע מכל תאוה כשנזדמן לו, ולהשמר מן האונאה והגזל והשבועה והכעס והקנאה. יש לאדם לחנך את נפשו ולהרגילה כאשר ירגיל האב לבנו, וללמד אותו דרך ארץ, כי הוא צריך בראשונה ללמד לו העסקים שהן קלים אשר אין בהם טורח ולא יגיעה, וכל אשר ילך יוסיף עליהם ואז לא יקוץ בהם הבן. אך אם בתחלה ילמדהו העסקים הכבדים, יקוץ בהם ויהיה לו סיבה למחוסר כל, ולא ישוב אליו עכ"ל לענינו. כן הבא לשאול תשובה, צריך להקיל מעליו עד שירגיל במועט, וילך ויוסיף כדפרישית, שאז לא יבא לקוץ ולבעוט.

פרק כ

יסוד **היסודות ועיקר הכל** להשגת שלימות הנפש, שלא יזיז האדם מבין עיניו אחרית דבר. כי אחרית כל דבר העולם־הזה הבל המה, כי הכל היה מן העפר והכל חוזר אל העפר. ובעזיבת החמדות העוברות ובטלות לא יוציא זמנו לריק ולא יתום כחו להבל ויוציא זמנו באהבת הבורא, וההרגל יבטיחהו שלא יסור עוד לעולם אהבת הקדושה מלבו.

וכמו שכתב ר"ת ז"ל בספר הישר דף כ"ו ע"ב. וזה לשונו:

כשיחקור המשכיל על טובת עולם הזה, יכיר כי כל טובה אשר נחלקה לו לא יוליך עמו במותו ולא ירד אחריו כבודו, אך יניח הכל וילך כבודו נעור וריק. לבד מטובה אחת אם נחלקה לו, היא אהבת הבורא, זו לבדה תלך לפניו, והלך לפניך צדקך. ועל־כן אמר דוד המלך ע"ה אם תדרשהו ימצא לך, ואמר ועת לדרוש את ה׳. ואמר הנביא דרשו ה׳ בהמצאו קראוהו בהיותו קרוב. ואנו צריכים לחקור ולשאול למה אמר בהמצאו, היש עת שימצא ועת אשר לא ימצא, וכשנתבונן בדבר הזה נכיר כי יש עתים אשר ימצא האל לדורשיו ועתים לא ימצא, ועל כן אמר דרשו ה׳ בהמצאו. העת הראשונה שיקנה האדם שכל, כמ ושנאמר ומצא חן ושכל טוב בעיני אלקים ואדם. כי טרם שיקנה האדם שכל לא יכיר את בוראו. ועל כן לא ימצא לו. והשנית טרם שיעשה עונות ויכעיס אלהיו, אז לבו ישר ונקי, ובלב זך ונקי ימצא האל, וכשיחטא לו ויעבור על מצותיו לא ימצא לו כי־אם אחר יגיעה רבה מאד, עד אשר יכנע וינקה לבבו מטומאתו בתשובה שלימה. והשלישית בשעה שהצבור מתענים, כי תפלת הקהל היא יותר מקובלת מתפלת היחיד, והרביעית טרם שיתחבר

לאנשים רעים ולאפיקורסים ותאבד אמונתו ולא תוכל להרפא לעולם. והחמישית בעוד שהוא במרחב כי בעת צרה ישוב האדם בעל־כרחו ולא ימצא לו אלא אם יעשה למען שמו. ועתות הצרה הם בעת חוליו ובעת היותו ביד אויביו או במיצר ובעת היותו עני ואביון ובעת בואו בימים ובעת לכתו בדרכים מסוכנים ובעת עוברו בימים ובעת שתחלש כחו ותאבד עצתו. אלה החמש עתים אשר הקדמנו, כשיבקש אדם בהם אז בוראו ימצא לו גם בטרם שיקראנו ועננו כמו שאמר והיה טרם יקראו ואני אענה. ועל כן יש למשכיל להזהר באלה העתים בטרם יאבדו מרשותו, ואז ינחם ולא יועיל לו. וראוי למשכיל לדעת ולראות כמה עתים נאבדו לו וכמה עתים נשארו לו וימהר באלה הנשארים לו לבקש מהם רצון אלהיו, בטרם יאבדו כאשר נאבדו האחרים, והשם יחזירנו לעשות הטוב בעיניו וימצא לנו בכל קראנו אליו עכ"ל.

הרי בהתחיל האדם לעבוד לבוראו מקטנותו, נמצא עובדו זמן רב עד זקנותו, וזה אינו מביאו כי אם שמיד התחיל להשכיל בכל חמדות העולם כי הבל המה ומאס בהם מלהוציא זמן לרדוף אחריהם והרגיל רדיפתו אחר אהבת הבורא. ועוד שכל מואס רדיפת השגת חמדות הגשמיות, שחייו הם חיים – שאוכל ושותה ויישן וילבש במיעוט שיש בו, מה שאין כן החומד בהשגת הדברים הגשמיים שלבו בל עמו תמיד, ואינו אוכל ושותה וישן, שהנשמה היא טורדתו, ומה לו לאדם בחיים אלו, שאין למדת החמדה קצבה לומר כשאגיע למצוא חפץ פלוני ינוח, כי כל עוד שכביר מצא ידו, עוד נתוסף לו התאוה, כהשותה מים מלוחים' כל עוד ששותה מתרבה צמאו, וכדברי רז"ל אין אדם מת וחצי תאותו בידו. וכיון שכך איך לא יתן המשכיל נגד עיניו שמוציא זמנו לריק לטורח' להזמין לאדם מכל אשר מאסף תחת ידו בעולם העובר, אחר שבעת שמוציאים אותו לקוברו תלוי שבחו אם נזדמן מקום עפר תחוח או קשה במקום קבורתו. אם יתעכל בשרו מחר אם לא. אם במקום לח או יבש כדי שימהר לרום רימה כי טוב לו, כי אך בשרו עליו יכאב כי בעוד הבשר עליו יכאב מעקיצת הרימה. ולאיש אשר הכנות אלו למנוחות ושאננות לו, מה ירדוף אחר חמדות הגשמיות. האם מועילים לו במותו לומר בית בנו לפלוני במותו בחמודות שטרח להצילו מן הרימה. מטה מכסף ומזהב שמו תחתיו להצילו מתולעת, הלבישוהו רקמה להצילו מהרקבון. אדרבא אם כה יעשה לו צעוק יצעק יתאחד בשרו עליו ויכאב לאין מרפא. וכיון שכן מה לאדם להוציא ימי חייו בטורח השגת הדברים הגשמיים להכין לאחרים. ואפשר מכין לאדם שאינו כשר שיכעיס עם טורח ועמלו להקב"ה. כמו שעינינו הרואות כמה נחלו ממון אחרים ועשו עם אותו ממון כל התועבות אשר שנא ה', ונמצא זה הכין להזמין למכעיסי השם, וכמה מן העונשים והמשפטים יגיעו לנפשו כל זמן שזה מכעיס לבוראו בממונו במקום אשר היה ראוי לפזר ממנו לעניים ועמלי תורה, שכל זמן שמוציאים תורה מפיהם מנוחות ושאננות מגיעים לנפשם, ונמצא

שהולך עמו יגיעו ועמלו, מה צער מגיע לנפש האדם שלא עסק עם ממונו כראוי לו לעשות. בספרם בין החיים צדקות וחסדים מן המתים שעשו בחייהם ואין מזכירים אותו ביניהם, ואם זוכרים ממנו מזכירם ומשחקים ואומרים אל ינוח נפשו של פלוני כשם שלא מצא אדם ממנו מנוחה בעודו בחיים, טוב מותו מחייו, ונפשו שומעת ומתאבלת ורוצה לחזור בזה העולם ואינה יכולה, דואבת בראותה ממונו והונו ביד אחרים ועל זרים מלבושיו, ונפשו ערומה מבלי לבוש בבושה, ואין מושיע לה וזכרה הטורח שטרח וכמה נסתכן להשיג כל דבר, וכמה חטא להשיגו ועכשיו זרים נהנים ממנו בלי עמל וטורח, חורק בשיניו ומכה על פניו ואין מנחם לו, כי כל מי שעושה הרעה בידיו אין מי שירחם עליו, ואתה בן אדם שים כל זה נגד עיניך וראה בשכלך כי הדברים אמתיים ממשמשים ובאים, ותנוח נפשך מטורח יגיעת השגת ההבל, ושים כל מגמת נפשך להכין מנוחות לנפשך בעולם שאין קץ ותכלית בו, ובחידושי תענוגיו דברים שאין אדם קץ בהם, כי מרגע לרגע מתחדשים לאין מספר.

ולמען תלך בדרך טובים, אכתוב לך ל"ו דברים שכתב בעל ספר אזהרות הקודש, והוא ספר מעט הכמות ורב האיכות. כדי שתקנה עמהם מעדנים לנפשך בעלותה למעלה ביוצאה מן הגוף, ותתלבש בלבוש זיו ואורה הנעשה מקיום ל"ו דברים אלו, וגם תציל את עצמך מל"ו כריתות שבתורה:

(א) יהא אדם זהיר לעשות כל מצוה בשמחה גדולה. כתב האר"י זלה"ה האדם שעושה מצוה בלא שמחה נענש, שנאמר תחת אשר לא עבדת את ה' אלהיך בשמחה. והעיד עליו בעצמו האר"י זלה"ה שעל ידי זה זכה לרוח הקודש. וז"ל הרב מהר"ם אלשיך זלה"ה לעושים לשמה יש הפרש לפי בחינותיהם, זה עובד בשמחה וזה שלא בשמחה, וגם לעושים בשמחה – זה עושה בשמחה מועטת וזה עושה בשמחה יתירה ממנו, וכל המוסיף יוסיפו לו שכרו. ועל דרך זה בחינות לאל דעות ה' אין מספר, ועבד היודע ברבו שאפילו הרעות שלו הן טובים לכפר עון ודאי יעבוד בשמחה.

(ב) יהא אדם זהיר בתפלתו בכוונה שלימה, שבזמן שבית המקדש היה קיים אדם חוטא ומביא קרבן, ועכשיו תפלה במקום קרבן, על־כן ישים אדם אל לבו בשעה שעומד בתפלתו לבטל כל המחשבות זרות, שכשם שהמחשבה פוסל בקרבן, פוסלת גם כן בתפלה. וכתב בספר חסד לאברהם: עכשיו חיוני השכינה מספיחי תפלה, לכן כל מחשבתו של אדם לא יהיה עליו ועל צרכיו רק על השכינה, וזהו לשון ראשית חכמה: כל העושה מצוה או מתפלל או עוסק בתורה, ישים מגמת נפשו אל השכינה ויאמר תחלה לשם יחוד קודשא בריך הוא ושכינתיה, והוא וצרכיו ממילא בכלל הברכה.

(ג) יהא אדם זהיר בתפלתו וידע באיזה לשון יתפלל. כתב מוהר"ם אלשיך זלה"ה פרשת בהעלותך, אותם בני־אדם העומדים להתפלל על עצמם ואומרים רבונו של עולם, אל רחום וחנון אתה, ארך אפים ורב חסד, רחם עלינו, ומרבים בתפלה ובתתנונים,

אותם בני אדם מעוררים מדת הדין עליהם לקטרג לעיין עליהם ונבדקים במעשיהם אם ראוים הם או לאו. אלא כל אדם שרוצה להתפלל על איזה דבר יקדים וידוי תכף בתחלתו בכלל ובפרט, ויאמר חטאתי וכו'. ואחר זה ירבה בתפלה ותחנונים על צרכיו ואז יקרא וה' יענה.

(ד) יהא אדם זהיר כשמרים קולו בתפלתו או בתורתו, יתכוין מה שאמר ראשית חכמה בשער הקדושה לחטא קרי אין תשובה, ומכל מקום תשובתו הוא על ידי צעקה בתורה ותפלה, כמו שנאמר צעקו וה' שמע.

(ה) יהא אדם זהיר להתפלל תמיד על זרעו ועל זרע זרעו מעתה ועד עולם שלא יצא ממנו פסול. כמו שאמר בספר שני לוחות הברית ז"ל: מעשה בחסיד אחד שהתפלל תמיד בחצות הלילה בבכיה שלא יצא ממנו שום פסול, וזכה ששבעה בניו היו ת"ח גדולים. ומכל מקום שמזכיר בתפלתו יראת השם, יהי כוונתו בלבו על זרעו ועל זרע זרעו. כגון 'ויחד לבבנו לאהבה וליראה את שמך' וכהאי־גוונא.

(ו) יבא אדם זהיר ביומא דדינא בעלמא, לא ידבר בר נש בפני עצמו, ולכן בראש השנה לא יתפלל אדם ביחיד. וכן כתב בזוהר פרשת בשלח אע"פ דצדיקים אינון, אינון רשימין תחילה ומתפרעין מינייהו, לכן שומר נפשו ירחק מהם.

(ז) יהא אדם זהיר להקדים לכל דבר תפלתו, כי מקודם בקל יותר לבטל הרעה, כמו שאמרו רז"ל ה"ה לעולם יקדים אדם תפלה לצרה, על כן נהגו אנשי מעשה קודם שעושים איזה שמחת נישואין בנו או בתו להתפלל שלא ישלוט מדת הדין ועין הרע. ומנהג נכון הוא.

(ח) יהא אדם זהיר בכוונתו בתפלתו לכוין נגד קודש הקדשים כמו שאמר בשלמה ע"ה שבקש מהשם על זה שאותו מקום יצליח ויעשה פרי למי שיכוין להתפלל שם, וכן מפורש. והיא סגולה גם־כן לבטל הרהורים רעים שיחשוב בלבו כאלו עומד שם היום. עוד סגולה אחרת כתב ספר ראשית חכמה לבטל הרהורים רעים בתפלה שיחשוב בלבו כאלו עומד בגן עדן ויעלה בזכרונו אותם הצדיקים שהיה מכירן בחייהם יושבים שם והוא עומד נגדם מרחוק.

(ט) יהא אדם זהיר כשנותן פרוטה לעני לייחד שם הגדול. כי פרוטה היא יו"ד של שם הוי"ה ב"ה, ובעל הבית הנותן פרוטה בחמש אצבעות הוא ה' ראשונה, וכשפושט ידו ליתן לעני, פשיטות ידו כדמות וא"ו והעני המקבל ממנו בחמש אצבעות הוא ה"א אחרונה שבשם, ובזה נשלם השם. כן כתב האר"י זלה"ה. ואם פתאום נזדמן לאדם עני ופרנסתו היא מצומצמת בידו, ידע שהקב"ה רוצה להצילו מאיזה ורעניות [כמעשה שהובא בספר הזוהר פרשת בהר, עיין שם ושם תמצא מעשה נפלא].

(י) יהא אדם זהיר לחפש דרכיו ולתקן מעשיו מדי יום ביומו, ואלו נקראין בספר הזוהר מארי דחושבנא. דהיינו בכל לילה קודם שינה יחשוב אדם בלבו מה שקלקל באותו יום, ויעשה תשובה עליו בחרטה גמורה. הבט וראה מה שאמר בעל עשרה מאמרות [הביאו ספר זרע ברך חדש פרשת

וילך] דאפילו כל פרטי תנועות האדם, ואפילו נודד עפעף עין או פוצה פה ומצפצף יחקקו למעלה ואפילו הרהור הלב. ע"כ אל יאמר האדם שאין לחפש אלא על כ"א מעבירות שיש בהן מעשה כגון גזל וכה"ג. אלא שצריך לפרוש ולשוב גם מדעות הרעות מן הכעס מן הערוה מן הקנאה מן התאוה מרדיפות המאכלות וכה"ג, מהכל צריך לשוב ואלו קשים יותר מן העונות שיש בהם מעשה, שבזמן שאדם רגיל בהן קשה לפרוש, ועל זה נאמר יעזוב רשע דרכו. וכשיבא איזה הרהור פתאום יגער בזריזות ויאמר אש תמיד תוקד על המזבח לא תכבה. סעפים שנאתי ותורתך אהבתי.

(יא) יהא אדם זהיר בדיבורו היוצא מפיו לעשות משמרת למשמרתו. הבט וראה דוד המלך ע"ה אמר אם אלהים הסיתך בי. אמר הקב"ה מסית קראתני, חייך שאתה נכשל וכו'. שמכח זה נפלו אחר כך כמה אלפים מישראל בדבר כמבואר בכתובים.

(יב) יהא אדם זהיר בדיבור היוצא מפיו, יהא בדחילו ורחימו, הבט נא וראה מה שכתב ר"ת בשם התקונים שכל אבר שלא נתקן כראוי חוזר לבא בגלגול אפילו קול ודבור שלא הוציא בדחילו ורחימו להיות השם שלם חוזר בגלגול. ועונש הגלגול הוא מר לנשמה יותר מגהינם, ק"ו בן בנו של ק"ו שומר פיו ולשונו שלא יטמא בלשון הרע, וכ"ש בניבול פה ח"ו, דאז טמא טמא יקרא.

ולכן יחרד כל אדם חרדה גדולה מיום הדין הגדול והנורא ושומר פיו ולשונו שומר מצרות נפשו ונשמתו כראוי.

ולעשות משמרת ומסגרת לשקול את הדיבור קודם שיצא מפיו, ואז טוב לו.

(יג) יהא אדם זהיר במדת השתיקה לשם שמים, כי היא רפואה לכל. ראה תראה מה שכתב בספר החסידים סי' תתשמ"ו וז"ל: לולא שבני אדם מגידים מה שרואים היו רואים דברים הרבה כמו שרואים הבהמות שאין מגידות. וכתב שם אדם שינזק אם יגיד מה שראה תוך עשרה ימים סכנה לו. וכן כל אדם ישקול דיבורו קודם שיצא מפיו.

(יד) יהא אדם זהיר שלא לאכול בכל מקום, וכן איתא בזוהר שמות. בשביל שאכלו לחם רע עין היה הגלות ת' שנה. וכתב שם אדם להלהוט אחר מעיו והנאת גוף, ישחוט עצמו ולא יאכל אצל רע עין.

(טו) יהא אדם זהיר מאד מאד שלא ינדור אף בעת צרה. וכתב בספר החסידים אע"פ דתוספות כתבו שנודרים בעת צרה, הני־מילי דורות הראשונים שהיו בטוחים בעצמם שלא ישנו את דבריהם מכל מניעות שבעולם, מה שאין כן דורות אחרונים. ואמרו בירושלמי הנודר – פנקסו פתוח עליו, שמשים עצמו חסיד שבטוח לקיימו. על כן שומר נפשו ירחק מהם פן ח"ו יכשל בעון נדרים, כי חלוקים בענייני נדרים ק"ו באם הוא רוצה להפר, כמה וכמה חלוקי דינים בהפרת נדרים שהעולם עתה אינן בקיאין בהם. וצריך ללמוד אותם בשולחן ערוך להיות בקי בהם אם ראויים להתירם אם לא, וכי לא דבר קטן הוא, על כן טוב להרחיק ממנו כמטחוי קשת שלא יכשל. הבט וראה מהתפארת ישראל – יעקב אבינו ע"ה נכשל בזה, ואם

בארזים נפלה שלהבת וכו'. ואם רוצה לקבל עליו, יאמר בלי נדר, ואפילו הכי מצוה לקיימו כמו שכתב בספר שני לוחות הברית ז"ל. מ"מ הוא בכלל מוצא שפתיך תשמור. ושב ורפא לו.

(טז) יהא אדם זהיר כשבא למדות חסידות ופרישות שלא לנטות ימין או שמאל ממילי דחסידות, שמתוך כך יכול להוסיף קדושה ורוח הקודש מסייעתו להתגבר ממדרגה למדרגה אף כשהוא אדם חלש, הוא הנותן ליעף כח, מה שאין כן כשסותר דבר אחד מהחסידות ופרישות, אז רוח הקדש מסתלקת ממנו ושוב לא יכול לעמוד בקדושתו מחמת חולשת הכח (ועיין מזה זוהר פרשת תרומה בפסוק תקחו את תרומתי).

(יז) יהא אדם זהיר כשמוכיח איזה אדם על מעשיו הרעים שלא להזכירו העבירה בפירוש כי־אם דרך רמז, כמו שכתב הזוהר פרשת קדושים ובתוספתא. וכן הוא בדרז"ל הוכח תוכיח אפילו מאה פעמים, יכול אפילו מתבייש על ידו, ת"ל ולא תשא עליו חטא, ומשמעות הזוהר שם דוקא בפעם ראשון יזכור רק דרך רמז.

(יח) יהא אדם זהיר שלא לדבר דלטורין על ישראל, אפילו ישראל אינן עושים רצונו, רצה הקב"ה לזכות את ישראל לדבר עליהם דבר טוב, וראיה מפורשת מאליהו הנביא כדאיתא ברז"ל ומגדעון. וכל שכן שירגיל אדם עצמו במדה זו לדון את חבירו לכף זכות לעולם. ואפילו בתוכחה יהא נזהר מלדבר שמץ רע על ישראל. שעל ידי שאמר משה רבינו עליו השלום לישראל 'תרבות אנשים חטאים' יצא ממנו בן בנו שנעשה עבד לע"א. וכן נ"כ הובא בספר החסידים באזהרה גדולה על זה.

(יט) יהא אדם זהיר להיות מן הנעלבים ואינן עולבים, ראה דוד המלך עליו השלום ששמעי בן גרא קלל אותו בקללה נמרצה, ורצה אבישי לפגוע בו ואמר לו דוד הנח לו כי אלהים אמר כו', אולי יראה ה' בעניי וכו'. ואף שסקל עליו באבנים ובעפר, אפילו הכי לא הניח לעשות לו דבר. ואמרו במדרש באותו פעם נמנו בבית דין של מעלה להיות דוד אחד מארבעה במרכבה.

(כ) יהא אדם זהיר במדת הענוה מאד, ויתרחק מהגאוה בדיבור ובמעשה ובמחשבה, דאפילו במחשבה נקרא תועבה, שנאמר תועבת ה' כל גבה לב. וכל שכן בדבור וכל שכן במעשה. הבט וראה מה שאמרו רבינו ז"ל בשביל שאמרו המלאכים 'משחיתים אנחנו' נדחו ממחיצתו, אף על גב שתוך כדי דבור חזרו ואמרו שה' שלחם. גם מה שאמרו רז"ל בחזקיה עליו השלום, על ידי שאמר לישעיה 'מארץ רחוקה באו אלי' נענש. ראה תראה כמה תכבד העבודה, והשומר נפשו ירחק ממנו. וכתב בספר שני לוחות הברית, האדם המקבל בלבו להיות עלוב ואינו עולב, שומע חרפתו ואינו משיב, אין צריך רב ללמדו שהשכינה מלמדתו.

(כא) יהא אדם זהיר כשדורש ברבים וקונה שם טוב, לא יהנה לבו ח"ו מזה, כמו שמצינו ברז"ל באחד מי' הרוגי מלכות ששאלו ממנו חביריו, מפני מה נענש במיתה חמורה כזו, וא"ל שמא כשדרשת ברבים נהנה לבך והסכים עמו. ע"כ מאד מאד יהא נזהר בו, ואם יבא איזה הנאה בלבו מחמת מספר שבחיו וערב לו, ישים אל לבו תכף

בתוך הדרש, ויאמר לבי לבי הרחק מן הכבוד, כמה וכמה אנשים שהיה להם כבוד וגדולה, ועברו ומתו והיו כלא היו. וכן בכל מצוה או תורה לא יהנה ח"ו מן הבריות על אשר עשה אותו, רק ישמח שמחת מצוה על אשר זכה לעשות מצוה זו לשם שמים, ויאמר בפה מלא בתוך הדרש וכל שכן מקודם, לשם יחוד קודשא בריך הוא ושכינתיה, ועל ידי זה ינצל מהמכשול ומדין הקשה. וגם יראה להשמר מעין הרע בדרש, כי שכיח היזק ראיה בזה.

(כב) יהא אדם זהיר בכבוד הספרים, ובזיון שבא על אדם הוא בשביל ביזוי הספרים, כמ"ש רז"ל המכבד את התורה וכו'. וכתב בספר החסידים אדם שיודע שיפיח בשינה, אל ישכב תוך חדר של ספרים אם-לא שמכסה אותם.

(כג) יהא אדם זהיר כשבא לו בשורה טובה, יאמר בזריזות 'הודו לה' כי טוב כי לעולם חסדו'. כתב בעל שני לוחות הברית אע"ג דהיא הנאה מועטת יהיה עליו כמרובה וישבח ה' עליו.

(כד) יהא אדם זהיר לשמור נפשו שלא יהא גרמא בנזיקין בהלויית המת שלא יפגע בנשים. ובזוהר פרשת ויקהל נשבע הוא בשבועה גמורה ואמר דרובא דעלמא מתו בלא עתם בשביל שלא שמרו נפשם מזה. עיין שם באריכות, ושומר נפשו ירחק מהם.

(כה) יהא אדם זהיר כשיוצא לדרך לפרוע נדריו ואל ישהה נדרו (כמו מעשה דההוא טעיא במדרש ילקוט קהלת). צדק לפניו יהלך וישם לדרך פעמיו.

(כו) יהא אדם זהיר לחדש חדושי תורה ויראה להשיג יותר מהשגתו ויתפלל למי שהחכמה שלו. דכשם שחייב אדם בפריה ורביה, כך חייב אדם בפריה ורביה בתורה, שנאמר ישרצו המים. ואין מים אלא תורה. ויהא זהיר לחדש חידושים להיותם חקוק על לבו, והוא עטרה לראשו כשהולך לעולמו, וחרפה ובושה גדולה לנשמתו כששואלין אותו מה חידש בלמודו ואינו יודע. וזה רמזו רז"ל כל השוכח דבר אחד ממשנתו וכו'. שמעתי אומרים על הרב רבי שמואל קאיידונובר ז"ל שמצאו אותו חוזר חידושיו בעת קבוע.

(כז) יהא אדם זהיר לראות תמיד לרדוף אחר חבירו להחזירו למוטב, כמ"ש בזוהר דאלמלי הוו ידעי עלמא כמה שכרו גדול, היו רודפים אחריו תמיד כמי שרודף אחר כסף וזהב. ובפרט בעבירה המפורסמת בין המון העם בעונותינו הרבים בעבירות המפורסמות בתורה, הירא והחרד דבר ה' לקנאות קנאת ה' צבאות, לפקח עם אותם אנשים להדריכם בדרך ישרה, וגם להודיעם עונש העבירה כמה עונשו גדול מאוד, אולי ואולי יתנו מקום לדבר להרהר תשובה בלבם ולסור מדרכם הרעה, והחי יתן אל לבו, הלא סוף אדם למות, ומי יודע מה יולד יום והכל לפי חשבון. גם רוב המוני העם מניחים תפילין על המצח ולא על המוח, וצריך אזהרה גדולה על זה ולא יזידון עוד.

(כח) יהא אדם זהיר כשהוא חלוש ואוכל בזמן שראוי להתענות, יכוין לבריאות הגוף לעבודת בוראו, דזה כלל גדול בתורה, בכל דרכיך דעהו והוא ישר אורחותיך. דצריך האדם לשמור גופו וחי בהם, והיא היא עבודת

הבורא שלא יהא ח"ו כמאבד עצמו לדעת דאין לו חלק לעולם הבא. וכן יאמר בפה מלא כשיושם לפניו לאכול, אין אני אוכל להנאת גופי רק לבריאת גופי לעבודת בוראי, אף על פי שהקב"ה יודע מחשבות, מ"מ בזה הדיבור בורא מלאך חדש, גם מסלק מעליו מדת־הדין, וזהו ונשמרת מכל דבר רע. והכלל כל מעשיך יהיו לשם שמים וטוב לך.

(כט) יהא אדם זהיר שלא לשמוח עצמו בעולם הזה. ועיקר חיבוט הקבר בא על זה. הבט וראה מה שאמרו רז"ל במדרש הצור תמים פעלו. מעיד אני עלי שמים וארץ אין כל בריה יורד לידי צער אלא מתוך שאוכל ושותה ושמח הוא ואשתו ובניו. כי גם אמרו במדרש, אברהם לא שמח בעולמו, יצחק לא שמח בעולמו. ע"כ כל אדם יזהר שלא יתענג עצמו ביותר ולסגף עצמו כל מה דאפשר לתקן פגם העבירות, והחי יתן אל לבו כמה וכמה מעשים רעים עשה כל ימיו בעולם מיום הולדו, והפגם הגדול שקלקל האדם בעוה"ז בחטאו מנעוריו עד היום הזה, ושב ורפא לו.

(ל) יהא אדם זהיר לדבר דברי תורה אחר אכילתו, אחד המרבה ואחד הממעיט, ואם אין ספר מצוי לו יהא חקוק על לבו בעל פה איזה משנה או דין מש"ע, וראוי לומר דין זה מש"ע. אדם השומע ברכת המזון ולא אכל, כשאומר המברך נברך שאכלנו וכו', יאמר הוא ברוך ומבורך שמו תמיד לעולם ועד. ובעשרה יאמר ברוך אלקינו ומבורך שמו תמיד לעולם ועד. ועל זה המחשבה טובה מצרף כאלו בירך במזומן. ואם אוכל עם אחרים ואומר דברי תורה על השולחן לשם שמים לזכות הרבים, מה טוב. ויזהר שלא ישהה אחר אכילתו הרבה בישיבה אחת בלי הפסק, רק ד' אמות, דקשה לגוף מאד.

(לא) יהא אדם זהיר שאינו יכול לסגף עצמו בתענית, ובמה יתרצה עבד אל אדוניו, כתב בשל"ה יבחר יום אחד על כל פנים בחודש ויתבודד בחדר וישפוך לבו לפני ה' בתפלה ותחנונים ווידוים כבן המתרצה בפני אביו ושב ורפא לו.

(לב) יהא אדם זהיר לקדש אכילתו, ויחשוב לו כקרבן ולכוין להוציא ניצוצי קדושה מהמאכל, ומאד מאד צריך ליזהר בברכת הנהנין. הבט וראה מ"ש האר"י ז"ל כמה יש ליזהר בברכת הנהנין, שמא אביך מגולגל בו ונמצא אתה הורגו, דכמה וכמה נשמות מגולגלים בדומם צמח חי בלתי מדבר, ולכן כשמברך בכוונה מעלה הנשמה ממדריגה למדריגה. ולא כהמון עם החוטפים הברכה בשיניהם ומבליעים בלשוניהם והברכה לא כדת וכהלכה, אוי להם מיום תוכחה.

(לג) יהא אדם זהיר להתרחק מספק איסור אכילה ושתיה, כי כל עמל אדם לפיהו בשביל פיהו. בר"ח חסידים הראשונים מרחיקין ע' דרבים מספק איסור אכילה ושתיה. ואותם אנשים המזידים, אוי להם ואוי לנפשם מיום הדין, וכל ישראל ישמעו ויראו ולא יזידון עוד.

(לד) יהא אדם זהיר לומר פרשת קרבנות בכל יום, כמו שאמרו רז"ל כל העוסק בתורת עולה וכו'. ובמדרש הנעלם אמרו האי מאן דמדכר בבתי כנסיות ובבתי מדרשות, עניינא דקורבניא ויכוין בהו, ברית כרותה

דאינון מלאכי דמדכרין חוביא דבר נש לא יוכל למעבד ליה בישא אלא טבא עכ"ל. גם בפרשת הקטורת ז"ל הזוהר, אמר רבי שמעון אי בר נש ידעו כמה מעליא עובדא דקטורת קמי קודשא בריך הוא, הוי נטלי כל מלה והוי סלקי עטרה על ראשייהו ככתרא דדהבא.

(לה) יהא אדם זהיר בהסתכלות נשים. וכתב בר"ת הרואה אף שלא בכוונה באשת איש ונהנה בראיה נענש באותו העולם, קל וחומר בן בנו של ק"ו שלא יכוין להסתכל ולהנות ח"ו. אך כי לא נתנה תורה למלאכי השרת ולאו כל אדם זוכה להתבודד תמיד בחדרו שלא להסתכל בילוד אשה. על כן אותם אנשים המובלעים בין הנשים כבני ביתו, ישים אל לבו תחלה לבטל כל הרהורים וכל מחשבות זרות שלא יהנה ח"ו, שלא יענש לעתיד עין תחת עין. כמו שכתוב בזוהר ממונה אחד קאים על קברו ותבר ליה עיניו של זה, וכמה נחשים ועקרבים וכלהו עקצי ליה, ע"כ שומר נפשו ירחק מהם.

(לו) יהא אדם זהיר מכעס, כי עונשו מר מאד. האר"י זלה"ה הקפיד בענין הכעס יותר מכל העבירות, ואולי אין לו תקנה כי הוא תמיד ככלב שב אל קיאו. בזוהר: דא איהו בר נש דמריד במריה, ואסור לאתקרבא בהדיה, כי במה הוא נחשב עבודת גלולים אתחשב, האי בר נש, ומאן דאתחבר עמיה כמה דמתחבר בע"ג ממש, בגין דעל גב ממש שריא בגויה, דעקר קודשא עילאה ושרי באתריה אל זר. עוד שם: ממונין נטלין אילין מילין בישין, כל אילן דזרק בר נש ברוגזא וסליק ואמר דא הוא קורבנא דפלניא דקריב לסטרא דילן, וכרוזא קראין בכל אילין רקיעיא ויי לפלניא דאזיל בתר אל זר ופלח לאל אחר, וכרוז קארי זמנא תניינא אוי להם כי נדדו ממני, זכאה איהו בר נש דאסתמר מאורחייהו. עד כאן לשונו. הבט נא וראה עד כמה תכבד העבודה הפגם הגדול של מדה רעה כעס, על כן הירא והחרד לדבר ה' ישים אל לבו תמיד דברי הזוהר הנזכר לעשות גדרים ומשמרת למשמרת שלא יכשל עוד בפגם הגדול ונפשו כעפר לכל תהיה ושב ורפא לו.

הרי לך ל"ו דברים שתתנהג בהם לסור ממוקשי מות, ואע"פ שיש מהם קשים לכאורה לקיימם, ההרגל בהם נעשה טבע שני. הבט וראה רמז נכון על פסוק שמן זית זך כתית למאור להעלות נר תמיד. מה השמן הזה אינו יוצא כי־אם על־ידי כתישה, וזהו שמן זית זך כתית, ירצה נעשה זך על־ידי הכתישה, וזהו לדעת וללמד בני אדם שילמוד לכתת ולהרגיל את עצמו במצות, כדי שיאיר נשמתו לפני הקב"ה. וזה להעלות נר תמיד. הנשמה שנקראת נר, דכתיב נר ה' נשמת אדם. יעלה ויאיר לפני ה'. ובפרט שגוף האדם רומז אל המנורה: שתי אזנים ושתי זרועות ושתי ארכובות הם כנגד ששה קנים הבולטות מן הגוף, שלשה מול צד, והגוף עצמו קנה האמצעי, והדעת שבראש מאיר לכל. (עיין באורך בספר שני לוחות הברית, ואכלת כנפשך שבעך בענין דוגמת המנורה לגוף אדם, קראהו משם).

הרי דעת האדם מאיר לאדם להדריכו בדרכי השם ולעשות אופנים לגרש

מקרבו ביצר המונעו על־ידי ההרגל, כמדובר דכל הרגל נעשה טבע שני.

פרק כא

יום המיתה ויום הקבורה. שים בן אדם נגד עיניך ותשוב כאילו בא עת פקודתך ואתה מת מוטל על גבי קרקע באמצע הבית, וכאילו אשתך ובניך ובני ביתך וכל אוהביך ורעיך יושבים אצלך ומסבבים לך בקינות ערוכות ובקול בכיה ממרר את שומעיהם. ונשמתך מרחפת, על גבי גופך הולכת מראש לרגלים ומן הרגלים לראות מקום לחזור להיכנס בגוף ואינה יכולה. מתאבלת ושותקת ודוממת כאשה עטופה שחורים על אלוף נעוריה, הולכת מבית לעליה ומן העליה לבית, לראות מקומות המורגלות לישיבתה ביושבה עם הגוף. משם נוסעת אל מקום אוצר חמדותיה ומלבושי תפארתה. ומצטערת ודואגת היאך תניחם והיא ערומה ונרתק גופו מבלי לבוש מוטל ערום כאבן שאין לה הופכים, וידמה גם נגד עיניו כאלו באים לרחצו במים קרים ואין חוששים עוד עליו על הצינה, ומלבישים אותו בתכריכין בלבד מכל עמלו אשר עמל, ומכל הטורח אשר טרח כל ימי חייו ושאר מלבושיו הנחמדים וממונו מוכן ומזומן לבעל אשתו. וידמה לו כאלו מניחין אותו בארון ועל כתף יסבלוהו, מוציאים אותו מביתו על מנת שלא להחזיר. ואשתו ובניו צועקים אחריו בקול יללה, אינו חוזר פניו אליהם ואין משיב להם כמו שהיה רגיל בחייו בצאתו מביתו, שאשתו ובניו היו שואלים ממנו בחזרתך תביא כל חמדה וכל מין מאכל, ועל כל דבר היה משיב להם הן הן. ועתה יוצא ושותק. יורדים עמו עד הקבר מכסים אותו בעפר על פניו ואינן יכולים להושיעו, צועקים אבי אבי ומשיב אין להם עד שמתיאשים ממנו וחוזרים לביתם בידים רקניות ממנו. הוא נשאר בקבר בדד מושבו, לחורב ביום ולקרח בלילה לשמיר ולשית יהיה ובנשף בערב יום עליו יצעקו כפירים אין מקום לנוס ואין חור להנצל שם. והנפש העלובה מטפסת ויורדת מטפסת ועולה על הגוף תוך קברו אולי תוכל ליכנס בו. טורחת בזה עד ג' ימים, בראותה כריסו מתבקעת מתיאשת ממנו, הולכת לבית ומבית לקבר עד ז' ימים. וכראותה כי אין תקוה פורחת באויר העולם לבקש מקום מנוח למצוא מרגוע לה, מפצרת לעלות למעלה מוצאת מסך מבדיל וחומת נחשת שעשה עם עונותיו שאינה יכולה לעבור. פוגעים אותה מלאכי חבלה דוחים ודוחפים אותה מיד ליד באימות ופחדים ובשפטים גדולים כפי רשעותה. ובתשלום השבעה הולכים בניו ואשתו לבקר את קברו, והנה עלה כלו קמשונים כסו חרולים וגדר אבניו של קברו נהרסה. אשתו נותנת עליו בקולה, אולי יעננה ובניו בבכיה ממשמשים על קברו, אולי ירגיש ואין קול ואין עונה. גומרים בדעתם אם יוכל היה לדבר, היה משיב שובו בנים (שובבים), שאיני חוזר עוד אליכם עד עולם, עוד לא תראוני פני נהפכו לעפר ויתפרדו כל עצמותי לא נשאר בו צורה ולא גוף ולא דמות הגוף. מיד חוזרים לביתם ומניחים לו שם. הוא מתעסק בדינו וחשבונו

ומשפט נפשו והם מתעסקים בדרכי חיים במשתאות ומעדנים וטיולים ובנינים ונשואי בנים בנגונים בשמחות וגיל. הנה כל זה ידמה אדם תמיד נגד עיניו ויכניע יצרו. אם אבן הוא נמוח ואם ברזל הוא מתפוצץ. וכל זה כללו רז"ל בדיבור אחד, לעולם ירגיז אדם יצר טוב על יצר הרע וכו'. עד יזכור לו יום המיתה. רמזו בזה שיזכור וישים נגד עינו כל מה שיגיע לו ביום המיתה עד קברו כנזכר. לכן לא אמר יזכור לו המיתה דמשמע שיזכור שימות בלבד. דמזה בלבד אינו מתפעל כל כך להכניע יוצרו. כ"א שיזכור וישים נגד עיניו כל הנעשה לו ביום המיתה, שבדמיון זה אולי יתפעל להכניע היצר הקשה כברזל והצר הצורר תמיד בלי השקט כלל. והנני מסדר לפניך בין אדם סדר נפלא ונורא, והוא דרך וידוי ותחינה ובקשה לבא עמה לפני יוצר הכל. ומה טוב ומה נעים שתהיה שגורה בפי כל אדם לאומרה תמיד. שמועלת לכמה מעלות הנשמה ולסליחה ולכפרה, וגם לשבח והלול לאל נורא עלילה. כאשר עיני הרואה יראו מישרים ושפת אמת תכון לעד:

ה' אלהי אשר יצרתני ובראתני ועשיתני והוצאתני מאין ליש. צור כל העולמים המתלבש בעשר ספירות בלימה. מוכתר בכתרי כתרים, מקום החכמה והבינה בעל החסד והגבורה תפארת ישראל. תפארתך לנצח נצחים הוד והדר לבשת. יסוד כל היסודות מלכותך בכל משלה. בראת שמים וכל צבאם, הארץ וכל אשר בה על ידי שכינת עוזך. ומכל הבריאות עולה תמיד הלול וקילוס כתרים על ראשך. מודה אני לפניך צורי וגואלי, מושיעי

מגיני, הודאה גמורה שלימה בכל רעיוני, וכל מחשבותי, ובחכמתי ובבינתי ובדעתי ובשכלי ובהשכלתי ובנפשי וברוחי ובנשמתי ובכחי ובגבורתי ובבריאותי ובאמצי ובחזקי ובגופי ובעודי ובבשרי ובדמי ובעצמותי ובגידי ובעורקי ובכל אברי ובדבורי ובמאמרי ובקולי ובהבל פי. ובראייתי ובהסתכלותי ובעיוני ובריחי ובטעמי ובמשושי ובעריכותי וכל תנועתי. בעמידתי ובקומי ובהילוכי ובמצבי ובשכבי ובהקיצי ובהתעוררי ובשארי כל הפרטים הנמצאים בגופי. בכולם מודה ומעיד אני שאם (יהיו) כל העולמות שבראת ויש בכחך לברוא, וכן המספר הזה יהיה חוזר חלילה לעד לעולמי עולמים, יהיו מלאים חרדל, כל חרדל וחרדל מתחלק לשיעור מספר מלא כל העולמות פיות. וכל פה ידבר תהלות בשיר ושבחות כולם בבת אחת תמיד לא יחשו לעד לנצח נצחים במרוצת הדבור, בשיעור שאדם דובר דיבור אחד הם אומרים אלף דברי שירה. עדיין אינן יכולים להגיע לספר התחלת שבח אחד ממדותיך, כ"ש וק"ו בן בנו של ק"ו שבח כל חמדה ואין לעלות על לב וברעיון ובמחשבה שבח מדותיך דאין חקר וקץ ותכלית, ולך לבדך גלויות. כי נעלית על כל השבחים ועל כל התהלות והגדולות ונתקדשת על כל הקדישות ונתרוממת על כל התרוממות. והתנשאת על כל התנשאות ונעלית על כל הברכות והטהרות ונתגברת על כל החסדים והצדקות והמשפטים והמוסרים. כי ממך הכל שאתה מקור לכולם, וממך נובעים ויוצאים ומתפזרים ומתפרדים למקומות אשר אתה חפץ. כי מלכותך

בכל משלה ואין אלוה מבלעדיך, ואין צור זולתך אשר יעשה כמעשיך וכגבורותיך. וכל הנאצלים והברואים והיצורים והנעשים מהמדרגה היותר גדולה שבשמי השמים עד שלשול קטן שבארץ, כולם מכירים ויודעים ומבינים ומגידים ומעידים על אלהותך ויחוד שכינתך כי אין זולתך אלוה, בורא ויוצר ועושה כרצונו. ואין מי שיאמר לך מה תעשה ומה תפעל, וממך מקוים ומייחלים כולם חיות ומזון, ביודעים שאתה בראתם וחיותם ומיתתם בידך, ויודעים ומעידין באמת דסמא"ל ובת זוגו הבל המה מעשים תעתועים וכאפס ואין נחשבו, הבל ואין בם מועיל, עבד רשע, מורד ברבו דרכו חשך וחלקלקות. המה יאבדו ואתה תעמוד וכולם כבגד יבלו, הוא ובת זוגו המרשעת וכל חיילותיו. והאלילים כליל יחלוף ועובדיהם יכסו פניהם קלון בושה וכלימה תכסה עליהם. ואתה ה' לעולם תשב כסאך לדור ודור, כי אתה המלך הגדול והקדוש אדון הכל דן כל נברא לתת לכל אחד כדרכיו וכפרי מעלליו, כי מלך אוהב צדקה ומשפט אתה, מלך אביר מלך ברוך מלך גדול מלך דגול מלך הדור מלך ותיק מלך זך מלך חנון. מלך טהור מלך ישר מלך כביר מלך לעד מלך מלכים. מלך נורא מלך סועד מלך עוזר מלך פודה מלך צדק מלך קדוש מלך רם מלך שומר מלך תמים. מלך תומך מלך שוכן עדי עד מלך רחום מלך קדמון מלך צייר מלך פוקד מלך עשיר מלך סומך. מלך נוצר חסד מלך ממית ומחיה מלך לומד זכות ישראל מלך כבוד, מלך יוצר מלך טהור מלך חומל מלך זוכה מלך ומזכה מלך המושיע מלך דובר צדקות מלך גואל מלך בורא מלך אדיר. מלך אמיץ מלך תם מלך בונה עולמות ומחריבן מלך שומע תפלה מלך גבור מלך רם ונשא מלך דובר שלום מלך קונה שמים וארץ מלך המתגאה על כל גאים מלך צח מלך ומולך לעד מלך פוצה מלך זוכר זכיות ישראל מלך עליון מלך חסיד מלך סובל ומאריך אפו, מלך טוב מלך נשגב מלך יראוי מלך מפוחד מלך כובש כעסו מלך לובש רחמים. מלך אחד יחיד ומיוחד על כל המיוחדים מלך בוחר בטובים מלך גומל חסדים מלך דורש עמו ישראל מלך המשפט המאיר לכל העולמות מלך וותרן זן ומפרנס בשפע מלך זכרן זכר עניים ושפלים. מלך חושק להטיב מלך טובל ומטהר טמאים. מלך יועץ מלך כהן מלך לוחם מלחמות ישראל מלך מנצח ומנוצח. מלך נעים מלך סוגר ופותח מלך עונה בעת צרה מלך פודה ומציל מלך צופה ומביט הכל, מלך קרוב לכל קוראיו מלך רוצה בתשובת השבים מלך שובר ארזים מלך תמים דעות:

ויאמר זהו השיר שאומרים בכל יום בכסא הכבוד לאדון אלוהי ישראל, גם כשהנשמה עולה למעלה פותחת פיה ואומרת תהלה ושירה וברכה ושבח וניצוח והלל והודאה למי שאמר והיה העולם. אזכרה אלהים ואהמיה כי בך נפשי חסיה. ועילום וניגון וגילה ורינה ודיצה וחדוה וששון ושמחה ואהבה ואחוה וריעות ונוי ונועם וענוה ואמת וצדק ויושר וסגולה ופאר ועוז ועילוז ועילוץ ונחת ומנוחה ונחמה שלום ושלוה ובטח והשקט ושאנן וטובה וחן וחסד ורחמים ויופי ותואר והדר

וחמלה וחנינה וזיו וזוהר ועיטור ונוגה ואור ונפלאות וישע ורקח ממולח. מאור ואדירות ועריצות ועזר כח וגבורה ויקר וחוזק ותוקף וממשלה ואומץ זרועותיו וזיו וזוהר ומהוה ולקח טוב ולבבות ופדות ונביאה וקריאה וגבורה וחיל וגדולה וקדושה וטהרה ונקיות ומלכות והוד והדר וכבוד ותפארת לאדון אלקי ישראל מלכנו. אל מעוטר ברק אור אמתת הנמצאות אדון הענינים הנצחיים נתיב הידיעות והמושכלות מבוע החסדים סגולת הצדקות הבלתי משוערות נעימת הקולות פועל האורות והאפלות. בידך אפקיד רוחי ופי תהיה מאושר ומיושר מרוחך הנצח. לא אירא מחרב לשונות רמיה. למען חסדך עשה לשוני כחץ שחוט וכח זכרוני יהיה כפועל תמיד ונפשי תהיה מזומנת בהגדות האמתות וימינך הנאדרת תסעדני בקולות ובלמידה תרנני בזריזות בפתיחה ומבוא ומחשבה הועיל לי באגדה ובשמיעת רוחנית ונביאות בעצות נפלאות בהשכלות מגיעות הדברים הנכבדים. אמן.

ובהיות שאתה ה' אלקי האלקים ואדוני האדונים, מלך מלכי המלכים, ואני בשר ודם בושה סרוחה רימה גוף עפר גוף נגוף תכלית המיאוס והריחוק ועכ"ז חטאתי לפניך איך יהיה לי פנים לבקש מחילה וסליחה לפני כסא כבודך. אף על פי שכל ימי היותי חי על האדמה יתהפכו דמעות עיני לימים ונהרות לטבול בהם תמיד לטהר חלאת עונותי ויעשו עצמותי כעצים למערכת לשרוף תמיד כל אברי ואשפוך דמי כדם הקרבנות והקטר חלבי בקרבי ויעלה עשן ממזבח לבבי מרתיחות אש הקודחת שנבערה בי מהתעניות והסיגופים. ואם אני בעצמי אשים תכונת תבנית צורתי במזבח, כדי שאש תמיד תוקד עליו לא תכבה. לא יספיק כל זה לתת לי מקום ופנים לבא לפניך שתמחול לי על כל מה שהכעסתיך. אך לקחתי חוזק בעצמי ועצה בלבי למצוא מקום ופנים לשוב אליך בשומי בדעתי שאדרבה כפי גדלך ומעלתך ורוממותך כך גודל ענותנותך ורחמנותך וכפי מעוט דלותי דקותי שפלותי ואפלתי והייתי כלא הייתי וכאלו לא היה הוויית מציאותי כך היה שיעור דעתי ושכלי בעת שחטאתי לפניך. שנמצא שהייתי כלא הייתי, גם ידעתי כי אשמתי לא תזיק לך ומחילתי לא תחסר ממך. אנא אלוקי מחול לי מה שלא יזיק לך ותן לי מה שלא יחסר ממך. ועוד נתחזקתי לבא אצלך ובטחתי שתרחמני לסלוח לי בעצת כליותי שיעצוני עזרוני באמרותם אמצוני בעצתם ובדבריהם העמידוני. ויענו ויאמרו לי. בן אדם מה לך נרדם בכובד עונותיך קום קרא אל אלהיך בתשובה ובוידויים שבוודאי יקבלך. שעל התשובה נתייסד עולמו ועל איש כמוך נקרא רחום וחנון נושא עון ועובר על פשע, לא על שומרי תורתו מאל"ף ועד תי"ו. ובשומעי דבריהם כי נעמו השלכתי מסוה הבושה מעל פני ונתעוררתי ונתחזקתי לבא לפניך לבקש מחילה וסליחה וכפרה, אע"פ שלא הנחתי עבירה שלא עשיתי אשמתי בגדתי כו' עד סוף הוידוי. ויהי רצון מלפניך מלכי ואלקי שהכנעת אמירת הוידוי הזה לפניך יחשב כאלו דנתי בשבעה מדורי גהינם עד שיעור מירוק כל מה שחטאתי לפניך. ואם ח"ו

הרביתי לפשוע עד שהדין מחייב לנעול דלתי התשובה לפני. קבלני בחתירה שתחת כסא כבודך כאשר קבלת למנשה ולשאר הפושעים כמוהו בשובם אליך. מחול לי מה שחטאתי והעויתי ופשעתי לפניך בין באונס בין ברצון, בין במזיד על דברי תורה ועל דבר סופרים. ועל כל גדר וסייג בין חמור ובין קל. שמכיר אני בסכלותי ואולתי ושטותי כי הסכלתי עשו ושטותי גרמה לי ועצת יצרי בלבלו דעתי וכהו עיני והייתי ממש כמשתגע וכאילו לא הייתי בין החיים, וכמעט אנוס ביצרי הייתי, ועל זה סמכתי שתקבלני בתשובה כמדתך לעשות חסד תמיד, כי על זה בראת עולמך דכתיב אמרתי עולם חסד יבנה.

ובהיות שהאדם אשר מחומר קרוץ מעותד לחטוא מתגרת יצרו בקרבו תמיד יום ולילה לא ישבות, לכן מפיל אני תחינתי לפי כסא כבודך, ה' אלקי ואלקי אבותי. אברהם יצחק ויעקב. שתעשה עמי אות לטובה, כמדתך להטיב תמיד ואינך חפץ במות המות. יודע אני נאמנה שאף על פי שמסרת הבחירה ביד האדם ללכת בדרך שלבו חפץ מטוב ועד רע, עם כל זה גלוי לפני כסא כבודך אחרית כל אדם אם יהיה טוב או רע, ואם יצא מן העולם צדיק או רשע. ואין ידיעתך מכריח לשום אחד משני הדרכים, לכן אם גלוי וידוע לפניך שחס וחלילה סופו למות חייב. מרצוני הטוב בלב שלם ובנפש חפיצה, רוצה אני שתכרית ימי ושנותי, ותן אותם תוספות על ימי עושים רצונך וכריתות ימי ושנותי יהיה מחילה וסליחה וכפרה על כל מה שהכעסתיך במעשי מיום היותי עד היום הזה, ואזכה לראות באור החיים ונפשי תהיה צרורה תחת כסא כבודך אמן.

ואם עתיד אני למות זכאי, זך בלי שמרים חף אני ולא עון בי, מעתה ומעכשיו הוסיף ימים על ימי ושנים על שני בבני חיי ומזוני, עוסקים בתורה ובמצות לשמה ושפע רב כדי לעבדך תמיד בשמחה רבה בלי עצבות כלל, ולהיות זוכה ומזכה אחרים עמי. ולפרסם ולרומם ולגדל אלקותך בכח אשר תתן לי ואזכה לראות בביאת משיח בן יוסף ומשיח בן דוד ובבנין בית המקדש אמן. יהיו לרצון אמרי פי והגיון לבי לפניך ה' צורי וגואלי.

ובהיות שענין הכעס הוא רע עד מאד כאשר הזכרתי בפרק דלעיל מזה (סימן ל"ו) והוא גרמא למנוע לאדם להכניע את לבבו הערל. אכתוב לך מענייני ביטול הכעס. שכתב בספרתוצאות חיים (דף צ"ו וצ"ז) וזה לשונו. הרוצה שלא יהיה כעסן ילך אחר עיקר הדברים הנאמרים או הנעשים לו להכעיסו. ולא ישים לבו ודעתו אחר מראה עיניו או משמע אזניו, אלא אחר פעולת האומרים או העושה אותם. אם הוא כסיל ובער תתקרר דעתו ורתיחת כעסו, כי יאמר שוטה הוא זה, דבריו לא בהשכל רק כציפצוף העופות או נביחת הכלב וכיוצא. ואם הוא חכם ומשכיל יחשוב ויכיר כי לטובתו אומר לו, ויקבל דבריו וישמח בהם. ואם הדברים או המעשים בלתי ראוים והגונים או באו מצד עצבו שאמרם או עשאם, ויבא משכיל או כסיל חכם או סכל ויזכירם. לא יסתכל אל המזכירים רק אל המעשים, הואיל והיא מכיר כי אמת הוא שאמרם או עשאם ותבא לו תועלת גדול בזה, כי יתקן את מדותיו.

עוד עצה טובה להקל את הכעס ולעצור אותו. שכאשר יהיה לאדם משא ומתן עם אחד לא טוב. יהיה מוסכם בלבו הסכמה שלימה לסבול ממנו כל מיני עלבון בדיבור ובמעשה, כי כאשר ימתין האדם מחבירו שיעליבהו בדבור ובמעשה לא יבא לו פתאום ולא יכעוס. כן יעשה עד שינצל ממנו כמוצל משור המועד בימי ניסן, ובזה יהיו חייו חיים טובים. גם דברים המביאים את האדם לידי הכנעה ובטול הכעס. כאשר יחשוב בחליפתו יבוא אליו המות במהרה והפסק תאותיו ותקותו וצורת עמדי בקברות. וגם כאשר יעבור על לב האדם מה שהוא חייב לו מהעבודות האלהית, רוב חסדיו עליו וגודל טובו, והתעלמותו אליו מהמצות השמיעיות והשכליות וקיצורו בהם, והפסק טובותיו ואמתלאותיו, יום החשבון וחרטתו במעמד הגדול, יכניע וישבר רוחו, וכמ"ש ומי מכלכל את יום בואו. והכי איתא בזוהר (פרשת מקץ דף ר"א ע"ב). כאשר יתן האדם אל לבו שבוראו כועס עליו על מה שחטא בגאותו וכעסו וכל מעשיו בספר נכתבים, ואין עונו נמחק מהרה. כמה יבוש ויכלם לעתיד בראות מעשיו חקוקים לפניו, ואיך לא יבוש שיכריזו עליו מלמעלה פ' עבד ע"ג וכיוצא. ואין לך דבר שיבטל הדבקות יותר מהכעס וע"י הכעס תסתלק ממנו הנשמה. עוד מהדברים המבטלים את הכעס, כי כאשר יספרו בגנותו אם יזכירו לו מה שעשה, יודה על נפשו בקיצורו ואל יחזור אחר אמתלאות להנקות ממנו ולזכות עצמו. ואל ישתדל להכלים המספר ואל יאשימנו על אשר גלה אותו. אבל יאמר לו שאין זה אלא שיעור קטן מרוע מעשיו נגד מה שלא ידע ממנו ושאילו היה נגלה לו רוע מעלליו ועונותיו היה בורח ממנו. ויודה לו על אשר גלה עליו מעט מהרבה ליסרו כדי שישוב. ואם מה שסיפרו עליו שקר, האומרו עליו מאבד זכיותיו. עוד מהדברים המבטלים את הכעס הם כאשר יסתכל האדם כמה קלקולים נמשכים מהכעס. כי מי שהוא כועס פתאום ולא יאריך אפו יבא לידי שפיכות דמים. (ומעשה גדול בספר החסידים סי' תרנ"ח ע"ש, ובפרק קמא דגיטין ובפרק ב' דשבת דברים רבים כהמה על הכועס ומטיל אימה יתירה בתוך ביתו). גם נראה לי לבטל הכעס. מיד בעת כעסו ישים נגד עיניו צורת בניו שמתו לו והשתנות פניהם שנשתנו בחלים. ואם לא מתו לו בנים, ישים נגד עיניו כאלו רואה בניו מתים מוטלים לפניו. מיד ישקוט מכעסו. ואם בחור הוא שלא נשא עדיין אשה, בעת התחלת כעסו ידמה ויצייר נגד עיניו חלל חרב שחוט לפניו, ועדיין מפרפר ודמו שותת ממקום השחיטה ומיד ינוח מכעסו. גם נראה לי לתיקון כל העבירות, אם ת"ח הוא ישתדל להרבות חדושים בלימודו, ועל ידי החדושים נבנים עולמות ושמים חדשים כדאיתא בזוהר. ונמצא בונה החרבות שהחריב בעונותיו, הרי מתקן מה שקלקל, בונה מה שהרס. ואם אינו בר הכי לחדש, יחזיק בידי המחדשים שיעסקו ויחדשו לשמו, דשלוחו של אדם כמותו. ואם אין ידו משגת להחזיק בממון ישתדל בכחו לשמש לת"ח המחדשים חדושי תורה, ויכין לפניהם הספרים וכל מיני הכנה באופן

שלא יפסיק להם דבר מלחדש, ובזה יהיה גם לו חלק בחדושי התורה שמתחדשים מסבת הבנותיו. גם יתחרט על העבר שלא עסק בתורה לחדש בה. וישתדל בבניו שיעסקו בתורה ויחדשו בה חידושים. וילך לשמוע לדרשנים האומרים חדושי התורה ויעצב בלבו, איך הוא לא זכה ויאמר בינו לבין עצמו, הלואי יהיה לו השכלה כדי לחדש כמוהו, אפילו חידוש אחד ולמות אחר כך. ומחשבה טובה הקדוש ברוך הוא מצרפה למעשה ובפרט שמתאוה לזכות לחדש, ואף על פי שאחר כך ימות. ונראה רמז לדבר אחר מעשה העגל שע"ג כולל כל עבירות שבתורה, ויקהל משה את העם, הזכיר להם ענין שבת לרמוז להם שיקהלו קהלות ברבים לדרוש בשבתות ובמועד הלכות פסח בפסח הלכות עצרת בעצרת כשארז"ל ועשה זה כדי שעל ידי חדושי הדרושים יתקנו ויבנו החורבות שהחריבו בעשיית העגל. שאין דבר שיוכל לתקן ולבנות ההריסות כ"א החדושי' שאדם מחדש בתורה. ולמפורסמות אינן צריכות להרבות בראיות. שהרי כשם שתחלת בנין העולם היה על ידי התורה כדרז"ל, אמרה תורה בי היה מסתכל הקב"ה וברא את העולם וכו'. כך תיקון ההריסות כי על ידי העונות אינו אלא כי אם ע"י התורה הקדוש ברוך הוא יזכנו בה לעולם אמן סלה ועד. ואם אמור יאמר האדם מה יכולת יש בהבל היוצא מפי שאין בו ממש לתקן ולבנות בניינים. הבט וראה שיש כח בדבור היוצא מפי מלך שלטון להמית ולדחות, לבנות ולהרוס אע"פ שבדבור עצמו אין בו ממש כי אינו אלא קול הבל שהוציא מפיו. וכן תראה הראיה אין בה ממש ומי שרואה בעין הרע בראייתו. והיענה מבטת בעיניה ראיה תדירית בביצה, ומכח הראיה מחממת אותם ומוציאה אפרוחיה. וכן הרוח אין בו ממש כי אם קול הברה נשמע ממנו ופועל לשבר הרים ולפרק סלעים ולהפיל אותם. כל שכן וק"ו בן בנו של ק"ו הבל היוצא מן התורה שבה נברא העולם שנבנים שמים מחודשים. וכל הדברים הרוחניים אין דעת האדם יכול לצייר נגד עיניו כפעולה הגופניות, כי אין לאדם לעסוק להשיג דעת הבורא כי יוציא כל זמנו לריק וכל שיחשוב שהשיג דבר, ימצא עצמו רחוק רחוק כדמות בן בחיי אביו שירצה להגיע למספר שניו של אביו, יוציא זמנו לריק. שכל שנה ושנה שיעבור עוד עליו, נמצא רחוק עוד משני אביו. כך הרוצה לחקור להשיג דעת המקום אין לו לאדם כי אם לקיים מה שצוה עסק התורה ומצותיה ודברי חכמים שפירשוה, כי דבריהם אמת כקדוש ברוך הוא ותורתו שהוא אמת, והם אמרו שעל ידי הבל היוצא מפי האדם נבנים שמים חדשים בוודאי שכך האמת. ואין לנו עסק כי אם לקיים דבריהם. וכחולה הזה שאין לו הכרח לידע בסממנים שנותן לו הרופא, כי אם לעשות מה שמצוה עליו, לאכול ולשתות מהן, בזה דוקא תלוי רפואתו ובריאתו. ומצאתי ראיה לדבר שהתורה הוא תרופה לכל חטא ועון. בזוהר בפרשת קדושים (דף פ' דפוס מנטובה) וז"ל כל מאן דאשתדל באורייתא אע"ג דאתגזר עליה עונשא מלעילא על עונותיו, ניחא ליה מכל קרבנין דעלמא, ועדיין וההוא עונשא

אתקרע, ובגין דילעי בה לשמה, קוב"ה אתפייס בהדיה. ת"ח לא אתדכי ב"נ לעלמין אלא במילין דאורייתא, בגין כך מילין דאורייתא לא מקבלין טומאה, בגין דההוא קיימה לדכאה לארץ מסאבין ואסותא באורייתא אשתכח ע"כ. וכן בתקונים (תקון כ"ב דף מ"ה ע"א). עיין לקמן פרק מ"ד.

פרק כב

יראה האדם ויסתכל האילנות וצמחי האדמה, עשבים פרחים וציצים ומיני שושנים, בימי הקיץ עומדים דשנים ורעננים, והאילנות טעונים פירות וכל צמח האדמה נותנים ריח, עומדים בצביונם ובמקומותם, כל רואיהן מתעדנין בהם. מי יאמר ומי יחשוב שיכול ליפול בהם העקירות והיבשות והכלון. ועכ"ז עינינו הרואות שבהגיע זמן החורף הכל כלה ונפסד. כל העשבים והפרחים חוזרים לעפר דק וכל אילן עלהו יבול, והלחלוחית סר מהם עד שחזר לעץ יבש. והאדם הנמשל לעץ דכתיב כי האדם עץ השדה. ונמשל לחציר, דכתיב כל הבשר חציר וכל חסדו כציץ השדה. איך יבטח בהונו ובממונו ורוב בניו ובריאות גופו, שכשם שמעותד הכליון על העץ והחציר, כך יפול עליו. שבעוברו מחצי שניו ולמעלה נכנס לבחינת ימי החורף כאילן, ומתחיל בו העדר ואפיסת הכחות, וזיו פניו משתנים וטבעו מתהפך ומתחיל למאוס בחמדות העולם ובטעמי המאכלים, כאדם שמתחיל בו חולי מתחיל למאוס בכל מאכל אף שהוא מוטעם. וכיון שכן למה לא יתפוס האדם ההפך כדי לבא אל המנוחה. רצוני לומר שמיד בבואו בעולם יתפוס הטורח בעבודת הבורא, ויעמוד ערום מבלי לבוש בחמדות הגופניות. ויוציא כל זמנו על התורה ועל העבודה, כדי שכשיבאו ימי החורף הם הימים שיוצא מן העולם, יתחיל לפרוח ולטעון פירות מפרי מעשיו הטובים שעשה ולתת ריח כפרחים וציצים מחדושי התורה שחידש בעמלו. ולעמוד בצביונו ימים אין מספר, פריו יתן בעתו ועלהו לא יבול לעולם ועד, וכל אשר יעשה יצליח. גם יעשה האדם הפך האילן שבזמן שמתלבש בענפים ועלין ופירות, דהיינו בימי הקיץ זמן הטיול והתענוג, אז יפשוט עצמו האדם מכל התענוגים אף שהזמן גורם יתגבר על יצרו ויפשיט עצמו מכל חטא ועון. ובימי החורף שהאילנות מתפשטים מכל פרי ועלה, אז ישתדל להלביש עצמו בלימוד התורה בכל כחו. כי הלילות ארוכים והיום מעונן והמטר יורד ואין לו מקום לצאת ולבוא אנה ואנה, יוצא כל זמנו לעשות לבוש לנפשו מתורה ומצות. כי הזמן נותן לו יד ואין מקום ליצרו לפתותו בטיולי ובתענוגי הזמן, כי אינן נמצאים אז. ובפרט כראות האדם שאם יחטא בימי החורף יכפל עונשו כיון שאין הכנות לחטוא וחוטא, שאינו דומה החוטא בזמן הקיץ שנמצאים התענוגים והטיולים, שנמצא הזמן נותן לו יד סיוע לחטוא, שלא יהיה עונשו כל כך כהחוטא בימי החורף שלא נמצא בו להתענוגים והטיולים, שבוודאי החוטא בו יכפול עונשו, שהרי הוא עצמו מגרה יצר הרע עליו, ונראה דעל זה היה מתרעם הקב"ה על ישראל,

באומרו אסוף אסיפם נאם ה' אין ענבים בגפן ואין תאנים בתאנה והעלה נבל ואתן להם יעברום. דקשה אומרו לאוספם ולהכריתם בזמן שאין פירות באילנות אין ענבים בגפן ואין תאנים בתאינה ואפילו עלה נבל. לא כן שהרי בחדש אב גלו בזמן שאילנות טעונים פירות כדי שימצאו בדרכים לאכול ביוצאם בגלות וישבו בצל האילנות כארז"ל, דמזה הטעם הגלם בתדש אב. ועוד נדקדק בכפל אסוף אסיפם. אמנם הכוונה הוא שמתרעם הפסוק שחטאו בזמן שלא היה נותן להם הזמן יד לחטוא, דהיינו בימי החורף שאין פרי ואין עלה באילן לטייל ולהתעדן. ואין זו אלא שהיו מגרים הם עליהם את היצר הרע, לכן ראוים לעונש כפול. ושיעור הפסוק אסוף אסיפם בכפל, הרומז לעונש הכפול, משום שבזמן שאין ענבים בגפן ואין תאנים בתאנה וגם העלה נבל, דהיינו בימי החורף גם בזה הזמן, ואתן להם שהיא התורה יעברו, לכן אסוף אסיפם בעונש כפול. שאם רוב חטאתם היו בימי הקיץ, ימי תענוג שהזמן מסייעתם, החרשתי.

הנה כדי שיוכל האדם לבא בניצוח עם יצרו, ידמה אדם עצמו לאחת מן האבנים היקרות הסגלויות דמצד הגוף החומרי שלו הוא כאבן עצמה, דסוף סוף אבן דומם היא, אין בה לא טעם ולא ריח. ומצד נשמה הטהורה שבו הוא כסגולת האבן היקרה שיש אבן סגולתה להחכים הנושא אותה עליו. ויש אבן שגורם הצלחה לכל נושא אותה כנודע מחכמי המחקר בסגולת האבנים היקרות. (עיין ברבינו בחיי ז"ל באבני האפוד). ובזה בבא יצרו לפתותו שיחטא ויעשה מה שלבו חפץ ולא יגיע לו מהעונש כיו ןשנשמתו ממקום קדוש חוצבה מתחת כסא הכבוד, והוא סגולה יקרה, איך יתכן שיפול בה עונש החרפה והכליון באומרו לו כן יתן דעתו אל הגוף דסוף סוף אבן דומם הוא ובאבן יפול השבירה וההפסד. ואם יבא לפתותו שלא לקיים שום תורה ומצוה כיון שהוא גוף עפר אבן דומם ומה שכר יכול להגיע לאבן. יתן האדם דעתו לסגולה הגנוזה באבן כמדובר שהיא בחינת הנשמה שבו שהיא חשובה ויקריה מעותדת לקבל שכר. ובזה פי' מוהר"ש אוזידה ז,ל על משנת עקביא כו' הסתכל בשלשה דברים ואין אתה בא לידי עבירה. דע מאין באת ולאן אתה הולך ולפני מי אתה עתיד ליתן דין וחשבון: מאין באת מטפה סרוחה וכו'. דלמה תנא ודר מפרש. דהוי ליה למימר מיד מאין באת בטפה סרוחה. אלא שחילק לרמוז על צד הגוף ונשמה, שאם יבא לחטוא באומרו שנשמתו ממקום עליון ולא יגיע לו עונש יחשוב שבא מטפה סרוחה. מה מעלה יכול להשיכ בקיום דתורה, יחשוב שנשמתו ממקום קדוש. וזהו דקאמר תחלה סתם מאין באת, לרמוז על הנשמה שבאה מתחת כסא הכבוד. תראנו משם יותר מפורש.

גם כדי שימנע האדם עצמו מלחטוא, יחשוב בדעתו שכשם שאם יגיע לו מכת חרב וכדומה, מרגיש צער גדול, ולכן משתמר עצמו שנגע לא יקרב באהלו. כך אין ראוי שיעשה הוא עצמו צער זה לחבירו, כיון שמכיר בגודל הצער. על דרך ואהבת לרעך כמוך. והנה כיון שאם ירעב או יוכה, מצטער מאד, איך יעשה כך אל חבירו. שהנה

בחטאו, רעב כי יבא בעיר, דבר כי יבא, והן כל חולי וכל מכה, כי בחטאו נתפסים כולם בכל הרעה הבאה כיון שכל ישראל ערבים זה לזה. ובשומו כך נגד עיניו תמיד, שבחטאו מזיק לחבירו, מה שאינו רוצה לעצמו יפרוש מלחטוא, ואם יחטא יחזור מיד לתקן הנזק שגרם, כדי שלא להזיק לאחרים כאשר אינו רוצה לעצמו. והוא ע״ד שפירשו המפרשים ז"ל על פסוק אם כסף תלוה את עמי את העני עמך. ירצה כשבא לתת לעני, יחשוב בנפשו שאם הוא עני ויתנו לו מעט מצטער הרבה, ובזה ירבה במתנות לתת די מחסורו אשר יחסר לו, אפי׳ סוס לרכוב עליו אם היה למוד בזה. וזהו את העני עמך. כלו׳ יקח העניות לעצמו, לחשוב אם הוא יהיה עני, ירצה שירבו לו במתנה כמדובר, ובזה ירבה לתת וכו׳. ועל זה אמרו חכמים ז״ל, דכל התורה כולה תלויה בואהבת לרעך כמוך. מאי דסני לך לחברך לא תעביד. דכיון שאין עושה לחבירו מה שאינו רוצה לעצמו, מונע עצמו מלחטוא כדי שלא תבא רעה לעולם על חטאו ונלקים כולם, והוא דבר שאינו רוצה לעצמו. נמצא שבואהבת לרעך כמוך תלויה כל התורה, שע״י כך אינו עובר על דבר מן התורה, ומקיימה כדי שיבא לעולם טוב ולא רע, דבר הרוצה לעצמו כמדובר, ילמוד אדם מחיה אחת שעורה טוב מאד, ובראותה עצמה בעת מיתתה עומדת על אם הדרך, מקום שעוברים שם ב״א, ומתה שם כדי שימצאו אותה ויהנו מעורה. ולמה לא יהיה יתרון אל האדם שהכל נברא בשבילו, שיהנו ממנו בחייו ובמותו. שבהיות האדם עובד האלהים מגין על דורו בזכותו, שנזונין בעבורו. על דרך שאמרו רבותינו זלה״ה כל העולם ניזון בשביל חנינא בני וכו׳. וגם במותו מתפלל על החיים והקב״ה עושה בעבורו. כדאיתא בזוהר אלולי תפלתם של המתים על החיים לא היו קיימים. גם כשהחיים מזכירים הצדיקים המתים בעת צרתם, הקב״ה עושה בשבילם, שהרי במעשה העגל אמר מרע״ה בתפלתו, זכור לאברהם ליצחק וליעקב וכו' ונענה. ואם חס ושלום ימות אדם חייב, מה יענה ליום הדין, שהחיה טוב ממנו, שהרי החיה יש הנאה ממנה במותו, מה שאין כן ממנו לא בחייו ולא במותו. ילמוד אדם מן הזמירה וויגאר״ה בלעז, שלא להפסיק פיו מעסק התורה, ולהלל ולזמר להקב״ה בלתי הפסק, ואע״פ שימות בעמלו, על דרך אדם כי ימות באהל. שהרי הזמירה בימי הקיץ משוררת באילן בלתי הפסק עד שמתבקעת כריסה ואינה חוששת על מיתתה כדי לזמר, ואף על פי שאינה מקבלת שום שכר על זה. כ״ש וק״ו שלא יפסיק אדם פיו מעסק התורה, ואף על פי שימות לא ישים לבו על זה, בערך דיש לו שכר בעמלו. וכמו שמבואר אצלי בחבור של הדרושים שחיברתי על מאמר חש בראשו יעסוק בתורה וכו׳. דקשה לכאורה שעינינו הרואות שאדם החושש בראשו אף על פי שיעסוק בתורה אין כאבו עובר ממנו, ואיך אמר חש בראשו יעסוק בתורה כאלו בעסקו בתורה כאבו מתרפא, ואינו כן שעינינו רואות שאין הכאב עובר ממנו. אלא הכוונה לומר שאין עת שיכול האדם ליפטר מן התורה אפי׳ כשהוא חולה. וזה הוא חש בראשו

יעסוק בתורה, כלומר אע״פ שיהיה לו מיחוש ראש יעסוק בתורה, וכן חש בכל גופו. ובעשותו כך שגם בשעת המיחוש והכאב עוסק בתורה ואינו חושש, רואה השם בצערו ומרפא אותו, שנאמר רפאות תהי לשרך וכו׳. אך אפי׳ בשעת החולי אין צריך להפסיק מזמר התורה, ק״ו מהזמירה שאינה חוששת על מיתתה כדי לזמר. ופי׳ החכם השלם כמהר״ר ידידיה אבולעפיה נר״ו בזה דע״ז כוון דהמע״ה בפסוק זמירות היו לי חקיך בבית מגורי. כלומר הייתי כזמירתא לומר בלימוד חקיך בלי הפסק ולא חשתי על חיי כזמירה זו. והנה דורשו לשבח ונכון. וזהו שארז״ל כל מה שברא הקב״ה בעולמו לא בראו אלא לכבודו. כלומר אפי׳ הדברים שתראה שהן מותר בעולם, כגון יתושים ופרעושים וכזמירה וכיוצא בה, דע שהרי הם בכלל הבריאה, כארז״ל במדרש. ובראם לכבודו שילמדו מהם ליראה את השם הנכבד והנורא ולעבדו ולדבקה בו. על דרך מלפנו מבהמות ארץ ומעוף השמים יחכמנו. שכמה דברים נלמד מהם כנזכר ברז״ל וכענין הזמירה כנזכר. גם אל ישים אדם לבו על שמשתנים פניו ומשחירים בעסק התורה והמצות, וכארז״ל אין אדם עומד על דברי תורה אלא אם כן משחיר פניו עליה, דכתיב שחורות כעורב כו׳. בערך שע״י צער זה קונה אריכות ימים וזוהר וקירון פנים בעולם שכלו טוב שכלו ארוך. ילמוד מחיה א׳ שיש שביצים שלה מועילים לרפואה וכשרודפים אחריה ללוכדה בעבור הביצים יודעת שע״ז רודפים אחריה, מה עושה עוקרת אותם בשיניה בעת הרדיפה ומשלכת אותם, ובזה נמנעים מלרדוף אותה וניצלת החיה בזה. הרי חיה זו אינה חוששת לצער השעה וסובלת אותו כדי לקנות חיים, כ״ש וק״ו שאין לאדם לחוס על צער השעה, עסק התורה והמצות כדי לקנות חיים ארוכים ותענוגי הנשמות בעולם שכלו טוב וארוך. ילמוד ג״כ מהשועל שהוא מלא ערמות וחתבולות לבקש מזונותיו ולשמור חייו להציל את עצמו מיד כל רודף אותו ומבקש מיתתו, והוא חכם וערום לעמוד על שמירתו. גם האדם ילמוד ממנו להיות ערום ביראה, חכם במושכלות אלהיות. יחשוב תחבולות כיצד יבא לידו קיום כל מצוה לשמור חייו שלא יפול ביד מלאך המות. ילמוד האדם מן הדבורה שמהפכת העשב בפיה לדבש מתוק, ומשליכה בפיה בכוורת להנאת העולם. שאם היתה מוציאה דרך בית הרעי היתה אסורה משום היוצא מן הטמא טמא (עיין בכל בו). כ״ש וק״ו שיש כח באדם על ידי עסק התורה להפוך בהבל היוצא מפיו המר למתוק, להפוך מדת הדין למדת רחמים, להמתיק הדינין ושיהנו כל העולם ממתקו ודבשו. ולכן הקב״ה משבח לכנסת ישראל כשהם טובים, נופת תטופנה שפתותיך כלה. שעל ידי השפתים ששונים בתורה ממתיקין הדינים כדבש ונופת צופים, ומושך הנאה לכל העולמות. ופי׳ החכם השלם כמהר״ר ידידיה אבולעפייא נר״ו שנלמוד גם מהדבודה שאינה מוציאה הדבש דרך בית הרעי מקום טמא, שיהיה תורתו בטהרה כדי שילמדו ממנו תורה. כארז״ל על פסוק כי מלאך ה׳ צבאות הוא. אם דומה ת״ח למלאך

השם תורה יבקשו מפיו ואם לאו לאו. גם יש ללמוד אפי' מהנחש הרשע המקולל – לעבודת הבורא, שהרי הנחש טורח להזיק אע"פ שאינו מגיע לו שום תועלת, כארז"ל אומרים לנחש ארי טורף ואוכל, אתה מה הנאה יש לך כו'. כ"ש וק"ו בן בנו של ק"ו שראוי לאדם שיטרח להמשיך תועלת לו ולכל העולם, שהוא זוכה לשכר הצפון, ובשבילו ניזון העולם כנודע. ואם ח"ו יקלקל מעשיו, מזיק לו ולכל העולם, ואז הוא יותר רע ומר מן הנחש הארור. לפי שהנחש כשמזיק לאחרים אע"פ שאין לו תועלת גם נזק אינו מגיע לו. לא כן האדם המקלקל דרכיו שמגיע נזקו לזולתו ולעצמו, שנמצא מלבד שאין לו תועלת גם הגיע לו נזק רב ועונש קשה שמאבד שכר עוה"ב ונידון במשפטי גיהנם, וכמה מהביוש מגיע לרשע ביום הדין בהיותו גרוע מהנחש שאין לו תקנה, כארז"ל כלם מתרפאים לעתיד חוץ מן הנחש. גם אל יקל בעיני האדם איזה דבור שיכול ללמוד או איזה חדוש שחידש בתורה, אפילו שהוא קטן אל יקטן לו בעיניו, אלא יגדלהו ויחשבהו בעיניו דזהו מביאו לטרוח לחדש עוד, עד שירגיל ויחדש חדושים גדולים וסודות נפלאים, ויטע בכל העולמות נטיעות ואילנות גדולות מחדושי תורתו עד שיעשו גנות ופרדסים. ילמוד מן הזורע זרע קטן כחרדל, זורעים אותו ונעשה אילן גדול השרשים וענפים ועלין ופירות ונוטעים מענפיו נטיעות עד שנעשים גנות ופרדסים לרוב. ומי גרם לכל זה, שלא הקטין האדם הזרע בעיניו לבזותו ולפרקו להשליכו, אלא נתגדל בעיניו וזרעו ושמרו עד שגרם לכל זה, כך

החדוש בתורה אפילו קטן הוא בזריעה כמדובר, והדבר מובן. ומה טוב ומה נעים כל חדוש שיחדש האדם בתורה, אפי' חדוש קטן להעלותו כרגע על הספר בדיו למען יעמוד ימים רבים שלא ישכחו. כמו שראיתי בהקדמת ספר אחד שאדם שאינו כותב חדושיו בתורה בעבור שהוא קטן בעיניו, עתיד לתת דין וחשבון על זה. משום שאומרים לו בפנקס הסחורות כותב אדם מה שחייבים לו וחייב לאחרים אפי' עד חצי פרוטה, אומרים לו וכי יותר חביב היה בעיניך חצי פרוטה שכתבת אותה לשכוח לאבדה מחדוש של תורה אפי' שיהיה קטן. לכן צריך אדם לכתוב כל מה שמחדש בתורה שלא ישכח ואפילו חדוש קטן. ונראה דזה שארז"ל אשרי מי שבא לכאן ותלמודו בידו. ירצה תלמודו דייקא שמביא בידו כל מה שלמד וחידש שלא שכחו, וכיצד שכתבו, שעל ידי כך אינו נשכח אותו חדוש מן העולם ומוליכו בידו במותו, וזהו ג"כ כוונת התנא כל השוכח דבר אחד ממשנתו כאלו מתחייב בנפשו. שהכוונה כל השוכח דבר אחד ממשנתו דייקא, שהוא משנתו שחידש, וכיצד לא ישכח, יכתוב אותו על הספר, שכל זמן שישכח רואה ויזכור. ויש תועלת גדול מחדוש אפילו קטן לקשר עמו איזה ענין או לבוא להבין עמו ענין גדול, והוא משל לאבנים הקטנים שמשימין בבנין אבנים גדולות בין אבן לאבן להעמיד הבנין, ונמצא שהאבנים הקטנים גורמים בקיום הגדולות שלא יפלו ויעמוד כל הבנין הגדול. כך ע"י חדוש קטן נבנה בנין גדול. וזה מעשה בכל יום בין החכמים, ובפרט בין כת

חכמים הדורשים רשימות שע"י חדוש או הקדמה קטנה בונים מגדל אחד חזק בנוי לתלפיות נחמד למראה ומתוק לנפש. לכן אין לבזות מלכתוב חדוש אפי' קטן. וגם אין לבזות משמוע חדוש קטן שהכל בכלל תורה הוא. ילמוד אדם מן החתול לעשות אופנים שלא ליפול ביד נחש הקדמוני, הוא שטן הוא יצה"ר הוא מלאך המות. אלא יעשה אדרבא שהנחש ימסור בידו. הרי החתול כשרואה נחש חופר חפירה בארץ שיעור אורכו ואח"כ מתחיל לעמוד נגד הנחש להורגו ומתחיל להכותו בצפורניו. וכראוהו שהנחש רץ כנגדו מיד מתפשט בתוך החפירה באופן שאין הנחש יכול להתקשר בו, ודוחקו להמיתו ומשם מן החפירה מכה בו בצפורניו עד שמחלישו וממיתו. כך יבקש האדם תחבולות כשׂכים בצדו, להנצל עצמו מיד הנחש הוא יצה"ר. דכשם שיש תחבולה להמית הנחש הידוע הבא משורשו, כך יש תחבולה לעקור השורש עצמו הוא נחש הוא יצה"ר ע"י התורה וקיום מצותיה, ובהזכרת יום המיתה כארז"ל, והקב"ה בעבור חסדיו ורחמיו הרבים ירחיקהו ממנו אמן.

ילמוד אדם דרך ארץ מסרטן של ים שאינו אוכל כי אם בשתי אצבעות. כי כמה מהדופי לאותם בני אדם האוכלים בכל האצבעות כאשר ראו עיני, ונמאסים כל האוכלים עמו עד שידם מסלקים מן האכילה מרוב המיאוס. ובפרט אם ת"ח הוא מחלל תורתו וגורם לכל רואיו שיאמרו טוב שלא היינו ת"ח, אוי להם ואוי על נפשם, שהתורה נהפך להם לרועץ (לצער), מדורות פתנים בקרבם, טוב להם שלא יצא שם חכם עליהם, טוב להם שלא יצאו לאויר העולם. ובדרז"ל למדנו צניעות מן הגמל ולברוח מן הגזל מן הנמלה שבורחת מן הגזל. גם נלמד ממנה ביטול הבטלה, שכל היום טורחת למאכלה בזריזות, ושלשה בתים יש לה כדי לתת מאכלה באמצעות שלא ישלוט בה הרקבון. כלל העולה שאע"פ שהתורה הקדושה דרכיה דרכי נועם ומודיעה לאדם דרכי החיים והדרך ארץ השלם והמעולה, עכ"ז נתן הקב"ה טבע מוטבע בב"ח מדברים מעולים כנזכר. כדי שיתפעל האדם על ידם לקיים דרכי התורה, בראותו שאם יעשה בהפך הוא פחות מהבעל חי בלתי מדבר ההולך על ארבע. שהרי נמצא בהם דברים מעולים מד"א ומהרחקת הגזל והנזק כמדובר, מה שאין בו. וע"י כך ירוץ לתורה ללמוד ממנה להיישיר בדרכיו, לקנות שלימות המדות ודרכי נועם הנותנים עלוי והתרוממות לנשמתו לעלות בסולם התורה עד כסא הכבוד, מקום שמשם חוצבה להתקשר בקונו. כדאיתא בזוהר זכאה חולקא דצדיקייא דמתקשרים נפש ברוח ורוח בנשמה ונשמה בקוב"ה, ע"כ. והאדם מקדש ד' חלקיו שבו ע"י התורה שהתורה תתחלק לד': אותיות, נקודות, טעמים ותגין. וכל חלק מאלו נותן כח קדושה לד' חלקיו: עור ובשר עצמות וגידים. דארבע חלקי התורה מקושרים בד' אותיות הוי"ה. שנכללים בהם י' ספירות בלימה. וכיון שאדם עוסק בתורה שהיא מתחלקת לארבעה דברים כנזכר, יושפע על ד' חלקיו ועל ד' יסודותיו, והכל מהשפעת י' ספירות הנכללים בד' אותיות השם הגדול

כמדובר. שהנה עשר ספירותיו ית' נכללו בד' אותיות שמו הגדול, כנודע דקוצו של יו"ד רמז לכתר. וגוף היו"ד רמז לחכמה. וההא רמז לבינה. והוי"ו רמז לשש ספירות. וההא אחרונה רמז למלכות. וכשרצה לברוא העולם בתחלה בעולם הבריאה ברא ד' עמודים, רמז כי הם תחת ממשלת י' ספירות. וכן בעולם היצירה ד' מחנות שכינה וכן בעשיה ארבע יסודות רוחניים גשמיים בסוד אבי"ע אצילות בריאה יצירה עשיה. ונתן שכל באדם שיתן אל לבו דשמא דמריה עליה די בראו מד' יסודות, שורשם ד' אותיות שמו הגדול. וזהו שאמרו האבות הן הן המרכבה, כל אחד לבדו בפרט, וכלם הרכבה אחת דרך כלל אברהם בחסד, בו מתגלה היו"ד, יצחק בגבורה בו מתגלה הה"א, יעקב בוי"ו ובה"א אחרונה, יגל יעקב בה"א ישמח ישראל בוי"ו כמבואר בזוהר. וכשיצאו ישראל ממצרים וקרבו לסיני וזכו להיות מרכבה דרך פרט כל אחד לבדו, לכך אמר להם בלשון יחיד, אנכי ה' אלהיך. כי לכל אחד דבר (והרמב"ן ז"ל) ור"ל ה' אלהיך. מושל עליך בד' יסודותיך, כל אות ביסוד שלו, יו"ד ביסוד המים, ה"א ביסוד האש, וי"ו ביסוד הרוח, ה"א ביסוד העפר, וכשהשרה שכינתו בניהם עשאם ד' דגלים, כלם יחד מרכבה דוגמת ד' מחנות שכינה שביצירה, חזר לדבר אליהם דרך כלל בפ' קדושים, אני ה' אלהיכם נגד אנכי ה' אלהיך. איש אמו ואביו תיראו נגד כבד את אביך. וכן כלם כמפורש בדברי רז"ל. (ע' בס' החסידים דף ט"ו דברים צודקים לזה). הרי עיני כל משכיל רואה מעלת האדם, ושבעבורו נבראו כל הנבראים, ולכן כלם נותנים עזר וסיוע לאדם, שמהם ילמד להיישיר דרכו ולהעמיד ולקיים כל הבריאה כנז"ל. כמה יש ללמוד מן החיות ומן הבהמות, כדכתיב מלפנו מבהמות ארץ. ושלמה המע"ה מוכיח לעצל מן הנמלה, וכמה וכמה יש ללמוד מהם. עיין בחכמי המחקר בדברים הסגוליים המוטבעים בבריות אשר ילמוד מהם האדם לתקן מדותיו כדי שלא להיות פחות ונעדר מהם. כי חסרון גדול יגיע לנפשו ביום הדין, בנמצאה בהמה או חיה שלם ממנו, אוי לאותה בושה וכלימה. למה לא ילמד אדם משמים וארץ ימים ונהרות מדברות ואילנות ועשבים ובהמות וחיות ועופות ושקצים ורמשים, שכלם יודעים ומכירים לבוראם ואומרים שירה לפניו בכל יום, כל אחד השירה השייך לו כמבואר בספר פרק שירה. ולמה יגרע מהם להתרשל בעבודת בוראו כיון שהטיב הקב"ה עמו להמשילו על כל הבריות להיות אדון עליהם, וכל שת תחת רגליו. דמה יאמר ומה ידבר ומה יענה ביום הדין הגדול. דאין טענה לומר הנחש השיאני ולא יכולתי, בהיות הוא אש ואני נעורת, ואיך הנעורת יעמוד בפני האש ולא יחזור לעפר דק. שהרי דנין לו כחסידים גמורים שאע"פ שהם בו"ד כמוהו עמדו נגד יצרם ובטלוהו בטול לגמרי, כי לא חששו לדבריו ולא הטו אזן נגד אהבתו יתברך הדבוקה בהם בצפורן לבשר, וכאזור לגוף ויותר. וכדרז"ל מעשה בחסיד אחד שהיה עומד ומתפלל ובא הזאב ונטל בנו מאצלו ולא הפסיק את תפלתו, ואחר שסיים אמרו לו תלמידיו רבינו לא

חסת בעצמך כשבא הזאב ונטל את בנך מאצלך, אמר להם תיתי לי שלא חסתי בו. לא הספיק לגמור את הדבר עד שבא הזאב והחזיר את התינוק למקומו. אמר לו אביו, מה עשה לך הזאב. אמר לו הכניסני לתוך חורבה, ושמעתי בת קל שהיתה אומרת לו, לא על זה שלחתי אותך אלא על בן פלוני, ולא הספיק הנער לגמור את הדבר עד ששמעו קל בכי צועקים ואומרים בן פלוני נשכו הזאב עכ"ל. וכאלה מעשיות רבות בתלמוד ובמדרשים מורים ומעירים על הדבקיות. וא"כ איך יוכל האדם לפטור עצמו מן הדין לומר לא יכלתי לעמוד ביצרי, שאי אפשר לנעורת שיעמוד בפני האש, הרי כמה כמוך עמדו, והטעם שהתחילו לטהר עצמם ולהתחיל במלחמה עם יצרם והקדוש ברוך הוא עזרם כדרז"ל, בא לטהר מסייעין אותו. ועוד אמרו אלולא הקדוש בדך הוא עוזרו לא היה יכול לו וכו'. ולמה גם כן לא נכנסת אתה להלחם עם יצרך כדי שיסייעוך מן השמים, אם כן חייב אתה. הבט וראה בדבקותו של חור עם הקב"ה שנהרג על קדוש השם כדי שלא לעשות העגל, כאומרם ז"ל וזכה שיצא ממנו בצלאל שעשה משכן להשראת שכינה בתחתונים, כדכתיב בפרשת פקודי ובצלאל בן אורי בן חור למטה יהודה עשה את כל אשר צוה ה' את משה. ראה כמה הדבקות גורם, גם ילמוד האדם לדבקות בהקדוש ברוך הוא מן הבהמה שהיו באים מעצמם שיטוו מעליהם צמר למעשה המשכן. כאשר אמרו רבותינו ז"ל חכמה ובינה, בהמה בהמה כתיב. גם ילמוד מצפרדעים במצרים שמסרו את עצמן לכבשן האש לקדש שמו יתברך כמו שאמרו חז"ל. וכן פרים של אליהו, וכל שכן וקל וחומר דאדם בעל חכמה ובינה ומוכן לשבר שימות את עצמו על התורה ועל העבודה לקדש שמו יתברך. ואמרו במדרש פרשה מסעי אמר הקב"ה למדו מפרו של אליהו, בשעה שאמר אליהו לעובדי הבעל בחרו לכם הפר האחד כי אתם הרבים. נתקבצו ת"נ נביאי הבעל ות"נ נביאי האשרה ולא יכלו להזיז את רגלו מן הארץ. ראה מה כתב שם ויתנו לנו ב' פרים ויבחרו להם הפר האחד וינתחוהו וישומו על העצים ואש לא ישימו, ואני אעשה את הפר ואנתחהו ואש לא אשים. מה עשה אליהו, אמר להם בחרו שני פרים תאומים מאם אחד הגדילים על מרעה אחד, והטילו להם גורלות, א' לשם וא' לשם הבעל, ובחרו להם הפר האחד. ופרו של אליהו מיד נמשך אחריו, ופר שעלה לשם הבעל, נתקבצו כל נביאי הבעל ונביאי האשרה ולא יכלו להזיז את רגלו, עד שפתח אליהו ואמר לו לך עמהם. השיב הפר וא"ל לעיני כל העם אני וחברי יצאנו מבטן אחד מפרה אחת, ונתגדלנו במרעה אחד, והוא עלה בחלקו של מקום, ושמו של הקב"ה מתקדש עליו, ואני עליתי בחלק הבעל להכעיס את בוראי. אמר לו אליהו פר פר אל תירא, לך עמהם ואל ימצאו עלילה, שכשם ששמו של הקב"ה מתקדש על אותו שעמי, גם מתקדש עליך. א"ל וכך אתה מיעצני, שבועה איני זז מכאן עד שתמסרני בידם, שנאמר ויקחו את הפר אשר נתן להם אליהו. ואתה למד מאליהו שאמר להם ויתנו לנו ב' פרים. ועוד א"ל בחרו לכם

הפר האחד ועשו ראשונה. ובסוף כתיב ויקחו את הפר אשר נתן להם. כתיב מלפנו מבהמות ארץ ומעוף השמים יחכמנו, אמר הקב"ה למדו מן העורבים שהיו מכלכלים לאליהו, שנאמר ואת העורבים צויתי לכלכלך שם. ומהיכן היו מביאים לו לחם ובשר בבקר ובערב, משלחנו של יהושפט, ולא היו רוצים ליכנס בביתו של אותו רשע אחאב להוצא משלחנו כלום בשביל אותו צדיק, מפני שהיה בביתו ע"א, הוי מעוף השמים יחכמנו. אמר הקב"ה למדו מפרו של אליהו ומן העורבים ואל תפנו אל האלילים להסתכל בה, מנין ממה שקראו בענין, והורשתם את כל יושבי הארץ מפניכם עכ"ל. צא ולמד קדושה מן החסידה, שאחר שמזדווגת עם בן זוגה טובלת בים, ועוד לה שמקנאת על הזנות. גם למד מן התורים ובני יונה שאינן כשאר העופות שמזדווגים בכל מה שמוצאים, אך להם יש זיווג מיוחד כנודע מרז"ל. גם ילמד אדם מן התרנגול שמפייס ואח"כ בועל כארז"ל. וכן תמצא ללמוד דברים רבים מן הבעלי חיים להיישיר דרכיך. ומה פנים ונשיאת ראש יהיה לאדם ביום דין אם ימצאו מעשיו מקולקלים, שנמצא פחות מהבעלי חיים הבלתי מדברים, כמדובר לעיל. צא ולמד לעשות חסד תמיד, ואפילו שיהיה טורח גדול, ואע"פ שלא יגיע לך תועלת מתרנגולתא ברא דאמרינן במסכת גיטין פרק ז' דתרנגולתא ברא נקיט שמירא משרא דימא, וניתן לו משום דנאמן בשבועתיה. ומאי עביד ביה ממטי ליה לטורא דלית בהו ישוב. ומנח להי אשינא דטורא ופקע טורא, ומנקיט מייתי ביזרא דאילנא ושדי התם והוי ישוב. והיינו דמתרגמינן נגר טורא, הרי כמה טורח לעשות חסד לעולם אף על פי שאין לו צורך ממנו, (ועיין עוד מעניינים אלו בפרק ל').

פרק כג

יבחר **האדם ויבקש הדרכים** היותר נאים ומשובחים לקיום המצות, כי עשייתם בדרך היותר נאות, והמשובה מאירים הנשמה ומסירין ממנה החלודה שנעשה עליה כמסך מבדיל מעשיית העבירות. כי העבירות מלכלכין נפשו של אדם, ושנאוי לפני השם ולפני כל מלאכיו עד שירחץ וינקה הטומאה שדבק בנפשו, והוא על ידי קיום המצות. ולכן אכתוב לך התנאים שאדם צריך ליזהר בכל מצוה ומצוה לעשותה כהלכתה כדי שתקובל לרצון לפני מלכנו יוצרנו ית', ולא ייעול בכיסופא לעלמא דאתי. והם י"ז תנאים (הביאם הרב בעל ספר החרדים ז"ל בדף ו' ע"א באורך, לפי שמאריך בראיות על כל תנאי ותנאי). ואני אביאם בקיצור נמרץ כי אין כוונתי כי אם שידע האדם התנאי לקיימו לזכך נפשו, ואם ירצה לידע מקור כל תנאי יראהו בספר הנ"ל. (התנאי א') שיעשה כל מצוה ומצוה בכוונה לצאת ידי חובתו כדפסקו הרי"ף והרמב"ם מצות צריכות כוונה. (התנאי הב' והג') לעשות המצוה ביראה ובאהבת רבה כדאמר רשב"י ז"ל כל פקודא דלאו איהו בדחילו ורחימו לאו פקודה היא. (התנאי הד') השמחה הגדולה במצוה. דכל מצוה ומצוה שתזדמן לו, דורונא דשדר ליה קוב"ה, ולפי רוב השמחה יגדל שכרו. וגילה האר"י זלה"ה לאיש

סודו שזכה לכל אותה חכמה בעבור השמחה שהיה משמח בעשיית כל מצוה. (התנאי הה') שיעשה המצוה כולה ולא מקצתה. כארז"ל אם התחלת גמור. עוד אמרו המתחיל במצוה ואינו גומרה מורידין אותו מגדולתו וקובר אשתו ובניו. (התנאי הו') הדקדוק הגדול במצוה לעשותה כתקנה וכל פרטיה ודקדוקיה כמצותה. (התנאי הז') הריצה והרדיפה לקראת מצוה, דכתיב דרך מצותיך ארוץ כי תרחיב לבי. (התנאי הח') כל מצוה שיכול הוא לעשותה בידו, יעשה בידו ולא ע"י שליח, דמצוה בו יותר מבשלוחו. ובצורכי שבת היו האמוראים בעצמם עוסקים. (התנאי הט') המצוה שתבא לידו תחלה יעשנה, ולא יניחנה עד שיעשה אחרת תחלה, כדאמרי' אין מעבירין על המצות. (התנאי הי') לא יעשה שתי מצות כאחת, שמא לא יוכל להזדרז בשניהן, כדאמרי' אין עושין מצות חבילות חבילות. (התנאי הי"א) שיזהר בכבוד המצות, דכתיב גבי מצות כסוי הדם, וכסהו בעפר. במה ששפך יכסה, דהיינו ביד ולא ברגל. ומתנחומא פרשת ויגש. אמר רשב"י אמר הקב"ה הוו מכבדין את המצות שהם שלוחי, ושלוחו של אדם כמותו, אם כבדת אותם כאלו לי כבדת, ואם בזית אותם כאלו לי בזית. (התנאי הי"ב) שלא יחמיץ המצוה, אלא בהגיעה לידו ימהר לעשותה ולא יאמר מחר אעשנה. וראיה מאברהם וישכם בבקר. ויהושע על שנתעצל נתקצרו מחייו עשר שנים. (התנאי הי"ג) הוא הדור מצוה, שנאמר זה אלי ואנוהו. ודרשו רז"ל התנאה לפניו במצות, אתרוג נאה, סוכה נאה, טלית נאה. וכן בכל המצות. ואמרו הדור מצוה עד שליש במצוה. (התנאי הי"ד) שתהי' ממתין ומשתוקק מתי תבא המצוה לידו לקיימה, דכתיב ולמדתם אותם ושמרתם לעשותם, לשון המתנה כמו ואביו שמר את הדבר. (התנאי הט"ו) זריזות גדול במצוה, כי דבר שמצותו ביום יקדים בבקר לעשותה, וילפינן מאברהם, וכל מצוה שמצותו בלילה יקדים בתחילת הלילה. (התנאי הט"ז) שישתדל האדם לעשות המצוה בחברה ולא ביחיד, שכל המצות לימוד התורה נאמר חרב אל הבדים ונואלו. חרב על שונאיהם של ת"ח שעוסקים בתורה בד בד, וכן בכל המצות יש שכר יותר בהיות המצוה נעשית ע"י רבים, כדאמרו במסכת יומא במצות קרבן פסח שחט השוחט וקבל הכהן, נתנו לחבירו וחבירו לחבירו כדי שיתעסקו רבים במצוה וכו'. (התנאי הי"ז) שלא יעשה המצוה חינם אלא יקנה אותה בשכר שלם ולא יקפיד כלל, כדי להעביר רוח הטומאה, כדאיתא בזוהר פ' תרומה עכ"ל בקיצור נמרץ, עיין במקומו יותר באורך כמדובר.

ובהקדמת הרוקח מצאתי דברים שייכים לחיבור הנכבד הזה המדריכים לאדם אל היראה ואהבת בוראו, וראיתי להביאם וז"ל:

אין אהבה כאהבת השם. אין למד כלמד התורה. אין עטרה כענוה. אין זכר כשם טוב. אין ריוח כעשיית המצות. אין חן כקיום התורה, אין זכות כמזכה את הרבים. אין קרבן כשבירת הלב. אין חכמה כחכמת התורה, אין יראה כיראת הבורא. אין שמחה כשמחת מצוה, אין קדושה כפרישות, אין בקשה כסליחת העון, אין מדה

כבושת הפנים. אין חסד כהוכחת חבירו. אין אמונה כהצנע לכת, אין דרך כגמילות חסדים. אין כושר כארך רוח. אין יושר כמיושר לשמים. אין חסיד כשמירה מן החנופה. אין תם כמכבד בני ביתו. אין מדה כעובר פשע. אין אמונה כאמונת היחוד. אין לקח כשבירת הלב. אין עבודה כעבודת האל, אין ערב כעריבת הדעת. אין רצון כדיבוק חכמים. אין לאהוב כלב טוב. אין לשנוא כגאוה. אין קשה כמחלוקת. אין רע כלשון רע. אין לרחוק כמדבר גדולות. אין שיחה בטילה בלי אשמה, אין ישיבת עמי הארץ בלי לצון. אין מושב לצים בלי עון. אין עמדית הרקים בלי זדון. אין כת פריצים בלי רשע. אין קלות ראש בלי ניאוף. אין מחלוקת בלא פשע. אין הרהור חטא בלי חילול השם. אין אשמה בלא איבה. אין לעג כמו ליצנות. אין עבירה כמו עזות. אין זדון כמו זדון שבועה. אין רשע כמו עין רע. אין תיעוב כחליקת לשון. אין שונא כיצה"ר. אין אויב כחשק תאוה. אין אוהב אמיתי מן יצר טוב. אין למעלה מלב טוב. אין ערמה מן עומד בנסיון. אין זירוז מן הזכירה. אין רשף מן רשף היראה. אין חוזק מן החסידות בתחלתו.

שמע בני מוסר אביך אהוב בוראך אשר אספך להג תורה בכל לבבך עשה מצותיו בכל עת זכור יראתו בכל זמן ראה ברכהו בכל רגע הכר בוראך בארך בורך קדש עצמך במותר לך טהר עצת לב רעיונך נקה עצמך מכל חטא בכל מדה ומדה תן תודה נהג האמת ואהבת חסד ראשית חכמה יראת ה' בכל דרכיך דעה בוראך יראי השם תירא ותאהוב נגד עיניך אהבת קונך ותן שכר למרוצת רגליך יו"ד כ"ף כף למ"ד (נ"ל שאמר בדרך מליצת הלשון יו"ד כ"ף פשוטה כ"ף כפופה למ"ד. ורמז בזה יו"ד שהוא היצה"ר כמו שדרשו חז"ל על וייצר בשני יוד"ין שרמז ליצ"ט וליצה"ר ואמר יצרך כפוף כלומ' הכניעהו ותלמוד המידה הזאת לכוף יצרך תמיד בלבבך) המדה הזאת חמוד בלבבך ודע כי הוא רואה דרכיך יישר ועשה צדק הצנע לכת עם אלהיך חזק בתורה ובקש שלום ואמץ במעשים טובים בכחך אמץ ביחוד השם ובאהבתו. ועתה בני שמע בקולי ואשרי אדם שומע לי אהוב את ה' אלהיך לבך תשית לדעתו וליחדו עבוד עבודתך עדי ערב זכור אהבתו בכל עת ראה הוא נצב לקראתך השתחוה לו הוא אביך קנך הוא עשך ויכוננך טהר עצמך מכל חטא נהוג עצמך במידת תרומיות (כלומר במדות חשובת ורמות) אלמדך ואתה תוסיף לקח אשרי תמיד מפחד לבו בחשק בוראו עשות מזמותיו ליוצרו זוכר אהבת צורו רצון תאות עושו הומה בשיחות לבו קורא שונה ולומד טוען עול יראתו נבזה בעיניו ומואס בהבלי הנאת העולם נכא לבב מדכאהו רוחו הלא משפיל בכחו כובש יצרו יוצרו לנגדו תמיד נאמן רוח מכסה דבר וצדיק באמונתו יחיה ידבר בנחת עם כל הולך בתמימות לבו ומנהיג בניו כשורה דרך יושר מורה הוא מקרב קרוביו חסד רודף צדק זוכה ומזכה כח קיחת דברים טובים עושה בקשת אשתו מכבדה ודבק בה ומשיא לבניו ובנותיו סמוך לפרקן עינו טובה בשלו שמח בטובת

אחרים ואוהב שכניו ורעיו ומלוה לעני בדוחקו ונותן צדקה בסתר ומעשיו לשם שמים ותמיד משכים ומעריב בבתי כנסיות ובבתי מדרשות ולומד שם ומתפלל בכוונת הלב אשרי בניו נפשו בטוב תלין. בני לדברי הקשיבה אל תהרהר אחרי הבורא אל תאמר מה היה אל תדוש במופל' ממך ואל תחקור במכוסה ממך אל ימהר לבך לחשוב אל תדבר על צדיק עתק אל תפנה אל מדתך אל תשכח כל גמוליו אל תשלוט בך אל זר יצרך אל תתבייש במעשיך אל תפן אל אזן התאוה אל תתאו למטעמותיו אל תאמר אחטא ואשוב אל תעמוד בדר רע אל תמנע טוב מבעליו אל תוסף על דבריו אל יצא שבועה מפיך אל יגבה לבך עליך בגאוה אל תלך במראה עיניך אל תחשוב תרמית בלבבך אל תעוז פניך ולבבך אל תרבה תדבר גבוה אל תנשא עצמך אל תגביה לדבר בצואר אל תרבה לדבר דברים בטלים אל תתן תפארתך לעצמך אל תחרוש על רעך רעה אל תריב עם אדם אל תוכח לץ פן ישנאך אל תשאר בדרך רעים אל תשב במושב לצים אל תלך בדר אתם אל ישיאך יצרך לחטוא אל תהי חכם בעיניך אל תתחר במרעים אל תרף משמוע מוסר אל תהנה אם יכבדוך אל תבקש גדולה וכבוד אל תט ימין ושמאל אל תחמוד יופי אשה אל ישט דרכיה לבך. אל תקחך במתק דבריה אל יגע להעשיר אל תהיה רע עין אל תגלה סוד אל תקנא בעושה עולה אל תסגור דלתותיך מן הצדקה אל תונה עני ואביון אל תתן את פיך לחטיא את בשרך אל תטוס תורת אמך אל תט מאמרי פי אמת למוד פיך לך בדרך טובים עניו תהא בהילוכך זכור תתחסד בישבתך רבה להתגאות בביאתך תהא ערום בירא' סור מרע ועשה טוב כבד נא הוריך בקש שלום בין איש לרעהו תוכיח את עמיתך תדריכהו בנחת לשמים תזכה בכל דבריך הרחק מלצים ופוחזים תדבק ביראה שמים תשבר רוחך ותאותך תקרע סגור לבך תבכה אל רוב חטאתי' תודה ועזוב רשע תחנן לבורא על רוב פשעיך לסלוח לעוניך כרוב רחמיו התפלל אליו ליתן יראתו על פני' ליקח אהבתו בלבך לעובדו בשמחה תבקש רחמים על עצמך ועל אשתך ועל בני בתיך שלא יבא א' מהם לידי עבירה ולא לידי דבר מכוער וחטא ולא יהא להוט אחר גרונו ולא לעסוק בהבלי שוא כי אין חפץ לבורא באכילה ושתיה מה יתרון שיעמל לרימה ותולעה אם תחטא מעט יהא בעיני' הרבה ותשוב אם תעשה תורה ומעשים טובים תאמר לכך נוצרת הכר בוראך מי בראך ירא השם עושך חשוב כי מלא העולם כבודו לך בענוה וכובד ראש אל תתחבר ללצים אל תשב עם מדברים דברים בטלים יהא מורא' מלכך בין עיניך תן לבך כי רואה כל מעשיך חוקר לב ובוחן כליות יודע כל מחשבותיך חשוב כי הוא בראך ומפרנס הוא עשך לו עבד עולם על כן תהא יראתו על פניך השמר לך לבלתי תחטא התהלך לפניו והיה תמים וימלא לבבך נאמן לפניו כי אין לו חפץ בכסילים אנשי לצון ואנשים רקים ההולכים אחרי יצרם ומתפרנסים בחשק תאותם החושקים בעידון העולם שוא והבל ובאנשי לצון אין יראה הנה בבא עליהם רעה איך יצעקו לאל ולא ישמע תחת כי שנאו דעת

ויראת ה' לא בחרו המדריך את עצמו בענוה וביראה הוא מתחכם ביראה אז תבין יראת ה' ודעת אלהים תמלא את ה' אלהיך תירא לרבות ת"ח עבד מלך כמלך ומכבדו כמקביל פני הכבוד. אדם ילוד אשה לבך תן הגמול והחסד שעשה עמך יוצרך מיום היות זרע ליחה סרוחה לבנונית ראה אל תהא כפוי טובה לו אביך ואמך עזבוך והוא אספך ובראך ושמרך עד אשר יצאת מבטל בעת שמחתך דעהו תעלה מוראו על לבבך ורעדו כל אבריך עבדו את ה' בשמחה וגילו ברעדה במקום גילה שם תהא רעדה כי ברוע פנים יטב לב וחשוב כי הבורא אצלך שויתי ה' לנגדי תמיד כשאתה מתפלל עמוד באימה וחשוב לפני מי אתה עומד לפני מי אתה מדבר אם דאגה בלבבך תשיחנה מדעתך בעת תפלתך כי בעומדך לפני מלך הגדול אין לחשוב דאגתך כי אם מוראו ואהבתו לפי שרבים חוטאי נפשם בבית תפלתם יושבים כאבלים ופיהם סתום בל ישוררו לה' צבאות ידונו באש לא נופח על זאת כי על כן בכל דרכיך דעהו אל תפנת יראת אלהים מלבך אם מזונותיך מצומצמים חשוב כי בנשימה שנתן באפי ובהבל פי ונתן לי עוני לטובתי לצרוף אוי בכור עוני אם יחוורו פניך (אם יביישו אותך) על עסק המצות חשוב דמך הנזרק כדמים הנזרקים ע"ג המזבח אם יסורין באים עליך קבלם באהבה ובשמחה וחכם ביראתו כי הוא אדוניך ואתה עבדו קנוי לו. הוי מודה לו על כל מדה ומדה אם נתן לך עושר ונכסים וכבוד אל ירום לבך מאחיך האביון כי לא תדע מה יולד יום ושניכם יצאתם ערומים מן הבטל ובצאתך מן העולם על עפר השכב כמוהו במקום רימה ותולעה על פיך יצאו ועל פיך יבואו וגם בחייך שמא אתה תצטרך לבריות כמוהו. אם תתייסר בניך יהיו בעיניך כאלו הרגת' בחטאתיך ואל תתרעם על מדותיו כי כל סאון סואן בשולחו דיניו דע כי בקרבך קדוש לכך נהוג עצמך בקדושה ובפרישות ובטהרת ונשאתה מזכיר שם הנכבד והנורא ירעדו כל אבריך וכיון לבך אל בוראך קדוש לכך נהוג עצמך בקדושה ובפרישות ובטהרה וכשאתה מזכיר שם הנכבד והנורא ירעדו כל אבריך וכיון לבך אל בוראך כשאתה עומד בתפלה וקודם שיצא הדבור מפיך חשוב פי' ביאורו אם רעיונך בא לך באמצע תפלתך החרש עד שתכין לבך ביראת הבורא ודקדק כל תיבה ותיבה לנענע שפתיך ולהרגיש הדיבור שלא תטעה כאלו אתה מונה מעות שאתה נותן כוונה והבנה למנין כשאתה עומד בתפל' אמור מה אני ספון לתת עטרה למלך הכבוד להזכיר שמו הגדול ולבש חרדה כמ"ש אברהם הנה נא הואלתי לדבר אל ה' ואני עפר ואפר הלא בני מעלה יראו ויבהלו מפניו וסביביו נשערה מאד אף אני קרוץ מחומר לא בינת אדם לי נבזה בחיי ונמאס במותי אקרע סגור לבי ובוא פתחיו ביראה ובענוה כי כל מקום שמצינו גדולתו מצינו ענותנותו מרום וקדוש אשכון את דכא ותפל רוח ע"כ בעוד רוחך בתוכך חשוב ביראה בוראך גול על ה' מעשיך ויכונו מחשבתך יראת ה' מקור חיים לסור ממוקשי מות ותסיר עצמך מן המהירות ומן העקשות ומן הגאוה ומן העצלות אחוז בענוה ובשלום ואל תקנא בעושי עולה כי אם ביראת ה' כל

היום והיה אמונת עתך חוסן ישועות חכמה ודעת יראת ה' היא אוצרו ואם יסתר איש במסתרים ואני לא אראנו הלא עיני השם המה משוטטות בכל הארץ ודע כי מנוסה (שדברים אילו באו לך לנסיון מאת השם) יש בנוי ובגבורה ובכבוד ובקנאה ובחכמה ובעושר ובעוני ובתוקף יצר העביר' ודע כי המצוה והיראה מכבין את היצר וכתורה תבלין להסיר המחשבה רעה עד כאן לשונו.

ואתה בן אדם אל יפתוך יצרך לומר הים אני אם תנין אם כח אבנים כחי אם בשרי נחוש כי תשים עלי העול הכבד הזה לאמור כל הכתוב לעיל כי לא יספיקו לי ימי ולילי ובלי אכילה ושתיה ובלי שינה כדי שיוכל לקיי' ולשמור כל זה והלואי ואולי כי לא מלאך אני שאין לפניו אכילה ושתיה וגם לא שינה כי תשים עלי העול הכבד והקשה הזה כי לא אוכל שאת דע באמת כי אלה הדברים בכלל פתוי היצר הרע הם כי הוא אשר מכביד הדברים בעיניך כדי שתבעינו בכל ולהכניסך ברשתו תדע שהרי רוב הדברים הנ' בפ' זה שמירתם בשב ואל תעשה רובם שתחשוב ביחודו יתברך ואהבתי תמיד ולא תזיק לחברך ותתרחק מעשק ומרמה ותנוע' כדומה ודבר אחד מאלו כולל כמה דברים מהנזכר עמה ונמצא שבנקל מתקיימים בהיות רובם בשב ואל תעשה כמדובר ומעט מזער מהם באים לכלל מעשה והוא לפרקים ובזמנים מחולפים כגון עשות משפט וצדק להציל עשוק מיד עושקו וכדומה שאינו זה מעשה בכל יום כשיזדמן. והגם שיאמר ויצוייר שכל הדברים הנזכרים כלם הם בכלל עשה ששייך טורח בהם למה תכבד הדבר בעיניך ואינך משים נגדך מעלת גודל השכר המזומנים לך על זה בעולם שכלו טוב שעולם שכלו ארוך אשר עין לא ראתם אלהים זולתך. אם מלך בשר ודם יאמר לך כל מה שתמנה מדינרים מבקר עד ערב ביום אחד יהיו לך בודאי שלא תאכל ותשתה ולא תישן ולא תנוח ולא תשקוט רגע כדי שלא להפסיד באותו רגע מה שתוכל למנות מהדינרים ואינך חושש לכובד הטורח לחמדת הריוח ואעפ"י שהוא דבר ספק שאפשר שאחר שטרחתה כל היום יחזור המלך מדבורו ואתה יוצא בידים רקניות ואף שיקיים דברו הריוח הזה הוא דבר שאפשר שלא יתקיים בידך כי תפסיד אותו או גנבים יבאו לך וגם במותך אינך הולכת עמך עכ"ז אינך חושש לשום אחד מאלו הדברים ואת טורח כל היום כ"ש וק"ו בן בנו של ק"ו שאין לחוש לטורח קיום המצות כיון דשכרו ודאי ומובטח בידך לעולם בחייך ובמותך שהוא דבר שאין יד זולתך יכול לשלוט בו ובו אין סוף וקת ותכלית ואדרבא צריך להקהל בעיניך הדברים ולא לעול ולמשא דבערך רבוי וגודל השכר הוא דבר מועט אפילו שלא תנוח רגע מכל ימי חייך כטורם עשייתם ובפרט שאין עליך טורח כל המלאכה לגמור כי יש הרבה מסייעים לך בקיום כל דבר ודבר שאתה מקיים שהרי בא לטהר מסייעים אותו מן השמים קב"ה וכל מלאכיו וכיון שכן מה נוגע לך מהטורח ומה גם שבהיות אדם שפל מאליו מתקיימים כל הדברים הנזכרים משום שנחשב לו כאלו מקריב כל הקרבנות

כדאמרו רז"ל על פסוק זבחי אלהים רוח נשברה ובהיות נקי מכל חטא ועון על ידי שפלותו דומיית המקריב כל הקרבנות קונה בחינת רוחניות בעצמו ומואס ברע ובוחר בטוב כטבע הרוחניי ובזה מאליהם מתקיימים כל הדברים. ונראה דזה יהיה כונת הפסוק בפ' ויקרא אדם כי יקריב מכם קרבן לה' מן הבהמה מן הבק' ומן הצאן תקריבו את קרבנכם שהכונה אדם כי יקריב שההקרבה יהיה מכם ומעצמכם וכיצד שתשפילו את עצמכם וזהו נקרא קרבן לה' ונחשב לכם בקניית השפלות כאלו הקרבתם כל הקרבנות שמן הבהמה ומן הבקר ומן הצאן תקריבו את קרבנכם ודוק ובפירוש אפרשיות פרשת פנים הרבה על פסוק זה. הכלל העולה שהמכביד בעיניו קיום עבודת הבורא עצל יצרו הוא למונעו יתחיל ליכנס בעבודה ויראה איך מסייעי' אותו ויקל בפניו ומה גם שכל דבר הנעשה בשמחה אפי' דבר קשה יקל ועבודת הבורא צריך בשמחה וכיון שכן מה כובד ימצא בקיומו ועוד לא בשביל שאם אדם לא יכול לקיים כל לא יקיים כלל כל אחד ואחד יקיים מה שיכול ונמצא בין כל ישראל מתקיים הכל שכלם נפש א' כדרז"ל על פ' בשבעים נפש ונוגע תועלת לכל א' במה שמקיים חבירו דזהו משל לאחר שאינו יכול לאכול מאכל טוב ליוקר מציאותו לא בשביל זה לא יאכל משא' המאכלי' שישיג ידו וימות כלל העולה דכשם שמבקש האדם אופני' שלא יגיע נזק בגופו כך צריך לבקש אופנים בכל יכולתו שלא יגיע נזק לנפשו שעם נזק הנפש גם לגופו מזיק כי כיון שגרם חלודה בנפשו אינה יכולה להאיר לגוף וכלה ונפסד ואף על פי שכדי שלא יגיע נזק לנפש צריך מירוק הגוף אל יחוש לזה משום שעל ידי מירוק זה עושה הנפש פרי והוא כמשל כל זרע הנזרע בארץ שאינו בא לחלל צמיחה כל אחד שתתמרק ותסריח ואחר כך צומח ויוצא פרח ויצץ ציץ וכיון שכן אם יחוש על בריאת הגוף מעולם לא יצמיח הנפש' שום צמיחה לעלות למדרגה רוח ומרוח לנשמה כנודע אשר על כן שמע בקולי איעצך ויהי אלהים עמך לבקש אופן להבין על מה פגמת בגלגול שעבר ובאת לתקן דע שכל מצוה מכל המצות אשר התאוה נפשך לשקוע בה יותר מאחרות באמת שבה פגמת תחילה וישלחך משם עוד בעולם הזה להשלימה לכן אל תרף ממנה ועשה אותה בשלימות' כלליה ופרטיה ובכל גדרים וסייגיה ואל תכיר אותה מנגד עיניך מיד ודע שיזדמנו עליה הרבה מונעים בה והם שלוחי סמאל הרשע למנוע לך שלא תשלימנה ותקבל עליה עונש במותך ותחזור פעם אחרת בזה העולם תטעום טעם המיתה פעם אחר פעם על ידו.

הלא תראה בחכמי התלמוד דשואלים מהם במה היית נזהר חד אמר במצות ציצית וחד אמר בהשכמת בית הכנסת וכיוצא בזה וכו' דקשה הציצי' היה נזהר ולא בשאר מצות חס וחלילה אלא שהיו משיגים בחכמתם הרמה על המצוה שבאים לתקן והיו שוקעים בה תדיר לתת עיני השגחתם עליה לקיימה בשלימות ואף על פי דשאר המצות היו מקיימים בשלימות אך המצוה שעליה באו היה כל מגמתם עליה לא היו פוסקים מלהזכירה ולבקש אופנים

לקיימה בכל חלקי היותר נאות שאפשר ולכן אם לבך מתאוה ללמוד מקרא יותר ממשנה או בהפך וכן אם תאות נפשך ללמוד תלמוד יותר מקבלה או קבלה יותר מתלמוד ממה שתאוה נפשך דע שעל זו באת ואחוז בה לעשת עיקר לימודך שם ואפשר דעל זה רמזו רז"ל באומרכי אין אדם לומד תורה אלא במקום שלבו חפץ שנאמר כי אם בתורת ה' חפצו ירצה באיזה חלקו התור' שתאו' נפשו יותר שם ילמוד כגון במקרא או במשנה או תלמוד או קבלה או אגדה משום שבודאי החלק הזה בא לקיים בפעם הזאת וכמו שראיתי בכתבי האר"י זלה"ה שמורינו הרב רבי משה אלשיך ז"ל רצה ללמוד קבלה ואמר לו שבגלגול שעבר היה חכם בחכמת הקבלה ולא בא בגלגול זה כי אם להשלים עצמו בדרוש כי מקבלה אין לו צורך כי כבר השלים. וכפי זה נמצא שאף על פי שתראה דברים רבים לקיים כנזכרים לעיל וכדומה אל תפחד לך הריבוי לומר איך אני יכול לקיים כל זה דאפשר שרוב ככלם נשלמת בהן בגלגול שעבר ועכשיו באת על קיום קצם או כמה מהם והן אותם שתאוה נפשך בהם וגם שתראה הרבה מונעים לך עליה מלקיימה דכיון שעליהם באתה הזמין לך סמאל הרשע מונעים כדי שלא תשלים עצמך כמדובר לכן החזק עצמך במוסרי זו אל תרף נצרה כי היא חייך. וכל אדם שחושק ומתאוה נפשו לקבלה ולא לתלמוד או באגדה ולא לקבלה או תלמוד ויש לו דוחק ומצער לו על זה עתיד ליתן את הדין שגורם לנשמה זאת שלא יעשה שליחותה כדי להשלים חלק מן התורה שחיסר בפעם ראשו' שבא לעולם וכן ראיתי בחכמי האמת.

פרק כד

ישמח האדם ותגל הבוחר אשה כפרה וממשפחתה כלם ברורים כלם צדיקים כי בהיותה משרש צדיקים טבע האב מוטבע בבן והיא מטבעה מושכת עצמה אל הטוב ואשת חיל עטרת בעלה מעוטרת באות של שם י"ה כארז"ל איש ואשה שזכו שכינה ביניהם יו"ד של איש וה"א של אשה כי בשם זה ברא ב' עולמות עולם הזה ועולם הבא ותראה גודל מעלת האשה טובה שהיא אוצר הטוב והברכה והשמחה דהשרוי' בלא אשה משולל מכל זה כארז"ל כל השרוי בלא אשה שרוי בלא שמחה בלא טובה בלא ברכה וכשם שאי אפשר שיקנה האדם עולם הבא כי אם עם העולם הזה כמאמר התנא התקן עצמך בפרוזדור כדי שתכנס לטרקלין כך אי איפשר לאדם להשיג שלימות לנפשו כדי לזכות לעול' הבא כי אם על ידי האשה טובה שאות ה"א נתון בשמה שבה נברא העולם הזה כמדובר כי היא הכנה לאדם למצות דברי חפץ היא התורה שעה קונה האדם עולם הבא וגורמת השכינ' שתשרה ביניהם דאיש ואשה שזכרו השכינ' ביניהם כארז" והיא מדריכתו אל הדרך הטוב שהאדם שומע צעקת אשתו וכעובדא דההוא רשע שהיה לו לאשה כשרה ועשהו חסיד וחסיד היה לו אשה רעה ועשהו רשע הרי האד' הולך אחר יצרו לכל אשר יחפוץ יטהו. ובהיות האשה כשרה וצנועה היא שוה לאיש בכל הדברים אעפ"י שפטורות ממצות

שהזמן גרמא ומת"ת משום שהן סבה לאדם לעסק התורה וקיום המצות כנודע וכדרז"ל כל השרוי בלא אשה שרוי בלא תורה. והתור' גורם לקיום המצות דעל זה מסיק בגמרא דתלמוד גדול משום שמביא לידי מעשה. ואלו תנאי האשה הכשרה כדי שתהיה חביבה על בעלה שלא יבא ליתן דעתו לחשוב באשה אחרת ח"ו דזהו סיבה לבני' היות' בלתי הגוני'. תנאי א' תהיה האשה נקיה במלבושי' ויהיו בגדיה לבנים בכל עת ושלא ימצא עליה שום כתם מדבר מה כדי שלא תמאס בעיני בעלה דזהו סיבה לבטל אהבתו ממנה ולחשוב באחרת ח"ו ואפי' תהיה עניה מחוסר' בגדים עם כל זה אות' סחובי הבלואות שלובשת יהיו מכובסים ומנוקים מכל כתם. תנאי ב' כל דבריה עם בעלה יהיו בנחת ודרך חן ושפה רפה לא בקול רם וכ"ש שלא בכעס וחרון פן יבער כאש חמת בעל' עליה ויבא לקללה ולבזותה ולהכות' וכיון שעושה כן פעם אחת ירגיל בזה ובאים לפירוד לבבות וכל אחד יבחר דרך לחשוב הוא באשה אחרת והיא באחר והבנים הנולדים מביניהם בני מחשבה הם והנולדים לומדים ממעשה אביהם שבראות' לאביהם מכה ומקלל לאמם גם הם עושים כך לקללה ולהכות' לכן תהיה האשה סבלנית ולא כעסנית דמסבת רגע של כעס שכועסת על בעלה גורמת כל הרעה הנז' עליה ואע"פ שבעלה יכעוס עליה תסבול דכמה זעמו רגע דהאיש אע"פ שיכעוס מיד מתרצה ומפייס' אותה שהאיש נברא מן העפר ומיד מתפייס כארז"ל. תנאי ג' אם תראה האשה שבעלה דחוק אל תרבה עמו בשאלות אע"פ שהם צורך בית מאד יצמצם עצמה דכיון שרואה שאין בידו יכולת להביא מה תועיל שאלת ובראות שנוהגת' עמו באכזריות גם הוא מסיר אהבתו ממנה ומתאכזר עמה ושנאתו עמה שמרה נצח. ואם מתבייש ממנה מוכרח לעמוד על פרשת דרכים לגנוב ולגזול כדי למלאות שאלתה או לשים לדרך פעמיו בימים ומדברות או נופל מן ההר וימות או חיה דורסתו ויקבר שם ואין מעיד עליו ונשארה אלמנה חיה כל ימי חייה ובניו כיתומים לכן כראות האשה בעלה בדוחק תרבה עליו ברחמים לפני המקום ערב ובקר וצהרים שירחמו בזכותה או בזכותו או בזכות בניו בהצטרפות שלשתם יחד ואדרבא בימי דוחקו תראה לו פנים צוחקות ויפייסהו בדברים ויחזיקהו בהבטחות ובראות האיש אהבת אשתו עמו אף שהוא בחוסר כל נכנס שמחה בלבו ומסיר דאגתו ועל ידי כך יתעלה ומתרומם כוכב מערכתו בבני חיי ומזוני. תנאי ד' אם רואה האשה שאירע לבעל' איזה תקלה או עלילת ממון שהעלילו עליו והוא עצב ודאוג תדבר על לבו דברי תנחומים ויקבל הדברים הקשים בעיניו בדברים המושכים לבו של אדם בדברי חן ופנים צוחקות ותאמר לו אהבת עולם אהבתיך ראיתי פניך כראו' פני מלאכים אלהים ועל כן יצאתי לקראתך לשחר פניך ואמצאך לכה דודי נרוה עד הבוקר נתעלסה באוהבים וכשמוע האי' דברי פיוסי' כי נעמו מסיר עצבותו מלבו ואם מזדקק עמה יהיו בניה טובים וחכמים מחכמים הפך המזדווג עם אשתו בעציבות ודאגה נוצר הולד משועמ' וטיפש כאשר אמרו חכמי המחקר. תנאי ה'

שלא תהיה האשה עצלנית לא בצורכי ביתה וכ"ש בדבו' היוצא מפי בעלה לפי שהעצלנו' גורם העניות לבית לפי שהעצלות מבטל הנקיית מן הבית היא וביתה בלי נקיות העניות עליהם כמשא כבד' שאף שיש מלבושים וכלים בבית כיון שמחמת העצילות הם מלוכלכים וקרועים כמלבושי וכלי העניים דומים. והאיש הנכנס לבית אע"פ שיבא שמח מן השוק בראות עיפוש טומאת הבית בכמה מני מכשולים באמצע הבית המוך והכד וצפחת. ובכל זוית וזוית קדרות מכותמות שנשארו שם מבישל הלילה. וזהו מביאו לחמוד בית חבירו המנוקה מכל מכשול ומכל סירחון ומחמדת הבית ימשך לחמוד גם אשת חבירו הנזהר' בנקיות הבית ומוצא גורם האשה העצלני' לבעלה לעבור על לאו לא תחמוד בית רעיך לא תחמוד אשת רעיך. ובעלה מתפלל עליה תמיד שיעהו השם משמי מרומים. שבמועט ימים. תצא מן החיים. ובאי' לידי מריבה וקטטה הגורם חירוב הבית והכלים לכן תשליך האשה העצלות מעליה ותהיה זריזה במעשה ידיה ולשים עיני השגחת' בכל צורכי ביתה דווקא שתהיה ביתה נקיה כבית המלך אם ברב או במועט וישים עיניה בבגדי בעלה ובניה לנקותם מכל כתם ולקפלם כדי שלא יהיו בעלה ובניה בזויי' בעיני הבריות כי בראות אותם בזויי' לא יכבדו להם וגורמת לה קללה באומרם ארורה האשה שאינה מנקה בגדי בעלה ובניה. ועוד גורמת העצלות לשה שלא תדקדק בכתמי נדותה וגורמת פסול בבניה היותם בני הנדה וטורדת לעצמה ולבעלה מעולם הזה ובא ועונשה מרובה כי היא הגורמת. תנאי ו' תמיד האשה תצייר צורת בעלה כאילו הוא בפניה תמיד ודמות צורתו יחקוק בלבבה כאילו הוא מלך וכשהוא עני לבוש בלבושים קרועין תדמה בדעתה שהוא כמלך ששינה בגדיו כדי שלא יכירו אותו כדרך שהמלכים עושים כמו שמצינו בשאול כשהלך לבעלת אוב אשר זה יגרום להתגבר אהבתו עליה וזהו יגרום שבניה זכרים כמו שכתב רבינו בחיי ז"ל שאשה מזרעת תחלה יולדת זכר משם שכשגברה אהבת האשה על בעלה צרותו נגד עיניה ומרוב תאות' עמו מזרעת תחלה והולד נוצר כפי הצורה שנגד עיניה היינו בעלה ונוצר זכר כמוהו עיין שם יותר באורך. ועוד בהיותה האשה חושבת בבעלה ונותנת צורתו נגד עיניה אף כשהוא בחוץ תדמה לה שהוא בפניה ומונעת עצמה מכל דבר רע בחושבה שבעלה בפניה ורואה אותה שהדמיון פועל ועוד בהיותה חושבת בבעלה פונה לבה מלחשוב בדברים אחרים הגורמים מחשבת הזנות או השחוק וקלות ראש הגורמים זנות כנודע מרז"ל שהדמיון פועל לה דבעלה רואה אותה לכן כל מחשבות האשה לא תהיה כי אם בצרכי ביתה ולצייר צורת בעלה כאלו הוא בפניה שם בבית ובזה לא תבא גם כן להרבות שיחה עם שום אדם בעולם ואפילו בקרובותיה. תנאי ז' לא תרבה האשה לדבר בפני בעלה רק תהיה ככלה בחופתה משום שהאשה כיון שדעתה קלה אין סדר לדבריה ורובם בלתי הבנה ובלי שום קשר וכראו' בעלה חוסר דעתה יבא לשנאותא או לבקש מיתתה אולי יזדמן לו אשה

בעלת שכל שכל דבריה במאזנים לעולת שאינו יודע כי כלן שוות בזה כי לא ניסה ובמה יתקן זה שלא תרבה בדברים בפני בעלה כמדובר וכל שכן וק"ו שלא תדבר בפניו דברי מאוסים ואל תוציא דברי תפלות מפיה עם בעלה.

ונראה אסור בענין הנשים המגדלות בניהן בשירי עגבים ודברי חשוקים לפי ששירים אלו מטמאים הגוף והנפש וגם האשה דעתה קלה ולוקחת אותם הדברים של אהבת זנונים כאילו עליה נאמרים ומדמה בדעתה כאילו ספור המעשה נעשה בה ומשם מגלגלת דעתה למחשבות זרות ויוצא צפע ופריו שרף מעופף צרת ממארת הזנות. ועוד כיון שמרגלת האשה להוציא שירי עגבים מפיה נמשכה לדברי תפלות ומנבלת פיה. ויש נשים המדברות עם בניהן הקטנים דברי' נבלות במצחקות עמהם ימח שמם לעושות כן דזהו מורה על רוע מזגם שחומדות אל הזנות וגורמות חולה רעה שהבנים בהיותר גדולים שומעים ולומדים לדבר אותם דברי הטינוף ומטמאים פיהם שלא מדעתם. לכן תהיה האשה נזהרת בכל דבריה שיהיו דברי חן וחסד דברם נעימים ומשובחים. ואל תהיה כבדה בדבורה לכפול דבריה ב' פעמים ואל יזכיר דבר מיאוס בפני בעלה לפי שדבור של מיאוס גורם למאוס מעש' ידיה. תנאי ח' שלא תדבר האשה בשבח שום אדם לבעלה פן יבא בעלה לחושדה שנתנה עיניה בו ובחשק אהבתה עמו משבחו ויבקש המיתו כדי שלא תזנה אשתו עמו כי קנאת חמת גבר ונמצאת גורמת בשפיכות דם נקי. גם אל תספר בפני בעלה יופי שום אדם אפי' מקרוביו מהסבה האמורה רק אם הוא אביו ואחיו. ולא ביופי שום אשה אפי' אמה ואחותה כדי שלא יבא בעלה להרהר בהן וכל מה שיכולה האשה למעט בדבורה זהו מעלת חן על בעלה ויקרה היא מפנינים וכל חפצים לא ישוו לה. תנאי ט' תהיה האשה נזהר' בתיקון שערותיה ועשיית צפורניה ושלא יטיף דבר מנחיריה ואם יש בה איזה מום יכסה אותו מבעלה בכל מה שאפשר לכסות. ואם פרחה עליה איזה נגע אל יראה אותו לבעלה משום שנמאסת בפני בעלה ואם היא חולה יראה לבעלה פחות ממה שמרגשת מהחולי ותתחזק' בפניו שכל אלו הדברים גורמים שתתחבב בעיניו ומחשבתו עליה תמיד ובה זוכים לבנים הגונים עוסקים בתורה ובמצות. וגם תדמה האשה שאין גדול וחשוב בכל העיר כי אם בעלה דווקא ואפי' שהוא פחות שבפחותים ואומנותו בורסקי. ותהיה השתדלותה להפציר עמו שיקבע עתים לתורה בעתים שהוא פנוי ממלאכתו. וכל דעתה תהיה על בניה להדריכם בדרכי השם ועיין בראשית חכמה בדרך ארץ של נשים בדף שע"ה ע"א שהארך שם בעניינים אחרים ובהיות הספר מצוי ביד כל אדם לא הבאתי דבריו תראהו משם. תנאי י' תהיה האשה צדקנית ורחמנית על כל בני ביתה ועל העניים לתת להם אם יש לה ליתן או לפייסם בדברים. אך לא עם האנשים העניים דאסור להרבות עמהם בדברים פן יבאו להרהר עליה ותתרחק עצמה מהמדות אשר מנו חכמים עליהן לגנאי והוא שתתרחק

בכל יכולתה מקלות ראש ולא תהיה סקרנית מלשון ומסקרות עינים. ולא צייתנית. ולא דברנית. ולא קנטרנית. ולא משמשנית. ולא פרסנית. פירוש יצאנית. משם שאם תהיה קלות ראש תבא לזנות כמאמר התנא צחוק וקלות ראש מרגילין את האדם לערוה כל שכן לאשה שדעתה קלהם ולא סקרנית שהרואה אותה מרמז' בעיניה ידמה שרמזה לו ויבא לפתות' ואפשר שיוכל לה. צייתנית דזהו גורם שתשמע עליה דבר שאינו הגון ותבא לידי קטטה ומריבה ומזלזלת עצמה ומאבדת כבודה. ולא דברנית שרבוי הדברים מביא אותה לגלות דברים נסתרים שבינה לבין בעלה ולא קנטרנית פרוש קנאית מפני שקנאה גורמת לה רעות רבות שבראות' בתכשיטי' חברתה ואין לה תאמר בלבה מי יתן שבעלה יהיה בעלי. וגורמת לה כל מיני חולאים רעים ונאמנים ועצמותיה נרקבין ובאה במחלוקת עם בעלה ואין מכבה ויוצאה מן העולם בלא זמנה. ולא יצאנית משום כשהאשה יוצאה מפתח ביתה גורם לאחרים שיכשלו עמה ופוגמת עצמה ומעשה דינה יוכיח וכל הרואים אותה אומרים ראו זאת האשה הומיה היא וסוררת בבית' לא ישכנו רגליה. פעם בחוץ פעם ברחובות וכו' ובניה אינן מבעלה וגורמת פיסול בבניה וכשהם גדולים כל משפחה מיוחסת בודלת מהם ומוכרחים לשאת נשים שאינן מהוגנות כיון שיצא עליהם מהדופי' ומהכיעור ונמצא האשה היצאנית גורמת פגם לה ולבניה ולכל משפחתה וכל אלו התנאים האמורים בנשים צריך גם האדם ליזהר מהדברים הנוגע להם כמו הנקיות והכעס ודברי תפלות ודברי מאוסים וקנאה ותאוה וכדומה. גם צריכה שאשה שתהיה זריזה בענין טבילתה תהיה זהירה שלא תפגע בדבר טומאה ובבהמה טמאה כגון כלב או חמור וכמ"ש בספר שערי דורא דף ס"א ע"א וז"ל האשה היוצאת מן הטביל' חברתם תפגע פן יפגעו בה רשע או חזיר או כלב או חמור לקראתה כי בספר המקצעות כתב אם טבלה ופגעה בכלב או בכל דבר טמא אם האשה יראת שמים לא תשמש עם בעלה עד שתחזור ותטבול כדי שלא יהיה דבר רע יוצא ממנה או שלא יהיו לה בנים מכוערים דומים לכלב וכן אם פגעה בעל הארץ וכו'. מעשה באלישע כ"ג שלא היה לו בנים מתקיימים נכנס לפני הקב"ה ואמר לפני רבון כל העולמים מפני מה יש לצדיקים בנים ולי אין בנים א"ל מפני שנוהגים בטהרה בשעה ששמו מטותיהן הלך והרצה הדברים לאשתו קבלו לעשות כן פעם אחת ירדה לטבול ופגע בה מצורע וחזרה וטבלה ועלתה ופגע בה חזיר וחזרה וטבלה ועלתה ופגע בה גמל וכו'. בששית כלב. בשביעין חמור. בשמינית סוס. בתשיעית עם הארץ. בי' ישמעאל ובכל פעם טבלה פעם אחרת נכמרו רחמיו של הקב"ה ואמ' למט"ט שר הפנים צדקת זו מצטערת לך ועמוד בפניה כדי תתעבר הלילה הזאת ותלד קדוש וטהור מיד ירד מטטרון שר הפנים וישב על פתח המקוה וראהו ורצתה לחזור ולטבול אמר לה דעי שאני מטטרון שר הפנים כבר בא עלבונך לפני קב"ה והוא שגרני אצלך מיד שמחה שמחה גדולה הלכה ונתעברה את רבי ישמעאל בן

אלישע כ"ג והיה דומה דיוקנו למטטרון מה עשה מטטרון נעשה סנדק שלו (פירוש בעל בריתו) לפיכך כל שעה שהיה רוצה רבי ישמעאל לעלות אל הרקיע היה מזכיר השם שמס' לו מטטרון ועלה לכך אמרו בברכות שר' יוחנן היה יושב על שערי טבילה שלא יפגעו חמור או חזיר או כלב ופירש ר"ח ומנהג שפוגעת בחברת' שהולכת עמה לבית הטביל' כשהי' עול' מן הטבילה ע"כ ונ"ל שאם אין לה אפי' אשה לפגוע בה תצייר צורת בעל' או צורת איז' צדיק או חסיד שמכיר לה נגד עיניה ותחשב לה כאו פגע באדם כשר תחלה גם צריכה האשה בשעה שמזדווג' עם בעלה שתחשב באיזה חסיד כדי שיהיו לה בנים חכמים וחסידים דמטעם זה היה רבי יוחנן יושב על שערי טבילה כדי שיפגעו ברו ויהיו להן בנים יפים וחכמים כמותו כנז' וטוב לבעל היכא דאפשר לשמור לאשתו בשעת הטביל' כדי שתפגע בו תחלה ולא תפגע ברשע או כלב או חמור ושמעתי שיש במלכות פיס מדינה של יהודי' שהטבילה בחצר היהודי' במקום מוצנע מטעם זה כדי שלא תפגע האשה בעלותה מן הטבילה ברשע או בדבר טמא כי אם ביהודי איש או אשה גם צריכה האשה שתזהר להיות טהורה תמיד כלומר שתטבול כשיגיע זמנה ואפי' אין בעלה בעיר חמשום שבהיותם באותה טומאה מתפשטת באבריה ומעפשת שכלה וכן מצאתי בשערי דור' טובלות אע"פ שאן בעליהן בעיר וכן הנהיג רבינו שמעון ז"ל את בתו לטבול אפילו בימי החורף בעל טבילתה אפי' שאין בעלה עמה ע"כ. גם תזהר האשה שלא תעכב טבילתה שבבא זמנה לטבול אל תעבור רגע וכן אמרינן בירושלמי וכו' אסור לאשה לעמוד בלא טבילה וצריך שתדקדק האשה בטבילה שטובלת בה אם רואה אותה חסרה מה שלא היה כך מקודם שפשר שנחסר שיעורה גם תכוון בטבילתה שירחמוה מן השמים לתת לה הריון מטבילה זו מבר דכר ירא אלהים וסר מרע מוכן לעבודתו יתברך. ובחדשי עיבורה תבקש רחמים שיהיה מתוקן באבריו ולא יהיה נפל שפיר (העור שהולד נוצר בתוכו) וסנדל (שלא תתעבר ולד אחר ויפחת צורת הראשון וי"מ ברי') או חולני כדי שלא יעכב חוליו לימוד התורה שהתפלה מועלת לבטל הגזירה אף אם נגזר על הולד הזה איזה דבר מהנזכרי' ולאה יוכיח שהפכה לדינה מזכה לנקבה כארז"ל גם תזהר שלא תכעוס בימי עיבורה ואעפ"י שהכעס רע בכל זמן כ"ש וק"ו בימי עיבורה שמזיק לולד שתתחלה ונחלש ואפשר שתפיל מרוב כעסה ונמצא הורגת בניה בידיה בכעסה ונמצא בשביל כעס רגע מצטער כל ימיה שאם יוצא הולד חולני כמה מצטערת עמו ואם תפיל אין צרך לומר שכל ימיה מכאובים גם תהיה נזהרת האשה בימי עיבורה בענין המאכלים עיין בראשית חכמה ז"ל שהמאכלים הרעים מזיק לולד עיין שם מה תאכל לתיקן הולד ומה לא תאכל שהמאכל הרע מטפש לולד שכל מה שאמה אוכלת הולד טועם כארז"ל וגם הולד מתאוה כפי מאכלה ומעשה אותה מלכתא יוכיח שהיתה אוכלת אתרוגים בימי עיבורה וילד' בת שהיתה מריחה ריח אתרוג כדאיתא במדרש. גם תהיה נזהרת בפרט בימי עיבורה שלא תכנס

במקומות של טומאה ובמקומות שיש
שם ריח רע לפי שהולד נוצר בפי ראות
עיניה ועובדא דההיא מלכת' יוכיח
שילדה בן כושי על שהיתה בחדר
משכבה צורת כושית ונוצר הולד כפי
הצורה שראתה באותה שע' כדאיתא
במדרש גם אמרו רז"ל עשרה דברים
משכחי התלמוד דחד מהם העובר
במקומות מריח רע והאשה העוברת
בימי עיבורה במקומות אלו נוצר הולד
טיפש או חסר דעת כי הריח רע מעפש
דמו אלא תשב בימי עיבורה במקומות
קדושה וטהרה בבתי כנסיות ומדרשות
ותמיד לראות ת"ח חסידים ואנשי
מעשה ותשמע דברי תורה שהדברים
נכנסים באזנה ומתקדש הולד בקרבה
שהאזן לגוף כקנקן לכלים כארז"ל
שהולד שומע הכל ומבין כעובדא גבי
אותה מעוברת שלחשו באזנה ביה"כ
ונח כנודע מרז"ל ויצא צדיק גמור
והדברים בהפכו' במעוברת אחרת
שנתאוה ולחשו ולא נח והאכילוה ויצא
הולד רשע לכן תהיה ישיבתה
במקומות מקדושים בבתי כנסיות
ומדרשות כדי שתשמע תמיד ד"ת
וכרז"ל גבי יהושע בן חנינ' אשרי
יולדתו דאמרו גרם לו להיות חכם כי
מיד שילדו הגדילו בבי' המדרש דקל
תורה נכנס באזני הילד ומקדש כל
אבריו. גם אע"פ שתהיה האשה גדולה
בשנים ובן אין לה אל תתיאש מן
הרחמים אלא בתפלה ומצות ומעשים
טובים ואפשר תעיל לה איזה זכות
שיחדשנה ה' להחזירה כימי נעוריה
כאשר ידשה לשרה אמנו אחר צ' שנים
ותפשטו קמטיה ולחנה אח' ק"ל שנים
כאחז"ל גם אם היה לה בנים ופסקה
מלדת ונתרבו עליה שנים אל תתיאש

כי עוד השמש במרומים לחזור ללדת
ויוכבד אם משה רבע"ה ילדו מבת ק"ל
שנים כארז"ל וכמה מהתמיה על אותם
הנשים שעברו מבן ארבעים ולא ילדה
שמתיאשות מן הרחמים ואינן שמין על
לבן לנזכרות שחידשן הקב"ה בזקנותן
אלא לעולם תהיה בטחונה של אשה
בהקב"ה שיכול לדשה כאמהות
שאעפ"י דבית מטרין (רחם שהולד
מונח בתוכה) לא היה להן וילדו גם
צריכה האשה שלא תרבה בתעניות
תמיד בעבור הבנים אלא תקבל גזרתו
יתברך באהבה ותהיה מתפללת לפני
הקב"ה בלי תעניות כי התעניות נזק
להולדה ומבטלת אותה מצורכי ביתה
והמחלוקת מחרבה בבית דקשה
מחלוקת בביתו של אדם יותר
ממלחמת גוג מגוג כארז"ל. גם אין
ראוי לאיש או אשה להרבות בתעניות
ותפלות על ענין הבנים דכמה הפצירו
על זה בתעניות ותפלות ויצאו להם
בנים בלתי מהוגנים ומובדלים מבני
אדם במדות משונות ומכוערות
והורידו שיבת אביהם ביגון שאול'.
ושמעתי מפי זקן חכם דלפעמים מונע
הקב"ה בנים מאיש ואשה אעפ"י שהם
צדיקים גמורים משום שרואה במזל
שלהם שמחייב להיות להם בנים בלתי
הגונים כאשר היה מחייב מזלו של
חזקיה שלכך לא היה רוצה ליקח אשה
כנוד' וכדי שלא לצער' מונע אותה
מהם אך כשמרבים בתפלה הוצרך
לעשות שאלתם ובקשתם שרצה
למנעו ממנו על היותו בלתי הגון וראוי
ומטעם זה תראה לפעמים חסידים
שאין להם בנים הגונים והוא אל
שמרבים בתפלה עליהם לכן טוב לגבר
ולאשה שלא להרבות תעניות ותפלות

פעם אחר פעם על ענין הבנים דאין טוב להפציר הרבה דכמה הפצירה והיה לרע להם. כמה מהמעלה והשכר לעולם הבא לאשה שנמצאת עקרה או שמתו בניה והיא זקנה לתת רשות לבעלה לישא אשה אחרת להוליד בנים וגורמת בזה קרב הגאולה שאין בן דוד בא עד שיכלו כל הנשמות שבגוף והיא גורמת לזה וגם טוב להם שבהתקרבה הגאולה אז עתיד הקב"ה לחדשן כלבנה כארז"ל על פסוק ועלהו לתרופה להתיר פה של מטה (כלומר של עקרות) וגם אז עתידה אשה שתלד בכל יום ולפעמי' בזכו' שמשתדל כשיולידו בעליהם בנים נפקדו' גם הן וכמה פעמים אירע זה ומעשה האמהות הקדושות יוכיחו שרה נתנה הגר לאברהם ולאה נתנה זלפה ליעקב ורחל בלהה וגרמו להרבות נשמות צדיקים בעולם וגם הן נפקדו הרי מבואר כמה מעלת הנשים הזריזות שתנשא בעליהן בראות עצמן עקרות או שמתו הבנים ואינה יולדת עוד. ואחר שזכתה האשה לבן ומגיעו השם לצאת לאויר תהיה תפלתה שיגיעהו למילה ותכוון בלבה דמוסרו למיתה לשמו יתברך ויסכים בלבה שאם יצוייר שיאמר לה שישחטו לשמו הרי מוסרו מעכשיו ותתפלל שתהיה מכתו תמה (שיהא נולד מהול) ותאמר יהי רצון מלפניך כשם שהוא רצוי לפניך עכשיו שאין בו לא חטא ולא עון כך יהיה תמיד לפניך שלא יפגום בריתו שאל תביאהו לידי נסיון ולא לידי בזיון ויהי בריא עול' לעבודתך ותמיד יהיה נגד פניו יראתך ולא יסיר דעתו ורצונו מלימוד תורתך ובעשיית מצותך ויהי כן עמך עד יום מותו ותזמין לו פרנסתו מידך ואל תביאהו לידי בשר ודם דזהו מסך מבדיל לו שיוכל לעובדך בהיות מכוסה בושת וכלימה לצפה מיד בשר ודם נבל וקפדן ומתנתו מועט זעיר שם זעיר שם וכיון שמצפה לאחרים חכמתו נסרחת ונפשו עליו נעצבת ובשרו עליו יכאב לא כן המקבל מידך הטובה הפתוחה והרחבה והמלאה ולא יצטריך מן הבריות עד יום מותו וכשיזכה לזקנה יהיה רצון שלא יבואו עליו יסורין לא כבדים ולא קלים ולא יארע לו חולאים בחייו ותצילהו מכל פגעים ומקרים רעים כדי שתמיד יהי מכון לעשות רצונך ותן ברצונו לכוון לעשות רצונך ולא יבא לידי שום מכשול דבר בעולם לא בדברי תורה ולא בדברי צורכו ולא יפול בו מום מחמת חולי או מכה ותגיעהו לזקנה בבנים ובנות שירא' בחופתן עוסקים בתורה ומצות ולא תהיה מיתתו מחולי כבד ומשונ' ויבא אל הקבר שלם בכל אבריו אמן על כה תהיה תפלה האם על הבן בעת שנותנו למילה דעת רצון היא.

גם בענייני האשה איך תתנהג עם בנה כשהוא קטן מוטל בעריס' לא תשיר אותו שירי עגבים דמהבל תפלות היוצא מפיה נברא שטן כנודע ונמצא שאותו רוח רעה שנתהווה בדברים שורה על בנה אלא תשי' לו שירים המספרי' מאורעות המוסרים מענייני גן עדן וגיהנם והדין והחשבון וכשמתחיל התינוק לדבר ירגילהו בפסוקים כגון תורה צוה לנו וכדומה כמו שכתב הרמב"ם ז"ל ויגד לו אמו שיש אלוה בעולם והוא בראו וייצרו והוציאו מאפלה לאורה והו' אדון הכל בור' כל הנבראים והו' שולט בעליוני'

ובתחתונים והוא המחיה והממית ועתיד להחיות מתים וירגיל בפיהו י"ג עיקרי התורה ותספר מענין גן עדן וגיהנם ושכל העוסק בתורה ניצל מגיהנם ונחל גן עדן ותדמה לפניו ענין גן עדן וגיהנם בעיניו שיוכל דעת התינוק לסבול ותאמר לו מגיהנם דברים המפחדים את הלב כדי שירשום בלבו פחד אלהים וערב ובקר וצהרי' ירגילהו שיאמר אמן קודם שיאכל וישת' כדי להרגילו ליתן הודאה לבוראו קודם אכילתו ושתייתו וכשיתגדל יותר ירגילהו בברכת נטילת ידים ואשר יצר וברכת הפירו' וכדומה ותמיד תהיה עיניה שלא תאכל בלי נטילת ידים וגם תדקדק עמו שלא יוציא מפיו דבר שאינו הגון ויכהן על כל זה ולא תחוש על בכיתו ואל תאמר עדיין קטן הוא שכיון שהורגל בקטנותו עוד לא יסור ממנו וכל הטורח שמטריח עצמה עכשיו בקטנותו משמחים לה באחרונ' שתשמח עמו בעה"ז ובעה"ב ואם ח"ו תרגילהו בקטנותו הפך ממה שכתבנו נעש' לו הרגל טבע שני גם כי יזקין לא יסור ממנו וישחיר פני אביו ואמו בעה"ז ובעה"ב וכשירצו לייסרו כשמתגדל לא יוכלו לייסרו לכן יהי שבטו עליו תמיד ולא ירח' עליו כמאמר שהמ"עה חשך שבטי שונא בנו וכל הדברים אלו בעוד שהבן קטן מוטל על אמו כי היא עמה בבית כי האב הולך לבקש מזונותיו.

ובענין הנוגע לנשי' כשמתחברו' יחד לדבר צריך לאנשים להפריד החבילה כדי שלא ירגילו עצמן בדברי חלקלקו' ברוא' אותן מתעסקות בדברי תפלות ועניניים רעים ובפרט אם יש אשה רעה מדבר' בתוכם ומספרת שמקללת לבעלה ואין יראתו עליהם והשומעות מלמדות לעשות ודעתן של נשים קלות ונמצא אחת מעיזה לכלן ומכנס' פירוד בין איש לאשתו לכן החיוב מוטל על השומעו' למחות ולשתוק פיה של אותה רשעה הדוברת נבלה וליסרה ולומר לה לא טוב הדרך שאת הולכת בו שהרי רצונו של הקב"ה שהנשים תהיו תחת עול בעליהן שאין כוונת הזיווג למלאות תאות היצר כי אם ליחד הלבבות לפרות ולהרבות בנים לעבודתו וירבו עמה דברי מוסר באופן שיכנסו באזנה וישימו עליה עון אשר חטא על מה שעשתה לשעבר כדי שתשוב תחת עול בעלה ותסבול לעשות כל מה שגוזר עליה ובזה תזכה לחיי עה"ב עם נשים באהל שרה ורבקה רחל ולאה וראוי לשתי נשים שמתחברו' ואין צריך לומר כשהן רבות שתדברו בענין מוסר בניהם הקטני' בהם ברשותם כיצד ידריכם ואיך דרך המוסר וגם תלמדו זו לזו בתיקון המאכלים והמלאכות השייכות לצורכי הבית לכבוד בעליהן וגם תלמדו זו לזו ענין שמירת הנדה שכל אלו הדברי' גורמים לבנים לצאת הגונים בהיות אמותיהן עוסקות בענינים אשר רצונו ית' בהן. עוד מהדברים השייכים לנשים ההולכות בבית החתן והכלה תהיה כוונת לכתן לשם לשמחם ולקיים משמח חתן וכלה ויצחקו לפני הכלה אך לא בפני החתן ובפני שום אדם שבעולם כדי שלא יבאו ליכשל בהן ח"ו ואל יראו יופים ונוי מלבושן והליכתן בפני שום אדם רק תהיו שמורות בבית הכלה ואל

תרקדו בפני שום אדם שאפשר הרואה אותה יחשוק בה בלבו מסיבת יופי הריקוד ונמצא ריקוד אשה אחת עשה בית חתנות בית שטנות רק תרקדו לפני הכלה באופן שלא יראה להן שום אדם וגם לא תרימו קולן בשירים בקול רם באופן שישמעון אנשים וקול באשה ערוה רק ישירו בקול נמוך ובזה תהיה המצוה שלימה על ידן. דברים השייכים למילדות העבריות שתתפללו שלא תבא תקלה על ידן ותאמרו בעת לכתן לבית האשה היושבת על המשבר יהי רצון מלפניך השם הגדול הגבור והנורא שלא תבא שום תקלה על ידי וזכרו לפניך זכיות האשה העניה הזאת אשר תחיל תצעק בחבליה ואם יש בה שום עון מחול לה ומרוק אותו במה שנצטערה בכאב החבלים ותעלה קול צעקתו עד כסא כבודך וסתום כי המקטרגים עליה ויכנסו לפניך כל המליצים בעדה טוב כמדתיך להטיב להגון ולבלתי הגון ויכמרו רחמיך עליה כי אתה עונה בעת צרה מלך רחמן ומרחם על כלם פודה ומציל שומע ועונה ותאמר המילדת לאשה דע בתי שאין הצלתך מסורה בידי כי אם במי שבראך ויצרך ושים בטחונך בו שמפתח החי' לא נמסר לשום ברי' לכן קום קרא את אלהיך שהוא אדוני' והשתחוי לו ודע שהצלתך מסורה בידו ועוד תאמר לה קודם שתשב על המשבר דע בתי שבעת הזאת האשה נפקד' ואם יש איזה עבירה בידך חזור בך שהוא אל רחמן חפץ בתשובת השבים כי לא יחפוץ במות המת. וטוב שתקבל האשה קודם. שתשב על המשבר איזה מצוה להיותה זריזה בה כגון ראש חדש משמרות הנשים או לקבל עליה לעשות פתילות להדליק בבתי כנסיות ומדרשות או לטוות צמר לציצית או לכבס טליתות של קודש ולנקות עשישות של בה"כ ודברים הדומים לאלו וטוב לעשות לה התרה על הספק אם נשבע לעשות דבר או נדרה גם המילדת לא תזכיר שמו ית' כאשר נוהגות שכשנולד בן זכר אומר' הודו לה' כי טוב בידים מלוכלכות בדם ובשפיר ובשלי' אלא תרחוץ ידיה ותתרחק מעט ממקום ישיבת' שהטינוף שם ואז תאמר הודו לה' וגם טוב ליולדת שלא תזכיר השם רק תכוון לבה לאלהי השמים שירחמוה משום שהמקום מטונף ובהיות דקשה קצת' להזכיר ליולדת זאת דמתוך צערה מי יוכל לעכבה מלהזכיר השם לפחות ילמדו אותה שתזכיר השם בלשון לע"ז דייו ואל תאמר שם הוי"ה אך עכ"פ המילדת לא תזכיר השם עד שתרחוץ ידיה כמדובר והחיוב מוטל לאנשים הנמצאים שם למחות ביד המילדת ולהזהיר' שתרחוץ ידיה קודם שתזכיר השם. וצריכה האשה אחר שילדה בן או בת שתתן הודאה להקב"ה וכה תאמר. יהי רצון ה' אלהי ואלהי אבותי מלך רחמן ומרחם כשם שהצלתני מהצרה הגדולה הזאת ומן הסכנה העצומה זו כך יכמרו רחמיך להציל מן הסכנה זו לכל בנות אברהם יצחק ויעקב זרע אהובך וכשם שהצלתני עתה כך עשה עמי אות לטובה בכל פעם שאלד וכשתקום מהמטה תאמר יהי רצון שתזמין מזון עבדך התינוק הזה ברבוי חלב די מחסורו אשר יחסר לו ושים בלבבי העת שצריך להניק כדי לתת לו והקל מעלי השינה שבעת שיבכה פתח אזני

כעדי לשומעו מיד ותצילני שלא תפול ידי עליו בעת השינה וימות ח"ו עד כאן ראיתי לכתוב במוסרי הנשי' ולא הארכתי עוד בהיות שכבר קדמוני הרב החסיד בעל ראשית חכמה זלה"ה. עיין בספרו הקדוש עוד ממשפטי הנשים. הכלל העולה שהכל תלוי בו שאיש ואשה יהיו בלב אחד בתכלית קשר אהבה כשלהבת קשורה בגחלת דגוף אחד חשבינן איש ואשה כדכתיב והיו לבשר אחד וגברא בלא איתתא פלגא גופא כארז"ל ובהיותם בשר אחד נגע לא יקרב באהלם והבנים הנולדים כלם ברורים כלם צדיקים ורמז לדבר לקשר אהבה איש ואשה פסוק בפ' זצו זאת תורת העולה הוא העולה על מוקדה על המזבח כל הלילה עד הבוקר ואש המזבח תוקד בו כתוב הוא לשון זכר וקרינן היא לשון נקבה כי הנה האשה בחינת קרבן עולה המכפרת על הרהור הלב כך האשה מזבח כפרה לאיש לכפר על כל הרהורי לבו שעל ידה אין מהרהר עוד בעבירה ושיעור רמז הכתוב זאת תורת העולה הרומז לאשה כמדובר כדי שתכפר על האיש צריך שיהיו נחשבים כאלו היא הוא והוא היא וזהו הוא העולה וקרינן היא מוקדה אהבת האיש על המזבח הרומז לאשה כל הלילה וגם אש המזבח תוקד בו אש אהבתה תוקד בו תמיד ועל ידי כך מתכפר עם האשה מכל הרהוריו שאם יש פירוד עמה ח"ו מהרהר באשה אחרת ואיך יתכפר באופן שכדי שתשרה שכינה ביניהם ויבלו בטוב ימיהם ושנותם בנעימים ולא יגיע להם שום נזק צריך יחוד גמור ביניהם ויבלו בטוב ימיהם ושנותם בנעימים ולא יגיע להם שום נזק צריך יחוד גמור ביניהם כמדובר ברוך הוי"ה לעולם אמן ואמן.

פרק כה

יבכה המשכיל ויתאונן המבין על רעה חולה שיש תחת דופי הזמן בלתי נאמן דחכמה סופרים תסרח והרקים רמי הקומה ידועים ולהם מחזיקים לחכמים מחוכמים ודבריהם נשמעים והנני מדבר כנגד העשיר המשולל מחכמה ויראת חטא הרוצה להתגבר על החכם להודיע לו פחיתותו אולי ישוב ויכיר ערכו וישפיל עצמו. אתה בן אדם אל יבטיחך עושרך ושיעור גובה שיעור גופך לחשוב שרבוי בשרך היא משכן הדעת והבינה דע כי לא על רבוי הבשר וגבה הקומה תלויה החכמה כדי שתתגאה על ידידי השם הם החכמים להכניעם ולהכריחם לעצתך בראותך שדבריך נשמעים להמון דע שנשמעי' לחסרי הדעת הדומים לך מה לתן עם הבר הם החכמים אשר נגלו להם תעלומות החכמו' המעולות והמצות הנערכות אשר דבריה' מעולפות כספירי' וארשת שפתם כערוגת הבושם ודבריהם מסודרו' בצדק ובמשפט אין בהם נפתל ועקש ועם כל זה אין דבריהם מקובלות עליך בסוברך שגבה קומתך ורבוי בשרך מכרעת את החכמה דע באמת שחוסר דעתך מביאך לכל זה כי אינך מבין שאתה כפעמון בו כלי ריקס שמקשקש מצד עצמו ומצד רקות הכלי כך אתה מה ימריצך לדבר גדולו' רקות דעתך ורקות דעת ההמון אשר אתה בתוכ' ושומעי' לך בטעות רואם עושרך וגובה קומתך שאם אדם יתחשב על

רוב עושרו וגובה קומתו ורבוי בשרו סוס אשר רוכב עליו המלך טוב ממנו כיון שהוא יותר גדול ועליו עושר רב מאבן יקרה וכלי חמדה וכן הגמל והשור רבי הכמות ומתרבים בבשר א"כ עיניך הרואות שהכל תלוי בדעת ובחכמה ואם כן אפילו בחור חכם מלא דעת ובינה אף שהוא קטן הקומה ומועט בבשר צריך שתכניע לפניו ולעשות לבך האפרכסת (כלי שעל הרחיים שזורקין בתוכן החיטים) לשמוע מוצא שפתיו וטוב לך כי הוא מדריכך בדרך אשר תועיל לך עושרך גם לאחר מותך בלמדך לעשות עמה חסד וצדקה כאשר עשה מונבז המלך שגינז כל עושרו במקום שאין היד שולט בו דפיזר כל ממונו לצדקה וגינזה במרום. ואף דטבע הממון מחייב לאשר או לסמות את עיניו מלהכיר ערך העדר שכלו בראות שכלם מכבדים אותו ואחרי דברו לא ישנו עם כל זה אתה העשיר המשולל מיראת חטא מין אדם אתה לא כבהמו' יער ולמה תכסה עיניך בידך מלראות בעצמך ההבדל שבינך לבין החכם שהוא כהבדל האור מן החשך ולמה לא תבין דשלמות החכם דבוק עמו דהחכמה קשורה בלבבו ושלימותך היא העושר ובגדי חמודך שהם חוץ מגופך ואינן דבוקים עמך ואם כן שהממון חוץ ממך ודבר דומם ומלבושך מצמר ופשתי' וכלי מלת אינן דבוקים בגופך למה תתגאה עם מה שחוץ ממך ולמה תתפא' עם מה שאינו דבוק בגופך ועוד שצמר בהמה ומשי התולעי' נותנין לך מעלה שנמצ' מעלתך תלויה בבהמה ובתולעת שאם אינך תלבש מהם לא יכבדוך מה שאין כן החכ' שעור בשרו לבוש שלו ועושר החכמה דבוק' עמו ומכבדים את גופו מבלי לבוש בעבור סגולת החכמה דבוק' עמו ומכבדים את גופו מבלי לבוש בעבור סגולת החכמה הגנוזה בקרבו. לכן שמעו אחי וריעי להגדיל בכבוד החכמים ולשמוע דברים הנותנין חיים לשומעיה' בעולם הזה ובעה"ב דמה תועלת מגיע לאדם להחניף ולכבד לבעל ממון יותר מהחכם כיון שע"י החכם קונה אדם שלימות בשני עולמות ועל יד העשיר מוציא זמנו לריק. ואם תאמר שפיתוי זה נמשך בראות שהחכם צריך מן העשיר והעשי' אינו צרך מהחכם כבר השיב חכם אח' על זה משום שהחכם חכמתו מחייבו להכיר מעלת העושר ומבקש אותה אבל בעל הממון אין לו חכמה להכיר מעלת החכמה כדי לבא אצל החכם לבקשה והיא תשובה נכונה. אמנם קושט דברי אמת שהחכם בחינת מלך הוא מאן מלכי רבנן וכיון שכן אין דרכו של מלך לעסוק במלאכה לאכול אלא אחרים טורחים בעבורו והמלך שלח אצלם ליקח ממון לכל צורכו כן הת"ח בא ליקח מאותם שטורחים עבורו וכשם שיש כח ביד המלך להמית אשר ימרה את פיו מלתת לו כך החכ' כנודע נתן עיניו בו ונעש' גל של עצמות וזהו הטעם שהחכם שואל מן העשיר כמלך כמדובר אמנם העשיר אינו בא לשאול מהחכ' שאין החכם עוסק וטורח בשבילו כדי שיתן לו כשם שאין אדם רשאי ליקח מן המלך ודוק. והנה תראה שטות באדם שיש לו די סיפוקו ומשים לדרך פעמיו בימים ומדברות להרבות ממון להתגדל על חבירו דכיון דיש לו די

סיפוקו במקום מושבו מה תועלת להסתכן בעצמו כיון שאם יבא עד תכלית כוונתו אין מעלתו על חבירו לעול' כי אם בחיי הבל שלו ובמותם יחד עשיר ואביון שוין יקח האדם מוסר מאצבעות ידיו שאח' ארוך ואח' קצר וזהו אינו אלא כי אם כשהם פשוטים שיכול לנענעם שהם בחינת חיי' אז ניכר הארוך והקצר אך כשכופף אותם תוך הכף שהם נפולים בחינת מתים כלם שוין אין היכר בין ארוך לקצר ועשה אלהים זה כדי שיהיה תמיד נגד עיני האדם העתיד להיות אחר מותו שכלם שוין קטון וגדול שם הוא ויזכור ויקח מוסר שלא יבקש להתגדל על חבירו וגם בנקודות התור' רמז הקב"ה זה כדי שיראה האדם ויזכור מה שאחר מותו ולא יבקש גדולה לעצמו הרי השבא ב' נקודות זה על זה והצרי ב' נקודות שוין זה בצד זה והוא שהשבא מעומד בחינ' החי שהוא עומד והחי מבקש התגבר על חבירו לעלות עליו אך הצירי בנפילה בחינ' המת המוטל ואז כלם שוין זב בצדק זה ולכן מלת מתים היא בשבא שהוא בחינת חי כמדובר הם אנשים (כלומר כשנקוד המ"ם של מתים בשבא פירושו אנשים כמו דברים ב':ל"ד ונחרם את כל עיר מתם וגם שם ל"ג מתיו מספר שהוא ג"כ בשבא פירושו ג"כ אנשי' שהם חיים וכשהוא בצירי הוא לשון מיתה) ומתים בצירי מתים ממש דכיון שהנקודת בנפילה בחינת המת שנופל וכיון שבמית' הכל שוין למה יתגב' אדם על חבירו בחייו גם ילמוד אדם למאוס ברע ולבחו' בטוב מהרשע עצמו שהרי הרשע אחר שעושה העבירה מתחרט כארז"ל רשעים מלאים חרטת הרי הרשע עצמו מעיד אחר שעושה העבירה שלא טוב עשה ודבר מאוס הוא וערות יש שהרי נתחרט לא כן העושה מצוה כשגומרה נכנס שמחה בלבו ומצפה לעשות אחרת מיד וגם תראה שאין רשע בעולם שאינו רוצה שבנו יהיה צדיק אלא שהוא חוט' שאינו יכול עם יצרו נמצא מעיד עם זה על הרע שהוא רע נמצא על הרעה יש שני עדים שאינו טוב שהם הצדיק והרשע הצדיק מעיד על הרע שאינו טוב וגם הרשע מעיד על זה בהיות שמתחרט אחר שעושה העבירה ושרוצה שבנו יהיה צדיק כמדובר וכיון שכן ישים האדם זו נגד עיניו למאוס ברע ולבחור בטוב דאין מקום ליצרו לפתותו שילך אחר הרע כיון שרבים הולכים ואחרי רבים להטות שהרי הרבים הרשעים מעידין בעצמם על מה שעושים שאינו טוב ודוק.

והנה באתי ללמד דרך למי שאין לו מי ידריכנו בדרך טובים והוא עצמו אינו יודע איזה דרך ישכון אור כדי להלוך בו ילמד מן הרשע ומן הבהמה ומן העוף להיישיר דרכיו תדע שהרשע כל מעשיו הם נגד רצונו יתברך דכיון שנלכד ברשת יצרו אינו מניחו לעשות טוב לכן ראה כל מה שהוא עושה ועשה אתה בהפך וזה הטוב והישר בעיני ה' הוא ישן עד ארבע שעות ההפך לקום באשמורת הוא אינו מתפלל ואינו מברך על מזונו ההפך להתפלל ולברך הוא מקלל אב ואם ההפך לכבדם הוא אכזר ההפך להיות רחמן וכל כלם ונראה דלזה כיון שלמה המלך ע"ה לומר לך מנגד לאיש כסיל ובל ידעת שפתי דעת ירצה אתם בן

אדם שבל ידעת שפתי דעת להיות קורא ושונה ונלמוד מן הספר הדרך שתלך בו אלמדך כיצד תעשה לך מנגד לאיש כסיל ראה מה שעוה שהכסיל שהוא הרשע ועשה כנגדו.

גם יראה בגנות מעשה הבהמה ועוף שהנה אוכל כל מה שמוצא ואינו מבחין בין טוב לרע ואוכלת ומטלת הריר שבפיה בתוך מאכלה וחוזרת ואוכלת ממנה ומשתנ' ומוציא רעי ואוכלת והכל בשעה אחת ובפני כלם ושוכבת על הטיט ועל הצואה. והעוף טורפת בצפורניו ואוכלת ומנקרת בזבל ובאשפתות למצוא מהתולעי' הנמאסים לאכול ובראות כל זה לעין שהם דברים מכוערים יבא לתקן כל מעשיו להבחין באכילתו ולאכול בטהרה ולבחור מושב הנקיות למושבו ולהיות צנוע בדרכיו ושלא לטרוף כעוף ולברוח מכל דבר מאוס כדי שלא לדמות עצמך לבהמה ולעוף. ונראה דזהו מלפניו מבהמות ארץ ומעוף השמים החכמנו ירצה מלפנו מבהמות ארך לבחור הדרך הטוב בראות גנות דרכיהן ולעשות בהפך גם ומעוף השמים תחכמנו דבר אותנו רוע דרכיו כמדובר אנו מתחכמים לעשות בהפך.

גם כלל אני מוסר לאיש אשר אין לו מדריך ומתבייש לשאול לחכם או שיושב במקום שאין למי לשאול דע שכל מעשה שאתה עושה ואפילו שהיה בו הפסד ממון נכס שמחה בלבך ובכל עת וזמן שאתה זוכר אתה משמח דע שאותו מעש' לרצון אלהי הוא ואחזק בו אלא תרף ותהיה רגיל בו לפי שסגולת המצוה להכניס שמחה בלב העושה אותה אע"פ שהיה לו חסרון כיס בעשותה דפקודי' ה' ישרם משמחי לב הפך העושה דבר ואע"פ שהרויח בה אחר המעשה נכנס עציבות רב בלבו ובכל זמן שזכר מתעצב דבר עברה היא שאין רצון הבור' בה ומטעם זה נפשו עליו תאבל וזהו העציבות שנכנס בלבו לכן בראות כך יתרחק מן הדבר הזה שלא להוסיף לעשות ועוד לעושה דבר שהוא ישר בעיני ה' אעפ"י שעשה אותו בסתר חוט של חסד משוך עליו ונושאת חן בעיני כל רואיו ומפארי' אותו. וזאת ההבחנה רמזה התנא באומרו איזו היא דרך ישרה שיבור לו האדם כל שהיא תפארת לעושיה ותפארת לו מן האדם דה"ל איזו דרך ישרה שיבור האדם מאי לו עוד להבין כוונת תפארת מעושיה ותפארת לו מן האדם אלא הוא אשר דברנו שיבא ללמד למי שמתבייש לשאול או שהו' במקום שאין ממי ללמוד כיצד יעשה לבחור הדרך הטוב והישר ואמר איזו דרך ישרה שיבור לו האדם כלומר שיבור לו מעצמו בלי שילמוד מאחרים ואמר שכל דבר שעשה ואחר עשותו יש תפאר' לעושי' עצמו כמו שנכנס שמחה בלבו וגם רואה שבא גם לו תפאר' מן האדם שהרי כל אדם שרואהו מפארו ואע"פ שלא הכיר במעשיו ידע כי מה שעשה רצון אלהי ויכור לו זה הדרך להחזיק להלוך בו. כדי שלא ירגיש האדם בטורח עשיית המצוה ידמה עצמו כפועל כדי שישמח לעשות שהרי הפועל אינו מרגיש כל כך בטור' המלאכה בשומו נגד עיניו השכר שעתיד לקבל לסוף היום גם יעשה האדם המצות בשמחה ובטוב לבב בשומו נגד עינו השר העתיד. ואכתוב לך פה מענייני שכר העתיד למען

תשים נגד עיניך ענין השכר כדי שתעשה המצוה בשמחה ואע"פ שאין ראוי לעשות המצוה בעבור השכר אלא לעשותה לקיים דבר מלך שלטון מיהו בהתחלתו לקיים צריך שיזכר מהשכר עד שירגיל ויתחזק במצות והתרגל מציאו לעשות בשמחה אף שלא יקבל שכר. בענין גן עדן של מטה אמ' ר' יהושע בן לוי שני שערי כד כד יש בגן עדן ועליה ששים ריבוא של מלאכי השרת וכל אחד ואחד מהם זיו פניהם כזוהר הרקיע מבהיק ובשעה שהצדיק בא אצלם נפשטין מעליו הבגדים שהיה עומד עמהם בקבר ומלבישים אותו שמונה בגדים של ענני כבוד ושני כתרים נותנים על ראשו אחד של אבנים טובות ומרגליות וא' של זהב פרוים ונותנין שמונה הדסים בידו ומקלסין ואומרים לו לך אכל בשמחה לחמך ומכניסים אותו במקום נחלי מים מוקף שמונה ורדים והדסים וכל אחד ואחד יש לו חופה בפני עצמו לפי כבודו שנא' כי על כל כבוד חופה ומושכי' ממנו ארבע נהרות אחר של שמן ואחד של אפרסון ושל יין ודבש וכל חופה וחופה למעלה ממנה גפן של זהב ושלשים מרגליות תלוים בו וכל אחד מבהיק זיו כזיו הנוגה. וכל חופה יש בה שולחן של אבנים טובות ומרגליות וששים מלאכים עומדי' על ראש כל צדיק וצדיק ואמרים לו לך אכול בשמחה דבש שעסקת בתורה שנא' ומתוקים מדבש ושותה יין המשומר בענביו מששת ימי בראשית שעסקת בתורה שנמשלה ליין שנאמר אשקך מיין הרקח והמכוע' שבהם כדמותו של יוסף וכדמות רבי יוחנן ופרטי רמון של כס מוקף כנגד השמש (נ"ל שכיון המחבר להא דאמרינן בפ' הפועלים דף פ"ד האי מאן דבעי מחזי שופרא ד"רי וכו' עיין שם) ואין אצלם לילה שנא' ואור צדיקים כאור נוגה ומתחדש עליהם לשלש משמרות. משמרה ראשונה נעשה קטן ונכנס למחיצת הקטנים ושמח שמחת קטנים. משמרה שנית נעשה בחור ונכנס למחיצת הבחורים ושמח שמחת בחורים. משמרה שלישית נעשה זקן ונכנס למחיצת הזקנים ושמח שמחת זקנים. ויש בג"ע שמונים ריבוא של מיני אילנות בכל זוית הקטן שבהם משובח מכל עצי בשמים בכל זוית יש בו ס' ריבוא של מלאכי השרת מזמרים בקול נעים ועץ החיים באמצע וגופו מכסה כל גן עדן ויש בו ת"ק אלף טעמים ואין טעמו של זה דומה לזה ואין ריחו של זה דומה לזה. ושבעה ענני כבוד למעלה ממנו ומארבע רוחות מכין אותו וריחו נודף מסוף העולם ועד סופו ותחתיו ת"ח מבארין את התורה וכל א' יש לו שתי חופות א' של כוכבים ואח' של חמה ולבנה ובין כל חופה וחופה פרגוד של ענני כבוד ולפנים הימנה עדן שבה יש י"ש עולמות שנא' להנחיל אוהבי יש יש בגימט' שלש מאות ועשר ובתוכו שבעה בתים של צדיקים ראשונה שם הרוגי מלכות כגון ר' עקיבא וחבריו ב' הטבועי' בים ג' ר' יוחנן ותלמידיו מה היה כחו שהיה אומר אם יהיו כל השמים יריעות וכל העולם לבלרין (סופרים) וכל היערים קולמוסי' אינן יכולי' לכתוב מה שלמדתי מרבותי ולא חסרתי אלא ככלב המלקק בים ד' אלו שירדה עליהם הענן וכסה להם ה' של בעלי תשובה במקום שב"ת עומדים

צדיקים גמורים אין עומדים ו' של רווקים (בחורים) שלא טעו טעם חטא מימיהם ז' של עניים שיש בהם מקרא משנה ודרך ארץ ועליהם הכתוב אומר וישמחו כל חוסי בך לעולם ירננו והקב"ה יושב ביניהם ומבאר להם את התורה שנאמר עיני בנאמני ארץ לשבת עמדי ולא פירסם הקב"ה הכבוד המתוקן להם יותר ויותר שנא' עין לא ראתה אלהים זולתך יעשה למחכה לו עכ"ל ודע באמת שאין אדם יכול להשיג לחיי התענוג הזה אלא א"כ ממית עצמו בעה"ז על דרך אדם כי ימות באהל דאין השגת החיים כי אם אחר מיתה כזרע הנזרע שאין יכול להגיע לכלל צמיח' אלא א"כ נבאש ונסרח קודם שהיא בחינת מיתה לגבי דידי' כנזכר בפרק דלעיל וענין זה הראה לו הקב"ה בטבע חיי אדם שהרי אם אין אדם ישן מיד מת כנודע מרז"ל ולכן הנשבע שלא לישן מתירין לו מיד משום דאי אפשר לפי שימות והנה השינה אחד מס' מהמיתה כארז"ל הרי תלויין חיי האדם במיתה שאם ממית עצמו ע"י השינה שהיא ס' מהמיתה חי ואם לא מת ותלמוד מכאן דאין השגת החיים האמתיים הם חיי עה"ב אלא א"כ ממית עצמו על התורה ועל העבודה כדכתי' אדם כי ימות באהל באהלה של תורה כדרז"ל וטעמו של דבר דידוע דאין שייך מיתה אלא לחומר וכיון שאדם ממית עצמו על התור' ועל קיום מצותיה מתמרק החומר ועולה לבחינת הרוחני' ונכנס בכלל החיים דכיון שאין חומר אין שייך מיתה כמדובר הרי אין השגת החיים אלא אחר מיתת החומר ודע שהממתים עצמם בעה"ז הם משיגים

בזה חיי עה"ב ובניהם אחריהם משיגים חיי עה"ז שבזכותם אוכלים בעה"ז כארז"ל אילו האבות היו אוכלי' שכר מצותיו בעה"ז מה היו אוכלים בניהם אחריהם וכו' כך הוא המידה שכר מצות בהאי עלמא ליכא כל אחד אוכל בזכות אבותיו ומצותיו שמורו' לעה"ב וכן חוזר לכל א' ואחד ובהיות שאוכל האדם בעה"ז בזכות אבותיו יש לו פנאי לעשות תורה ומצו' לזכות לעה"ב ולהניח לבניו אחריו שיאכלו בזכותו. ואם כן כמה צריך שישתדל האדם לעבוד לבוראו ולא יחוש על הצער שמקבל כיון שזוכה עצמו ולבניו אחריו להניח להם מקום שיפרנסו משם שהרי ניזונין בזכותו כמדובר צא ולמד ממה ששמעתי דיש אומה בעולם דמחזיקים למלכם שלהם לאלוה והמלך אינו מתראה לעמו כ"א פעם א' בשנה וביום שיוצא וחוזר בעיר בכל מקום שעובר נשחטים בפניו כמה בני אדם הם בעצמם בחיי המלך והתועלת המגיע לאלו ששחטו עצמם על חיי המלך שהמלך פוסק פרנסה לבניה' אחריהם הרי אומה זו ממתים עצמם בידם על אהבת המלך ואהבת בניהם שיהיה להם ממה לאכול ואנו יודעי' באמת שכל אותה הממתי' עצמם הולכים לחרפות מיהו כבר עושים כך על אהבת המלך ובניו כל שכן וק"ו אנו עדת ישראל הקדושי' שה' אלהינו ותורתינו אמת ועולם הבא לנו ולבנינו שצריך כל אחר להמית עצמו בעסק התורה והעצות על אהבת הבורא למלא רצונו שחפץ בקיום תורה ומצות ועד אהבת בניו שיאכלו אחריו בזכותו. ובפרט בראות האדם מה שעושה עמו הבור' מיום שנוצר בבטן אמו עד

שיוצא לאויר העולם והשמירות ששומרו בחייו בעודו על האדמה מכל דבר רע ונתן לו מצות וחי בהן להבדיל מכל דבר המזיקו כרופא העומד על המלך תמיד להזהירו על כל מאכל המזיק שירחק ממנו כאשר תראה בפ' שמיני שצוה מזה תאכל ומזה לא תאכל דכל מה שאסר הם דברים מזיקים מזגו של אדם וסות' ומטמטם מעייני ההשכלה מפני דכ"ש וק"ו דצריך האדם להמית עצמו על אהבתו כיון שאנו עבדיו חייבים לעובדו ועכ"ז נוהג עם האדם כאב עם בנו וגם מרבה בשכרו כאלו אין עלינו חיוב לעובדו ה' יחזיקנו בעבודתו עדי עד אמן בילא"ו.

פרק כו

ישמח האדם ויגל הרוצה לדעת מהו גיהנם כדי לשמוע ולהכניע לבבו הערל לשוב אל ה' ולזכות לנחול חלקו בגן עדן ובהיות שבפרק דלעיל הזכרתי מענין גן עדן הנני כותב בפרק זה מענייני גיהנם ונקדים קודם דעת המפרשים ז"ל בזה. כתב בספר אבקת רוכל וזה לשונו יש לך לדעת כי גיהנם של מטה בארץ כדוגמת גיהנם של מעלה וכמו שנתעוררו שיש ג"ע למטה בארץ כדוגמת גן עדן של מעלה כמו כן יש גיהנם למטה בארץ הנקרא גיא בן הנום ועל זה נקרא גיהנם לפי הסוד הנוכן למשכלים יודעי חן והוא אש דלקת והענין הזה סוד גדול למוצאי דעה כי האש הגדולה הזאת מוכנת לנפשותם של רשעים להענישם שם והאמנם כי זאת האש נמשכת על דרך אור הבורא יתברך מעם המשכת האש היסודי של מעלה שהיא סוד שמאל הנקרא פחד יצחק. וזהו שעוררו רבותינו ז"ל בפסוק מפחד בלילות אמרו מפחדה של גיהנם הדומה ללילה כי מאותו הפחד נמשך המשכת גיהנם של מעל' וזהו מה שאמרו ז"ל גינם נברא בשני ואמנם כי לאחר שנמשכה משם המכת לגיהנם של מעלה משם נמשכת המשכ' גיהנם של מטה להיות הכל מעם סוד האש כיסודי אשר אמרו שהוא אש יסודי דק פנימי וחזק יותר משאר אשות ועל דקותו ותוקף גבורתו יש בו יכולת לשרוף רוח הנשמות אף על פי שהן דקות שבדקות שמעלה זאת האש גדולה יותר ממקום שיוצאות הנפשות משם וממנו שואף המקום ההוא ועל אותו האש נאמר הנה יום ה' בוער כתנור ע"כ. ובדף כ"ב ע"ב כתב וזה לשונו ואמנם כי הנפשות כלם מהאש יצאו והאש תאכלם לאותם החוטאות ונכנסות בגיהנם של מטה ונידונות שם כדי רשעתם. וראיתי אומר כי דין הנפשו' אינו כך זולתי שנשמות של צדיקים עולות מיד אל המקום אשר וא שם האין בתחילה וניזונות שם מזוהר אספקלריא המאירה ואינן יורדות משם כפי הדעת שאמרנו ונפשות הרשעים רוצות לעלות אל המקום ההוא ומפני שהן חוטאות מעכבות אותן ונוטל אותם גלגל חמה שהוא סובב את כל העול' ורודף אותן ומטלטל אותם בסבוב כל העולם מעלה ומטה ונדחפות עד מלאות להם עונש כדי רשעתם ומביאים ראיה מפסו' ואת נפש אויבך יקלענה בתוך כף הקלע. ובדף כ"ג ע"ב כתב דעת אחר שיש סוברים ואומרים כי הענין שאמר הכתוב נהר דור נגד ונפק מן קדמוהי שהנפשות העולות

להיות צרורות בצרור החיים שנכנסו' באותו נהר של אש שהוא נהר דנור ואין זה נכון כי כבר אמרו רז"ל שנר דנור אינו אלא מזיעת החיות הרי כי איננו גיהנם לפי אותו הרעה. והוא ז"ל כתב כי הדרך המובחר הוא על המשכת שמרי היין מהיין המובחר והיין אינו מובחר כי אם כשהוא שוקט על שמריו וסודו ויאהב יצחק כו' אמנם כל כשתוכל לדעת סוד זה תדע מהו גיהנם של מעלה ותדע ענין חטא אדם הראשון ופתי סוד הנחש הקדמוני שפתה לאדם ולאשתו וזה כי ציד בפיו ואע"פ כי יסוד גיהנם של מעלה הוא סוד הענין שאמרנו מסוד המשכת האש היסודי כפי אשר אמרנו עכ"ל. והרב מנשה בן ישראל בספר נשמת חיים פרק כ"ג ממאמר שני דף פ"ב ע"ב כתב בענייני גיהנם וזה לשונו צריך שתדע בענין הגיהנם שהוא כמו הלוקח כלים ישנים מן הנכרי יש מהם שצריכים שטיפה בלבד ויש מהם שצריכים שטיפה והגעלה ויש מהן שצריכים ליבון וכלי חרס שנשתמשו בו בחמין אין לו תקנה וישבר כך הענין עצמו בעונש הנפשות כי בהיות שהנשמה מלכלכת באמונות הרעות או בפעולות המגונות אם לא עשה תשובה ותכבס בנתר המצות נכתם עונה ועונותיה עושין בה רושם ולא תוכל להטהר מהלכלוך אם לא בגיהנם אבל העונש הזה אינו שוה לכל אדם כי יש צדיקים אשר מגיע אליהם כמעשה הרשעים פעם אחת ושתים כי אין צדיק אשר יעשה טוב ולא יחטא ואלו הם הצריכי' שטיפה בלבד ואינה מתעכבי' שם בגיהנם אלא עוברים דרך העברה במהירות. והמקובלים גזרו העונש הזה כמעט לכל הקדושי' אשר בארץ המה לצרף הנשמה בגיהנם מכתמי' כמו שקבל מהם יוחני המדקדק גם כן ולכן תמצא שרבי יוחנן בן זכאי בכה קרוב למיתתו ואמר לתלמידיו ולא עוד אלא שיש לפני שני דרכים אחד לג"ע ואחד לגיהנם ואיני יודע באיזה דרך מוליכין אותי שח"ו לא היה חושב שלא היה בן עולם הבא ומשים עצמו רשע כי איך יאמר לריק יגעתי לתוהו והבל כחי כליתי ואם בארזי' נפלה שלהבת מה יעשו אזובי קיר אבל פחדו ואימתו היה להכנס דרך שם אפי' בהעברה ויירא שמא יגרום החטא שהקדוש בה מדקדק עם החסידים שנאמר וסביביו נשערה מאד דייקא נמ וקתני ולא עוד אלא שיש לפני שני דרכים ואינו יודע באיזה דרך מוליכין אותי ראה נא איך קרא לשני המקומות האלו דרך ומעבר אשר באמצעות' מגיע הצדיק לבית עולמו ולמחוז חפצו שהוא הגן עדן של מעלה תחת כסא הכבוד אשר משם הנשמה חוצבה.

וכן כתוב בספרי ישמור רגליך מגיהנם וזהו רגלי חסידיו ישמור ונרא' מדברי חכמי האמת שהצירוף הוא הוא בנהר דינור שהוא הגיהנ' של מעלה כאשר כתבנו וזהו הדעת אשר דחה אבקת רוכל בקנה רצוץ ויוצאים מזה הכלל רבי עקיבא וחבריו הנהרגים על יחוד קדושה שמו של הקב"ה כדאיתא בזוהר פ' אלה פקודי אינון נשמתין עולאין כגון רבי עקיבא וחברויה באילן לא אתקרבון לאתסחאה (לטבול) באתר דנכר דינור דהא כל שאר נשמתין אתסחיין תמן והא אוקמוה וכו'. וכל שכן הנהרגים בשביל להציל את ישראל כגון אותן

שני אחים שנהרגו בלוד פפוס ולולייאנוס דאמרינן בגמרא דאין למעלה ממחיצתן דודאי אינם צריכים להצרף שם.

אולם הנשמות אשר צריכים שטיפה והגעלה ומתעכבים בגיהנם איזה זמן מועט הם מהבינונים והצריכים ליבון הם נשמות הרשעים כאשר הם כבגגד המנוגע אשר גובס ושב הנגע שאין לו תקנה אלא בשריפה. ויש בהם מדרגות כי יש שנידונים שנים עשר חדש משפט רשעים בגיהנם שנים עשר חדש. ואחר הימים האלו תשוב הנשמה למקומה זכה ונקיה ועל אלו נאמר והבאתי את השלישית באש וצרפתים כצרוף את הכסף. ובעבור זה אמרו בקדושין על ענין כיבוד אב ואם מכבדו בחיים מכבדו במותו ואומר כך אמר אבא מורי הריני כפרת משכבו והני מילי בתוך י"ב חדש לאחר י"ב חדש אומר זכרן לחיי עולם הבא. ויש שנדונים יותר אבל לא בעונש כל כך חזק ככתוב בספר החסדים סימן מ"ו ויש מן הרשעים שמפסדים את נשמתם ולא תספיק אש של גיהנם לצרפם וכן אחר קבלת עונשם יכרתו ויאבדו ועליהם נאמר ועסותם רשעים כי יהיו אפר תחת כפות רגלי הצדיקים. והמדרגה התחתונה אשר היא בכלי חרס שאין לו תקנה הם הנשמות שנתלכלכו בדעות הרעות כאפיקורסים ומינים ומוסרים והם בעונש תמידיי ועליהם נאמר ויצאו וראו בפגרי האנשים הפושעים בי כי תולעתם לא תמות ואישם לא תכבה והיו דראון לכל בשר וכו' ועניינים כאלו מהנפש והגוף תמצא בחובת הלבבות שער חשבון הנפש וברבינו יונה ז"ל. ומה שדעתי נוטה בענין עונש הגוף עם הנשמה בגיהנם הוא באופן זה שכשם שהמצוה אשר עושה האדם נעשית גוף כמו שקבלנו מרז"ל ובהשלמת קיום המצות נשלם ונגמר זה הגוף המשוכלל למעלה מסיבת המצוה בהפרד הנשמה מהגוף החומרי הזה עולה ונכנסת ומתלבשת בגוף של מעלה אשר עשה מהמצות שעשה כן מן העבירות שאדם עושה מתפעל ונברא גוף טמא מצד הקליפות ובצאת נפש הרשע מגופו מכניסין אותה באותה גו הטמא כנזכר ונידונים שניהם יחד וזה הגוף הטמא הוא כדמותו כצלמו כגו המושלך בקבר ובהיותם שתיהם מתכונה אחת כדרך התאומים ושמגיע נזק וצער לגוף הטמא מגיע ג"כ נזק וצער לגוף שבקבר כדוגמת התאומים כשחש ראשו של זה חש ג"כ ראש של האחר. וזהו ענין רבי עקיבא שמצא אדם מת טעון קיסין ובורח על ההרים ושאל טיבו והגיד לו שהוא מת וגזרו עליו לכרות עצים הוא בעצמו כדי לשרוף אותו בהם בכל יום זהו כוללות המעשה עיין במקומו באורך כי הנה הגוף הזה אשר מצא רבי עקיבא הוא הגוף הטמא שעשה מהעבירות לדון נפשו בתוכו כמדובר שגוף המת עצמו תמצאנו לעולם שם בקבר וכשדני' לגוף הטמא הנעשה מהעבירות מרגיש ג"כ הגוף שבקבר מסיבת נפש הבהמית שנשארת עמו בקבר כמ"ש חז"ל ואחר השלמת עונשו במשפטי גיהנם מתעכל הגוף הטמא הנעשה מהעבירות והנשמה עולה למעלה וטובלת בנהר דינור ונכנסת בגוף הנעשה מן המצות אם עשה ואם לא עשה מגלגלין בזה

העולם כדי שיקיים המצות לעשות גוף קדוש להתלבש בו אחר מותו זהו דעי בענין עונש הנשמה עם הגוף. ובענין מהו גיהנם של מטה הוא מקום גדול מחזיק רבבות וכל מה שמתרבים הרשעים ג"כ גיהנם מתרחב יותר ויש שם כמה מיני מדורות זו קשה מזו לדון שם לכל אחד ואחד כפי העונש הראוי לו והוא למטה בארץ ושי בו ג' פתחים א' בים ואחד במדבר ואחד בישוב וכל אחד נכנס בפתח הראוי לעונש כפי מעשיו משום דיש הפרש וצער לנכנס בפתח זו מבפתח זו והאש הנמצא שם הוא גדול ס' פעמים מהאש של עולם הזה כארז"ל אש של עה"ז הוא אחד מס' מאש של גיהנם. ויש שם גחלים כהרים. וגבעות ונמצא בתוך גיהנם נהרי נחלי זפת וגפרית שנובעים מן התהום ויש שם כמה מיני מזיקים ומחבלים משונים ומכוערים להעניש את הרשעים ונראה שאלו המזיקים ומחבלים המכים אותם הם המזיקים והמחבלים שעשה ברוע מעשיו כארז"ל והעובר עבירה אחת קנה לו קטיגור א' מלבד הממונים והמחבלים המוכנים שם להעניש לרשעים מיום שנברא גיהנם ונותנים כל מיני מכות משונות באותו גוף יש למי שתולין וחונקים אותו ויש למי שהורגים אותו וחונקים אותו ויש למי שנוקרים את עיניהם ויש מי שתולין אותו בקדקודי ראשיהם הכל כפי כבדות העבירה שעשה. וכמה מן החיים ראו פתח גיהנם שבמדבר מרחוק ואני שמעתי מפי קדוש מדבר החכם השל כמה"ר חיים אלפיסי ז"ל שספרו לו נחוי ימא שיש מקום בשפת הים הגדול אשר שפתו מגיע למדבר חרב ושמה רואים ממרחק בקיעה בארץ יוצא מתוכה להבו' אש עד לב השמים והספינ' מתרחקת הרבה כדי שלא יתהתך הזפת מחמימות האש ושהוא ז"ל הלך בספינה בים הגדול ובלילה ראו להבות אש יוצאים מוך הים והלהב היה משבר הרים ומפרק סלעים בתוך הים והספינות העוברות בים זה יודעי' ומכירין המקום ומתרחקים הרבה משם וספרו לו אנשי הספינה שזה המקום הוא פתח גיהנם שבים והאש הזה אינו נראה ואני ראיתי בספר א' שיש מקום בעולם והוא מדבר שמם שההולכים שם שומעים קול צעקה וצווחה במקום אחד שבמדבר זה יוצאה מתוך הארץ ובפרט אם נוטים האזן סמוך לארץ מתחזקת הקולות כדומיית קולות המכין אותם וצועקים מתום צערם ואומרים ההולכים שם ששם תחתיו גיהנם שבארץ ומלך א' רצה לידע סבת הצעקה הנשמעת במקום הזה מהו וצוה לחפור חפירות עמוקות מאד ולא מצרו דבר אך הצעקה היתה נשמעת לעולם ע"כ. ודברים אלו לא כתבתי ח"ו לההזיק ידי רבותינו ז"ל שאומרים שיש פתח לגיהנם בים ובמדבר כי דבריהם הם אמתיים מעצמם ואינן צריכין חיזוק כי כלם ברוח הקודש נאמרו אלא הבאתי אותם כדי להלהיב ולהכחיד הלבבות הנרדמות מלכלוך עונותיהם הרי לך ענין גיהנם של מטה. וגיהנם של מעלה הוא נהר דינור כסברת המקובלי' ז"ל ונ"ל עוד שהמדור שיש לכל אחד גדול מחבירו זהו גיהנם של מעל' עם אותו הצער והביוש והכלימה שמקבל בהיו' לחבירו למעלה ממנו במקום ובמעלה ביתר שאת ויתר עז וכארז"ל כל אחד

נכוה מחופתו של שחבירו וכו' ומקבל בושה מזה ועוד אמרו ועשן בחופה למה אלא לכל מי שעיניו צרות בת"ח בעה"ז וכו' הרי מקבל עונש בג"ע עצמו והעונש הזה הוא אחר שקבל בגיהנם עונש על איזה עבירות שבידו וא"ת למה לא קבל בגיהנם גם העון שהיה עינו צרה בת"ח כשם שקבל עונש שאר עבירות וממתינים לו לעונשו בתוך ג"ע התשובה כל מדותיו יתברך מדה כנגד מדה וכשם שבעה"ז היה רואה לת"ח בצערם ועינו צר ולא היה מרחם עליהם גם הוא יראה בעיניו מעלת הת"ח ות"ח יראו בצערם ואין מרחם כאשר עשה כן יעשה לו. וכשם שיש גיהנם למטה כך יש ג"ע למטה כאן בארץ במקום מוצנע בעולם ובו כל מיני אילנות טובות אשר עין לא ראתה והן מוצאים פרח ויצץ ציץ וכל מיני מגדים מופלאי' בריחם ובצביונם כעובד' דרבה בר אבוה בבא מציע' פ"ט שהולכיו אליהו בחומות ג"ע ופשט טליתו ולקח מעלי האילנות וכשיצא לילך שמע בת קול אומר מי אכל עולמו כזה וניער טליתו אפי' הכי נשאר הריח דבוק בגלימא זביניה בתליסר אלפי דינרי פלגנהו לחתנוותיה ע"כ גם בעובדא דר' יהושע ב"ל שהוליכו המלאך המות בג"ע בגוף ובנפש והוא בג"ע של מטה הרי ג"ע כאן בארץ במיני אילנות בפועל מופלאים בריחם כמדובר ושם מתעדנין הנשמות והנכנסים בגופם חיים כרבי יהושע וחבריו מרוחניו' הריחו' אמנם לא מאכילה ושתיה כשם שמת עדנין החיים שהאכילה ושתיה שם ע"ד ויאכלו וישתו כשראו את אלהי ישראל שהראיה נחשב להם

כאלו אכלו ושתו אמנם ניזונין מהריחות ומיני התענוגים הרוחניים אשר שכל המלובש בגוף אינו יכול לשערו גם יש לנשמות הצדיקים בחינת אכילה ברוחניו' כרז"ל למה נקראו שחקים ששוחקים מן לצדיקים וכו' ובודאי שאינו דרך אכילה ממש אלא הוא אופן אשר אין שכל בני אדם יכול להבינו. והאמנם שנוכל ליישב אכילת המן הזה בגן עדן היא השגות עליונות כמו להכיר באחדותו יתברך ולהבין בסודי תורתו מעין מה שפעל לאוכלי המן במדבר כדפירש מוהר"י אדרבי ז"ל במאמר עם המן היה יורד אבנים טובות ומרגליו' וגדולי ישראל מלקטי' אותם דקשה למה דווקא גדולי ישראל ולא שאר העם כיון שלכלם היה יורד וכלם לוקטים מן אלא הכוונה לומר שהקב"ה יהיב חכמתא לחכמין ועל ידי המן היו מזדככין והיו משיגים סודי רזי התורה וזהו דווקא החכמי' והגדולים כיון שכבר היה בהם חכמה וזהו דקאמר שהגדולים מלקטין אותם אבנים טובו' שהם לסודי התורה וזה לא שייך בשאר העם שאינן חכמים שהקב"ה אינו נותן חכמה כי אם למי שיש לו חכמה כמדובר ועיין שם הענין יותר באורך גם אומרו כאן שוחקים מן לצדיקים רמז להשגה האחדות הקדוש והכנת הסודות שעתיד הקב"ה לגלות להם כנודע מרז"ל. תענוגי הריחות שהנשמה נהנה מהם כדרז"ל על פסוק כל הנשמה תהלל יה איזה דבר שהגוף אינו נהנה והנשמה נהנה הוי אומ' זה הריח יש להם בגן עדן שמתעדנים מהריחות המשובחות ועובדא דרבי אבהו ורבי אלעזר בן פדת יוכיח שהראו להם שלשה עשר נהרי

אפרסמונא דכיא שהוא ריח טוב שעתידים להתעדן בהן הרי שנהנות מהריח. ויש מעלה אחרת גדולה מזו והוא תכלית העונג והיינו כשנשלם זמן ישיבה הנשמה כאן בגן עדן של מטה ועולה לגן עדן של מעלה ונכנס בצרור החיים לראות פני מלך חיים אין תענוג יותר גדול מזה.

ואופן קבול השכר על כל מצוה ומצוה ראיתי בספר אחד דכך הוא אעפ"י שהנשמה בגן עדן במדות הראוי לו בעבור איז מצוה שעשה כשבאים לתת לה שכר על מצוה אחרת לתת לה מדור יותר עליון מדקדקים אם קיים אותה כתקנה מעלין לה ואם לא מוצאין אותה החוצא שתקבל עונש כפי מה שגוזרי' בבית דין הצדק ואחר שתקבל עונשה מעלין לה לאותו מדור העליון יותר ובדרך זה בכל מצוה ומצוה וכל זה בגן עדן של מטה אמנם כשהנשמה עולה בגן עדן של מעלה אז כבר נתבררה ונצרפ' בכל מצוה ומצוה בג"ע של מטה וזכתה למדור היותר עיון ועולה למעלה בצרור החיים ואינה צריכה עוד צירוף אלא עולה שם ממדרגה למדרגה להתעדן בכלם בלי שום בדיקה כשם שהיו בודקים כשהיתה בג"ע של מטה כדפרשית זה דעתו בעניני ג"ע וגיהנם כפי מה שראיתי והבנתי בדברי רז"ל ומפיה ספרי' ודע שכללתי באלו הדברים ענינים הרבה ולא פרשתים באורך מיראת האריכות למען לא יקוץ הקורא כי כוונתי בחיבור זה שיהיה מובן לכל קורא בו ולא יקוץ בדברי ויקבל מוסר מסבת היות קורא בפי' ענין ג"ע וגיהנם וקצת מפה שיש בתענוגי ג"ע ועונש גיהנם והיות כונת זו אכתוב פה פיסקא אחת קטנה ממה שכתב הרב החסיד ז"ל מעונש גיהנם למען יחרד ויפחד הקורא בו ולפחות יהרהר תשובה בלבו ומחשבה טובה הקב"ה מגרסה כמעשה. כתב במס' גיהנם פרק ב' דף מ"ז ע"א משם רז"ל וז"ל אמר רבי יהושע בן לוי פעם אחת היית מהלך בדרך ומצאנו אליהו הנביא ז"ל אמר לי רצונך תעמדני על פתח גיהנם אמרתי הין ראיתי בני אדם שתלוים בידיהם ובני אדם ברגליהם והראני נשים שתלויות בדדיהן והראני בני אדם שמאכלין אותם בשרם ובני אדם שמאכילים אותם גחלי רתמים ובני אדם יושבים חיים ותולעים אוכלים אותם אמר לי אלו שכתוב עליהם ותולעתם לא תמות. והראני בני אדם שמאכילים אותם חול דק והיו מאכילים אותם בעל כרחם דשיניהם נשברות והקב"ה אומר להם רשעים כשאכלתם הגזל היה מתוק בפיכם ועתה אין בכם כח לאכול לקיים מה שנאמר שיני רשעים שברת. והראני בני אדם שמשליכין אותם מן האש לשלג ומן השלג לאש כרועה זה שרועה צאנו מהר להר ועליהם הכתוב אומר כלאן לשאול שתו מות ירעם. אמר רבי יצחק כל מלאך ומלאך מוכן ליפרע עונש עבירה שעשה זה בא ודן אותו והולך לו וכן השני וכן השלישי וכן כולם עד שמשלימין לכל העבירות שיש בידו עד כאן לשונו.

והחסיד בעל קצור לוחות הברית כתב בדף י"ח עמוד ב' מן הברייתא דמעשה בראשית וזה לשונו אש של גיהנם חזק הוא אחד מעשים מן האש שבשערי צלמות וכל מדורא ומדורא האש חזק יותר ששים מחבירו עד שבשאול חציו

אש וחציו ברד. והרשעים שבתוכו כשיוצאים מתוך האש לוחץ אותם ברד וכשיוצאים מן הברד לוחץ אותם האש ודולקן.

גרסינן התם שבעה מיני גיהנם ברא הקדוש ברוך הוא וכל גיהנם וגיהנם יש בו שבעה מדורין וכל מדור ומדור יש בו שבעה מדורות של אש ושבעה נהרות של ברד וכל אחד ואחד רוחבו אלף אמה ועומקן אלף אמה וארכו שלש מאות אמה וכל אחד ואחד מושכין ויוצאין זה אחר זה וכל רשע ורשע עוברים בהם ונשרפים בהם ומלאכי חבלה הממונים עליהם חוזרים ומחיים אותם ומעמידים על רגליהם ומודיעים להם כל מעשיהם שהם רעים וכל מעשיהם ודרכיהם שהם מקולקלין ואומרים להם אף עכשיו עברו לפנינו בנהר ברד ובנהרי אש ובנהר הלפידים ובנהרי שלג על שעברתם על דברי תורה ומצות שניתן לכם בר סיני ואתם לא יראתם מאש של גיהנם מן דינא של אבדון בואו ותנו חשבון על מעשיכם. ולא עוד אלא שבכל מדור ומדור יש בו שבעה אלפים סדקים וכל סדק וסדק יש בו שבעה אלפים עקרבים וכל עקרב ועקרב יש בו שלש מאות חוליות וכל חוליא וחוליא יש בו שבעה אלפים כדים מרים תלוים בו ויוצאים ממנה שבעה נהרות של סם המות ואדם הנוגע בו מיד נבקע וכל אבר ואבר שלו מיד נופל וכריסו נבקעת ונופלת על פניו וכמה מלאכי חבלה עומדים ונוטלים כל אבר ומחיי' אותם ומעמידים על רגליהם ונפרעין מהם עד כאן לשונו.

ואתה בן אדם רואה נתתיך בעונשי גיהנם ובתענוגי גן עדן והנה הנם לפנים שני דרכים דרך המות ודרך החיים בחרת בחיים למען תחיה וירשה חלקך ונחלתך בגן אלהים שהבחירה בידך נתונה לבחור את הדרך ישכון אור כי לא גזרו עליך צדיק ורשע כאשר אמרו חכמינו ז"ל בפרשת תזריע אשה כי תזריע וילדה זכר דבשעת הטיפה המלאך הוליכה לפני המקום וגוזר עליה חכם או טיפש עני או עשיר גבור או חלש אבל צדיק ורשע לא קאמר ונראה דזהו ענין הסמיכות כתיב לעיל להבדיל בין הטהור ובין הטמא וסמך אשה כי תזריע וגומר ירצה היות הבחירה ביד כל אדם להיות טהור או טמא כלומר צדיק או רשע בעבור דאשה כי תזריע מוליכין את הטיפה לפני הקב"ה ועל הכל גוזר אבל לא על צדיק ורשע ולכן ברשותו של אגדם להיות צדיק טהור או טמא ולהלך ברגליו וליכנס בתוך משפטי גיהנם או להלוך וליכנס בגן עדן מקדם לעלות בצרור החיים.

פרק כז

יקום האדם ויתעורר הבוחר בדרכי הבורא ויראה מ"ש הרב בעל עוללות אפרים, ויקנה בדרכיו מוסר טוב לנפשו, וז"ל: הזכיר הנביא שלשה פעמים 'הוי'. א' הוי מושכי העון בחבלי השוא. ב' הוי חכמים בעיניהם. ג' גבורים לשתות יין. לפי שמצד שלש סבות אשר על פיהם יהיה כל חטאת וכל עון. סבה א' היא מצד קלות החטא בעיני האדם. כי כמה עבירות מצינו שבני אדם בעקביהם דשים ועוברים עליהם בכל יום, כרכילות ולשון הרע ושבועת שוא, ושחוק וקלות ראש

וכאלה רבות, והן ראשי עבירות. ולסבת קלותם בעיני ההמון, ע"כ פתאים עברו ונענשו, ושונין עד שנעשה אצלם כהיתר גמור. ונראה שלזה כוונו ז"ל, שיצר הרע יהיה לעתיד בעיני הרשעים כחוט השערה, יראה כל חטא קטן, ולהיותו קטן, זה החלו עובר ושונה ומשלש עד שעושה חבילות חבילות של עבירות, עד שיעשה חוט זה כעבותות העגלה, וכארז"ל יצה"ר דומה תחלה לחוט של עכביש, ואח"כ כעבותות העגלה, ובהפך זה בעיני הצדיק כל העבירות שוות, כקטן כגדול, כלם דומים בעיניו כהר גבוה, וחדל לעשות מסבה זו. ובדרך זו אמרו ז"ל, כל הגדול מחבירו יצרו גדול ממנו. הסבה השנית היא להיות כל אדם חכם בעיניו, ודרך ישר בעיניו, וכל אחד מראה מ"ט פנים טהור על השרץ שבידו, המטהר והמדמע קודש בחול וחול בקודש, ובסיבת היותו חכם בעיניו, אינו שומע בקול מוסרו לעולם, ואינו בא לידי חרטה ותשובה לעולם, וסיבה זו גלויה וידועה, והיא ברבת בני עמנו. הסבה הג' היא להיות האדם שטוף בתאווה וחמדת הבלי העולם, הן באכילה ושתיה ומלבוש ועושר ונכסים וכבוד וזולתם. אלו הם המכים את האדם בסנוירים, באופן שטח מראות עיניהם, מראות מה תהא באחריתו, בחושבו כי לעולם חוסן. על שלש סיבות אלו בא כל יצור לכלכל משפט זה, שנא' ויגבה ה' צבאות במשפט, וסמיך ליה שלשה 'הוי' שהזכרנו. נגד הראשון סבת קלות החטא, זהו שאמר הוי מושכי העון בחבלי השוא וכעבותות העגלה חטאה. ומפסוק זה למדו ז"ל שהיצר הרע דומה לחוט, ועל הדרך שנתבאר. נגד השני סבת היותו חכם בעיניו, זה שנאמר הוי חכמים בעיניהם. נגד השלישי סבת היותו שטוף בתאוה, זהו שאמר הוי גבורים לשתות יין. המשיל כל החמדות למשתה היין המבלבל דעתו ושכלו של אדם. וכן אמר שלמה ע"ה, למי אוי למי אבוי למי מדנים למאחרים על היין. היינו בשביל התענוגים ההם, הוא מאחר המוקדם ומקדים המאוחר. ע"ד אומרם חז"ל, כל שיראת חטאו קודמת לחכמתו, וכאלה רבות בעניני אלהיים הראויות להקדים בזמן ובמעלה, והוא מאחר ומקדים טעימת מתיקת הבלי העולם אשר להם החיך יאמר לי לי עכ"ל.

עוד כתב על פסוק (כי המצוה הזאת אשר אנכי מצוך היום (לא נפלאת וכו'. נראה לי שבא להורות שיש ארבע סיבות המונעים את האדם מדרכי התשובה. סבה ראשונה היא מי שעונותיו נפלאים ממנו, ואינו יודע במה שחטא, בודאי שלא יבקש לעולם רפואה למכתו, לא חלי ולא מרגיש, כמו שנתפאר דוד ע"ה לאמר כי פשעי אני אדע. סבה ב' היא בהיפוך זה, שמקצתם מתיאשים מן התשובה בראותם כי עונותם רבו ראשם וגדלו עד לשמים. סבה ג' היא מצויה ברוב בני עמנו, הם השטופים בתאוות העוה"ז, ומרחיקין זמן התשובה מיום אל יום עד אשר ימצא עת פנוי, ולעולם לא יהיה פנוי, ונמצא כל ימיו בעבירה. סבה ד' היא מצויה בסוחרים ותגרים, הדוחין ג"כ התשובה עד מכרם הסחורה כפי חפצם, ונמצא עסק אחד גורר לו ולחבירו עד שימות בחטאו. וזהו כנגד סבה ראשונה אמר לא

נפלאת היא. לא תמצא התשובה במי שמעשיו נפלאים ממנו. כנגד השניה אמר ולא רחוקה היא. לא תמצא התשובה במי שמרחיקים עצמן בזמן, לאמר ליצרו הטוב לך ושוב ומחר אעשה כדבר המלך. וכן אמר שלמה אל תתהלל ביום מחר כי לא תדע מה ילד יום. כנגד השלישית אמר לא בשמים היא. לא תמצא דרך התשובה במתייאשין ממנה מצד שעונותיהם גדלו עד לשמים. כנגד הד' אמר ולא מעבר לים היא. לא תמצא התשובה בסוחרים לים כאמור. או יאמר ולא מעבר לים היא, על דרך ארז"ל היום לעשותם ולא למחר לעשותם לעולם הבא, לכך אמר ולא מעבר לים היא. כי המליץ הבדרשי ז"ל המשיל עה"ז לים זועף, נמצא שעה"ב היא מעבר לים, זש"ה 'לא מעבר לים', כי היום לעשותם ולא למחר לעשותם. והוא זירוז גדול לאדם שישוב אל ה' בבחרותו, כי לא תדע מה ילד יום עכ"ל.

ונראה לי עוד ששה סיבות המרשלות לאדם מדרך תשובה, ולכל אחד ואחד סתירתה בצדה. והנם רמוזות בפסוקים שובה ישראל עד ה' אלהיך כי כשלת בעונך. קחו עמכם דברים ושובו אל ה' וכו'. סבה ראשונה המונעות לחוטא לשוב, באומרו שאע"פ שישוב, מעולם אינו יכול לחזור למעלתו הראשונה כמקודם החטא, שהייתי בכינוי 'ישראל' המורה על המעלה והצדקות כי אם בשם 'יעקב' המורה על השפלות והחטא, דכשלא הגונין מתכנים בשם יעקב כנודע, ולשלול זה אמר הנביא שובה ישראל. כלומר שובה בתשובה, ותזכה לשם ישראל כמקודם החטא. סבה ב' מתרשל אדם מעשות תשובה באומרו אע"פ שאזכה לעה"ב, איני יכול לזכות למעלה זו, שהיא לעמוד עם הצדיקים העומדים לפני השכינה. מדרגה גדולה מן המלאכים, שהמלאכים מבחוץ והם מבפנים נגד השכינה, מדרגה העליונה. והמלאכים שואלים לצדיקים מה פעל אל, מה הלכה חידש היום, לכן לשלול זה אמר עד ה' אלהיך. ר"ל עם התשובה תשוב לעמוד עד ה' אלהיך, עד ועד בכלל, קרוב לו באופן שאתה מבפנים והמלאכים מבחוץ, כדאיתא במדרש פ' דברים (ד' רפ"ו ע"ד). סבה ג' מתרשל אדם מעשות התשובה בהיות מכיר בטבעו שאינו יכול לסבול תענית וסיגופים. לשלול זה אמר קחו עמכם דברים ושובו אל ה'. כלומר בדברים בלבד תוכלו לשוב עד ה', בוידוי דברים כארז"ל. סבה ד' מתרשל לפעמים לשוב, משום שמתבייש לעמוד בפני איזה חכם לשאול ממנו דרכי התשובה. לשלול זה אמר ושובו אל ה'. ירצה די שתשובו אל ה' ביניכם לבין עצמיכם, בלי שתצטרכו לשאול משום אדם, כי אין לבעל תשובה כ"א עזיבת החטא ושלא ישוב בו לעולם ווידוי דברים. ודבר זה אין צריך לימוד מאחרים. סבה ה' לפעמים מתרשל החוטא לשוב, באומרו מכיר אני בעצמי שעשיתי חבילות חבילות חבילות של עבירות, ואימתי יכול אני לעשות כנגדם חבילות חבילות של מצות. לשלול זה אמר אמרו אליו כל תשא עון וקח טוב. מלמד שיאמרו לפניו ית' שיכפר כל עון, וקח אותם לטוב כאלו הם מצות, שיהפך העבירות למצות, יען שמצטערים מאד בעזיבת

הרגל העבירות שבידם, ובזה נמצא דמיד בשובם נמצאים בידם חבילות של מצות מן העבירות שיתהפכו לזכיות. סבה ו' מתרשל בחושבו שכדי לעלות למדרגה שהעבירות יתהפכו לו לזכיות, צריך להרבות בקרבנות, ובזמן שאין קרבן יצטרך בהוצאות רבות במקום קרבנות, כגון לפזר מעותיו לצדקה, ובחושבו כך בא למנוע. לשלול זה אמר ונשלמה פרים שתפינו. כלומר שיח השפתים, ללמוד במעשה הקרבנות, יחשב כהקרבת כל הקרבנות, כארז"ל כל העוסק בתורת עולה כאלו הקריב עולה וכו'.

והנני כותב כאן מ"ש בספר אבן בוחן, וישא משלו על עוזבי ה'. העולם קרקע שוה, ובקצהו בור עמוק, גוב אריות אין מים בו, זולתי נחשים וצפעונים אשר אין להם לחש, רבים יהמו כדובים ככפיר ותנין. ואדם הסכל הולך סביב לו. עודנו מסתכל בתוכו צוחק ונופל. ובחמלת השם עליו אולי ישוב וניחם, הקרה לפניו מדי נפלו שורש עשבים צומחים בכותלי הבור, ונאחז בסבך השורש לבל ירד מטה פן יבלע, ובין כך ובין כך נשא עיניו וראה חור קטן ובו הלך דבש, ושלח ידו להתפרנס ממנו תמיד, ידו האחת מחזקת בשורש ובשניה ירדה הדבש להשיב אל פיו, ועודינו פעם אוכל ופעם חדל, והנה שתי חולדות, אחת לבנה ואחת שחורה, אוכלות תמיד שורש העשב, ואותו הפתי לפתותו הדבש שמצא, לא ירגיש לזה אפילו חולדות אוכלות אותו, והוא לא ידע עד יעקר העשב מעיקרו ויפול פתאום לארעית גובא, ינותח לנתחים בתוך לבאים ואכלוהו ויאכלוהו ואין אומר השב. חסר תבונות נחרש ואאלפך חכמה, הנמשל בזה המשל המופלא, העשוי לרמז אחרית נבלים לבד. ובהפך הדין תהפך לשומרי דרך השם. אולם שהעולם קרקע שוה, כן היא באמת לעיני החוטאים, ברצפת בהט ושש, אין בו תלוליות וגומות, ובקצהו בקצה החיים, סוף של האדם, קבר פתוח שוחה עמוקה בתחתית מלאכי חבלה, יהמו כגורי אריות יכספו לטרוף נפש, רשע אִוְּתָה רע, ובעוד אנשים ארורים פניהם למטה ונופלים עד קרוב לקרקע הבור הזה, כי גם בחיים קרוים מתים, אלא שהם מסתבכין בסבך עץ החיים הגשמיים, והם מוצאים סביבם ממתקי הזמן, כדבש למתוק אוכלים בהשקט ובבטחה, ושוכחים מבורות אדמה אשר תחתיהם, והעולם לא נתן בלבם שייראו, פן יפלו בתוך הבור אשר שם ערוב כבד ישלטו הדובים המה בנתחיהם. עודם נואשים מתוך הסכנה, והנה שתי החולדות הלבנה והשחורה, והם היום והלילה, מדקדקות חוטי חייהם אשר יתלו בהם, אשר ינתקו בהם באחרונה ויפלו לגמרי, אהה ליום בעת שחור ורגע וזעם, עת אשר אכלו צוף דבש פרי מעלליהם, יאכלו פרי נבלה ללענה עכ"ל.

ואל יבטיחך יצרך לומר מה אעשה, שכל אשר תאוה נפשי מכל דבר רע איני יכול מלעבור לעשותה, זהו שקר ודבר כזב, מה תענה שאתה מתאוה להיות מלך, ואע"פ שאינך ממלא תאותך אינך מת, וכן אתה מתאוה לשכב עם כל אשה שעיניך רואות, ואע"פ שאינך יכול לעשות רצונך אינך מת. וכן כמה דברים שהרשע מתאוה

ואינו יכול למלאות תאותו ואינו מת בשביל זה, וא"כ איך תוכל להשיב ביום הדין, לא יכולתי לנצח תאותי שהייתי מת. ומה גם שקדם הצווי עליך, ואהבת את ה' אלהיך בכל לבבך ובכל נפשך. אפילו שנוטל את נפשך. נקוט האי כללא בידך, שכל עצת היצר עליך, לבטל מצוה ולעשות דבר נגד רצונו יתברך, אע"פ שהוא בראיות חזקות וברורות המורים היתר, אל תאמן שהכל שקר וכזב, והם ראיות בנויות על קו תוהו ואבני בהו, אלא דחולשת שכלך אין מבין סתירת ראיותיו. הלא תראה בעיניך, אף כי חלוש הוא, איך כל ראיותיו שקר, שהרי צוה לך יוצרך שלא תאבה ולא תשמע דבריו בראיות ושלא בראיות, כי לא נתן ציוויו לשיעורי', א"כ החיוב מוטל עליך, לקיים כל הכתוב בספר תורת משה ובתורה שבעל פה, ואין לשמוע לשום מסית לנטות ימין ושמאל. גם הנני מודיעך דרך בלימודך, באופן שלא ימצא יצרך פתח לבטלך. שאם ימצא סדק כחודה של מחט לבטלך, ירחיק הסדק כפתחו של אולם, ואז תלכד ברשתו באופן שלא תוכל לצאת, דע כשאתה לומד, אל תבחר חדרי משכיות האדמה וחלונותיו, מהן פונות לרוח ומהן לים ומהן לפרדסים ומהן להרים וגבעות. באומרך דזכות אויר כל זה מחכים, ומאיר לעינים להבין בעומק למודך. דע כי זהו בכלל פתוי היצר, כדי שתתענג עם הראיה והרוח הנושב לקרר חמימותיך ותתגרה בך השינה בתרדמה כל היום מרוב העונג ותתבטל מלימודך. ואף שלא תישן בתחילת לימודך, תתפתה לו שתביט בשכיות הכותלים והצורות שבו כדי שתתברך יוצרך, ברוך שחלק מחכמתו ליראיו אם הצייר ישראל, ואם גוי שתברך ברוך שחלק מחכמתו לב"ו, ואין כוונתו שתברך יוצרך רק לבטלך מלמודך המביא לידי מעשה, ולהכניסך ולהרגילך לשמוע לו, וכן פעמי' יתן בלבך לפנות אל עבר הים, באומרו ראית הים מאיר העינים ומחדד השכל. ופעמים לראות אל הפרדסים עד שיסיר מלמודך מכל וכל.

לכן כשתרצה ללמוד תורה, בחר לך מקום שפל קירות המקום בנין לבנים, והתקרה עצים קטנים. שעם זה אין מקום טוב שתתן עיניך כי אם על הספר שלפניך ועל כתיבת חידושך שבידך. יען שאם תחזור פניך אל קיר המקום, תדאג נפשך בראותך חורים חורים, מלאי' נמלים ובתוכם שריקות עכברים, ואם לתקרה תשא עיניך אשר תראה בית עכביש מפסיקים בין אויר הבית והתקרה, ועל ידי כך אינך מסיר עיניך מעל הספר, וכל דעתו ועינו על מה שכתוב לפניך, ואז תבין יראת ה' ודעת קדושים תמצא, כיון שאין יד ופתח ליצרך להסיר עיניך מעל הספר, באומרך ראה זה חדש, כי אין מקום לפנות בארבע רוחות הבית, שלא תבכה ותקונן על הראיה. והנה התנא הקדוש רמז מזה באומרו, כך היא דרכה של תורה, פת במלח תאכל וכו' עד ועל הארץ תישן. רומז שאין התורה נקנית לא בתענוג המאכל והמשתה, ולא בתענוגי המקום כי אם על הארץ תישן, והשינה בבית מושבו היא, הרי רמז שישכן בבית החצרים ושפלים יותר סמוכים לארץ. ואני הכותב מעיד אני עלי שמים וארץ, שרוב מה שחנני

השם לחדש בתורה למלאכת עול הדרוש שעלי, מדי שבת בשבתו, היום ת"ל כמו שלשים שנה, היה במקומות שפלים ועל הארץ, ובתוך אנשים עניים נבונים שפלים ונמוכי הרוח, כי בודאי במקומות אלו שכינה שורה ומסייעת לאדם להבין ולחדש בתורה, הפך המבקש ללמוד בעליות הגבוהות, דבית גאים ישחק ה'. יש ענין אחר בהלומדי' במקומות השפלים ובתוך נבונים נמוכי הרוח, דכיון שהמקום שפל וכן העומדים אצלו, לבו שפל עליו ונכנע יצרו, ויוסר עם זה המסך המבדיל בינו לבין קונו על ידי רום לבבו, ושכינה שריא עליו, כדכתיב ואת דכא ושפל רוח. (אני עם דכא כארז"ל). וכיון דשכינה שריא עליו, היא מדריכתו בדרך ההשכלה, בכל אשר ילמוד יצליח. ודע באמת שיותר יוכל האדם ללמד ולהרבות בתורה עם אנשים ת"ח נמוכי הרוח, אעפ"י שאינם יודעים כל כך, ממה שיכול ללמד עם חכמים מחוכמים המחזיקים עצמם גדולים אין כמותם בעולם מרוב עומק שכלם ומתגאים על זה. לפי שכל עת שיאמר בפניהם מחידוש שך הלכה פסוקה, מרוב גאותם אין מחזיקים לו טובה, ודוחים דבריו בשתי ידים, וכראות זה כך, מת לבו בקרבו מרוב דאגתו, ובזה אינו משתדל עוד לחדש, באומרו שאין בשכלו להשיב עוד, ומאמת בלבו כי לא נברא ללמוד תורה, ד'טפש' גזר עליו, וא"כ מה לו ולצרה, לטרוח להבל ולבהלו ופורש עצמו למלאכה, לבקש פרנסתו דלזה נברא, אוי להם ואוי לנפשם לגורמים כך, לא כן הלומד תורה בין עניים בעלי תורה ונמוכי הרוח, ואע"פ שאין חכמים כל כך, דכל חידוש שאומר לפניהם גדול בעיניהם ומחבבים אותו, ומגדילים החדוש כאלו היום ניתן מסיני, ובראות זה כך נכנס שמחה בלבו ומתלהב לחדש עוד ולהבין, ולא פסיק גירסא מפומי', עד שמתגדל בתורה, ובאמת אז מחדש חדושים נפלאים, ויתמהו השומעים ומברכים ברוך שחלק מחכמתו ליראיו. וכל זה גרם על שקבע תלמודו עם חכמים עניים ונמוכי רוח, צאו וראו שכך הוא, ולמפורסם אין צריך ראיה.

עוד לך כלל גדול, שלא ימצא יצרך פתח לשלוט בך בלכתך בלבדך בשוק, ואתה רואה נשים באות לקראתך, שים עיניך לארץ עד יעבורו, ואל תסתכל בהן, תדע שהראיה פתח להכניסך בהרהורים רעים, שתראה שיתגבר עליך בחוזק שתשא עיניך לראותם, ואם אין בראיה זו כלום, למה מתגבר עליך, עד שכמעט לא כל אדם יכול לעמוד בנסיון זה, כי אם מי שאהבת בוראו חקוקה בלבו, ואני כמה פעמים עשיתי תגר על הנשים היושבות בפתח החצרים לרוח היום, וכל עובר ושב מסתכל בהן בתאות יצרו, וכמה רעות נמשכות מזה כארז"ל, עינא ולבא תרי סרסורי דעבירה. ואם אמר יאמר האדם, מכיר אני בעצמי שיש בידי עבירות גדולות, סוגרות דלתי התשובה, וא"כ לא עלי נאמרו הגדרים, ומה לי לראות או שלא לראות בעריות, דכאשר אבדתי אבדתי, דע שטועה אתה, שאין דבר שיעמוד בפני התשובה, וכמ"ש החסיד בעל ראשית חכמה בשער הקדושה פרק י"ו. כל מה שיאמר לך בעל הבית עשה חוץ מצא. בעל הבית דהיינו

הקדוש ב"ה, כל מה שיאמר לך עשה מהמצות עשה, חוץ מצא מביתי, כענין אלישע אחר, אל תשמע לו אלא תכנס בתשובה, כי זה חשקו של הקדוש ברוך הוא, אלא שרוצה לנסות אותך עד כאן.

ובכוונת המאמר שובו בנים שובבים חוץ מאחר וכו'. שנראה שאף שישוב אינו מתקבל, פי' הרב שני לוחות הברית ז"ל דף צ"ח ע"ב בהג"ה. שהענין שהקב"ה חפץ חסד הוא, וחושב מחשבות לבלתי ידח ממנו נדח. ע"כ הוא תובע בפה, ומקדים לבני אדם, ומבקשם שיעשו תשובה, אבל איש כזה כאלישע אחר, אינו הגון שהש"י יפציר בו להשיאו עצה טובה שיעשה תשובה, רק אם יעשה מעצמו יעשה. ולא שיפתח הש"י. וזהו שובו בנים שובבים, אני פותח לכם שתעשו תשובה חוץ מאחר. וק"ל עכ"ל.

ונראה לי דמאמר זה מכריז ואומר לכל חוטא אף על פי שהגדיל לחטוא שישוב אל ה', משום דקאמר שובו בנים שובבים חוץ מאלישע שידע בכבודי ומרד וכו'. טעמא שידע בכבודו ומרד, מה שאין כן איזה חוטא בעלמא שאינו אדם גדול כאלישע שידע בכבודו, ובפרט בזמנים אלו דמי יודע בכבודו, וכיון שכן ישוב אל ה' וירחמהו, כיון שלא ידע בכבודו ומרד רק בחוסר ידיעתו.

עוד נראה כוונה אחרת במאמר, שהוא שורש ללמד ממנו כח התשובה, שהדברים אלו רומז הקב"ה לאלישע אופן תשובתו ואל יתיאש מן הרחמים, וזהו שובו בנים שובבים חוץ מאלישע, כלומר חוץ מאלישע שאיני אומר שישוב, משום שידע בכבודי ומרד ויש עליו קטרוגים הרבה שאין מניחין לקבלם, משמע מכאן שרצונו ית' לשוב אלא שאין אומר לו שישוב, לטובתו שלא יקטרגו עליו, אך בעשות תשובה יש מקום לקבלו, דהיינו בחתירה שתחת כסא כבודו, דשם אין שייך קטרוג, ונכון,

ונוכל לומר שהוא גם כן ע"ד הרף ממני ואשמידם. מי מעכבו דקאמר הרף ממני, אלא שפתח למשה (פתח) שיתפלל (כארז"ל). גם בנדון זה, מה צורך לבת קול לצאת ולומר שובו בנים שובבים חוץ מאלישע. יניח הדבר בשב ואל תעשה, ואם יעשה תשובה אל יקבל אותו, דמה צורך להכריז שאינו מקבלו, אין זאת כ"א לעוררו שישוב ואל יתיאש מן הרחמים שאין לו תשובה. גם ראוי להבין אומרו שידע בכבודי ומרד, שגם ירבעם היה גדול כאלישע ומרד, ואחזו הקב"ה בבגדו וא"ל חזור בך וכו'., יש לומר דידע בכבודו דקאמר, הוא שראה מעלת מט"ט עד שטעה בשתי רשויות, ומגדולת העבד גדולת האדון נודעת, ולכן אלישע שנכנס בפרדס וראה גדולת מט"ט, עליו שייך לומר ידע בכבודי וק"ל, באופן שאין דבר שיעמוד בפני התשובה, וא"כ איך יוכל האדם לומר מכיר אני ברבוי עונותי ואין לי תשובה, ואעשה מה שלבי חפץ. לא זו היא הדרך, ולא זו היא העיר. אלא אעפ"י שהרבה להאשים, יותר מעלה קונה עם התשובה, כיון שהורגל בעבירות ועכ"ז שב אל ה', דקשה עליו כמות לשוב, עד שכמעט יכול למות כארז"ל. מה שאין כן מי שלא הרבה לחטוא.

עוד אלמדך דרך בעשותך איזה מצוה,

שלא ימצא יצרך מקום לעכבך ולמונעך ממנה, והוא בבא המצוה לידך, מיד קום רוץ לעשותה בלי שתחשוב עליה כלל, שאם תתעכב רגע לחשוב בה, יש לו מקום לבלבלך במחשבות ועצות רעות, משא"כ כשמיד בבואה רצת אליה שוב אינו יכול כיון שאחז צדיק דרכו והתחיל במצוה. גם בבקר כשתעור משנתך מיד שתפתח עיניך השלך הכסתות מעליך וקום על רגלך ואל תחשוב אפי' רגע בענין קומתך, דזהו פתחו של יצר להתחיל לפתותך שלא תסכים לתפלה, גם לזרז אדם בעצמו לקום מיד על מטתו להשכים לבית הכנסת. ישים נגד עיניו שאם יאמרו לו שנפל אש בבית מיד יקום לברוח פן ישרף, ואע"פ שהוא חורף גדול וכבדות השינה עליו וגשם ומטר, לא יחוש על כל זה כדי להציל עצמו משריפה, ואע"פ שלא היה נשרף רק הגוף ולא הנשמה, כל שכן וקל וחומר שלא יתרשל לקום לעבודת בוראו להציל נפשו וגופו משריפת גהינם אשר אשו לא תכבה. ולא יחוש לא לצינה ולעריבות השינה ולא לשום דבר. וכן אם תשכב על מטתך ויבא עליך רוצח וחרבו שלופה בידו, מיד תקום לברוח בלי מתון לחשוב מה זה ועל מה זה. שים נגד עיניך שאם לא תקום להשכים לתפלה, חרבו של מלאך המות עליך בלי מקום לברוח להנצל ממנה כחרבו של בשר ודם, שעל ידי בריחה יכול אדם להציל עצמו ממנו. גם שים נגד עיניך שאם לך דבר מלך ושלטון שתשכים לפתחו, שרוצה לצוות לך דבר, בודאי שלא תישן כל הלילה עד הבוקר כדי שלא תכביד עליך השינה בבקר ולהשכים לפתחו כדי שלא לבטל דבריו. כל שכן וקל וחומר לקום באשמורת להשכים להקביל פני שכינה ולקבל שכר לעוה"ב. ולא בלבד בעבור דבר מלך אתה משכים מיראת המלכות כראוי, אלא אפילו בעבור איזה דבר ריוח שיש לך, שאם יעבור השעה תפסיד, אתה משכים בלי איחור כלל ואינך חושש לא לצינה ולא לשינה, וגם אין מעכב לך גשם ומטר ושטף מים רבים. וכיון שכן לא תהיה כהנית כפונדקית, לקום באשמורת להתפלל לבוראך הזן ומפרנס אותך.

ילמד אדם מאיש שיש לו תשוקה לאשה וקבע לה זמן שיבא אליה באשמורת הבוקר שאז אין בעלה אתה בבית, לא יאחר רגע וכל הלילה לא יחשה מלשאול האור הבוקר ולא ישקוט לקום בצינת החורף לצאת לחוץ לראות אם האיר פני המזרח כדי למהר הליכתו שם, ואע"פ שמסתכן בעצמו שאפשר יבא בעלה פתע פתאום ויהרגנו כי קנאה חמת גבר ולא יחמול ביום נקם, וגם מאבד נפשו ונותנה לחרפות, דהבא על אשת איש אין לו חלק לעולם הבא, ועם כל זה אינו משים שום דבר נגד עיניו בערך אהבת תשוקתו. כל שכן וקל וחומר דצריך לעשות כל זה על אהבתו יתברך, שימשך לו הן בעליונים ובתחתונים וחיים בעולם הזה ובעולם הבא ושכר הרבה עין לא ראתה. או איש אשר בו שבר רגל או שבר יד שנפל בלילה ונשבר, לא ישקוט מלבקש רחמים שיאור היום להשכים לפתח הרופא שיבקש לו רפואה. והנה אדם עושה כך לרפאות אבר אחד, איך לא יעשה כך להשכים רפואה לנפשו ולכל גופו,

שכל אברים כלולים בו, להשכים לפני בוראו ולשאול ממנו סלח לנו אבינו כי חטאנו, שהוא רפואת הנפש, ורפאנו ה' שהיא רפואת הגוף. וכאן ודאי וגבי רפואת בשר ודם ספק. והרביתי במשלים אם שמן האחד מובן לכלם, משום ששנוי הדברים במלות שונות מושכין את הלב כנודע ומתפעלים יותר לשומעיהם, כי ברוב דברים לו יחדל פשע, כי ברוב השמיעה יחדל עצמו מלפשוע.

שמח לבי ויגל כבודי לפני בוראי, שפעם אחת הרביתי דברי מוסר ברבים ביום שבת קודש בשעת הדרש, והיה שם איש אחד שהיה מזמין לו אשת איש להלוך אצלה בליל מוצאי שבת, וכשמעו דברי המוסר ברבוי ומלות שונות, נשבע ליצרו ופירש ובליל מוצאי שבת בא להחזיק לי טובה וסיפר לי הענין והודה ולא בוש. הרי שבענין המוסר צריך לכפול הדברים המלות שונות שעל ידי כך עושים רושם, מה שאין כן בקיצור ובמהירות ובדרך העבירה.

כתה הכל בו בהלכות תשובה, כל המתענה ארבע פעמים בשנה, שלשה ימים רצופים ושלשה לילות, הקב"ה מוחל לו על כל עונותיו. ואלו הם קודם עשרה בטבת. קודם י"ז בתמוז. קודם ראש השנה. ובעשרת ימי תשובה עכ"ל.

כתב בעל קיצור של"ה ז"ל, קודם עשרה בטבת הוא היינו ה' טבת ט' טבת וי' בטבת. כי בכלם אירעו מאורעות לישראל כנזכר בתענית צדיקים. אבל מה שכתוב קודם י"ז בתמוז, נראה לי שיתחיל יום ראשון מי"ז בתמוז ויתענה י"ז י"ח י"ט, כי כל מה שהוא בין המצרים מצוה טפי. ועוד יותר טוב שלא יתחיל קודם הצום י"ז, ואולי יחלוש וח"ו יהיה מוכרח לאכול בצום של שבעה עשר. וידוע שהתענית הוא כקרבן כמו חלבו שיקריב ודמו להקב"ה, על כן צריך להיות ממש דוגמת הקרבן להתודות שהוא הדיבור, שאם לא כן זבח רשעים תועבה. ומחשבה שצריך לשמו, כי כל הזבחים שנזבחו שלא לשמן פסולין, שהמחשבה מפגלת הקרבן, כך צריך הבעל תשובה להיות חושב על מה הוא מתענה, ועל מה שהוא עושה תשובה, והמעשה הוא התענית שמקריב חלבו ודמו ע"כ.

ועוד אמרו רז"ל מדאמר קרא, זאת תורת העולה זאת תורת החטאת. כל העוסק בפרשת הקרבנות כאלו הקריב קרבנות, על כן מי שאינו יכול להתענות וגמר בלבו לעשות תשובה, יעסוק בקרבנות ונחשב לו כאלו הקריב קרבן. ופשיטא מי שיוכל להתענות ועוסק גם כן בקרבנות שטובים שניהם כאחד.

כתב הזוהר שבהיכל נוגה יש כתות מלאכים שמכריזין ברקיע, כל מאן דמחייב נגיפה שיהא בנזיפה עד שיעשה תשובה קמי מריה, וכד תב בתשובה קמי קוב"ה אלו מלאכים שראין ליה ואכריזו עליה שרא נזיפה מכאן והלאה צלותיה אעלת קמי קוב"ה, ועד דלא שב בתשובה נזוף הוא דסתמין ליה כל תרעי שמיא ולא סרסא ודחיין ליה לבר. על כן צריך כל אדם לפשפש במעשיו לשוב מיד על מה שעבר כדי שיתירו לו מיד משמים ולא יהא בנזיפה. גם המרגיש במה שחטא מיד עושה תשובה, והרבה קל

לו לשוב מעבירה אחת דאינה צריכה תעניות וסגופים הרבה, מה שאין כן כשאין שם על לב מה שחוטא שמרבה בכל יום להוסיף על חטאתו פשע, ונכבד המשא עליו כשרוצה לשוב מכלם, כרבם כן כובד סגופיו ואינו יכול לסבול ובועט בכל. לכן לתיקון זה יחשוב אדם לשוב בכל עת ורגע, ולא תזוז מחשבה זו ממנו, ומחשבה טובה קוב"ה מצרפה למעשה, וכיון שכן בבוא לעשות תשובה בפועל, אין צורך כובד הסיגופים כל כך, כיון דקדמה לו המחשבה תמידית מקודם ונמחל קצת עם זה. ולכן בתשובה קצת בנקל מועיל, דהיינו מיעוט תעניות וסיגופים. ובהיות שלא כל אדם מתעורר לעשות תשובה בראותו עצמו בריא אולם, רק בבוא ימי הזקנה, ורובם עד דכדוכה של מות. וכיון שנשתרשו כל חייהם בהבלי הזמן בעצת המסית סמא"ל הרשע, הוא שטן הוא יצר הרע, בעת יציאת נשמתו יפתחו שיכפר בקונו וינצל. והאיש אשר הלך אחר עצתו כל חייו, בראות עצמו בצער המיתה, מתפתה ושומע לו וכופר בחושבו שעם זה ינצל מאותו צער. לא כן המוחזק כל חייו בהקב"ה ובתורתו, בועט בעצת סמא"ל הרשע שהורגל שלא לשמוע לו, ולכן בבוא אז לפתותו אינו נוטה אזן, אדרבה מקלל ומודיע לו שהבל הוא.

וסיפר לי חד מרבנים שאביו הרב ז"ל הלך בשליחות, ובאחת הערים שנכנס היה כת בחורים כל ימינם אכילה ושתיה ומלאו תאותם מכל מה שלבם חפץ, לא היה עבירה שהשליכו אחרי גיום, שכלם עשו לא נזורו אחור, והיו כופרים בכל מה שכתוב בתורה, וא"צ לומר בתורה שבעל פה. וחלה אחד מהם למות, וכשנכנס בחוליו התחיל לצעוק בקול מר והיה אומר לעומדים אצלו, הצילו אותי מזה העומד לפני וחרב שלופה בידו לחתוך בשרי חתיכות חתיכות. גם ראו שעושים למי שעשה עבירה פלוני כאשר עשיתי אני עם חבירי עושים לו כך וכך שפטים. וכן היה מזכיר כל מה שעשה עם חביריו, והיה צועק מר ואוי ואבוי, ומחלה ומשתטה לפני כל הבא לבקרו, שעשיר היה ומרבים העם לבא שיצילו אותו מהמשפטים שמורה לו המלאך המות לעשות בו ולכל העושה כמותו. ודברים כאלו רבים עד שהיו מרבים העם לבא לראות בעיניהם כל מה שאמרו רז"ל שרואה הרשע בשעת מותו, והיו אנשים נשים וטף מהרהרים בתשובה. והיה בצעקה זו כמו ח' או ט' ימים ועד שאבי החולה קרא לחכמים והלכו אצלו ושאלו מה היה רואה, והיה מגיד להם שהי' רואה למה"מ לא כדמיון כ"א ראיה ודאית, ומראה לו המשפטי' המעותדין לו ולחביריו, והיה עושה לו הכעסות גדולות, אמרו לו החכמים שיאמר שמע ישראל ה' אלהינו ה' אחד, ויתודה על חטאיו. והוא ענה חלילה לי מעשות זאת כדבריכם, משום שהשטן העומד כנגדו אומר לו שאם יאמר כן יעשה בו שפטים, ואם לא יאמר הוא יצילהו מצער חוליו, ואדרבה היה מחרף ומגדף כשהיו מפצירין אותו שיאמר שמע ישראל, והפצירו בו עד בוש ולא אבה לשמוע בקול מוריו. ויצאה נפשו באומרו איני אומר שמע ישראל, ונפנה והלך לחרפות. והחכמים פירשו

מאצלו מיד שלא ידבק בלבושיהם מטומאתו עד כאן.

הרי כיון שהרשע מתדבק בחייו עם סמא"ל, גם במותו מפתהו לכפור. לכן תקנו הקדמונים ז"ל שימסור האדם מודעא בחייו שאם ח"ו מסיבת בלבול דעתו יודה אל דברי המסית, יהיו דבריו כחרס הנשבר וכדבר שאין בו ממש. וקודם מסירת מודעא הזאת צריך האדם שישוב בכל לבו מהעבירות שבידו שעשה מנעוריו עד היום הזה. אע"פ שכבר עשה תשובה ונתחרט ועזב את דרכיו המקולקלים, ועשה תשובה על כל העבירות שעשה, שמא לא עשה תשובה שלימה בכל לבבו, אבל עכשיו שמזכיר יום המיתה בוודאי צריך שישוב בכל לבבו כמו שאמרו בגמרא על פסוק רגזו ואל תחטאו אמרו בלבבכם וכו'. ואם לאו יזכיר יום המיתה, כדי שלא יהיה כטובל ושרץ בידו. לכן ישוב בכל לבבו.

וזה לשון המודעא:

יהי רצון מלפניך ה' אלהי ואלהי אבותי, האל הגדול הגבור והנורא, אשר בידו נפש כל חי ורוח כל בשר איש, כשתגיע אחר אריכות ימים ושנים בעבודתו יתברך שמו, עת פקודתי ברצון הטוב והפשוט ברחמיו ובחסדיו ובחמלתו עלי ליטול ממני נשמתי. שתהיה בעת הזאת דעתי צלולה ונכונה ומיושבת עלי ובשכלי כמאז ומקדם, להיות דבוק בו ובאחדותו ברוך הוא, ושלא לזוז מיראתו ואהבתו עד יציאת נשמתי מגופי עד ועד בכלל, ובקבלת עול מלכותו ואחדותו עלי, ה' אחד ושמו אחד. ותהיה גם כן דעתי צלולה ומיושבת עלי להצדיק דינו ברוך הוא אמת ודינו וגזרתו אמת. והכל הוא בחסד וברחמים עלי, ואעשה לו רצונו ברוך הוא הוא ביראה ובאהבה, כי רב ושליט הוא. ובאם שיהיה רצון הבורא ברוך הוא ורצונו הטוב והפשוט לאחר אריכות ימים ושנים בעבודתו יתברך שמו, כשתגיע עת הזאת ליסרני ביסורין קשים, ויהיה לי בלבול וטירוף הדעת חס וחלילה, הריני מצדיק דינו הקדוש והטהור של חסד ורחמים עלי, אתה צדיק על כל הבא עלי כי אמת עשית ואני הרשעתי. אמנם באם שיבא חס וחלילה בעת הזאת המסית והמדיח המקטרג הגדול, יצרי הרע מנעורי להסית ולהדיח ולפתות אותי חס וחלילה לכפור בעושי יוצרי ובוראי מלך המלכים הקב"ה או בתורתו הקדושה והטהורה או במצותיה, הן מצות דאורייתא או מדברי קבלה או מדרבנן, תורה שבכתב או תורה שבעל פה או סייג וגדר ושמרת למשמרת חס וחלילה. הריני מוסר מודעא בצירוף קב"ה ושכינתיה לפניכם עדה קדושה במודעא גמורה בכל דיני מסירת מודעא שתקנו חכמים ז"ל, שיהא הפתוי ההוא שיסית וידיח אותי כאפס וכאין וכחרס הנשבר. באם שחס וחלילה אודה לו חלילה וחלילה מתוך צער ובלבול וטירוף הדעת ושכלי ולבי בל עמי, ואין אדם נתפס על צערו. אבל האמת מודה אני לפניכם בהודאה גמורה שאני מאמין באלהים הבורא ית' שמו, שהוא אחד ושמו אחד, ואני מקבל עלי עול מלכותו. שמע ישראל ה' אלהינו ה' אחד ברוך שם כבוד מלכותו לעולם ועד. וה' אלהים אמת ותורתו אמת, משה עבדו נאמן ביתו

אמת ותורה שבכתב ושבעל פה אמת, וכל מצות דאורייתא ומדברי קבלה ומדרבנן אמת, וכל דקדוקי מצות אמת. ואני מאמין בהם באמונה שלימה, תהלות לאל ית׳ בלב שלם ובנפש חפצה, אל אחד נאמן, אדון כל המעשים ברוך הוא. ואין אני כופר חלילה וחלילה בשום מצוה מהמצות קטנה או גדולה מדאורייתא ומדברי קבלה ומדרבנן, רק את האלהים אני ירא. אני מאמין בי״ג עיקרים בכלל ובפרט. שהבורא יתברך שמו הוא ראשון והוא אחרון ומבלעדיו אין אלהים. ושיש שכר טוב לצדיקים לעוה״ב ועונש רע ומר לרשעים. ושיהיה תחיית המתים בעת שיעלה רצון הבורא יתברך שמו, שבידו להמית ולהחיות. ובביאת המשיח. והבורא יתברך שמו אינו גוף ולא דמות הגוף. והוא אור גדול ונורא מאוד. אור קדוש וטהור, אור קדמון אור צח אור מצוחצח. אור זך ונקי אור טמיר ונעלם. אור פשוט אין סוף ברוך הוא. והוא חי וקיים מקור מים חיים ה׳ וממנו תוצאות חיים. ויקוים בי מקרא שכתוב ואתם הדבקים בה׳ אלהיכם חיים כלכם היום. ונאמר כי בי ירבו ימיך ויוסיפו לך שנות חיים. לחיים טובים ולשלום תכתבנו אלהים חיים. אמן (יהיו לרצון אמרי פי והגיון לבי לפניך ה׳ צורי וגואלי):

וטוב לאומרה ברבים כדי לזכות את הרבים, ואני המחבר קראתיה ברבים בתוך הדרוש ברב עם הדרת מלך. ואמרתי לעם שיתכוונו עמי במסירת מודעא זו לעת מצוא זו מיתה. שאפשר ימות אדם פתאום המיתה מצויה. לכן טוב לאומרה בחיים חייתו. גם כן אפשר דבעת חוליו תטרוף דעתו או לא ימצא בידו אז נוסח המודעא, לכן טוב לאומרה בהיותו בריא שדעתו מיושבת עליו כדי שימסרנה בלב טוב ובנפש חפצה בלי עונש כלל, כי סמוך למיתתו נראה כמוכרח. גם מצאתי בספר קיצור שני לוחות הברית (דף ק״נ ע״ב) וזה לשונו, מצאתי במגילת סתרים של מקובל גדול, וכתוב שם בשם הישיש הזקן המקובל ר׳ יהושע ז״ל שקבל מרבו ז״ל, כי האדם בשעת יציאת נשמתו, השטן עומד על ימינו לשטנו, ואומר לו כפור בה׳ אלהי ישראל, והנשמה ממאנת. ואפשר שיבא לידי הודאה ח״ו, מאי תקנתיה להנצל ממנו. יכוין בי״ג עקרים. ואם אינו בשכלו או שאינו יודע על פה, יקראו לפניו בנו או אביו או אוהבו, והוא יודה להם וטוב לו: (ויאמר): אני מאמין באמונה שלימת במציאות הבורא יתברך שמו וביחודו אשר אינו גוף. והוא קדמון לכל. וראוי לעובדו לבדו. ונתן נבואה לבני אדם. ומשרע״ה היה אדון כל הנביאים. ומן השמים נהן לנו ה׳ את התורה על ידו. ולא תתחלף בשום זמן. יודע כל מעשה בני אדם. גומל טוב לצדיקים ורע לרשעים. ושישלח לנו משיחנו. ושיחיו המתים לקץ הימים. וכן אני מאמין כל אשר הורו וציוו לנו כל החכמים בתורה שבעל פה המקובל אצל כל ישראל. ואם עלה בדעתי איזה הרהור נגד עיקר הדת ותורה שבעל פה, אני מתחרט וחוזר בי, ואני שואל מחילה מה׳ אלהי ישראל ומתורתו. עכ״ל:

אמר המחבר אליהו הכהן, כשהיה אדוני אבי ז״ל הולך לבקר את החולה, לא היה זז משם עד שהיה מכריחו

לומר יגדל ששם הי"ג עיקרים. ועד עכשיו לא ידעתי טעמו של דבר, כי בודאי היה הטעם כדי להצילו שלא יכריחהו מלאך המות לכפור באלהי ישראל, דזהו תקנתו כמדובר. מצאתי מודעא לענין זרע לבטלה בספר קסת יהונתן (ועיין לעיל בקונטרס החידושים, תיקון לזרע לבטלה). וזה לשונו. סדר מסירת מודעא, דהיינו שצריכים להיות עדה שלימה עשרה אנשים מלבד אותו שמוסר מודעא, וצריכים להיות כשרים זה לזה, ולאותו המוסר מודעא. ונוהגין לעשות כן בין כסא לעשור או אף בתוך השנה מי שירצה. ונוהגין שכל אחד יתן נדבת לבו דבר מה לצדקה מקודם.

וזה לשון המודעא:

שמעו נא רבותי, אמרי פי את אשר עם לבבי, הלא ידעתם אשר קליפה קדמה לפרי צדיק עץ חיים. וע"כ מיום ברוא אלהים אדם הראשון לכל נוצר, תיכף בא היצר הרע הוא השטן הוא מלאך המות בחלקלקות לשונו מדבר גדולות, מילין לצד עילאה ימלל, והסית אותי לאכול מעץ הדעת טוב ורע למרות את פי אלהי ישראל מלך מלכי המלכים הקב"ה וברוך שמו ומיוחד בפי כל בשמים ובארץ. ואחר נעלה ברוח סערה ואש מתלקחת בשמים וקטרג עליו עד אשר נגזר מיתה עליו ועל כל דורות הבאים עד ימות המשיח. ומאז ועד עתה זה דרכו כל הימים לרבות הלילות על משכבו סליקו רעיונים והרהורים רעים לשמים, ויצפון לדם ישרים לבלות שאול ואוצר רחם לאכזרי וכל מעשיו להפיל את האדם מאיגרא רמא לבירא עמיקתא, ואלמלא הקב"ה עוזר לנו אין בידינו להתחזק עליו וכל ימי חיי האדם בצער גדול. והנה בכל מקום אשר המצא ימצא מקום מוכן לפרעון חובות ישנים וגם חדשים מקרוב, הוא בעצמו או גירי דיליה. והנה יודע לכם את אשר אמרו חז"ל אשר בשעת הסכנה הגדולה הלא היא בעת אשר הוא סמוך ליציאת נשמת האדם, ואז הזמן היותר נאות להשיב הפקדון אשר הפקד אתו כל ימי הבלו, לעשות תשובה ויתודה על עונו עד דכדוכה של נפש, ויקבל עליו עול מלכות שמים רבה וימסור נפשו רוחו ונשמתו לאשר נתנו. והוא לא כן ידמה, הפך עליו בלהות חלק משמן חכו והמה פתיחות לבלות שאול ואבדון נפשו לאמר לך עבוד אלהים אחרים, ובזה יערב ויבושם לך, והקל מעליך עול היסורים הקשים והמרים, וכל מגמתו להפילו שחת והוא ימשול בו בגופו, לעורר עליו דיני דינין קשים ומרים כלענה וראש, הכל לשוחטו בסכין פגום ולעשות טרפה ח"ו, מלבד שאר אונסים אשר יקצרו כמה יריעות מהכיל. והנה עם מה שאמרו חז"ל אין אדם נתפס על צערו, ואנוס רחמנא פטרו, מ"מ אם אינו עושה כלה עושה מחיצה בינו לבין אבינו שבשמים, ע"כ הנני מוכן ומזומן מהיום עד אחר מיתה למסור נפשי רוח ונשמתי לאל רחום וחנון עילת כל העילות וסיבת כל הסיבות ב"ה וב"ש, ובפניכם אני מוסר כל החלקים אשר הם המה בי מנפש ורוח ונשמה להקב"ה אשר בחסדו הגדול נתן אלי, וכל מה שעשה מהיום עד עולם נגד המסירת מודעא הזאת, הלא המה בטלים ומבוטלים ולא יהא ממש בדבורי ובמחשבתי או ברמיזתי ומכל שכן במעשה ח"ו, והנני מבקש

מאת מעלתכם שתצרפו עמכם השכינה הקדושה והטהורה לבטל כל מה שעשה מהיום עד עולם נגד מסירת המודעא הזאת, ולא יהא ממש בדיבורי או ברמיזתי או במחשבותי לבטל אחת ממצות הקב"ה, ומכל שכן דבר היוצא מן הכלל כלו. כי אני הנני מוסר מהיום באהבה גמורה גופי ונשמתי לאל יחיד ומיוחד אשר האציל וברא יצא ועשה כל העולמות וכל הברואים. ובאם אשר יעלה על מחשבתי ח"ו נגד מסירת המודעא הזאת, בודאי כי הוא באונס גמור והכרח גדול. ובאם המלאך המשחית יבא לקטרג עלי מחמת אותה המחשבה יהיו דבריו למה ולא כלום ולא יעשה שום רושם כלל. גם אבקש ממעלתכם מאחר שאין צדיק בארץ בזמן הזה אשר לא קרה לו מקרה בלתי טהור בהוצאת זרע לבטלה באיזה אופן שיהיה. ואותן הטיפות המה חושבין אותי להם לאב ורוצין ליהנות ממני וממטתי אחר מיתתי באומרם כי אתה אבינו. בכן אבקש ממעלתכם תפלה שתעזרוני לבקש את פני ממה"מ הקב"ה להכניס לקדושה כל אותן הטיפות שיצאו ממני לבטלה. הן באונס הן ברצון בן בשוגג הן במזיד הן ער הן ישן הן בגלגול זה הן בגלגולים אחרים הקודמים. ע"י שם הקדוש היוצא מפסוק חיל בלע ויקיאנו. בשילוב שם הוי"ה בניקוד שור"ק כזה (יחהבוו"ה), הנני מחרים ומנדה אותם המזיקים ושדין ולילין ורוחין שנבראו מטיפות קרי וזרע שלי כלם בכלל שלא יגעו בי או במטתי או בבגדי ולא ילוו אותו לקברי ולא יהיה להם רשות ליגע בי ובנפשי בשום אופן שבעולם. ואתם גם אתם תצרפו עמכם השכינה ותחרימו אותן באופן שלא יהיה להן כח לילך אחר מטתי ומכל שכן ליגע בי ובבגדי או בגופי או בנפשי. (אחר שאמר המוסר מודעא כל זה יאמרו העדה שלימה כולם בכלל):

בצירוף קודשא בריך הוא ושכינתיה, קבלנו המסירות מודעא זאת אשר מסר (פלוני ב"פ) גופו נפשו רוחו ונשמתו לעילת כל העילות וסיבת כל הסיבות. אבל מה שיעשה מהיום נגד מסירת מודעא זאת, הן במעשה הן בדבור הן במחשבה, אנחנו מבטלים אותו המעשה או הדבור או המחשבה בצירוף קוב"ה ושכינתיה, ולא יעשו ב ו (בפלוני בן פלונית) שום רושם כלל. גם מחרימים אנחנו בית דין בצירוף קוב"ה ושכינתיה כל טיפות זרע שיצא (מפלוני בן פלונית) לבטלה עד היום הזה. גם אשר יצא ממנו בגלגולים הקודמים, גם אשר יצא ממנו לבטלה באונס מהיום עד אחר מיתתו, שלא יגעו (בפלונית בן פלונית), הן בו בעצמו בגופו או בנפשו הן בבגדיו הן במטתו. ולא ילוו אותו לקברו. וצדקו יהלך לפניו וכבוד ה' יאספו וינוח על משכבו בשלום. עכ"ל:

וכתב בספר טעמי המצות של הרב רבי מנחם הבבלי (סימן פ"ו) והאריך בעונש המוציא שכבת זרע לבטלה וכתב כשמוציא זרע לבטלה, בשערו אשר סביביו מתעטפים שם כחות הטומאה, משם נבראים רוחות רעות והמה נקראים נגעי בני אדם. ואחר מיתתו אינם מתפרדים ממנו ומלוים אותו כי הם בניו, ואין צער גדול מזה רחמנא ליצלן, ותיקנו להקיפו י' טבולי יום, והם יריצוהו אל הבור עכ"ל. וכתב של"ה ואם בחייו מחרים בשופר

עם עשרה ת"ח ששום אחד מבניו לא ילווהו. ר"ל א פי' בניו הנולדים לו מאשתו לא ילווהו ולא ילכו אחריו. אז גם בניו הנולדים לו משכבת זרע לבטלה מוכרחים ג"כ שלא ילווהו אותו. ע"כ:

וכתב הרקנט"י ז"ל בפ' ויחי, ואמרו קצת חכמי הקבלה, צריך ליזהר כל אדם בעת מותו שלא ישאר כלום מאבריו חוץ למטה. כי כל הנשאר ממנו חוץ למטה לא יאסף בקבורה העליונה, וזה ידוע ליודעי חן על מה מרמזת המטה, וסביב המטה מיני משחית, לפיכך צריך שיאסף אל עמיו ולא לחוץ לכחות הטומאה, וזה ענין האסיפה הנאמר בצדיקים. א"כ אותו אבר שהוא חוץ למטה נפסל ביוצא, וטמא טמא יקרא, וכנגדו הנשמה נשארת פגומה מקדושה, ע"כ שומר נפשו ירחק מהם. על כן העומדים אצל הגוסס יזהרו על כך, והזהיר ידבק בשכינה. והנה כשם שיש נגעים גופניים הבאים בגוף האדם, כי הם הנגעים הרוחניים הנעשים מן העבירות, פוגמים את הנפש. וכדוגמת טהרת ונגעי הגוף, כך טהרת נגעי ב"א הנעשים מן העבירות ופוגמים הנשמה. כשם שבנגעי הגוף ביום טהרתו והובא אל הכהן, כדכתיב בפ' מצורע, זאת תהיה תורת המצורע ביום טהרתו והובא אל הכהן. כך אין מציאות שיכולה הנשמה לראות פני הכהן הגדול ה' צבאות אם לא יטהר. לכן ישתדל האדם לטהר עצמו בעוה"ז, שאם לא יטהר ידחו נשמתו לחוץ עד שיטהר במשפטי גיהנם הקשים והרעים. רחמנא ליצלן. ויתן בלבנו אהבתו ויסייענו לטהר נשמתנו אמן יהי רצון. (וכיון שהבעל תשובה צריך התרה כתבתי לך זה) כל מי שעושה התרה אחר שמתירין לו יאמר:

יהי רצון מלפניך ה' אלהי ואלהי אבותי, שכל הקללות והארורים ונדויים ונזופים והחרמות והשמתות שקללתי או שאררתי או שנדיתי או שהחרמתי או ששמתתי את עצמי או אשתי או בני ביתי או את אחרים אשר מזרע ישראל המה. או אחרים שקללו או שאררו או שנידו או שהחרימו או ששמתו אותי או אשתי או את זרעי או את בני ביתי. יה"ר מלפניך ה' אלהי ואלהי אבותי, אלהינו שבשמים ובארץ, שאל ישלטו בנו ואל יעשו רושם. וכל הקללות יתהפכו לברכה, כמ"ש ויהפוך ה' אלהיך לך את הקללה לברכה כי אהבך ה' אלהיך:

ואחר כך כל העדה הקדושה יחזרו ויאמרו לו ג' פעמים בלשון הזה. כולם מותרים לך, כולם שרויים לך, כולם מחולים לך. כשם שאנחנו מתירין לך בבית דין של מטה כך יהיו מותרין בבית דין של מעלה ולא יעשו בך רושם כלל. וכל הקללות יהיו כולם לברכה כדכתיב ויהפוך ה' אלהיך לך את הקללה לברכה כי אהבך ה' אלהיך:

גם מענין קרי מצאתי בספר חוקי חיים (דף קפ"ה ע"ב) אם ראה קרי ח"ו, כשניעור משינתו יטול ידיו ויאמר. רבונו של עולם, עשיתי זה בלא כוונה רק בהרהורים רעים ובמחשבית, לכן יהי רצון מלפניך ה' אלהי ואלהי אבותי מחוק ברחמיך הרבים עון זה והצילני מהרהורים רעים וכיוצא בהם לעולם ועד. אמן כן יהי רצון. ובשעת נטילה

יכוין כאילו טבל במים דכתיב ארחץ בנקיון כפי. ויעלה לו כאילו טבל:

פרק כח

ידעתי המחשבות ורצונות האדם שהם לשמוע דברי מוסר הבאים מילי מילי המושכים לבו של אדם. לכן ראיתי לחבר שני פרקים, פרק זה ושאחריו מדברי ספר התפוח מרבינו שלמה זצלל"ה. שהוא מוסר דרך מליצה דברים נכוחים בשפה ברורה. וחלקתי הדברים לשני פרקים, יען שלא יכבד על הקורא, דכיון שיש ריוח בין הדבקים מתחזק לב האדם להיות קורא ושונה. וזה לשונו:

הבה נתחכמה לתור לנשמה מנוחה שלימה בשכבה ובקומה לעתיד לבא. והיה כי תבא לפני יוצרה לדעת הטובה היא אם רעה אם המצא טהורה ונאה. חפץ בה המלך ונקראה לפני השם להלך והוא בהיכל המלך. תחת כסא אדוניה והאיר אל עבר פניה. מזיו שכינתו תשבע קדושה וישם כתר מלכות בראשה. וראשית עבודתנו בהקיצנו משינתנו. נכין לבבנו ליחד אלהינו. ולכל פעולה נקדים התפלה. יחד עשיר ואביון תהלות לאל עליון. יתנו נעימות למחזיר נשמות. להודות לה' ולהלל לשם תפארתו ישיב הפקדון אשר אתו בלב שלם לקרוא כלם בשם אלהיכם אל עולם. איש איש לפי דעתו ושכלו אשר ימצא לו. בתפלה יכונן לבוא אל המלך ולהתחנן בית אלהים יהלך ימהר יחיש אשר בידו נפש כל חי ורוח כל בשר איש. זאת התורה כל אשר יקרא אל ה' ויבקשנו בית אל ימצאנו ושם ידבר תחנונים לא ישא פנים יכוף כאגמון ראשו לבקש על נפשו. כי תבא מעון ביתו שים כבוד תהלתו. דום מדברי הבל וְתִפְלָה ותן לאל תהלה. ורוממו תחת לשונך כבד ה' מהונך. עמוד לפניו במורא כי ה' עליון נורא, באימה ובפחד ורעדה לשמוע בקול תודה. את ה' תירא וגופך תרעד כי תשיתהו ברכות לעד. בוראך שָׁוֶה נגדך תמשילהו במעשה ידיך. תגיד מה מעשיו ומעלליו הוד והדר תשוה עליו. ועת התיצבך נגדו תכין לבך לעובדו. וקבל עול מלכותו וליחד אלהותו. אם לקראת אלהיך תכון אף ה' ישכון. כי תפגע בו וראך ושמח בלבו. ישמח יקח תפלתך, ימלא ה' כל משאלותיך. יתן לך כלבבך כי תשית אליו לבך.

ואחר התפללו תפלתו יצא אדם לפעלו ולעבודתו. ובכל מעשיו ועניניו לא ישכח את אדוניו. ויזכור בכל מפעליו ה' הנצב עליו. ויחשוב במחשבתו מה' כל משפטו לא יוכל לחחבא. כי מלאכיו יצוה. לכתוב גלוי ונסתר, ולהיות עדים בשטר. וכל רגעי שעותיך זכרה יום מותך מה היה ראשיתך ומה יהיה אחריתך. ותלבש חרפה מימי הפקודה. אשר יביאך אדון העולם במשפט על כל נעלם, ואת רוח הטומאה היא רוח הקנאה תעביר מעליך, וידעת כי שלום אהלך. יזהר ממנה בדבור במחשבה רשפיה רשפי אש שלהבת בחיים עצמות מרקבת. ואחריתה דרכי מות. ומשם יפרד חילוק הלבבות. רוב האיכות דברי ריבות. אש ולהבות. מים רבים לא יוכלו לכבות. שורש שנאת אח אחיהו היא קנאת איש מרעהו. ומן הקנאה תצמח שנאת חנם זו היא פתחו של גיהנם. השמר פן תכוה בגחלתה

ואל תקרב לפתח ביתה. אשר בגאוה ינהיג עצמו בעליו אין עמו. ישלח אף ועברה למרבה המשרה. ממעלתו וכבודו יורידנו עמוק עמוק מי ימצאנו. ימח זכרו ושמו כאשר יבער הגלל עד תומו. פגע האסון יעורר כל איש צורר. למי תרחק ממקומה ואל ידבק בידך מאומה. כי הגבהות והגאוה המה מי מריבה. איעצך עצה טובה תזרעם כמו רוח. עליהם לבך אם נפתה, נבול תבול גם אתה. אם תבחר בם תפול ולא תקום כי ירחק ממך המקום. והאוחז במדות השפלות והענוה ששון ושמחה ימצא בה. לבו ורוחו בדכאו בשמים הכין כסאו. תחת כסא הכבוד מחיצתו כי שם ביתו. יתענג מזיו השכינה ועיניו אל קדוש ישראל תראינה. יניח אדם הגאות לבעליה למאיר לארץ ולדרים עליה. את הכל יצר וברא האל הגדול הגבור והנורא. במעשיו בחכמה כלם מושל בגבורתו עולם. אין קצה לגדולתו ואין תכלית אל ממשלתו. אם מדת הענוה בגבולך רוח המושל יעלה עליך. וכל האוהב דברי בלע מארץ חיים יבולע.

איבה ישית יכריתה איש מעם רעהו ואשה מאת רעותה, וכפי עוותתו מאריך ברעתו. אותו על העצים יעריכו מפיו לפידים יהלוכו. נידון בגחלי רתמים ארכו לו שם הימים. כי הלכו רכילים עושה אורים גדולים. יחד עשירים ודלים. בעונש זה שקולים. בלשונם נתלים ולחומם כגללים. יפרוץ בם פרץ כמרגלים את הארץ. תקולע נפשם כי תצא מן הקצה אל הקצה. מפה ומפה מורים להם חצים כל אבריהם מפרקים ומרצצים. צריהם במהרה רצים והנוגשים אצים. נדונים בצינים פחים משלחי מדנים בין אחים. ביד פשעם משתלחים כמשפטם בחרבות וברמחים. בעמקי שאול קרואים, וינטשו בעמק רפאים. והמקבלים את דבריהם תועבת ה' גם שניהם נגד פניו מעלליהם חלץ מהם. כי מחזיקי ידם קרוב יום אידם. גם הם יקחו חלקם ואכלו את חוקם. נפש החוטאת בלשון הרע מטומאה נגועה ומדוכאה, והנה היא לא"ה דוחים אותה והודפים את שר האופים, היו תהיה לנדה, וכתב לה ספר כריתות ונתן בידה. ירדנה בפרך יבא אידה היא העולה על מוקדה לאש תהיה לאוכלה כי רבים חללים הפילה. גם הליצנות תפר יראה וירא ה' כי שנואה. הן היא תועבה ומאוסה וירע בעיני ה' את אשר עשה. המחזיק בה משוקץ ומתועב אך בשרו עליו יכאב. מכונה נקרא נבל ונפשו עליו תאבל. יכין ללצים שפטים בעקרבים ושוטים. יובלו ליום עברות ויחנו במוסרות. לכן כל איש מה' ישאל אשר לא יתגאל. ומדת יראת הבושה מהור ימהרנה לו לאשה. תחשוך אותה מחטוא כי ה' אתו. חיי עולם יקנה ורצון שוכני סנה. נפש המרבה אשמה יוסף עצב עמה. כבודה ימיר בכלימה בעבור הרעימה. ועל כל פעולותיה דבריה ומחשבותיה ומעשיה נוכחת והיא כפורחת. תשכון הגויה יחידה בשחותו משכנתה ומגרת ביתה. גם הבשר יקרב למוסר לתת לו כפעלו והמת יהיה לו מות ואסון יקבהו יפרוש כנפיו יקחהו. עת בא חליפתו ישאהו על אברתו. נפש תנוד לבלי חוק, ותתצב אחותו מרחוק. מאור אל חשך יהדפהו באשר חללים שם הוא. ולרעיו ובני ביתו ישנא בדד ישב מחוץ

למחנה. דבר ריע ואוהב נחוץ יוציאוהו ויניחוהו מחוץ. יכרו הקבר מהרה וישליכו אותו הבורה. ירה יירה בשחותו מזה ומזה לכסותו. אוהביו ורעיו ישכחו אותו ולא ידע איש את קבורתו. למכתו אין תרופה ובשר בשדה טריפה. לא יתהדר בריבו והונח במכאוב על משכבו. התולעים בקרבו עולים ויורדים בו. יגור באפלות במחשכים במצולות. ליחה ינוס ויכלה והוא כרקב יבלה. ומן החיל אשר עשה מאומה לא ישא. מעללי נפש והגוף ומעבידיהם עד האלקים יבא דבר שניהם. כצאן לטבח נלקחים בית שר הטבחים לכרות שם כירה לשתות שם מים ממרה, מים המרים שותים ויאכלו זבחי מתים, יחלק יפריד חברתם ויפץ ה' אותם. למשפט באות למות תוצאות. ואם הנשמה תיישר אורחותיה והעלה את נרותיה. בצד שכינה מקומה אצלה להיות עמה. והגוף אם יכשר על ספר הישר יכתב זכרונו, הוא ראשית אונו. השם יסעדנו לשומרו ירחמהו עושהו ויוצרו. ישכון לבטח בקרבו ולא יאכל את בשרו. באמת ובתמים ליוצרו אם יעבוד והיתה מנוחתו כבוד. כמה מעלות טובות לחשוב מחשבות. לקיים המצות תולדות ואבות. ולהתרחק מן העונות ומריב לשונות. ולעבוד הבורא ברצון ובאהבה בגילה ברינה ובשמחה רבה. חזק ואזור מתניך עשות רצונו כרצונך ותחשוב כל רעיונך הוא אביך קנך. תן בלבך להכיר יחודו אין עוד מלבדו. נוצר נפשך זוכרהו בכל דרכיך דעהו. לו תכין כל מחשבותיך והוא יישר אורחותיך.

העשיר אל ירום לבבו כי הרבה כספו וזהבו. הטובה הנתונה אליו יכירנה ותחת רגליו הגאוה ישפילנה. ויחשוב כי לא מחכמתו ירבה כבוד ביתו. וידע כי עושרו וכבודו הביא אלוה בידו. לו הכח והממשלה וכי הוא המושל הוא אלהיו וקונו. אדון לביתו ומושל בכל קנינו. וברצונו יקח הונו ממנו אל כל אשר יחפוץ יתננו. וישים האל תמיד נגדו לזוכרו כל ימי חלדו. יבין כי מאין יצרו ובראו מאחר עלות הביאו. יתן אל פניו מוראו אשר גדלו המלך ואת אשר נשאו. ותמיד אל לבבו ישיב על שדה הארץ יחשב. רק העשיר בעושרו יתן לאלהים כפרו.

רוכב שמים בעזרו ושמרו כרועה עדרו לאלפים דורות יוצא המאורות צדקתו שמושרה וערוכה והשאיר אחריו ברכה ואם עשות חסד יזכר הלא אלהים יחקר ואיש כמתנת ידו יצוה ה' חסדו הצדקה וג"ח הם העומדים לו לאדם כי יותן בית צוקת ובית צרתן (לשון צרה וצוקה) וניצול בגינם מדינו של גיהנם כי מעשה הצדקה אלהים הבין דרכה וגדול ערכה על עולת התמיד ונסכה בכל עת אליו קרובה מת או נשבר או נשבה תלין בעדו ותתפשהו בבגדו מפני שודדו ויסגור ה' בעדו נותן צדקה בעין טובה לא תחסר כל בה אם ממונו לפי שעה יחסר יעשרינו המלך עושר. אשרי האיש לעצמו שולחן עורך לבוש החסד ומעיל צדקה כורך להכין לו צידה לדרך נפשו בחייו יברך בהיותם הממון שלו והראה את נפשו טוב בעמלו כי בניו אחריו בלא יודעיו ומכיריו רק לחלק הונו יתלחשו אחד באחד יגשו אין הון ועושר כמו לחנן עניים לאצור אוצרות בארץ החיים אין ריוח כעשיית רצון יוצרו ואין הפסד כמו המרת דברו וכל

איש ישמח בחלקו גם העני בדוחקו יתן עוז למלכו ה' חפץ למען צדקו כי רישו ודלותו זה כל פרי הסיר חטאתו ליום עברה וצרה רש לא שמע גערה רק לגמרי לא ימרה רצון הבורא ויהיה ירא דברו ויפחד ויצדיק עליו ה' אחד כל עברה מגנה לאיש אשר יעשנה להלשינו לאדוניו וירק בפניו ואם המצות רבות אשה אל אחותה משולבות מקדמות לפניו להעידו איש על ידו יאירו כנרות מכריזות ואומרות מזה האיש לא נשכחנו הוא עשאנו ולו אנחנו ונשמע הקול בבואו לפני ברוך הבא בשם ה'. אמת ואמונה ודבר נכונה ולכת תמים הנאהבים והנעימים מזהב ומפז נחמדים לא יעברו מתוך היהודים להם ניתנה ירושה למאיש ועד אשה ובהם ניכרים מילדי העברים כתרים ועטרות לדבקיהם שכל טוב לכל עושיהם הם כעמודים ואדניהם אשר בית נכון עליהם איש אשר אלה לו יעשר ויקו' חילו יבא הריוח לרגלו איש לפתח אהלו העמודי העושר חצב האמונה אזור חלציו יצוה ה' ברכתו הון ועושר בביתו ילוה ה' לשרתו צנה וסוחרה אמתו במקום האמונה נחת היתה הרווחה והעושה רמיה מלאכתו ויצאה מביתו העושר יסודתו צדיק באמונתו וטעמו בשנותו הנה מטתו.

שוא ודבר כזב ועולה בתוך בני ישראל לא ינחלו נחלה אשר יבחר בהן באש ישרפו אותו ואתהן כי השקר לחסרון היא חברון והחוסר לשקר מערב עד בקר ומבקר לערב דוב אורב השקר פתחת אותה חוברות אשה אל אחותה דבר שקרים לעושה רמיה ובגאות הלך ויחר ה' בם וילך. מצוה קלה אל תקל בעיניך כי למען עשותה צוה קוניך ואם בעיניך קטנה היתה לראש פינה גם מצוה קלה ברחובות תתן קולה בשפה ברורה לקרא להגיד לאדם יושרו ושום עבירה אל תחשבה צעירה כי אף היה על מאזנים כחומץ לשינים וכעשן לעינים וגם חטא הכל יכביד המשקל ואם בו תיקוש והאלהים יבקש ועל כל עון יושב בחשבון איש איש לפי עבודתו שכרו אתו ופעולתו החוקים והתורות קלות וחמורות ולהתרחק מן העבירות כל אלה אבנים יקרות נכוחים וישרים כלם אהובים כלם ברורים דרכי נועם דרכיהם חיים הם למוצאיהם ברכת טוב תבא עליהם אשר יעשה האדם וחי בהם אשרי הגבר אשר חיילים גבר ביתרון הכשר חכמה לשוב בתשובה שלימה יתאונן על חטאיו ויבכה בלב נשבר ונדכה עונותיו ופשעיו יביא אשר על ידו השני (מי שיש בידו עבירות והוא מלשון הפסוק אם יהיו חטאיכם כשנים כשלג ילבינו) כי בעלי תשובה מונעי יצרי התאוה הקורעים לבבם על מריים וחובם מלאכי שלום יתחברו לעומתם ברוך יאמרו אשר נשאו לבו לקרבה לנתיב היושר ומסילת התשובה לעולם הבא עץ חיים היא למחזיקים בה התשובה ומעשים טובים לפני ה' קרובים לעולם נצבים הלא הם כתובים החוטא בשובו לה' בכל לבבו מחדש בטובו ויאמר המלך יבא לה' אלהיו בקראו ונשמ' קולו בבואו ימין פרושה לקראתו ויקוב חור בדלתו לה' ירצה במחתרת ימצא יקבל ברצון תשובתו והסיר את מוראתו נושא עונו ופשעו ותושע לו זרועו בעוזבו זדוניו יאר ה' פניו קרוביו יקראהו ויחוננו ויאמר פדעהו חטאיו כשנים אם תהיינה

וישלחם לבנונה לשב ממעילות שיר למעלו' יענו לו במחולות מי משלנו אל מלך ישראל ללכת בנתיב השלום יואל נטו' הריב והרחיקהו בקש שלום ורודפהו כי הריב שבטו ומקלו על עפר מושלו באשר הוא חופף פריו שרף עופף שחת רשתו ותרמו ויאבק איש עמו מחלון וכליון אלמון ושכול על אודות האשכול בתים מלאים כל טוב לחרמה ישים והכה את הבית הגדול רסיסים (עצים דקים) גורם גילגול טלטול ונדה ישסה אוצר כל כלי חמדה איש מדון מרדף אותו והמדנים מכרו אותו המדון אל אשר יפנה וילך ויבא הלך אל מקום שהשלום הולך הוא יתן מעדני מלך ובכל אשר יהלוך הן לצדק ימלוך אוהבי השלום בחייהם בלא מרמה עם רעיהם גם אחרי מותם וירא וירץ לקראתם באהבה ובריעות אם יהיו השם עליהם יחייו אוהב האמת והשלום מרחיק חטאה בהמה שדמן חלקו ומאכלו בריא' בסוכו ובמעונתו חמד אלהים לשבתו מעלות השלום רבו מספר איה שוקל איה סופר אשר איננו מוחל על עלבונו כל ימיו מכאובים וכעס עניינו על רעהו במוסרו דינו למלא עונו לשנא גם בזה תחטא הנפש והוא מזכירי עון להתפס להענש תחלה (כמו שאמרו חז"ל המוסר דין על חבירו הוא נענש תחילה) ושמעה קול אלה והנטירה והנקימה ואף והחמה אף בהמה (כמו בהם) תאבד הנשמה אבדון בשאול מטה הנה היא ללוטה והעובר על מדותיו להשיב לאויביו כפעולותיו ומקבל צרות לכפרת עונותיו ויברך על רעותיו לקונה אותו לדורותיו יכפר יעביר חטאיו ולא ישבו בנתיבותיו אם כה מדתו שם אתה מוצא ענותנותו תרב גדולתו ה' הוא נחלתו כי הכובש יצרו כפול ומכופל שכרו ה' אלהיו בחרו ועליו יציץ נזרו וגם שלמה המלך אמר בחכמתו שכל אדם האריך אפו ותפארתו עבור על פשע ושם דרך יראה בישע הן זאת מחשב' טובה לכן אדם יחזיק טובה להרחיק פשע וחובה ומחשבת און ורעה רבה ועל דבר הצדקה וג"ח מלקפוץ ידיו מלחונן עניים ומרודים ישים האדם אל לבבו הקב"ה גזר עלי בחסדו להיות עשיר הנה מה אני חסר לפזר לאביונים ולעשות מצוה בממוני ברכת השם אשר נתן לי הלא הגוזר עלי להיות עשיר לו הכסף והזהב הוא ישלים החסרון ההוא כי לא יבטל גזירתו הטובה מעלי בעשותי רצונו וחפצו ודברו הטוב אשר יצא מפיו לא יושב אלי ריקם כי לא איש ויכזב ובן אדם ויתנחם ומדוע תרע עיני באתי האביון לאמץ לבבי מלתת מן הטוב אשר הטיב ה' לי במה שאינו חסר מאומה. ואם גזר עי להיות עני על עונותי לכלה פשעי ולהתם חטאתי בעה"ז כ"ש שטוב לי שאפזר ממוני בצדקות וג"ח ולמצות להחיות נפשי לעשות רצון יוצרי ואהיה נשכר בכפלים ממה שיכלה בהבל ורעות רוח וזה יהיה חלקי מכל עמלי ולא יאבד לעולם כי הבאתיו אל בית העושר בין החיים מקום שיד ב"ו איננה שולטת ואין לירא לאש תבער בו ונהרות שישטפוהו ותמיד עיני ה' בו גם לזרעי אחרי שמור צדקתי וחסדי ככתוב נוצר חסד לאלפים ואומר פזר נתן לאביונים צדקתו עומדת לעד.

ומחשבה זאת תחדל את האדם מכמה עבירות אשר תאבד בהם את הנפש

ולגנוב ולגזול ממון חבירו ומלהפסידו את שלו אע"פ שהוא אויב לו ומבקש את רעתו יחשוב האדם ויאמר אם הקב"ה גזר על אויבי להיות עשיר ושכר המצות שעשה הוא או א' מאבותיו אפילו אם הייתי לוקח לו כל ממונו ומפסידו כל אשר לו סוף דבר הן נגזר עליו להיות עשיר הוא ישלים מה שאחסרנו ולא את שונאי אני קובע כי את האלהים שמזקיקו אני לשלם לו ואם המלך חפץ ביקרו וגדולתו מי יוכל לבטל גזרתו ואם הוא ישקוט ומי ירשיע ואם הבורא גוזר על אויבי להיות עני למרק עונותיו הנה א"צ שאחטא לקחת מוקש לנפשי להנקם ממנו כי גם אם ידי לא תהיה בו אראה נקמתי ממנו בגזרת היוצר אם המקום רוצה לגבות חובו ממנו מרשעים יצא רשע וידי לא תהיה בו וחילה לי לחטוא ויזכה אויבי כי הוא בצערו ועניותו תכופר חטאתו. ואנכי ברשעתי אאבד נשמתי אם אשלח ידו בגופו וממונו ואם אעש' בנפשי שקר כל דבר לא יכחד מן המלך כי נוטה אזן הוא ישמע יוצר עין הוא יביט ואומר אם יסתר איש במסתרים ואני לא אראנו. וחכם לב יקח מצות בממונו אשר נתן לו האלהים יעשה ממנו צדקות וג"ח לקנו' את נפשו ולא ידאג לבו על מה שמחס' ממונו כי החסרון ההוא אינו אלא לשע' למה זה דומה לרחל הנגזות שאין חסרון צמרה ניכר אלא לשעה כי הוא חוזר וגדל כן הנותן צדק' וג"ח מממונו אין בו חסרון אלא תוספות שמשתלחת בו ברכ' בממון ההוא כי ברית כרות' בממון שנותני' ממנו צדקות וגומל ממנו חסדי' שאינו חסר בכך שנא' נותן לרש אין מחסור וכו'. אבל האד' הנתן לדבר הרשות ותענוגו' בני אדם בימים שאין בהם חפץ ורצון הבורא וכ"ש המוציאו בדבר עבירה ועיון הרי זה כגוזל למקום ברוך הוא ממונו יחסר תמיד ואין רואה בה סימן ברכה כי למה זה דומה לרחל שנחתך אחד מאבריה שאין גזעו מחליף לעולם וחסרונו ניכר לעד כי אשר ימנע מחפץ דלים ומלחונן אביוני' ויאמץ לבבו לקפוץ ידו מלתת להם ויאט' את אזנו מצעקת דלים סוף יאבד העושר ההוא בענין רע ותמיד יהיה הלוך וחסור ככתוב וחשך מיושר אך למחסור ואומ' ומעלים עיניו רב מאירות ואומר פעולות צדיק לחיים ותבואת רשע לחטאת לכן כל אשר נשמת רוח חיים באפיו בעוד נשמתו בו כל אשר תמצא ידו לעשות בכחו יעשה עד כאן כל זה מלוקט מספר התפוח של הרב הגדול והמופלא רבינו שלמה זצ"ל.

אמר המחבר הצעיר אליהו הכהן אף ע"פ דבפרקי' דלעיל לא יחסר מהם מדברי התוכחות הנזכרות בפרק זה אך כתבתיו בעבור מתק לשונו ושהתוכחות והמוסרים באים במלות שונות ותראה בני אדם שלומדי' ענין אחד מדרוש או ממוסר בספר אחד ואין טועמים ממנו ואינו נרשם הדבר בשכלם. הענין או דברי המוסר עצו לומדים אותו בספר אחר הבא בשינוי לשון ובמילות שונות וטועמים ממנו ונרשם הענין בדעתם ומגדים ומשבחי' אותו ענין ובהפך אם אחר למד ענין בספר שלמד זה וטעם הוא אינו טועם וטעם מהספר שלא טעם חבירו טעמו של דבר שכל הטעם מענין ספר שלמד יש לו איזה שורש לנשמתו בנשמת המחבר הספר וכיון שהם משורש אחד

לכן טועם לשונו ונרשמים דברים בלבו לא כן מספר שלמד ולא טעם אעפ"י שהענין אחד משום שאין לנשמתו שום קורבה ואחיזה בנשמת המחבר אותו ספר או אפשר גם כן שהוא חיבר הספר עצמו בגילגול שעבר ועל כן טועם ממנו יותר כיון שהיא בעל הספר וטועם מלשונו שכתב ולכן נרשמים הדברים בקרבו ואינו שוכחם כי הוא עצמו מי שאמרן והדבר בהפכו וזהו דאמרינן בר מזליה שיש להם התקשרות מסבת שורש נשמתם. וכן תמצא בבני אהרן הקדושי' בפ' אחרי מות אומרו אחרי מות שני בני אהרן בקרבתם לפני ה' וימותו דשניהם היו בר מזל אחד ומה שהיה ערב לזה. ערב גם לזה. וכלם היו מסכמים יחד על ענין אחד כי נשמתם משורש אחד היו ושניהם שווין לטובה ונתקדש הבית על ידם וזה לא נשא אשה. וזה לא נשא אשה. ושניהם הסכימו ליכנס מחוסרי בגדים או למ"ד שתויי יין נכנסו וכמה סברות בדרז"ל דע שבעבו' היות נשמתם שורש אחד כל אחד היה מסכים לדעת חבירו ושניהם גוף אחד חשבינן להוא דגברא בלא איתתא פלגא גופא וכיון שלא נשאו נשים שניהם נחשבים גוף אחד. וזהו דקאמר ליה משה לאהרן אחי הייתי סבור או בי או בך הבית הזה מתקדש עכשיו שני בניך גדולים ממני וממך שהכוונה גדולים ממני וגם ממך כי אנחנו נפרדים והם שניהם כאחד נחשבו מסבת קורבת נשמתם מה שאין אנו וזהו כוונת הכתוב בקרבתם לפני ה' וימותו כלומר על יעלה על דעת איש שאיזה עון גרם מיתתם ח"ו אדרבא על הקורבה שהיה להם עם הקב"ה וימותו לקדש הבית על ידם כי לא מצא גדולי' מהם וכמו דקאמר משה רבע"ה לאהרן ב' בניך גדולים ממני וממך וזהו בקרבתם לפני ה' וימותו בעבור קרבתם עם ה' וימותו כמדובר ואומרם רז"ל שתוי יין היו או למ"ד מחוסרי בגדים טעו בשיקול דעתם כאשר פירשו המפרשים ז"ל עיין במושבותם שהם לא כיוונו לחטוא חלילה דאיך אפשר דלזה כיוונו והיו גדולים ממשה ואהרן הכלל העולה דכיון דשורש נשמתם אחד היה ערב לכל אחד דעת חבירו ולכן כתבתי מוסרים אלו הבאים בשינוי לשון יען שימצא אדם מהמוסרים הכתובים בפרקים דלעיל ולא יערב לו וילמדהו כאן בלשון זה ויערב והדבר בהפכו השם יזכנו להבין ולטעום מכל ספר וספר אמן כן יהי רצון.

פרק כט

יאורו העינים **ויתפתחו** האזנים לראות ולשמוע תוכחה אחרת יפה ואדרת אברך את ה' אשר יעצני אף לילות יסרוני כליותי הלא הם יורוני ולבקרים יעירוני ולשחרים יזכירוני ויאמרו לי עד מתי עצל תשכב קום קרא אל אלהיך עד מתי מאנת לענות אם לא עכשיו אימתי השמר לך ושמור נפשך מאד בטרם תלך מעמך תמול בואך ומחר נוסעך ורוח אלהים ישאך על אשר לא תדע כי נכרי אתה וגם גולה את למקומך שוב יום אחד לפני מיתך כי כפשע בינך ובין המות ימיך חלומות שקר וחייך כענן בקר. בהאריכו תתקע ובהפלות' תסע ויש אשר יהיה הענן ימים מספר או יום או לילה ונעלה הענן

ונסעת התקושש והתאושש והכלם והתבושש עד אנה כעור תגשש וכמו באפלה תמשש עני כמה ימי שני חייך כי תבלם בהבל ותאבדם בתהו הנה חייך הולכים ודלים עד המדרגה התחתונה ומאוייך מתגברים ועולים עד המדרגה העליונה עורה והקיצה רוצה הגביה השפל והשפלה הגבהה (שתגביה היצ"ט שהוא שפל בעה"ז והשפל היצה"ר שהוא גבוה בעה"ז) פנה כל מעשיך שעשו ידיך ובעמל שעמלת תחת השמים גם אתה ידעת כי אין טוב בהם כמה שנים הלכת אחרי ההבל ותהבל נוטר כרמים היית ורחמך לא נטרת ועיני ה' המה משוטטים בכל הארץ לראות הפרחה הגפן פתח הסמדר והנה עלה כלו קמשונים זקנת ושבת ושובבת ולא שבת בית האמת החרבת ובית און ישבת זה כמה שנים ה' אלהים עמך לא חסרת דבר לא בצדקתך וביושר לבבך גם שיבה זרקה בך ואתה בשרירות לבך הלכת הילדות והשחרות עברו רק הבמות לא סרו. השביעך ותבעט השקך ותשכב ותאכל ותותר גזלת אורן ועשית תורן בי מידות שידה ושידות לחם ובשר ומזג לא חסר ותרבץ ככשב עלי ארץ לדברי אהבים ולדמי ענבי' ומחה צלחת ומצא ספחה ואתה אל בור שחת והנושה בא לקחת ואתה מתעסק בגלגולי עצביך כסף וזהב הבלי תבל ליבבוך ואל משכיותם סבבוך פתי מדוע גנבוך אחרי אשר התעדנך וראשך דשנת מפרי עץ הגן אשר לא שתלתו ולא עמלת בו ולא גדלתו התעכרת והתנכרת ועברת ולא זכרת. האמירך ותמירנו העשירך ותסירנו ואותי השלכת כי מלכת על כן לא הארכת העל אלה התאפק ה'. קריצות פעמיך אחרי זממיך זה אומר ככה וזה אומר ככה ואתה תעשה מלוכה ונשים משלו בך אין כהה לשברך גנבוך התאוות ותקפוך התאוות ואתה תבקש לך גדולות אל תבקש היש לך פה להשיב או מצח להרים ראש תשא עיניך לשמים ולבך בין תנור וכרים ותפלת' אך דבר שפתים לשון רכה ובלב לא זכה בלשונ' תהלה ובקרבך תהלה בפיך תפלה ובלבבך תיפלה עבודתך לא נקיה עושה מלאכת השם רמיה הסר מעלי המון שיריך הגנוב ורצוח והלוך שחוש ובמה ירבה לסלוח ואתה בלא כח דומה לחוח ותפלתך לא ריח ניחוח. הסר זנוניך והשלך נאפופיך ואל תאמר נער אנכי תנה לה' אלהיך כבוד בטרם יחשיך וינוס ליחך ויבש כחך ותקצר רוחך וישפל מצחך ויכבד טרחך ותהיה על לבך למשא כאבן מעמסה ובשרך ימס וחלבך יזוב ואפס עצור ועזוב הלנצח תרדוף ילדותך ותך אחר בחירותיך ועתה הלך הלכת כי נכסוף נכספת אל שעשוריך למה הקילות את רועך והתרצית את רעיך והאחים סביבותך פחים והריעים רעים ברעתם ישמחו כי ישבחוך ותשמוח כי ישחקו אליך ויקצוף האלהים על קולך השתומם והתבונן ותיבנה ותיכונן כי סרבי' וסלונים (פסוק הוא ביחזקאל וכי' ממרים וממאנים וכמו קוצים הם עמך) אתך ואל עקרבים אתה יושב ובמושב לצים ישבת ובדרך חטאים עמדת כי קינאת בהוללים ובחטאים גם פעמים רבות ידעת כי הכינות לבך ליצר ולא ליוצר ובטלת רצון היוצר מפני רצון היצר ועל מי בטחת כי מרדת בו הלא תירא מיום צרה מפחד

פתאום מיום נורא ואיום משואת רשעים ממשפטים הרעים מגזרת מלכיות ממיני פורעניות ודקדוקי עניות ממקרה ופגע ומכל נגע כי יעצור השמים וכי יגרע נטפי מים ואל מי תשא עיניך בעונייך ופני מי תחלה בחוליי' כקרוב נפשך לשחת וחייתך לממתים בבואך ים בלכתך מדבר רעב כי יהי' דבר כי יהי' וכל מיני משחית כי יבעתוך בלהות כי יאחזיך ימי עוני הלא אז יכנע לבך הערל ותאמר קומה והושיעני ומצח אשה זונה היה לך בבקשת תקוה ועקב המן הגרן או מן היקב והוא רחום יכפר עון בצרה קראת ויחלצך צעקת אליו ויצילך בהביטך ימין ואין מציל שמאל ואין מכיר ותשוב בכל מאדיך ותבין בכל לבבך ותאמר חטאתי וישר העויתי ועתה שא נא חטאתי אך הפעם אם עול פעלתי לא אוסיף וכי היתה הרווחה וטענפ' את רגלך אחר רחצם אללי לך הכזה גמול עבד לרבו אם כהתל באנוש תהתלו בו האמור תאמר כי הסתר' הנה אלוה כל בשר הממנו יפלא כל דבר הנוטע אזן הלא ישמע אם יוצר עין לא יביט אוי לך בן אדם אבדת בן אנוש כי תשיב אל אל רוחך ותוציא מפיך מילין ובעת כעסך תשכח ה' עושך כעסת והתקצפת אי מי חרפת וגידפת ועל מי הרימות קולך קום אכול מפרי ידיך למה קרעת בגדיך האותי הכעס' הלא אותך למען בשת פניך אכלת בוסר (פירות שלא נתבשלו כל צרכם) וקהו שיניך ותשא מרום עיניך והאמינו רעיונך כזה וכזה שמעו אזניך מתוכחות ראשית אוניך ולא יודע עול בשת מדוע רוחך סרה ועצתך נבערה קרבה עתך ורוח רעה מבעתך הפוך ידיך וחזק מתניך ותורך נוראות ימינך כי עשה תעשה וגם יכול תוכל ידיך לא אסורות ורגליך לא סגורות עיניך לא עורות ואזניך לא סגורות חזק והתחזק וצא מן ההפיכה והיתה לך נפשך לשלל וישוב בשרך לך יטהר עד מתי רעיונך פותחים על שתי הסעיפים נרפים הם נרפים תסב יצרך הרע אחורנית ואל תלך קדורנית גער בשטן ותרחיקהו ואל תנכהו וידעת את אשר תעשה לו כי לפתותך בא ועומד על ימינך לשטנך בקרבך הוא יושב ורעות עליך חושב והוא כגבור משכיל לא ישוב ריקם אתה תקרום והוא יפרום עד ישימך ערום עזוב הזמן ומעדנותיו ואל תתאיו למטעמותיו כי מות בסיר ומרה תהיה באחרונה תן לבך לראשיתה פן מה תעשה באחריתה עשה ואל תאח' ואל תהלל ביום מחר כי לא תדע מה ילד יום ומי יגיד לך כמה ימי שני חייך שוב יום אחד לפני מיתתך כי מת אתה ולא תחיה ומה ה' אלהיך שואל מעמך כי אם לשיתו נגדך תמיד כי מימינו בל ימוט ובכל דרכיך לדעת אותו והעיר' ועוררה עד שתחפץ ושים אמריו כחותם על לבך ותהיה בעיניו כמוצאת שלום והדרך הטובה אחת היא לדורשיה ברה היא למבקשיה כל מבקשיה לא יעפו על משכבך בלילות בקשיהו וכדורשי הלב דורשהו ואם תיגע אל תאמר יגעי ולא מצאתי כי הוא נמצא לדורשיו ונדרש לכל שואליו וקרוב לכל קוראיו באמת רק עונותיך מבדילים בינך לבינו לכן שוב והפצר בנפשך ועצר ברוחך וחזק בתומך ואל תרף עד יפתח השם עיניך ויגלה את אזניך ויטהר רעיוניך כי עתה יעיר עליך ושילם נות צדקך ותשא

פניך מרום ובטחת כי יש תקוה. אזהרה לנפש להוציא מטיט ורפש.

ברכי נפשי את ה' אל תשכחי כל גמוליו זכרי כי ממקום קדוש הוציאך לא לתוהו בראך וין לפניך החיים והטוב הרע והמות גם את האור והצלמות בחרי לך היום אם עבר' אם פדיון והתבררי והתלבני וצהרי מהרי תטהרי ותחליפי שלמותך והשליכי תעתועייך והבלי שעשועך והסירי את יינך מעליך ועל יפתוך יצרי בגוף הנגוף עוזבהו בטרם יעזבוך והכלימהו בטרם יכלימוך מה לך אחריו נמשכת והוא נחפז ללכת ולשוב אל עפרו כשהי' ואתה תשוב אל אלהים אשר נתנך עתה דעי וראי מה תשיבי שולחך דבר היעמוד לבך אם תחזקנה ידיך אם תתפתי בהבלו ותמשכי בחליו ותעזבי את צור מקורך ותסתמי עין מאורך.

ברכי נפשי את ה' להתחברי עם מלאכי והתהלכי עם משרתיו ברוכיו ואל תקוצי לתוכחתו כי הוא חוננך הדעת ויחנך רואה ושומעת והטוב והרע יודעת. מה לך ולתולעת הלא ידעת כי תשוקתו אליך ועיניו עליך. הדומי ואל תדומי פן תשוה לו גם את העלי והגלי וגערי בחפץ הגוף ובארב' שפטים הרעים לכן תבואי בצור והטמני בעפר ותקעי לך יתד במקו' נאמן בחרי לך אורח חיים למעל' וסורי משאול מטה ותני לך מהלכי' בין המלאכים במושב עבדיו ובמעמד משרתיו ושרתי מלכותו ושלוחי מלאכותו ועושה מלאכתו בכל לב שאי יעיניך לקדושים אשר בארץ ותני לבך אל הטהורים אשר בשמים הביטי אל צור אשר ממנו חוצבת ואל הגזרה הפנימית אשר ממנה לוקחת הסבי פניך ושאי עיניך אל המנורה הטהורה אשר לפני ה' אשר ממאורה תיאורי ואל עבר פניה תאירי ויאר ה' פניו אליך וזרחה שמש צדקה ומרפא בכנפי' אז תראי האור הבהיר אשר חשך לא ישופהו ולילה לא יחליפהו המשיכי מבור התאוות התאמצי ואל תערוצי והתחזק להחזיקי בתומתך והתקדשי מטומאתך ברחי מן המות וצאי מן הצלמות ושאבי ממקור החיים ומעי' הישוע עד כאן אזהרה לנפש.

תוכחה יפה ומעולה הגיעה הנפש למעלה.

הוי יודע כי אין לך אויב ומבקש רעתך כיצרך הרע וכל רעיוניו עליך מחשב להרע לך כל היום להכין לך כלי מות להפילך בשחת יפעל וכל מזימותיו ועשתונותיו להדיחך מעל ה' אלהיך ולהשניאך בעיניו למען תיוקש לעשרות הרע בעיני ה' יתברך להכעיסו למען טורדך מחיי עולם לאסוף עם חטאים נפשך ולהניחך בקהל רפאים כי כאשר יקום איש על רעהו ורצחו נפש כן הדבר הזה והבא להורגך השכם להורגו וחזק ואמץ ותהיה לבן חיל ותצא למלחמה על אויביך ובתחבולה תעשה לך מלחמה עמו ובעלת על רוחך לעשות שום דבר נגד בוראך במעשה ובדבור בראית עיניך או בשמיעת אזניך או להימנע מעשות מצוה או בשתיקה דבר שאפשר בידך למחות בהילוכך במחשבתך בכל דבר אשר תוכל לחושב ולדעת שהוא נגד יוצרך בין תבין כי הוא יצר הרע המבקש להחטיאך. ובכן והשבות אל לבבך ואל יצרך איך אעשה הרע הזאת וחטאתי לאלהים האל הגדול הגבור והנורא

נוטה שמים ומוציא במספר צבאם ויסד ארץ נותן נשמה לעם עליה נותן שמש לאור יומם חוקות ירח וככבים לאור לילה חכם לב ואמיץ כח יוצר כל מאין ברא כל במאמר בלי עמל ויגיע כי הוא אמר ויהי הוא צוה ויעמוד עיניו משוטטות בכל הארץ צפות בכל מעללי איש ואזניו שומעות ותוכן לבות הוא יבין ואין כל דבר נעלם ממנו והוא יצרני מטפה סרוח' וידיו עשאני ויכוננוני למען ספר שמו בכל הארץ ולעשו' חוקותיו מצותיו ותורותיו כאשר ה' אלהי הרועי' אותי מעודי עד היום הזה ועשה לי כל צורכי ובכל לילה אני מפקיד רוחי בידו ובבקר מחזירה לי ומרבה להטיב עמדי עד אין די ספר ובחיי אנכי עפר ואפר רימה ותולעה אף כי אחרי מותי אשר קשוב הרוח אלהי' אשר נתנה ויביאני במשפט על כי נעלם אם טוב ואם רע ואיך יעלה על לבי בזוי רש ונקלה שפל מכל השפלים להמרות את פי ה' אלהי מלך גדול על כל אלהים הגומל עמי את כל הטובות האלו למען חסדו לשלם רעה תחת טובה לעשות הרע בעיניו להפעיסו וחדלת מחטוא לו למען כבודו לעשות לו החת רוח שישמח במעשה משרתיו עושה רצונו גבורי כח המושלים ביצרם ובזה תהיה נשכר על בכפלים אחת מניעת העבירה שלא יענש ועל צער כפית היצר למען יוצרך. ואחי החכם השלם כהר"ר מיכאל הכהן ז"ל פירש בזה כונת התנא וז"ל זהו ממש כוונת המשנה במה שאמר לפום צערא אגרא בדרך לא מביעיא ל"מ בעשית המצוה אלא בענין מצוה המנגד לו הוא שטן הוא יצר הרע מלאך המות יש לו שכר כדברי הספר הזה ע"כ וטוב לך להצטער בעולם הזה שהוא הבל כדי לקנות עולם הבא שכולו טוב ושכולו ארוך וקיים ואם את הדבר הזה תעשה פעמי' שלוש ויכולת עמוד נגדו ויתנו ה' אלהיך בידך ולא יוכל לך מעתה כי תשכחו.

ידוע תדע כי יצר הרע המחטא לאדם הוא יצר התאוה הנכנס בלב הגנבים לגנוב ובלסטים ובאותה שעה נהנים מאד ודרכיהם ישרים לפניהם ואחריתם דרכי מות כי המלך תופסם ותלה אותם ואז שמח מאד היצר הרע כי נתקיים מחשבתו ונעשתה עצתו ונשלמה תאותו כי לכך נכנס בתחילה בלבם להתאיבם לעשות הרע כדי לטורדם לאבדם מן העולם עתה ראה גם ראה והביאה למוסר לבך ונצור נפשך מרע ולא תבא לו ולא תשמע אליו כי הרג תהרגנו ותכבוש אותו וזכור את בוראך ובכל דרכיך דעהו והוא יישר אורחותיך ואהבת את ה' אלהיך בכל לבבך ובכל נפשך ובכל מאדך.

התרחק ממדת הקנאה כי אין מדה רעה למעלה הימנה והיא אב לכל העבירות ושורש לכפור בבורא כאיש אשר תעבור עליו רוח קנאה וקנא בחבירו היא מוציאתו מן העולם הזה שדואג ומצטער תמיד וסופו יורש גיהנם כי היא גורמת לאדם לעבור על כל מצות האמורות בתורה אם תדקדק יפה ואם רוח הקנאה יעלה עליך בראותך את חברך מצליח במעשיו בגופו ובממונו ואתה לא כן עשה זאת איפוא והנצל. שא עיניך לשמים ותן כבוד ושבח והודאה לאדון הכל אל אמת שאינו מקפח שכר שום בריה עושה רצונו בין רב למעט כי כפי מעשה האדם גמולו

ישלם לו אמרת בלבבך לו יש מעשים טובים ומצות ביד חברי ועושה רצון קונו ועל כן גם יוצרו עושה רצונו ומשפיעו לו טובה ואני אולי הרבתי לפשוע נגד בוראי ואיני כדאי ואם אולת אדם תסלף דרכו על ה' יזעף לבו בתמיהא אך תקנא במעשיו הטובים ואמרת אעשה כן גם אני ותטיב מעלליך ועשה רצון יוצרך למען יאהבך ותמצא חן בעיניו ואם ידעת שאתה צדיק גמור וחברך המצליח רשע גמור אל ירע בעיניך על המקרי אשר אתה רואה אך חשוב בלבך אפשר שחבריך הרע המצליח עשה שום מצוה ובהצלחתו משתלם לו גמולו בעולם הזה כדי ליפרע ממנו לעולם הבא על רוב עונותיו ואני אף על פי שאני צדיק אי אפשר שלא חטאתי נגד יוצרי כי אין אדם צדיק בארץ אשר יעשה טוב ולא יחטא ועל אותו חטא הקב"ה יפרע ממני בעולם הזה למען בהנחלתי חיי עולם הבא שהו' זמן ארוך ומאהבתו אותי מיסרני בעולם זה לכלות פשעי ולהתם חטאתי ולכפר עוני ככתוב כי כאשר ייסר איש את בנו ה' אלהיך מיסרך וכתיב כי את אשר יאהב ה' יוכיח וכאב את בן ירצה ואם גם אתה תצליח ויש לך די סיפוקך בריוח ובכבוד אך שאינך עשיר ואין לך רוב בנים כמוהו וקנאת בו הוי יודע שעונשך רב וגדול עוניך מנשוא כי אתה נוהג קלות ביוצרך ונראה שאתה חכם בעיניך לאמר לא יתכן דרך השם והיית רוצה שהיה מתנהג אחר דעתך ורצונך אך זאת חשוב יוצרך ברוך הוא מלך שלטון ומי יאמר לו מה תעשה ואין להרהר אחריו ודי לי על הנשמה אשר נתן בי וחיים וחסד שעושה עמדי ועלי להודותו ולשבחו על כן ומה תקוה כי ירבה כבוד ביתו לא במותו יקח ירד אחריו כבודו ואין טוב לאדם כי אם לירא את השם הנכבד והנורא ולעובדו בכל לב לעשות רצונו במלאוי בלי חסרון דבר בכל יכולתו ולאהבה אותו ולדבקה בו ככתוב את ה' אלהיך תירא ואותו תעבוד ובו תדבק כדבר הזה תדבר לך יצרך הרע במוצאך אותו.

וראיתי לכתוב דברי מוסרי' לקוטים מדברי חכמים וחדות'. בעת המבחין יקל האדם או יקר המסתפק בחלקו חופשי והחפשי הוא עבד בדרושו יתר מחוקו האדם רודף ונרדף רודף מה שלא ישיג ונרדף ממה שלא ימלט אתמא על מי שקונה עבדים בממונו ואינו קונה בני חורין במתק לשונו חיי אדם שלשה אתמון עבר זמנו והיום הוא חולף ואינו ומחרתו אין מי יבינו למדנו חכמה להתגדל בה המשכילם לא לרמאות בה את הכסילין כבקשת די סיפוקך מעט יספיק לך פתיות האדם מחבלו והאל יעזרו על ידי שכלו לעבו' המלך בלא אמונ' יבא לידי סכנה אל תהא מהאנשים אשר בעת צרתם יחדלו מרעתם ובחלותם ינחמו על חטאתם הלמד בניו תור וחכמה בנערות' יצא טובתם בבחרות' כעצי השדה בתנובת' מי שירצה לעלות במעלות גדולות ישמור עצמו מן הנבלות מי שירצה העולם הזה ישבע ממרות והיוצ' ממנו נמלט מן הצרות האדם כבהמה אבוסה מעונות עמוס' ורובץ תחת המשא כשיקצוף השם על הקהילה יתן הון לנבליהם ולקופצים ידיהם כשאוהבם יתננו לנדיביה' החכמה קראה מהרה ולמדוני בטר' הבקשוני ולא תמצאוני. ההלוואה ראשיתם אהבה וסופה איבה

ומריבה כל הרואה נסיעתו מנוער אל עדנה ידע כי יסע מעדנה אל זקנה התשובה לחטאי' כרפואה לחולאים מי שהחזיק בעת התאוה והשיכרות במפעליו לא ימצא ביום דין תואנה עליו. צריך הנפש אל המוסר כצורך הארץ אל המטר הנדיב ינדב נפשו לאויביו והכילו יצופן הונו מאוהביו. בהתיישר המידות הטובות בחברת הישרים כן ישחיתו בחברת האכזרים. מי שלא יסבול חטא אוהבו ישיבהו אויבו. טוב מהיות אלם ומשכיל מרוב דברים וכסיל. הרבה עשות חסדים כי הזמן מתהפך פעמים ישפיל הנכבדים ופעמים ירים העבדים. יושר וזכות יעמיד המלכות. הכן צידה ליום הפרידגה ומבחר הצידה יושר ועבדות האל יתברך. מבחר כל המעשים התשובה ממשובה נקיות מאכזריות וטהרה מעבירה. החכם נכבד ואם משפחתו בזויה ורבו חבריו בארץ נכריה. הפרישות מן העולם רפואה מן היגון והעושר מן החסרון. יתרון לכסיל עצמו מן המתוכח עמו. הנדיבות מקרבת אויבים והגניבה מרחקת אוהבים. בעת הזעם אלף אוהבים לא יצדיקוך ובעת רצון אלף אויבים לא יזיקוך. מי שמאריך לך שלומו ומונע ממך טובו בצורות המצויירות תמצא כמותו. מי שמתארח בבית הכילי לא יצטרך למרקח' המשלשלי'. האכילה עם האוהב או עם הנדיב מרקחת ועם השונא או עם הכילי קדחת. הקנאי ימיו מעטים מפני שדואג למה שלא יזיקהו ולא יעלהו וימות ביגון. מי שמאמין ברכלים לא ישארו לו אוהבים אפילו יהיה חביב וקרוב. כי טבע באולתו מי שגבר תאוותו על שכלו. אם תרצה שלא תדאג החשוב כל העול' כלו הפסד ומה שיעלה בידך ממנו חשוב אותו ריוח. חכם אחד עבר על אדם אחד שהיה להוט במלאכתו ואמר לו היאך הרוצותך בזה העולם אמר לו אני רודף אחריו אמר לו מה השגת ממנו א"ל לא השגת ממנו כי אם מעט מזער א"ל החכם אם השגת מזה העולם שאתה רודף אחריו כי אם מעט מזער מה תשיג מן העולם הבא שאינך רודף אחריו. שאלו לחכם מה טוב לאדם בזה העולם ואמר השכל והחכמ' ואם לא יקנה ממון שיחי' בו ואם לא ישא אשה טובה שתכסה על מומו ואם לא הקבר טוב לו אם תתחרט על הדבור פעמים רבות תתחרט על השתיקה פעם אחת תנה סודך ועצתיך על ההרים כי תראה סביבותיך ימות אדם בכשלון לשונו ולא ימות בכשלון רגליו הדבור בשקל כסף והשתיקה בככר זהב יפה אויל שותק מחכם ברוב דברים מי שלבו נר לשונו רחב סודך אסירך ואם תגלהו תהיה אסורו. שאלו לחכם היאך הסתרת הסוד ואמר אכחיד המגיד ואסתיר ההגדה. כשתירא מן החרטה אמור לאו קודם להן. לולי ג' דברים היו מתקני' ענייני האדם דברי חכם שאינ' נשמעת ותאוה שאינה נמנעת וגאות אדם עם נפשו קרן המשכיל הענוה וקרן הכסיל העזות מחול למי שהרע לך ותן למי שמנע ממך כי אם תקום תדאג ואם תמחול תשמח הסבל שלום והמהירות חרטה אל תחליף אהוב קדמון בחדש בעוד שלבו ישר עמך אל ימעט בעיניך שונא אחד אפילו יהיה שפל ונבזה כי פעמים יחנק אדם גדול בזבוב קטן על כן הזהר משנאת כל אדם ואל ירבו בעיניך אלף

אוהבים. האדם בלי חבר כשמאל בי ימין. שאלו לחכם א' את מי תאהב יותר את אחיך או את חברך והשיב כי איני אוהב אחי עד שיהיה חבירי. השמר מישיבת מי שלא תלמד ממנו טובה כי ישיב' החברה הרעה קנין המדות הרעות וישיבת החברה הטובה הוא קנין רוב הטובות. שאלו לחכם אחד מפני מה לא תאהב את היין אמר להם מפני שמעל בשליחותו שלחתיו אל הבטן והוא עלה אל הראש.

עד כאן מצאתי דברי חכמים ומוסריו. אמר המחבר אליהו הכהן אף על פי שראש החכמים שלמה המלך ע"ה לא הניח דבר מוסר שיכול להיות תחת השמים שלא כללו בדבריו הנעימים בספר משלי וקהלת עכ"ז כתבתי מוסרים אילו שהיותם במילות שונות יחשוב אדם שהם חדשים מקרב באו וירוץ הקורא בהם. ומה גם שלא היה צורך בהם שחייב אדם להדמות לקונו כדכתיב בפ' קדושים קדושים תהיו כי קדוש אני ה' אלהיכם שצריך שיקדש עצמו ודומה לו לבוראו נגלים לו תעלומת חכמה ולא ימצא בו מדה מגונה יהיה שלם בכל. דכיון שהוא קדוש אין מסך מבדיל בינו לבין יוצרו ושכינה שריא עליו ומדריכו אל היושר ובהיות ששייך באדם אשר מחומר קורץ דברי דרך ארץ ומוסר באכילתו ושתיתו ובשאר דברים שדרכו כבהמה בתשמיש וצרכיו באופן שאינו יכול לבא עד תכלית הקדושה כהקב"ה שהוא מקור הקדושה לזה קדושים תהיו האמור גבי ישראל חסר וי"ו וקדוש האמור גבי קב"ה מלא וי"ו לפי שבקדושת ישראל יש חסרון קצת כמדובר מה שאין כן בהקב"ה וזהו כוונת רז"ל קדושים תהיו יכול כמוני תלמוד לומר כי קדוש אני השם אלהיכם קדושתי למעלה מקדושתכם הוא אשר דברנו דקדושתו למעלה יותר מקדושתינו בעבור דלא שייך באדם תכלית קדושה כיון שיש לו דברים שדרכו כבהמה כמדובר עם כל זה בשיעור הקדושהשניתן לו אם יתקדש עצמו מסיר המסך המבדיל ונגלים לו העלומות החכמות הרמות וכל שכן דברי דרך ארץ ומוסר באופן שלא יצטריך מי שילמד לו דברי מוסר דמאליו נגלים לו עם כל זה כתבתים לבחורים שעדין אינן משרושים בקדושה כדי שיתגלו להם וכיון שכן יש צורך להם ללמוד מהם וגם לכת הגדולים שאין מקדשים עצמם ובהיות כך צריכים ללמוד מאחרים.

פרק ל

ידיעת המצות והחיוב המוטל על האדם לקיימם בשלימות גדול הוא לכן ראיי להזכיר בפרק זה מזה הענין כתב החסיד בעל שני לוחות הברית ז"ל בשער אהבה התורה רשום אלהות והעולם הוא האדם דהיינו ישראל שנקראו אדם מצד נשמתם הם רושם התורה ומתדבקים זה בזה דהיינו האדם הגופני הוא רמ"ח אברים ושס"ה גידים וכן בנשמה יש רמ"ח אברים ושס"ה גידים רוחניים נעלמים שהם תרי"ג מצות התורה לא תעשה הן מצד הדין דוגמת גידים אדומים על מידת הדין ורמ"ח מצות עשה הם ממידת הרחמים דוגמת רמ"ח אברים לגנים המורים על הרחמים אלו מסתעפים מסוד רמ"ח ושס"ה נעלמים

והנסתרים בסוד דמות אדם העליון היושב על הכסא בסוד שמו הנרמז בפסוק זה שמי וזה זכרי י"ה עם שמי שס"ה ז"ה עם זכרי רמ"ח ולתכלית זה נברא האדם לקיים אלו תרי"ג מצות כי המצות הם קשר אחד אי אפשר להיות לאחת בלתי האחרות כדמות בגד הנארג שכל חוט וחוט דבק בחבירו ועוזר בקיומו שהרי המה באדם אחד רמ"ח אברים ושס"ה גידים ואם חסר אחד הרי הוא פגום. ואם כן כלל העולה אין האדם שלם אלא שהשלים כל התרי"ג מצות כשחסר האדם ולא קיים כל התרי"ג מצחות אז הוא פגום לפי שיעור חסרונו כן הוא שיעור הפגימות שפגם בנשמתו ואם לא קיים כלם נפל מידו השכר המוכן מקיומם. ואם כן מי הוא זה ואי זה הוא שקיים כל התרי"ג מצות ואף אדון הנביאים משה רבינו ע"ה לא קיימם כי יש ארבע סיבות שלא יוכל לקיים כלם הראשונה היא סבה נמנעת לגמרי כגון תורת כהנים שהם מצות הנוהגים בכהנים והם בכלל התרי"ג מצות וכן יש מצות שהם בלוים ולא בכהנים וישראלים ויש שאין שייכן אלא ישראלים ולא כהנים ולוים. השנית שהם סיבה מי שיש לו בן חייב למולו אם אין לו בן לא חל עליו המצוה וכיון בהן. הסבה הג' מצות התלויות במקדש והתלויו' בארץ ישראל אינן חלין בחוצה לארץ ואף גם נתבטלו בחורבן המקדש אלא הענין הוא כך ידוע שכל המצות כלולות זו מזו וכל מצוה מתרי"ג ברוחניותיה כלולית כל רוחניות התרי"ג כי המצות תלויות במדות העליונים כמו שהמדות העליונים כלולות זו מזו כנודע ליודעי חן. על כן כל איש מישראל יקיים כל תרי"ג מצות בפועל כל מה שיש לו לקיים ואז כשעושה כן ומקיים בפועל מה דאפשר והוא שש ושמח בעבודת השם ית' ומוכן לקיים כל מה שאפשר לו לקיים אז מה שאי אפשר לו לקיים הוא כאלו קיים מאחר שהוא מוכן לקיי' ואין המניע' מצדו רק מצד אחר והנה על כל פנים נתקיימו התרי"ג מצות בכל ישראל דהיינו תורת כהנים נתקיימו בכהנים וכן מצות היבום למי שבא לידו היבום וכן כלום ומי שלא היה אפשר לו לקיים כל מה שאפשר והוא עוסק בתורה לשמה ופירוש לשמה הוא כך כשעוסק בתורה עוסק על מנת ללמוד וללמד לשמור ולעשות כלומר שרוצה לקיים מה שימצא בתורה שגזר מלך מלכי המלכים הקדוש ברוך הוא לעשות אף שלא קיים מחמת שהיה בנמנע אצלו לקיים ועל זה רמזו ז"ל חשב לעשות מצוה ולא עשאה מעלה עליו הכתוב כאלו עשאה. עד כאן לשונו.

אמר המחבר אליהו הכהן העולה על הדעת בענין זה שכל א' מישראל מקיים כל המצות בסוד הגלגול דמי שהוא ישראל מתגלגל בכהן ואחר כך בלוי ומקיים מצות המוטלו' על הכהנים והלוים וכן הכהן מתגלגל בלוי ולוי בכהן וכדאיתא בזוהר על פסוק והכהנים הלוים בני צדוק וכו' שהכהנים באים להיות לוים וכו'. אך יש בתשובה זאת קצת מהקושי בקיום מצות המלך דאיך אפשר כמה רבוא רבבות מישראל שכלם יתגלגלו להיותם מלכים כדי לקיים מצות המלך ובפרט בזה הזמן בהיותינו בגלות שאין מלך בישראל. ואפשר ליישב זה שבהיות האדם ת"ח הוא בחינת מלך

כארז"ל מאן מלכי רבנן והתורה מכרזת ואומר בי מלכים ימלוכו ובהיות ת"ח שהוא מלך מקיים מצות המלך שת"ח אינו רודף אחר תאות נשים להרבות בהן ואינו מרבה סוסים דמואס בתענוגות בני אדם וכסף וזהב לא ירבה לו כי אינו חפץ בחמד' הגופניות וכותב ספרים לעצמו ודן את הדין ואינו מטה משפט ואינו לוקח שוחד דוק ותשכח כל האמור בפרשת מלך מקיים ובאופן זה יש מציאות בסוד הגלגול להיות כל אחד ת"ח לקיים מצות המלך. אמנם מה שנראה לי עוד בזה שישראל מצד נשמת' הם נפש אחת כדרז"ל על פסוק ויהי כל נפש יוצאי ירך יעקב שבעים נפש וגם בבחינת הגוף הם אחד שנאמר אדם אתם ונראה שהכונה לומר אתם ישראל כלכם אדם אחד ואין אומות העולם קרויין אדם כארז"ל לפי שישראל כל אחד נרגש בצער חבירו כאלו הצער בגופו ממש לפי שכלם גוף א' אדם אחד דלכן נמשלו ישראל לשרביט של זהב שאם תניח קצה המט' באש נכוה קצה הב' כך ישראל נוגע לכל א' צער חבירו וגם ישמח בטובו בהיותם כלם גוף א' לא כן א"ה שנמשלו לברזל שאם נכוה קלה א' קצה ב' אינו חם כארז"ל לפי שכל א' וא' נחשב בפני עצמו מופרד כל א' מחבירו ולכן אינו מרגיש שום אח' בצער המגיע לחבירו וזהו הטעם דישראל ערבים זה לזה דכל אחד נתפס יגל חבירו בהיותם גוף א' וכשם שבגוף בהגיע נזק לאבר א' נתפסים שאר כל האברי' באותו כאב כך בחטא של א' נתפסים כלם וכיון שכן שכל ישראל כלם אחד מצד הנפש ומצד הגוף כמדובר כל מצוה שמקיים אחד ישראל נמצא שמקיימים כלם הרי שכל אחד ואחד מקיים מצות המלך ומצות הכהנים והלוים והלוים מצות ההנים והכהנים מצות הלוים ועל דרך זה מצות יבום וחליצה וגט. והמשל לזה לאברי הגוף דמה שעושה היד מגיע תועלת לשאר כל האברי' וכן מה שעוש' הרגל וכן כל אבר ואבר בהיות' כולם גוף אחד ולכן בהיות' ישראל באהבה ואחוה בלי פירוד אז נקראי' גוף א' ומצוה שעושה אחד נחשב כאלו מקיימים כלם וזהו הטעם לא מצא הקב"ה כלי מחזיק טובה לישראל אלא השלום וכו' משום שע"י השלום נעשים גוף א' ונמצא מקיימים תרי"ג מצות כל אחד וא' אך כדי שיחשב לאדם שמה שמקיים חבירו כאלו מקיים הוא גם כן צריך בתנאי שיחשוב במחשבתו בחשק כל המצות לומר מי יתנני להיות כהן לקיים גם מצות הכהנים וכן במצות הלוים והמלך ובשאר המצות שאין בידו לעשותם ובזה יחשב על כל אחד מה שמקיים חבירו שמוטל עליו לקיים דכשם שמקיים הכהן או הלוי המצות המוטלות עליהם בתכלס ורצונם כך הישראל חפץ ברצונו וכיון שכלם אחד נחשב רצון זה כרצון הכהן והלוי ממש ונחשב כאלו הוא ג"כ קיים אותם וכן תרא' יעקב אבינו ע"ה שאמר עם לבן גרתי ותרי"ג מצות שמרתי וכו' שהרי לא קיים מצות מלך ומצות כהנים ולוים ולא יבום וחליצ' וגט ולא מנו' התלויות בארץ בהיותו בחרן שהיה בחוצה לארץ ואיך אמר ותרי"ג מצות שמרתי אלא כיון שהוא שורש נשמות ישראל שכלם יוצאי ירכו הם ובהיות

עתידין לקיים בקבלת התורה נחשב כאלו כבר הוא קיים אותם שכח הענפים מובלעים וכלולי' בשורש ונמצא כל מה שהיו עתידין ישראל לקיים היה כלול בו המעשה עצמו ונכון ודוק. גם י"ל דכיון דמחשבה טובה הקב"ה מצרפה למעשה ממש בהיות כל אדם חושב לומר אם הייתי מלך או כהן או לוי הייתי מקיים המצות המוטלות עליהם וכן בשאר המצו' כיבום וחליצ' נחשב לו כאלו קיימם וע"ד זה אמר יעקב ותרי"ג מצות שמרתי דכיון דכל מגמת פניו היה על קיום כל המצות אם החיוב היה מוטל עליו נחשב כאלו קיים כלם וכן בכל אדם והיותר פשוט בזה ע"ד שאמרו רז"ל כל העוסק בתורה עולה כאלו הקריב עולה גם הלומד במצות המלך ובמצות התלויו' בארץ ובמצות הכהני' ויבום וחליצה וכו' כאלו קיים אותם. אמנם נר' על אופן אחר דכיון שרמ"ח אברים ושס"ה גידים הם כנגד רמ"ח מצות עשה ושס"ה לא תעשה וכל מצוה היא נשמה לאבר שכנגדה וכשאדם חוטא פוגם האברים שלא יכול הנשמ' להאיר בה כי הפגם מסך מבדיל בין האבר לנשמה וכשאדם מקדש עצמו גורם שתאיר הנשמה לתת חיות לכל האברים שהם כמספר כל מצות התור' ובכלל גורם הארה וחיות גם לאברים שהם כנגד מצות התלויות בארץ ומצות המלך וכהן ולוי וחליצה ויבום וכדומה שאין בידו לקיימם בפועל ובהיות הוא גורם חיות בפועל מעשה שעושה לקדש עצמו ע"י סגופים וטבילות לאברים שמצות המלך והכהנים תלוים בהם נחשב אות' מעשה של קדושה שקדש עצמו כאלו עשה מעשה בפועל לקיימם ונמצ' שכיון שאדם מקדש עצמו כאלו מקיים גם המצות שאין בידו לעשותם כגון מצות המלך וכדומה כמדובר ודוק. ודע וראה בעיניך בכח המצות שהן כנגד רמ"ח אבריו של אדם של פעמים יראה אדם בעצמו באיזה אבר מאבריו קל ומזורז יותר משאר אבריו כגון ירגיש בידיו שהן חזקות ומזורזות למלאכה יותר משאר ימים או רגליו קלות לרוץ ועל דרך זה ירגיש ויראה יתרון באבר אחד או בשנים יותר משאר אבריו אין זה כי אם שעשה מצוה הנוגעת לאותו אבר ואז הנשמה האירה בו יותר משאר האברי' ומשם קנה אותו אבר כח וזריזות יותר משאר האברי' ואע"פ שבעשיית מצוה אחת נוגע תועלת וחוזק והארה לכל האברים כי כל האברים מסייעים בדבר מכל מקום האבר המיוחד שהוא כנגד אותה מצוה מתחלת הנשמה להאיר בו תחלה ומושפע יותר ממנה ולכך הוא חזק ומזורז יותר ואם יראה איזה יום בריאות בכל גופו משאר הימים בודאי עשה מצוה שתקן עמה דברים גדולים ונפשו יודעת מאד ומרוב השמחה משפעת יותר בחוזק באבר שהמצו' לעומתו ומחוזק הארה מקבלים כל האברים יותר ומשם קונה כל הגוף בריאו' וחוזק. והנה כדי שיזרז האדם בעשיית המצות יתן נגד עיניו משל זה לאחד שרצה לעשות שותפו' עם עשיר מופלג והעשיר הוציא לקרן השותפו' תרי"ג דרכמוני זהב והוא הוציא מאה זוזי כסף אע"פ שנקר' שותפו עם זה מיהו אינו שותף לגמרי כיון שאין הקרן בשוה והריוח הנוגע לו מועט כפי שיעור הקרן ואם יוסף עוד על הקרן

יתקרב יותר אל השותפות וכן בכל פעם שיוסיף עד שבזמן שהשוו במספר הקרן אז נקרא שותף לגמרי כך הקב"ה מקיים המצות כארז"ל והם תרי"ג מצות לקרן ואדם העושה מצוה נעשה שותף עמו בקיום אותה מצוה בלבד עד עשות כלום נעשה שותפו לגמרי שהרי גם קרן שלו תרי"ג כמו הקב"ה וכיון שכן כשעושה אדם מצוה כמה צריך להשתדל לבקש אחרת עד שיקיים כלם להיות שותף עם הקב"ה כביכול שווין בעשיית יען לא יגיע לו מן הבוז' שהשותף שהקרן שלו מועט מוכנע ומתביש משותף חבירו שהקרן שלו גדול לא כן בהיות הקרן שוה דמה שיש לזה יש לזה שאז באמת נקראי' שותפים שוין לטובה וכמה צריך האדם לרדוף אחר שותפות זה כיון שהוא בנקל והריוח גדול הוא בנקל שבהיות קורא בענין המצוה כשאין בידו לעשותם נחשב לו למעשה כדרז"ל לעולם כל העוסק בתורת עולה וכו' והריוח גדול שמקבל שכר עליה כאלו עשאה בפועל ממש וידוע תדע שקיום המצו' תלוים בקיום מצות המילה וסמך לדבר מצות מילה מתחיל במ"ם לרמוז שקיום המצות תלוים במילה כדכתיב מגיד דבריו ליעקב חקיו ומשפטיו לישראל ומילה מצות במ"ם פתוחה כי המילה כמפתח לפתוח שערי החכמה שיושפע המהול ממנה להבין ולהשכיל אופן עשיית המצות כתקונן והערלה כדבר הסותם מקור המים המשקי' את הגן והסרתה הוא כמסיר אותו אבן נגף מעל פי המקור ויוצאים מים חיים ומשקי' לכל אילני הגן ומצמחים ומגדלים אותם ולכן לא נקרא אברהם אע"ה שלם אלא עד שמל כארז"ל

כלומר לא היה שלימו' במצותיו מקודם אלא עד שמל כי מקדם היו מצותיו כאילנו' שהם כמושים מחסרו' מים וכבא המים עליהם מתעוררים אל הצמיחה כך היו אחר שמל ובהיות הוא ראשון לנכנסים בבריתו של קב"ה ולפרסום היחוד בעולם וכל דורו בלתי טהור אין בהם קורא בשם שיתעורר לעבודתו ושיהיה ראוי ליכנס בבריתו ומתוך חכמה יתירה שהיתה בו הכיר את בוראו והוא בן ג' שנים וידע ענין היחוד והאלהו' ופרסם אותו בפי הכל וחזק האמונ' בלבבות שנא' ויקרא שם אברהם בשם ה' ודרשו רז"ל כאדם המחזיק את התקרה כתיב הכא ויקרא שם אברהם וכתיב התם המקרה במים עליותיו ואז היה ליכנס בבריתו ראוי והגון עד שצוהו בכך ואע"פ שהיה זקן בן צ"ט שנים היה זריז במצוה ולא נתעכב ולא נתעצל בה כלל כי ידע בחכמתו הרמה כי בכל מצותיו שקיים לה היה בהן מהאר' הגדול' ולכן נזדרז מיד בעשייתה לקנות שלימות למצותיו שכבר עשה ולאותם שיעשה משם ואילך וכשם שהערלה סותם החכמה כמדובר כך האדם אע"פ שמל עצמו אם פוגם בריתו בעריות חוזר וסותם מקור המים חיים ואין במה שמקיים אח"כ מהמצות שלימות והארה עד שיחזור ויעשה תשובה הכלל העולה בשמור האדם בריתו הוא פתח שיזדמנו לו מן שמים מצות לעשות והן מאירות ומגינות לו ולכל העולם כלו ואז נקרא שותף לקב"ה בעשיית המצות דמה השותף האחד המיוחד שהוא הקדוש ב"ה טהור וקדוש כך המוציא המצות לקרן השותפות צריך להיות ג"כ טהור וקדוש כדי שיהיה

השותפות שלם וגם שבהיות האדם טהור בבריתו מיד מוציא לקרן השותפות תרי"ג דרכמוני זהב כשותף האחר כי המקיים מצות המילה כאלו מקיים כל תרי"ג מצות כארז"ל ר"ל ששקולה כנגד תרי"ג מצות והטעם כי היא הגורמת לקיום כל המצות ונותנת להן שלימות והארה כמדובר גם לקיום השותפות עם הקב"ה יחזיק במדת החסד כאשר החזיק בה אברהם אבינו ע"ה ראש המהולים דכיון דהסרת הערלה היא פתיחת פתח ההשפעה להשקות את הגן צריך להיות האדם בעל חסד להשפיע לכלם וגם אדם שעושה חסד ומוצא רע (שמשלמין לו רע בעבור שעשה טובה) משום דיש כמה בני אדם כפויי טובה שלא די שאין מחזיקים תשואות חן חן לעושים עמהם חסד אלא אדרבא מבקשים ברעתתו עם כל זה אל יבעוט במדה עשות חסד עם טובים ורעים כיוסף הצדיק דזן מהולים וערלים וילמוד מהקב"ה שעושה חסד תמיד ומוצא רע שהרי' מתן עושר לאדם ומכעיסו בעושר שנתן לו מרפא חולה מחוליו והולך ורצוח וגנוב ונאוף וכן לכל אדם בכל מדה ומדה שמטיב עמו מכעיסו ועכ"ז הולך ומטיב בלי הפסק רגע וכיון שכן מה מקום יש לאדם למנוע עצמו מן החסד בעבור המשכח הרע כמדובר לכן החיוב מוטל עליו לעשות ויעבור מה שיעבור עלי וכדי שיתקיים השותפות עם הקב"ה בהיות עושה כמעשיו הכלל העולה שיעשה האדם המצות ויחזיק בהם אעפ"י שיראה לו שלשעה ימשך לו רעה ממנה ח"ו ואל יחוש ואל ישים על לב החיוב מוטל עליו לעשות וימשך מה שימשך שצריך ללמוד מהקב"ה כמדובר ישים נגד עיניו שהעבד חייב לקיים מצות רבו ויהיה מה שיהיה כ"ש וק"ו מצות מי שבראו ובפרט שהם צווים ישרים וטובים וכדי שיתחזק האדם בדרכי הצדקה והחסד ישים נגד עיניו שהקב"ה הוא מקור הצדקות והחסדים ותמיד בלא הפסק רגע עושה צדקה וחסד בעולמו על הכלל ועל הפרט וכיון שכן כשיזדמן ביד האדם לעשות צדקה וחסד מזלא שהקב"ה עשהו שלוחו והשליח כמשלח על דרך שלוחו של אדם כמותו ואם כן שמחה צריך שיקח האדם בעצמו וכמה השתדלות וזריזות נמרץ לעשותו כיון שנעשה שליח של בוראו וכמה מהכבוד והמעלה יגיע לו מעליונים ותחתונים כי מלאכי עליון ישמרהו ויכבדהו ביודעם דשלוחו של מקום זה והמכבד לשליח כאלו מכבד למי ששלחו וגם חוט של חסד משוך עליו באופן שיפול חנו על התחתונים לכבדו ולנשאו ונמצא מכובד הוא מעליונים ותחתונים הבט וראה בשלית ששולח מלך למלך כלם חייבם בכבודו כמלך עצמו ששלחו משום דשלוחו של אדם כמותו והשליח עצמו כמה משתדל להיות שליח כדי לקבל הכבוד הזה כ"ש וק"ו מי שקונה שלימות לנפשו ומקבל כבוד ומעלה מן העליונים ומן התחתונים דצריך שישתדל בכל כחו והונו להיות שלוחו של מקום. מקום נתן לך ה' אלהיך ללמוד לעשות חסד מדגי הים שכל יום ויום הולך דג גדול לפומיה דלויתן לגמול עמו חסד שיאכלהו ויכלכל עצמו ונמצא מוסר עצמו למיתה כדי לגמול חסד ואעפ"י שאין דגים בעלי בחירה וטבע הטביע בהן

הקב"ה שיעשו כך מיהו הטביע הקב"ה טבע זה בהן למען תלמוד שהיה יכול לזון ללויתן על אופן אחר ולא שכל יום ויום ילך דג אחר לפיו כדאמרינן בפרק ה' דבתרא רב ספרא משתעי זמנא חדא הוא קא אזלנא בספינתא וחזינן ההוא כוורא דאפיק רשיא ממיא ואית ליה קרנא וחקוק עלייהו אנא בריה קלה שבים והוינא ש' פרסי ואזלינן לפומיה דלויתן ע"כ ופרש רש"י לפומיה דלויתן שיאכלנו היום ע"כ. ויש מקום במדבר שלא נמצא בו מי' מהלך כמה ימים ונמצאי' שם עופות ובלשון ישמעאל קוראין אותן שאקה קוג"י ר"ל שואבי מים גדולות עד מאד וברואן ששיירא עוברת שם הולכות למקום מים וממליאי' זקפיהן מים ובאין ומריקין אותם המים בחפירות הנמצאים בהרים ובארץ כדי שימצא מי' לעוברים שם ולא ימותו בצמא כמו שכתבו חכמי המחקר הרי טורחות בלי שכר כדי לעשות חסד ואע"פ שאין להם לא שכר ולא תשלום גמול כ"ש וק"ו האדם שיש לו שכר בעולם הזה ובעולם הבא כדרז"ל אלו דברים שאדם אוכל פירותיהם בעולם זה והקרן קיימת לו לעולם הבא כבוד אב ואם וג"ח וכו'. איתא בפרקי שירה בשעה שסיים דוד הע"ה ספר תהלים זחה דעתו עליו אמר לפני הקב"ה רבש"ע יש בריה בעולמך שאומרת שירות ותושבחות יותר ממני נזדמנה לו צפרדע אחת וא"ל דוד אל תזוח דעתך שאני אומר שירות ותשבחות יותר ממך ולא עוד אלא כל שירה שאני אומרת ממשלת עליה ג' אלפים משל שנא' וידבר שלשת אלפים משל ויהי שירו חמשה ואלף ולא עוד אלא שאני עוסק במצוה גדולה שיש בשפת הים מין א' שאין פרנסתו כ"א מן המים ובשעה שהוא רעב נוטלני ואוכלני לקיים מה שא' אם רעב שונאך וכו' עכ"ל. הרי הצפרדע מוסרת עצמה למיתה כדי לעשות חסד כנז' ק"ו האדם שיש לו שכר והוא מצווה והחייב מוטל עליו לעשות רצון יוצרו כעבד שחייב לעשות עבודת רבו וע"ל בפר' כ"ב עוד מענינים אלו הבט וראו כח החסד שמע' אומות לא בחר קב"ה אלא לישראל ומכל ישראל בחר בלוים ומן הלוים בחר בכהנים והקדישם בקדושה כדי שיכהנו לפניו בקדושה ובטהרה ולכן הזהיר על הטומאה כמ"ש בפרשת אמור לנפש לא יטמא כי אם לשארו קרוב אליו לאמו ולאביו וכו' ונר' בזה ב' טעמים משום שאלו הנזכרים כלם גוף א' חשבים להו שכלם משורש אחד ואגודה אחת הם לכן יטמאו זה לזה שהוא כמשל אבר אחד שמת באדם עצמו מחמת מכה או חולי דלא שייך טומאה בהיות נוגע באברו בהיות מחובר בגוף עצמו לבד האחותו הנשואה שכבר נפרד' מהם ויתפרדה החבילה והלכה והיתה לאיש ונעשית עמו לבשר אחד ולכן לא יטמא בה וגם הכהן הגדול לא יטמא אפילו לאביו ולאמו כי הוא נפרד מהם ועלה לבחינה אחרת כי מלאך ה' צבאות הוא אך שאר הנזכרים שיטמאו זה על זה כלם גוף אחד הםץ טעם שני שהוא כענין יפת תואר שלא דברה תורה אלא כנגד יצר הרע שמוטב שיעשה הדבר בהיתר ולא באיסור גם בנדון זה כיון שאלו נפשם קשורה זה עם זה לא יוכלו לסבול שלא לראות זה את זה במותו ולבכות עליו וליפול על פניו על דרך

ויקם אברהם מעל פני מתו דרך געגועים נופלים על פני המת החביב עליו וכדכתב ביוסף ויפול יוסף על פני אביו ויבך עליו וינשק לו ולכן כדי שלא יבואו לעשו' באיסור מוטב להיות בהיתר ולכך צוה שיטמאו אלו אך הנשואה שהית' לאיש לא יטמא עליה שכב' נפרדה מהם ונתמעט אהבה וכהן גדול אפילו על אביו ואמו לא יטמא כי מלאך השם צבאות הוא וקנה בחינת רוחניות ודעתו צלולה וכבר נפרד קצת מהחומר וסובל ולא יבא ליטמא לכך נאסר עליו ליטמא אפי' על אביו ואמו אך גדול כח החסד שיטמא למת מצוה דכיון שאין לו קוברים יגמול עמו חסד של אמת לקוברו ולא יהיה קברו גופי חיות השדה ועוף השמים כלל העולה האוחז במדת החסד הוא סבה לקיום כל המצות דכיון שנשתרש לעשו' חסד אינו עובר על שום מצוה כדי שלא יבא רע לעולם בעבורי ומדתו עשות חסד עם כל העולם באופן שהחסד מביאו לקיים כל מצוה ושלא לעבור על שום מצוה של לא תעשה כדי לעשות חסד וכו'. פקח עיניך וראה התפרש שיש מהחסד שעוש' הקב"ה עם האדם לחסד שעושה אדם עם חבירו חסדו יתבר' חסד של אמת שאינו מצפה לתשלום גמול כחסד שעושים עם המתים כי אנו לפניו בחינת מתים דלכן בכל צרה שלא תבא על הצבור היו יוצאים על הקברות לומר כמתים אנו נחשבים לפניך וכו' ומה המת אין יכול לשלם למי שעושה עמו חסד להתעסק בקבורתו כך אין לאנו יכולים לשלם להקב"ה על החסד שעושה עמנו ונמצא דמה שהוא עושה עמנו הוא חסד של אמת שאין מצפה לגמול מהמת

אבל מצפה גמול מהקב"ה שישלם לו על החסד שעשה ואם יש לו קרובים למת יש תקוה שאפשר יתקרב לו תועלת מהם. גם ראה חסדו הגדול של הקב"ה עם האדם שאפי' מה שאוכל ושותה האדם לשובע נפשו חושבו הקב"ה חסד לתת לו שכר על זה כדרז"ל על פסוק גומל נפשו איש חסד דמה שגומל האדם עם נפשו נקרא חסיד וגם אמרו רז"ל שמעניש הקב"ה לאדם רואה איזה פרי ומתאוה ואינו אוכל ממנו ראה רחמנותו שחפץ שלא יצטער נפשו וגם מה שזן האדם בניו ובנותיו הקטנים צדקה יחשב לו ונותן לו שכר על זה כדרז"ל על פ' עושה צדקה בכל עת ואע"פ שדם זן אותם על רוב חיבתו עמהם וטבע מוטבע בו לחבבם עכ"ז משלם לו שכר כאלו אין חיוב עליו לזון אותם יש חסידות גדול מזה. ובהיות כן מה צד יש לאדם לפטור עצמו מעשות חסד תמיד עם טובים ורעים והלכת בדרכיו כתיב מה הוא חנון אף אחתה חנון מה הוא רחום אף אתה רחום מה הוא חסיד אף אתה חסיד ומה חסידותו לעשות חסד לטובים וגם עם מי שחטא לפניו אף אתה בן אדם עשה חסד עם מי שחטא לך ובזה הקב"ה מוחל לך אף על פי שחטאת לו. ובמעלת הצדקה כתב החסיד בעל של"ה בשם המקובלים ז"ל שכל מי שעושה צדקה שלא לש"ש יקבל שכרו מיד בעה"ז אבל מי שנותן לשם שמים יקויים בו מה שדרשו רז"ל בפסוק רודף צדקה וחסד ימצא חיים צדקה וכבוד ר"ל הקדוש ב"ה ממציא לו מעות לעשות צדקה כי צדקה בא"ת ב"ש ג"כ צדקה וממציא לו בני אדם מהוגנים לעשות להם צדקה כדי לקבל

עליהם שכר וזוכה לבנים בעלי חכמה דכתיב ימצא חיים ותורה נקראת עץ חיים ובעלי עושר דכתיב צדקה כמדובר שממציא לו מעות וכו' בעלי הגדה דכתיב כבוד זהו בעה"ז ואחר מותו באים מלאכי שרת הממונים על הצדקה והולכים לפניו ומכריזין פנו מקום לפלוני דין דכתיב אני בצדק אחזה פניך ע"כ בהג"ה. פקח עיני שכלך ודע והבן שמלבד המעלות הידועות שיש בענין הצדקה כנודע מדרז"ל בתלמוד ובמדרשים והספרי המוסר עוד בה שממשיך הבושת פנים לעולם ובושת פנים לגן עדן הפך שעז פנים לגיהנם והענין שכיון שיש נותנין צדקה המקבלים אותם קונים ביישנו' לעצמן שלעולם מתביישים מהנותנים כי מוראם עליהם וזהו מביאם שלא להעיז פניהם לעשות מה שלבם הרע חפץ ונעשה להם זו הרגל טבע שני ושוב אינן חוטאים וטוב בעולם גם הנותנים קונים יראת השם בלבם בראותם בשעת הנתינ' החסד הגדול שעושה הקב"ה עמו היות הוא מהנותנים ולא מהמקבלים ובה מוראו יתברך על פניו מיראת שלא יחזור עליו הגלגל לרעה ומטיב מעכשיו גם בענין אחרים ונמצא מעשה הצדקה שלום בין הבריות לאביהם שבשמים כיון שעל ידה נטהרים עשירים ועניים שהוא כמקוה המטהר הטמאים.

פרק לא

יחקור האדם ויבקש הדברים הנוגעים אל שמירת גופו, לעשות אופנים שלא ישלוט בו יד בעל בחירה, כגון שונאים בעיר או לסטים בדרך וכדומה משאר הנזקים, כדי להיות חי על פני האדמה לעבוד את בוראו בבריאות, כדי שיוכל לעובדו כראוי. לכן הנה נא הואלתי לכתוב בפרק זה הדברים המועילים לשמירה ולקבלת תפלתו, ודברים סגוליים המועילים לתקן נפשו וגופו.

כתב בספר חקי חיים דף קע"ז ע"ב, הרוצה ליסע למרחקים, יתן לו אוהבו איזה מטבע ויעשה בו סימן, דהיינו שיעקם אותו מעט על המזוזה, ויאמר לו בזה הלשון, הנני נותן לך מטבע זו שתהיה אתה שלוחי כשתבא למקום חפצך, תשליך אותו לצדקה בעבורי, ואז נקרא שלוח מצוה ואינו ניזוק באותו הדרך. וכשרוצה ליסע למרחקים יאמר פרשת עקידה. ואחר כך יאמר כשם שאברהם בעל החסד עקד את יצחק שהוא גבורה, כך השם יתברך יעקוד כל אויבי ושונאי ומקטרגי מעלי ומעל כל ישראל אמן. ויאמר פסוק וירדו כל עבדיך אלה וכו'. ויאמר תחנה זו, ירמ"י או"א שתשלח שרים ומלאכים הקדושים היוצאים מזה הפסוק, שילכו עמי בכל דרכי, ויצילו אותו מכל אויבי ומכל מיני פורענות המתרגשות ובאות, ויחסמו כל השונאים וכל הצוררים בשם הזה דאל שד"י, שאמר לעולם די, שלא יוכלו לשלוט בי כל האויבים והשונאים לרעה ויצליח את דרכי. אמן.

קבלה אמתית, קודם שיסע לדרכו יקח שלשה אוהבים ויאמר לפניהם הפסוק הזה ששה פעמים, שיר למעלות אשא עיני וכו' עזרי מעם ה' וכו'. ובכל פעם יענו אחריו אל יתן למוט וכו'. יתן צדקה לעני קודם שיסע לדרכו ואז יתפלל התפלות, כמ"ש צדק לפניו

יהלך וישם לדרך פעמיו. [ונאמר] והלך לפניך צדקך כבוד ה' יאספך. וילמוד מעט קודם צאתו לדרך אם הוא בעל תורה, וכשבא אצל המזוזה ומנשקה, יעמוד ברגל ימינו בחוץ לאסקופה ורגלו השמאל ישאר בפנים. ויאמר בשמך ט"ל אטל"ה ה' שומרי ה' צילי על יד ימיני, ה' ישמר צאתי ובואי לחיים ולשלום מעתה ועד עולם. ואח"כ יאמר אוריא"ל ועורירי"ן בשמכם אלך, ותבקשו ממלך מלכי המלכים הקב"ה בעדי שלא יגיע לי שום מקרה רע ופגע רע. שמרי"אל ישמרני, ברכי"אל יברכני, ילוי"אל ילוני. ה' שומרי ה' צילי על יד ימיני. עזרי מעם ה' עושה שמים וארץ. שד"י ישמרני שד"י יצילני שד"י יעזרני. ה' ישמור צאתי ובואי לחיים ולשלום מעתה ועד עולם. שמע ישראל ה' אלהינו ה' אחד. לישועתך קויתי ה'. מימיני מיכא"ל ומשמאלי גבריא"ל ומלפני אוריא"ל ומאחרי רפא"ל ועל ראשי שכינת אל. אתה גבור לעולם יי'. יכוין ר"ת אש שם זה אגל"א. וכשיוצא משער העיר יאמר "בית יעקב לכו ונלכה באור ה' כי כל העמים ילכו אשר בשם אלהיו ואני אלך בשם ה' אלהינו לעולם ועד".

דיני לויה עד חוץ לשער ולפחות ארבע אמות, וקודם שיחזור המלוה לביתו יאמר 'שד"ה'. ויחזור פניו לארבע רוחות העולם, וכן פעם שניה יאמר 'השד"ה', ולא יסתכל אחרי ההולכים, מובטח שלא ינזק ההולך עד שיחזור לראותו והוא סוד נעלם. ויאמר ברכת כהנים. ויאמר ירמ"י אלהינו שבשמים שיקויים בך (או בכם) ברכת כהנים, (בכל) הכוונה והפירושים שדרשו רז"ל, ואתם תלכו לחיים ולברכה ובהצלחה ולשמחה ולשלום בלי פגע רע למקום חפצך, ותזכו לחזור לבתיכם לחיים ולשמחה ולשלום אמן. וההולך בדרך יאמר תפלת הדרך. ואח"כ יסבב בידו או במקלו ויאמר ג' פעמים, יוה"ך ישמרני יוה"ך יצילני יוה"ך יעזרני. ואם יש עדו אחר עמו יאמר לו ג' פעמים שלום עליכם, ויענה הוא עליכם שלום. ואח"כ יאמר פסוק ויעקב הלך לדרכו ויפגעו בו מלאכי אלהים ויאמר יעקב כאשר ר"ם. וכשיאמר רא"ם יכוין רפא"ל אוריא"ל מיכא"ל. ואח"כ יאמר חנוך ואליהו הלכו בדרך ולא הוזקו כך לא נזוק אנחנו ונלך בשם אלהינו לעולם ועד. ויאמר סימן לוי"ה. דהיינו ל' פעמים לישועתך וכו' קויתי ה' וכו' לישועתך רויתי. ו' פעמים פסוק ויהי בנסוע וכו'. י' פעמים יברכך. ה' פעמים המלאך וכו'. ואח"כ יאמר ז"פ ויהי נועם. ויכפול בכל פעם הפסוק אורך ימים וכו'. ואח"כ יאמר שיר למעלות אשא עיני וכו' ג"פ, ואח"כ יאמר פסוק זה ג"פ. קומה ה' קדמה פניו הכריעהו פלטה נפשי מרשע חרבך. ג"פ לאחור חרבך וכו'. ואח"כ יאמר יהו"ה אהי"ה אשר אהי"ה שד"י צבאות משגב לנו אלהי יעקב סלה ג"פ. יהו"ה אהי"ה אשר אהי"ה צבאות אשרי אדם בוטח בך ג"פ. יהו"ה אהי"ה אשר אהי"ה ה' הושיעה המלך יעננו ביום קראינו ג' פעמים. ואח"כ יאמר ג"פ אתה סתר לי, פנים ואחור. בטחו בה' עדי עד כי ביה ה' צור עולמים ג"פ לאחור "עולמים וכו'". ה' עוז לעמו יתן ה' יברך את עמו בשלום ג"פ לאחור "בשלום וכו'". מגדל עוז שם ה' בו

ירוץ צדיק ונשגב. ולכוין ב"ו ירו"ץ גימ' שד"י. ויאמר יהי רצון מלפניך ה' אלהי הצבאות יושב הכרובים, חוסה נא וחמול עלי ותצילני מכל אויבים ולסטים שלא להרע לי ולכל הנלוים אלי לא בגופנו ולא בממאדנו ולא בכל אשר לנו. וכן יהי רצון לפניך, אדון הרחמים והסליחות, הרוכב בערבות שתצילני מכל מיני אויבים ולסטים ושוללים ושודדים ומכל מיני כלי זיין ומכל מיני פורעניות המתרגשות לבא בעולם אמן סלה. ואח"כ יאמר אדון עולם או אדיר איום ונורא. ולא יאמר קרב קץ נחמה רק קרב יום נחמה. כשפגע ביער קודם שיכנוס ליער יאמר שמך ה' ביער. ביער שמך ה'. ה' שמך ביער. קול ה' יחולל אילות ויחשוף יערות ובהיכלו כלו אומר כבוד. יכרסמנה חזיר מיער וזיז שדי ירענה. כאש תבער יער וכלהבה תלהט הרים כן תרדפם בסערך ובסופתך תבהלם. אז ירננו עמי היער מלפני ה' כי בא לשפוט את הארץ. הודו לה' כי טוב כי לעולם חסדו. ואמרו הושיענו אלהי ישענו וקבצנו והצילנו מן הגוים להודות לשם קדשך להשתבח בתהלתך.

כתב בסוף ספר אורחות צדיקים: הרוצה ליסע ממקום למקום או מבית לבית לדור, אלו ימים בחדש הם טובים: ב' בחדש או ד' או ט' או י"א ט"ו ט"ז י"ט כ"א כ"ז כ"ט בחדש. אבל יום א' וג' וכ"ה בחדש אינן טובים ושומר נפשו ירחק מהם. בשחרית קודם נטילת ידים יאמר, ראשו כתם פז וכו', ואח"כ ירחץ עיניו ויאמר, עיניו כיונים על אפיקי מים

וכו'. ואח"כ ירחוץ לחייו ויאמר, לחיו כערוגת הבושם וכו'. ואח"ך ירחץ שפתיו ויאמר, שפתותיו שושנים וכו'. ואח"כ ירחץ מעיניו ויאמר, מעיו עשת שן וכו'. ואח"כ ישים ידיו על עיניו ויאמר, ויתד תהיה לך על אזנך וכו'. ואח"כ ירחץ פניו ויאמר, פני אריה אל הימין וכו'. ואח"כ כשינגבם יגביה ידיו למעלה ויאמר שאו ידיכם קדש וברכו את ה'. ואשא כפי אל מצותיך אשר אהבתי.

(אחר ברכת התורה יאמר פסוק זה)
טוב אתה ומטיב למדני חקיך.

(לאחר כלות ברכה המחזיר לפגרים
מתים יאמר אלו ששה פסוקים)
לנצור אורחת משפט ודרך חסידיו ישמור שמור רגליך באשר תלך אל בית האלהים וקרוב לשמוע מתת הכסילים זבח כי אינם יודעים לעשות רע. פלס מעגל רגליך וכל דרכיך יכונו. עיניך לנוכח יביטו ועפעפיך יישירו נגדך. נצור לשונך מרע ושפתיך מדבר מרמה. סור מרע ועשה טוב בקש שלום ורדפהו. הומ"ז ועזרי"ה ה' מחסי ומצודתי חוץ אגרת נעמה ולילית ומחלת וכל כת דילהון.

(ואח"כ יאמר אלו הפסוקים בכונה)
אודך על כי נוראת נפלאתי נפלאים מעשיך ונפשי יודעת מאד. ונהר יוצא מעדן להשקות את הגן ומשם יפרד והיה לארבעה ראשים. ה' אלהי ארוממך אודה שמך כי עשית פלא עצות מרחוק אמונה אומן.
ואח"כ יאמר אנא בכח וכו'. ואח"כ יאמר אל אלהי הרוחות לכל בשר. ואח"כ יאמר שרפים עומדי' ממעל לו שש כנפים לאחד בשתים יכסה וכו' וקרא זה אל זה וכו'. ותשאני רוח עד

הללויה וכו'. קבלת עול מלכות שמים יאמר.
הנני מוכן ומזומן לקבל עי אמונת אלהי עולם אשר טמיר ונעלם מכל חי מרוב קדושתו והנני מאמין באמונה שלימה שהבורא יתברך שמו אחד יחיד ומיוחד ואין יחידות בשום פנים ברוך הוא אין בלתו והוא ברוך הוא ברא השמים ושמי השמי' וכל צבאם והוא ברא הים הגדול וכל התניני' הגדולים וכל אשר בו המה כנגד עולם הגלגלים רק כמו גרגיר החרדל וכל הגלגלים המה כנגד עולם המלאכים כמו גרגיר החרדל ומלאך גבוה שבגבוהי' הוא כנגד כסא הכבוד כמו גרגיר חרדל וכסא כבודו הוא כנגד כבודו ברו הוא גם כן רק כמו גרגיר חרדל והוא ברוך הוא אינו דמות הגוף ואינו גוף לא נערוך אליו קדושתו ראשון לכל ראשית ואחרון בי תכלית עילת כל העילות סיבת כל הסיבות שליט בעליונים ובתחתונים היה הוה ויהי' תקיף בעל היכולת בעלמא דין ובעלמא דאתי וכו' אין קדוש כה' וכו' ואין צור כאלהינו מי אלוה מבלעדי אלהינו ואן צור זולת אלהינו.
כל האומר מזמור למנצח בנגינות מזמור שיר בצורת המנורה בכל יום בהנץ החמה לא יקרה לו שום מקרה רע וחשוב לפני הקב"ה כאלו הוא מדליק נרות בבית המקדש. ובספר מנורת המאור כתוב לאמר בימי העומר כששליח ציבור אומר ברכת כהנים יאמר היחיד למנצח בנגינות מזמור שיר עד אפסח ארץ ויצליח במעשיו. אגרת הרמב"ן ז"ל ויסתכל בצורה המנורה ולא יהא ניזוק כל היום וכו'. ומסיים טוב לאומרו אפילו כל ימות השנה עכ"ל וכל האומרו ז' פעמים בדרך ויכוין בו ילך לשלום ולהצלחה וטוב שכל אדם יסתכל בו קודם צאתו לדרך ובדרך יתפלל אותו כאמור. משנעשה הקטן בן שלש שנים יעשה לו תכף טלית קטן ולא ימתין יותר מקובלים ז"ל.
בשעת בדיקת הציצית קודם ברכה יאמר אלו הפסוקים.
ברכי נפשי את ה' ה' אלהי גדלת מאוד הוד והדר לבשת. עוטה אור כשלמה נוטה שמים כיריעה. (ולאחר הברכה יאמר אלו הפסוקים).
מה יקר חסדך אלהים ובני אדם בצל כנפיך יחסיון. ירויון מדשן ביתך ונחל עדנך אשקם. כי עמך מקור חיים באורך נראה אור. משוך חסדיך ליודעיך וצדקתך לישרי לב.

התפלה שיאמר קודם הנחת תפילין.
לשם יחוד קודש בריך הוא ושכינתיה אני מניח תפילין כאשר צוני ה' אלהי להניח פרשיות קדש לי כל בכור והיה כי יביאך שמע והיה אם שמוע כנגד המוח והלב לידע ולהודות ולהלל בכל יום שהוא אל הוא היוצר הוא בורא והוציאנו ממצרים והרג את בכוריהם ואותנו הציל בכח שלשה שמות הקדושים הוי"ה אהי"ה אדנ"י המרומזים בתפילין ארבע בתים הם ארבע אותיות שם הוי"ה ובתוכם ארבע פרשיות דאותיות אדנ"י ובתוך ד' פרשיות כ"א אזכרות שם הוי"ה כנגד שם אהי"ה גימטריא כ"א וכן בשל יד הבית הוא שם אדנ"י ובתוכו ארבע פרשיות וכ"א שמות והוא אחד ומיוחד בתכלית האחדות לו הכח והממשלה לעשות בעליוני' ובתחתונים. והנני משעבד לו לבי

ומוחי ורוחי ונשמתי והנה מקבל עלי מלכותו ועול מצותיו לעובדו בכל לבבי ובכל נפשי ובכל מאודי.
כתב אור זרוע קודם התפלה יאמר. רבונו של עולם גלוי וידוע לפניך שאני בשר ודם ואין בי כח לכוון כוונת אמן כראוי לכן יהי רצון לפניך שתהא עולה כוונת אמן שלי עם כוונת אמן באותם השרידים היודעים לכוון עניית אמן כראוי.
ויאמר הוידוי אשמנו בגדנו גזלנו וכו' בכל יום ויבכה בדמעות על אותם אמנים שלא ענה עכ"ל.
ואחר שמניח תפילין יאמר זה.
ומחכמתיך אל עליון האציל עלי ומבינתך הבינני ובחסדיך תגדיל עלי ובגבורתיך תצמיח אויבי וקמי ושמן הטוב תריק על שבעה קני המנורה להשפיע טובך לבריותיך פותח את ידיך ומשביע לכל חי רצון.
כתב הרב נתן שפירה וז"ל בשעה שכורך שלשה כריכות על אצבע האמצעי יאמר פסוקי' אלו.
וארשתיך לי בצדק ובמשפט בחסד וברחמים. וארזתיך לי באמונה וידעת את ה'.
וקודם שיסיר התפילין מעל ראשו יסיר מקודם שלשה כריכו' אלו מן האצבע האמצעי. ובבת וביום טוב שאין מניחין תפילין יאמר אחר עטיפת טלית גדול ד' פעמים אלו פסוקים.
מה יקר חסדיך אלהים ובני אדם בצל כנפיך יחסיון. ירויון מדשן ביתך ונחל עדניך תשקם. כי עמך מקור חיים באורך נראה אור. משוך חסדיך ליודעך וצדקתך לישרי לב.
(כשיוצא בבוקר מפתח ביתו יניח יד ימין על המזוזה ויאמר)
ה' שומרי ה' צלי על יד ימיני ה' ישמור צאתי ובואי לחיים ולשלום מעתה ועד עולם.
(ויאמר) שדי ישמרני מיצר הרע ומכל צרה וצוקה אמן.
ואח"כ יאמר שמע ישראל עד ובשעריך. ואח"כ יאמר לה' הישועה על עמך כו' שלשה פעמי' ה' צבאות. אנא ה' הושיע' נא אנא ה' הצליח נא.
וקבלה אמתית שיעמוד על רגל הימין למפתן הפתח אם המקום נקי מכל צואה וטינוף לפני הפתח וברגל השמאל בתוך הבית ויאמר בשם שאלהי ישראל ובשם אגל"א שהוא סגול' שלא ינזק כל אותו היום. ואח"כ יאמר מגדל עוז שם ה' בו ירוץ צדיק ונשגב. כתבו המקובלים ז"ל בכל פעם ביום הן ביצאתו הן בכניסתו יניח ידו באצבעו על המזוזה ויאמר. שדי ישמרני מיצר הרע ומכל צרה וצוקה אמן סלה. שהיא סגולה שיצילהו הש"י מיצר הרע. וביום השבת לא יאמר זה רק יאמר זכור את יום השבת לקדשו. וכתבו חכמי האמת על ידי שנותן אדם פרוטה לצדקה קודם תפלתו פודה תפתו מכל מקטרג. בבוא לבית הכנסת יאמר מזמור אלהים יחננו שבו ז' פסוקים ויקיף התיבה בכל פסוק ובשת יקיף התיבה פעם אחד בלבד ולא יותר. ובבוא על מקומו מתחיל לומר העקידה וא"ל בר"ח ושבת וי"ט חקי חיים דף כ"ג. שם דף ר"ח ע"א לפני התפלה יאמר.
רבש"ע אני עבדך ובשעת התפלה בזמירות ובשמע ישראל אמסור נפשי על קידוש השם לקבל באות ד' מיתות בית דין ומוסר נפשי ובש"ת אהיה כמו דוד שאמר חסיד אני ובתפלת לחש

עבד אני ואז אומר הקב"ה עבדי אתה אשר בך התפאר.
כתבו המקובלים שיסתכל בצורלת זה השם בשעת התפלה בזה יהו"ה (בניקוד י"וד בחיר"ק ה"א בשב"א וא"ו בקמ"ץ) וזה גורם להביא יראה בלב האדם מן הש"י ולזכך הנפש. כתב בספר הגן לבטל מחשבה רעה בשעת התפלה יאמר ג' פמעים "פי "פי "פי ר"ת פלטי יוסף ואח"כ ירוק ג' פעמים ולא ירוק לגמרי אך בדרך נחת והלשון תהא בין השפתים בשעת הרקיקה ובודאי תלך המחשבה עכ"ל. אך בתפלת י"ח לא יעשה כך. ולכן אמרתי להעלות על שולחן מלכים תיקון אחר כפי שמצאתי שכתב אחד מתלמידי האר"י זלה"ה בסידור האר"י זלה"ה אני הצעיר בחנתי דרך נסיון להעביר יד ימינו על מצחו ג' פעמים ועוברים כל המחשבות ובלבד שיעתיק גם מחשבתו מהרהורים ואז יועיל ודאי עכ"ל. כתב בזוהר פ' בשלח כל ברנש דאי לייחד' שמא קדיש' ולא אתכוין ביה בלבא ורעותיה בדחילו בגין דמתברכין ביה עילאי ותתאי רמאין צלותא לבר וכלא מכריזין עליו לביש וקב"ה קרי כי תבאו לראות פני עכ"ל. מי שאינו יודע בעצמו שיוכל לקיים זה אל יכוין כלל בשמו ויחודים רק יתפלל כפשוטו להבין הדברים בכוונת הלב. בספר ארחות צדיקים קודם נפילת אפים יאמר לדוד אליך ה' נפשי אשא כי עליך הורגנו כל היום אמותה הפעם אחרי ראו' פניך וידמה במחשבתו כאילו מת ועל ידי זה יש לו כפרה על היסורים שתולים עד יום המית' ע"כ. דעת המקובלים שלא ליפול על תוך היד כי אם על הגב ע"כ. מטה משה והוא רחום שאומרים שני וחמישי ושני יאמרו בקירוב רגלים זה לזה כמו י"ח ברכות. רש"ל אל ארך אפים שאומרים שני וחמישי ושני צריכים לאומרו מעומד דרך וידוי. הצדקה שנותנין קודם קריאת התורה יתן דווקא בעמידה וביד ימין באורחות צדיקים עיין בספר חקי חיים דף ע"ד ע"ב. כתב בספר החרידים דף נ"ח לתפלת מנחה בשבת בשעת הוצאת ספר תורה יאמר תפלה זו במקום בריך שמיה כי באותו שעת עת רצון.
ואני תפלתי פתח לי שערי צדק צלותא דרעוא קמי עתיקא דעתיקין סתימא דכל סתימין יתגלי רעות דעתיקא קדישא כתר ומשחה דרבותא דאיתכלילו ביה אבא חכמה ואמא בינה עילאי ומן יובלא מהינה ירוק על דיקנא דאהרן חסד כהנא ולואי גבורה וישראל תפארת על הררי ציון נצח והוד יריקון כחדא על יוסף יסוד ודו מלכא מלכות ויקבלון מלכותא ההוא ינוקא עבדין וכל עמך בית ישראל ונשמתי דאיהי האיב לאיסתתאה בההיא משחא תריק עלי מינה ותתן בי חכמתא יקירתא ומנדעא וסוכלתנא בני חיי ומזוני רויחא ועותרא למפלח קמן ולזוג למטרוניתא כמה דאצטרך ותבשר לעבדך דאיהו זמין לחיי עלמא דאתי ובבעו מינך ובמטו מינך דלא אתפרש מינך ולא תתפרש מינאי בגין דלא אחובק מך ונחדי השת' למטרונית' עורי עורי ה' עורי כימי קדם דורות עולמים הלא את היא המחצבת רהב מחוללת תנין את הוא המחרבת מי תהום רבה השמה מעמקי ים דרך לעבור גאולים ופדויי ה' ישובון ובאו ציון ברנה ושמחת עולם על ראשם

ששון ושמחה ישיגו ונסו יגון ואנחה אמן וכי"ר.
(כשעולה לארון הקודש להוצאת ספר תורה יאמר)
מה נורא המקום הזה אין זה כי אם בית אלהים וזה שער השמים.
(כשנוטל הספר תורה בזרוע ימין יאמר)
שמאלו תחת לראשי וימינו תחבקני.
(כשנושק הספר תורה בפיו יאמר)
ישקני מנשיקות פיהו כי טובים דודיך מיין.
(ואם מנשק רק בידיו יאמר)
מצות ה' ברה מאירת עינים.
(כשקורין אותו לס"ת בשעת הילוכו יאמ')
משכני אחריך נרוצה הביאני המלך חדריו נגילה ונשמחה בך.
(כשהולך השליח ציבור עם הספר תורה והוא הלוך אחריו יאמר)
אחרי ה' אלהיכם תלכו ואותו תיראו ואת מצותיו תשמרו ובקולו תשמעון ואותו תעבדון ובו תדבקון.
(כשבא האדם נגד ארון הקדש ישתחוה לפניו ויאמר)
שויתי ה' לנגדי תמיד כי מימיני בל אמוט אשתחוה אל היכל קדשך ביראתך.
(כשפותחין הארון לומר שיר הייחוד דכך יש נוהגים יאמר)
שאו שערים ראשיכם והנשאו פתחי עולם ויבא מלך הכבוד מי זה מלך הכבוד ה' עזוז וגבור ה' גבור מלחמה שאו שערים ראשיכם והנשאו פתחי עולם ויבא מלך הכבוד מי הוא זה מלך הכבוד ה' צבאות הוא מלך הכבוד סלה.
(קודם שמתחיל להתפלל תפלת מנחה יאמר)
אדם הריני מזמן את פה שלי להודות ולהלל ולהתחנן אל בוראי מלך מלכי המלכי' הקב"ה והריני מתפלל תפלת מנחה בדחיל' ורחימא בסוד שור שתיקן יצחק אבינו סבא קדישא ע"ה שהשקריב את עצמו על גבי המזבח כשור ולייחד השכינה עם הקב"ה בזרוע שמאל בשם כל ישראל ויכוון יאהדו"נהי.
(ואם מתפלל מנחה ומעריב ביחד יאמר הריני כו' עד בשם כל ישראל והריני מתפלל ג"כ תפלת מעריב ברחימו ודחילו בסוד לייחדא שכינה עם הקב"ה בדרועא דימינא ודשמאלא בשם כל ישראל כדלעיל. ואם מתפלל מעריב לבד אחר שהתפלל תפלה מנחה כבר יאמר כך הריני וכו' עד הקב"ה.
והריני מתפלל תפלת מעריב בדחילא ורחימא בסוד נשר שתיקן יעקב אבינו סבא קדישא ע"ה שמרחף על בניו כנשר וליחדא שכינה עם הקב"ה בדרועא דימינא ודשמאלא בשם כל ישראל כדלעיל. ואם מתפלל מעריב לבד אחר שהתפלל תפלה מנחה כבר יאמר כך הריני וכו' עד הקב"ה.
והריני מתפלל תפלת מעריב בדחילא ורחימא בסוד נשר שתיקן יעקב איבנו סבא קדישא ע"ה שמרחף על בניו כנשר וליחדא שכינה עם הקב"ה בדרועא דימינא ובשמאלא בשם כל ישראל ויכוין כדלעיל. במוצאי שבת יאמר ומשמע ודומה כפי המסודר במעמדות עד אחר שיר למעלות אשא עיני טובים להצלחה מאד ואז אין צריך לאומרם בימי השבוע (מקובלים) קריאת שמע על המטה לקטנים יאמר להם המלאך הגואל עד בקרב הארץ. ופסוק שמע ישראל. וברוך שם כבוד

וכו'. ופסוק שומרני כאישון בת עין ובצל כנפך תסתירני אם תשכב לא תפחד ושכבת וערבה שנתיך. ברוך ה' ביום וכו' עד אל אמת מקובלי' כבר כתבתי לעיל שיתודה קודם שיאכל ובשת וי"ט שאין תחנה יאמר פסוק. ומל ה' אלהיך את לבבך ואת לבב זרעך לאהבה את ה' אלהיך בכל לבבך ובכל נפשך ובכל מאדך למען חייך.

(קודם שיטול ידיו יתפלל על מזונותיו יאמר)

אתה הוא ה' אלהים הזן ומפרנס ומכלכל בחסדך לכל הברואים מקרני ראמים ועד ביצי כנים ככתוב טרף נתן ליראיו יזכור לעולם בריתו עיני כל אליך ישברו ואתה נותן להם את אוכלם בעתו "פותח "את "ידיך (יכוין ר"ת גימטרי' פ"א הוי"ה אדנות ס"ת חת"ך שר הממונה על הפרנסה) ומשביע לכל חי רצון נותן לחם לרעבים לכל בשר כי לעולם חסדו. ובכן ירמ"י או"א היה הוה ויהיה שגם אנחנו בני אברהם יצחק וישראל עבדידם עמך מצפין תמיד ישועתך ומחלים לחסדך כעיני עבדים אל יד אדוניהם וכעיני שפחה אל יד גבירתה כן עיניו אל ה' אלהינו עד שיחונינו שיהיה אני ובני ביתי וכל עמך בית ישראל בכלל הרחמים ובכלל חן וחסד שתתן לנו מזונותינו במלאוי ובריוח לחם לאכול ובגד ללבוש ויקוים בנו קרא שכתוב בין הערבים תאכלו בשר ובבוקר תשבעו לחם לשובע ולברכה ולחיים משפע ברכה והצלחה משפע ברכה העליונה מתחת ידיך ולא מתחת ידי בשר ודם ויקוים בנו מקרא שכוב ולא ראיתי צדיק נעזב וזרעו מבקש לחם פותח את ידיך ומשביע לכל חי רצון נותן לבהמה לחמה לבני עורב אשר יקראו נותן לחם לכל בשר כי לעולם חסדו. ואח"כ יאמר מזמור לדוד ה' רועי וכו' כתב האר"י זלה"ה כי יש במזמור הזה ז"ן תיבות כי הש"י זן ומפרנס לכל על ידי אותותיותיו במנין בריכה שישלח הש"י ברכה במעשה ידינו ויכוין בניקוד' הוי"ה הניקוד שב"ה קמ"ץ בניקודת יהבך שעול ע"ב ויכוין שהשם יתברך ישפיע לנו מסיטרא דימינא שהוא חסד ע"ב המקבל מחסד עליון שהוא המזל כי בני חיי ומזוני לא בזכותא תליא מלתא אלא במזל וכשיטול ידיו מים אחרונים יאמר זה חלק אדם רשע מאלהים ונחלת אמר' מאל בזוהר מזהיר מאד במים אחרונים אפילו אינו אוכל רק פת צריך ליזהר בו וכן כתב האר"י בסידור שלו ואף ע"ג שכתב רמ"א שאין אנו נוהגים ליטול מים אחרונים מ"מ היר' והחרד יטול דוקא בצוננין ויטול בתוך כלי דזה חלקו מסמאל מן האכילה וכשנותנים לו חלק מן הקרבנות ומותר ליטול מים אחרונים על גבי קרקע שעליו רצפה דאין רוח רע שורה על גבי רצפ' ותחת הקרקע שרי אף ע"ג קרקע ממש ורשב"א כתב דמותר ליטול אחרונים בשאר משקים עיין בחקי חיים דף מ"ד ע"ב ובדף ס"ב ע"ב. אלו פסוקים טוב לומר אחר אכילה קודם בה"מ והמה מסוגלי' עד מאד שלא יחסר מזונו כל ימי חייו. להודות להלל לשבח לפאר לרומם לדר ולנצח על כל דברי שירות ותושבחות דוד בן ישי עבדך משיחך בעצתך תנחני ואחר כבוד תקחני והוא רחום יכפר עון ולא ישחית והרבה להשיב אפו ולא יעיר כל חמתו. אשרי

גבר אשר תיסרנו יה ומתורתך תלמדני ואני בחסדך בטחתי יגל לבי בישועתך אשירה לה' כי גמל עלי שוש אשיש בה' ותגל נפשי באלהי כי הלבשני בגדי ישע מעיל צדקה יעטני כחת יכהן פאר וככלה תעדה כליה ויבטחו בך יודעי שמך כי לא עזבת דורשיך ה' שמחו בה' וגילו צדיקים והרנינו כל וכו' נר לרגלי דבריך ואור לנתיבתי. אודך כי עניתני ותהי לי לישועה. ואח"כ יאמר השיר של יום שהיו הלוים אומרים בבית המקדש. המנהג בארץ איטליא מי שאין לו פנאי ללמוד על שולחנו או שאינו יכול ללמוד לפחות ד' פסוקי' מתורה וג' מנביאים וג' מכתובים. ג' מתורה. ויאמר ה' אל משה הנני ממטיר לכם לחם מן השמים ויצא העם ולקטו דבר יום ביומו למען אנסנו הילך בתורתי אם לא. ועבדתם את ה' אלהיך וברך את לחמך ואת מימיך והסירותי מחלה מקרבך. ויענך וירעיבך ויאכלך את המן אשר לא ידעת ולא ידעו אבותיך למען הודיעך כי לא על הלחם לבדו יחיה האדם כי על כל מוצא פי ה' יחיה האדם. (ג' מנביאים) הוא מרומים ישכון מצודת סלעים משגבו לחמו נתן מימיו נאמנים למה תשקלו כסף בלא לחם ויגיעכם בלא לשבעה שמעו שמוע' אלי ואכלו טוב ותתענג בדשן נפשכם הלא פרוס לרעב לחמך ועניים מרודים תביא בית כי תראה ערום וכסיתו ומבשרך לא תתעלם. (ג' מכתובים) ויין ישמח לבב אנוש להצהיל פנים משמן ולחם לבב אנוש יסעד. טרף נתן ליראיו יזכור לעולם בריתו. עושה משפט לעשוקים נותן לחם לרעבים ה' מתיר אסורים.

כתבו המקובלים מי שיש לו פנאי יאמר ואם אין לו פנאי יאמר המקצת קודם הלימוד יאמר רמ"ב פ' אריא"ל בגי' זכיר"ה וטוב להשגחה ויאמר ח' פעמים אות ח' של תמניא אפי' ואח"כ יאמר ירמ"י או"א בזכות ח' פ' שאמרתי פסוקים לפניך שתפתח לבי בתורתך ותצוה למלאכים הממונים על התורה שילמדני תורתך ויהא לבי כפתחו של אולם להגות בתורתך יהיו דברי תורתך מונחי' בפי כשלחן ערוך וכמעין נובע ויהיו דברי תורתך שמורי' בלבי שלא אשכח ואהיה כבור סיד שאינו מאבד טפה ואשחר ואערב ככתוב לא ימוש ספר התורה הזאת מפיך והגית בו יומם ולילה למען תשמור כל הכתוב בהם אז תצליח ואז תשכיל ובזכות שמות היוצאים מפסו' תורה צוה לנו משה מורה קהלת יעקב שתפתח לבי בתורתך ויהיה כמעיין המתגבר לפלפל למהר להבין ולהשכיל ואהי' מחר לשמוע וקשה לאבד ולזכור ולידע ואזני תפתח לשמוע בתורתך אמן וכי"ר. (ויאמר גם זה) רבון כל עלמין דאנת הוא מארי מבין וגלי רזין יהא רעוא דילך לסברא מילן בפומאי לקיימא כי האי קרא ואנכי אהיה עם פיך ודלא איעול בכסופא קדמך וקדם רישא מתיבתא דרקיע ואזכה למשמע מילן ורזין דאורייתא ערישי מתיבא עילאי.

(מי שיושב ללמוד יאמר)

ירמ"י או"א אברהם יצחק ויעקב שקראת שמו ישראל שתפתח לבי בתורתך ותאיר עיני ולבי שלא אשכח כל ימי חיי ולא אשכח דבר תורה לעולם ועד.

מס' רזיאל מצאתי סגולה לתנוק שלא יזוק יקח מילת נער קטן שעדיין אינו יודע וישים בפי הילד הנולד גם מצאתי אחר המציצה יאמר המוהל ק"ל פ' אליהו ובזה מסלק סטר' אחרא וביותר מסלק לסמ' ואח"כ יכוון את אליהו באופן זה אל יהו"ה נביא ובזה מובטח שלא יפגום בריתו לעולם ע"כ. מצאתי בס' הנהרות מי שמתים בניו מיתה פתאומית כשנולד לו תנוק אל ילבישנו כי אם כלי פשתן בלבד בלי עירוב בהן שום מין אחר ויחיה. וקבלתי מהחכם הש' הר"ר יצחק צרפתי שהיו מתים לו בניו קודם המילה עד שמצא בס' א' שהתינוקות שמתים קטינים הוא מסיבת שיוצאין בחיכו כמין אבעבועות קטנות ומסב' זה אינן יכולים לינק ומתים לכן מיד בראותם שאינו יונק יקחו חתיכה של בגד פשתן דק ויכרוך באצבעו וישפשף בחיך התינוק ב' או ג' פעמים באופן שיבקעו אבעבועות ויתרפא והוא כן עשה והיו בניו משם ואילך. מצאתי כשאומר ברוך את ה' האל הקדוש יכוון לשלוב זה יאהדונה"י והוא תקון לכעס גם יכוון בשים שלום והוא תועלת לתקן הזכירה יכוון בברוך אתה ה' המברך את עמו בשלום הוי"ה בנקוד שורק ע"כ. מצאתי כתוב קבלה מהרב רבי משה דרשן זלה"ה הרוצה לעמוד על שער התבואה הרי לך סימן בדוק ונבנה על חכמת האצטגנינות חשוב בשנה שאתה יושב בה אמתי תהיה תקופת טבת נופלת בכמה ימים בחדש אם מעשרים יום ועד שלשים היא נופלת יהיה זול ואם מיום ראשון ועד עשרה ימים היא נופלת יהיה יוקר ואם מט"ו יום ועד כ' היא נופלת יהיה השער בינוני ואם מעשרה ימים ועד ט"ו יום היא נופלת יהיה יוקר גדול והכל בידי שמים. ובספר אחר כמו כן מצאתי כתוב וכתוב בו שאין מגלין זה אלא לצנועים ע"כ. הרי כתבתי לך בפ' הנכבד הזה דברים נחמדים ויקרים להשיג בהם שלימות הנפש ושלימות הגוף כאשר עיני הקור' רואה ואל תקוץ לומר איך אני יכול לעמוד על כל זה כי הזמן בוגד ושולח לאדם לגדופי' לרדוף כל היום אחר פרנסתו ובבואו בלילה מרוב עמלו וישכב וירדם דע שהדברים מונחים לפניך כשולחן ערוך אם זיכך השם בטח ושלוה אשריך וטוב לך שתוכל לקיים כל הכתוב בס' ואם רוע מזלך דחפך לעמל וטורח אז תקיים מקצת מהם או אפי' אחד שעל הכל יש שכר דכל הדברים הללו כלם נאמרו למשה בסיני שאין דבר בעולם שאינו רמוז בתורה דוק ותשכח וכדרז"ל על פסוק פרשת בהר סיני לאמר דבר אל בני ישראל ואמרת אליהם כי תבאו אל הארץ כו'. שש שנים תזרע שדך כו' רש"י ז"ל מתורת כהנים מה ענין שמיטה אצל הר סיני והלא כל המצות נאמרו בסיני אלא מה שמיטה נאמר כללותיה ופרטותיה ודקדוקיה מסיני אף כלן נאמר כללותיה ודקדוקיהן מסיני ע"כ כללים נמסרו למשה מסיני שכלולים בו מה שתלמיד עתיד לחדש אצ"ל הנוגעים לעיקר המצות אף דברי סייג או גדר או רמז או סגולה או רפואה שעמה משיג אדם שלימת הנפש הכל רמוז בתורה לכן אל יקל בעיניך מה שכתבתי באומרך רובם הם דברים שאינן מפורשים בתורה שבכתב ולא בתורה שבעל פה דע דכל דבר היוצא מפי חכם

החיוב עליך לקיימו כי לא מפיו דוקא יצאו הדברים כי כבר קדמה היציאה מפי משה רבינו ע"ה אדון הנביאים וכללן בתורה דרך רמז באיזה פסוק או באות או בנקודה או בטעם ולא ניתן רשות לגלותו עד שבא החכם שעליו גזר צור עולמים לחדשו דזו חלקו מסיני וגילה אותו וכן דור הולך ודור שבא מחדשים עוד ממה שקיבלו מסיני שלא נגלו לראשונים דכל אחד ואחד מגלה חלקו דאין רשות לשום אחד ליכנס בתחומו של חבירו.

פרק לב

ימי העונג והחיים הנעימים בזמן שאדם עושה רצון קונו והיגון והדאגה והצער והיסורין הקשים והגלות והשעבוד כשעובר על המצות ככתוב בפר' בחקתי אם בחקתי תלכו ואת מצותי תשמרו ועשיתם אותם ונתתי גשמיכם בעתם ונתנ' הארץ יבולה ועץ השדה יתן פריו כו' והשיג לכם דיש כו' ונתתי שלום בארץ כו' הרבה עמהם ברוב הטובות הנודעים לגוף בדברים הגשמים שהם הכנה להשגת שלימות הנפש לזכות לחיי עה"ב והתחיל מגשמים ונתתי גשמיכם בעתם כי בבואם בעתם כאשר יאות יהיה האויר זך וטוב והנהרות והמעיינות טובים ויהיה זה סיבת בריאות לגופים והפירות כלם ירבו ויתברכו בהן כאשר יאמר ונתנה הארץ יבולה ועץ השדה יתן פריו ועם זה לא יחלה אדם ולא יהיה משכלה ועקרה בבהמתם וימלאו ימיהם כמ"ש הרמב"ן ז"ל ובהיות האדם בריא משולל מכל חולי וצער ממקריות דופי הזמן אין הכנה גדולה מזו להשגת השלימות הנוגע לנשמה לקנות החיים הנצחים ולכך התחיל מענין הגשמים שהם ראש וסיבה לכל ההכנות ואמר ונתנה הארץ יבולה ועץ השדה יתן פריו לא קאמרי יתן פרי כ"א יתן פריו להראות על הפלגת ההצלחה וההשגחה עליהם בשמירת המצות שהעץ יתן פריו הנהוג ליתן ועם כל זה יכנס בו הברכה שאע"פ שנתן פריו הנהוג לתת בכל שנה ולא יותר יספיק שהשיג לכם דיש את בציר ובציר ישיג את זרע ואין זו כ"א השגחה ולא מקרי מה שאין כן אם יתן העץ פרי הרבה יותר מן הטבע שיכולם לומר דרך מקרי היה שהעץ פעם מרבה ופעם ממעט עוד טובה בשמירת המצות שעץ השדה יתן פריו מעצמו בלי רשות המלאך העומד עליו לומר לו גדל כארז"ל אין עשב או עץ שאין לו מלאך וגם מהטובה שעץ השדה יתן פריו שלא יהיה טורח לעלות לאילן לעקור פרותיו אלא הוא מעצמו יתן פריו מלשון ולא נתן סיחון ירצ' עץ השדה יניח פריו ע"ד ארז"ל במס' כתובות לעתיד יתגדל עץ החטה כתמר וכו' וש"ת יש להם צער קב"ה ישלח רוח ויפול הסולת מן החטה ויצא האדם וילקט גם מהטובה שאכלתם לחמכם לשובע כל כך מוטעם יהיה הלחם שיאכל גם על השובע ע"ד רווחא לבסומי שכיח. גם וישבתם לבטח בארצכם שאף שישב האדם על גבי קרקע לא יהיה נזוק גם לבטח מכל צר ואויב שיפול פחדם עליהם ולא יעוררו בהם מלחמה ובהזכרת הגשם בעתו והצלחת הצמח מפרי העץ וצמח האדמה ובריאות הגופים שלא יזוקו משום דבר אף שישכב על גבי קרקע

והשקט המלחמות כלול באלה הדברים כל הטובות הגשמיות שאפשר להיות תמת כל השמים גם רא' מהטוב אשר נדר לשומרי מצותיו גם בשובם אל העפר נאמר ונתתי שלום בארץ כי גם במותם יעשה להם שלום עם האר שלא ישלוט בגופם לרקבן אלא בקברם בשלימות הגופות בחיים ממש יהיו ע"ד ששכב ר' שמעון בעליה מוטל כשוכב עלי משכב והיה דן לבאים לפניו לדין כדאית' במציעה וכר' אחאי בשדה דרב נחמן שדבר עם הפועלים מקברו וזהו ושכבתם ואין מחריד לא חיבוט הקבר ולא ברקבון הגוף גם והזבתי חיה רעה מן האר שהיא הרמה והתולעה ונשיכת נחש ועקרב כמקרי גופי הרשעים אשר בם יקונן שרף ועקרב לא יקרי לכם וכל זה מחמת שחרב לא תעבור בארצכם דהיינו חרבו של מלאך המות כי מיתתכם יהיה בנשיקה בהיותכם שומרי מצותי. ובזה ורדפתם את אויביכם שהם המקטרגים עליכם ביום הדין ונפלו לפניכם לחרב בחרב פיפיות שבידכם מכח התורה שעסקתם בה ורדפו מכם חמשה מאה חמשה זכיות ירדוף מאה קטרוגים ומאה מצות רבבה קטרוגים ירדופו ונפלו כלם לפניכם לחרב בעבור החרב של עסק התורה שיש בידכם גם דעו שלקבלת השכר אני נותנו לכל אחד כפי הפני' בשעה שעשה המצות וזהו ופניתי אליכם כלומר הנני רואה פנייתכם וכפי הפניה יתחלקו שכרם מקצתכם והפרתי אתכם ומקצתכם והרבתי אתכם ומקצתכם והקמותי את בריתי אתכם. ואח"ז רמז להם משכר סעודת הלויתן ויין משומר בענביו המוכן לצדיקים שומרי מצותיו ואמר ואכלת ישן נושן כפל לומר ישן נושן לרמוז על ב' דברים הישנים שהם מששת ימי בראשית היינו לויתן ויין המשומר וישן מפני חדש תוציאו דכל כך ירבה בתענוגים שאחר שישבעו מאכילת ישן שהוא לויתן ויין וכו' תוציאו כל זה מפניהם כדי לאכול מתענוגי החדשים ואחר זה רמז להם משכר עה"ב בעולם הנשמות ואמר ונתי משכני בתוככם יתן להם משכן של מעלה היינו מקדש של מעלה וכדרז"ל שהמשכן נקרא מקדש והמקדש נקרא משכן ישלטם בו שיתענגו בתוכו ברוב שלום ולא תגאל נפשי אתכם אע"פ שאני דר עמכם במשכני תדיר לא תגאל נפשי אתכם ע"ד הוקר רגליך אלא גם זו אעשה לגמול נפשיכם והתהלכתי בתוככם והייתי לכם לאלהים כארז"ל עתיד הקב"ה לעשות מחול לצדיקים בג"ע וכל א' מורה באצבעו ואומר הנה אלהינו זה נגילה ונשמח' בישועתו וזהו והתהלכתי בתוככם והייתי לכם לאלהים ואתם תהיו לי לעם והייתי לכם לאלהים שאתם תאמרו הנה אלהינו זה ואתם היו לי לעם שאני אומר לכם למה אתם מתייראים הרי אני כיוצא בכם כדאיתא בילקוט שבעת שיושב עמהם במחול אומר להם כך וכדרז"ל והתהלכתי בתוככם אטייל עמכם בג"ע כאח' מכם ולא תהיו מזדעזין ממני יכול לא תיראו ממני ת"ל אני ה' אלהיכם ע"כ וזהו נמשך לכם על שהוצאתי אתכם מארץ מצרים מהיות להם עבדים המכריחם לע"ז ואשבור מוטות עולכם ונכנסתם בעול מצותי על זאת ואולך אתכם קוממיות וכדרז"ל קוממיות בקומה זקופה

שאע"פ שבעה"ז המסתכל בשכינ' מת אמנם לעתיד בג"ע כשאטייל עמכם בעבו' שיצאת' ממצרים וקבלתם עול מלכותי ואוליך אתכם בקומה זקופה שתהנו מזיו השכינה ולא תהיו נזוקין הרי רמז להם בעבור שמירת המצו' שיזכו לשכר גופני מהצלחות הגוף וגם מהטוב המגיע להם במותם בהיותם בקבר שלא ישלוט בגופם הריקבון והרימה ושיהיה מיתתם בנשיקה ולא ע"י מה"מ ושלא יוכל מקטרג לעמוד בפניהם ושיזכו באכילת לויתן ויין המשומר ולתת אותם בתוך מקדשו בג"ע ולעשות מחול ולישב ביניהם בלי שיזדעזעו ויהנו עיניהם מזיו השכינה ולא יגיע להם שום נזק ובברכות בפ' תבא הבטיחם גם על השכר הגשמי ברכות בתכלית המעלות להכינם להשגת שלימות הנשמה ואמר אם שמוע תשמע בקול ה' אלהיך לשמור לעשות את כל מצותיו אשר אנכי מצוך היום ונתנך ה' אלהיך עליון על כל גויי הארץ ראה זאת המעלה הנהיה כמוה שאע"פ שכל אומה ולשון מחזק עצמו שאין כמוה תחת כל השמים בחכמה ובמעלה ובהנהגו' מדיניות ובייתית עכ"ז יודו ולא יבושו שאת ראש ועליון על כל השלמיות וזהו ונתנך ה' אלהיך עליון על כל גויי הארץ וזה תשיג כשתשמע בקול ה' וכו' אמר ובאו אליך כל הברכו' האלה והשיגוך כלומר יגלגל הקב"ה שישיגו לך כל הברכות כדי שתטעום מכלן כיצד יגלגל שתצא בפרקמטיא כדי שתטעום מאותה הצלחה יגלגל שתצא לדרך כדי שתרא' אויב' נגפים לפנים תטע' כרם וכל מיני נטיעה שתטעו' משמחת מטר בעתו וזהו ובאו עליך כל הברכות והשיגוך

ודוק גם ברוך אתה בעיר וברוך אתה בשדה אף על פי שחילוף האויר מזיק לאדם ואויר העיר עם אויר שדה מחולפים לא יגיע לך נזק בין היותך בעיר או היותך בשד' בכל מקום היה ברוך גם תשיג בקיום מצות ברוך פרי בטנך ופרי אדמתך ופרי בהמתך שלא יגיע נזק בפרי אדמתך ולא תמות בהמתך לכפר על פרי בטנך להיות זה תחת זה אלא יחד יתקיימו לפניך בקומת' ובצביונם גם ברוך טנאך ומשארתך דכל כך אורחים יכניסו בביתך מסוף העולם ועד סופו באופן שלעולם יהיה טנאך מלא מעדנים ומשאתך מלאה עיסה ללוש להם פת חמה תמיד שהוא מאכל מלכים גם ברוך אתה בבואך וברוך אתה בצאתך בבואך ובצאתך בפרקמטיא שלך כארז"ל והקדים ביאה ליציאה לרמוז על הבטחת גודל ההצלחה דמיד ביציאתך תדמה בעיניך כאלו באת' מרוב הצלחה הפרקמטיא שתמכור מיד ותרויח הרבה ותחזור מהר לביתך גם יתן ה' את אויביך נגפים לפנים יעשה הקב"ה מלבד שיצילך מידם שלא יוכלו להזיקך גם תראה במיתת' כדי שלא יהיו בעול' כדי שלא תצטער לומר אפשר אחר זמן יקומו עלי לכן יעשה שבעיניך תראנה מפלתם שיהיו נגפים לפניך ואחר הנגיפה לא ימותו שם פן תבאש הארץ אלא בדרך א' יצאו אליך ובשבעה דרכים ינוסו לפניך אחר שניגפו ושם במקום שנסו ימותו ויתמו עוד לך שיצו ה' אתך את הברכה באסמיך במעט שתכניס ימלאו אסמיך שבע כדי שלא הטריח לכנוס הרבה כאותו שלם במ' בענית (אליעזר איש ברותא שהלך לקנות איזה דבר

לנדונית בתו ופגע בו גבאי צדקה שהלכו לגבות לנדונית יתומה ונתן להם כל מה שהי' לו חוץ מזוז אחד וקנה בו חטים ונעשה לו נס שנתמלא האוצר כלו חטים) שהכניס באוצר קב חטים ונתמלא גם ישלח את הברכה בכל משלח ידיך אע"פ שאין הטבע מחייב שיש ריוח באותו דבר כיון שתשלח ידיך בו יתברך וזהו דוקא ביושבך על האדמה אשר ה' אלהיך נותן לך כי בצאתך ממנ' על רוב עונותיך יהיה בהפך ח"ו עוד לך מהמעלה שיקימך ה' לו לעם קדוש שאף על פי שהוא קדוש ולפני קדושתו של קדושה נחשב לכלום כדרז"ל קדושים תהיו יכול כמונית"ל כי קדוש אני ה' אלהיכם קדושתי למעל מקדושתכ' וכו' עכ"ז יקימך ה' לו דייקא לעם קדוש כאלו לו נחשב קדושתך שאין כמוה ושוה לקדושתו כביכול וכל זה כי תשמור את מצות ה' אלהיך כמה שהו שומר ומקיים גם אתה וכן שהקב"ה שומר המצות כארז"ל וגם והלכת בדרכיו מה הוא חנון אף אתה חנון כארז"ל אז את שוה לו כביכול בענין עשיית המצות ולכן יקימך לו לעם קדוש כמדובר גם יתחייבו קיום המצות שירשום שם הוי"ה על פניך באופן שנרא' לעין כל ויפול מוראך על רואך וזהו וראו כל עמי הארץ כי שם ה' נקרא עליך שם הוי"ה דייקא יהיה רשום עליך כל כך ברור שיוכל אדם לקרותו כאלו כתוב על הספר בדיו ובזה כל עמי הארץ יראו ממך פן תצא אש מהשם וישרפ' גם מהצלחת שאע"פ שכל מי שמאריך ימים רואה ממקריות דופי הזמן כגון מיתת בנים או הפסד ממון וכדומה אמנם לך השומר המצות והותירך ה' לטובה מה שהותר לך בעולם שתאריך ימים יהיה לטובה בפרי בטנך ופרי אדמתך שלא תראה מית' פרי בטנך ופרי בהמתך גם לא בהפסד פרי אדמתך וזהו יהיה על האדמה לעין כל ועכ"ש לא ישלוט בך עין הרע וזו אומרו על האדמה אשר ה' אלהיך נותן לך כלומר לא יהיו הברכות במקום סמוי מן העין אלא על האדמה מקום מושבך לעיל כל גם הצלחה ומעלה גדולה תשיג בעשותך רצון יוצרך שיפתח ה' לך את אוצרו הטוב את השמים לתת מטר ארצך בעתו ולברך את כל מעשה ידיך שאם תטע כרם ומיני אילמת ובית תבנה וטבע העולם שמטר טוב לנטיעה ונזק לבנין עכ"ש בבא המטר בעתו יהיה תועלת לנטיעה ולא יזיק הבנין וזהו ולברך את כל מעשה ידיך עוד לך והלוית גוים רבים ואתה לא תלוה כלומר כ"כ עושר יהיה לך שתספיק להלוות לגוים רבים ולא תצטרך ליקח מאחרים בהלואה כדי להסתפק לתת להם גם רמז באומרו והלוית גוים רבים כלומר גוים רבי' המעלה והעוש' יבאו להלוות ממך וזהו גוים רבים ע"ד דרז"ל רבים קמים עלי רבי המעלה וזה גדולה לך אין כמוה שרבי המעלה כמלך ושרים שיבאו ליקח ממך כו' גם רמז באומר והלוית גוים רבים כלומר תלוה גוים ממש למלכים לעזור להם המלחמה שכל כך גוים עבדים יהיו לך משלל המלחמות שתלויה גוים למלכי' וזהו והלוית גוים רבי' גם ונתנך ה' לראש ולא לזנב והיית רק למעלה ולא תהיה למטה כלומר לא תהיה ראש לשועלים שהוא זנב לאריות אלא והיית ראש לאנשי

המעלה באופן שאינך זנב לאריות וזהו והיית לראש ולא לזנב גם בהיות שכל העולה בתכלית המעלה שאין למעלה ממנה מצפה ירידה לכן מה יעשה אלהים כדי שתעמוד לעולם במעלתך שהיית רק למעלה רק מיעוט ימעט מעט מעט ממעלתך כדי שלא תרד וכל זה כי תשמע בקל ה' אלהיך אשר אנכי מצוך היום לשמור ולעשות הרי מונחים לפניך בן אדם המעלות אשר תשיג בהיותך שומר מצות בוראך ואיך תשליך כל הטובות האלו בידיך מעליך. ובהיות שיש בטבע הרשע לומר שרוצה באבוד כל הטובות כדי למלאות תאות יצרו הרע לכן הנני כותב גם חומרת העונשים הבאים על החוטא העובר על המצות כדי למלאות תאות יצרו אולי בשמוע כן ישוב וניחם על הרעה שלא לעשות. יען שטבעי האדם מתחלק לשני חלקים יש חלק בני אדם שמתפעלים באיבוד הטוב וכנגדם כתבתי מהברכות והמעלות משומרי המצות אולי בשמוע כך כדי שלא לאבד כל הטוב ההוא לא יחטא ויש חלק בני אדם שאין מתפעל להם אבדת המעלות אך מתפעל לו קבלת העונשים וכשומעו פורש עצמו מלחטוא לכן הנני מודיעו מהקללות שבפר' בחקתי ופ' תבא ואם תראה קצת ב"א שכדי למלאו' תאות יצרם אינו מתפעל להם לא אבוד כל טובות שבעולם ואינו מתפעל להם שמוע' כל עונשי' שבעול' שיבאו עליהם לא דברה תורה במתים ימחו מספר חיים שהם פושעי ישראל בגופם ועיהם נאמר ויצאו וראו בפגרי האנשים הפושעים בי כי תועלתם לא תמות אם מתו בלי תשובה או שלא הרהרו תשובה כלל. והנה לך הקללות והעונשים האמורים בפ' בחקתי המגיע לאדם בעוברו על מצוות יוצרו והולך אח יצרו מצוה עליו שחפת חולי שמשחף את הבשר וקדחת חולי מקדיח את הגוף ומחממו ומבערו כמו אש מכלות עינים ומדיבורות נפש זורע לריק זרעו ולא יצמח ואם יצמח יאכלו אותו האויבים גם יזרע בנים ובנות ויפלו ביד אויבים ונתתי פני בו כלומר פונה אני מכל עסקי להרע לו כדרש"י ז"ל יהיה ניגף לפני אויביו ירדו בו שונאיו ינוס ואין רודף אותו כדי שלא יגיע עונש לנרדף משו' דקימא לן והאלהים יבקש את הנרדף אפילו צדיק רודף רשע ואם יוסיף לחטוא ישבור לו הקב"ה גאון עוזו ויתן שמיו כברזל וארצו כנחשה ותם לריק כחו ולא יתן ארצו יבולה ועץ השדה לא יתן פריו ראוי ליתן כגון התפוח נותן תפוחים ועץ רימון נותן רמונים אלא פריו לא יתן אבל יתן פרי כאילני סרק שאין ראוי לאכילה ואם יוסיף לחטוא ישלח בו חית השדה ושכלה אותו ויכרי' בהמתו וימת אותו וישום דרכו ואם לא יחזור בכל זאת יביא עליו חרב נוקמת נקם ברית וישלח בו דבר ונתנת ביד אויב ותשב' מט' לחם ומחסרו' תעצי' יאפו הרבה נשים לחמם בתנור א' וכיון שלא נתחמם התנור כ"כ מחסרון העצים כיון שהכניסו הלחם בו נתקרר התנור והלחם נתער' זה עם זה דכיון שהתחיל להתחמם נתפשט ונתערב ובזה מוכרחים אחר כך להשיב לחמם במשקל לחלק העיסה וכיון שנשקל אין הברכה שורה בדבר השקול ויאכלו אותה עיסה ולא יטבעו ואם בזאת לא יוסר הרשע יביאו החטא לאכול בשר

בניו ובנותיו וישמיד במותיו ויכרית חמניו מן הע"ז שעשה ויתן פגרו על פגרי גלוליו ויגאל נפשו לו ויתן עריו חרבה וישום המקדש ולא יריח בריח ניחוחיו וישום אתה ארץ ושממו עליה האויבים היושבים בה ואותו אזרה בגוים והריקתי אחריו חרב והיתה ארצו שממה ועריו חרבה ויהיה בארץ אוביו ויהיה מורך בלבבו בארץ אויביו וירדוף אותו קול עלה נדף ונס מנוסת חרב ויפול ואין רודף ויכשל באחיו כמפני חרב ורודף אין ולא תהיה לו תקומה לפני אויביו ונאבד בגוים ויאכל אותו ארץ אויביו והנשארים ממנו ימקו בעונם בארות האויבים וגם בעון אבותם אתם ימקו הן אלה הקללות המגיע לרשע כמותם ואעפ"י שאמרו רז"ל קללות שבתורת כהנים שהן אלו הנזכרות בלשון רבים נאמרו ומשה כי אמרן מפי הגבורה אמרן ושבמשנה תורה בלשון יחיד ומשה כי אמרן מפי עצמו אמרן ע"כ ועיין בהרמב"ן ז"ל עכ"ז דברת כאן בלשון יחיד דרך תחנה ותפל' לפני בורא עולם כיון שישראל נקראים נפש אחד אם כל אלו הקללות נתקיימו בחוטא אחד יחשב כאילו נתקיימו כלם בכלל האומה וראוים לגאולה כיון שקבלו עונשים. ואפשר לומר דלרמוז לזה קללות שבמשנה תורה באו בלשון יחיד לומר אם רבים חטאו ובאחד מהם נתקיימו הקללות או קצת מהקללות באחד וקצת באחר נחשב כאילו נתקיימו בכלם יחד. ואלה הקללות שבמשנה תורה שנאמרו בלשון יחיד בעוברך על מצות בוראך יבא לך ארורתה בעיר ובשדה ובטנאך ובמשארותך ובפרי בטנך ופרי אדמתך ובשגר אלפיך ועשתרות צואנך וארורה בבואך ובצאתך ומארה ומהומה ומגערת בכל משלח ידיך והשמדה ואיבוד ודבר ושחפת וקדחת ודלקת וחרחור וחרב ושדפון וירקון ורדיפה והשמים נחשת והארץ ברזל המטר אבק ועפר נגיפה ניסה זעוה נבלתך מאכל לעוף השמים ולבהמה שחין עפולי' גרב חרם שגעון עורון תמהון לבב ממשש בצהרים העדר הצלחה עשוק גזול ואן מושיע אש התארש ואיש אח' ישגלנ' בית תבנה לא חשב גו כרם תטע ולא תשב בו שוך טבוח לעיניך ולא תאכל ממנו חמורך גזול מלפניך ולא ישוב לך צאנך נתונו' לאויבך ואין לך מושיע בניך ובנותיך נתונים לעם אחר ואין לאל ידיך כל יגיעך ואכל עם אשר לא ידעת והיית עשוק ורצוץ משוגע ממראה עיניך אשר תראה שחין בברבים ובשוקים בלי רפואה גלות מלכך שמה משל ושנינה בעמם זרע רב תוציא השדה ומעט תאסף כרם תטע ויין לא תשתה זתים יהיו לך ושמן לא תסוך יהיה צלצל תולעת ארבה הגה יעלה מעלה ואתה תרד מטה הוא ילוך ואתה לא תלונו הוא ראש ואתה זנב כל זה על כי לא שמעת בקול ה' אלהיך לשמור מצותיו וחקתיו אשר צוך. ואתה בן אדם ראה העונשים הבאים על החוטא בחטאיו ושים אותם נגד עיניך תמיד ודבר עם לבבך היינו יצרך הרע וכה תאמר לו וכי בעבו' תענוג רגע אני שומע לך לסבול כל הקללות והעונשים קשים המכוערים האלו אם תתן ערבון עד שולחי נשמתי ליוצרי שתוכל להצילני הנני מוכן לעצתך אבל שמוע שמעתי וגם ידעי מפי סופרי' מפי ספרים שאתה עבד כמוני עומד על

צוויך לפתתני ואני על צווי למען שמוע לך אם כן מה לך יצרי תרדפני בחזק' ובהתמד' בלי הפסק רגע שעל כל כך לא נצטוית למה תתאכזר להפילני ביד העונשי' הקשים לראות נקמות בגופי ובנפשי דמה שכר תקבל ע"ז ומה שמחה מגיע לך בראותך גופי מוכה ומעונה מלא נגעים ולה לא תחוש שהיית אכסנאי בו ימים ולילות ומה בצע כי תכל לרוס בנין גופי הבית אשר בה שכנתה להשימה בתה אם לא ידעת ושמעת שעל זאת ענוש תענש אם טוב אתה ממני אשר בצלם אלהים נבראתי ועם כ"ז בעוברי על רצון יוצרי נכונו לי שפטים הנזכ' כ"ש וק"ו שגם עליך יעבור כוס בעוברך על רצון יוצרך כי לא על כבדות המלחמה אשר אתה נלחם בי צוך (וכדרז"ל שנענש על כי הגדיל לעשות) אלהיך שתלחם עמי ומה תענה ביום אשר יביאך לדין לפניו על התוספות שהוספת מדילך אם טוב אתה ממני שבעוברי על לאו דאל תהי צדיק הרבה מענישים אותי ואתה עובר תמיד על לא תרשע הרבה לכן שמע לעצתי בא ונשתתף יחד כל ימינו בשבועת השם ביני ובינך שלא למעול מעל ביוצרנו והיוצא מפיו לעשות ולקיים בכל לבבנו ובכל נפשנו ובכל מאדנו ושלא לזייף בשום דבר ולהרחיק היזק ולקרב התועלת לנשמה התשובה שמתחת כבודו ית' חוצבה והוא בעל הקרן להרויח ולחלוק בינינו חלק כחלק לאכול מפרי מעשינו בגן אלהים מקום שילום הפועלים ואם תחפוץ בלי צורמה ובלי תחבולה בלי אונס כלל בשותפות זה ענה בי ואני בך בבטול כל מיני מודעות שבעולם ונכתוב ונחתום שטר בשני עדים כשרים שמים וארץ וגם אנו על החתו' אדם ויצר שלא לעבור על כל הכתוב ונתברר שהריות אשר יזדמן לנו לחלוק בין שנינו לפני הדיין הגדול והנורא ה' צבאות שמו שופט בצדק ודן ברחמים ומחלק שכר ליראיו ומוסיף במתנות לאוהביו ובסי' טוב נתחיל בעסק השותפו' להלוך שנינו לבית המ' לשמוע תורה מפי שמעיה ואבטליון ששם בפי' חכמיו לשמוע ממנו וללמד מהם איזה דרך ישכון אור ללכת באור ה' לשמור מצותיו חקתיו ותורותיו והנה זה פה עולם התחתון בשנת עולמים בחדש אלול (אני לדודי ודודי לי) ביום מיוחד בו והכל שריר ובריר וקיים כה ידבר אדם עם יצרו וכה יאמר לו מיום אל יום עד להופכו ליצר טוב וזהו דארז"ל אם פגע בך מנוון זה מושכהו לבה"מ אם אבן הוא נמות כו' הכוונה ל"מ שלא תשמע לו לחטא אלא גדולת' להופכו ליצ"ט ולהשתתף עמו להמשיכו לבה"מ ולמרקו שאע"פ שאבן הוא נמות ושניכם יחד לעבוד לבורא עולם ה'. ודע בן אדם שהקללות והעונשים הכתובים בתורה שעמהם יוסר רע אם לא הגיעו מהן לו בחייו המותו יסבול הנפש הצער בכפלי כפלים וכובד עונותיו חייבו שלא קבל עונשו בעה"ז כמה מהשמחה מגיע לים במעשיך בלוקחך ממנה מלח למרק הבשר כדי שלא לעבור על כל קרבנך תקריב מלת ובלוקחך ממנה דגים להתענג בשבת קודש ולברך עליה על מעברות שעברו ישראל וברוך שברא הים הגדל ולראות על ידה מעשה ה' כדכתיב יורדי הים באניות המה ראו מעשה ה' ונפלאותיו במצולה וכמה ברכות יגעי לך ממנה כמה ששון

ושמחה ישיגו לכל עץ פרי עושה פרי בלוקחך מהם פרי עץ דר להלל לבורא וליקח מהם הדס וערבה לקשר עם כפות תמרים להשלמת המצות וליקח מהם פרי הבכורים להביא למקדש ה' לכהנים הקדושים משרתי עליון וגם מהם תקח בשמים לשמן המשחה ולקטורת הסמים מהם מן העצים ומהם מן העשבים וכמה ברכות יגיע לך מהם כמה מעלות טובות לעץ הגפן עליך בלוקחך ממנה יין לנסך על גבי המזבח ולקדש עליו בשבתות ומועדים ולברך עליו ברכת מזון ושבע ברכות ולשמח חתנים ולנחם אבלים ולהשקות לנהרגים מבית דין כארז"ל נשים יקרות שבירושלם היו יוצאות בכוס של יין עם לבונה ולהבדיל עליו בין קודש לחול ולברך עליו על המילה ולרפא עמו ולשתות בשבתות ומועדים לשמחה וכמה ברכות יגיע לך מגפן היין בהיותך עובד אלהיך עמה ומה גם בהמשילך לישראל לה ולתלמידי חכמים לאשכלות שלה כמה ששון. ורינון לעשבי האדמה בלוקחם מהן ירקות לליל פסח חזרת תמכ' חרחבינ' מרור לעשות חובת הלילה כאשר צוה ה' אלהיך ולברך ברית פרחיה ובריתות המחולפות בשושנים ולהניח מהן בבית הכנסת בחג השבועות לסימן שבמתן תורה על כל דבור ודבור שהיה יוצא היה מתמלא העולם בשמים כארז"ל ומהן תקח לתת בראש הכלות לקשטן כדי לחבבה על החתן ולרקד עמהן בפניה וליקח מהן לרפואות לבריאות הגוף לעבוד להקב"ה וכמה מהברכות יגיע לך מהם. אז זירננו עצי היער בלוקח מהם עצים לבנין ביתיך לקבוע בה מזוזה ולבנות מהם מעקה ולהכין בהן בית הכנסת להתפלל ולבנות היכל לספר תורה ולעשות מהן לו עמודים ולאפות ולבשל בהן לעונג שבתות וימים טובים ולסעודות של מצוה ולעשות מהם אפר לכבס בגדיך לכבוד השבתות והמועדים ולקיים הכון להיות מנוקה מכל כתם ורבב על בגדיך כדי להתפלל בקדושה ובטהרה ברכות יגיעו לך מהם בעובדך על ידם למי שאמר והיה העולם. כמה שמחה יגיע להרים וגבעות בלוקח מהם אבנים לבנין בתי כנסיות ומדרשות לעסוק בהם בתורה ולעשות בהם נפש על קברי המתים ולציון לכהנים שיכירו מקום הקבורות כדי שלא יטמאו ולהעלות עליהם באש להבה להראות למרחקים קידוש החדש כמה ברכות מגיע לך מהם בעובדך על ידם לבורא עולם ומה גם בהתברך עליהם ברוך עושה מעשה בראשית. כמה מעלה מגיע לכל בעל חי בהמה ועוף בלוקחך מהם לקרבן וצפורים לטהרת המצורע ושלוח הקן ולשחוט להתענג מבשרם בשבתות ובמועדים ולעשות מעורם גולים לספר תורה וגידים לתופרה ועשרות לתפלין וקרן לשופר לתקוע ביובל ובראש השנה וצמר לציצית ובהמה טמאה ופטר חמור תפדה בשה. כמ מהברכות מהם עליך בעשותך מצות אלו על ידן ומה גם בלוקחך מהם דרך ארץ דכתיב מלפנו מבהמות ארץ ומעוף השמים תחכמנו וגם לקנות על ידם שפלות בראותך שתראוי לעשות לך על עונותי עושים בקרבן. כמה מהמעלות לתבואת השדה בהפרישך ממנה תרומה ומעשר וחלה ולקיים מצות לקט שכחה ופאה וליקח סולת למנחות ומהן לעשות לחם הפנים ומהן

שעורים לקרבן הסוטה ולחם למאכלך לברך ברכת המוציא וברכת מזון ולקיים בו הכנסת אורחים כדכתיב באברים ואקחה פת לחם כמה ברכות יגיע לך ממנו ובפרט בתתך פרוסה לעני וגם לקיים אם רעב שונאך האכילהו לחם. מקולות מים רבים כקול שמחה בלוקחך מהן לניסוך המים ולטהר הטמאים ולהשקות הסוטה על כי חרס במים חיים ולעשות מהם מקוה מים ולטבול בהן ידים לאכילה ולתן מהן מים אחרונים חלק לסטרא אחרא שלא יקטרג על סעודתך ולכמה דברים לעבודת הבורא בהן כמה ברכות יגיעו לך מהן בעוברך על ידם למי שיצרך. כמה מהששון והגילה לאדמ' בלוקחך ממנה עפר לכסות דם חיה ועוף ולכסות הערלה ולתת במי הסוטה ולקבור בתוכה ולגנז בה ספרים שבלו ולחרוש ולזרע בה ולקיים לא תחרוש בשור ובחמו' ושלא לזרוע בה כלאים ולהצניע בקרבה דבר ע"ז כדי שיתבלה ותאבד שם כדי שלא יהנו ממנו כאשר עשה יעקב אע"ה בכי ע"ז שלקחו משכם וכמה ברכות רבות יגיעו לך מן האדמה בעשותך על ידה רצון יוצרך. כמה מעלה קונה האש בהיותך מברך עליו בורא מאורי האש ובהתקיים בו אש תמיד תוקד על המזבח לא תכבה ולקיים בו מצות שריפה ולבשל לאפות מאל להכין לשבת כמה ברכות יגיע לך ממנו בעשותך עמו עבודת בוראך. כמה עלוי יש לכספך וזהבך בעשותך עמהם הוצאות לכל מצוה ולהחזיק ביד לומדי התורה ולעשות מהם כלי הקודש לשרת בו ולמלאכת שמים מלאכות אין מספר כמה ברכות לאלפים ולרבבות יגיע לך מהם בעשותך עמהם לכל מלאכת הקודש. כמה מעלות טובות מגיעים לאבנים טובות ומרגליות בלוקחך מהם לאפוד ולחושן לקשט בם כלות ולהתנאה מסגולתם לעבודת בוראך כגון הספיר להתחכם בתורה כנודע וכן כל אבן ואבן כנזכר בפרקים דלעיל וכמה ברכות יגיע לך מהם בהיותך מתרפא בהם כגון שממית לעקרב זבוב לצרעה וכאלה רבות כדרז"ל כדי להיות בריא לעבודת גם תולעת המשי ושני התולעת בעשותך מהם למלאכת הקודש כגון שני התועלת לצבע כי המשכן ולקשר לשון השני על ראש השעיר ביום הכפורים כדי שיתלבן גם ושני תולעת לשרפת הפרה ותולעת המשי לעשות בגדי מלכות כדי לגדלו ולהדרו שיהיה אימתו עליו וכן למלבושי חתן וכלה וללבושי אשה שהתחבב על בעלה שלא תתן את דעתה באשה אחרת להיותך טהור בפני אלהיך כמה ברכות ותהלות יגיע לך מהם בהיותך עובד אלהיך באמצעות'. כמה שמחה מגיע לתרנגול בהרים קולו בחצות הלילה לעוררך משינתך ואתה עומד לקולו לעסוק בתורה כמה ברכות מברכן בהיותך עוסק בתורה בעבורו.

כמה עלוי מגיע לשר החמור והכלב בהיותם נותנים סימן למשמרות כמו שאמרו רז"ל משמרה ראשונה חמור נוער שניה כלבים צועקים וכו' ועל ידם אתה מבחין לידע את משמרות הלילה לעבוד לבוראך כמה מהברכות יגיע לך מהם שגרמו בפעולתם שעבדת את ה' אלהיך ומה גם לקיים על ידי הכלבים בשר בשדה טרפה לא תאכלו לכלב תשליכון אותו.

כמה מעלות טובות כפולות לימים ולשנים לשבתות ולמועדים ולראשי חדשים בהיותך מקיים בהם מצות בוראך לכל אחד ואחד בזמנו המגיע לו מחיוב המצה המוטל עליך לקיים בו וכמה מעלות ותהלות ושבחים יבאו לך מהם בהיותך עובד בהם לבורא הכל. כמה ברכות מגיע לך משבעים אומות כדכתיב ברוך תהיה מכל העמים ופירשו רבותינו ז"ל מפי כל העמים בהיותך מתייסר על ידם להיותך דבק בה' אלהיך ומה גם שבעובדן להקב"ה מושפעי' בסבתך כרז"ל אין טובה בא אלא בשביל ישראל.

גם מצד עונות הנשמות שהן בקרבה באים ח"ו להיות נפלים בסוד היום הרת עולם היום יעמוד ההריון שלא תפיל כדפי' מורי' ז"ל בפירוש תפלות ר"ה ולא זו בלבד אלא גם אל היסוד שבמקום שהיה נקר' נהר פלגיו ישמחו עיר אלהים נקרא נהר יחרב ויבש גם מצד עונות מסתם השביל הפתוח ונפתח הסתום וטועמת מר ממות גם גורם לו ניסה בסוד ותנח בגדו אצלה וינוס בסוד עקרב בסוד עקרביתא עקר ביתא ולא זו בלבד אלא גם אל נצח והוד ב' שקתות המים ההוד נהפך למשחית כמ"ש והודי נהפך עלי למשחית הוד ד' וה' וכל היום דוה ובזה נצח ישראל המנצח נצחוהו וז"ש שרקו ויחרקו שן שהחירק הוא בנצח והשורק הוה בהוד כדפי' בתקונים תקון ע' ונהפך השפעתם לאויבים ולא זו בלבד אלא גם אל הת"ת שמסתלק לעמעלה אל הבינה או אל הכתר מעשנן של אלו בסוד ואתה ה' אל תרחק וז"ס אוי ואוי כדאי' בפ' אחרי גם אל התורה כי נחשכה ונתלבשה בעון אדה"ר גם לכ"ב אותיות הרשומי' בנשמה כדאי' בפ' פקודי כשאדם חוטא פוגם אותם כי על ידם נברא כדאיתא בספר יצירה המליך אות פ' וקשר לו כתר בראשו ולכך תקנו הקדמוני' הוידוי בדרך א"ב אשמנו בגדנו כדי שיתקן האותיו' שפגם גם אל הגבורה כי בעון התחתונים כללות החסד שנכלל בה מהפכו לדין ומנהיג העולם בדין שנותנין כח לחצונים שיפעלו הדינין וזה עלבון הוא לה להתקשר בגבורו' חצונות גם אל החסד שמדתה לגמול חסד לעולם נפרדת ממדתה ומסכמת בגבורות והדין גובר על החסד והחסד נכנע תחת דיני הגבורה. גם לאבות הם דמיכן (אם ישינים) על חובי עלמא כמ"ש בפ' ויחי וכ"ש שאר הצדיקי' ששולטת עליהם השינה שלא ישגחו ויתפללו על העולם ולא זו בלבד אלא גם אל הבינה שהיא אם על בנים מסתלקת מעליהם ונעלמת בחכמה בסוד ס' כמבואר ריש פ' תרומה בדרוש אפרסמון אפריון וכמו שפיר בתקונים ג"כ שלח תשלח תרין תרוכין (ב' גרושים) ותלכנה שתיהן נעמי ורות גם אל החכמה בסוד ויתעצב אל לבו מקום המחשבה כדאיתא בתיקונים אדם קדמאה שהוא בחכמה מאתר דאתגז' נשמתי' תמן חב מכאן ולהלאה דברו בהן ברצוא ושוב. הראית בן אדם עד היכן הגיע עלבונך מה לך נרדם קום משנתך ותחפש דרכיך הללו שפגמת ותחקור בדרישה וחקירה ושוב עד ב' אלהיך המקו' שפגמת וזהן נחפשה דרכינו ונחקורה ונשובה עד ה' אחת מג' ראשונות כי משם תוריד מים טהורים ותטהר את כל הכתמי' וזה תשובה הטוב ה' כלומר תשוב ה' לו'

וא"ו לה' ראשונה וה' ליו"ד וזהו נשא לבבנו אל כפים כו' דע שהנשמה מסעותיה היו כעין מסעות האצילות והתורה ושלשתם אזלין כחדא האצילת והתורה והנשמה והענין כי המלכות כשנתאצלה וירדה מאת פני מאצילה בכל מסע ומסע היה נחתם שורשה ודיוקנה שם ע"ד שמצני כחות' כדאי' בתקוני כד אתנטלת מחכמה אתקריאת חכמה כד אתנטלת מבינה אתקריא' בינה עד בואה למקומה כי נתרבא ונשתרבבה ומתחתמת כי כן דרך הרוחניית אינן נעתקי' ממקו' למקו' אלא משתרבבי' והולכים וכמו כן התורה ירדה מאת פני הכתר ונשאר שורשה ודיוקנה שם ומחמד עיני כל ספירה וספירה היא בחינת התורה שבה וכן נמי כשירדה מספירות התחתונות בכל א' נשאר שורשה שם והיא הבחינו' המובחרת שבספי' וכן כשירדה בעולם בי"ע עד רדתה למטה וכמו כן הנשמה מקום מחצבה נשמה מבריאה רוח מיצירה נפש מעשיה ואי זכה יתיר יהבין לה נפש ממלכו' רוח מת"ת נשמה מן בינה כשנשתלשל' משם ולמטה בכל ספירה וספירה נשאר שורשה ודיוקנה שם וכן משתלשלת ונחתמת בכל העולמות בריאה יצירה עשיה עד בואה לעולם השפל הה. והנה כשאדם מטיב דרכיו נעשים כל אותם השרשים של נשמתו צנורות להארה עליונה וז"ש והתהלכתי בתוככם והוא סוד חזור בך ואני ואתה ובן ישי נטייל בג"ע שאמר הקב"ה לירבעם ואמר מי ילך בראש אמר הקב"ה בן ישי אי הכי לא בעינא הכונה שדוד יהיה ראש הצינור ותחתיו יהיה שורש נשמתו של ירבעם דמיון י' ראשונים הבאים לבית הכנסת שנעשים י' צנורות לקדושה והבאים אחריהם שואבים מתחת ידם של אלו וירבעם גסותו טרדו מן העולם שהיה נראה כנקבה מקבלת מדוד שהוא בראש במדרגת זכר. אמנם כשאדם חוטא בחטאו פוגם כל אותם שורשי נשמתו ונסתם אותם הצנורות ואין מימי ההשפעה נזחלין בהם וזהו שאמר בתקונים ובכמה דוכתי גרים למהוי ההוא נהר יחרב ויבש מסטרא דנשמתיה שחת לו לא (כלומר שעשה השחתה לו לעצמו ולא לאלהים) וזהו סוד נגע צרעת ומתרגימנן מכתש סגירו שסוגר הצנורות לבלתי המשך בהם ההשפעה כדפ' בפ' תזריע והנה כשאדם מטיב דרכיו אותם שרשי נשמתו הנסתמים בכל המקומות נעשים לו דרכים ונתיבו' ומסילו' ששדרך בם יעלה אל מקומו הראשון כי ישרים דרכי ה' צדיקים ילכו בם ואם הוא רשע ופושעים יכשלו בם ובעת שאדם מתעורר בתשובה ומעורר מים בוכים שמוריד דמעות על עונותיו מעורר מים עליונים מן לבנון העליון יורידם זרם כשטף מים רבים ומרחצים כל אותם הפחמים והפגמים שפגם בכח בחינה ובחינ' וזהו אם רחץ ה' את צואת בנות ציון וזרקתי עליכם מים טהורים ואות' אבני נגף וצור מכשול שסגרו מעברות המים באותו זרם נשטפים ונשפכים מהמקור ההוא ויורדים ומתגלגלים עד ראש השעיר בסוד ונשא השעיר את כל עונותם כמבואר בזוהר ולכך אית' בתקוני' כל תפלה שאין בה וידוי יש בה קטרוג והטעם כי אין לקליפה חלק בה כי אם הודוי ואם אין ודוי אז מקטרג ואיוב

יוכיח שקטרג עליו שהיו קרב והיו עולות כלן לגבוה ואין לו בהן חלק וכמו כן כשאין ודוי שגורם רחיצת הפגמים באותם מים שופכים נוטל לחלקו ועתה אינו עולה לקטרג עכ"ל ואתה בן אדם אבריך ילבשו בושת בעלותך על לבבך העלבון אשר אתה גורם לקדושי עליון והפגם אשר אתה עושה במקומות הקדושים ולמה לא תתפחד ותתחרד חרדה גדולה עד מאד על שלא ישארו בגופך אבר מיוחד אל אבר מרוב הפחד והאימה איך טיפה סרוחה הבל שאין בו ממש גורם כמה פגמים כמו שרץ מטונף בהיכל המלך אעפ"י שהוא דבר שאין בו ממש אבל פעל סירחון במקום שטינף. וכמה מהקללות מגיע לחוטא וחרמות ונדויים ושמתות מפי עליונים ותחתונים כיון שטינף בחטאו וביטל פעולות קדושו'. והנה לכל דבר יש דבר בהפכו חזור בך בן אדם ויתתקנו כל הדברים וישובו לקדמותם ויגיעו לך ברכות מפי כלם כי במעשיך הטובים ישמחו השמים ותגל הארץ כי ע"י קיום המצות מגיע שלימות ושמחה לעליונים ולכל פרט ופרט שבעולם התחתון זה וכלם ישבחוך וכלם יעריצוך וכלם יברכוך כי כאשר אתה משפיע להם תיקון ושמחה כך הם יהללו ויברכו לך. גדולים מעשיך דגורמים שלא ישנו תפקידים כל צבא המרום במרום כנ"ל בדברי הרב ז"ל המניעה הגור' החוטא לכל צבא המרום שלא יתפעלו פעולתם ומלאכתם אשר המה עושים כמה מהשמח' מגיע לשמש וירח בהתברכך עליהם לבורא הכל ה' צבאות שמו על השמש במחזור הגדול (שהוא מכ"ח שנה לכ"ח שנה והי' בשנת תק"יז ויהי' בשנת תקמ"ה אשרי המחכה ויגיע) ועל הירח בכל חדש וחדש ואת מונה בה חדשים ושנים לקבוע מועדים כדי להקריב קרבנות ולהלל ליוצר יצורים על הגאולות ועל הטובות והחסדים שעשה עמנו דעליהם הוקבעו וכמה מהברכות יגיעו לך מהם כיון שעל ידם אתה מקיים רצון יוצרך. כמה מהגילה מגיע לכוכבי השמים אשר על ידם אתה מכיר ערכך ומשפיל גאותך לעבוד למי שבראך כדכתיב כי אראה שמיך מעשה אצבעותיך ירח וכוכבים אשר כוננת מה אנוש וכו' וכמה מהברכו' יגיע לך משמים וכוכבים ואם לא יקבל עונשו בעה"ז כי קל הוא יקבלם אחר מותו שיורגש עוד לכן יראה החוט' שאע"פ שחוטא ואינו מגיע לו מהעונשי' ידע כי לרעותו הוא וימהר יחיש לשוב אל ה' וירחמהו ואל אלהינו כי ירבה לסלוח.

פרק לג

יתחרד השומע ויתפחד היודע הפגם שעושה החוטא בעליוני' ובתחתוני' והביטול הגורם לקדושי עליון מלעבוד עבודתם ומניעת הטובות מכל הבריאה אוי לילוד אשה הגורם כך ואבו למי שמחומר קורץ הפועל זה הבט וראה בס' קול נגידים פי' על מגילת איכה להרב מהר"ר אברהם גאלנטי ז"ל על פי' נחפשה דרכינו דף ע"א ע"ג ז"ל באתי להעירך בכמה דרכי' פוגם האדם ומעליב בחטאתו ממה שיכולתי ללקט בדברי מורי ז"ל ובס' הזהור ותקוני' וקצת מדרשים דע שהעלבון הנעשה מחטאת בני אדם מגיע עליהם רעה

גדולה כמ"שה חטאים תרוף רעה ביסודים ומיתת בנים קטנים שהם חשובים בגופו ואחרים כמש"ה וחוטא אחד יעזבה טובה הרבה כגון שהיה העולם בכף מאזנים חטא והכריע לכף חובה אוי לו שהכריע עצמו ולאחרים לכף חובה גם פשתה הנגע בקירות הבית הקדוש והריסה המזבח וכלי הקדש והכרובים בכליבה וארון האלהים נלקחה ושפיכות דם חסידים והגרושים והגזרות והגליות והצדיקים נתפסים בעון הדור כ"ז גורם החוטא ומגיע עלבונו לו ולאחרים הלא יצעקו אלה אליו שהביא עליהם הרעה והעלבון הגדול הזה גם לב"ח כי ע"י העון נעצר את השמים ובכן גם במות שדה עזוב כי לא היה דשא. גם לשרי נהרות ומעינות ודשאים וצמחים מגיע העלבון כי הר יחרב ויבש ומעין נרפש ומקור נשחת ובכן אין דשאים ואין צמחי' ונמצאו שליטתם בארץ להכות לעשב ואומר לו גדל בטל וגיבאי נהר' יוכיח שאר ר' פנחס בן יאיר ואם לאו גוזרני שלא יעבור בך מים לעולם מוצא שעלבון הוא לו שנחרב יבש הרי פגם ועלבון דרך כלל אגיע לעשיה גשמית. גם לעשיה רוחנית שמש וירח קדרו וכוכבים אספו נגהם כדרז"ל במעשה קרח שמש וירח עמד זבולה מאי בעו בזבול וכו' ולא עוד אלא שבכל יום מכים אותם כו' גם לז' כוכבי לכת הממוני' ומנהיגי עולם בחסד וברחמים בחטאת בני אדם מחלישים כחם ואינן מנהיגים כ"א בעלי הדין. גם למלאכים השוכנים באוירים ושברקעים שבכל אויר ואויר ובכל רקיע ורקיע כמה מלאכים ממונים לקבל תפלת ישראל בסטר מזרח גזרד"יא ועמיה כמה סרכין ממנן דמחכאן לההיא צלותא (כמה שרים ממונים שמצפים לתפלת ישראל) וכן לסטר דרום ולד' סטרין כלם מנזקי' אותה תפלה ואומרים להקב"ה יחוס לקבלך ועליך יתמלא רחמים וכן אם המתפלל הוא על שונאיו אשר רדפוהו עולה תפלתו לצפון פתחי ואמרי מרך ירמי סנאך לקמך (הקב"ה יפיל שונאך לפניך) וההקש ע"ז בכל ז' רקיעי וכדאי' בפ' ויקהל דף ר"א ר"ב ואתה ב"א הבט וראו' חרפתך ובושת' שכמה מחנו' קדושים התקין לך ה' אלהים להנאתך ולטובתך להכניס תפלה יתוש נתוץ מיאוס תשש כח והנך רואה כי המלאכים הללו אין להם מלאכה אחרת כי אם לקבל ולעטר ולנשק תפלתך והיה כי יחטא ואשם לא נמצא מתיש כחם כי אין תפלתו נשמע' ולא נכנס' ונמצא בטים ממלאכתם אשר המה עושים אין לך עלבון גדול מזה ולא זו בלבד אלא גם בעולם היצירה עולם המלאכים בפתח היכל א' לבנת הספיר שם מלאך טהריאל העומד לקבל תפלת היחיד אם היא הגונה מכניס לפני המלך לדורון ואם לא דחי לה לבר גם למעלה מפתח זה יש שערי דמעה כשעולה תפלה בדמע' מזדמן אופן א' שרוכב על ת"ר חיו' גדולות ונוטל אותה תפלה עם הדמעות ונרשמים בההוא פתחא וכשאדם חוטא כל הכחו' הללו בטלי ממלאכת' גם לחיה א' הנקרא בזק שמתקן התפות המתערבות בחד רקיע עד שבא סנדלפון שנוטל' וקושרן עטרה בראש צדיק וכן כל התורה והמצוה הנעשים בליל' אם יחטא אדם ולא יתפלל מה יגיע לידו לקשור עטרה מסטר' דיליה כי איננו

גם למלאכים אחרים מגיע הפג' כמ"ש ויראו בני האלהים את בנות האדם וירדו לתקן ונתקלקלו גם לחשמל אחד ששמו אורפ"ניאל שבהיכל עצם השמים מגיע עלבון החוט' כד אסגיאו זכאין החשמן הזה מאיר וזהיר במיני מאורות כמנין חשמול וסי' באור פני מלך חיים וכד אסגיאו חייבין נתחשך ואז כ"ע בדין הבט וראה חרפתך גם לד' אופנים שבהיכל נוגה מגיע עלבון כשהנשמה היא חוטא' נטלין דינא מהיכל הזכות ויוצאים חוץ להיכל ממקום קדושת' להלקותה וכן כשאלו אפנים מנדין לאדם המוציא דבר נבלה מפיו ומכריזי' פ' מנודה הוא אזדהרו בפ' דנזופא לאו עלבונא איהו גבייהו דהא אמרי' בגמרא א"ר יהושע ב"ל מעולם לא נמניתי לנדות שום אדם ורבי פלוני היה נוהג נידוי בעצמו קודם ואח"כ מנדה לחייב נידוי ולא עוד אלא גם לכתות קדושים הנקראים רצים שהם במקום א' שנקר' תא הרצים שמלאכת לרוץ להגין על ישראל משאר עמים ולהלחם עמם והם רצים לקראת רצים אחרים דסטרא אוחרא למהר איזה גזרה רעה על שונאיהם של ישראל וסי' הרצים יצאו דחופים והעיר שושן צהלה ושמחה וכשאלו גוברים והעיר שושן נבוכה והנה הכח שיש לאלו הרצים קדושים לרוץ הם תורה ומצות התחתונים העושים בהליכם ובמרוצת הרגלים כגון למהוי רהיט בפרקא וכיוצא וכשאדם אץ ברגלים וחוטא מחליש כח אותם הרצים ורצים דס"א קודמים ונמצא זה החוט' יאבד טובה הרבה. גם למלאכים המלוין לאדם מגיע עלבון שמתאבלים עליו כשהוא חוטא כדאית' בסבא פ' משפטים גם בע"ב סנהדרין שבהיכל הזכות אם זה חוטא במקום שהטייתם לטובה הטייתם לרעה וגם ענוש לצדיק לא טוב ועלבון הוא להם לעשות באופן שיטו להנהגת הדין גם בהיכל אהבה שהיו באים שם הנשמות וכד גרמו חובין והתחרב בית מקדשא לא עלו תמן נשמתין אחרנין גם בהיכל זה יש כתות קדושים שנקראים גפנים ורמונים שמגמת פניהם להכניס אהבה בין ישראל לאביהם שבשמים ויורדים בשעת יחוד ק"ש ועולים ומעידים וכשאדם חוטא במקום יחוד עושה פירוד כמה עלבון מגיע להם שאין להם פה להליץ. גם בהיכל הרצון ששם מרכבו ארג"מן וכד גרמו חובין והתחרב ביתא מקדש' בא מיכאל אפטרופוסא רבה דישראל להליץ טוב והיתה טענתו תבירה קמיה סטרא אחר' כמו שאמר הכתוב השיב אחור ימינו מפני אויב. גם בהיכל קודש הקדושים ששם תרין כרובים מטט"רון וסנ"לפון שעל ידם נעשה יחוד בימות החול והעונות גורמים שלא היו פניהם איש אל אחיו ומנהיגים העולם בדין כדאי' בזוהר פ' אחרי מות שהיתה שנת בצורת וראה רשב"י שהכרובים לא היו פנים בפנים ולא זו בלבד אלא גם לעולם הבריאה סוד כסא הכבוד מגיע הפגם שהנשמות חצובות משם וכד אסגיאו חייבים בעלמא אינן נמשכות משם ועוד שפגם הנעשה מהעונות פוגם שורש נשמתו של חוטא דהיינו בכסא וכביכול אין הכסא שלם וכדאיתא בתקונים דף ג' וכורסייא דיליה פגימא בחובין דישראל.

גם לאדם מלכות הרוכב על הכסא מגיע העלבון כמו שאמר הכתוב

ובפשעכם שולחה אמכם וכן נשבע הקדוש ברוך הוא שלא יכנס בירושלים של מעלה וכן מיומא דאתחרב בית מקדשא דחוון לא אנעול קדמוהי והמלאכים כשהם משוררים הם משוררים לבר כמבוא' בזוהר פ' ויחי וכן כד אסגיאו זכאין נקרא שדה תפוחין וסוד העושר. וכד אסגיאו חייבים נקרא שדה ענתות כמו שאמר הכתוב עניה ענתות כמבואר שם וכן בפרשת תרומה האי עת סלקא ונחתא בגינייהו דישראל ואינה מתייחדת כמש"ה ונרגן מפריד אלוף אלופו גימ' אלהים מפריד חסד אל מהאלהים העולה פ"ו גם וכמה מהשמחה והששון והגילה והחדוה והדיצה והרינה מגיע לכללות כל הבריאה עליונים ותחתונ' בעוסקך בתורה באמצעותם כי כלם כלל ופרט הם הכנה לך שתוכל לעסוק בתורת אלהיך וכמה מהשבח וההילול וההודאה והברכה והשלום מהם עליך על התדבקותך בבוראך על ידם ומה גם היותך סבת קיומם שבשבילך נברא העולם שנ' בראשית שביל ישראל שנקראו ראשית ובעסק תורתך העול' קיים דכתיב אם לא בריתי וכו'. ואתה בן אדם הנה לפניך שני דרכים דרך החיים ודרך המות אם תשמע את ה' אלהיך ללכת בדרכיו תהיה מבורך מפיו ומפי כל הבריאה פרט ופרט וכלל ואם לאו יהיה הדבר בהפכו ח"ו ולמה לא תכיר ערך מעלתך ותכלי' שפלותך ערך מעלתך שלא עשה אותך ה' אלהיך כאחד צבא המרום במרום כוכב או מלאך כי אם בעל בחירה כדי שתעלה עליהם ביתר שאת ויתר עז ולקבל שכר על מעשיך ולהיות מחיצתך לפנים מלאכי השרת ותכלית אופלותך כי בהיותך נוטה מיני הדרך הטוב והישר בעיני אלהיך הנה חשוב כבהמה דמותר אדם מן הבהמה אין לבד השמה הטהורה ובלתי נשמה טהורה את טיפה רוח' ליחה מאוסה גוש אפר רימה ותולעה ולמה לא תשים עיניך דבר קטון כמוך יתוש נתוש גורם במעשיך הריסה לכל הבנין היה עונש מספיק לתקן קלקולך שים נגד עיניך החיבה שחיבב הקב"ה לישראל מכל אומה ולשון תכסך בושה וכלימה לחטוא בפני מי שהטיב עמך כל כך ולמה לא תכלם להיות פחות משור וחמור דידע שור קנהו וחמור אבוס בעליו ויותר פחות מהכלב שכל המשליך לפניו פעם אחד פרוסת לחם נסרך אחריו ואין רוצה לפרוש ממנו אף כי יכהו בשבט הבט וראה בחיבת הקב"ה עם ישראל שהוליכ' בתהומות ובמדבר ושם הזמין פרנסתם במעדני מלך ורשם אות' בדגלים להיותם נכרים לעמו ועדת סגולתו עד שאמרו להם אומות העולם בואו עמנו ונעשו לכם מלכים ואפרכסים וישראל אומרים להם וכי יכולים אתם לעשות לנו דגלים כאשר עשה לנו אלהינו כדאיתא במדרש רבה דקשה דלמה שתקו א"ה ולא ענו עוד וכי לא היו יכולים לומר גם אנו עושים לכם דגלים דמה דבר קשה הוא לעשות דגלים אלא כוונת הדגלים שעשה להם דבר שמלאכי השרת משתמשים בהם כאר"ז במדרש כשירדו המלאכים לסיני ראו אותם בדגלים ואמרו רצונינו שיעשה גם הקב"ה דגלים א"ל הקב"ה למשה עשה להם דגלים וענין דגלים אלו שהיו משתמשים בהם אותיות התורה עיין באורך בספר

עמודיה שבעה וזהו דבר שאין אומות העולם היו יכולים לעשות גם רומז ענין הדגלים לשם אל שנתן בשמם על שקראם בשם ישראל כמלאכי השרת דשם אל בשמם כגון מיכאל גבריאל ואות הלמד היא כדמות דגל שיש מגדל פורח באויר בילא"ו שלום על ישראל.

פרק לד

יהיו הדברים והצוויים האלו על חיוב המוטל על החזנים.

ותחלה נקדים דברי בעל קצור שני לוחות הברית מדפוס אמשטרדם (דף נ"ו ע"א) וזה לשונו:

שמעתי רמז גדול על מעלת שכר החזנים לשם שמים. ואם ח"ו אין כוונתם לשם שמים עונשם הרבה. כתיב צדיק כתמר יפרח כארז בלבנון כו'. צדיק כתמר יפרח סופי־תיבות קרח. יפרח כארז בלבנון סופי תיבות חזן. אם כוונתו לשם שמים יפרח כארז בלבנון, כלומר יעלה למעלה כארז בלבנון. וידוע שיסוד לבנון בגימטריא חקל רמז לחקל תפוחין כידוע למארי קבלה שיזכו לראות פני שכינה. וגם חקל אותיות חלק, שיהא לו חלק לעולם־הבא, ואם לאו יהיה כקרח ח"ו. ועליהם נאמר נתנה עלי בקולה על כן שנאתיה.

על כן ראוי לכל חזן להתפלל תפלה זו שלא ישלוט בו יצר הרע המסיתו למצוא חן בעיני הבריות לבד ולבו בל עמו לשם שמים. ויתפלל תפלה זו קודם התפלה, ויכלול תפלתו עם כל חזני ישראל כדי שתהיה תפלתו תפלת רבים שמקובלת ביותר.

יהי רצון מלפניך הוי"ה אלה"י ואלה"י אבותי, היה נא עמי ועם כל חזני ושלוחי עמך בית ישראל. הורם מה שיאמרו, הבינם מה שידברו, ידעם מה שישאלו. שלא יכשלו בלשונם ושלא יכלמו בם שאונם, ואל יאמרו דבר שאינו הגון שלא כרצונך. ושלא יהרהרו בתפלתם מחשבת חוץ. ואל יחר גרונם. ותן להם אמיצות כח ובר לבב וכח להפליא על עבודתם עבודת הקדש מלאכת שמים שלא יכשל כח הסבל. ואל יהיה להם רפיון ידים. וישלוט בהם יצר טוב ולא ישלוט בהם יצר הרע. ותן בלבם אהבתך ויראתך לעמוד לפניך ולשרתך ולשורר ולברך בשמך. ויהיה עבודתם לשם שמים בלב שלם. יהיו לרצון אמרי פי והגיון לבי לפניך ה' צורי וגואלי. אמן וכן יהי רצון.

כתב הט"ז בשם הרא"ש ז"ל שאין מעלת השליח צבור תלוי ביחוס משפחה, ואפילו אם הוא ממשפחה בזויה והוא איש טוב, מכל־מקום טוב לקרבו מאותו שהוא איש מיוחס ואינו צדיק, דרחמנא לבא בעי, כדכתיב לרחוק ולקרוב. אבל אם שניהם שוים פשיטא שהמיוחס קודם לשאינו מיוחס, כי אינו דומה תפלת צדיק בן צדיק וכו'. גם צריך החזן להתפלל בנחת מלה במלה ולפי פירוש המלות ולא במהירות. ולא ישגיח על אותם קלי הדעת שאומרים לו למהר כדי שלא יאריכו בבית־הכנסת, כי עול בית־הכנסת הוא משא כבד עליהם. כי על ידי־זה שהוא מתפלל במהירות הוא מקצר בשבחו של מקום, ואינו יכול להתפלל בכוונה לפי פירוש המלות. וגם אם יש קצת יחידים שיראת אלקים נוגע בלבבם להתפלל בכוונה מוכרחים

גם־הם למהר. כי כל חזן שמתפלל במיתון ובנחת יהיה לו שכר הרבה מאד בעולם הזה שיאריך ימים בנעימות ובטוב ובעולם הבא יזכה לחזות בנועם ה' ולבקר בהיכלו, מדה כנגד מדה. וכן יזהרו החזנים שלא ימשיכו ויאריכו בניגון בתוך התיבה, אלא יאמרו יחד התיבות השייכים לפי פירוש המשמעות וחיבור, ואח"כ ינגנו בין התיבות. וכן אל ימשיכו הניגון באמן יותר מדאי, אלא כדי השיעור שיוכל לומר אל מלך נאמן. כי מכח המשכת האמן שמאריך החזן שלא כדין והקהל שוהין ואין עונין אחריו אמן עד שיכלה הניגון מפי המנגן. הנה אם מפסיקין יותר מדאי בין קדיש ובין עניית אמן הוה בכלל אמן יתומה, שפירשו קצת מפרשים ז"ל שלאחר זמן שסיים המתין הרבה ועונה, הוי אמן יתומה. על־כן יש ליזהר בזה. יש להזהיר החזנים ולהודיעם מה שכתב בזוהר פרשת נשא. כשאומרים ברכת כהנים, כשאומר יברכך ה' – יטה ראשו מעט כלפי ההיכל, וכשיאמר וישמרך ישא פניו להסתכל לצד ימין תחילה, והטעם לעורר מדת החסד. וכשיאמר יאר ה' יטה ראשו מעט כלפי ההיכל. וכשאומר ויחנך יהיה פניו נגד שמאל. שלום באמצע. וסימן יש"א ראשי־תיבות י'מין ש'מאל א'מצע. ואם ח"ו החזן מסתכל בשמאל תחילה הוא ח"ו מעורר דין על הציבור. ע"ש בזוהר שהאריך מאד שצריך החזן בתפלה להמשיך על הציבור חוט של חסד שהוא ימין, ואם החזן אינו עושה כן, יש לו עונש הרבה מאד ע"ש שהאריך, עכ"ל.

ונראה לי רמז נכון בשם חזן שהוא חי"ת בתחלה ונו"ן בסופו אותיות ח"ן וזי"ן באמצע, לרמוז אם החזן כוונתו להראות חן לציבור ולא לשם שמים, זי"ן של מלאך המות מרקד בפניו ובו ימות. ומילוי אותיות חזן כזה, חי"ת זי"ן נו"ן, האותיות אמצעיות כ"ו שעולה מספר שם הוי"ה. לרמוז שאם כוונתו לשמים שם הוי"ה שורה עליו. גם חז"ן נוטריקון חוזה נביא שהוא כחוזה וכנביא להגיד לצבור אם תפלתם מקובלת אם לאו, שהוא שלוחא דצבורא לידע על ידו אם תפלתם נתקבלה, אם שגורה בפיו אם לאו, סימן שלא נתקבלה וחוזרים בתשובה. וצריך החזן שלא ישנא לשום יחיד שבקהל ואע"פ שעשה עמו רע, שאם יהיה שונא לו זהו סבה לטורדו מתפלתו, שבכל עת שרואהו בתפלתו מצטער ודואג וכוונתו מסתלקת ולבו בל עמו, ודברי תפלתו מן השפה ולחוץ. וגם כיון שהוא בשנאה עם חבירו איך מתפלל ויחד לבבנו לאהבה את שמך, שנמצא הוא כמרמה לקונו ח"ו. ובמקום שיושפעו הקהל שפע ברכה בתפלתו הוא להפך ח"ו. וגם גורם להמון העם שיוצאים ידי חובה בתפלתו שלא יצאו ונמצאו גורם להם שלא יצאו ידי חובת תפלה ונקרא חוטא ומחטיא. לכן כדי שיהיה דעת החזן צלולה עליו בשעת תפלה. צריך שיקדמוה מדות אלו. וותרן. ושלא יהיה מצר ליום מחר, מעביר על מדותיו. ומוחל על עלבונו. שפל ועניו וטוב לב ושמח. והטעם כיון שהוא וותרן מעולם לא ישנא לשום יחיד מהמתנדבים בעם ולא התנדב לו. דהוותרן הכל לפניו כאין. גם כשאינו מצער ליום מחר אם שאל הספקתו

מגזברי הקהל או מאיזה יחיד ולא נתנו לו סיפוק כמה ימים ביחוד אין בלבו עליהם כיון שיש בידו פרנסת היום. גם בהיותו מעביר על מדותיו ומוחל על עלבונו, אף אם הקניטו איזה יחיד אין לבו עליו כדי שיצטער בראותו אותו בתפלתו. גם כשהוא שפל ועניו אפילו אם יחרפוהו לא ירגיש, וכמו שלא דברו עליו דמי. ובהיותו בכך מה שנאה יכול להיות לו עם שום יחיד. גם היות טוב לב אוהב כל אדם ואפילו טועים עמו ידונן לכף זכות. ובזה מעולם לא בא בשנאה עם אדם. גם לב שמח מסתפק בהכרחי ומשמח בחלקו, ואינו צר עין ומבטל הלשון הרע, שמדות אלו באדם מביאו לשנוא לכל אדם גדול ממנו בחכמה ובעושר ובאיזה ענין כנודע. ואע"פ שכל הדברים הללו אסורין לכל אדם וצריך שיתרחק מהם בתכלית הריחוק, ובפרט ממדת הגאוה והקנאה. אך במי שהוא שליח צבור האיסור בכפל ועונשו בכפלים, לפי שמדות אלו מביאו להסיר דעתו מתפלתו ולבלבל כוונתו ולחשוב מחשבות בתוך התפלה בראותו שאין נודרים לו כיון שהוא נבל ולא וותרן מיד מצר ומקפיד ושונא. מה שאין כן החזן שהוא הפך מדות אלו כנזכר. גם בהיות החזן טוב לב ושמח, זהו סיבה שיחול עליו רוח הקודש בשעת תפלתו וממשיך בתפלתו שפע ברכה ורצון.

על־דרך אין הנבואה שורה כי אם מתוך שמחה, דכתיב ויהי כנגן המנגן. ובזה יחול הברכה על הקהל. וכנודע מיצחק אבינו ע"ה כשרצה להרך שאל שיעשה לו מטעמים כדי להמשיך שמחה ע"י האכילה ושתיה, שעל־ידי כך ממשיך השפע בברכותיו כמו שפירשו ז"ל.

גם כשהחזן גאה אינו קורא ליחיד לספר תורה בתואר הראוי לו, דהגאה מבזה הכל, ובזה קונה שונאים. ומה רצויה תפלה מפיו לפני המקום, כיון שהוא שונא ושונאים אותו. לכן צריך החזן להיות וותרן שפל ומעביר על מדותיו, ויחזק בהן כי שלש מדות אלו כוללות גם הנזכרות. דוק ותשכח הדבר ברור. וידע ההזן בי במקום שעולה להתפלל שהיא התיבה רומז לשכינה, ה"א שבשם הוי"ה, כן מקום שמניחים הספר תורה לקורא הוא רמז לה"א אחרונה שבשם, והוא עומד בצורת וי"ו, והכל בכללות היא היו"ד שבשם, הרי שם הוי"ה. וכיון שכן בכמה אימה ופחד צריך לעמוד וכל דעתו ומחשבתו יהיה בכוון תפלתו, להבין מה שמוציא מפיו ולקשר אהבתו ויראתו עם מי שמתפלל לפניו כדי שישמע תפלתו ויצאו כל הקהל ידי חובתו. גם כשמברך החזן בשמחות וגיל, או שאומר השכבה על שוכני עפר מיחידי הקהל, לא יגביה קולו כשמברך לעשיר וישפיל קולו ויגמגם דברו ויבליע שמות העניים כאלו הם בני בלי שם. שאז העניים מתביישים ברבים, והמלבין פני חבירו ברבים אין לו חלק לעולם הבא. ואוי להקהל שמוציא להם ידי חובה איש שאין לו חלק לעולם הבא. ודבר זה הרע והמר נולד לחזן שככה יעשה על היותו נבל נבהל להון ורע עין. וכיון שרואים שאין העניים מהמתנדבים בעם, באופן שיתקרב לו תועלת. כמשא כבד עליו הדבר היוצא מפיו לברכם או לקרוא להם בשם כתולדותם. או כשאומר על

מתיהם השכבה. ומה יענה ביום הדין שבמקום הצדק שהוא הבית הכנסת ששם השראת השכינה, עושה בפניה כל אשר שנא ה' ושונא בפניו את אשר אהב. שהקב"ה אוהב עניים הוא, והוא מבזה אותם בפניו. היש עזות גדול לזה, היש עונש מספיק לזה. וכן תראה כמה חזנים שאין מתעסקים בעניי הקהל, לא בגילם ולא באבלם ושולחים שלוחים במקומם. כמלאך המות ששולח שלוחים להזיק כנודע. מטעם שאומר מה תועלת מגיע לי מזה העני. וכשמגיע איזה שמחה או אבל לאיזה עשיר אפילו מקהל אחר, משכימים קודם עלות השחר, ורצים באפלה ומסתכנים בעצמם לרוץ לרעה להכעיס את בוראם. שאם במקום שעוברים דרך שם יש כמה עניים אבלים מבקשים אחד למנין, אין נוטים אזן כדי למהר מהשכים לפתח העשיר לקונן על מתו בקול מר יתמרמר כאלו מתו ממש מוטל לפניו. קולם במר בוכה ולבם שמח בחושבם על שכר הקול שעתידין לקבל. וכל אחד מתחזק בקולו להתגבר על חבריו באומרו לפום צערא אגרא, ולי נוגע עוד מהחלק. והעשיר שמכיר שיש אבלים עניים בעיר ובאים רק אצלו. מכיר ברשעותם ומבזה אותם בלבו. וכשנותן להם השכר אינו נותן אחד מאלף ממה שחשבו ליקח. ויוצאים בפחי נפש ומחלקים ביניהם פרוטה לכל אחד כחילוק העני אשר ברחו ממנו. ונמצא אובדים שכר עולם הזה ושכר עולם הבא. והעשיר קנה עולמו בשעה אחת תחת אשר קנא לאלהיו לכבוד העניים. ומעשים הרעים הללו מונע מן החזן להיות ותרן ושלם במדות הנזכרים לעיל. ואיך לא יתן החזן נגד עיניו תמיד כי הוא במקום כהן גדול, דמתעסק בעבודה לכפר על העם, כי התפלות במקום תמידין תקנו. וכיון שכן כמה מהעונש יכול להגיע לו אם הולך חשכים ואין נוגה לו. דכמה פגם עושה באותה עבודה, והוא כאילו מועל בקדשים ממש. תחת שעל ידו ראוי שיתכפרו הקהל. ולכן צריך החזן גם כן להיות עיניו פקוחות להחזיר פניו לד' רוחות בית הכנסת, לראות אם יש מהמון העם מדבר איש את רעהו, או אחד מתנמנם. להרים קולו באותו צד כלאחר יד לעורר או להפסיק מלדבר. וידמה בדעתו כאלו עומד בבית המקדש עושה העבודה, והיחידים לפניו הם מאנשים אשר נמצאו במקדש וראו במעשה העבודה, שאם יטה יכולים למחותו. שעל ידי כך מטהר רעיוניו, כי מפנה כל מחשבות זרות ומתדבק באהבת הבורא שעומד בפניו ומדמה בדעתו כאלו בפניו רואה ומשגיח. ובזה נכנס יראה בכל לבו להתפלל בכל לבו, ואז תפלתו עולה כריח ניחוח לפני ה'. גם יעשה החזן אופנים שלא יבא שום יחיד מהמון העם לקוץ בישיבתו בבית הכנסת מפני האיחור. כי יש מהמון העם דקשה להם הישיבה שם כמו שעומד בבית האסורים. לכן כדי שלא יבואו לחטוא, אל יאבד זמנו בניגונים להטעים קולו את העם, באומרו תי"ר תי"ר תי"ר תי"ר כמה פעמים וא"י וא"י כשיעור שעה. וביני ביני כל אחד מספר חלומו לחבירו שבצדו ממה שחלם בלילה כדי שיטיבהו. ומפסיק בין קדיש לברכו, ובכל המקומות שאין ראוי להפסיק. ובין כך וכך מתאחר הזמן –

וכשמתחיל התפלה קץ בה. ומתוך צער ישיבתו שם הופך פניו בדאגה ואינו פותח פיו אפילו לענות אמן. לכן יקצר החזן מכל אלו הדברים, ומה טוב ומה נעים שלא לנגן כלל, ולהוציא כל אותו זמן לומר התפלה בנחת לאומרה מלה במלה בשפה ברורה. וגם תראה עוד חולי רעה, שכיון שנלאה החזן מחמת אריכות הניגון לומר תי״ר תי״ר כמה פעמים, כשמתחיל התפלה ממהר בדיבורו משתי סיבות. כי נלאה מאריכות הניגון ורוצה להגיע למקום שמיוחד לו לנגן להשמיע קולו. וזה בידו לתקנו שלא יכשיל לאחרים. וכדי שלא יבא החזן לידי מכשול זה, אל יעשה החזנות כאומנות שאדם מתפרנס ממנו. דזהו מביאו לעשות דברים ולבקש אופנים במיני נגונים בחושבתו בדעתו שעם זה מוצא חן בעיני הקהל, וירבו בהספקתו, או לפחות יחזיקוהו לעולם ולא ימנו אחר תחתיו. אלא יעשה הענין לשם־שמים כאלו עושה בחנם על־ידי שבקשו ממנו בתחינה שיעשה. ויבטח בשם ה׳ וישען באלהיו כי הוא הזן ומפרנס, והוא מיישרו לעשות הטוב והישר בעיניו. דכיון שמשים בדעתו שעושה הדבר בחנם, עושה מה שלבו חפץ מהטוב, כי אין יראת בשר ודם מונעו מלעשות. גם צריך החזן שאם רואה שאין קולו ערב, אל ירבה בנגונים במקום שראוי. כמו נטילת רשות של ראש־השנה ויום־כיפור וכדומה, ובאריכות התיבה בסוף כל ברכה וברכה של עמידה. אלא יאמר במרוצה בהכנעה וביראה. דכיון שאין קולו ערב, קצין בקולו והם דואגים לשומעו. ומתוך כך באים להפסיק ולדבר. או לפחות לעשות רמזים כל אדם לחבירו כמצחקים ממנו. ונמצא גורם שחוטאים על ידו. גם יתפלל קודם שיעלה לתיבה שלא יבא מכשול על ידו, שיבאו מיחידי הקהל בעבורו להפסיק בתפלתם. ולא יקטרג השטן באותה תפלה. ושיתן לו הקב״ה צחות לשון שלא יבליע אות או תיבה מתפלתו, וח״ו יהיה קוצץ בנטיעות. דנוסח תפלות אנשי כנסת הגדולה תקנו על־פי המדות כלולות בהן שמות הקודש. ואם דובר ח״ו מלות שאין כהוגן שמוסיף או גורע, נמצא מפסיק בשמות וקוצץ בנטיעות, לכן יזהר שלא יאמר על פה, כי־אם עם הספר כדי שלא יבא להבליע תיבה או לדלג. גם יתפלל שהקב״ה יתן חנו עליו כדי שיתחבב תפלתו לכל שומע מפיו. וטוב לומר קודם שיתפלל י׳ פעמים פסוק ונח מצא חן בעיני ה׳. ומועיל מאד לחן והוא בדוק ומנוסה. וכן בכל דבר שאדם עושה. גם כשאומר החזן איזה פיוט כנהוג שאומר בחגים ובמועדים בניגון. יבחר שיהיה מהנגונים המכניעים את הלב ומביאים מורא ופחד. ושיהיו דברי הפיוט דברים נוגעים אל הלב בלשון זך ונקי, ודברים מסודרים כראוי כאילו ברוח־הקודש נאמרו. כגון שירי הקדמונים ושירי כמהר״ר ישראל נאגא״ר זצ״ל אשר העיר עליו האר״י הקדוש ז״ל, שהיה ניצוץ דוד המלך ע״ה וברוח הקודש אמרן. ומה גם אם הם שירים מסודרים על פי הקבלה. לפי שהניגון וסדר הדברים מכניס יראת השם בלב השומעים, ונותן לבם אל התפלה. מה שאין כך כשהפיוטים הם בניגון המעורר הריקוד והשמחה החיצונית, שמביא לשומעיהם לצחוק וקלות ראש

ולפרוק מעליו עול מלכות שמים, ולהמליך יצרו עליו לטורדו, גם להרהורים רעים ולמחשבות זרות. והקולר תלוי על החזן הגורם. גם כשקורא הפרשה בתורה ידמה בעיניו כאלו התיבה שעומד בה הוא הר סיני, וכאלו אותה שעה מתקבלת מהר סיני וכאלו הקב"ה ופמליא שלו עומדים שם כשם שהיה בשעת מתן תורה. וכאלו הוא משה רבינו ע"ה האומרה, וכל הקהל העומדים סביב לסיני לשמוע מפיו תורה. ובהיותו מושרש בדבר זה, נכנס מורא בלבו ומכוין בקריאתו שלא להבליע תיבה או אות. בהיותו חושב שהוא כמתורגמן בין המקום ובין העם. ואל יהיה כוונתו בקריאתו להודיע את העם שהוא בקי בנגון הטעמים ובעריבות הקריאה, דמה מועיל לו זה כ"א לאבד שכר קריאתו. אך יעשה לשם שמים ודברים אלו מאליו באים. עוד צריך החזן כשיש חולה מיחידי הקהל שיכוין בתפלתו בברכת רפאנו שהקב"ה ירפאהו רפואה שלימה, שהרי ארז"ל שתפלת החולה עצמו מועיל מאד. והנה כיון שהחזן שלוחו של צבור הוא, ושלוחו של אדם כמותו, נמצא בהתפלל החזן עליו כאלו החולה בעצמו מתפלל; דפעמים החולה אינו בדעתו להתפלל או שאינו יודע שתפלתו מועלת או שלא נזכר. ובהיות הוא מתפלל עליו כאלו החולה בעצמו מתפלל. גם כשרואה החזן לאיזה יחיד נולד לו בן זכר, יגיל וישמח ויתן הודאה למקום, שהיוצאים ידי חובת תפלה על ידו פרים ורבים, אין זה כ"א שתפלתו רצויה לפני המקום. ואל ישמח בעבור התועלת המגיע לו ממה שנודרים לחזן ביום שבת קודש אבי הנולד וקרוביו דזהו מאליו בא. ומה לו לחוטא למנוע הודאה לבוראו בהיותו שמח לתועלתו ולא על מעלת תפלתו ומגלה למפרע שהתפלה היא בעיניו כאומנות לפרנסתו ולא על תועלת נשמתו. לכן כשמבקר החזן ליחידי הקהל בשבתות וימים טובים, אל יבקר לעשירים דוקא ולא לעניים, מהטעם שכתבנו שמעיד על עצמו שהתפלה כאומנות לפרנסתו, וראיה שמבקר דווקא למי שמגיע תועלת לאומנתו. שאם מבקר לכבוד שמוציאם ידי חובה, וכי לעשירים מוציא שמבקרם ולעניים אינו מוציא שאינו מבקרם. אין פחיתות גדול מזה שמעיד על עצמו. לכן יבקר לכולם או לא יבקר כלל, או מעט מזה ומעט מזה, כי אין לך מהדופי ומהפחיתות והגריעות והבזיון והחרפה כש"צ שרבים תלוים בו להוציאם ידי חובה. במקום היותו כשר עניו שגדול וקטן שוין לפניו עושה עצמו כעבד משרת בבית על פרנסתו שמכבד לרבו שלא ישלחהו מביתו. אוי לאותה בושה אוי לאותה כלימה. וכמה ביוש בעוה"ז ועונש לעוה"ב מגיע להקהל המקיימו עליהם לצאת ידי חובה על יד איש אשר בטחונו בבשר ודם, עליו אומר הקב"ה הכזה איש אבחרהו להתפלל לפני בעד הקהל הזה לכפר בעדו ולתת שאלתם ולמלאות בקשתם. הלא זה איש אשר אבחרהו לשרת לפני בעד הקהל. פתח תרצובות רשע התר אגדות מוטה. עניו שפל מעביר על מדותיו מוחל על עלבונו. לב טוב שמח בחלקו. וותרן טוב עין שמח בטובתו של חבירו, מרוחק מעין הרע מלשון הרע, שלם במדות, טוב לשמים, מקובל על

הבריות, מרוצה לכל. ע"י איש כזה אני מכפר בעדו ובעד כל הקהל. ואע"פ שלא יהיה ת"ח גדול, כיון שהוא ירא שמים ומסובב במדות אלו, די שיתכפר הקהל ע"י. ובלתי זו טוב להתפלל ביחיד מלשמוע תפלה מפיו. שהוא משל לצבור שהוצרכו לפיס למלך, ושלחו לפייסו ע"י איש שהמלך שונא אותו ומבקש להורגו. שבמקום פיוס מעלים חמת המלך עליהם בכפל ממה שהיה מקדם. (ועיין בזוהר פרשת נשא בעונש החזן שאינו הגון). וכתב הטור א"ח סימן נ"ג צריך שיהיה ש"צ הגון, דכתיב נתנה עלי בקולה ע"כ שנאתיה. א"ר זוטרא בר טוביא אמר רב ואיתימא ר"א זה ש"צ שאינו הגון ויורד לפני התיבה, ואיזה הגון – שהוא ריקן מעבירות ופרקו נאה ושפל ברך, ומרוצה לעם ויש לו נעימה, וקולו ערב ורגיל לקרות תורה נביאים וכתובים, ואם אין מוצאין מי שיש בו כל המדות האלו, יבחרו הטוב שבצבור בחכמה ובמע"ט. ואין ממנין אלא מי שנתמלא זקנו כו'. וא"א כתב בתשובה שנהגו במקומות אלו למנות בזוי המשפחות לש"צ. ויש בדבר הזה ביזוי מצוה, כאלו אינו כדאי למיוחסין שבישראל, והוא כשאר אומנות. וחלילה להיות מלאכת השם אומנות אלא עטרה לראש כו'. גם אם הוא מיוחס ורשע מה תועלת לפני המקום ביחוס שלו. ואם הוא ממשפחה בזויה וצדיק, טוב לקרב מזרע רחוקים. ולא כמו שעושים באיזה מקומות שאע"פ שיהיה רשע גמור אין חוששין רק שיהיה נעים זמירות. והקב"ה אמר נתנה עלי בקולה על כן שנאתיה. וכתב הרב בית יוסף ז"ל בתשובה הרשב"א ז"ל. שאלת ש"צ שקולו ערב ומאריך בתפלתו כדי שישמיע קולו ערב, ומתגאה בכך אם ראוי למחות בו. תשובה דברים אלו אחר כוונת הלב הם אמורים. אם ש"צ זה שמח בלבו על שנותן הודאה להשי"ת בנעימה תבא עליו ברכה. שאחד מהדברים המחוייבים לש"צ הוא שיהיה לו נעימה, כדתניא בפרק ב' דתענית רבי יהודה אומר מרוצה לעם ויש לו נעימה וקולו ערב. אבל צריך להתפלל בכובד ראש ועומד באימה, כדאיתא בפרק אין עומדין. לפיכך ש"צ זה אם שמח ועומד ביראה, הרי זה משובח. אבל אם הוא מכוין להשמיע קולו ושמח בקולו, הרי זה מגונה, ועליו נאמר נתנה עלי בקולה כו'. ומ"מ כל מי שמאריך בתפלתו לא טוב עושה. ובכמה מקומות אמרו לקצר מפני טורח הצבור עכ"ל.

ואני שמעתי משארי החכם המרומם כמהר"ר אברהם אפומאד"ו ז"ל שהיה בעיר ברוסה בשנים קדמונים ש"ץ אחד מופלג בזקנה. כשהיה קורא בספר תורה היה עושה תנועות בידו לרמוז מאורעת הקריאה. ונהג כן שנים הרבה. פעם אחת נכנס שם רב אחד ומנעו מזה, שנראה הדברים בעיניו דרך בזיון. ובעתוהו בחלום ואמרו לו איש אחד שהיה מכבד להקב"ה, והיה משמח בו מנעתו מלשמחו. מיד בשחר השכים הרב לפתחו של ש"צ לשאול ממנו מחילה ולבקש ממנו שיחזור לתנועותיו ע"כ. הרי שהכל הולך אחר הכוונה. וכמה מהשבח והגדולה לש"צ שהזקין ותש כחו ונשתנה קולו, לומר להקהל הוא בעצמו למנות אחר תחתיו לסייעו. כי זהו עדות גמורה ומודעה רבה שכל השנים שירתו היה לש"ש,

שהרי עכשיו שרואה שאינו הגון
למלאכה הוא עצמו מבקש ראוי
למלאכה. וכמה משובח ומעולה הוא
לפני המקום. והדבר בהפכו. וטוב
לשליח צבור שיאמר תפלה זו על
קבלת התפלות. הביאו בעל ספר
מרגליות טובות. וזה נוסח התפלה:
שמע ה' תחנתי, ה' תפלתי יקח. ואם
ביום מנוחתי לא תשמע, ביום צרתי
אקראך כי תענני. ואם למלך בשר־ודם
אתפלל ואקרא כל היום ישמע תחנתי.
גם אתה ה' טוב וסלח ורב חסד לכל
קוראיך. חנני ה' כי אליך אקרא כל
היום. ואם שמעת לחנה מפני
שהתנדבה בנה לעבודתך והשאלתו
לקדושתך שמע וקבל תפלתי שאני
מתנדב כל אשר לי לעשות רצונך
ועבודתך. שמעה ה' תפלתי ושועתי
האזינה אל דמעתי אל תחרש. שאם
שערי תפלה ננעלו שערי דמעות לא
ננעלו. למה יאמרו מבלתי יכולת ה'
לקיים משאלותינו אוטם אזנו משמוע,
ואתם מתפללים אל אל לא יושיע.
ועתה יגדל נא כח ה' כאשר דברת וגו'.
וקיים בנו מקרא שכתוב והיה טרם
יקראו ואני אענה עוד הם מדברים ואני
אשמע. ולפחות קיים בנו והיה אחר
שיקראו אענה ואחר שידברו אשמע
שועתם וזעקתם, למה יאמרו הכסילים
לא יראה יה ולא יבין אלהי יעקב. אנא
אלהי אם חפצת שיאמינו אזן שומעת
ועין רואה, ה' שמעה תפלתי ושועתי
אליך תבא. שהנוטע אזן הלא ישמע,
אם יוצר עין הלא יביט. הטה ה' אזניך
ושמע, פקח עיניך וראה, ושמע את
דבריהם אשר באו לחרף אלהים חי.
למה יאמרו המינין עזב ה' את הארץ
ואין לו עסק בנסתרותינו. לכן בקראי

ענני אלהי צדקי בצר הרחבת לי חנני
ושמע תפלתי. ואז יראו שאתה משגיח
בפרטים ובוחן לבות וכליות, ולמה
יאמרו כלו תפלות ישראל, בני אל חי,
לפי שכלו חסדיו מרחם אותם ועת
תפלתם חלף הלך לו. ואני תפלתי לך
ה' עת רצון אלהים ברב חסדך ענני
באמת ישעך. ולמה יחרפו למערכות
ישראל לומר אין בהם איש צדיק
שישמע ה' תפלתו. שה' תפלת צדיקים
ישמע וקרוב ה' לכל קוראיו לכל אשר
יקראוהו באמת. וגם כי תרבו תפלה
אינני שומע. ה' אלהים עד מתי עשנת
בתפלת עמך, האזינה אלהים תפלתי
ואל תתעלם מתחנתי, והקשיבה לי
וענני אריד בשיחי ואהימה. מקול אויב
מפני עקת רשע כי ימיטו עלי און ובאף
ישטמוני. ולמה יאמרו אין סגולה
בלשון־הקדש להעלות תפלתכם לפני
מלך מלכי המלכים הקב״ה, ומי בקש
זאת מידכם והוא מצוה בלי תועלת ותם
לריק כחכם. ועתה שמע אלהי את
תפלת עבדך ואת תחנוני, הטה אלהי
אזנך ושמע פקח עיניך וראה ועשה
בשביל אונאתי, דכל השערים ננעלו
חוץ משערי אונאה, ויראו כל בשר כי
פי ה' דבר. למה יאמרו הפיקורסים
שאתה אכזרי משמוע תפלתנו. שמעה
ה' בקולי תהיינה אזניך קשובות לקול
תחנוני. ואם קרוב ה' לנשברי לב איה
קרבתך לשברון לבי ורוחי אליך, קוה
קויתי ה' אם לא תשמע. הטה אזניך
אלי ושמע שועתי וחזק אהבתי עמך
שאהבתי שישמע ה' קול תחנוני. ולמה
יאמרו שאתה גאה. גלה נא ענותנותך
לכל כי ימינך פשוטה לקבל תפלתנו
ברצון, אהבה כי אתה שומע תפלת כל
פה. ובמה יודע איפוא מציאותך עתה

שאין עוד נביא ולא אתנו יודע עד מה. עתה שהסתרת פניך ממנו עתה ששחה לעפר נפשנו, דבקה לארץ בטננו. כמו שבימי קדם היינו מראים מציאתך לכל העולם אם לא תשמע שועתנו. ובמה יודע כי אתה תשלם לאיש כמעשהו, ולא עולם כמנהגו נוהג אם לא תאזין לתחנתנו. ואם למעני העומד בביתך היום לא תעשה, עשה למען שלמה עבדך אשר התפלל לפניך ושמעת את תפלת עבדך ועמך ישראל אשר יתפללו אל המקום הזה, ואתה תשמע אל מקום שבתך אל השמים ושמעת וסלחת. כן תעשה עמי העומד היום במקדש מעט בבית־הכנסת, וגם עיני ולבי שם כל הימים. ואם היו אשי ריח ניחוח לפניך תמידין ומוספין נדרים ונדבות שבבית מקדשך היו מקריבין. עתה שנחרב בית מקדשנו ונשלמה פרים שפתינו, תכון תפלתי קטורת לפניך משאת כפי מנחת ערב. ואל תראה פשעי ועונותי לסתום תפלתי מעלות אליך, כ״א שמוע תשמע תפלתי. האזינה תחנוני, באמונתך עננו בצדקתך ואל תבא במשפט את עבדך כי לא יצדק לפניך כל חי. ואם לא תשמע אתה ה׳ תפלתי, למי אפנה ולמי אתחנן ולמי אשא עיני וכפי, האם אשים בשר זרועי האם אבטח על משענת קנה הרצוץ משאר הנמצאים שיקבלו שועתי ותחנתי, הלא מידך הכל ומי זה אמר ותהי ה׳ צוה. אנא אלהי שמע קול תחנוני בשועי אליך בנשאי ידי אל דביר קרשך.

(עוד מצאתי בכ״י תפלה שיאמר הש״ץ בעת שממנים אותו לשליח צבור): ה׳ שפתי תפתח ופי יגיד תהלתך. אתה הוא ה׳ אלהי האלהים אשר גדול אתה וגדול שמך בגבורה, האל הגדול הגבור והנורא גדול העצה ורב העליליה אשר עיניך פקוחות על כל דרכי בני אדם. ממכון שבתך השמים תשגיח על כל יושבי ארץ. היוצר יחד לבם המבין אל כל מעשיהם, הזן ומפרנס מקרני ראמים ועד ביצי כנים. עיני כל אליך ישברו ואתה נותן להם את אכלם בעתו של כל אחד ואחד. והשגחתך מפורסמת לעיני כל יצוריך בכללם וגם בפרטם, ובפרט על יציר כפיך הוא האדם אשר תפקדנו לבקרים תבחננו לרגעים, ודרכיו אתה רואה וכל צעדיו תספור. ואני עבדך בן אמתך לשמע אזן שמעתיך, ועתה ראתה עיני השגחתך עלי רימה ותולעה צל עובר ציץ נובל עפר ואפר כמוני. לעשות עמי חסד להקימני מעפר ומאשפות הרימותני להושיבני עם נדיבים נדיבי עמך, ומאחר עלות הביאותני לעמוד לשרת לפניך ולברך בשמך. ועתה מה אשיב לה׳ כל תגמולוהי עלי. ואלו פי מלא שירה כים ולשוני רנה כהמון גליו ושפתותי שבח כמרחבי רקיע ועיני מאירות כשמש וכירח וידינו פרושות כנשרי שמים ורגלינו קלות כאילות אין אנו מספיקין וכו׳. לכן ידי שמתי למו פי, ולך דומיה תהלה, לפי שחנוניך הם חנונים ומרוחמיך הם מרוחמים ככתוב את אשר תחון יוחן וכו׳. לכן במתנת חנם אני מתחנן ומתפלל לפניך שתענה עתירתי ותשמע תפלתי ותתן לי קול נעים וערב וחזק מעתה ועד עולם. ואל יפסק קולו ואל יחר גרוני ולא אבוש במעני ואל אכשל בלשוני. ואהיה רצוי בעיניך ובעיני כל רואי. ונתתה לעבדך לשון למודים לדעת לעות את יעף דבר יעיר בבקר בבקר,

יעיר לי אזן לשמוע בלימודים. ויהיה ערבים דברי באזני שומעיהם. והאר פניך על עבדך והאר עיני בתורתך ודבק לבי במצותיך ואל תביאני לידי נסיון ולא לידי בזיון ולא יבא לידי שום חטא ועון ותצילני מעין הרע ומיצר הרע משנאת הבריות. ואל ילעיגו הבריות עלי ולא על דברי, אלא תהיה עם פי בהגיוני ותורני מה שאומר בלי שום פקפוק. הסר ממני עקשות פה ולזות שפתים הרחק ממני. וחנני ושמע תפלתי כי אתת שומע תפלת כל פה, יהיו לרצון אמרי פי וגו'. וצריך השליח צבור לכוין בתפלתו שהקב"ה יכפר בעד הקהל שלא יגיע להם שום נזק. כי התפלה במקום קרבן, ומה קרבן מכפר אף התפלה מכפרת. לכן הש"צ שמוציא אחרים ידי חובה הוא במקום הכהן המקריב ומברך את העם. וכן תראה רמז בפרשת נשא בנשיא המקריב ביום ראשון בפסוק ולזבח השלמים בקר שנים אילם חמשה עתודים חמשה כבשים בני שנה חמשה זה קרבן נחשון בן עמינדב וכו'. "חמשה "זה קרבן "נחשון ר"ת חזן. ומפסיק קרבן באמצע לומר שעכשיו שבית המקדש חרב ונפסק הקרבן החזן יכוין בתפלתו שהיא במקום קרבן, שהקב"ה יכפר בעד כל הקהל הקדוש גדולים וקטנים, להשפיע עליהם שפע רצון בבני חיי ומזוני אמן. ונרמז חזן בקרבן הראשון של נחשון בן עמינדב לרמוז שיאמר החזן בינו לבין המקום. רבונו של עולם עמי נדב להיות אני שליח שלהם במקום הכהן המקריב. שמע תפלתי וקבל עתירתי כאלו הקריבו הקרבן לפניך, דשלוחו של אדם כמותו, וכפר על כל חטאתם להשרות שכינתך בתוכם לעולם. אנס"ו:

פרק לה

יקר האור ולבוש העליון נעשה על ידי אור תורה וקיום מצותיה שעל ידי המצות נארגת לבוש יקר רוחני מאיר כעצם השמים לטהר אשר הנשמה בצאתה מזה העולם ערום' מהלבוש הגופני מרחפת ומתבוששת בראות עצמה ערומה מיד לובשת הלבוש הבהיר והמאיר הזה אשר עשה בעולמו בתורה ומצות ומקבלת שמחה גדולה בראות עצמה בלבוש מלכות דוגמת האדם אם יהיה ערום מבלי לבוש כמה מהבושת מקבל לצאת בין אנשים ואם מזדמן לו לבוש כמה מרגיש מהשמח' וק"ו בן בנו של ק"ו אם נזדמנו לו בגדי מלכו' דאין קץ לשמחתו ולעונג שמקבל נשמתו בהיו' שהיה בתכלית השפלות ערום כאשר יצא מבטן אמו וזכה ללבוש בגדי מלכות שיוכל להתפאר עמהן בפני כל רואיו כך הנשמה היוצאת מזה העולם ערומה ומוצאת לבוש מלכות וכי יוכל דעת האדם החומרי להשיג שיעזר השמחה שמקבל הנשמה בלובשה בגדי יקר כמדובר. והנה נתייחדתי הפרק הזה לדבר בו בענין הלבוש העליון כיצד הוא ומהיכן נעשית ואמתי מתלבשת הנשמה בו ואם הוא לבוש אחד בלבד שיש לה או יותר כדי להודיע בזה מעלת העוסק בתורה ומצותיה הטובות והישרות ונקדים דברי הרב המקובל האלהי כמוהר"ר עובדי' המון ז"ל מברטנורה שדבר בסוד המלבוש בספר מקרא קדש ונעתיק לשונו לעשותו

פרק בפני עצמו. וזה לשונו סוד
המלבוש הנקרא חלוקא דרבנן מי זוכה
בו ומתי יזכה בו ומה יעשה ממנו וממה
עשה הלבוש הזה וכמה לושי' הם
מקובץ מפי סופרים ומפי ספרם וכו'.
חכמי האמת אמרו כי ספירת יסוד
נקרא איש הטעם כי נשמות הצדיקים
הנקראים אנשים זוכות בו ושם סוד
המלבוש השני יש לך לדעת כי
המלבוש האחד הם היסודות הגופניים
אבל הלבוש השני הם יסודות רוחניים
והנשמות של צדיקים הם מתלבשות
בה המלבוש אמנם גם הם מלאך אחד
ששמו אורה ומעשה ר' אליעזר ור'
יהושע מוכיח ונותנו למי שזוכ' בו עתה
יש לי לבאר סוד המלבוש על מתכונתו
יש לך לדעת כי יצירת האדם בצלם
אלהים ולכבודו בראו ונפח בו נשמה
עליונה מיסוד ונמשכת בתבונה משונה
לקבל צורה כצורת גוף האדם ונתמלא
זיו כבודו כדי להמשיל בכחו רוח שכל
וידבק עמו בלכתו דרך חכמ' והשם
עושה חסד עם נשמות הצדיקים והזמין
להן מלבוש שני אור דק מאד ונפשות
הצדיקים מתלבשות בו לעתים ידועים
כגון שיש תוספות ברכה ושלום ורצון
למעלה כי הנשמה בהתפרדה מן
המלבוש הראשון היא רוחניות ביותר
יותר ממלאכי השרת ואינן יכולין
להכיר עצמן ואינן יכולין להתפלל
בעדם ובעד זרעם עד שהם מזמין להם
הלבוש השני ובזה המלבוש השני יש
לה היכר ומתפללת בעדה ובעד זרעה
כמ"ש ר"ל צערה דידהו ידעי צערא
דאחרינא לא ידעי א"כ נשמ' שזכתה
לזה המלבוש יכולה להתפלל בעדה
ובעד זרעה וכן בכתובת פרק הנושא
רבינו הקדוש אחר מיתתו היה בא בכל

ערבי שבתת לקדש לאשתו וזהו ידוע
כשהנשמה ערומה לה יהיה לה יכולת
באילו הענינים אבל רבינו הקדוש אחר
מיתתו היה בא בכל ערבי שבתות
לקדש לאשתו וזהו ידוע כשהנשמה
ערומה לא יהיה לה יכולת באילו
הענינים אבל רבינו הקדוש זכה
למלבוש השני והיה לו כח כמלאכים
וכן בבת פר' השואל הנהו קפולאי דהוו
קפלי בארעא דרב נחמן וכו' שמצאו
לר' אחאי בר יושיאי ברוח חיים בקבר
הכל מזה הענין כי אום צדיקים שזוכים
בזה המלבוש קרויים חיים החופף על
קברו תמיד ויש לך לדעת דודאי שהם
עושי' שליחות השם כמלאכי השרת
כמ"ש עושה מלאכיו רוחות רצה לומר
מהנשמות שהם רוחות עושה מלאכיו
וכן הוא בוודאי כי אותם האנשי' שבאו
לאברהם היו מזה הענין בעבור שכוחו
היה יפה וזה הטעם שאברהם הזמין
(רקנטי פר' וירא) להם אכילה ושתיה
בודאי היה יודע כי המלאכים אינן
אוכלים אמנם באילו שהיו נשמות של
צדיקים שהיו בגופות אמר אברהם אי
אפשר שלו ישאר להם יסוד גופני
שממנו יתהוו לאכול ולשתות ולכן
נקרא ואנשים וכן כל איש או אנשים
הכתוב בפסוק הכל מזה הענין ולכן
נקרא איש כמו המלבוש. ועוד טעם
אחר למה נקרא איש כי העשיריה
נקרא בית והיסוד נקרא איש והאיש
יסוד הבית כי האיש מקיים הבית בדרך
השפעה שנותן לה ע"כ דברי הרב
רקנטי זצ"ל. ובספר מאירת עינים
מצאתי דבר יותר באורך דע כי צורת
האדם ודמותו זאת חביבה מאד לפני
הקב"ה ומרוב אהבתו תחיה תחיית
המתים בגוף ונפש ממש כאשר היו

בתחלה ואחר תחיית המתים יעה השם יתברך כל העתיד לעשות כגון יום הדין הגדול ויקבלן כל אחד כפי מעשיו גופות הצדיקים יתעכלו כחנוך ואליה ותשארנה נפשותיהן באותה צורה קיימת לעולמים גם בעת שצדיקים כשרוצה הקב"ה לעשות שליחות על ידי נפשותיהן לבני אדם מלבישם לבוש העשוי בצורת הגוף והלבוש הוא אוירי ואחרי שעשו שליחותם מתפשטות ונשארות ערומות כבתחילה ואינן לובשת לבוש השני כל שעה שהם רוצות ואפילו לצדיקים אלא בשעה שהקב"ה חפץ לעשות בנפש מנפשות הצדיקים איזה שליחות אז מתלבשת באותו הלבוש ואחר שעשו שליחתם מתפשטות ונשארות ערומות וכשהולכין בשליחותן אינן נראין רק לזכי הנפשות שכל כך גופם נקי מכל כתם חטא ועון שאינו חולץ ומונע אותו לראות המלבוש. ויש צדיקים גמורים וחסידים אשר חפץ בהם הש"י שאין נפשותיהן נשארות ערומת אפילו שעה אחת בלי לבוש והוא כמעשה מערכת לחם הפנים על השולחןשלא היה שולחן פנוי מלחם הפנים אפילו רגע א' שנא' לחם פנים לפני תמיד והיו שני כהנים זה כנגד זה מוציא הישן וזה עורך החדש שלא יפסוק זה להוציא עד שזה עורך כן הנפשות לא תפסוק הנפש לצאת מהגוף בשרי עד שמתלבשת גוף אוירי וזה שאמר תחפף עליו כל היום זוהר פ' אמור וכך נשמתו של יעקב אע"ה לא נשארת ערומה אפילו שעה אחת אלא הלבוש חופף על נשמתו תמיד ר"ל שנשמתו צרורה בצרור החיים הלבוש אצלו תמיד מזומן ועומד ומחופף וכל שעה שנשמת יעקב רוצה ללבוש אותו לבוש לאלתר היא מתלבשת ועל כן אמרו רז"ל יעקב אבינו לא מת כענין פ' ויחי קבלת הרמב"ן ולמה זה ביעקב יותר מאברהם ויצחק מפני שהיתה מטתו שלימה כי באברהם היה ישמעאל וביצחק עשו ועוד כי ליעקב היה לו צער גידול בנים מה שלא היו לאבותיו וכיון שקבל צערם בחייו בעולם הזה בעודו בו גם לאחר צאתו ממנו סובל צער עונותיהם כי כשישראל בצע' הגלו' בעונותיה' מיד נשמ' יעקב אע"ה לובש' המלבוש ומבקש' רחמי' לפני השכינ' וממשכ' רחמי' על ישראל נכח תפלתו ואחר שנעני' שבה בצרו' החיי' בלי לבוש כי הלבו' הזה היא צור' נברא' כצור' דמו' הגוף ואי אפש' לנשמה להתפלל ולהמשיך שפע אלא עם הלבוש הזה וע"כ אמרו על נשמתו של יעקב עה החופף עליו כי היום (רקנטי פר ויחי) וזה שאמר המאמר מה זרעו בחיים אף הוא בחיים רצה לרמוז מ"ש מפני שהיה לו צער גידול בנים בחייו גם אחר כן מגין עליהם. ודע כי במלבוש הזה יש ענין גדול ותועלת לעולם שכ"ז שהנשמה בגוף האוירי הוא הנקר' מלבוש זוכות ומזכות לבני העולם ויורד בזכותם שפע חסד ורחמים על העולם הזה כאלו היה בגוף החומרי כבתחלה ובלי לבוש אינן יכולים להתפלל ולא להשפיע דבר בעולם ומזה תבין מאמר א' פ' הפועלים אליהו הוה שכיח במתיבתא דר' יומא חרא נגה ליה ולא אתא א"ל מ"ט נגה ליה למר א"ל עד דאוקימנא לאברהם ומשי ידיה ומצלי ומגנינ' ליה וכן ליצחק וליעקב ולוקמינהו בהדי הדדי סברי תקפי

ברחמי ומייתי למשיחא בלא זמניה מה לו כל הצער הזה להקים אבות מקברם ולרחוץ ידיהם ואח"כ יתפללו רק יתפללו כולם בעודם שוכבים בקברם או כל אחד לבדו ולמה לו כל הטורח זה רק כל זה הוא כמ"ש כי המת בעודו בקבר מושכב אין לו יכולת להתפלל אל ה' לא בעדו ולא בעד אחרים אבל כשיתלבש נפשו בזה המלבוש רוחני אזי יש לו יכולת להתפלל בעדו ובעד אחרים ולהוריד שפע ורחמים בעולם כאשר נתחלה בחיותו לכן אליהו שהיה רוצה שהאבות יתפללו על זרעם היה מביא להם הלבוש ומלביש אותם בלבוש רוחני כל אחד לבדו ואז היה מתפלל ואח"כ מפשיט אוו הלבוש ומחזירו לקברו כאומרו ומגניב' ליה וכן ליצחק וליעקב וכ"ז יובן ממה שמצינו בשבת פר' השואל הנהו קפולאי והיה אחאי בר יושי' חי בקבר ודבר עם ר"נ וגם ר' דהוה אתי כל בי שמשי לביתי' וכן ר"י הגלילי שהיה בא לביתו בכל ע"ש וחשדו לאשתו ב' תלמידים ששמע קולו של ר' יוסי הגלילי שהיה עוסק בתורה ואמרו שהיתה עוברת עבירה והודיעו לב"ד והביאוה ורצו להלקותה ואמרה שהוא ר' יוסי בעלה ולא האמינוה לשבת אחר בא כמנהגו ומצאה בוכה ומצטערת על שחשדוה בזה שחרית גלה עצמו לצבור בבית הכנסת והעניש רבים מהם ושוב לא בא לביתו כל אלו סודות רומזים למלבוש השני אשר מתלבשת הנפש תכף צאתה מן העולם ומה שאמרו שמתו בני אהרן על שהיו מחוסרי בגדים כנזכ' סוד הדבר כי ב' בני אהרן לא היו שלמים עדיין בבגדים העליונים כי כל צדיק יש לו מלבוש מתוקן ויתלבש בו כהוגן ואם עדיין לא נשלמו מעשיו ואינו ראוי לאותו מלבוש אזי לא ימלא אותו מלבוש מתוקן ואותו מלבוש יארג מן מצות וצדקות ומ"טי הה"ד וילבש צדקה כשריון וזה המלבוש אינו מתוקן אלא למי שהוא שלם מלמטה וקיים דמות השלשלת בזה העולם בפריה ורביה והוא שיש לו בת זוג אזי הוא שלם מלמעלה ומלמטה ואזי אותו המלבוש מתוקן לו כראוי ואם זה המלבוש אינו מתוקן לו בשביל שלא נשלם ממטה שאין נושי שלא קיים מצות פריה ורביה אז נפסד לו אותו מלבוש מלמעלה וב' בני אהרן נכנסו מחוסרי בגדים פי' בגדים העליונים שלא היו נשואים ולא קיימו פריה ורביה לכן הופשטו מאותה הבגדים ולא היו מתדמין ליוצרם ונכנסו לעשות העבודה ההיא לכן נענשו והלבוש הזה לידע ממה יעשה. עשה אזנך כאפרכסת ושמע כתיב ויקרבו יי ישראל למות יש להקשות למה אמר ויקרבו כנר' שהיו רחוקים עד עתה למרחוק ועתה נקרבו היה לו לכתוב ויבא יום ישראל למות עוד אמר ימי לשון רבים היה לו לומר ויקרב יום כי ביום אחד ימות האדם ולפעמים בשעה אחד עוד מצינו שלמעלה קראו בשם יעקב כמ"ש ויחי יעקב ויהי ימי יעקב וכאן קראו ישראל אבל בהיות כשברא הקב"ה את האדם על צד החסד ונפח באפיו נשמת רוח אלהים חיים בראו על תכלית שיהיה כלו שכל פשוט כמלאכי השרת אשר אין בהם עון אשר חטא רק לעשו' רצון בורא' והאד' גרם העון וחטא ועבר על צווי הקדוש ברוך הוא וגרשו מגן עדן לעבוד את האדמ' והשגיח עין חמלתו עליו לבלתי ידח

ממנו נשמתו הטהורה נתן לו קצת מצות עד שבאו להר סיני ונתן להם תרי"ג מצות וצוום על קיומ' למען יטב להם כי בקיום המצות יתעלה נפשם במעלה עליונה יותר ממה שהיתה מקדם כו' וכן מצינו כי המצות בכל יום מזהירין את האד' שלא יחטאו יעבור רצון בוראו כארז"ל אמר ר' אחא רמ"ח מצות בתורה כנגד רמ"ח אברים שיש באדם ובכל יום ויום צווחין על האד' עשה אותנו כדי שתחיה בזכותינו ותאריך ימים ושס"ה מצות לא תעשה כמנין ימות החמה שבכל יום ויום שחמה זורחת עד שהיא שוקעת צווחת ואומרת גוזר אני עליך במי שהגיע ימיך ליום זה אל תעבור עבירה ביואל תכריע אותי ואת כל העולם לכף חובה הרי תרי"ג מצות כלם מזהירין את האדם שלא יחטא לשמור מצותיו וחקותיו ותורותיו לטוב לו כל הימים לכן בשומרו מצות השם ללכת בדרך טוב הקב"ה אין מקפח שכרו ופעולתו לפניו בעה"ב כי שכר מצות בהאי עלמא ליכא זאת ועוד מלבד שכר המעשה שנותן לו גם כן הימים אשר עשה בהם מצות אינן הולכות לאבוד, וחוזרות ריקם כי בהם משלים נפשו יותר ויותר כי בהסתלק נפשו מזה העולם נשארה ערומה בלי לבוש כי הגוף נקבר בקבר ונפשו עגומה בראותה כי אין לה לבוש כאשר היתה באמנה אתו זה ימים רבים אז הקב"ה עושה לה לבוש אחד מכל אותם הימים שעשה בהם מצות ומתלבשת הנפש בגוף הזה ואז נחה שקטה ממכאובה ושבה אל בית אביה ובזה הלבוש היא הולכת בשליחותו של הקב"ה כנ"ל ולזה אמרו רז"ל כי בכל יום ויום משנותיו של אדם אם עשה בו מצוה אחת אותו היום הולך לפני הקב"ה ואומר רבש"ע אני יום פלוני משנותיו של פלוני ועשה בי מצוה אחת אז אותה היום עומד לפני הקב"ה עד בא יום פקודתו וכן כלם עבר עבירה אותו היום הולך לפני הקב"ה ואומר רבש"ע אני יום פלוני משנותיו של פלוני ועבר בי עביר' אז אותו היום יוצא מלפני הקב"ה כי אינו יכול לעמוד לפניו אחרי הוטמאה כי הוא קדוש ומשרתיו הם קדושים ואינה יכולה לעמוד במחיצתו ובאחרית הימים בהסתלק נפש האדם מן העולם הזה לעולם העליון אז רואים אלו הימים ימי שנותיו של אדם אם נמצאו כלם טהורים שלא חטא בהם ואין בהם לכלוך עון כלם נכנסים לפני הקדוש ב"ה בחצרות קדשו ולא יבושו ואז עושים מאותם הימים לבוש אחד ומלבישים אותם לנפש האדם אשר בא וקיים את מצותיו.

ואם נמצאו בהם ימים מלוכלכים בעון אותם הימים נכלמים בעצמן בראותם כי הוטמאו ואינן יכולים ליכנס בחצר בית המלך ואז אותם הימם הנשארים לא יספיקו ללבוש כי יהיה חסר כמו הבגד שחסר ממנו ולא יספיק לעשותו מעיל אינו עושה אות ואז הנפש חוזרת ריקם כי אין נותנין לה לבוש וזה סוד הכרת כמו שנאמר הכרת תכרת הנפש ההיא עונה בה. ולכן בהיות שיעקב אבינו ע"ה כל ימיו נזהר בהם והיו כלם בקדושה ובטהר' אז בהסתלקו מזה העולם תקף נקרבו כל ימיו לפני הקב"ה בלי בושה כלל ואז נעשו אותם ימים לבוש א' ונתלבש נפש יעקב בה לכן אמר ויקרבו ימי אותם הימים של יעקב כולם נקרבו לפני קב"ה בלי

בושה כלל כי היו ימי ישראל ר"ל מי שכל ימיו היה ישר עם אל וכל זה למדנו מדברי האיש האלהי רשב"י ז"ל (זוהר פ' ויחי) ת"ח כד קריבו אינון יומין קמי מלכא קדישא אי הוה זכאה כד בר נש נפיק מעלמא סליק ועאל באינון יומין ואינון לבושי יקר מתלבש' ביה נשמתי' ואינון יומין דלא חב בהון יזכא זכאין אינון צדיקיא דיומיהון זכאן ואשתארו לעלמא דאתי וכד נפקין מתחבראן כולהו ואתעבידו לבוש יקר לאתלבשא ביה ובההוא זכותא זכאן לאתענגא מענוג' דעלמא דאתי ובההוא לבושא זמינין לאתייא למקום וכל אינון דאית להן לבושא יקומון דכתיב ויתיצבו כמו לבוש מי דההוא חייב' עלמא דיומהון בחוביהון חסרין ולא אשתאר מנייהו במה דאתסין כד יפקון מהאי עלמא וחייבי עלמא דלא לאתלבש' בלבושא דיומהון עלייהו כתיב והיה כערער בערבה ולא יראה כי יב' טוב ווי לההוא דגרעי יומוי לעילא דכד בעו להלבשא ליה ביומוי אינון יומין דפגים ביומוי חסרין מההוא לבושא ולא להוי ליה לבר נש במה דאתלבש בההוא עלמא כדין ווי ליה ווי לנפשיה דדיינין ליה בגיהנם יומא על יומין חד על תרין דכד נפיק מהאי עלמא לא אשכח יומין להתלבש בה ולא להוי ליה לה לבושא במה דיתכסי זכאין אינון צדיקיא דיומן דילהון נטירין אינון לגבי מלכא קדישא ואתעביד מנייהו לבושי יקר דאתלבש בהו לעלמא דאתי ת"ח כאברה' דזכה מה כתיב אברהם זקן בא בימי' כד דאסתלק מהאי עלמא באינון יונין ממש דיליה על ואתלבש בהו ולא גרע מההוא לבוש יקר כלום דכתיב בא בימים ביומין דיליה דכלהו הוו טהורים וקדשין באיוב מה כתיב ערום יצאתי מבטן אמי וערום אשוב שמה דהא לא אשתאר לבושא להתלבשא בהו וכו' וגם אם תעיין בספר מראות הצובאות בענין מיתת מיתת בני אהרן שיש מהם אומרים שנענשו בשביל שנכנסו מחוסרי בגדים והסוד הוא מה שאמרנו שהיו מחוסרי בגדים העליונים שלא זכו עדיין למלבוש הזה בשביל שלא היו נשואים ולא קיימו מצות פריה ורביה כי המלבוש הזה נארג ממצות ומ"ט שעשה האדם בזה העולם כל ימי חייתו והימים האלו נזכרים לפני הקב"ה ונעשים מהם מלבוש לנפשו בהסתלקו מזה העולם לעולם העליון ובלבוש הזה נחלקו בו יש מהם אומרים כי אינו רק א' לבדו ובזה הלבוש הנפש הולך בשליחותו כפי מה ששולחין אותו במאמר השי"ת ונראה לבני העולם כמו שהוכחנו לעיל אבל כפי מה שלמדנו מדברי רשב"י כפי הנראה הם ג' כמו שיש לאדם ג' נפשות שהם נפש רוח נשמה כן כל א' (זוהר פרש' תרומה) יש לו לבוש בפני עצמו וכפי מעלת כל א' כן לבושו כי הנשמה עולה למעלה בצרור החיים את ה' אלהיו והרוח הוא בג"ע והנפש היא לעולם בקבר (רקנטי פ' בראשי') וז"ש ר' יצחק קשה רמה למת כחט בבשר החי וז"ש החיים בעומדים להתפלל על קברות המתים ונענים מיד כי הנפש מודיע לרוח והרוח לנשמה ונשמה להקב"ה ומיד נצלחים בתפלתם והדבר הזה ישנו ראיות גדולות ומובן למי שקרא ושנה וכו' ולכן כל אחד יש לו לבוש בפני עצמו ולהלבוש ההולך באיזה שליחות ונר' לבני אדם אינו רק

לבוש הנפש לבד ובזה הוא משוטט בעולם אבל לבוש הרוח ולבוש הנשמה אינן יוצאין בו מאותו המקום אשר הם עומדים וז"ל רשב"י בפר' ויחי תנן אלף ת"ק ריחין סלקין כל יומא מגינתא דעדן דמתבסמי בהו אינון לבושן דיקר דההוא עלווא דאתי דמתעטרי מן ימוי דבר נש אמר ר' יהודה כמה לבושין אינון אר"א טורי דעלמא בהא אפליגו אבל ג' אינון חד דמתלבש' ביה נשמתא בגו צרורה דחיי בין פורפיר' דמלכא קדישא וחד לבושא דלבר דקאים ולא קאים אתחזי ולא אתחזי בהוא אתלבש' ביה נפשא ואזלת ושטאת בעלמא באבתא ובכל ריש ירחא אזלת ואתקשרת ברוחא דבגינתא דארעא דקיימא בין פרגוד' יקירא ועיניה אוליפת וידעת מה דידעת ושאת ואודע' ליה בעלמא ת"ח בתרין קשורין אתקשרי נפשא (זוהר פר' ויחי) בכל ריש ירחא ושבתא בקשורה דרוחא בין ריחי דבוסמין בג"ע בארעא ומתמן אזלת ושטאת ואתקשרי עם רוחא בנשמת' דצרירא בצרורא דחיי ומתזנת מאינון זיוון יקירין דהאי סטרא ודהאי סטרא הה"ד ונחך ה' מיד והשביע בנחלאות נפשך מהו בצלצחות צחותא חד כד אתקשר ברוחא בגינתא דלתתא צחותא מן גו צחותא כד מתשראן נשמתא דלעילא בצרורא דחיי והיינו בצח חד צחות תרין דאינון לעילא ביקר' דנשמת' הא ודאי צחצחות ומהן ירית יקרא דא נפשך ממש זכאה חולקהון דצדיקים דזכו לכל מילין אילין בעלמא הדין ובעלמא דאתי ע"כ ועתה שמע לקול הדברים האלו אל יליזו מעיניך כתבם על לבך תמיד אשריך וטוב לך כי תשמור לעשו את כל דברי התורה הזאת כל ימי חייך תבין את אשר מוכן לפניך אם בעל נפש אתה ורוח אלהים בקרבך קדוש אחריתך ישגא מאד ודעת לנפשך ינעם בלבוש מלכות ועטרת זהב ויהיו חיים לנפשך להתהלך לפני ה' באור החיים ולחסות תחת צל כנפיו אמן הנה לפי הנזכר דיש ג' מלבושים והאחד הוא שמתלבש הנפש כשנשלחת באיזה שליחות והוא נעשה מהימים אשר לא חטא האדם בהם ועשה מצות ומ"ט נראה שיובן פסוק יחלקו בגדי להם ועל לבושי יפילו גורל דיש לדקדק אומרו בגדי לשון רבים וגבי לבוש קאמר לשון יחיד אמנם הכוונה מדבר על שלשה מלבושים הנזכרים שליצני הדור היו אומרים דוד אין לי חלק לעעול' הבא ח"ו ואנו נוחלין בגדיו שעשה קודם שחטא בבת שבע ע"ד נוטל חלקו וחלק חבירו וזהו אומרו יחלקו בגדי להם הם אותם הב' לבושים ולזה אמר בגדי דמיעוט רבים שנים ועל לבושי שהוא לבושי שעשיתי בטורחי במה שלא חטאתי בשו' יום ועשית מצות ומ"ט והוא לבושי דייקא מוכן להלבישה על כל שליחות שישלחו לי יפילו גורל על מי יכול להנחילו וזה גם כן כוונת מאמר חז"ל דרבי יוחנן הוה קרי למלבושיו מכבדותי מדבר על מלבושיו העליונים שפעל ועשה בימיו ובמצותיו שהם מכבדים לנפש רוח ונשמה שבלתם הנפש ערומה מתבושש' ונכלמה כנ"ל ונר' דזהו ג"כ כוונת מאמר במדרש רות ורחצת וסכת מע"ז ושמת שמלותיך עליך אלו בגדי שבת ע"כ רמזה נעמי לרות על קניית המלבושים העליונים שהנפש מתלבשת בעולם

שכלו שבת ע"י שמטהרת הימים
ובקיום המצות וזהו ורחצת מע"ז שע"י
כך תתדש' ובזה תזכה דשמת שמלותיך
עליך ופירש לה שהם בגדי שבתא
כלומר המלבושים שמתלבשת הנשמה
בעולם העליון שכלו שבת ועם זה נכון
פ' בזכריה סי' ג' ויהושע היה לבוש
בגדים צואים ועומד לפני המלאך וכו'
ויען ויאמר אל העומדים לפניו לאמר
הסירו הבגדים הצואים מעליו ויאמר
אליו ראה העברתי מעליך עונך והלבש
אותך מחלצות ויאמר ישימו צניף
טהור על ראשו וישימו הצניף הטהור
על ראשו וילבשהו בגדים ומלאך ה'
עומד כה אמר ה' צבאות אם בדרכי
תלך ואם את משמרתי תשמור וגם
אתה תדין את ביתי וגם תשמור את
חצרי ונתתי לך מהלכים בין העומדים
האלה נה הראה ליהושע שבעון שלא
מיחה בבניו על שנשאו נשים שאינן
הגונות לכהונה פגם בבגדים העליונים
הנעשים מהזכיות וזהו היה לבוש
בגדים צואים ובאותם בגדים צואים
היה עומד לפני המלאך הראו לו
במראה הנבואה המאורע המגיע לו
לעולם הבא כמה מהביוש מגיע לנשמה
על היותה לבוש בלבוש פגום ועומד
לפני המלאך זהו הראו לו שיראה
בעיניו כמה בושה היה בעולם הנשמות
אם לא היה מתקן עון בניו אך כיון
שתקן הראו לו בתקון לבושו וזהו
הסירו הבגדים הצואים מעליו וכו'
והלבש אותך מחלצות הם החלוקה
שנעשה מן הזכיות וכמו שפירש
הרד"ק מחלצות הם חליפות בגדים
נקיים וזה משל אל הזכיות כלומר כיון
שיוסר העון יראו בך הזכיות וכן ת"י
ואלבישית יתך זכיות ע"כ רומז

התרגום בדברו אחד על הלבוש
שנעשה מהזכיות כדפריש' וזהו
וילבשהו בגדים שהראו לו בנבואה
שהותקנו הבגדי' העליוני' וכיון
דמלבושים אלו תלוים במצות שעל ידי
המצות נעשים וכל כך שמוסיף בתורה
ובמלות כך מוסיף אור גדול בלבושי'
לכן מזהירו אם בדרכיו תלך וכו' ונתתי
לך מהלכים בין העומדים האלה שהם
המלאכים שאין להם ישיבה והכונה
כשם שהמלאכים עושים שליחות
שנאמר עושה מלאכיו רוחות כך אתה
על ידי מלבוש הנעשה מהמצות
אתהתלך בשליחותי כמוהו כמדובר
לעיל שעל ידי לבישת הלבוש הזה
שמתלבש הולך בשליחות המקום
כמלאכים וזה עצמו כונת פסוק
בישעיה סימן ס"א. שוש אשיש בה'
תגל נפשי באלהי כי הלבשני בגדי ישע
מעיל צדקה יעטני כחתן יכהן פאר
וככלה תעדה כליה בהיות שירושלים
שהם ישראל כשחטאו וגלו עשו פגם
הלבוש העליון לכן בשוב' שעל ידי כך
מתקני' אמר כיון שאיני ערום מהלבוש
על ידי התיקו' א"כ שוש אשיש בה'
שאיני מתבייש לעמוד לפניו משום
שתגל נפשי באלהי בלובשה הבגדים
שעשיי על ידי הזכיות וזהו כי הלבישני
בגדי ישע שאותם בגדים ישע הם
לנפשי מעיל הצדקות שעשיתי יעטני
כי על ידי הצדקות עשיתי מעיל לנשפי
וכדברי התרגום מעיל דזכו עטפני
כחתנא דמצלח וגם רומז כאן על ג'
לבושי' באומרו כי הלבשני בגדי ישע
בגדי לשון רבים מעוט רבים שנים
ומעיל אחד הרי שלשה וגבי מעיל
הזכיר צדקה לפי שהמעיל שמתעטף בו
הוא רמז אל הלבוש שמתעט' הנפש

כשרוצה להתפלל על צער החיים כנזכר לעיל ונמצא שמתעטפת עמו לעשות צדקה עם החיים ולזה אמר מעיל צדקה יעטני נקט גבי מעיל צדקה לרמוז על האמור.

עוד יתכן לפרש דע שפעמים זוכה האדם ללבוש הבגדים הנעשי' מהמצות כאן למטה בעולם זה וכמו שכתב הרב בעל שית יצחק בדף ח' ע"ד כשאדם צדיק גמור וענה גופו לרצון קונו יזכה לבוש העליון אף בחיים ועל זה מרדכי ואסתר שנאמר ותלבש אסתר מלכות וכתיב ומרדכי יצא מלפני המלך בלבוש מלכות עיין שם באורך מדף ז' עד דף ט' והנה נבא לענין שישראל לעיד יזכו בחיים חייתם ללבוש העליון וזהו שוש אשיש בה' כי הלבשני בגדי ישע ומעיל צדקה יטני דמשמע כאן בעולם הזה שעל הישועה שהיא כאן מדבר וקאמ' הלבישני ויעטני. ונבין עם זה ענין שאול בדוד דכתיב וילבש שאול את דוד מדיו ואמרו רז"ל כמדתו שאע"פ ששאול משכמו ומעלה גבוה מכל אדם אתרמו לדוד מדיו ומשם התחיל לקנא בו והתחיל רודפו משם ואילך שנתיירא שלא יקח מלכותו וכו' דקשה דשאול בחיר שם במקום לתת הודאה ושבח להקב"ה על נס הבגדים שאתרמז לדוד הקטן והוא פלא התחיל בקנאה ועוד מאחר שהוא משיח ה' והמלכות של הקב"ה למי שרוצה נותנו אך נתירא שלא יקח דוד מלכותו כיון שאינו מהקב"ה אינו יכול ואם לוקחו מהקב"ה הוא איך יכול לבטלו.

אמנם לבא לענין נקדים גם מה שכתב בעל שיח יצחק בדף ח' עמוד א' הקב"ה נותן לצדיקים ומוסיף על שלהם מאחרים הכונה כשאדם הוצרך להתלבש אחר פטירתו בלבוש שעושין לו מן המצות ומעשים טובים שלו אם אין די בשלו נותן לו הקב"ה ירושה משל אחרים וזהו נקרא חלוקה דרבנן עיין שם יותר באורך הכלל העולה שמחלוקת אחרים שאבדו אותן על שמרדו משלי' חלוק הצדיקי' אם חסרה קצת ונבא לענין של שאול רוב אמונתו בשפר הנפש הביאו לחשוב מחשבות ולרדוף לדוד כי היה קנאת הנשמה כי לא היה מקנא על מלכותא דארעא שהנה כראות שדוד הוא הקטן והוא גבוה מכל אדם ואתרמו לו לבושיו אמר רמז רומזים לי מן השמים שמשלמים חלוקתו לעולם הבא עם חלוקתי כלומר מדיו שלי משלמים לו ולכך נכנס קנאה בלבו דאין קנאה כקנאת הנוגע לענין הנשמה וכיון שקנא הקנאה מביאו שיכנס בו רוח רעה ע"ד עבירה גוררת עבירה שירדפהו גם להוציאו ממלכות של מטה ואע"פ שהמלכות של הקב"ה ולמי שחפץ נותנו רוח רעה שבו לא היה מניחו לחשוב זאת כדי שלא יחזור בו. וכיון דשאול היה נבוך שלא ירש דוד לבוש שלו לעולם הבא מהרמז הגדול שראה לכן כשהעלה לשמואל והבטיחו על החלוקה דרבנן באומרו מחר אתה עמי במחצתי מיד הודה לצאת למלחמה הוא ובניו אע"פ שיכלו בחרב דהצדיק אינו חושש חיי עולם הזה בערך שכר הנפש כי כל צערו היה על אבוד החלוק' כמדובר וכיון שהבטחוהו על זה לא חשש על מלכותא דארעא ומסר עצמו למיתה וירש מלכותו דוד עם מה שמסר למיתה כיון שאם בורח היה ניצל כדאמרו רבותינו ז"ל במדרש פרשת

אמור וכו' זו מודעא רבה שרדיפתו לדוד לא בעבור מלכותו היה כי אם מקנאת רמז החלוק שהבין במדיו כדפרשית ונכון. וכפי הקדמתינו שמהמצות נעשין לבוש עליון ולפעמים זוכה הצדיק בעולם הזה כנזכר יובן פסוק וישראל אהב את יוסף מכל בניו כי בן זקונים הוא לו ועשה לו כתונת פסים פרשו רז"ל כל מה שלמד משם ועבר מסר לו וזהו בן זקונים ובתרגו' בר חכים הוא ליה אם כן כיון שהרבה עמו תורה יותר משאר אחים אהבו ועשה לו שהלבוש העליון יזכה בו בחיים חייתו וזהו ועשה לו כתונת פסים ואחיו הקדושים ראו והבינו הדבר מיד ויקנאו בו אחיו קנאת הנפש והתחילו לרודפו ולא יכלו דברו לשלום עד סיפור החלומות וגער בו אביו ואם כל זה ראה שויקנאו אחיו אז ואביו שמר את הדבר כלומר העלים מעיניהם הדבר של החלוקה דרבנן שהלבישו מחיים הפך שבעבור ויראו אחיו החלוקה ומשם הכירו כי אותו אהב אביהם מכל אחיו לכן העלימה אולי יכול לתקן הקנאה שבהתבטל הסבה יתבטל המסובב ולא יכול. גם נקדים בהקדמה זו פסוק באיוב סימן ל"א אם אראה אובד מבלי לבוש ואין כסות לאביון הכונה היה משתבח עצמו שלא ראה רשע שלא הכניסו תחת כנפיו יתברך כדי לזכותו לחלוקה דרבנן ולא תהיה נפשו ערומה לעולם הבא מבלי לבוש ואין כסות לה ולהיות אביון תואב ללבוש זה וזהו אם אראה אובד שנאבד במעשיו עד שוא לעתיד מבלי לבוש ואין כסות לאביון וכי נשארתיהו אביון בלי כסות עם החלוקה לא עשיתי כן אלא הייתי עושה הכנות גופניות כדי שיוכל להבין במושכלות לעשות לבוש העליון וזהו אם לא ברכוני חלציו ומגז כבשי יתחמם רומז על ההכנות כמדובר וקל להבין עוד שם בסימן הנז' רומז גם זה בפסוק ברוב כח יתחפש לבושי כפי כתנתי יאזרני הכוונה ברוב כח מעשית המצות יתחפש כתנתי שהוא הלבוש העליון אם נשלם או לא נשלם וכפי כתנתי כלומר כשיעור הכתונת שעשיתי יאזרני אם היא מאירה מאירה ואם חשוכה חשוכה כפי שיעור עשייתי אם רב אם הרבה.

וזהו גם כן כוונה פסוק באיוב סימן כ"ט צדק לבשתי וילבשני כמעיל וצניף משפטי הכונה צדק לבשתי כאן בעולם הזה שהרבתי בצדקות ובמעשים טובים ומהם נעשה לבוש העליון וילבשני בו לעולם הבא ועל ידי הלבשת לבוש זה היה כמעיל וצניף היה מוכן לי ללובשו כאדם שמוכן לו מעיל וצניף כך היה מוכן לי לבוש העליון שהלבישני כדי לתקן בו משפט כנזכר לעיל כשהנפש לובשת לבוש זה יכולה להתפלל על צער דידה ועל צער זרעו שבעולם הזה עד שמתקן המשפט הנגזר ונמצא מועיל למשפט להמתיקו וזהו ג"כ כונת פסוק וילבש צדקה כשריון וכבגד עדים כל צדקותינו ירצה הצדקה שעשה בעולם הזה נעשה הבגד העליון וילבש אותה צדקה שנעה לבוש כשריון הוא כשריון שיש לו חורים חורים שנמצא חסר מהלבוש עצמו מקום החורים בעבור שהיא צדקה אחת ולא יכול לארוג כי אם כשיעור הזה אבל וכבגד עדם נעשה כבגד שהוא לבוש שלם כל צדקותינו כשהם רבו.

וזהו גם כן ענין בעלת אוב שהעל' לשמואל וראתה אותו עוטה מעיל וכו' הוא המעיל שהנפש מתעטף בו כדי להתראות לחיים כנזכר למעלה באורך ונראה לישב עם זה מאמר רז"ל והוא עוטה מעיל על שם ומעיל קטן תעשה לו אמו ע"כ דקשה אם הם דברי' כפשוטן שנראה במעיל על שם המעיל קטן שעשתה לו אמו קטנותו אין הבנה כלל שיותר טוב שיתראה בלבוש שמת בו שעם זה ניכר יותר משו' שראוהו מקרוב. אלא כוונת' ז"ל לרמוז לנו מה שפרשנו שהיה עוטה מעיל שהיא החלוקה שעשה עם המצות שהנפש מתלבש בה לירד לזה העולם ופרשו דזכה למעיל עליון הזה על ידי אמו שהקדישתו לשמים מקטנותו והיה מחזקת בידו לזונו ולהלבישו דכתיב ומעיל קטן תעשה לו אמו וכו' וזהו אומרם על שם וכו' כלומר זכה שנתעטף במעיל העליון זה על שם שמעיל קטן תעשה וכו' שאותו מעיל גרם לה או כלך בדרך זה על מעיל קטן תעשה לו אמו כלומר שמקטנותו הדריכתו במצות עד שמיד בקטנותו גרמה שעה למעלה מעיל קטן כפי כחו של קטן במצות שאינן כתקנן עד שנתגדל ועשה מצות בכל כוונתם ונתגדל גם כן כח אור הלבוש וזהו והוא עוטה מעיל כלומר גדול במעלה נמשך על שם מעיל קטן תעשה לו אמו ור"ל והוא על דרך ארז"ל רבי יהושע בן חנניא אשרי יולדתו תלהו באמרו שהיא גרמה לו שלמד תורה שגדלו בבית המדרש ומיד שילדו כנודע. ובהקדמה זאת פירש שחכם השלום הר"ר יוסף קמחי נר"ו דזהו כוונת פסוק ה' יברך את עמו בשלום. בשלום הם אותיות מלבוש כלומר ברך את עמו שיתברכו בלבוש העליון הזה. וזהו כוונת מאמר רז"ל מלמד שנתעטף הקב"ה כשליח צבור ואמר למשה כשיבאו ישראל לידי צרה ויעשו כסדר זה אני מוחל להם וכו' הכוונה רמז לו ענין עטיפת הלבוש העליון כשמתעטפים נשמותיהם של ישראל כסדר שאני מראה לך ויתפללו לפני על צרתם של ישראל אני מוחל להם והעטיפה שאדם מתעטף כאן למטה בטליתו להתפלל היא רמז לעטיפת הנשמה שאינה יכולה להתפלל כי אם בלבישת טלית העיון שעשה במצות. וזהו כוונת פסוק תפלה לעני כי יעטוף ולפני כו'. שמע תפלתי ושועתי אליך תבא וכו' רמוז לעטיפת הנשמה בלבוש העליון אחר מותו שנעשה עני וחפשי מן המצות שהמת נקרא עני ע"ד שאמרו כז"ל כל הרואה את המת ואינו מלוה אותו עליו הכתוב אומר לועג לרש הרי קורא אוו רש שבהתעטף בלבוש שפעל ועושה מהמצות יש לה פנים לבא לפני הקב"ה ולהתפלל עליו ועל זרעו כמדובר. וזהו תפולה לעני דהיינו המת כי יעטוף בלבוש העליון אז ולפני ה' ישפוך שיחו להתפלל ולומר אל תסתר פניך ממני ' שמעה תפלתי ושועתי אליך תבא ובלתי לבישת המלבוש אין לה פנים להתפלל. וזה דרמז יונה באומרו בהתעטף עלי נפשי את ה' זכרתי. ותבא אליך תפלתי אל היכל קדשיך הכונה בהיות שלפעמי' הנפש מתלבשת בלבוש זה בחיים חייתו של אדם כנזכר לעיל מספר שיח יצחק נראה שיונה זכה ללבוש זו כשהגיע למו' נפשו ממעי הדגה והתפלל עליו נפשו כי

בלתי זו לא היה לו פנים להתפלל. וזהו בהתעטף עלי נפשי כלומר בראותי שנתעטף עלי נפשי בלבוש העליון אז את ה' זכרתי כי היהלי פנים לומר לפניו בכח ההתלבשות ה' שמעה תפלתי ושועתי אליך תבא זהו ותבא אלי תפלתי אל היכל קדשיך. ויובן גם פסוק באיוב לבש בשרי רימה וגוש עפר עורי רגע ויבאש הכונה היה מתרעם שבמקום שעשה מעשים ראוים לזכות להתלבש בחיים חייתו הלבוש העליון לבש בחיים חייתו לבוש של רימה וגוש עפר. וזהו לבש בשרי רימה וגוש עפר עורי רגע ויבאש או אפשר לומר בהפך שכוון לומ' בשר דווקא דהיינו החומר לבש רימה וגוש עפר לאפוקי נפשי שזכתה ללבוש החלוקה בחיים חייתו בסבת היסורין סבלתי ובזה נבין. מאמר חז"ל ולבני אהרן תעשה כתנות שתי כתונות לכל אחד וכו' דקשה דלמה לא פירשו על פסוק ומשלוח מנות איש לרעהו ומתנות לאביונים מתנה א' לכל אחד שתי מתנות לשני עניים. אמנם בהיות שע"י הכתונת זה בלובש' לשרת לפני המקום היו אורגים הבגד העליון שמתלבשת הנשמה לשרת לפני המקום לכן לרמוז לנו ע"ז הוכרחו לפרש כאן שתי כתונות לכל אחד כלומר אחת שהיא שתים בכתונת שלובש כאן לשרת למטה זוכה ללבוש הנשמה כתונת למעלה לשרת שם לני ה' לעשות לשיחותו כנ"ל לכן אמר הכתוב תעשה כתונות דמשמע כתונות לכל א' ובא הקבלה ופי' שתי כתונות לכל אחד כדי לרמוז על מה שפירשנו. ובחבור אחר פרשתי בתיקון קושיא זאת דכאן מוכרח לפרש ב' כתונות לכל אחד ואחד דאי אפשר שכיון הכתוב לומר כתונות לכל א' כיון דאין עניות במקום עשירות מה שאין כן גבי הדיוט ולכן מוכרח דמתנות לאביונים הוא שתי מתנות לשני עניים דגבי הדיוט שייך עניות כאן כתונות לכל אחד על דרך שפירשו ובחיבור אשר לי פירשתי. וזהו ג"כ כוונ' פסוק גבי קרח את מחתות החטאים האלה בנפשות' רמז בזה שעל ידי מה שעשו חטאו בנפשותם מנעו הלבוש מנפשותם מלשון אני ובני שלמה חטאים שחסרוהו מנפשותם וניתן לצדיקים הנז"ל וכן כוונת פסוק ונפש החוטא' היא תמות ירצה כיון שהנפש מחסרת לבושה היא תמות שעומדת ערומה בלי לבוש וכן תראה בכל מקום דקאמר נפש כי תחטא לרמוז על חסרון לבושה שעומדת בלי לבוש על עונה ותחטא לשון חסרון כמדובר. ובה יובן פ' אם יהיה אלהים עמדי כו' ושבתי בשלום אל בית אבי והיה ה' לי כו' ירצה אם יהיה אלהים עמדי ושמרני מע"ז ומכל עון כאר"ל אז אני זוכה להשלים לבוש העליון ובזה ושבתי בשלום כלומר ושבתי במלבוש שאותיות בשלום מלבוש אל בית אבי שהוא בצרור החיים ממקום שיצאתי משם ובהיות מלובש במלבוש העליון והיה ה' לי לאלהים להלבשני ולשולחני בשלחותו כנז"ל.

והנה כבר דברנו מהמלבוש הנעשה ע"י המצוה שרמוז בפסוקי' ובמאמרים ועתה נדבר מענין המלבוש שנארגת מהימים אשר בהם לא חטא כנזל בדברי הרב ז"ל ונבין דזהו כוונת מאמר חז"ל ויהי בימי אחשורוש ווי לאותם הימים שהכוונה כיון שהימים

שאדם חוטא בהם אינן נכנסים לפני הקב"ה ונדחים בחוץ והם נזופים וכו' וישראל באותם ימים של אחשורוש חטאו עד שנתחייבו כליה לזה אמר ווי לאותם הימים לפי שאינן נכנסים לתועלת הלבוש ובהפך בימים שעושה בהם מצות ומ"ט. וזהו כוונת פ' יודע ה' ימי תמימים ונחלתם לעולם תהיה כו' כלומר הקב"ה יודע ומכיר בימי התמימים שנעשה בהם מצות ונחלתם של ימיהם לעולם תהיה כלומ' לעה"ב תהיה שנעשה מהם לבוש ונוחל אותם. וזהו כוונת פ' ואברהם זקן בא בימים דכיון שמהימים נעשה מלבוש להתכסות בו נמצא שבא בימים עצמן כאיש שבא בתוך הכסות לכסת עצמו. וזה ג"כ פסוק וימת איוב זקן ושבע ימים ירצה מת שבע מהימים דכיון שלא חטא בהם ונעשו מלבוש הוא שבע מהם שמתלבש בהן ואיוב בזמן יסורין בחושבו שעל שלא מעשיו רצוים לפני ה' יסורי' באו עליו אמר ימי קלו מיני ארג ויכלו באפס תקוה כלומר ימי קלו כי לא באו לכלל אריגת מלבוש וזהו מני ארג על שלא ישרו בעיני השם ונמצא שויכלו באפס תקוה וזהו דקאמר גם בסימן י"ז. רוחי חובלה ימי נזערו קברים ירצה כיון שרוחי חובלה בחטאים ועונות ימי נזערו כי נדחו ונמחו כי לא היו ראוים ליארג מהם מלבוש לפי שנטמאו וזהו גורם עלי דדקברים לי שאני אמות עכשו ומחזרני בגלגול כדי לתקן לשעבר ואני חוזר ולמות ולהיות נקבר דנמצא שני קברים לי. וזהו אומרו ג"כ ימי עברו זמוי נתקו מורשי לבבי כלומר כיון שימי עברו מלפני הקב"ה שנדחו לחוץ מאז זמותי נתקו מורשי לבי דזמותי ומחשבותי במורשי לבבי שחשבתי שיארג לי מלבוש בהיותי מחזיק עצמו צדיק נתקו כל אותם המחשבות ממני כי בראות עצמי בכובד היסורין שהביא עלי בודאי כי טעיתי בכל דרכי ולכן ימי עברו מלפניו ובזה נבין כוונת אליפז התמני סימן ט"ו כל ימי רשע הוא מתחולל ומספר שנים נצפנו לעריץ קול פחדים באזניו בשלום שודד יבואנו לא יאמין שוב מני חשך וצפו הוא אלי חרב נדד הוא ללחם איו ידע כי נכון בידו יום חשך דיש להבין על מה מתחולל הרשע ועוד מאי כוונת ומספר שנים נצפנו לעריץ גם לשים לב קול פחדים באזניו מה פחדים הם וממי שומעים גם אומרו בשלום שודד יבואנו לכאורה נראה שאין לו שח ששלום עצמו אינו דבר כדי שיבא בה שודד וא"כ מה כיון בזה גם להבין אומרו וצפו הוא אלי חרב מאי חרב זה גם להבין כוונת אומרו נדד הוא ללחם איו מה קשרים עם האמור שלכאורה יראה שאין לו קשר אמנם נראה דכיון שימיו של רשע בעבור שחטא בהם הם טמאים ונדחים מלפני קב"ה והם נזונים ועתידין להעיד עליו ביום הדין לכן אמר כל ימי רשע הוא מתחולל שע"י כל ימיו הוא מתחולל לפי שעתידין להעיד על חטאיו ועוד לרשע שמספר שנים שקוצב לו מיום שנוצר מתקצרים ממנו בחטאיו ומצפנו לעריץ שהוא הצדיק שמוספים אותם שנים על מי שהיה עריץ וחזק בעבודתו יתברך וא"ת שהרשע מתחזק בטומאתו על שאינו יודע ואינו מכיר בעונש המגיע לו במותו ולכך עושה מה שלבו חפץ זה אינו שהרי קול פחדי' באזניו מחכמים

המזהיר' לו ומדיעי' לו שבעת מיתת הרשע ג' כיתו' של מלאכי חבלה יוצאים לקראתו חד אומרת אין שלום אמר ה' לרשעים כארז"ל וכו' ונמצא שמפחידים אותו כדי שלא יחטא ובמה מפחדים אותו באמור לו שבשלו' שודד יבואנו שבמקום שיצא לקראתו כת מלאני רחמים לומר יבא שלם שודד שהוא כת מ"ח יבואנו לקבלו באין שלום אמר ה' לרשעים ועם כל זה ששומע קול פחדים אלו באזניו מקשה ערפו ואינו יאמין שוב מני חשך הם דרכיו המקולקלים ואף ע"פ שיודע שאם אינו חוזר צפו הוא אלי חרב למות בחרבו של מה"מ הפך שאם יחזור בתשובה ימות בנשיקה וא"ת כיון שנשאר העונש לעתיד אין נרגש ממנו ולכך אינו חוזר משא"כ אם היה מגיע לו צער בזה העולם היה חוזר בו לזה אמר נודד הוא ללחם איה כלומר אע"פ שמגיע לו עניות בחטאיו עד שנודד ללחם שהוא קשה ממיתה ומעונש העה"ז יודע שגם נכון ומוכן בידו יום חשך שהוא גיהנם עכ"ז אינו שב ובא אליפז להודיע עד כמה מקשים ערפם ודוק ונר' שכשם שע"י המצות והימים שאין אדם חוטא בהם נארג מלבוש כך מכל חדושי תורה שאדם כותב נבנים למעלה היכלות וחופות נפלאים שיתעדן בהם הנשמה דלכן לרמוז שמהאותיות נבנים בניינים נקראים אבנים כדאי' בסי' ב' אבנים בונות הרי קורא לאותיות אבנים לרמוז על האמו' ובהיות כן ראוי לאדם שכל חדוש שמחדש יעלהו על הספ' כדי שיפעול למעלה הבנין ואפילו חידוש קטן אל יהא קל בעיניו לפי שאפילו בנין אבנים גדולות ויקרות אין מתקיים כ"א ע"י אבנים קטנים הנתנים בין אבן לאבן כן למעלה בבנין שנעשה מהאותיות שנתהוו מהכתיבה ואל תקשה לומר איך יתכן שבעבור שאני כותב כאן יתהוה בני למעלה ק"ו הוא מהדבור שאין בו ממש ועכ"ז גורם לפעול באדם דבר כנראה בפ' בהעלותך בענין מרים שלקתה בצרע' בעבור הדבור ומה דבור שאין בו תפיסה שהוא הבל פיו של אדם עושה רושם בגופו כתיבה שהוא מעשה נראה בעין לא כ"ש שיפעול לבנות בניינים לנפשו ומה גם שמרובה מדה טובה ממדת פורענות ובהיות דבפרקים דלעיל הארכתי בזה קצרתי כאן תראהו משם.

פרק לו

ישמחו השוחטים והאזינו הבודקים הדברי' השייכים להם ולבא לענין נקדים מ"ש בס' הקנה ממעלת' של ישראל מכל אומה ולשון דלכן הקדישנו והבדילנו מכל המאכלות האסורות לבל נטמאו נפשו' ואח"כ נזכי' מענין השוחטים וז"ל דע בני כל הכחות החצוניים רואים יופי ההיכלות הפנימי' והמעדני' והתענוגי' והכתרים ונחלי אפרסמון וששון ושמחה ומתאוים ליכנס ולהדבק בהיכלי עונג הפנמיים כי כל מיני שמחות ותענוגי' וכל מעדנים ומיני כבד כלם הם בפנים ובחוץ אין נמצאי' רק עצמות וקליפי' ואין רשאים ליכנס בפנים ולצאת חוץ וישראל הם חלק ה' משוכלל בכל הדברים העליונים והתחתוני' ונתן לו השם רשות לבא להיכל הקדש ולצאת אלא שיצוהו לשמור עצמו לבל יכניס

טמאים בפנים ואל יוציא טהורים בחוץ
ע"י ביאות האסורות ומאכלו'
האסורות וכל האברים המוצאים
הטהרות ממחציתן הוא שאמר קדושים
תהיו כי קדוש אני וכתיב ולא תשקצו
את נפשותיכם בבהמה ובעוף והוא
שצוה לאד"הר לעבוד ולשמור את גן
אלהים שנאמר לעובדה ולשמרה בואי
וראה והבן כמה כחו יפה של אדם
בקיום מצותיו כמה הורע כחו בעשות
עבירה ואפי' כחוט השערה ולפי
שישראל הוא רגלי מרכבות עליונות
ע"כ יש בו כח לצאת ולבא ובאמת בני
כל הכחות החצוניות הטמאים
השוכנים בחוץ ורואים ומשיגים
מבחוץ מעלת היכל פנימי ומעדניו
ותענוגיו ותפארתו וכבודו ואינן יכולים
ליכנס שם בשום צד ואופן אלא ישראל
לבד ר"ל שר ישראל ע"כ משתוקקי'
ונכספים לידבק בישראל ואינן יכולים
גם לידבק בישראל אומה קדושה רק
בעשותה עבירה מעין אותו דבר שהם
רוצי' והם משתדלי' תמיד להכשיל
לישראל בעבירה כדי שימצאו מקור
לידבק בהם וכשישראל עוברים
עבירה אז הם נדבקים בו ונכנסים עמו
בהיכל הקדש נמצא שצלם נכנס בהיכל
וכל זה בעבור שאינן יכולים ליכנס
אלא על ידי ישראל וזהו שאמר ראה
נתתי לפניך היום את החיים ואת הטוב
ואת המות ואת הרע נמצא כל הטהרות
וכל הטומאות דבוקות בישראל
וישראל מתקן עולם או מחריבו ותבין
מדרך אדם הראשון שהניחו בג"ע
וצוהו שלא להוציא טהורים לחוץ ולא
יכניס טמאים בפנים ולא יערב טהורים
עם טמאים לא במעשה ולא בדבור ולא
במאכל ולא במשתה ונתגלגל הענין

וטימא היכל הקדש הפנימי והנה מה
שהיה תחלה בכלל טוב ובכלל ברכה
נתקלל בו ונדבקה בו הקלל' ועל ידי
ששתה יין הנקרא חמת תנינים יינם
טימא עליונים ותחתונים. (וע"ש
דמצייר איך מטהרים ומטמאים ישראל
ההיכל ע"י פעולת' אם לטוב ואם לרע)
ודע כי לצד צפון למטה למטה יש מדה
אחת ונקראת מלכות הרשעה
וכשמלכות ישראל שהיא כנסת ישראל
הנקראת מלכות בית דוד יושבת על
הכסא אז מלכות הרשעה נקראת
שפחה כנגדה ואם ח"ו יחטאו ישראל
ויפרידו אלוף אז תחת ארבע לא תוכל
שאת והם הארבע מלכיות ידועות
ונקראות רוח סערה ענן גדול ואש
מתלקחת ונוגה סביב לכן בני הזהיר
השם לישראל בסיני לקיים המצות
ושלא לעבור עבירו' כדי שלא תזוז
מלכות בית דוד ממקומה ולעלות
מלכות הרשעה וזהו ולהבדיל בין
הטהור ובין הטמא ואפילו הבהמה
הטהורה לא התירה אותם לכל אדם
חלילה רק מי שמלכותו בכל משלה
ואם נמשל כבהמה נדמה נאסרו לו הוא
שכתוב ומוראכם וחתכם יהיה על כל
הבהמה ועל כל עוף השמים וכל דגי
הים בידכם ניתנו ואין על אלא מלכות
שנאמר נאם הגבר הוקם על כי אין לך
דבר של בריה שאין מלך עליו
בספירות בבהמות ובחיות ובעופות
ובדגים ובנחשים וכיוצא באלו וכוונת
הכתוב לומר כאשר תלך אצל מלך
הבהמות והחיות והעופות וישלים עמך
ולא ירע לך מסבת שירא מצלך אז
נמסרים כל אשר תחתיו בידך לטהרו
ולקרבו על ידי שחיטתה ואכילתך
ועיין שם ענין נורא בענין הדגים. ודע

כי כל הנבראים שביבשה הנאכלים אינן כלים ונאכלים רק לצדיקים שאימתם מוטלת על כל הבהמות ועל כל העופות שהכונה על מלכם ומי הוא הצדיק מי שצילו טהור ונקי וכלם יראים ממנו כדניאל בגוב אריות הוא שמכלה ואוכל וכמוהו אך לא יכלה אחרים מכל בעלי חיים. והאיר בזה עינינו אדם הראשון כי בהיות צורה קדושה דומה ליוצרו המלאכים משמשים לו וצולין לו בשר שהיו נמסרים בידו להעלותם כי אדם גדול מהם ומעלתו רבה ואחר שחטא הנה כבהמה נדמה הוא הוא שנאמר אדם ביקר בל ילין נמשל כבהמות נדמו כי אחרי שהוא והבהמ' אחד ושוים למה יהרוג מין את מינו קול דמי אחיך צועקים אלי ושופך דמו שלא כדין כי אינו ראוי בזה לכן אמר שלא לאכול הבשר אחר שחטא פן יוסיף על חטאתו פשע.

והנה דברים ק"ו אם אדם הראשון יציר ראשון והביט מסוף העולם עד סופו והרא' לו הקב"ה דגור דור ודורשיו דור דור וחכמיו דור דור ומנהיגיו ודבר עם השם ועם כל זה בעבור שחטא אף כי שב בתשובה הקב"ה המשילו כבהמה ואסר לו הבשר ק"ו מי שלא היה לו כל מעלות של אדה"ר ואדרבא הוא עז פנים וכל חוטא בחוץ בגזל וחמס ומורד בשם ובמצותיו תשובתו אינה תשובה משום שאם ישוב יתחרט וישוב ויבעט לא יום ולא יומים אלא בכל יום פעמים לא זו אף זו ואין צריך לומר זו כי שבע תועבות בלבו שאין לו לכלות ולאכול כל אשר נשמה באפו ואפילו שזה צורתו אדם וזה צורתו בהמה מי יודע אם למחר יתחלפו הצורות ותהיה אתה בהמה או טומאה רצוצה כי דנת שלא ברחמנות. ודע בני שגם לצדיקים לא הותר הבשר ההוא רק בשמיר' מעליא שאם נעלם מן העין ואפילו בשולחנו אין לאוכלו וראיה ממה דשאיל התם ואלא רב היכי אכל בשרא ומשיב אי בעית אומא דלא מעלים עינא מיניה וכו' וגם מעשה דרב הוא אזיל לבי רב חנן בר אבא חתניה ע"ש עד לא אכל רב המנונא ההוא בשרא משום דאעלים מן העין בא וראה שגם הצדיקים היה להם צער גדול לאכול בשר והכוונה כי כחות הטומאה מבקשים לחול בגוף הצדיק ע"י ששולטים וחלין בבשר כי בהפר' הנפש מהגוף כחות הטומאה הוא שאמרו מת צריך שמירה מכחות הטומאה ועל הבשר אמרו דילמא אחלופי מיחלף וע"י חתימה או סימן אין לטומאה רשות לחול שם הוא שנאמר גבי יעקב ויאסף רגליו אל המטה כדי שלא ישאר אבר מאבריו בהפקר ויחולו שם ונמצא הוסיף טומאה על גיד הנשה כי אם הבשר בלא סי' וחתימה שלטי ביה דהוי כהפקר ועל כן האשמדאי הוא חתים באר מים שלו כי חשש ברוב טומאה ע"ש באורך כלל העולה שלא הותר בשר רק למי שהוא צדיק דצלם אלהים על פניו ושר העוף והבהמה מתיירא ממנו ולכן אחר שחטאו ישראל בארץ וגלו כי העלו מלכות הרשעה וכל החיות מתגרות בהם עד שנסתלקו מדמות עליון שעל אותו הדמות אמר הקב"ה ומוראכם וחתכם יהיה ושבו כבהמות נדמו באו רז"ל שהם צדיקים כגמורים והרמיזו בדבריהם שאין

לאוכל בשר והוא אומרם עם הארץ אסור לאכול בשר ואע"פ שאמרו רז"ל מי שקרא ושנה ולא שימש ת"ח הרי הוא עם הארץ אפ"ה גבי אכילת בשר אפילו למד ספרא וספרי וכולהו תלמודא ע"ה הוא לגבי אדה"ר ועל שנחלש צלו ונמשל כבהמה נאסר לו אוי לכם עמי הארצות וגם לומדי המצות בלא עיקר ידיעתא ומקילין בהם ואינכם יראים לחזור ולהחמיר אפילו כחוט השערה שלא להכניע מלכותינו ולהעלות מלכות הרשעה ע"ש יותר באורך. וגם אמר וזבחת מבקר ומצאנך כאשר צויתיך ונתעוררו חז"ל לומר שנצטוה משה ע"פ בכל דיני שחיטה וע"כ אמר שאול ושחטת' בזה ואכלתם ונראה שציום על פה ועתה בני שמע מה עושים בני השחיט' לוקחים הסכין ביד רמה ועומדים על הבהמה בקומה זקופה והבהמה מוטה ובוכה ומוסרה עצה כי אין כוח בידה ואותו אכזרי אינו מביט בכפיי' הבהמה אבל הוא מביט בנשים ובהדיוטי ראוני שאני הרב הגדול שקול אני כסמאל הלוקח נפשות וא"כ רואה המנות הנתונות לו ומנענה זנבו ושמח בהם ואשתו מקבלתם בסבר פנים יפות. ומתיהרת בשכנות ראו מעלתינו ומעלת הרב הגדול סמאל כה יחי וכה יאריכו ימים אם לא תביאם מעלתם לישחט גם הם כמותם כי הבט וראה כמה הוא גדול רבינו הקדוש ועל שלא חס באותו עגל ואמר לו לכך נוצרת נתיסר ביסורין קשים ותורתו לא הגינה עליו עכ"ל לענינינו ע"ש באורך נפלאות השם העולה מזה שצריך השוחט להיות צדיק גמור שלא יפגום צלם אלהים דאם לא כן נדמה כבהמה ונמצא שוחט בהמה לבהמה ונראה שעל זה מתרעם הנביא ישעיה בפ' שוחט השור מכה איש דכיון שהיו בלתי הגונים נמצא דכל שהיה שוחט השור כאלו מכה איש ממש משום דאין הפרש ממנו לשור כיון שאין בשוחט נשמה טהורה כי מותר אדם מהבהמה אין לבד הנשמה הטהורה וכו' ובלתי נשמה טהורה האדם והבהמה שוין ולמה ישחט זה לזה שנמצא ששוחט איש כמוהו בלתי נשמה טהורה. וכיון דכשהשוחט בלתי טהור הוא אז אותה שחיטה נקרא לבהמה מיתה משונה מה שאין כן בהיותו צדיק והגון שנקראת תיקון כל על ידי השחיטה בכשר על ידי צדיק מתתקנת ועולה למדרגת בעל חי מדבר ובפרט אם שיש מגולגל בה איזה נפש שחטא דזהו כוונת פסוק אדם כי יקריב מכם קרבן לה' כלומ' אדם כי יקריב אותה בהמה שמקריב נעשה מכם על ידי שמקריבה קרבן לה' שעולה למדרגת אדם או הכוונה אומר הקב"ה טעם אומרי' אדם כי יקריב כלומר שצויתי על ענין הקרבן משום שיש מגולגלים מכם בבהמה ובעוף לכן אמרתי לקרבו שעל ידי שחיטה בהכשר וכוונה מהכהן השוחט לה' מתקרב וזהו קרבן לה' ומטעם זה אמרתי מן הבהמה מן הבקר ומן הצאן תקריבו את קרבנכם ובהפך זה מתרעם הנביא ישעיה בסימן כ"ב בפסוק והנה ששון ושמחה הרוג בקר ושחוט צאן אכול בשר ושתות יין אכל ושתו כי מחר נמות ונגלה באזני ה' צבאות אם יכופר העון הזה לעם הזה עד ימותון. מתרעם על הרשעי' שבששון ובשמחת לבם בעבירות היו שוחטים בשר ושותים יין להרבות תאות המשגל

וכיון שכן היו הורגים הבקר הריגה ממש ושוחטים צאן שחיטה דרך נקימה כרשע זה השוחט את חבירו דרך נקימה ולרמוז על זה נקט לשון הריגה גבי בקר כמו שאמר הרוג בקר כדי שתבין דשחיט' דגבי צאן אינו בהכשר כי אם שחיטת נקימה בסכין פגום ועושים כן באומרם אכל ושתו כי מחר נמות וכיון שאנו מעותדים למות למה נחוש על מיתת הבהמה ונגלה באזני ה' צבאות אם יכופר העון הזה להם ששחטו הבהמה דרך הריגה ולא ריחמו לתקנה עד ימותון הם במיתה זו שיתגלגלו בבהמ' ותהי נהרגת כדי שירגיש בצער שעשה ואח"כ יכנס בבהמה אחרת ויתכפר בהכשר שחיטה. ולכן צריך כל שוחט לכוון בשחיטתו ולומר יהי רצון מלפניך ה' אלהי ואלהי אבותי בעל הרחמים כלם חפץ בתיקון כל נפש החוטאת לבלתי ידח אע"פ שהרבה להכעיסך ואם שולחת ברשת לרגלה שתלכד בתוך גוף בהמה חיה או עוף שאני שוחט שתתקן על ידי ברכה שברכתי על שחיטתה ועל ידי הכשר הסכין כאשר צותה לעשות ואע"פ שאיני כדי והגון שתתקן על ידי קיום דבריך שאני מקיים לברך ולשחוט בסכין מתוקן יתקן אותה להוציאה מכאן אם ישנה ולהחזירה מדרגת אדם כבתחילה כי אינך חפץ במות הרשע מיתה תכלית כי אם לבקש לה תיקון לטהר אותה עד ישוב לעובדך ולקיים תורה ומצות כדי להנחיל ג"ע ולהרבות בשכרה וכיון שכוונתך זו רבון העולמי' אל תבט במעשי הרעים אם יש בי בשעה זו שאני שוחט כדי שיהיה תקון מה יקרא על שמי כדי לזכות את נשמתי שנתת בי כדי שבעת שתצא ממני אל תצא ערומה מזכיות לכן מפיל אני תחנתי לפני כסא כבודך שתעלים ותכסה חטאי ועונותי ופשעי בעת ובעונה הזאת כדי שיתתקן על ידי איזה ניצוץ של קדושה אם יש בבהמה או חיה או עוף שאני שוחט כי בעל הרחמים אתה חפץ לזכות הנשמות ברוך המטהר והמתקן והמזכה נפשות עמו ישראל.

גם יכוון כל אדם כשאוכל איזה דבר לכוון בברכתו כך כדי שיתתקן על ידו איזה ניצוץ המגולגלים. וכתב החסיד הרב בעל לוחות הברית כתב הר"ח כל האוכל מדברים המותרים ואכילתו לשם שמם שורה רוח צד הקדושה שבה והיינו צדיק אוכל לשובע נפשו כי לפי פשוטו קשה מאי לשובע נפשו שהרי הנפש היא רוחניי' אבל הענין שבאכילה עצמה יש צד קדושה ומצד הקדושה ההיא הנפש שביעה ועל זה חקרי הפלסופים לידע סיבת הנפש בגוף איך מתחברים על ידי האכילה וכי הנפש והנשמה בת אכילת היא ולא עתה בידם לידע הסיבה. אמנם הרב האר"י זלה"ה פירוש הפסוק כי לא על הלחם לבדו יחיה האדם כי על כל מוצא פי ה' יחיה האדם כו' כי אין לך דבר שאין בו צד קדושה כשרז"ל אין לך עשב מלמטה 'שאין לו מזל מלמעלה המכה בו ואומר לו גדל הכונה בת ההשפעה מכאה מלמעלה כמ"ש נאם ה' אענה את השמים והם יענו את הארץ נמצא כל מאכל בעולם הוא מעורב מגוף ונפש המאכל הנגלה הוא הגוף וקדושת ההשפעה מלמעלה שמכה בו ואומר לו גדל זהו הנפש שלו וכשהאוכל אוכלו אז על ידי אכילה נשאר גוף ונפש מחברים כי הנפש

נהנה מהנפש של המאכל והגוף מהגוף וזש"ה כי לא על הלחם לבדו יחיה האדם דאם כן מה תועלת לנפש הזה אלא כי על כל מוצא פי' ה' ר"ל פי ה' היא השפעה מלמעלה לכן ראוי להחמיר האדם על עצמו באוכל עצמו שלא יהיה צד איסור. והנה החומרות מצד הדין הם אלו ראשית הוא דבר גדול מאד מחמת בדיקות הסכין של שחיטה אע"ג שרז"ל אמר רוב מצויין אצל שחיטה מומחין הם יש מקומות שיש רבים מן העם נמצאים אצל שחיט' בלתי מומחי' ועוד ראינו במקצת כי רבים מהמומחים רחקו לבם מיראת חטא ואשר איננו ירא לבו לא יבין לדקדק לבדיקת הסכין כי צריך לכוין את לבו במאד מאד בדיקתו הלא תראה כי יבדוק האדם פעמים שלש ולא ירגיש בפגימה דקה ואחר כן ימצאנו כי הכין לבו באחרונה ובבחינת חוש המשמוש כפי כונת הלב. (הג"ה) ועתה בעונתינו הרבים בדור הזה יש ויש הרבה מעמי הארצות שנותנין להם קבלה אע"פ שהם עמי הארצים גמורים וקלי הדעת שאין בהם יראת שמים כלל ויש שאין להם כלל נדן לסכין שלהם אלא מניחם כך אפילו לא במקום מוצנע והסכין צריך להיות חד וחלק וזה על פי הרוב אינו חלק אלא מגעתה כמגע ראש השיבולת ויש מדברי בשעת הבדיקה ובודאי בשעה שהם מדברים אין להם כוונה על הבדיקה אלא מעברין באצבע בהלכה והבאה במהירות בלי כוונה ויש שוחטים ובודקים שהמה קלי הדעת ופשעים וידוע שכל מי ששוחט בסכין פגומה שמיתתו יהיה במגפה כי פגימ' הם אותיו' מגיפה ואם אין מת עתה במגיפה מתגלגל נשמתו שימות במגיפה. וגם נשמתו יתגלגל בכלה כי כל המאכיל נבלות וטריפות לישראל הוא גוזל מה ששייך לכלבים ועליו נאמר לכלב תשליכון אותו על כן מי שנגע יראת אלהים בלבו אל יסמוך על השחיטה של אלו השוחטים עוד שנית בענין משמוש בסירכות למעך בה שנוהגים העולם ונתפשט הנגע בהרבה מדינות וקהילות ומעכים אפי' בנסרך שלא כסדרן שהוא טריפות הנזכר בתלמוד ובא"י ובכל תפוצות ישראל היושבים במלכות ישמעאל כלם מטריפין ואינן ממעכין כלל הסירכות וע"כ מי שיש בו יראת שמים לבלתי שומע אל המנהג הרע הזה שלא תאכלו בשר הנכשר מכח מיעוך במקום שהית' טריפה הסירכא מצד הדין ולא תקנו בשר מהטבח עד שדרשו אחר זה. הג"ה כתב רמ"א בש"ע בטי"ד סי' ל"ט סעיף י"ז וז"ל כבר נהגו בכל מדינות אלו למעך ומכל מקום צריך להיות הבודק ירא אלהים שיודע ליזהר למעך בנחת שלא ינתק בכח עכ"ל וכתב הט"ז ע"ז וראוי להזהיר השוחטים והבודקים שלא ימעכו כל כך בחזק' אלא לגלגל בין האצבעו' וקצת בדרך המיעוך וראיתי עוד לקצת בודקים אינן נזהרים למעך בנחת כי סומכים על נפיחת הריאה והם מאכילים טריפות דודאי בכל סירכה גמורה אין נפוח עכ"ל וכתב עוד בט"ז וז"ל דמה שאנו נוהגים לבדוק בנפיחה ושמים רוק או מים על מקום הסירכא וסומכין על זה להכשיר היינו על ידי נפיחה לפי שכבר עברה הסירכא על ידי משמוש כמו שכתוב בסעיף י"ג ממילא לא היתה כאן סירכא כלל בזה אנו מצריכין בדיקה לחומרא

דאם מבצבץ תהיה טריפה ואם לא תבצבץ כשר מצד הדין כיון שאין כאן סירכא ודלא כהרבה בודקים סומכים להתיר גם בספק איסור כיון שאינו מבצבץ ושמא אם היה מנפח כראוי היה מבצבץ והם מאכילים טריפות לישראל דאם כן למה לן למיעוך והמשמוש בסירכא יחתוך אותה בסכין ויראה אחר הבצבוץ אלא ודאי דלא מהני להקל דהבדיקה שלנו אינו אלא לחומרא וזה מבואר וברור עכ"ל.

על כן ראוי ונכון להודיע זה הדין על ברור לכל השוחטי' ובודקים להסביר להם ולהבינם היטב דמה שאנו נוהגים למעך ולמשמש דאנו אומרים דמה שהלך על ידי מיעוך ומשמוש בנחת לא הוי סירכא אלא רירין בעלמא אבל אם היינו יודעים בודאי דהוי סירכא לא מהני משמוש שכי אין סירכא בלא נקב וקרום שעלה מחמת מכה בריאה לא הוי סירכא אלא רירין בעלמא אבל אם היינו יודעים בודאי דהוי סירכא לא מהני משמוש כי אין סירכא בלא נקב וקרום שעלה מחמת מכה בריאה לא הוי קרום ואע"ג שהלך הסירכ' על ידי משמוש ואינו מבצבץ מכל מקום טריפה אלא שאנו אומרים שלא היה סירכא מעולם אלא רירין ומכל מקום צריחך בדיקה לחומרא כדלעיל על כן אותם שנוהגין למעך בכח ולסמוך על הבדיקה בודאי העושין כן מאכילים טריפות לישראל.

כל שוחט יזהר מאד אם שוחט או בפני הבית ברחוב העיר או בבית שיש תנוקות שמטונפים שיזהר לראות מקודם שלא יהא שם צואה עו טינוף ואם יש שם צואה ילך אל תוך הבית מקום נקי ויברך הברכה ואחר כך ישחוט בחוץ וצריך ליזהר בזה עד מאד עד כאן לשונו. בעל בפר שני לוחות הברית. זכרונו לברכה.

כלל העולה צריך השוחט להיות תם וישר ירא אלהים וסר מרע ורחמן מאד וכששוחט איזה בהמה חיה ועוף יאמ' בתחלת השחיטה התפלה של מעלה וכיון שעל הרוב מתגלגלים בהן נפשות לכן בעת ששוחט ידאג ויצטער על הצער שמרגיש הנפש המגולגל' אם יש שם ויראה בעצמו כאילו מה שעושה לשחוט הבהמה הוא לתועלת' להושיעה מצערה שיושבת בגוף בהמה ואע"פ שמצערה עם השחיטה כוונתו לטוב לה כרופא הזה שמצער חולה בהקזות והרקות וכוונתו לרפאו מחוליו ובהיות השוחט ירא אלהים לבו יטהו לכוון כל זה ולתקן הנפש המגולגת שם ויתפלל להקב"ה יהיה רצון שיאכל בשר זה בדבר מצוה ובברכה כדי שישתלם תיקון הנפש אם נתגלגל בתוכה. וכן תראה ביעקב אע"ה כששלח מנחה לעשו שהיה עובד ע"ז חשש על הבהמות שהיה מגולגל בהם איזה נפשות שלא לשולחם לו פן יקריבם לע"ז ונמצא נאבדים ומה עשה וילן שם בלילה הוא ויקח מן הבא בידו עזים מאתים וכו' כלומר הניח הבחירה ביד הבהמות שהבאות בידו מאליהם שלח לעשו וזהו מן הבא בידו משם דכל בהמה שיש בקרבה איזה נפש מגולגלת אם רוצים לשולחה לדבר הרשות מפצרת שלא לילך כי הנפש המגולגלת בקרבה מכריחם שלא תלך ולכן יעקב אע"ה לא הפציר ליקח בהמה בעל כרחה לשלוח משום חשש זו אלא ויקח מן הבא בידו מאליו עזים מאתים ותישים עשרים וכו' ופרש

הכתו' הטעם משום שהיה מנחה לעשו אחיו שהיה עובד ע"ז ובחיבור על הפרשיות אשר לי הארכתי בזה. ומטעם זה מכל לומר שזהו היה ענין השני שעירים של יום הכפורים שהיו על פי הגורל איזה להשם ואיזה לעזאזל וכו' דמה צורך היה מגורל יחלקו השנים כפי ראות עיני הכהן איזה לה' וכו' אלא שהיה חשש אם היה מגולגל בהם איזה נפש ואם ילך לעזאזל תאבד לכן צוה הקב"ה שיתחלקו בגורל ועל איזה מהם שיש בו נפש מגולגלת יעשה שיפול עליו הגורל לה' כדי שיתתקן ואין לומר אפשר שבשני השעירים יהיה נפש מגולגלת בכל אחד ואחד הולך לאיבוד דע שהקב"ה דחושב מחשבות לבלתי ידח ממנו נידח מגלגל שלא יעלה על ידם השני שעירים מהנפשות מגלגלי' או שניהם פנוים מנפש אדם בקרב' או אחד מעובר מנפש אדם והאחד לא. גם זהו הטעם פרו של אליהו שתקע רגליו בקרקע שלא לילך לע"ז שהיה נפש מגולגל בקרבו כנודע ולכן היה מכריחו הנפש שבקרבו מלילך פן יאבד עד שדבר לו אליהו באזנו שאדרבא מתקנת בזה משום שכשם שמתקדש שם שמים על ידי חברו כך על ידו כארז"ל דכך אמר ליה. וכפי זה מתיישב המאמר הנזכר דקשה איך יתכן שדבר אליהו באזן הפר ונתפייס וכי הפר בעל דברים דשומע ומבין אלא שדבר עם הנפש שמגולגלת בקרבה המכריחו שלא חסך וכיון שכן דבר עם נפש אדם דשומע ומבין. והנה כיון דמלבד מה שצריך לכוון השוחט כנזכר צריך גם כן האוכל בשר לכוון בברכתו לאכול לתקן איזה ניצוץ

שבה. ובא רמז אזהרה זו לשוחט ולאוכל הבשר בפרשת ראה דכתיב רק בכל אות נפשך תזבח ואכלת בשר וכתיב שם כי ירחיב ה' אלהיך את גבולך כאשר דבר לך ואמרת אכלה בשר כי תאוה נפשך לאכל בשר בכל אות נפשך תאכל בשר שהנה בפסוק ראשון הזכיר זביחה תזבח ואכלת בשר ובפסוק שני אינו מזכיר זביחה רק אכילה בלבד לרמוז לזובח שהוא השוחט בכל אות נפשך תזבח בכוונה לתקן איזה נפש אם נתגלגל בבהמה שזהו עצמו בכל אות נפשך שאם ח"ו התגלגל בבהמה על איזה עון שיהיה השוחט מוכן לתקנ' בשחיטתו ויכוון שאתה מתאוה שימצא לנפשך שוחט ראוי והגון לתקנה גם אתה עשה כך ובפסוק שני שלא הזכיר זביחה רומז על האוכל הבשר שיכוון בברכתו לתקן איזה ניצוץ אם יש בה ולזה אמר בכל אות נפשך תאכל בשר כשם שאתה מתאוה בנפשך שאם תתגלגל בבהמה שהאוכל מבשרה יכוין באכילת בשרה לתקן גם אתה עשה כך ע"ד ואהבת לרעך כמוך וזה יהיה טעם צווי הקרבנות כדי שיתתקנו כל נצוצות של המגוגלים בבהמות וזהו אדם כי יקריב מכם כלומר מכם ממש מקרבי' כנז"ל וזהו תקריבו את קרבנכם דהל"ל מן הבהמה מן הבקר ומן הצאן תקריבו ודי דאומרו את קרבנכם אך למותר אלא כיון לומר אלו שאתם מקריבים מן הבהמה זה קרבנכם ממש כלומר קרבו מכם מנפשותכם המגולגלות בהן ובמדרש תלפיות אשר לי כתבתי טעמים הרבה על ענין הקרבן. וזהו טעם הבעל תשובה שלא יאכל בשר עד תשלום

תשובתו לבד שבתות וימים טובים משום שכיון שהוא עדיין אינו מתוקן מעונות שבידו אין כח לתקן לאחרים אך בשבתות וימים טובים שמתלוה עמו קדושת הימים ובפרט בשבתות שנוסף לו קדושת נשמה יתירה יאכל בשר כי בכח התשובה יאכל לתקן. והו הרומז פסוק בפרשת ויקרא אם עולה קרבנו מן הבקר זכר תמים יקריבנו על פתח אהל מועד יקריב אותו לרצונו לפני ה' כלומר יקריב הקרבן לרצונו לפני ה' כשם שרצונו שאם יתגלגל בבהמה השוחט אותה יכוון לתקנה ולהקריב אותה לפני ה' כך הוא יקריב אותה בכוונה שאם יש איזה מגלגל בבהמה זו שיקריב לני ה' ורמז ג"כ בפרשת אמור באומרו וכי תזבחו זבח תודה לה' לרצונכם תזבחו הכוונה לרצונכם שימצא מתקן אם יתגלגל נפשותכם בבהמה ג"כ אתם תזבחו בזו הכוונה לתקן איזה נפש אם יש בבהמה שמביאים אתם לזבוח לפני. וצריך השוחט שיזהר במאד מאד שלא יניח הסכנים בלילה תחת מראשותיו פן הרגל לימודו ביום יבא לעשות בלילה לשוכבים אצלו ח"ו ושמעתי שאירע מעשה. גם צריך השוחט שיזהר אחר שמשלים לשחוט שיחליף מלבושו ולא יתפלל בהם גם שלא ימאס בעיני הבריות ובפרט בעיני אשתו ויקל בכבודו ומביאו זה לבעוט במצות ולבזותה בעיניו ח"ו שהרי הכהנים בשעת הקרבן מלבושיהם אדומים וקצרים כדי שלא יטנפו בדם בשעת שחיטה ואם יפול טפת דם בלבוש שלא יראה הכתם כיון שהם אדומים וזרועם מגולים כדי שלא יטנף הבגד בהכניס זרועו בתוך הבהמה וכ"ז לנוי המעשה וגם כדי שלא יראה המצוה בזויה גם אם יחשוב השוחט בשעה ששוחט שור וכשב או עז שאם נעשים בו כן על קידוש השם היה מקבל נחשב לו מחשבה למעשה דמחשבה טובה הקב"ה מצרפה למעשה וכמה מועיל מחשבה זו לתקון אם יש נצוץ של קדושה מגולגל באותה בהמה להעלותה מיד למדרגת אדם כמו שהיה מקום שנכנס כאן. גם כיון שהשוחט הוא ממזל מאדים יתן הודאה לקב"ה בכל יום שמתחיל לשחוט שנפל בחלק ישראל להציל מהיות שופך דמים כחיוב מזלו להרוג נפש וניצל בהיות שופך דם בהמה חיה ועוף ועושה מצוה וגם מקבל שכר ע"ז ויתנהג עצמו ברחמנות בכל דבר יותר מכל אדם כדי לגבור על מזלו המחייבו להיות אכזר ובהיות נוהג ברחמנות אין יכולי' לומר עליו טוב שבטבחים שותפו של עמלק כדפירשו חז"ל מה עמלק אכזר אף זה אכזר שהטוביות המורה באומנות הוא האכזריות ולכן כל כך שהוא טוב וזריז לשחוט מורה כאכזרי כעמלק אך כיון שמרגיל עצמו במדת הרחמנות גם כשישחוט יהיה כמרחם באופן שלא יהיה מקום לדמותו לעמלק. ואם נתנבלה איזה בהמה על ידו ידאג ויצטער מאד בינו לבין עצמו שמא איזה עון שבידו גרם לזה ואפשר שהיה בבהמה איזה נפש מגולגלת וקלקלה בידו וכמה צער מגיע לאותו נפש שהרגיש וסבל צער השחיטה בלי תקון ואדרבא איבוד לה וצער אין כמוהו לכן ראוי לו שיצטער הרבה כשיוצא תקלה מתחת ידו מהטעם האמור ויפשפש במעשיו ויתפלל לפני הקב"ה על צער הנפש ההיא אם היה בבהמה זו

שקלקלה גם יתפלל בלבו שלא תפול מבשרה ביד א"ה שיאכלו אותה אלא ביד ישראל דוקא כדי שאם יש בה ניצוץ קדושה שיתתקן על ידי הברכה באוכלם אותה דעיקר תיקונה עם הברכה שמברכים להקב"ה באוכלם אותה ובפרט אם האוכלים תלמידי חכמים ויראי שמים או בסעודת מצוה כסעודת ברית מילה וכדומה וכבר הזכרתי בפרקים דלעיל מעשה שהביא בעל ספר החרידים ז"ל צודק לענין זה תראהו משם ויראה השחוט בעיני שכלו איך מחויב בכל הכונות ותפלות אלו דאם לא כן נעשה שותפו של סמאל הרשע שהוא המוציא נפשות האדם והוא מוציא נפש של הבהמה וסמאל טוב ממנו משום דסמאל גורם לפעמים שבראות אדם שהגיע עת פקודתו מתודה להקב"ה אעפ"י שהוא מנגדו שלא יתודה מיהו אם לא שמע לעצתו קנה עולמו על ידו מה שאין כן השוחט שאם אינו ירא שמים ואין בו שום אחד מהתנאים הנזכר גורם בודאי באיבוד כמה נפשות מגולגלות בבהמה חיה ועוף ונחשב לו כאילו הורג נפש כנזכר לעיל מספר הקנה אך בהיות מכוון בכל הנזכר לא נקרא מוציא נפשות כי אם מתקן נפשות ומכניס' למקומ' וכמה מעלת השוחט שהוא ירא אלהים וסר מרע שמאכיל לישראל דבר טהרה המזכך הנשמה ומשמחה בשבתות וימים טובים באוכלם בשר כי אין שמחה אלא בבשר ויין כנודע וזכות הרבים לוי בו והדבר בהפכו ח"ו. הבט וראה כמה מהרעה גורם השוחט שאין יראת אלהים נגד עיניו ופגום באחד מחמשה דברים שהיה חלדה דרסה הגרמה עיקור. כתב בספר הקנה שהיה במספר קטן עולה סמאל והכונה הפוגם בשהיה גורם התגברות כח לסמאל חלדה במ"ק עם המלה עולה קטב מרירי שהפוגם בחלדה גורם שישלוט קטב מרירי בעולם דרסה במ"ק כזה דר"ס עולה י"ב וה' של דרסה מתחלף בצ' שהיא במ"ק ט' תן ט' על י"ב הם כ"א וארבע אותיות של דרסה עולה כ"א גימטריא עוזא שר מנגד על ישראל הפגום בדרסה נותן כח לשר זה הגרמה במספר שוה עם המלה גי' חמור קליפה קשה הפגום בהגרמ' משליטה בעולם עיקור עם המלה במספר קטן עולה עזאל והם חמש' מדרגות כחות הטומאה המנגדות לשכינה הפוגם בחמשה דברים נותן בהם כח ח"ו וגם שולטים על הנפשות המגולגלות בבהמה חיה ועוף ומאבדים אותה ובספר צפנת פענח מכתיב' יד כתב שהיה במ"ק עם ארבע אותיותיו עולה קצף דרסה במ"ק עולה י"ז ועם ארבע אותיות עולה כ"א כמספר חרון במ"ק עולה י"ז ועם ארבע אותיות עולה כ"א כמספר חרון במ"ק עיקור במ"ק עולה חמה הגרמה במספר קטן עולה אף כזה האל"ף מתחלה בתי"ו שתי"ו במספר קטן ד' והפ' מתחלף בו הרי עשרה ושני אותיות של אף עצמן עולה ט' תן ט' על יו"ד הרי י"ט הגרמה במספר קטן עולה י"ט חלדה במ"ק עולה משחית ראה החירוב היוצא מהפוגם בחמשה דברים אלו לעולם ולנפש המגולגלת בבהמה שהרי המשחית שמתחזק בפגם השהיה משהה ומעכב שבא לעולם והנפש שמגולגל' בבהמה המשחית של הפגום בחלדה מחליד הפשע הנפש' כהררי חשך ואפל' משחית שמתחזק מהפוג'

מהגרמת שהוא אף מכרי' השפע מן הקדש' לסטר' אוחרא המשחי' שמתחזק מהפוג' בעיקור שהוא חמה מעק' ותולש השפע משורשו שבקדושה וכן עושים בנפשות המגולגלות בבהמה כמדובר אם כן ראה גם ראה בנזק הגורם הפוגם בענין השחיטה וישמעו השוחטים והבודקים ויחרדו ויאחז להם אימה ופחד ויקנו ענו' ויראת ה' באופן שהחוטאים גורמים לתת כח לכחו' הטומא' המנגדות לשכינה וזהו דקאמר משה להקב"ה בפרש' שלח לך על פסוק מבלתי יכול' כו' אל הארץ אשר נטבע להם וישחט' במדב' ועתה יגדל נא כח ה' כאשר דברת לאמר ה' ארך אפים ורב חסד נשא עון ופשע וכו' סלח נא לעון העם הזה כגודל חסדך וכאשר נשאת לעם הזה ממצרים ועד הנה ונקדים לדקדק לבא לענין מהו דנקט לשון שחיט' וישחט' במדבר ולא קאמר וימיתם ועוד מאי מלת ועת' גם להבין אומרו כאשר דברת לאמר ורש"י ז"ל פירש שהדבור הוא שה' ארך אפים לצדיקים ולרשעים גם להבין אומרו ה' ארך אפים. אמנם בהיות שכשישראל חטאים מתגבר סמאל הרשע השוחט בסכין פגום כנודע והמתים על ידו נקראים נבלה כארז"ל בזוהר וכו' לזה אמר משה רבע"ה להקב"ה מוכרח למחול לשם משום שיאמרו יושב הארץ מבלתי יכולת ה' להביא את העם הזה על הארץ גבר סמאל וישחט' סמאל במדבר ובפרט היות המדבר מקום שליטת החצונים שימצאו מקום לסייע לדבורם מבלתי יכולת ה' ח"ו שהרי כשנכנסו במדבר גבר סמאל וישחטם כמנהגו ואומנותו לשחוט הבריות. ועתה יגדל נא כח ה' אין ועתה אלא תשובה כארז"ל כלומר על ידי תשובה שעשו ישראל שכבר נתחרטו ממה שעשו יגדל נא כח ה' ואל תשיבני ריקם רבון העולמים מהתעניות וסיגופים עשו לקבל משום שאתה דברת לאמר כלומר כבר דברת לי שהתשובה היא בדברים שנא' קחו עמכם דברים ושובו אל ה' כי הכל גלה הקב"ה למשה כנודע וזהו כאשר דברת לאמר ויכולים לומר שגם כוון לומר בזה כאשר דברת לי שהתשובה בדברים אף שעתיד נביא אחד לאמר אותה מ"מ גליתה לי ג"כ שהתשובה בדברים אלו שייכות לרשעים דלצדיקים מה צורך מה א"כ אם לא תכפר להם נמצא שעל מגן נקראת ארץ אפיים ורב חד וכו' לכן סלח נא לעון העם הזה כגדל חסדך ומה גם שכבר נשאת לעם הה ממצרים ועד הנה ואין אלא כי אם שנהגת עמהם במדותך אלו בחסד ובאריכות אפים וכו' ואם כן גם עתה נהוג עמהם כן ואל תמית אותם על חטא' פן יאמרו מבלתי יכולת ה' ח"ו וגבר כח סמאל וישחטם כדפרשי' והקב"ה יזכה אותנו לעובדו ולדובקה בו ולהצילנו ממיתת סמאל השוחט בסכין פגום ולהאריך ימינו בטוב ושנותינו בנעמים כדי לקיים כל מצות שבתורה אנס"ו.

פרק לז

יתרחק המחלוקת ויתקרב השלום לפי שהשלו' מהמדות השורשיות להשגת כל השלמיות כי היא יסוד ועיקר הכל לקיום כל הבריאה עד שבא מלת שלו' במספר אותיות ארבע בשם ארבע

אותיות שהוא שורש כל השמות הקדושים לרמוז דכשם דשם הוי"ה ממנו היו כל ההוי"ות כך השלום ממנו נמשכי' כל השלמיות וכל הקיומים ולכן שמו של הקב"ה שלום ולא מצא הקדוש ברוך הוא כי מחזיק טובה לישראל אלא השלום לפי שהשלום כולל כל הטובות בעולם.

ראה גדולת השלום באותיות שנתנו לו ארבע אותיות והן שי"ן למ"ד וי"ו מ"ם סתומה והכל מורים לסודות עליונים ואני אפשר שמץ מנהו כי כונתי להודיע לבני ישראל מעלת השלום השין מרובה בראשי' יותר מכל כ"ב אותיות שבכל אות יש לה ראש אחד או שנים ובשין תלת ראשין המורי' למקומות עליונים כנודע ליודעי חן.

גם ניתן לו אות למד מגדל הפורח באויר מרים ראש למעלה מכל האותיות והיא דמות הרמת דגל לרמוז שהשלום מגדל ועוז והמחזיק בו מרים דגל ושולט על הכל.

גם נתן לו אות וי"ו והיא נכלל בשמו של הוי"ה והיא עץ החיים לומר המחזיק בשלום חיים יוסיפו לו מעביר עון וכסה פשעיו של אדם ומניחן לאורך ימים כמאמר רבותינו ז"ל על פסוק חבור עצבים אפרים הנח לו אפילו ישראל עובדים ע"ז ח"ו כביכול אינו יכול עמהם אם הם בשלום אבל חלק לבם עתה יאשמו הרי שהשלום מניחם בחיי' גם ניתן בו אות מם סתומה שלמרב' המשרה לומר שהמשרה והגדולה והמעלה ניתן לאוהב שלום ראה גם ראה מעלת השלום שאפילו עשו הרשע שכתוב בו ואת עשו שנאתי רמז שלום בשמו כי עשו במספר שלום לרמוז על מעלת השלום שאפי' למי ששונא השם חזן שיעשה עמו שלום. וזהו כוונת מאמר רז"ל אין שלום אמר ה' לרשעים מכאן שהקב"ה אוהב את הרשעי' ע"כ כפי דרכינו דשלום עולה מספר עשו לרמוז על מה דפרישית נמצא דבאומרו אין שלום אמר ה' לרשעים מכאן משלום הנזכר דוק בו ותשכח שהקב"ה אוהב את הרשעים מדרמז שלום בשם עשו הרשע לומר שאם יעשה שלום עמו יאהבנו הפך מ"ש ואת עשו שנאתי וא"כ אל יתיאשו הרשעים מן הרחמים אף על פי שכתוב אין שלום אמר ה' לרשעים עי"ל שרמז שלום בשמו של עשו אולי עם זה יוכלו ישראל לעמוד בצלו שלא ישלטו עליהם לכלותם עי"ל לרמוז שעל ידו באים ישראל לעשות שלום עם בוראם משום כשאין הקול קול יעקב ידי עשו שולטים ובזה עושים תשוב העי"ל לרמוז שאין האור ניכר אלא מתוך החשך אין מעלת השלום שהם ישראל ניכר בעולם אלא ע"י מעשיו המכוערים של עשו א"נ בא לרמוז שאם אין יצר הרע אין שכר ועונש לכן בשורש טומאה שהוא עשו דשרו סמאל הרשע המנגד לעובדי השם רמז שלום א"נ בא להודיעך דמלכותו יתברך בכל משלה והוא הנותן חיות לחצוניי' בסוד ואתה מחיה את כלם ובהפסיק השפע מהם כלם כלים ונאבדים כרגע דאין בהם שום כח כי הבל המה לכן שלום שהוא שמו של הקב"ה רמזו בעשו ראש הקליפה אי נמי שם עשו דרשו רז"ל שאמר הקב"ה הוא שוא שבראי בעולמי לכן רמז שלום בשם עשו להעיד עליו שאע"פ שאין קיום בעולם בלחי השלום עכ"ז בפני עשו היה השלום

שוא לכן רמז שלום בשם עשו שדרש שמו הא שוא כמדובר א"נ לרמוז שאין דבר של טומאה בעולם שאין בו ניצוץ של קדושה להחיותו וגם בדבר של קדושה צריך צד יצה"ר כגון בענין תשמיש המטה שצריך לעורר התאוה באופן דזה בלא זה א"א לכן רמז שלום שהו' מצד יצה"ט בשם עשו שהוא יצה"ר א"נ רמז שלום בשמו לרמוז על הצדיקים שהיו עתידין ממנו כמו אנטינינוס ור' מאיר וכדומ'.

ראה מעלת השלום יש באותיות שלום מלת שלו מלשון שול תשלו לה מן הצבתים לרמוז שהשלום מכסה על כל טעות ושגגה גם שלום אותיות מושל לומר שכל הרודף שלום הוא המושל על כל והם אותיות משלו לומר הבט לשעבר וראה בעיניך שהרודפים אחר השלום משלו בעולם כמשה ואהרן קרח ועדתו שנתרחקו ממנו והחזיקו במחלוקת נאבדו מן העולם גם בשלום יש אותיות משל לרמוז שכדי שיחזיק האדם במד' השלום יעשה כל דברים שבעולם שהם משול ובזה לא יקפיד על שום דבר שבעולם כיון שמהביל הדברי' גם אותיות שלום לשום לומר לאדם שאינו מספיק להיות לו שלו' עם כל אדם אלא יהיה עומד בפרץ לשום שלום בין אדם לחבירו בין איש לאשתו גם מה שרמז אותיות שלו בשלום כמדובר שהוא לשון של תשלו וכו' לומר שפעמים ישנה אדם מלדבר אמת כדי לשים שלום כארז"ל משנין מפני השלום. ראה כח השלום אפי' הרשעי' צריכים לו שאם אין שלום בין הגנבים לא יצליחו וכן בין הרצחנים שאם אחר יחלוק וילשין עליהם אין יכולים להוציא כוונתם לפועל וכן בכל חוברי חבר לעשות איזה דבר.

ראה במעלות השלום במדרש פ' נשא דף רמ"ה וישם לך שלום זה מלכות בית דוד שנקרא שלום שנאמר למרבה המשרה ולשלום אין קץ התורה נקרא שלום ה' עוז לעמו יתן ה' יברך את עמו בשלום גדול השלום שהקב"ה שינה בדבר מפני השלום גדול השלום ששינה המלאך שדבר עם מנוח מפני השלום שלאשה אמר הנה את עקרה ולא ילדת ולא ספר דבר למנוח גדול השלום שהשם שנכתב בקדושה אמר הקב"ה ימחה על המים כדי להטיל שלום בין איש לאשתו רבי אליעזר אומר גדול השלום שלא נטעו הנביאים בפי כל הבריות אלא שלום רבי שמעון בן חלפתא אומר גדול השלום שאין כלי מקבל ברכה אלא שלום שנאמר ה' יברך את עמו בשלום ברכת כהנים מסיים בשלום לומר שאין הברכות מועילות כלום אלא אם כן שלום עמהם רבי אלעזר הקפר אומר גדול שלום שאין חותם כל תפלה אלא שלום גדול שלום שניתן לענוים שנאמר וענוים ירשו ארץ ויתענגו ברוב שלום גדול שלום שהוא שקול כנגד הכל אנו אומרים עושה שלום ובורא את הכל רבי אלעזר בנו של רבי אלעזר הקפר אומר שאפילו ישראל עובדים ע"ז ושלום ביניהם כביכול אמר הקב"ה אין השטן נוגע ביניהם שנאמר חבור עצבים אפרים הנח לו גדול שלום שאפילו המתים צריכין שלום שנאמר ואתה תבא אל אבותיך בשלום ואומר בשלום תמות גדול השלום שניתן לעושה תשובה שנאמר בורא ניב שפתים שלום שלום ר' מאיר אומר

גדול השלום שלא ברא הקדוש ב"ה
מדה יפה מן השלום שניתנה לצדיקים
בשעה שנפטר מן העולם שלשה כתות
של מלאכים מקדימין לו אחת אומרת
יבא שלום וכו' גדול השלום שמנעו מן
הרשעים כשמת הרשע ג' כתות יוצאים
הראשונה אומרת אין שלום וכולי גדול
השלום שניתן לאוהבי תורה שנאמר
שלום רב לאוהבי תורתך גדול השלום
שניתן ללומדי תורה שנאמר וכל בניך
למודי ה' ורב שלום בניך גדול השלום
שניתן לעושה צדקה שנאמר והיה
מעשה הצדקה שלום גדול השלום
ששמו של הקב"ה קרוי שלום שנא'
ויקרא לו ה' שלום גדול השלום
ששרים עליונים צריכין שלום שנאמר
עושה שלום במרומיו הקב"ה כשהולך
לשלום יוצא באוכלסין הפך מלך בשר
ודם וכשהוא הולך למלחמה אינו הולך
אלא יחיד שנאמר ה' איש מלחמה.
חביב הוא השלום שכל מעשים וזכיות
שעשה אברהם אבינו ע"ה לא נתן
שכרו אלא שלום שנאמר ואתה תבא
אל אבותיך בשלום וכן את מוצא
ביעקב אבינו שביקש מן המקום שלום
שנאמר ושבתי בשלום וכן אתה מוצא
באהרן שלא נשתבח לפני המקום אלא
בשלום שנאמר בריתי היתה אתו
החיים והשלום וכן את מוצא בפנחס
שניתן שכרו שלום שנאמר הנני נותן
לו את בריתי שלום ולא נמשלה התורה
אלא בשלום שנא' וכל נתיבותיה שלום
ואין הקב"ה מנחם את ירושלים אלא
בשלום שנאמר וישב עמי בנוה שלום
וכן לא פרע מעמון ומואב אלא שמנע
מהם שלום שנאמר לא תדרוש שלומם
וכן ישראל מתברכים בכל יום בשלום
שנאמר וישם לך שלום ע"כ. ובמדרש

ריש פרשת פנחס גדול השלום וכו' אם
בא אדם מן הדרך שואים אותו שלום
וכן שחרית שואלין אותו שלום ובאמש
כך שואלין בשלום שמע ישראל
חותמין פורס סוכת שלום על עמו
התפלה חותמין בשלום וכו'. עוד
דברים מפוזרים ברז"ל בענין השלום
בכל מקום שהשלום מצוי שם יראת
שמים מצויה גם השבטים שינו מפני
השלום אביך צוה לפני מותו ולא מצינו
שצוה אלא שינו מפני השלום גם
שואלים בשלום כל אדם מפני דרכי
שלום אמרו רז"ל הוי מקדי' בשלו' כל
אדם גם מצינו בדוד שהיה רודף אחר
השלו' עם שאול שנאמ' אני שלו' וכי
אדבר המה למלחמה כתיב בקש שלום
ורודפהו בקש אותו עם אוהבך ורדפהו
עם שונאיך בקש שלו' במקומך ורדפהו
במקומות אחרים בקשהו היום
ורודפהו למחר (בקשהו ביום ורודפהו
בלילה בקשהו בעשירות' ורודפו
בעניות' בקשהו בשמחתך ורודפהו
בעציבות' בקשהו בהיותך עסוק
ורודפהו בהיותך פנוי בקשהו
בבחירותך ורודפהו בזקנותך בקשהו
בבריאותך ורודפהו בחוליך בקשהו
עם אוהבך ורודפהו עם שונאך בקשהו
בישוב ורודפהו בדרך ובמדבר ובים
בקשהו בחול ורודפהו בבת וי"ט
בקשהו בכל שעה ורודפהו בכל רגע
בקשהו בעשירים ורודפהו בעניי'
בקשהו בקרובים ורודפהו ברחוקים)
ואיזהו רדיפת שלום אמרו רז"ל זה
המדבר שלום בשעת המחלוקת ומבטל
כבודו מפני רבים כדרך שעה משה
רבינו ע"ה ויקם משה וילך אל דתן
ואבירם כו' והמבטל עסקיו ומטיל
שלום בין איש לאשתו ובין אדם

לחבירו ובין רב לתלמידו. עוד אמרו על ענין השלום קידוש היום ונר ביתו נר ביתו עדיף משום שלום הבית עוד אמרו דברים מפני דרכי שלום כהן קורא ראשון ואח"כ לוי וכן מערבין בבית ישן מפני דרכי שלום ועוד אמר באגדה ט"ו שמות חיבבן הקב"ה ואלו הם כהנים לוים וישראלים סנהדרין והבכורות ותרומה המשכן והקרבנות ושמן המשחה ארץ ישראל ירושלים בית המקדש מלכות בית דוד כסף וזהב כהנים וכהנו לי הלוים ולקחת את הלוים לי וכו' ומכלם לא כפל אלא השלום שנאמר או יחזק במעוזי יעשה שלום שלום יעשה לי גדול כח השלום אפילו עליונים צריכים לו שנאמר המשל ופחד עמו עושה שלום במרומיו גם אמרו הרקיע מים שנאמר המקרה במים עליותיו והכוכבים של אש שנאמר הללוהו כל כוכבי אור והן מרתחין את הרקיע ואין מכבין אותם ועוד אמרו גבריאל כלו אש מיכאל כלו שלג ועומדים זה אצל זה ואין מזיקים זה לזה עוד אמרו אין א' מהמזלות עולה לפניו אלא לאחריו כזה שעולה הסולם לאחריו שיהא כל מזל ומזל אומר אני עולה ראשון ומתוך כך אין אחד מתקנא על חבירו ויש ביניהם שלום וכן צוה הקב"ה על קרבן שלמים כדי שיתנו שלום בין ישראל לאביהם שבשמי'. ראה עד היכן הגיע מעלת השלום מעובדא דרבי מאיר שעה שירקדו (נ"ל דגרסינן שירוקו בפניו וכן הוא בויקרא רבה פ' ט' שר"מ נתן רשות לאשה אחת לרוק ז' פעמים בפניו כדי לעשות שלום בין איש לאשתו עיין שם) בפניו כדי לשים שלום בין איש לאשתו וכמו שארז"ל ואפשר שהולידו בן או בת עם אותו שלום ונתפשט מהם זרע רב וכמה זרעא מעליא והשלום גרם ראה בעיניך איך השלום קיום כל הבריאה הנה כל יחוד הוא שלום וכל פירוד הוא מחלוקת וכיון שכן קיר אבנים גדולות בעומדת ביחוד מתקיים הבנין ויש עוד שבונין בתים לישוב העולם ומגדלים והיכלות למושב המלכים ואם דרך משל אבן מקיר יצעק לבקש הפירוד באומרו למה אני תחת חברי ולא עליו יהרסה בנין ויפול ויתבטל הישוב ואם האילן שטמון בארץ שורשו יפריד היחוד מהארץ להתגבר עליה להראות שרשיו עליה ולא תחתיה בל יעשה פרי וכן כל צמח האדמה ונמצא מתבטל כל מזון העולם ואם אברי האדם העומדים ביחוד זה תחת זה אם יבקשו לבקש פירוד להתגבר זה על זה לא יחיה גבר אלא ימות מיד ויתבטל מין האדם מן העולם ואם אשה אשר היא תחת בעלה תפריד היחוד והשלום להתגבר עליו וכי יש עוד קיום ביניהם הלא חרוב יחרב הבית ואם המים אשר מתחת לארץ ירצו להתגבר ולעלות עליה וכי לא ישטוף העולם וכן כל הדברים ונמצא שביטול השלום מסבת בקשת הפירוד גורם חירוב לכל הבריאה. ראה מעלת השלום שנכלל בו כל המדות הטובות שהרי האוהב שלום מעביר על מדותיו ואינו מקפיד עם שום אדם אפי' הרע לו מאד כדי שלא לבא לידי מחלוקת וידוע שהמעביר על מדותיו מעבירין לו על פשעיו ונמצא תמיד חביב בעיני המקום כיון שאין בו עון שכבר העבירו אותם מעליו והשלום גורם. גם הקנאה מדה פחותה היא באה מגריעות הנפש שאם הוא

מקנא ביופיו של אדם או בגבורתו או בעשרו אינו חפץ במה שגזר עליו הקב"ה והמקנא חומס נפשו כי הוא מתאבל תמיד ושכלו מתחסר מרוב קנאה הטמונה בו ואין לבו פנוי ללמוד ולהתפלל בכוונה ולעשות מעשים טובים ולכן חכמי ישראל היו מתפללים לא תהיה קנאתנו על שום אדם ולא קנאת אחרים עלינו עיין בר"ח באורך בגנות הקנאה ומי שהוא אוהב שלום מבטל ממנו הקנאה והתאוה והכבוד דכיון שבכל אות נפשו אוהב שלום אינו מקנא ואינו מתאוה דבר שאינו שלו ואינו רודף אחר הכבוד שהם דברים מבטלים השלום ומביאים המחלוקת לכן מי שאוהב שלום מתרחק משלש אלה כבורח מן הארי ומן הנחש וכן מתרחק מכל מדות המגונות הגורמים הרחקת השלום ומשתרש בכל מדה טובה ונאה כי היא סבה לקרב השלום עם כל אדם ומה גם שהלשון הרע והכעס שהם שני זנבות האודים שורש לכל עבירות הנודע מרז"ל מרוחק מהם כמסוף העול' ועד סוף כי לשון הרע הורג את הנפש והכעס כאלו עובד ע"ז וגורם חירוף וגידוף לכל אדם ואם אדם אוהב שלום איך ידבר לשון הרע ויכאום על שום אדם שהוא דבר הפך השלום וסימן לאוהב שלום מדבר בשבח כל אדם ודן לכל אדם לכף זכות ומעביר על מדותיו ופניו צוחקות תמיד ומשמח בחלקו כדי שלא להתקוטט עם שום אדם להרבות הון לו. וכיון שמשתרש האדם בשלום עם כל אדם זהו מביאו להיות בשלום עם קונו שלא לחטוא לפניו להכעיסו כי השלום יטהו לדרך זה באומרו מה ראיתה לבקש שלום האדם ולא שלום מי שברא אותך ובזה מבקש מחילה על מה שעבר ואינו חוט' עוד לעתיד ובפרט בראות בעיני שכלו שאם אינו בשלום עם הקדוש ברוך הוא אין לו שלום עם נפש שלו כי הנפש החוטאת היא תמות ונמצא דכיון שאינו בשלום עם הקדוש ברוך הוא וחוטא לו חולק עם נפשו באופן שהשלום מביאו להשלים נפשו כי הוא שורש להסתעף עמו כל חמדת המדות הטובות דוק ותשכח כלל וכלל ופרט בכל מדה טובה ותמצא אותם בשלום. ותראה אותיות שלום הוא שילום כלומ' שילום מעשים יש להקדוש ברוך הוא לשלם לאדם מסבת השלום כי בעבור השלום עושה האדם מעשים טובים כמדובר ועל הקדוש ברוך הוא לשלם והוא רמז נכון.

ראה מעלת השלום שכל המלאכות הנעשין תחת השמים לקיום האדם והעולם הם על ידיהיחוד שהוא השלום כיצד כל מאכל וכל מלאכה נעשה על ידי להתחבר השתי ידים זה לזה ובזה נעשית כל דבר שאם לא יהיו הידים בשלום ויפול בהם המחלוקת לבל יתקרב זו לזו אלא יהיו נפרדות לעולם יפול הכליון באדם ובעולם כי איך יתקן כל מלאכה מאכילה ובנין וכל מלאכות אחרות הרי כי כל הקיום תלוי על השלום ובין בין שהרגים הם הפך הידים שהמלאכה שלהן הוא על ידי פירוד לפי שאין אדם הולך אלא אם כן יפריד רגליו זו מזו שאם יחברם יחד לא יוכל להלוך כתיב בהן רגליה יורדות מות הזכיר מות בהן כיון שנופל הפירוד בהן למלאכתן לרמוז לאדם שהשלם חיים והפירוד מות והוא רמז נכון להוכיח שהפירוד והמחלוקת הוא

מות וממילא שהשלום הוא חיים. ראה גדולה מזו שאדם מיוסד מארבע יסודות אש ומים ורוח ועפר ואם הם בשלום יחד כשבת אחי' גם יחד יחייה האדם אך אם יחלוק יסוד אחד להתגבר על חבירו יבא רע לאדם שאם יתגבר יסוד האש יתגבר באדם החום טבעי והיא הקדחת המכלה את הגוף ואם יתגבר יסוד העפר יטמטם וכן כל יסוד בהתגברותו בגוף באדם עושה רושם בגוף לרעה לא כן בהיותם שוין בשלום ואם הם מתפרדים זה מזה מיד ימות האדם הרי משל נאה נראית לעין שהפירוד מות והשלום חיים. ראה ישראל כשהיו בשלום עם בורא' היו נטועים על אדמתם שקטים ושאננים אין שטן ואין פגע רע ונפל המחלוקת על ידי העבירות גלו מארצם אשר לחרב לחרב ואשר לרעב לרעב ואשר למות למות הרי השלום חיים והמחלוקת מות. ראה קרח ועדתו כשהיו בשלום עם משה רבע"ה היו חיים רצו לחלו' גרמו להם המות ותדע כמה קשה המחלוקת לפני הקב"ה דבמעשה העגל שהיו בשלום לא נפסק המן עד שהקריבו ממנה לפני העגל ובמחלקתו של קרח לא ירד באותו יום כארז"ל ראה כמה אהוב השלום לפני הקב"ה וכמה שנאוי המחלוקת. גם ארז"ל בששת ימי בראשית נאמר בהם כי טוב לבד ביום שנתפלגו המים שלא נאמר כי טוב לפי שכל דבר מחלוקת שנאוי לפני המקום. ראה שמחלוקת מטריח גופו של אדם מכאיבו מצערו וכיון שכועס נכבדים עליו אבריו ועז פניו ישונה וחולאי' באי' עליו כנודע דלמפורסמות אינן צריכות ראיה אם העומד בשלום דבורו בנחת מעשיו בהשקט שמח וטוב לב פניו מאירות קל המרוצה ישן בבטחה חייו חיים ערבים ומתוקים עובד לבוראו דאין לו מניעה מלעובדו. ראה אותיות שלום הם ארבע לומר שגורם השלום קיום בדעתו של אדם להשכיל במושכלות בשם הוי"ה שהם ארבע אותיות שבהן נברא כל הנבראים והשלום ג"כ קיום ד' פינות העול' וקיום ארבע היסודות אש ומים ורוח ועפר שלא יפול בהם הפירוד כנזכר וגורם שלא נאמר עליו ועל ארבע לא אשיבנו כי מי שהוא מודבק בשלום שהן ארבע אותיות מעביר על מדותיו מפני השלום וכל המעביר על מדותיו מעבירין לו על כל פשעיו ונמצא שלעולם אין בידו עון כדי לבא לכלל ועל ארבעה לא אשיבנו תדע מעלת השלום שהרי היהלום היא אבן יקרה חשובה מכל אבנים טובות ומרגליות כנודע ואין ברזל ולא שום דבר שולט בו לשוברו כי אם מיניה וביה ביהלום אחר מתקנין אותו ולהעיד על מעלתו יש בשמו שלש אותיות של שלום שם לום ואם היו בשמו כל אותיות של שלום היה מתעלה בכפלי כפלים אעפ"י שהיהלום מורה בשמו מלכות שיש בו אותיות הלום ואין הלום אלא מלכות כארז"ל עכ"ז לא נתעלה ביותר מציאותו ובגודל סגולתו כי אם בהיות בו אותיות של שלום והו' רמז נכון על מעלת השלום ואין דבר יכול לשוברו כענין השלום שבכל מקום שיש שלום אין שבירה ואין שום רע יכול לשלוט. גם שלום בר"ת שלם למקום ומנוקה ממום כי האוהב שלו' הוא עם בוראו משום שמקיים כל התורה כולה שתלויה על ואהבת לרעך כמוך

כארז"ל לפי שהאוהב שלום אוהב לחבירו כמהו שנמצא שהוא שלם עם בוראו וגם מנוקה מכל מום ואעפ"י שיהיה בעל מום חביב הוא בעיני כלום אין מי שיזכר מומו כאילו אינו גם ר"ת של שלום שונא לחולקים ומנוקה מחטא גם שלום בר"ת שמירה לעולם ומרפה מכותיו שהשלו' קיים העול' ושמירתו ומרפה מכותיו גם שלום ר"ל שלוה לחיים ומנוחת מתים שהחיים יושבים בהשקט ושלוה על ידי השלום וגם עמו נותנין מנוחה למתי' שיוצאים לקראתו כת של מלאכים במאמר יבא שלום כנודע מרז"ל גם ר"ת שומר לחיי' ומחייה מתים שהשלום שומר את החיים מכל נזק ובתחית המתים כדי שיקומו משים הקב"ה שלם בארבע יסודות שבאדם מחייה אותם גם ר"ת שלום לשמים וחביב מהבריות שמי שהוא אוהב שלום טוב לשמים וטוב לבריות. בא וראה מעלת גדולת השלום שבגאולה אשר אנו מקוים המעל' שישיגו החיי' הי' השלום שיתרב' בין החיות המזיקות ובין האדם והחיות ובהמות שאינן מזיקות כדכתיב בישעיה סי' י"א וגר זאב עם כבש ונמר עם גדי ירבץ ועגל וכפיר ומריא יחדיו ונער קטן נהג בם ופרה ודוב תרעינה יחדו ירבצו ילדיהם ואריה כבק' יאכל תבן ושעשע יונק על חור פתן ועל מאורת צפעוני גמול ידו הדה לא ירעו ולא ישחיתו בכל הר קדשי כי מלאה הארץ דעה את ה' כמים לים מכסים וכיון שבא לידן יש לדקדק מה שייכות יש עם האמור אומרו כי מלאה הארץ דעה את ה' וכו' אלא בהיות אמת שכל מזיק בין מבעלי חיים המדברים בין מבעלי חיים בלתי מדברים הוא מחוסר דעת שאין הדעת סובל להזיק דבר שברא הקב"ה דאב א' לכלם אך לעתיד יתרבה הדעת בכל הבריא' ויבינו מעצמם כי הוא מהדופי והזרות להזיק וזהו לא ירעו ולא ישחיתו בכל הר קדשי ולמה משום שמלאה הארץ דעה וכו' והדעת יכריח' שלא להזיק שעד עתה בהיות העול' מקולקל בעון אדה"ר צנורי הדעת סתומים והבריו' מחוסרי דעת אמנם לעתיד שיתקן מה שחטא יזדכך האויר כל הבריות יקנו חכמה ודעת ויראו שאין ראוי להזיק כי אם שיתרבה השלום בעולם כלו ומה שאמר בכל הר קדשי לתלות הכבוד לירושלים וכן בכל העולם ומה גם שאז יתקדש כל העולם ויקרא הר הקדש שאז הקב"ה מעביר כלולים מן הארץ כל העולם מתקדש. והראב"ע ז"ל פירש בענין לא ירעו ולא ישחיתו קרוב לה שפירשתי וז"ל לא ירעו ולא ישחיתו הפתן והצפעוני כאילו כל ארץ ישראל לאה דעת ה' כי ידוע הוא כי ידוע השם לא ישחית לעולם רק יבנה ויתכן ע"כ הכלל העולה לענייננו דלעתי' המעלה היא שיתרבה השלום ודברי המתרגם על פסוק וגר זאב עם כבש כו' ביומוהי דמשיחא דישראל יסגי שלמא בארעא וידור דיבא עם אמרא וכו' וכן תראה דכתיב שלום רב דכל מי שיש בו דעת הדעת מכריחו לאהוב שלום כדפי' ואומרו שלום רב ר"ל מלבד דשומעי' חרפתם ואינן משיבים בעבור אהבת השלום אלא שמבקשים שלום עם אותם שחרפו אותם ולדרוש בשלומם ולבקש הנאתם כאלו היו אוהבים מעולם וזהו שלום רב והוא בעבור שהם אוהבי תורתך שכתוב בה דרכיה דרכי נועם וכל

נתיבותיה שלום כלומר בכ נתיבה ואופן שיהיה צריך לאהוב השלו' וכתיב והאמת והשלום אהבו הלא תראה הנשמה אצולה מתחת כסא כבוד והיא צד אלהיות כארז"ל מה הקב"ה רואה ואינה נראה כך הנשמ' רואה ואינו נראה מה קב"ה מלא כל העולם כך הנשמה מלא כל הגוף ועכ"ז שוכנ' עם הגוף הנגוף ומתאוה ישיבתה עמו בגזרת הבורא שישכון בתוכו לאהבת השלום ק"ו בן בנו של קו אדם גדול שירדוף אחר השלום להתדבק עם פחות ממנו ולדרוש בשלומו מפני אהבת השלום גדולה מזו כביכול הקב"ה משרה שכינתו בתחתונים חומר עכור ומשם ילמוד אדם להשפיל עצמו מפני השלום וכמה מחכמי התלמוד שהיו שולחים להם שלמא מרקיע' מהם בכל ע"ש לע"ש ומהם בכל יום כארז"ל ואע"פ שיצדק האדם בכל המצו' אם צדקת מה תתן לו ועם כ"ז גדול השלום שהגדול שולח שלום לקטן כ"ש וק"ו אדם למין האדם כמותו ואעפ"י שיהיה קטן ממנו כלל העולה שאין דבר שיעמוד לעכב בשלום. ובמדר' סוף פ' שופטים א"ת קב"ה למשה שילחם עם סיחון שנא' ויתגר בו מלחמה והוא לא עשה כן אלא ואשלח מלאכים וכו' א"ל הקב"ה כך אמרתי להלחם עמו ואתה פתחת בשלום חייך שאני מקיים גזרתך כל מלחמה שיהיו הולכים לא יהיו פותחין אלא בשלום שנא' כי תקרב אל עיר וכו' ומי קיים הפרשה זאת יהושע בן נון כשבא ליכנס לארץ שלח ג' גזרות מי שמבקש ילך לו מי שמבקש לעשות שלום יעשה כל מי שמבקש לעשות מלחמה יעשה וכו' עוד שם הנני נוטה אליה כנהר שלום אמר דוד מבקש הייתי לשמוע מהו שיחתו של הקב"ה על ישראל ושמעתי שהיה עסוק בשלומם שנאמר אשמעה מה ידבר ה' כי ידבר שלום אל עמו ואל חסידיו ושאר עניני השלום הנז' שם הרי הם נזכרי' לעי' עוד לרז"ל גדול שלום שלא התחיל קב"ה לבראת דבר בעולמו אלא בדבר שהוא שלום ואיזה זה האור שנ' ויאמר אלהים יהי אור ומנין שהוא שלום שנאמר יוצר אור ובורא חשך עושה שלום עוד אמו גדול השלום מן הברכה ומן השמירה שהרי בברכת כהנים אחר שאמר יברכך וישמרך אמר וישם לך שלום עוד אמרו גדול שלום שהוא קודם לשבחו של הקב"ה שכן מצינו כשב' יתרו אצל משה רבע"ה לא פתח לו ביצאת מצרים ולא בקריעת ים סוף ולא בעשרת הדברות אלא בשלום שנא' וישאלו איש לרעהו לשלום עוד אמרו גדול השלום שבו נתבשר דוד שנא' ורוח לבשה את עמשאי ראש השלישי' עוד אמרו גדול השלום שאפילו עשה כמה מצות ולא עשה שלו' אין בידו כלום שכן מצינו ביהושע עקר ע"ז מישראל ולפי שלא עלה בידו שלום כאלו לא עשה כלום עוד אמרו ראה כמה כח השלום כשפרע הקב"ה לעמון ומואב מנע מהם השלו' שנ' לא תדרוש שלומם וחייבים אנו לדרוש את שלום ירושלם בית קדשנו ותפארתנו שנ' ודרשו את שלם העיר וכשיבא מלך המשיח יהיה בשלום שנאמר כי בשמח' תצאו ובשלום תובלון וכתב ושמתי פקודת' שלום וברכת הארץ בשלום שנ' כי זרע השלום הגפן תתן פריה והארץ תתן יבולה א"י מתרוממ'

בשלום שנ' השם גבולך שלום ובזכו' שלום הקב"ה מכין כסאו של דוד שנ' יפרח בימיו צדיק ורב שלום וכן בשלום מכין כסאו וכסא זרעו אחריו עוד אמרו על ענין השלום כתיב באהרן ויבכו את אהרן שלשי' יום כל בית ישראל אפי' נשים אפי' קטנים כו' תנא פ' אלף בחורים קרואים בשם אהרן יצאו אחר מטתו מאן דהוה בעי לגרשה והדר ואיעברה עבור אהרן שהי' משים שלום ביניהם עוד אמרו כל הרגיל לתת שלום לחבירו ויום א' לא נתן עובר משום בקש שלום כו' ואם נתן לו שלום ולא החזיר לו שלום נקר' גזלן כו' מרגלא בפומ' דאביי לעולם יהא אדם ערום ביראו' מענה רך משיב חימה ומרבה שלום עם אחיו ועם קרוביו אפילו אם גוי בשוק אמרו עליו על ריב"ז שלא הקדימו אדם שלום בעולם ואפילו גוי בשוק עוד אמרו במס' גטין כמה דברים מפני דרכי שלום בור שהוא קרוב לאמה מתמלא ראשון מפני דרכי שלום מצודות חיה ועופות ודגים (שאין להם תוך דלקני לי' כליו יש בהן משום גזל מפני דרכי שלום ולא נפיק בדייני) יש בהם גזל מפני דרכי שלום ור"י אומר גזל גמור (ונפיק בדיינים) עני המנקף בראש הזית מה שתחתיו גזל מפני דרכי שלום אשה משאלת לחברתה החשודה על השביעי' (שחשודה לשמור פירות שביעית ולהצניעם מזמן הביעור ואילך) נפה וכברה וכו' עוד דברים אחרים מענין השלום וכבר נזכר לעיל ע"כ לרז"ל מענין השלום.

ונראה רמז הרודף אחר השלום קונה כתב שם טוב שהרי אותיות שלום שם לו לרמוז מי שאוהב שלום שומעו הולך מסוף העולם ועד סופו וכתב בעל מנורת המאור דף ק"א ע"ד כל הרוצה לרדוף אחר השלום צריך לו להרחיק עצמו מכל הדברים המסבבים קטטה ומריב' שהיא הפך השלום והסבה הרעועה מכל' היא הכעס כי כל אדם שמושל עליו כעסו לא יהא לול שלום לא מלמעלה ולא מלמטה לפי שברו' כעסו יחטא לשמים וגם יריב עם בני אדם הרגילים עמו וכן הזהירו רז"ל על הכעס כל הכועס כל מיני גיהנם שולטי' בו ולא עוד אלא שהתחתוניות שולטים בו גם אמרו כל הכועס משכח תלמודו ומוסיף טפשות רב נחמן בר יצחק אמר כל הכועס בידוע שעונותיו מרובין מזכיותיו עוד אמרו כל הקורע כי בחמו כאלו עובד ע"ז עוד אמרו לא תכעוס ולא תחטא הכלל העולה המדה המשובחת לכל משכיל ובה יהיה לו שלום בעה"ז ובעה"ב שלא יכעיס ויסבול עלבונו ויעביר על מדותיו וימחול למי שפשע בו ובזה ימחלו עונותיו מן השמים כנז"ל אם תרצה עוד לידע בכח השלום ראה בגנות המחלוקת והגזרות המשונות המגיעות לבעלי המחלוקת ומשם תלמוד דבר בהפכו הרי קרח על שהחזיק במחלוקת מת הוא ועדתו במיתה משונה שבלעם הארץ מיתה שעדיין לא היה לעולמים ונפסק המן באותו יום וגם תינוקת שאין בהם חטא ועון מתו וגם אפילו מחט שלו נבלע בארץ וכמה זמנים האריכו בגיהנם כדאמרינן בבבא בתרא גבי ההוא טייעא דאחזי לרבה בר בר חנא בלועי קרח ושמע שהיו אומרי' משה ותורתו אמת וכו' ואעפ"י דמשפט רשעים בגיהנם י"ב חדש הם האריכו שם זמן עד שבאת חנה

והתפלל עליהם כארז"ל כו' אם כן ראה כמה קשה המחלוקת ושנאוי ומשוקץ לפני המקו' ובהפך ענין השלום כי כפי גודל עונש המחלוקת כך גודל שכר השלו' ויותר משום דגדולה מדה טובה ממדת פורענות. ואל יקל בעיניך אפילו מחלוק קטן משום שהשטן מצוי שם להגדילו לבעור כאש ולאכול מנפש ועד בשר כדאמרינן בדיני ממונות אמר רב הונא האי תיגרא דמיא לצינורא דבידקא דמיא כיון דרווח וכו' (כשהנהר גדול פעמים יצא לשדות שעל אגפיו ואם אינו סותמו מיד הלך ומרחיב ואינו יכול לסותמו) ובמס' גטין פרק הנזקין הנהו בי תרי דאיגרי בהו שטן כל בי שימשי הוו קא מינצי בהדי הדדי איקלע ר' מאיר להתם עכבינהו תלתא בי שמשי עד דעבד להו שלמא שמעי' דקאמר ווי דאפקיה ר' מאיר לההוא גברא מביתיה ע"כ פירוש שמעיה לשטן דקאמר ווי דאפקיה מביתיה ראה בעיניך שהמחלוקת מתגדל עד שהשטן עושה חזקה שם עד שמגדילו להרוג נפש לכן אין להקל אפילו על מחלוקת קל וצריך לבטלו מיד ולשים שלום במקומו. ולמה לא יהיה לאדם שלום עם כל אדם מי שעתיד להיות לו שלום בקב'עם אבני השדה ולמה לא יתחבר אדם עם חבירו באהב' מי שעתיד להתחבר פניו בקרקע למה לא ידבר דברי שלום דברים מתוקים לחיך מי שעתיד במותו ידבק לשונו לחכו ולמה לא יבקש שלום מי שעתיד לבקש מיד מלאך להניחו ואינו רוצה למה לא ירדוף אחר השלום מי שעתיד לרודפו רמה ותולעה ולמה לא יחבוק אדם לחבירו להראות אהבת שלום מי שעתיד לחבוק עפר ולמה לא ילבין פניו לחבירו להראות פנים צוחקות מי שעתיד להראות ליבון עצמותיו בקבר כשיתעכל הבשר מעליהם ולמה לא יאהוב גדול וקטן מי שילך למקום שקטן וגדול שם הוא ולמהלא ידבר רכות מי שאין מלה בלשונו במותו ולמה יגביר בקול כעסו על חבירו מי שאין יכולת לו להרים קול ביום הדין ולמה בכעסו יכה חבירו מי שעתיד לקבל מכות של מה"מ ואין מציל ולמה יהיה שונא לחבירו מי שעתיד לשנוא כל חמדות שבעולם במותו ולמה יתנקם מחבירו מי שעתיד לעשות בו נקמות במשפטי גיהנם ולמה יבזה את חבירו מי שעתיד לקבל בזיונות על עונותיו ולמה יקום להרים יד בכעסו מי שעתיד להיות מוטל בלי קימה למה לא ירחם מי שעתיד לבקש רחמים בעת יציאת נשמתו ולמה ירדוף לאחרים מי שעתיד לאחרים מי שעתיד להיות נרדף ממלאכי חבל' למה יחרוק שן לאחרי' מי שיחרוק שיניו מצער המיתה למה ירמוז עיניו בחמה על חבירו מי שעתיד לראות מלאך המות מלא עינים ולמה יחרף בכעס מי שעתיד לשמוע חירופו על חטאיו ועונותיו ופשעיו מפי הדנין אותו עליהן ולמה יתחזק בכעסו גבר ימות ויחלש ולמה ילבין פניו בכעס מי שפניו מוריקות מטפה שמטיל מה"מ למה ישמח המנצח חבירו מי שאינו יכול לנצח ביום דינו ולמה יברח אדם מהציל נפש כיון שאין יכול להציל נפשו ממות ולמה לא יכאיב וידאג מי שבשרו עליו יכאב למה לא יתאבל באבלו של חבירו מי שנפשו עליו תאבל למה לא יכס' ערום מי שמכסהו תולעה מה לא יתחבר עם חבירו בעת

צרה מי שעתיד להיות בדד על הר גבוה בקבר למה לא ירחם עניים ואביוני' חממם בימי החורף מי שעתיד להיות לחורב ביום וכו' ולמה לא יאכיל מי שיהיה מאכל לתולע' ולמה יבעט ברגלו בכעסו דרך בזיון מי שרגליו בכבל בקבר למה יקלל מי שהיה מקולל במותו באין שלום אמר ה' לרשעים ולמה יהיה זדוני מי שעתיד לעבור עליו מים הזדונים למה ישתה יין ללוק עם חבירו בשכרותו מי שעתי' לשתות כוס התרעלה ביום צאת נפשו מגופו לכן יברח אדם מהכעס שהוא שורש המחלוקת וידבק בשלום שמו של קב"ה נקרא שלום וכסא דוד יכון בשלום וירושלים יתבשר בשלוה כנ"ל ובזה יהיה שלם לני הקב"ה שלם בגופו שלם בנפשו ובזה נפשו תהיה צרורה בצרור החיים שהלא תראה שלם באותיות שלום וישאר ו' שהיא עץ חיים לומר על ידי השלום תהיה שלם ותתדבק בעץ החחים שהיא הויו. ולסיים עוד בענין השלום ולפרסם מעלת גדולת תפארתו וכח פעולתו הנה מפרש כוונת רז"ל תנא דבי אליהו כל השונה הלכות בכל יום מובטח שהוא בן עה"ב שנאמר הליכות עולם לו א"ת הליכו' אלא הלכות דיש להבין איך בעבור שיקרא אדם הלכות הוא מובטח לעה"ב ועוד אם הכוונה לומ' הלכות עולם לו למה כתיב הליכות להבין זאת נקדים במעלת שלום אמר ר"א אר"ח ת"ח מרבים שלום בעולם שנ' וכל בניך למודי ה' ורב שלום בניך א"ת בניך אלא בוניך דיש לדקדק דהל"ל ת"ח מרבים שלום מאי בעולם בודאי אם מרבים שלום הוא בעולם ולא חוץ מן העולם עוד להבין איך הוא הענין שמרבים ועוד צריכא למימר שהם המרבים השלום והטוב בעולם אמנם כתב האר"י זל"ה שע"י הפלפול בהרמת קול שעושים החכמי' משברים הקליפות כי האויר מלא קליפות הוא ומשתברים מקולות הפלפול ומזדככין האויר לפי שהקליפות הן במסך מבדיל בינינו לשמים ע"כ והנה אעפ"י שלעיני הרואים נראה כמחזיקי' במחלוק' בהיותם נלחמים זה עם זה בהלכה דע"כ נקראו בעלי תריסין כנודע לכן לשלול בזה בא לומר שאדרבה מחלוקת זה אינו אלא שלום וזה ת"ח מרבים שלום בעולם דייק' לפי שהעולם מלא קליפות מפסיקים לירד השפע ובקול פלפולם משברים אותם ונמצא שמרבים שלום בעולם שנא' וכל בניך למודי ה' כלומר כשהם למודי ה' שלומדים ומפלפלים לשם שמים אז יש כח לשבר קליפות האויר בפלפולם ואז ורב שלום בניך שנחשב כאלו בונים אויר חדש זך ונקי מה שאין כח לבנות זה אם מפלפלי' שלא לשמה שנא' אל תקרי בניך אלא בוניך כלומר א"ת בניך בלבד אלא קרא ג"כ בוניך והכונה בניך הם בוניך האויר הזך לשבר הקליפות להעבר' השפע ולעשות מעבר לעלות הנשמה אל מקומה באופן שלא יעכבו אותה הקליפות ובזה נבא לענין תנא דבי אליהו כל השונה הלכות בכל יום מובטח לו שהוא בן עה"ב משום שע"י פלפול ההלכות משבר הקליפות המעכבו מלעלות הנשמה לעולם הבא ובהיות שונה הלכות בכל יום משברם ובזה מובטח לו שהוא בן עולם הבא שמיד הנשמה הולכת שם דאין מעכב שנא' הליכות עולם לו כלומר על ידי

ההלכות דמשבר הקליפות כמדובר עושה הליכות לעלות לעולם הבא וזהו הליכות עולם לו אל תקרי הליכות אלא הלכות כלומר א"ת הליכות בלבד אלא קרא ג"כ הלכות והכונה על ידי ההלכות משבר הקליפות ומזכך האויר ועושה הליכות באופן שיעלה הנשמה למעלה בלי עכוב כמדובר ומי גורם כל זה השלום של ת"ח דהיינו מחלוקת של שלום מה שעושים בפלפולם בהלכה לשמה ה' יברך את עמו בשלום בילא"ו.

פרק לח

יתחרד המשכיל ויתפחד המבין בנושאו עיניו בעוד נשמתו בו לרום השמים ובראותו ימה וקדמה נגבה וצפונה בשיעור הרחקתם שיעור ת"ק שנה מן ד' קצותיו מקומות אשר עתידה לחזור ולזוב מכאן ולכאן הנפש החוטאת כעוף הפורח ולטרוח לעלות לרום שמיא ואינה יכולה בדורכם אותה מלמעלה להכביד כנפיה להפילה ארצה ואם היא נפש שכבדו עונותיה עליה דוחפים אותה בכף הקלע כזורק אבן לארבע פינות העולם ומתהומא דארעא עד רום רקיע ולהניחה ליפול באין סומך ואין תומך הולכת נעה ונדה בתוך החשך וממשמשת באפלה צלמות ולא סדרים לא זו בלבד יראה המשכיל כי אם יוסיף לראות בחיים חייתו בבהמות יער וחיות השדה גם בעוף השמים טהורים גם טמאים ובכל השרץ השורץ הארץ גופות אשר עתידה נפשו להתגלגל בתוכ' אם יחטא ואשם ותמות בחטא וידמ' בחייו במחשבתו וברעיונו כאילו עתה הוא מגולגל בתוכם ומה צער ודאגה יכול להגיע לו בהתהפך מצורת אדם לצורת הולך על ארבע או לדמות שקץ מרבה רגלים המתגלגל עצמות בטיט ורפש ובכל צואה יתגלע וירתח ויזדעז' וישוב לאחריו גם ישא עינו אל ההרים וגבעות ואבני השדה ולאבן מקיר ויחשוב אם ישקעו נפשו בהן על חטאתי' ויהי לאבן ותסמר שערת בשרו בחשבו בצער הגדול הזה המגיע לנפשו גם יסתכל בימים ונהרות באורת ומעיינות אם יתגלגל נפשו בהם להיותה נחנקת תמיד ולהיות שטופה בקלחות ובשקתות המים בלי מנוח ומרגוע רגע ויחרדו אבריך גם תאחז בשרך פלצות בראותך שוח' עמוק' וביב ורפש וטיט בחושבך אם יטבעו נפשך שם אם יחייבוה חטאתיה כמה מהקלון והבזיון והחרפה מגיע לה וכמה ירגיש מהצער גם בראותך אנשים מופים בשבט ברזל ובמכות משונות גם אם תהיה נפשך בצער זה התוכל לסבול ובחושבך כל זה בחיך יתפרדו כל עצמותיך ותחזור לאחריך ולא תחטא.

כי כל אלו מאורעות המגיעות לנפש החטאת במותה בחטאה בלי תשובה. ואתה בן אדם למה לא תחוס עיניך על נפשך הרכה והענוגה אשר לא נסתה כף רגלה הצג על הארץ כי בת מלך היא לתתה בידך לגדופים לעשות בה נקמות כי מה תענה לאביה שבשמים כשיבקשנה ממך עוד מי לך פה להשיב ומצח להרים ראש וקודם לבא לזה למה לא תחשב כי אין אתה והכל אתה הנך אין אם תמות בחטאות ואשמות והכל אתה אם תמות בתשובה בנפש טהורה מנוחה מכל מום זכה וברא.

וכיון שהיכולת בידך בן אדם להציל מצרת נפשך למה תתרשל ליכנס בהיכל מלך ולהתעדן עצמך בגן אלהים ולהיות מושל במלאכים אשר הם ישרתוך בהמליכך יוצרך להיות מלך בש"י עולמות שנא' להנחיל אוהבי יש ובש"ס עוד עולמות במתנה שנא' שם עולם אתן לו כדאיתא באותיות רבי עקיבא ולאיש אשר אלה לו למה לא ינו' ולא ישן כי אם לרוץ בכל כחו ולעשות לו אבר כיונה לעוף ולשכון אל המנוחה ואל הנחלה ולא להתאוות בישיבת דירה חשוכה ומסיבה טמאה רבת המהומה היא ישיבת העולם הה בלי תשובה למה בן אדם לא יעלה על רוחך דכל המאבד עצמו לדעת אין מקום לחוס ולרחם עליו ואתה מאבד עצמך בידיך ביודעך דרך אשר בו תוכל ברוח להציל ממות נפשך ומכל מאורע רע אשר יוכל לה להגיע ואתה מתרשל ואם תאמר הדרך קשה לא כן כי אם דרך מישור שלא יתנגפו בו רגליך בלכתך בתוכו דרך ישכון אור בלי פוק' ומכשול דרך שאין בו שטן ופגע רע דרך אשר הנכנס בתוכו מוצא עצמו באבר כנשרים לעוף ולשכון במקו' אשר אין מלאך ושרף יכול להגיע שם תחת כסא אדון נשמות ה' צבאות שמו הוא דרך התשובה שנברא ליסוד עולם דרך סגוליים להפך לאדם בריה חדשה אף לזקן ושבע ימים יתהפכו כנולד דרך תמן שובעא תמן ריוח הרבה ברגע א' דהשב העונות נעשים זכיות. גם יחשוב אדם בינו לבין עצמו ויאמר אם איני עוסק במצות בוראי בכל אשר צוני לשמור ולעשות שעל מנת כן בראני יצרני ועשאני נמצא שאני בעולם כדבר המותר אבן נגף צור מכשול מצר מקום דוחק מושב קוץ מכאיב מצער אחרים מזיק הרבים מעפש אויר מטמא מקום מטריח עולם כובד אבן נטל חול מכשול לעוברים ושבים קיר נטוי בנין רעוע דבר מאוס טמא הלב חסר דעת משחית ומחבל הכל מאבד הון מונע שפע עוצר מטר מיבש צמחים מונע טוב סותם דעות מסית מדיח מחרף מגדף מואס חיים גורם מיתות מוסיף פשעים גורם חולאים ממית ילדים מקצץ בחורים מהפתם מונע כבוד גורם כל רע מבזה כל מקלל חנם משטין חולק משלח מדנים בין אחים וכיון שבהיותי מונע עצמי מלעבוד לקוני אני מותר בעולם כדבר מכשול מכונה בכל רע ופגע הלא טוב לי לאחוז בכנפי המצות ולהתחזק עצמי בהן להחליף שמותי אלו הטמאים בשמות קדושים וכנויים טהורים בהיותי אז לעולם צורך ממני היותם מושפעים בצדקותי יקראו אותי אבן יקרה צור מעוז מרחיב מקום מכין מושב אב מרפא משמח אחרים מטיב לרבים מזכך אויר מטהר מקום עושה חסד לעולם נחמד בעיני כל אדם מדריך לכל עובר ושב קיר עומד בנין חזק דבר תאוה טהור לב מלא דעת מתקן כל מרויח הון גורם שפע מוריד מטר מצמיח צמחים גורם טוב מפקח דעות מקרב ליראה מיעץ לטובה בוחר חיים גורם חיות מרבה זכיות מרפא חולי' מגדל ילדים מכניס חתן לחופה נותן כבוד גורם כל טוב מכבד לכל מברך תמיד מליץ טוב משים שלום צדיק חסיד טהור ישר נאמן טוב לשמים טוב לבריות מגן עולם דגל העדה חומה נשגבה מגדל עוז מעמיד ומקיים עולם.

ואיך ולמה אני אובד שמות וכנויים הקדושים אלו ממני בעבור לשמוע עצת יצרי השונא אותי ומבקש להמיתני היהיה כפרה על כל עונותיה ימצא מלאך מליץ אחד מיני אלף שיוכל להליץ טוב בעדי בעת שידין קוני לנפשי אם ימצא מנחם ומרחם אותי במשפטי גיהנם כי כלם יענו פה אחד טול מה שבחרת ושב במה שחמדת וסבול חטאתיך אשר אהבת ועצת שונאך אשר שמעת לכן טוב לי לבעוט בכל דבר שיצרי מיעצני ואעפ"י שיראו עצות מתוקים כדבש הן אליה וקוץ בה וראוי להרחיקם ואין לי עוד כי אם להתדבק בכל לבבי ובכל נפשי בקוני לעובדו תמיד כל ימי חיי זה יחשב אדם בינו לבין עצמו ומעולם לא יבא חטא על ידו דבא לטהר מסייעין אותו מן השמים ובפרט בראות האדם שכל דרכי היצר הרע מרמה ותחבולי הוא שהרי מתחדש עליו בכל יום מעט מעט כדי להתגבר עליו אחר כך ללוכדו ברשתו להפילו לבאר שחת ומשם יבין המשכיל כי שונא הוא לו אעפ"י שנראה לו כאוהב דאם לא כן למה לי לבא עמו בערמה שלא להראות פעולותיו מיד כי אם מעט מעט כדאמרינן במסכת סוכה פרק ה' אמר רבי יצחק יצרו של אדם מתחדש עליו בכל יום ויום שנאמר וכל יצר מחשבות לבו רק רע כל היום עד כאן. ופירש רש"י ז"ל כל היום רק רע מתוספת דיש לדקדק שמן הפסוק נראה בהפך דרק הוא מיעוט ומשמע דבכל יום מתמעט הרע שהוא היצר הרע ואף שכפי פשוטו י"ל שהכונה היא שבכל יום מתחדש מעט עד שמתגבר אחר כך על האדם וזה רק רע כל היום כלומר מעט מעט בכל יום ויום אמנם עוד לאלוה מלין.

והכונה שבכל יום ויום מתחדש יצרו על האדם עד שידמה לו שכל מה שעושה מהעבירות הוא רק רע כל היום מיעוט רע לפי שכל כך שאדם יותר רשע כל עבירה חמורה נראה בעינו דבר קל לעשותם כדכתיב כשחוק לכסיל עשות זימה שאפילו הזימה שהוא דבר חמור נראה לרשע כשחוק מסיבת שקלה היא בעיניו מחמת ההרגל ושיעור הפסוק וכל יצר כלומר כל מי שהוא יצר שדבק עמו מחשבת לבו הוא רק רע כל היום שכל מה שהולך ועושה בכל יום הוא רק מיעוט רע אעפ"י שיהיה דבר חמור וזו אינו אלא כי אם שנתחדש עליו תמיד עד שנתגבר ולכך דומ' לא הרע שעושה דבר מועט וקל אע"פ שהוא חמור ודוק.

עוד שם אמר רבי שמעון בן לקיש יצרו של אדם מתגבר עליו בכל יום ומבקש להמיתו שנאמר צופה רשע לצדיק ומבקש וכו' ואלמלא הקב"ה עוזרו אינו יכול לו שנאמר ה' לא יעזבנו בידו תנא דבי רבי ישמאל בני אם פגע בך מנוול זה מושכהו לבית המדרש אם אבן הוא נימוח שנאמר אבנים שחקו מים עכ"ל נראה שבא רבי שמעון בן לקיש להזהיר לאדם שאל יבטח ביצרו מה שמראה לו שמבקש אהבתו כי שקר הוא כי דרכו לפתות לאדם בדרך אהבה ואחוה כי אין לו מקום לפתותו מיד בחזקה בעבירה מפורסמת פן יבעוט בו ולא ישמע עוד בקולו כי עדיין אין לו עליו חזקה אלא תחלה מתחל עמו להראות לו דרך היתר בכל מעשיו עד שמתחזק בו וכיון שעושה

בו חזקה אז מתגבר עליו ומכריחו לעבירות גדולות ומפורסמות ומבקש להמיתו אם לא ישמע לו ואלמלא הקדוש ברוך הוא עוזרו כשאינו חפץ לשומעו לא היה יכול לפי שהיה יכול להמיתו אם לא ישמע לו היוצא מכאן שאל יתפתה אדם מיצרו אפילו בדבר קל באומרו בחמורות איני שומע דכיון שמתחזק בו מביאו עד שערי מות להכריחו לחמורות כמדובר.

וכוונת תנא דבי רבי ישמאל לומר שאל ישלם אדם ליצרו רעה תחת רעה אלא טובה תחת רעה שאף על פי שהוא מבקש להמיתו אם פגע בך מנוול זה משכהו לבית המדרש לתקנו וזהו אם אבן הוא נמוח שנמוח טומאתו מעליו ויתקרב אל הקודש לעבוד לבוראו ולקבל שכר כדכתיב ואהבת את ה' אלהיך בכל לבבך בשני יצריך ביצר הטוב וביצר הרע כלומ' צריך אדם שיהפך יצרו הרע לטוב ויעבוד לבוראו. או יהיה כוונת המאמר לומר מה שחשב לעשות בך היצר הרע עשה לו אתה אם פגע בך מנוול זה דע שהוא להמיתך בא כמדובר לכן התגבר עליו ומשכהו לבית המדרש ושם תמיתהו בכח התורה אם אבן הוא נמוח וכלה ונאבד ובחבור אחר פרשתי פנים הרבה בכוונת מאמר זה.

צא וראה חסדו יתברך עם האדם ויכסף בושה לחטוא לו דאמרינן בפסיקתא טוב וישר ה' אמר רבי פנחס למה טוב מפני שהוא ישר ולמה הוא ישר מפני שהוא טוב על כן יורה חטאים בדרך שהוא מורה לחטאים דרך שיעשו תשובה עכ"ל.

הלא כמו זר נחשב שואל על הקדוש ברוך הוא למה הוא טוב ולמה הוא ישר דכיון שהוא מקור הרחמים הוא טוב מכיון שהוא אל אמונה ואין עול הוא ישר כדכתיב אל אמונה ואין עול צדיק וישר הוא עוד להבין איך בעבור אומרו שהוא טוב בעבור היות ישר נמשך מזה לשאול ולמה הוא ישר.

אמנם בהיות שהתורה והחכמה והנבואה מחייבים שנפש החוטאת היא תמות וקשה לקבלו בתשוב' לבד הקדוש ברוך הוא שעושה טוב זה עם האדם שיעשה תשובה ויתקבל לזה שואל למה הוא טוב לקבל האדם בתשובה שהדין נותן כיון שחוטא ימות מיד ומתרץ מפני שהוא ישר וכיון שהוא ישר צריך לעשות היושר לקבלו בתשוב' משום שהוא גורם כביכול לאדם לחטוא בהיות שברא יצר הרע דכתיב ואשר הרעותי כביכול אומר הרעותי שבראתי יצר הרע כמו שאמרו רבותינו ז"ל וכיון שכן היושר הוא לקבלו בתשובה ועכשיו שואל ולמה הוא ישר כלומר אעיקרא דדינא פירכא ולמה ברא יצר הרע שגורם שחוטא האדם וצריך להיות ישר לקבלו בתשובה וזהו ולמה הוא ישר שטוב שלא יברא יצר הרע כדי שהוצרך להיות ישר עם החוטא לקבלו בתשובה ותיר' מפני שהוא טוב ומדת הטוב להטיב לכן ברא יצר הרע כדי שיהיה האדם בעל בחירה ורצון להרבות לו שכר ולהטיב עמו בעול' הזה ובעול' הבא. ובראות השתדלותו יתברך להטיב עמו איך נשאר לו פנים לחטוא לפניו ואם חטא איך אינו שב מיד ברבוי התחנה ובפרט בראות שכולם מחייבים לו מיתה והקב"ה מחייבו חיים כדי שישוב ויקבל שכר. ודע

שתחלואי הנפש הם כחולי הגוף שמחולקים לכתות והכת הגרועה מכולם מי ששוקע בעבירות עד שמשתרש בהן ונעשין לו טבע מוטבע וחושב כי זה כל האדם ושעל זה נברא לעשות מה שלבו חפץ ונמשך בזה עד יום מותו והכת הטובה מי שמכיר מיד רוע מעשיו ומבקש מיד רפואה שהיא התשובה וכמו שכתב הרמב"ם ז"ל בהלכות תשובה שחולי הנפש כחולי הגוף עיין שם. ובעל מנורת המאור כתב עוד באורך בדף צ' ע"ג וז"ל כאשר מי שהוא חולה מחולי הגוף אם לא ירגיש מחליו ולא ירצה לבקש רפואה וימשך אחר הנאותיו שיטבע בגופו החולי עד שימות בסבתו בלי ספק כן יארע לחולה מחלי הנפש יש בני אדם שלא ירגישו מחולי' וידמו שהם בריאי' ואינם מבחינים בין טוב לרע ועל אלו נאמר דרך רשעים באפלה לא ידעו במה יכשלו ואמר יש דרך ישר לפני איש ואחריתה דרכי מות ויש מי שירגיש בחוליו ובהיותו שקוע בתאות לא שם לבו לרפואה אלא לרוות צמאו ועל זה נאמר כי בשרירות לבי אלך וגם כמו שחולי הגופות ידמו למתוק שהוא מר ולמר שהוא מתוק וימאסו המאכל והמשתה ששומר הבריאות ויתאו לתאוות שמסבבות החולאים כך חולי הנפש ירצו במה שהוא רע ומואסים בטוב לנפש ובוחרים ברע ועל כיוצא בהם נאמר הוי לאומרים לרע טוב ולטוב רע וגם מי שמרגיש בחולי גופו ומתחרט מהדרך ההי' אשר בה נולד החולי בגופו וחפץ לרפאתו על כל פנים יבקש רופא לתת לו עצה בדבר ויברח מכל הדברים שיאמר לו כי בסבתם אירעו בגופו המקרים החדשים אשר שנו את מזגו ממה שהיה בבריאותו כך מי שהלך בדרך לא טובה ואח"כ הרגיש בחולי נפשו ומתחרט על עונותיו יבקש רפואה לחוליו וילך אצל החכמים שהם רופאי הנפש ויתנו לו עצה בדבר נמצא שהחרטה אשר באה אל לבו מהדרך הרע אשר היה הולך והכיר רוע מעשיו וניחם מהם זה סיבת לו דבר התשובה וכמו שהיא בחלי הגוף שמי שהרגיש בשגיאה קטנה או במע' בשנוי מזגו ושב מיד מאותו הדרך שירפא מיד לפי שעדיין לא נטבע בגופו החולי כן מי שהרגיל ללכת בדרך ישרה ובא לידו חטא בשוגג או לתיאבון והרגיש בו מיד ונתחרט ממנו קלה בעיניו התשובה ולחזר ללכת בדרך טובה לפי שלא הורגל כל כך בתשובה וכן יארע לתלמיד חכם כדגרסי' בפרק מי שמתו (ברכות דף י"ט) תנא דבי רבי ישמעאל אם ראית ת"ח שעבר עבירה בלילה אל תהרהר אחריו ביום שמא עשה תשובה שמא סלקא דעתך אלא אימא ודאי עשה תשובה ע"כ. ויש לדקדק במאמר זה דלמה הזכיר יום ולילה דהל"ל אם ראית ת"ח שעשה עבירה אל תהרהר אחריו וכו' אמנם נראה שבהיות שיש כיתה גרועה שנטבעים כל ימיו בעונות עד שימות בהן בסוברו שעל זה נברא מסבת שנשתרשו העבירו' בטבעו אך הנרגש מהעביר' אחר שעשאה ומתחרט מיד ואף כשעושה אותו מבקש אופנים שלא ירגישו בו בני אדם מזה יש תקוה שישוב ולא יחטא עוד בהיות דמה שחטא לא היה דרך בעיטה וכו' ונתן סימן בעל המאמר הזה ואמר אם ראית ת"ח שעש עבירה בילה בהיות שבחר לעשותם בלילה

כדי שלא יראו אותו בודאי שלא חטא דרך בעטה לומר דלית דין ולית דיין ח"ו אלא שתקפו יצרו ולא יכול ובחר הרע במעוטו לחטוא בלילה שלא יכירו בו ויהיה חילו שמים ח"ו לת"ח כזה אל תהרהר אחריו שמא ביום עשה תשובה שבודאי מיד בלילה אחר שעשה העבירה עשה תשובה ולא המתין עד היום ואמר שמא סלקא דעתך אלא אימא ודאי עשה תשובה מיד בלילה ולא המתין לעשותה עד היום ובחבור אחר פרשתי מעין זה ושענין התשובה חק כענין פרה אדומה. ובענין ת"ח החוטא דע באמת שכל מי שהוא ת"ח כראוי וירא שמים אין חטא בא על ידו ואם אירא שחוטא באופן שלא יהיה חילול השם כלל כיצד הולך במקום אחר שאין מכירים אותו כארז"ל או חוטא באופן שלא ירגישו בו אך החלול השם יוצא מאותם שכפי האמת אינן תלמידי חכמים ומרוב גאותם מחזיקים עצמן כתלמידי חכמי' גודלי' ומכרחים לרבים להחזיקם כת"ח עד שמשתרש בלבם שהם ת"ח גדולים ויודעי' כל התורה וכיון שכפי האמת אינן חכמים וכל מעשיהם טעיות ושבושים עושם דברים שלא כהוגן וכל פשע ועברה והוא חילול השם גדול באומרם העולם ראו שת"ח החוטאים ומלמדים מהם לחטוא וגורמים בחירוב עולם ואין עון זהתלוי כי אם על אותה המחניף לאלו לפרסמ' לת"ח ולכבדם כשיעור הכבוד שראוי לעשות לת"ח גדולים יודעים התורה מאל"ף ועד תי"ו אלא צריך לכבד לכל אחד כפי שיעור כבוד השייך לו ובזה כשיחטא זה ת"ח שאינו גדול בתורה אין חילול השם בדבר באומרם חוסר ידיעתו גר' לו שאם היה גדול בתורה בודאי שלא היה חוטא ובזה מתגדל כח התורה ומעלת תפארתה בהכירם קדושת התורה שהגדול בה משמרתו מלחטוא. והנני מעמיד לפניך שבעה מעלות בענין התשובה זו למעלה מזו לקוטות מספר מנורות המאור כתבם בארוכה והנני מעמידם בקצור נמרץ. המעלה הראשונה גדולה מכום היא התשובה שנעשים תכף למשובה והיא מקובלת מיד ועל זה אומרו בפרק חלק ובפרק אין עומדין במקום שבעלי תשובה עומדים אין צדיקים גמרים יכולים לעמוד. המעלה ב' מי שהוטבע בחטא ימים רבים או שנים אבל שב בימי בחרותו בעודנו בתוקפו וגבורתו ונתחרט מאותו הדרך הרע וכובש יצרו ועשה תשובה גמור' עליו נאמר וזכור את בוראך במי בחורותיך ר"ל בעוד שאתה בתוקפ' ורשאי לעשות העבירה כבראשונה ואינך עוזבה מסבת מונע אלא ביראת חטא ועל זה אמרו רז"ל מחוז רב יהודה תשובה מעליא באותו פרק באותה אשה באותו מקום. המעלה ג' שעדין הוא בימי בחרותו אבל אינה מזדמנת לפניו העבירה כבראשונ או הוא בוש מבני אדם לרדוף אחר יצרו כבתחלה וסר מדרך מעט ועליו נאמר והסירותי דמיו ושיקוציו מבין שיניו וגם עליו נאמר אשרי איש ירא את ה' ודרשו רז"ל אשרי מי שעושה תשובה בעודו איש. המעלה ד' השב מאימת צרות או מאימת מוכיחין או מאימת גזירה כמו שמצינו אנשי נינוה שאע"פ שלא עוררו לבם לתשובה עד שהוכיחם יונה נינוה נהפכת ולכן שבו עכ"ז נתקבלת תשובת' ועל דא אמרינן בתעניות לא

שקולא תענית גורמים אלא תשובה ומעשים טובים גורמים. המעלה ה' המתחרט מחטאתיו מאחר שבאו צרות רבות עליו ושב בתשובה אעפ"י שאינה מועילה בין איש לחבירו תשובה כזאת כמו שאמר יפתח מדוע באתם אלי עתה כאשר צר לכם הקב"ה ברוב חסדו על ברואיו מקבלתה כדכתיב בצר לך ומצאוך כל הדברים האלה ושבת עד ה' אלהיך ועל זה אמרו במשנה תשובה ומעשים טובים כתרים בפני הפרענות. המעלה ו' הוא בימי זקנותו כשאינו יכול ללכת בדרכי העברות מפני חלישות' אעפ"י כן אם נתחרט על מה שעשה בבחורתו מקבלת תשובתו ועל זה נאמר תשב אנוש עד דכא ר"ל עד הזמן שאדם נדכא ונחלש ואעפ"י כן הוא אומר ששובו בני אדם ועל זה אמרו רז"ל אפילו רשע כל ימיו ועשה תשובה באחרונה אין מזכירים לו שום רשע. המעלה ז' היא הפחותה שבכלם מי שלא נתחרט כל ימיו ועמד בפשעו אשר בו מת בראות כי קרוב עתו למות שב ועל זה אמרו במס' אבות ושוב יום אחד לפני מיתתך. ואעפ"י שהתשובות האלו הם חלקות מקבלות הן לכל אחד ואחד כפי מעלתו בקדימ' ואיחור אבל העומד ברשעתו אפי' ביום המיתה ונפטר בלי תשובה זהו אפיקורו' גמור שאינו מאמין ביום הדין ומשחית גופו ונפשו ונדון בגיהנם לדורי דורות הקב"ה יצילנו מרעות נפסדות וישים חלקנו עם אוהבי שמו הולכים בדרך אמת לעובדו בלבב שלם מיום בואנו לעולם עד יום צאת ממנו לזכות לחזות בנועם ה' ולבקר בהיכלו אמן ואמן. בילא"ו.

(והנני כותב לך בפרק שאח"ז מעלת העובד השם ומקיים מצות ותראה כי האדם אפס ואין כשאין עובד לקונו ושהוא עיקר הבריא והכל בידו בעבדו למקום).

פרק לט

יתגדל הבורא ויתקדש היוצר את האדם והמשילו על כל מה שברא עליונים ותחתונים כל שתה תחת רגליו בהיותו דבוק עמו עוסק בתורתו ומקיים מצותיו בכל לבבו ובכל נפשו אז קונה בעצמו שמות קדושים ואלה שמות שנקרא בהן ומהם שראוי שיקרא בהם כפי פעולותיו וכפי מעשיו אור נערב בונה עולם גדולה דיין דעת צלול הוד והדר זקנה חכמה חיים טהרה יושר כבד לוחם מקדש מכריח מלאכים מבטל גזרות מהפך גזרה מעמיד עולם ממית ומחיה מוכיח מלך מושל מכתיר תורה משמח עליונים מציל נפשות מעורר נרדמים מטהר טמאים מדריך שבים מנור' טהורה ממשיך שפע מעל דלת בפני פורענות ספר תורה סופר סומך עולם מלא עזרה בצרה פודה נפשות צדקה קדושה רצון שמירה תמימות אלה שמות הצדיק והנני מפרש בס"ד טעם כל שם ושם כדי להודיע מעלת הצדיק אולי כשמוע השומע עד היכן כחו מגעת יכנע לבבו הערל לבלתי שמוע לו כדי שלא לאבד מעלות אשר נזכיר ומשם יבין המבין ג"כ דבר בהפכו מהדופי והגריעות והקלון והפחיתות והבזיון והביוש והחרפה המגיע למי שהוא משולל משמו' אלו הטהורים ונתחיל בס"ד לפרש נקרא אור נערב ע"ש

שהעוסק בתורה שנק' אור דכתיב כי נר מצוה ותורה אור נותן הקב"ה בעיניו מאור הנערב הגנוזה משׁשת ימי בראשית כמ"ש הרב בעל ע"ש מס' שערי אורה שמאותו אור מאיר הקב"ה בעיני לומדי תורה שע"י כך מרגילו בה ובזה כשיוציא לעתיד חמה מנרתק' דהיינו אור הגנוז לא יזוק מאותו אור כיון שכבר הורגל ובזה מתעדן עמה לא כן הרשעים שנדונין בה כיון שלא הורגלו בה ניזוקין מרוב האור ע"ש באורך ועל זה נק' הצדיק אור נערב שבעיניו מאי' אור הנערב ולכן משה רבע"ה אדון התורה נקר' טוב ע"ש וירא אלהים את האור כי טוב שבעבורו נברא האור כמו שהוכיח רז"ל מג"ש דטוב טוב ועל שעמו הי' מאור הגנוז קרן עור פיו עד שויראו מגשת אליו.

נקרא בונה עולם ע"ש שארז"ל וכל בניך למודי ה' א"ת בניך אלא בוניך לפי שהוא גורם בקיום עולם וקיומו בעוסקו בתור' שנא' אם לא בריתי כו' ודור המבול שהיו רשעים גרמו בהריסת בנין העולם נמצא שהצדיק מעמיד בנינו ולזה נקרא בונה עולם כי הוא בונה הולך ובונה בכל זמן שהוא חי על פני האדמה בונהו בכל יום בפעולותיו וקיום המצות חמורות וקלות האדמה בונהו בכל ים בפעולותיו וקיום המצות חמורות וקלות וכמ"ש בספר יש נוחלין דף כ"ב ע"א האדם בכל פרטי פעולותיו ובדבורו ובמחשבותיו הוא סולם מוצב ארצה וראשו מגיע השמימה ע"כ מי שנגע יראת אלהים בלבו יהיו הדברים האלו חקוקים בלבו בפחד ובמורא ויזהר וישמור מאד לנפשו שלא להקל ראשו על שום ענין הן צווי הן אזהרה אף על מה שהזהירו ממנו וצוו עליו חז"ל אפילו קטנה שבקטנו' ואל ישים לבו לקלות המעשה ומהירות הדבור והפעולה ההפוכ' כמו רגע ונעשת בשעה קלה כי אם קטן הוא בעיניו הנה הוא ירום ונשא וגבוה מאד בדמותו ובו תלוים עולמות אין מספר ובשעה אחת קטנה קונה ובונה עולמות או מחריבם ח"ו וכבר הזהורונו על זה רז"ל אשר היו נהירין להו שבילי דשמיא כשבילי דמתא אמרו הוי זהיר במצוה קלה כבחמור עכ"ל ע"ש באורך כללו של דבר שהצדיק בונה עולמות וע"ז נק' בונה עולם נקרא גדולה ע"ש שנותן גדולה לאחרים כדרז"ל קרב לגבי דהינא ואידהן (מי שמקרב עצמו למשוח בשמן יהא ג"כ נמשחי כלומר מי שמקרב עצמו לצדיק ילמוד מעשים טובי' ממנו) נקרא דיין לפי שהקב"ה הוא דיין אמת וכשהדיין עושה הדין כאן למטה אין קב"ה דן מעלה כארז"ל במד' פ' שופטים אמר ר' אלעזר במקום שיש דין אין דין ובמקום שאין דין יש דין ומהו כן כשנעש' הדין למטה אין הדין נעש' למעלה וכשאין הדין נעשה למטה הדין נעש' למעלה ועוד ארז"ל כד איכא דיינא בארעא אין מוסרין דין לעמים וכו' והטעם משום דכשנעשה הדין למטה אין משגיחין עליו מלמעלה לשומעו שכבר הניח דיין בארעא לדונו ונמצא שעל מגן מוסרו למעלה באופן שהקב"ה שם לצדיק דיינא בארעא במקומו לדון כביכול וע"ז נקרא הצדיק דיין נקרא דעת צלול על שהצדיק מבין בסתרי התורה רזין עליונים אשר אל דעות רמז בה והוא בדעתו הצלול מורה מקום אשר בו

הסוד הנעלם ומגלה אותו גם בדעת מבין ויודע מה שיש ממעל לרקיע מענין ההיכלות והטובות הגנוזות לצדיקים ומענין המלאכי' שרפים ואופנים על מה עומדים ומה עושים ושיעור קומתם ומספר כנפיהם וגדולה מזו יודעים בשיעור קומה שעל זה שואל קב"ה לאדם ידעת בשיעור קומ' עיין במדרש משלי הענין באורך באופן שהצדי' בדעתו הצלול משיג בנעלמות כמדובר ועל זה נקרא דעת צלול נקרא הוד והדר ע"ש שהוא הודו והדרו של עול' וכדרז"ל ויצא יעקב בזמן שהצדיק בעיר הוא הודה הוא זיוה הוא הדרה יצא משם פנה זיוה וכו' וכל משפחה ומשפח' שיש בה צדיק מתעטרת כי זיו הדרו נטוי עליה עד סוף כל הדורול וחוט של חסד משוך על הצדיק ונושא חן בעיני כל רואיו מסבת הזיו וההוד וההדר שמרחפת על פניו אע"פ שיהיה בעל מום החוט של חן וחסד שעליו מכסהו ומהדרו האדם היותר יפה שבעולם כי לאכי השם מלווין לו וע"ז נקרא הוד והדר נק' זקנה לפי שהזקנ' תלויה בו ואן הוא תלוי בזקנה כארז"ל זקן זה קנה חכמ' וכיון שכן והוא נער נקרא זקן נמצא שהוא עושה הזקנה ותלויה בו שבידו להיות זקן באיזה זמן שירצה ועוד שעל ידי התורה יודע מה שהיה מיום שנברא העולם ועד סופו כזקן מלא ימים שיודע מה שראה באורך זמנו ולכן נקרא זקנה שיותר יש לו מעלה מן הזקן שאע"פ שראה הרבה אינו יכול לראות ולספר כי אם כשיעור חייו בלבד לא ממה שהיה קודם וממה שיהיה אחריו ותלמיד חכם יודע משנברא העולם ועד סופו ונמצא שהוא עצמו הזקנה ולכן נקרא זקנה. נקרא חכמה על שם שחכמת התורה רשומה בלבו לפרש אותה בשבעים פנים אשר ניתנה בלבד שהוא קב"ה מקור החכמה מכיר בה לא מלאך ולא שרף כדכתיב ונעלמה מכל חי ומעוף השמים נסתרה ודרשו רז"ל ונעלמה מכל חי אלו החיות ומעוף השמים נסתרה אלו המלאכים והצדיק נמסרו לו כל סתריה ונגלו לו סודותיה כהקב"ה שהוא מקור החכמה ולכן נקרא חכמה. וכדרז"ל בריש ילקוט משלי החכמה היכן מצויה ר' אליעזר ור' יהושע חד אמר בראש כו' וחד אמר בלב אל תקרי למד אלא לב מבין דעת לפי שהחכמה נתונה בלב וחוזר באותיות עכ"ל והוא מאמר תמוה אך כונתו זאת שהאומר שהחכמה בלב מביא ראיה לדבריו בראות שלמד ר"ת לב מבין דעת הרי בלב נתונה חכמה כדאי' באותיות ר"ע באות ל' א"ת למד אלא לב מבין דעת וזהו וחוזר באותיות כלומר חוזר באותיות למד שר"ח לב מבין דעת באופן שהחכמה צפונה בלב הצדיק כי לרשע אין בו לא דעת ולא תבונה שאם היה בו חכמה היה בוחר בטוב ומואס ברע כצדיק לכן נק' חכמה וז"ש איוב ועמכם תמות חכמה לפי שהוא בעל החכמה ומוליכה עמו נקרא חיים דכתיב עץ חיים היא למחזיקים בה והחיים מסורים בידו שאם לא ירצה למות לא ימות לעולם כארז"ל במדרש אין הצדיק מת עד שישאל המית' בפיו באופן שאם לא יזכיר המיתה לא ימות לעולם וגם אם לא פסיק גירסא מפיו לא ימות וכדרז"ל גבי דוד המלך ע"ה וגבי רבה בר נחמני דכל זמן שלא היו פוסקים תורה מפיהם לא היה יכל מלאך המות להתקרב

אליהם נקרא טהרה על שם שהצדיק מעביר גלולים מן הארץ גם מורה לעם בין הטהור ובין הטמא כיצד ובין דם לדם וענין טומאה וטהרה ושיעור מקוה המטהר ונמצא הוא עצמו הטהרה שמטהר לאחרים וע"ז נקרא טהרה נקרא יושר על שם כי משבר מתלעות עול להציל עשוק מיד עושקו ומורה היושר לכל אדם שאעפ"י שכל דרך איש ישר בעיניו הוא מוכיח לכל אדם בראיות מופתיות שטועה הוא במה שחושב שהוא יושר ומסלקו מטעותו ומורה לו יושר של אמת וכדברי התנא שהעוסק בתורה נקרא צדיק חסיד ישר ונאמן וע"ז נקרא יושר שהיושר אתו וממנו נובע ללמוד לכל אדם נקרא כבוד ע"ש כבוד חכמים ינחלו שהכבוד נחלה לחכמים והוא שלהם ומי יוכל לשלוט בכבוד כי אינו שלהם אך הצדיק נותן מכבודו מתנה שמכבד לכל אדם וכדברי תנא איזהו מכובד המכבד את הבריות דהל"ל איזהו מכבד המכבד את הבריות אלא כיון למ"ש שהכבוד נחלה לצדיק והיא שלו שאינו מקבלו מאחר וכיון שכן לעולם הוא מכובד ולזה אמר איזהו מכובד כי הוא מכובד מעצמו בלי שיקבל כבוד מאחרים אלא משפיע מכבודו ומכבד לכל אדם נקרא לוחם ע"ש שהוא לוחם תמיד יום וליל' במלחמת' של תורה וע"ז נקראים החכמים בעלי תריסין וגם ע"י שלוחם הצדיק במלחמת' של תורה לוחם מלחמות ישראל לפי שבעוסקו בתורה גורם שלא יפלו ישראל במלחמה דזכותו מגן עליהם וכדרז"ל בפ' הנזקין גבי ר' צדוק שהתענה מ' שנה וכל אותו זמן לא יכול האויב לשלוט בהם באופן שהוא

הלוחם בעדם ומצילם ע"כ ראוי שיקרא לוחם נקרא מקדש ע"ש שכל שכל מה שיש במקדש יש באדם כאשר האריכו מרז"ל לפרש פרט ופרט איך כל כלי המקדש רמוזים באברי האדם עיין בספרי קדשם כי איני יכול להאריך הכלל העולה שנשמה הקדושה שבאדם אשר משכנה בלב היא דוגמת השכינה השוכנת בבית קדש הקדשים נמצא שהצדיק שנשמתו טהורה הוא דוגמת המקדש ושכינ' בקדש קדשים גם הצדיק מרכבה לשכינה כמקדש עצמו שהוא מרכבה לה ועליו שוכנת ועושהו מרכבתו גם נקרא מקדש ע"ש שמכפר על דורו כמקדש שהוא במקום קרבן המכפ' על האדם שהרי כשהדור חייב לוקח צדיק ומכפר. נקרא מכריח מלאכים ע"ש שהיכולת בידו להכריחם ע"י שמות הקדש לעשות שליחותו כנודע ולפעמים מושלחים הם מן השמים למלאות רצון הצדיק כמו מלאכים שבאו לאברהם ואותם ששלחם יעקב שנאמר וישלח יעקב מלאכים ומלאך של מנוח וכדומה וכיון שמוכנעים לעבודת הצדיק יש לאל ידם להכריחם וע"ש נקרא הצדיק מכריח מלאכים נקרא מבטל גזרות ע"ש שכל גזרות קשות מבטלם בתפלתו כדמצינו בעגל שנתחייבו כליה ומשה רבינו ע"ה בטלה בתפלתו וכן בכל דור ודור צדיקי' שבהם מתפללי' על כל צרה ומבטלים אותה ולזה א"צ עוד ראיה דלמפורסמות א"צ ראיה. נקרא מהפך גזרה שאם גזר הקב"ה מיתה לאדם מהפך הגזרה ממיתה לחיים כעובדא דרשב"י כשהיה במערה ובא מה"מ בשליחותו של מקום לקחת נשמתו של

ר' יצחק ולא הניחו רשב"י וחזר עוד המה"מ ולא הניחו עד שאמר הקב"ה מה אעשה שאני גוזר והצדיק מהפך שנא' צדיק מושל יראת אלהים ולכן נקרא הצדיק מהפך גזרה נקרא מעמיד עולם לפי שעל ג' דברים העולם עומד על הדין ועל האמת ועל השלום וגם על ג' דברים העולם קיים על התורה ועל העבודה ועל ג"ח הדין והאמת והשלום מקיימו הצדיק וכן הוא שעוסק בתור' ובעבוד' שהם קרבנות שקורא בענין ונחשב למעש' כאז"ל כל העוסק בתורה עולה כאלו הקריב עולה וכן עוסק תמיד בג"ח נמצא הצדיק מעמיד ומקיים העולם וע"כ נק' מעמיד עולם נקרא ממית ומחיה ע"ש שממית ומחיה בדינו כסנהדרין שהיו גוזרין מיתה למי שחייב מיתה וחיים למי שראוי שיחיה גם יש כח ביד הצדיק להמית ולהחיות כר' יוחנן שנתן עיניו ברב כהנא והמיתו ואח"כ הלך והחיה אותו ויש בירושלמי שהחיה אותו והלך לביתו וכן בכמה דוכתי' מהתלמוד נתן עיניו בו והרגו וגם ר' חייא החיה אותו עבד שהרג אנטונינוס כדאיתא במסכת ע"ז הרי הצדיק ממית ומחיה ולכן נקרא ממית ומחיה נקרא מוכיח ע"ש שהוא דוקא יכול להוכיח משום שדבריו נשמעים לפי שהוא מנוקה מכל חטא וכשאומר טול קיסם מבין שיניך אינן יכולים לומר טול קורה מבין עיניך מה שאין כן שום אדם שאינו צדיק שאין להוכיח לפי שאין דבריו נשמעים באומרם לו טול קורה מבין עיניך.

נקרא מלך דכתיב בי מלכים ימלוכו וכדרז"ל מאן מלכי רבנן ע"ש שהוא גוזר ואחרים עושים גם אפי' מלך אינו שולט על צדיק שאם גוזר עליו לעבור על דת נהרג ואין מקבל מאמרו עליו וכמו שאמרו חנניה מישאל ועזריה לנבוכדנצר למסים וארנוניות מלך אתה עלינו אבל לעבוד ע"א את וכלב שוין כארז"ל וקב"ה הציל' ולא יכול ליגע בהם עוד ועל כן נקרא הצדיק מלך כי מולך ביצרו הוא וע"י כך מולך כמלך שמלך גוזר לעבור ע"א והוא מבטל מאמרו נקרא מושל ע"ש צדיק מושל יראת אלהי' והוא בעבור שמושל ביצרו להתגבר עליו שלא לשמוע לו לכן נקרא הצדיק מושל.

נקרא מעטיר תורה על שם שהצדיק משים כתר לתורה בהיותו מפרש דברים הסתומים מלתא בטעמא ואופן עשיי' מצותיה כיצד וזהו כתר לתורה שמתחבבת בעיניהם ביודעם דברים כי נעמו ושדרכיה צדק ומשפט ומשרים וזהו שארז"ל כל המשתמש בכתרה של תורה נעקר מן העול' כלומר שמפרש דבריה ואופן מצותיה משום שיגיע לו כבוד או פניה אחרת נעקר מן העולם קודם זמנו כמאמר התנא ודאשתמש בתגא חלף כלומר קודם זמנו שלא יגיע לזקנה אלא תקבריה אמיה מדה כנגד מדה הוא לא נתן כתר לתורה לא יתעטר בזקנה דכתיב עטרת תפארת שיבה לפי שהמפרש טעמי התורה משום פניה שמגיע לו נמצא שלא עשה לכבוד התורה להעטירה כי אם לכבודו לקנות כתר לעצמו לכן לא יזכה לזקנה שהיא כתר כמדובר נקרא משמח עליונים על שם שדרשו רז"ל במדרש פרשת נח מאי נח נח אלא נייחא לעליונים נייחא לתחתונים לפי שהעליונים מושפעים מתורתו של צדיק וכדרז"ל גבי ירבעם שהיה רוצה הקדוש ב"ה לסלקו מן העולם קודם

שיחמיץ ולא הניחו מלאכי השרת על שהיו שמחים מהשפעת תורתו עיין שם במקומו באורך ועל כן נקרא משמח עליונים. נקרא מציל נפשות על שם שהצדיק על ידי תורתו וכשרון מעשיו ותיקוניו מונע לבא בעולם דבר וחרב ורעב וכל מיני רעות המכלים העולם נמצא שמציל נפשות ממות וע"כ נקרא מציל נפשות. נקרא מעורר נרדמים ע"ש שדורש ברבים ומודיעם שכרם של מצות ועונש' של עבירות ושומעים העם ומתעוררים אל התשובה כדי שלא לאבד שכר וגם מיראת עונשי משפטי גיהנם ואעפ"י שלשעה עושים מיראה או לקבל שכר אחר כך יעשה מאהבה שמתוך שלא לשמה בא לשמה נקרא מדריך שבים על שם שהצדיק יורה חטאים בדרך שבראות אדם חוטא שב בתשובה כדי שיועיל תשובתו מלמדו את התשובה השייכה לכל עון ועון ומנין התעניות וענין הסגופים השייכים למה שחטא ומה יעשה וכיצד יעשה וכמה זמן ימשך ועל ידי כך נקראת תשובה שלמה שאין צדיקים גמורים יכולים לעמוד שם במחיצתם ועל כן נקרא מדריך שבים נקרא ממשיך שפע על שם מה שכתבו המקובלים ז"ל הביא דבריהם בעל שיח יצחק שהקב"ה נותן לכל שואל מה ששואל כי שומע תפלת כל פה הוא ומיד השפע יורד מלמעלה לבא כאן לעולם הזה אך דרך ביאתו כאן עובר לבית דין שהוא מצד צפון ורואים אם ראוי השואל לזה מניחים לעבור השפע ואם לאו מעכבים אותו שם למתנות לצדיקים לעתיד לבא אבל אם יש צדיק בעולם אעפ"י שאין השואל ראוי מניחין לעבור השפע לירד בעבור הצדיק ע"כ למקובלים ז"ל ועיין שם יותר בארוכה ובזה פירש הוא ז"ל דזהו כוונת פסוק מה רב טובך אשר צפנת ליראך פעל לחוסים בך נגד בני אדם ירצה מה רב וגדול טובך אשר צפנת מצד צפון ליראך ופעלת אותו טוב למתנות להם דהיינו אותו שפע שהיה נגד בני אדם שלא היה ראוי שירד להם ונתעכב שם ע"כ ובזה נתבא' אצלי משנה הכל צפוי והרשות נתונה ובטוב העולם נידון והכל לפי רוב המעשה שהכונה הכל צפוי מל' צפון בבית דין של מעלה מהשפע המעוכב שם כמדובר ופעמים והרשות נתונה שירד השפע אעפ"י שאין השואל ראוי משום שבטוב העולם נידון כלומר בעבור הטוב העולם נידון וכיון שיש טוב וישר בעולם בשבילו מורידין השפע אבל כשאין טוב בעולם הכל ששואל נותנין לו מהשפע כשיעור רוב המעשה שעשה אם מעט ואם הרבה והשאר גונזים אותו למעלה לצדיקים כמדבר העולה מזה שהצדיק גורם להמשיך מלמעלה שפע לכל שואל ואעפ"י שאינו ראוי ולכן נקרא הצדיק ממשיך שפע וכן בלעם אע"פ שהיה רשע הושפע בעבור ישראל שנא' וירא את ישראל ותהי עליו רוח אלהים נקרא נועל דלת בפני הפורענות על שם שמונע ונועל ביסוריו ששואל שלא יבא פורענות בעולם כדרז"ל כל אותם שנים שהיה רבינו הקדוש באותם יסורין לא מת אדם קודם זמנו ולא הפילה אשה ולא הוצרכו עלמא למטרא דקשה יומא דמטרא כו' ועכ"ז כדעקר אדם סוגלא עמישרא היה הגומא מליא מיא וכו' הרי שהצדיק נועל בפני הפורענות שלא יבא ועל כן

נקרא נועל דלת בפני הפורענות. נקרא ספר תורה על שם שכל אותיות התורה שהן כ"ב אותיות רמוזות ורשומות בגוף האדם כגון התפשטות הזרועות וי"ו והראש צורת יו"ד ושאר הגוף צורת יו"ד גם כן הרי אל"ף שהיא וי"ו ושני יודי"ן האחד מעלה ואחד פשוטה קצת כצורת שאר הגוף גם אדם מעומד וראשו כפוף קצת צורת זי"ן ואם עומד בלי כפוף הראש צורת וי"ו שתי זרועות למעלה והראש צורת שי"ן אדם יושב כפוף צורת יו"ד אדם יושב על הכסא ורגליו ירדו הוא צורת ל' וכן תמצא רמוז בו כל אותיות אלפא ביתא כאשר מבוארים אצלי ולא כתבתי לך כי אם ארבעה או חמשה אותיות אלו בלבד משום שאלו קל להבין שהם נראים לעין נמצא שהוא מלא אותיות כספר תורה וגם רמוזים בו שמות הקדושים כמו שהן מבוארים בחכמי הקבלה כספר תורה שהוא מלא שמות הקדש כי כל התור' כול' שמותיו של הקב"ה היא וגם הצדיק מפרש דברי הספר הסתום ולכן צרך כבדו כספר תורה וכדרז"ל הנהו בבלאו טפשאי דקיימי קמי ספר תורה ולא קיימי קמי תלמיד חכם משום שצריך לעמוד בפני ת"ח כלפני הספר תורה ואם תדקדק הוא יותר מספר תורה שס"ת עצמו אינו מפרש דבריו שאינו מדבר והת"ח מפרש דבריו שהיא תורה שבעל פה ולכן נקרא הצדיק ספר תורה. ונקרא סופר על שם שארז"ל הראשונים נקראו סופרים שהיו סופרים כל אותיו' שבתורה שהיו אמרים וי"ו דגחון חציין של אותיות של ספר תורה דרש דרש חצי של תיבות והתגלת של פסוקים יכרסמנו חזיר מיער עי"ן דיער חציין של תהלים באותיות והוא רחום יכפר עון חציין דפסוקים (מ"ס קדושין פ"א) גם הוא סופר ומונה עיבורי' של חדש ושנה ותקופות ומולדות ודורש חשבונות וגימטריאות לתורה ועל כן נקרא הצדיק סופר. נקרא סומך על שם שסומכים וסובלים בעבורו כל איש צעור ודאוג ובעל חולי ויסורין שבראותם לצדיק סובל חולים וכל מיני יסורין ושותק ומקבל בשמחה ואינו בועט גם הן נוטלים ממנו סמך לתמוך עצמם ומקבלים בשמחה ונוטלים נחמה לעצמם ואינו בועטים כרבי יוחנן דהוה ליה בנים ומתו והיה מנחם לכלם דין גרמא דעשיראה ביר ונמצא הצדיק סומך לאחרים ולכן נקרא סומך. נקרא עולם מלא על שם שכל הריאה בשביל צדיק אחד ואין שאר מלאוי העולם אלא ללוותו שלא יהא יחידי בעולם כארז"ל כי זה כל האדם ולא נבראו אלו כי אם ללוותו שלא יהא יחידי בעולם כארז"ל כי זה כל האדם ולא נבראו אלו כי אם ללוות לה ונמצא שהוא גורם במלאוי העולם ולזה נקרא עולם מלא וגם נקרא כך לפי שהצדיק משמח בחלקו ודומה בעיניו תמיד שעולם מלא בחלקו וגם נקרא עולם מלא לפי שמונע הפורעניות לבא בעולם ואינן מתמעטים ועולם מלא בעבורו ולכך נקרא עולם מלא נקרא עזרה בצרה על שם כשיש איזה צרה ממלך ושלטון הצדיק הולך לפניהם ומפייס ומבטל הגזרה והוא מסיבה דטבע הצדיק להטיב עם כל העולם בין ישראל בין גוי כמדתו יתברך ובזה יתגלגל הדבר שאותו הגוי שהטיב עמו עול' למדרגת מלך או שלטון ואם גזר גזרה כיון

שהטיב עמו יכול לפייס ועיין כמה מעשיו' מאלו במדרש קהלת דחד גוי עלה מן הים ערום שנשברה ספינתו וחלה מיהודים שמצא שם שירחמו עליו ולא רצו ובא רבי יהושע והוליכו לביתו והלבישו והאכילו ונת' לו כמה זהובים ושלחו לאחר ימים מלך וגזר כליה על אותו מקום שלחו לר"י בממון הרבה לפייס כיון שהכירו המלך מחל בשבילו ובטל הגזרה ונתן לו הון רב ושלחו לשלום עיין שם עוד באופן שהצדיק עזרה בצרה הוא ועל כן נקרא כך גם הוא עזרה בצרה כשבא צרה על הציבור ח"ו על היותם בלתי הגונים הצדיק נתפס בעולם והם נצולים ונמצא שהוא עזרה לעת צרה וגם באים אצלו בעת צרה שיעזר' בתפלה והקב"ה עושה בזכותו ומצילם מכל צרה נקרא נקרא פודה נפשות על שם על ידי תיקוניו וכוונתיו פודה נצוצות מקדושה הטבועים בעמקי הקליפות כנודע גם יכולת בידו לפדות נפשות מגיהנם כרבי שאמר לאלישע אחר אם יגאלך טוב שהוא הקב"ה יגאל ואם לא ג\וגאלתיך אנכי חיה ה' שכבי עד הבוקר ואמר רבי מאיר אני נכנס להוציאו מגיהנם ונראה אם שומר הפתח יכול לעמוד בפני גם הצדיק במותו עובר דרך גיהנם ונאחזים בשוליו מהנשמות של רשעים שכבר הותקנו ופודה אותן משם ומוליכן אתו בגן עדן ועל כן נקרא פודה נפשות. נקרא צדקה על שם שהוא עצמו הצדקה כארז"ל בהלל שבא לפניו עני בן טובים שהיה למוד לרכוב סוס ועבד לרוץ לפניו פעם אחד לא מצא ורץ הוא בעצמו נמצא שהוא עצמו צדקה נקרא קדושה לפי שהתורה נקרא מים והוא תמיד בתוכה ודבוק בהקב"ה תמיד שנקרא מקוה שנא' מקוה ישראל ה' ודרשו רז"ל מה מקוה מטהר את הטמאים כך הקב"ה מטהר את ישראל וזהו דוקא כשהם דבוקים בו ובתורתו ולכן הצדיק שדבוק עמו ובתורתו אין טומאה חל עליו והוא מטהר אחרים ומקדש' כי גזע קדוה הוא לכן נקרא הצדיק קדושה כי הוא הקדושה עצמה נקרא רצון על שם שתמיד בלי הפסק רגע רוצה לעבוד לבוראו ולקיים מצות ולהטיב עם כולם עד שמרגיל בזה באופן שאינו מפסיק רגע מלרצות ונעשה כאילו הוא עצמו הרצון וכלן נקר' רצון נקרא שמיר' על שם שיכולים העולם למסור ביד הצדיק נשים לשמור כי יכול לעמוד ביצרו ולהתגבר עליו על ידי עשרת מיני' אופני הצלה מיצרו כעובד' דרב עמרם חסיד' באותם שבויות שמסרו בביתו לזומר' וכשראה שגבר יצרו עליו קרא נורא בי עמר' וכו' עד שיצא יצרו ממנו כלהבת אש כארז"ל הרי שיש בידו אופנים להנצל מיצרו אף שיתגבר עליו נקרא תמימות על שם שמרגיל עצמו בתמימות כל כך עם הקב"ה שלא להרהר אחריו עד שבא לכלל כאלו הוא עצמו התמימות על דרך שאמר דוד המלך ע"ה ואהיה תמים עמו ואשתמר' מעוני לא אמר תם אלא תמים להראות תכלית התמימות כי הוא התמימות עצמו ובזה ואשתמר' מעוני שבעשות עצמי מקור התמימות אין עון וחטא יכול לבא על ידי לעולם לכן הצדיק כיון שעושה עצמו כאלו הוא עצמו התמימות נקרא אלהים על דרך שאמר הקדוש ברוך הוא למשה ראה נתתיך אלהים לפרעה וכמו

שנאמר אני אמרתי אלהים אתם אלא שגרם חטא אדם הראשון מה שגר' אך הצדיק שמשתדל בתורתו ובמעשיו לתקן עון אדה"ר ראוי שיקרא אלהי' ובדין הוא שיטול זה השם לפי שהצדיק עושה פעולותיו שלהקב"ה כארז"ל מה הקב"ה פוקד עקרות כך אליהו ואלישע מה קב"ה מחיה מתים כך אליהו ואלישע מה הקהב"ה עוצר גשמי' כך אליה ומה הקב"ה מוריד גשמי' כך שמואל עיין בדרז"ל באורך באופן שפעולותיו יתברך עושה הצדיק ולכן נקרא אלהים. הרי לך שמות אלו שראוי שיקרא בהן הצדיק כפי פעולותיו ומעשיו הטובים אע"פ שהיינו יכולים לכנות לו שמות אחרים כי למעשיו ופעולותיו הטובות אין מספר וכן שמותיו כתבתי שמות אלו בלבד על דרך אלפא ביתא לפקוח עין הקורא מעלת הצדיק ושמותיו כפי פעולותיו כביכול כבוראו ששמותיו כפי פעולותיו כנודע ומשם ילמוד האדם לקרות לצדיק שמות אין מספר כפי המדה טובה שנוהג בה וכן תראה בזוהר שקורא לתלמידי חכמים מלא עיינין על שם שהם מלאים עינים לפרש סודי התורה כגון ענין בלק ואתונו של בלעם וכדומה שנראין ספורים ח"ו והת"ח מפרש הסודות הגנוזים וסתומים שם עיין בארוכה הרי קורא לצדיק כפי פעולתו וכן ברז"ל בכמה דוכתי ת"ח נקראו בנאים דכתיב וכל בניך למודי ה' אל תקרי בניך אלא בוניך וכן רבים שקורא אותו על שם פעולתו. והדבר בהפכו הרשע יש לו שמות אין מספר כפי פעולותיו ומעשיו הרעים רשע משחית מחבל רוצח משוקץ מתועב וכאלה משמותיו

אין חקר לכן הודעתיך בשם של צדיק ושל רשע כדי שתראה מעלת הצדיק וגודל שמותיו הקדושים וגנות הרשע ושמותיו המכוערים והטמאים שעל ידי שיודע האדם אלו הענינים מתעורר אל התשובה לקנות לו שמות קדושים המעידין עליו ביום הדין על המעלת הטובים. ואפשר שעל ענין זה אמרו רז"ל דשואלים לאדם במותו מה שמו שהכוונה לומר השם שקנה כפי פעולתו הטובה שעשה ומה שם הראשון שמזכי' נודע אם צדיק ואם רשע לפי הרש' מוכרח לומר משחית או מחבל וכדומה והצדיק יאמר שמו מתקן הכל או מדריך הרבים וכו' ובשם הראשון שיזכיר נכרי' שאר מעשיו ודנין אותו הן לרע הן לטוב בילא"ו.

~~~~~~

פרק מ'

יתפתחו **האזנים** ויתפקח **העינים** לשמוע ולראות הדברים אשר אני מיחד בפרק זה והם ענינים נפרדים כוללים הרבה דברים מועלים לנשמה ולגוף כאשר עיני הרואה יראה משרים ובפרט דברים לתיקון המתים לפדות נפש' מעונשי משפטי גיהנם והם לקוטים בדרך קצרה ובלשון צח מספר יש נוחלי' ומספרים אחרים יען יקרא הקורא ויזדעזעו אבריו שלא לחטוא ואם חטא יתחרט ויתקן איתא במדרש רות הנעלם מעשה ברשע שהיו דנין אותו ביסורין ובגיהנם ביותר על רוב פשעיו שעשה והניח בן רשע כמותו וחכם אחד הכניסו בבית המדרש ולמדו תורה ואותו מת נתגלה לההוא חכם בחלום ואמר לו מן היום שידע בני פסוק אחד הקילו לי מדיני כיון שקרא

ק"ש הסירו וסלקו דיני מעלי בין ביום בין בלילה פעם אחת כי דנין את הרשעים בגיהנם ז' פעמים בכל יום דהיינו שלשה פעמים ביום וד' פעמים בלילה וכיון שזכה לקרות תלמוד אצל המלמד הסירו מעלי כל דין מכל וכל וכאשר נתחכם וקראו אותו רבי נתנו והתקינו לי כסא בין הצדיקים בג"ע ובכל יום ויום שמחדש שום חדוש בתורה מעטרין אותי בעטרות גדולות וחשובות מאד של הצדיקים אשרי חלקו של המניח בן בעה"ז ועוסק בתורה. כתב בס' חסידים שאין התפלה והצדקה מועלת כשאדם עושה בשביל נפש רשע ע"כ י"ל שלא אמרו כן אלא לגבי איש זר אשר לא מזרעו הוא אבל בן העושה בשביל אביו כיון דכרעא דאבוה הוא בודאי יועיל וכ"ש אם צוה לו אביו שיעשה בעדו תפלה וצדקה אחר מותו שיועיל לו יותר ויותר ועושה נחת רוח לאביו המת ומקיים בזה כבוד אב ואם ובפרט אם תוך שבעה והשלשים יום שמדת הדין מתוחה על נפש המת אם ירבה בלימוד ותפלות וצדקות על נפש אביו ואמו יש כח להתירם מהיסורין והמשפטים של גיהנם וכרחם אב על בנים ירחם הבן על נשמ' אביו ואמו לגמול להם חסד של אמת גם יכול אדם להקל דין ועונש מחבירו בעה"ב כשהוא מקבל עליו יסורין בשביל המת ומתפלל בשבילו ומבקש מדיין אמת שופט צדק ית' שכנגד היסורין שהיא מקבל על עצמו יקל מעליו הפורענות והיסורין שמקבל עליו החי אפי' מעט נחשבים לשם הרבה ומנכין מנפש המת הרבה מן הפורענות וק"ו בן בנו של ק"ו הבן שהוא כרעא דאבוה כשעושה זה לאביו ולאמו ומקיים בזה כבוד אב ואם כמדובר וכמ"ש בזהור שלאחר מותם מחויב הבן לקיי' כבוד אב ואם יותר ובודאי אין כבוד בעולם כזה וכן כשעושה זה התלמיד לרבו שמחויב בכבודו יותר מכבוד אביו וראוי ונכון לעשות לו כן ולא יהיה כפוי טובה מאחר שרבו מביאו לעולם הבא ישלם לו שכרו משלם להצילו מדינ' של גיהנ' ולהביא גם כן לעולם הבא מדה כנגד מדה. ענין חיוב התוכחה הוא שמה שהוא דרבנן או אינו כתוב בהדיא בתורה וגלוי וידוע לנו בבירור שלא יקבל השומע אז אל תוכח לץ ואמרינן מוטב שיהיו שוגגין ואל יהו מזידין אבל דבר שהוא מפורש בתורה בהדיא צריך להוכיח על פניהם אפילו מאה פעמים ולביישם ולהלבינם עד שישובו מדרכ' הרעה או עד הכא' בענין הקדיש והקדושה איתא ברוקח בשם המדר' כשישראל עונין אמן יש"ר אומר הקב"ה מתי קבץ את שארית ישראל מבין האומות ואיתא בשיבולי הלקט בשם מדרש אומר הקב"ה בשעה שאומרים בני קק"ק אני מזכיר גלותם וממהר גאולתם ובמס' ברכות אמרו אמר הקב"ה כל המתפלל עם הצבור מעל' אני עליו כאלו פדאני לי ולבני מבין האומות.

ונראה שהטעם הוא משום שהמתפלל עם הצבור משלים למנין עשרה אם אינו וגם אם יש עשרה גורם ברבוי העונין אמן יש"ר וקדושה וממהר הגאולה כנזכר בענין שלא יאמר האדם היודע ברכותיו בלי כונה ומי שאינו בקי בכוונות יכוין שמברך לבוראו שבראו ואל יברך בפיו מצות אנשים

מלומדת ולבו בל עמו וכתב בספר החסידים אל יברך אדם כאדם העושה דבר כמנהג ומוציא דבריו מפיו בלי הגיון הלב ועל דבר זה חרה אף ה' בעמו ושלח עבדו ישעיה ואמר יען כי נגש העם הזה בפיו ובשפתיו כבדוני ולבו רחק ממני ותהי יראתם אותי מצות אנשים מלומדה אמר הקב"ה לישעיה ישעיה ראה היאך מעשה בני שאינן אלא לפנים ומחזיקים בו כאדם הנוהג ומחזיק מנהג אבותיו ולא בלב שלם הם מנקים ידיהם ומברכים על נטילת ידים ובוצעין ומברכים ברכת המוציא שותין ומברכים כמו שהדבר שגור' בפיהם אך בעת שמברכין אינן מכוונים לברכני ועל כן חרה אף ה' בעמו ונשבע בשמו הגדול לאבד חכמת החכמים היודעים ומברכין אותו במנהג ולא בכוונה. בענין כשאדם רוצה לבקש מקב"ה איזה שאלה יתקן תחלה דברים המעכבים שאלתו ובקשתו כדי שלא יהא תפלתו פלסתר כי בודאי אין סכל וטפש בעולם שיעלה על דעתו שהשם ית' יעשה שאלת המבקש כשיש בידו מכשול ועודו מחזיק בטומאתו והיינו בדברים המונעים והמעכבים עכ"פ שאלו ותפלתו כי הוא בעצמו מונע אותה ממנו ודוחה אותה בשתי ידים הא למה זה דומה למי שמבקש מהמלך דבר ומביא עמו מקטרגי' המעכבים ומונעי' את שאלתו על כל פנים הנה בודאי שאלתו תשוב ריקם מן הדבר הזה ובודאי אין זו נק' בקשת ותפל' אלא חוכא ואטלולא ומעוררת ח"ו מד"ה עליו מלמעל' וכן כל דבר מצוה שבעולם אל יעשה אותה האדם בפתע פתאום בלי קדימת ציור ומחשבה שכלית רק קודם עשותו יעכב

וישתה מעט כדי שיתיישב בלבו להרהר לעשות מצוה לש"ש כגון אם מניח ציצית או תפילין או עושה סוכה ואוכל מצה או שאר כל דבר מצוה לא די לו שיהא סור מרע לבד שיהא דעתו פנויה ממחשבות רעות ומהרהור עסקיו רק צריך לעשות טוב לבנו' בניני המצוה על יסודות הקדושה דהיינו שמקודם יכין מחשבתו ויהרהר בלבו לעשות המצוה לקיים מצות בוראו שציונו בכך כדי לעשות לפניו נחת רוח בהיות מכוין בעת עשייתה שעושה לש"ש גם כל דבר מצוה שעושה האדם באיזה אבר מאבריו כגון קשר תפילין וציצית בידיו יכוון לנקות ולטהר חטא ופגם שעשה בידים גם יכוין להוסיף גבורה וכח בקדושה עליונה המכוונת כנגד הידים וכן בכל מצוה ומצוה ומצאתי בכתבי הקדש מקדושים אשר בארץ הקדושה המה בענין כשאדם כותב מצוה יאמר יר"מ ה' או"א שיהא חשוב ומקובל לפניך כתיבת מצוה זו שהיא כך וכך כאלו קיימתי אותה כהלכתה בכל תנאיה ופרטותיה ויהא מתוקן אותו האבר מרמ"ח אברים שמרומז מצוה זו מרמ"ח מ"ע עליו כדי שאזכה לעלות למעלה למקום שמצוה זו מרמזת שם בעולם העליון ולחזות בנועם ה' ולבקר בהיכלו ע"כ ואם כן לאו ק"ו הוא כשמקיים המצוה בפועל ומכוין אף אם לא ידע פרטי סודתיה בודאי נטהרו ונתקדשו אבריו ונעשו מרכבה לקדושה העליונה כמ"ש האבות הן הן המרכבה אך ורק בתנאי זה אם מקודם לכן תקן חטא האברים וחזר בתשובה שלמה כהוגן וכראוי. יש שמוחקין ו' של ולעלמי כדי לכוון החשבון ואין

צורך כי מצאנו מלת שמיה חסר יוד בדניאל סימן ב' על כן יש לומר ולעלמי בוי"ו כי הלשון יותר נכון ומבורר וכן מצאנו בתרגו' אונקל' לעלם ולעלמי עלמיא. כתב רבינו בחיי ז"ל שקבלה ביד החכמים כי כל האומר פרשת המן בכל יום שלא יבא לידי חסרון מזונות ומצאתי בדברי מקובלים שסגולת פ' המן לאומרה שנים מקרא ואחד תרגום ואם בא לידי מדה זו שנחסר מזונו הוא לשלימות טובתו כי בעולם החסר נחסר לחמו ומזונתו והנה שכרו אתו ולפניו פעולתו אשר עין לא ראתה אלהים זולתו והנה צריכים אנחנו להרחיב קצת מאמרינו ולפרש דבורנו בזה ונאמר כי הנה בכל הצווים ובכל עניינים שבדבריהם ז"ל שמתן שכרן כתוב בצדן שמי שיעשה כך שכרו בעה"ז כך וכך או יזכה לזה ולזה והנה אנחנו רואים שבהרבה פעמים אף שמקיימים אותו הענין והצווי אשר פירשו שכרו ומהדרין מן המהדרין עם כ"ז אינו מקבל אותו השכר המפורש בהדיא על אותו הענן ואעידה לי ב' עדים נאמנים את ר' יהודה בר אילעי ור' יהושע בן חנניה לדמיון שאר הדברים שכיוצא בהם אמרו בגמר' כל הזהיר בציצית זוכה לטלית נאה והנה החסידים אנשי מעשה דורו של ר"י בר אילעי לא היה להם בגד ללבוש רק טלית א' שיה הששה ת"ח מתכסי' בה ועוסקי' בתורה וגם אמרו כל הזהיר במזוזה זוכה לדירה נאה הרי ר' יהושע ב"ח אשרי יולדתו אמר עליו ר"ג מכותל ביתך ניכר שפחמי אתה שדירתו היתה שחור' ולא נאוה גם בענין הרעה ארז"ל כל העושה כך יענש כך וכך כגון המזלזל בנטילת ידים בא לידי עניות וכאלה רבות ואנו רואים הרבה פעמי' אדם עובר ואינו נענש. אמנם אל תתמה על החפץ וכלל הענין הוא שהחכמים הודיעו ופירשו לנו שהמקיים זה הצווי או זה המעשה הטוב שהדין הראוי והשכר הפסוק לזה הוא כך וכך ר"ל שהם הודיעו ופירשו לנו שכאשר יעבור האדם על זה הענין שזה דינו הראוי לו והשייך לזה לא זולת זה אכן הוא טוב לפני השם יתברך לענוש אותו באותו העונש המפורש ושקליה למטרפסי בהאי עלמא ולפעמים אין עונש לו בעולם הזה ולפתח חטאת רובץ ויענש לעולם הבא כנגד העונש השייך לאותה עבירה בעולם הזה. והדיין אמת שופט צדק יתעלה דינו החושב מחשבות לבלתי ידח ממנו נדח הוא יודע המשפט על צד היותר טוב וישר לאדם לתת לה האיש העובר עונשו הפסוק בעולם הזה או יבא לידי סכנה הנזכרת בזה בעולם הזה ולאיש אחר העובר נותן לו כנגד אותו העונש או כנגד אותה הסכנה הראוי לו לבא בעולם הזה נותן עונשו בעולם הבא ואך שלום יהיה בימיו. וכן לענין השכר המפורש לפעמים הוא טוב בעיניו לתת לו אותו השכר הפסוק בעולם הזה ולקבל עולמו בחייו. ולפעמים הוא טוב בעיניו יתברך לתת לו כנגד אותו השכר הראוי לבא לו בעולם הזה נותן לו בעולם הבא והשם הטוב לכל ורחמיו על כל מעשיו הוא יתברך יודע לאיזה סיבה הוא טוב לאדם אחד ליתן שכרו בעול' הזה ולא לעכבנו ולאדם אחר הוא יותר טוב שלא ליתן שכרו בעולם הה ואפשר שהוא כענין שאמר שלמה המלך ע"ה רש ועושר אל תתן לי פן אשבע

ולחשתי ואמרתי מי ה' וכו' ולכן למי שיודע שיחטיא בהונו ובממונו מונע ממנו הטוב לטוב לו ולפעמים קצת בני אדם הם להפך שעניות מעביר אותו על דעת קונו ומתרעם כלפי מעלה על דוחקו ושלו תחבירו ולאיש כזה מטיב עמו בה העולם כדי שיקנה עולם הבא על כן הבוחן לבות וכליות אלהים צדיק הוא יודע דרכי המשפט וכל כוונתו להנאתו ולטובתו של אדם כמו שאמר הכתוב צדיק ה' בכל דרכיו וחסיד בכל מעשיו. גם קרוב אלינו הדבר מאד בתשובת שאלתינו זו שמי שמקיים איזה דבר שחכמים פירשו שכרו הנה שכרו אתו ופעולתו לפניו ובעל הגמול יתברך בודאי ישלם לו בעולם הזה אותו השכר מה שמפורש אך אמנם אם יבא איזה בעל דין לחלוק ויעכב בדבר שומעין לו דהיינו שמא יגרום החטא כארז"ל גבי יעקב אע"ה שנתיירא אחר שהובטח שמא יגרום החטא וכענין שאמר הכתוב עונותיכם הטו אלה וחטאתכם מנעו הטוב מכם וכן לענין העונשים והסכנות שהזכירו רז"ל על פרטי עבירות ודאי מדת דינו חרוץ שאותו העונש או הסכנה יחול על ראש העובר כאשר יעבור אכן לפעמים יש לאדם מליצי יושר ופרקליטין טובים ואיזה זכות שתולה קללתו ויש זכות שתולה שנה ויש שתי שנים כדאמרינן בסוטה. ולפעמים יש לו זכות שמכפרים מחצה וגורמים שאינו נידון באותו העונש עצמו רק ממנו ולמטה וכן יש זכיות שמבטלין לגמרי אותה הסכנה או אותו העונש מהחוטא הנה זאת חקרנוה כן היא שמענה ואתה דע לך שהם דברים אמתיים והכרחיים לידע ומהם אל יהא לבך נוטה. בענין הקרבנות אמרו כל מי שעוסק בפרשיות הקרבנות כראוי הנה הוא כאלו עוסק בכל יום בבנין בית המקדש וג"כ כאלו בנה מזבח ומקריב עליו ממש הקרבנות והקב"ה מוחל לו כל עונותיו וגם ינצל מכל הפגעים גם הוא סיבה לקיום עולם התחתון ולקיום עולם העליון וזוכה עוד לדברים הרבה הנזכרים במאמר הזוהר. דבר מסוגל לשמירת אות ברית קודש ששכרו מדת השלום הוא הצדיק הנקרא חי עלמין כתב בספר כנפי יונה כדי שלא יראה קרי יאמר הפסוק ויאמר ה' אל השטן י"ח פעמים שיש בו חי תיבות ויאמר שלשה פעמים ביושר גד גדוד וכו' וג' פעמים להפך הרי חי חי הוא יודוך כי ג' פעמים ששה תיבות בגימ' ח"י ויאמר שיר למעלות ויכוין בראשי ה' תיבות הבאים אחר ה' אזכרות שבאותו המזמור עם נקודות האותיות אותן עצמם של ר"ת והוא שם קדוש עשצ"יי בגימ' ציצית שיש בכחול הגין על האדם שלא תשלוט בו וכן בגימ' פת שכן טיפי הזרע נמשלים לפרורי לחם כדאית בר"מ עכ"ל וזה יאמר לאחר שקרא ק"ש על מטתו ויזהר מאד שלא ידבר שום דבר ולא יהרהר שום הרהור רע. אתם בני אם המכשלה של רע לבטלה בידכם ואפי' באונס גמור תזהרו לטהר אתכם במי מקוה כדין וכדת בלי עכוב וח"ו שתקילו בזה כלל ואין זה דומה לזיוג איש ואשתו כי בעונות זה הזיוג הוא עם לילית המרשעת ושאר כחות הטומאה והיא דבקה באישה החוטא ומוכנת ליפרע ממנו לעה"ב רחמנא ליצלן ממנה ומכיוצא בה על כן כל מה דאפשר להקדים ליתן ריוח בין הדבקים הללו

דבקי מיתה ולדחות מעליו הרוחות רעות והטומאות הרי זה זריז ונשכר וטוב לו בזה העולם ובעה"ב וגם הלא ידעת כי האדם כצל עוף הפורח היו' כאן ומחר בקבר פן ח"ו ימות וטומאתו עליו ונכרתה הנפש ההוא כי מי נדה לא זורק עליו טמא הוא ויתלוו ויתחברו עמו הטומאות כי מצא מין את מינו וינערו הרשעים אותו מן העולם הבא ע"כ הקדימו עצמכם לכפרה ולטהרה מקוה ישראל ה' מושיעו בעת צרה. האיש הירא ונחרד לדבר ה' יזכור לאחריתו ואל ימתין עד שיחלה רק יהא לזכרון תמיד לנגד עיניו שלא ידע האדם את עתו ואין בטוח ברגעו ושעתו וכמשמעו כדגי' הנאחזי' במצודה רעה והועלו בחכה פתאום כרגע אחד כן בפתע פתאום בא עת פקודתם ותתהפך כחומר חותם כי איך ידע האדם את שנגזר עליו מהדיין אמת שופט צדק על כל רע בין בעיר בין בשדה בעניינים שהזכירו רז"ל בתפלת הימים האדירים וכאשר שמענו וראינו דשכיחי מיתות משונות פתאומית בהרבה והרבה מבני אדם או יחלה פתע פתאום ויכבד עליו חוליו ואז בעת ההיא כאשר יראה חוליו ומיתתו קרובה לבא הכסיל יהא חובק ידיו ויאכל את בשרו על אשר לא תיקן את מעשיו וכל ענייניו ודויו ותשובתו על צד היותר טוב קודם שיבא ימי הרעה ואלו היה נותן בעת ההיא את כל הון ביתו לקנות לו חיי שעה מעט אך אם יום או יומים יעמוד ויקום וילך בבריאות ובשלוה כדי שיוכל לתקן כל ענייניו וכל מעשיו בוז יבוזו לו ואוי לו לגוף הנגוף בעת ההיא שהוא מוטל כאבן דומם ואוי לה לאותה הנשמה שאין לה כח ויכולת לתקן מעשיה בטוב בעת ההיא ותהא עונותיה על שכמה ובעל כרחה תצטרך לילך לבית עולמה ליתן חשבונה לפני מלך מלכי המלכים הקב"ה ע"ז ידוו כל הדווים ויבכו כל הבוכי' ע"כ כל אדם זאת ישיב אל לבו מקודם בכל יום ובכל שעה ואתם חכם הרואה מקודם את הנולד אחר כך ביום הרעה שבפתי פתאום יהא מוטל כאבן דומם וככלי שאין חפץ בו לכן יודה לה' חסדו בכל יום ובכל שעה בבריאותו שיש כח ויכול' בידו תקן בתיקון כל מעשיו ווידויו ותשובתו על צד היותר טוב ויפה גם יסדר צוואתו לבני ביתו ולזולתם וכל הענינים שבעולם ועל כן החכם הרואה את הנולד יזהר בתשובתו השלמה ובווידויו בכל לילה קודם שילך לישן דבההיא שעתא פריש על עלמא אילנא דמותא ואל יסמוך על זה שיעשה כן תכף תמיד כשיעלה למטה כי שמא תכבד עליו חוליו בפתע פתאום וכעת שהוא נתן בקולרה דמלכא עילאה הוא טרוד מאד בטרדיו יסוריו וגם מכאוביו נגדו תמיד ולא יהא יוכל לתקן כל מעשיו וכל עניניו בטוב וגם לא יוכל לכוון בתשובתו בוידוי. ועוד אינו דומ' השב בתשוב' מתוך הדוחק והכרח שא"א בענין אחר בראותו שאין לו חיי שעה כי בא יוו ונשפו ממנו פורח לשב בתוקפו וגבורתו בהלו נרו עלי ראשו ושמשו עליו זורח והוא ודאי כרחוק מערב ממזרח ע"כ בעודו בתוקפו ובגבורתו יהיה תמיד נגד פניו יום מותו ובכל עת יהיו בגדיו לבנים ושכב בשלמתו. אנכי מצוה אתכם שתפשפשו מעשיכם כתוב בזוהר פ'

קרח דף פ"ה בכל ליחלה ולילה עד שלא ישכב ולא ישן צריך ב"א לעשות חשבון ממעשיו שעשה כל אותו היום וישוב מהם לבקש עליהם רחמים ע"כ והנה אל יהא דבר זה קל ורחוק בעיני בני אדם לומר מה פשעי ומה חטאתי כהיום הזה הרצוח וגנוב ונאוף ונשבע לשקר כי יצרו של אדם מתחדש ומתגבר עליו תמיד בלכ יום ובכל עת ובכל שעה וכל מיני תחבולות וערמומיות אחת לאחת ומבקש להפילו וצודה את נפשו לקחת ולהורידו לבאר שחת וכדגי' הנאחזי' במצודה רעה בו יוקשים בני אדם כי יפול עליהם פתאום על כן אם יפשפש בפרט כל מעשיו שעשה כל היום בלי ספק שימצא עון אשר חטא או בגוף או בממון או בדבור או במחשבה או במעשה או בינו ובין המקום או בינו לבין הבריות או בהתרשלות עסק התורה שהיא כנגד כלם וכארז"ל כשם ששכר ת"ת גדול מכל המצות כן עונש המבטלה גדול מכל העבירות או לא קיים המצוה בדיניהן ובדקדוקיהן כי רבים הם ולפחות עון עקביו יסובוהו דהיינו עבירות שאדם דש בעקביו וכאין נגדו שהן רבו כמו רבו שמא עבר על א' מהם כמו שיה מתיירא מזה דוד הע"ה חסיד שבחסידים כמ"ש עון עקבי יסובני. הנכנס אצל חולה צריך לןהזהירו ולהזכירו שיפשפש במעשיו ויחזור מהן ויתודה עליהם ויבקש מחילה לכל מי שחטא לו וגם הוא ימחול לכל מי שחט' עמו יעשה חשבונותיו אם חייב ממון לשום אדם לצוות שיפרעו לו אם אין לו לשעה לשלם ואל יתרשל מכל זה פן פתע תאום יכבד עליו חוליו ולא יוכל לדבר

וימות בחטאיו וירד לבאר שחת לכן תכף יתעורר לכל הנזכר. בענין ברכת הלבנה כתב המקובל הגדל ר' טודרוס הלוי ז"ל בספר אוצר הכבוד וז"ל ושמעתי אומרים על מורי דודי ר' מאיר הלוי שהיה מזהיר אזהרות רבות שלא להסתכל בלבנה כמו שהזהירו רז"ל שלא להסתכל בקשת ואשריו ואשרי חלקו שזכה לתורה התמימה ולחכמה נימה ונעלמה והאריך בסוד הענין וכתבתי זה לאפוקי ממנהג רוב העולם שמסתכלים בה כשמברכין אותה כמעט כל משך אמירת כל הברכה והשייך לזה שיאן להסתכל בה כי אם כמו לגבי הקשת דהיינו כשרוצה לברך יראה אותה ואח"כ יעלים עיניו ממנה. אחת מהצוואות של הגאון ר' שעפטל זצ"ל לנותיו וכלותיו למען השם שלא לשכב שום תינוק במטה שלכם קודם שיהיה ב' שנים ובשעת ההריון תמיד תתפללו שיהיו להן בנים ירא השם ות"ח וישתדלו בהדלקת נר שבת ויהיה כוונתם לש"ש וידעתם כי השלום אהליכם. בענין לקנות אדם לו חבר לכל דבר אל תרפו ידיכם מלבקש רעים ואהובי' אנשי חיל וירא אלהים ואל תאבדם כי טובים השנים כי אי אפשר בלא חבר ואוהב שיתקן לו עניני בעצתו שאף המשכיל שבמשכילים צריך לעצול זולתו ודרך צחות אני אומר כל הנגעים אדם רואה חוץ מנגע עצמו. ואמר החכם אדם בלא חבר כשמאל בלא ימין וכן אמרו רז"ל חברותא או מיתותא ואמרו עוד רז"ל בספרי על פסוק כי טובים השנים מן האחד מכאן אמרו יקנה אדם חבר לעצמו להיות קורא עמו ואוכל עמו ומגלה לו סתריו וע"כ אמרו רז"ל

הרבה תורה למדתי מרבותי ומחבירי יותר מרבותי. ונשמרת' מכל דבר רע ר"ל חבר רע כסיל או כעסן פן תבואו על ידו לידי כלימה ח"ו כי מי שיושב בין החכמים מכובד ומי שיושב בין הנבזים נבזה ואמר החכם אין ראוי למשכיל להתחבר לאדם עד שיבחן אותו אם הוא ראוי לחברה אם לא ואמר עוד ההבחנה הוא שתכעיסהו בתחלה ואם יודה לך על האמת בעת כעסו התחבר לו ואם לאו עזוב אותו. כתוב בספר החנוך פלוסוף אחד צוה לבנו לפני מותו ויאמר לו בני כמה אהובים קנית בחייך א"ל קניתי אוהבים עד מאה אמר יה בני אמרו הפלוסופים אל תאהב ואל תהלל האוהב קודם שתנסהו ותחנהו ותדע באמת אם אוהב כי אני שנולדתי לפניך לא קניתי בכל חיי כי אם חצי אוהב ואתה איך קנית מאה ועתה לך ובחנם אם תמצא מכולם אחד סוף דבר בחנם ואין גם אחד שעמד בנסיון עד ששב אל אביו ויאמר לו אבי קרה לי כאשר אמר הפלוסוף רבים אהובים במספר ולעת הצורך הם מעטים ע"כ אמר החכם סודך אסורייך ואם תגלהו אתה אסירו. עוד אמר אל תגל' לאוהבך מה שתסתיר משונאך אם לא בחנתו פעמים רבות להיות אוהב נאמן פן יהפוך להיות שונאך ויגלה סודך אל תשנאו רעיכם בלבבכם אם נאמר לכם עליה' לשון הרע או אבק לשון הרע רק אתם בעצמכם תווכחו עמהם התוכחת מגולה ואהבה אל תעברו על דעת חבריכם רק תמיד תבטלו רצונכם מפני רצונם כמו שאמר רבי יוסף מעולם לא עברתי על דעת חברי שמעו מסור ועצה לכל מי שנותן לכם עצה טובה ואל בינתכם אל תשענו דכתיב ותשועה ברוב יועץ פירוש ברוב פעמים ולא ברוב יועצים.

אזהרת ראיית הנולד תראו טרם היותו בראשיתו תראו מה אחריתו אל תבהלו מעשיכם וקודם עשייתכם שום מעשה הן קטן הן גדול התיעצו הטיב אם הוא ראוי לעשות אם לאו ועל זה ארז"ל איזהו חכם הראוה את הנולד כי כל העושה בחפזון כוזב החכם יהיה או סכל יהיה אותו העושה וכבר שמעתי הדרשנים מליצים על זה הענין פסוק אני אמרתי בחפזי כל אדם כוזב ר"ל שכל דבר הנאמר ממני בחפזון ובתמהון הלב במהירות הלב והעיון הנה אני וכל אדם העושה זה הענין יהיה כוזב ולשון כוזב האמור כאן הוא מלשון היו תהיה כמו אכזב אש' לא יכזבו ממיו ואמר עוד על זה כי אקח מועד אני משרים אשפוט ולאו דוקא משפט אלא הוא הדין לכל הדברים אשר יעשה אותם האדם יקח זמן ועת לכל חפץ. ואל יעשה האדם דברי' מבוהלים ודחופים בחפזון מכל קדימה מלאכת מחשבת והתבוננות תכלית המעשים ההם וכשהאדם עושה מעשיו בנחת וחושב מחשבות טרם היותו הוא קיים וטוב ויפה וסימן לדבר בשובה ונחת תושעון וכן ארז"ל מתון מתון ת' זוז שויא ואמר החכם מי שירוץ יכשל מי שימהר ילבט וכל המרבה לחשוב ימלט ואמר עוד על תבקש במהירות המעשה כי בני אדם ישאלו איך תיקן אותו ואל ישאלו בכמה ימים תיקן אותו וכן אל תשיבו דבר הן במילי דעלמא הן במילי דשמיא רק אחר שמיעה והבנה היטב. קבלה ישנה היא אם חפץ אדם לעשות איזה מעשה

שיראה לו שיהיה רוח מקצת הבריות נוחה מזה וקצת אינם נוחים מזה רק חפצים שלא יעשה המעשה ההוא מכדי שקולי' הם דעות בני אדם בזה רוצה ואינו רוצה טוב לו לאדם להיות בשב ואל תעשה כי שב ואל תעשה בכמה מקומות עדיף ענין הבטחון הש"י מטריף כל חוסיו ורחמיו על כל מעשיו אל תהיו הומים לאסוף ממון בתחבולות רק שישו ושמחו במה שחננכם הש"י אם מעט ואם הרבה ואם יהיו מזונותיכם מצומצמים אמרו בלבבכם דיינו ברוח אפילו והקב"ה מצרף העני בכור העוני כדי להטיבו באחריתו וכי ירחיב השם את גבולכם ויתן לכם עושר ונכסים וכבוד אל ירום לבבכם מאחיכם כי לא תדעו מה יולד יום כי הוא גלגל החוזר בעולם ואפילו בטוחים הייתם שימשוך לכם העושר והכבוד כל ימיכם מה בכך כי לא לעולם חוסן כי אם שנים רבים יחיה האדם ואילו חיה אלף שנים פעמים אחר שיש מספר לשנים יכלה המספר וסופו כלא היה אף כי ימי אדם כצל עובר וכעוף הפורח אם כן למה יתגאה אדם להבל דמה עפר מן האדמה ונחנו מה כי אין עסקנו ומאוויינו בתורת ה' תמימה על כן ביום טובה היו בטוב וביום רעה ראה ר"ל אפילו ביום שמחתיכם ובמועדיכם בטוב לבבכם ביין תראו ביום רעה שאפשר לבא כמו רגע ח"ו ותשימו על לבבכ' חרדת המות ומאורעות העולם ומכשוליו למען תזכרו ועשיתם את כל מצות ה' ולא תחטאו כמו שארז"ל זכור את יום המיתה ולא תחטא ואמרו בלבבכם ביום שמחתכם כי כל העולם ומלואו וכל עושרו וכל מלכותו ואפילו עלה אדם מלכותו של שלמה הע"ה הכל הבל גמור הוא זולת עבודת הש"י אמר הפילוסוף אין דבר מועיל לאדם כמו שלא יבטח בטובת עולם הזה ולא יאמין בו ותתנו מלחמכם לדל בכל עת ביום שמחתכם ובמועדיכם וביום התענית גם כן אמרו חכמי המוסר אהוב את השמא ושנא מה בכך ר"ל כל דבור וכל מעשה שאדם עושה בינו לבין עצמו בין בינו לבין חבריו יתעור' עצמו ויחשוב בלבו בשעת מעשה או גם אחרי כן תכף ומיד שמא יש בזה המעשה או בזה הדבור או בזה הענין מכשול עון אשר חטא ויצדד עצמו מיד לצד חובה ואל יהיה הכל כמישור לפניו ודרך אויל ישר בעינו לומר מה בכך ויהיה הענין קל בעיניו ובעצם וראשונה יתעורר בדבריו וידקדק אחר מעשיו ודבריו אם אין בהם אחת מאלו ראשי העבירות שהם בעונות שכיחי ושכיחי לרוב בקרב הארץ דהיינו גאוה כעס לשון הרע ליצנות שפת שקר שהם דגלי ורגלי המרכבה הטמא' ילאה הפה לספר בחומר חטאת' ובעול' פגם על כן לא יהא כסוס כפר' אין הבין שלא ידע במה יכשל רק ידקד' אחריהן ודבר זה ירגילוהו להיות סור מרע ובורח מן העבירה ואף אם הוא דבר שבקדושה שמא לא עשה הענין כהוגן ככל משפטו וככל חקתו והנה עינינו רואו' שהרבה והרבה מבני אדם עושים איזה מצוה בכללה אבל אין מדקדקים כלל לעשותה ככל דינה ומשפטיה כמו שפרשו חכמים הקדושים ע"ה. כל מה שהנשמה יותר פנימיות ועליונות חטאו עושה רושם ביותר למעלה ושגגתו עולה זדון על כן החכם החסיד צריך פשפוש יותר במעשיו שלא ימצא

אחריו מאומה ואם פשפש ולא מצא יתלה ויסתפק בעצמו פן ואולי הוא מתרשל באהבת וביראת אל כל היום בעניני דחסידותא כמו שהזכירו רז"ל בהגדותיהם הנאהבים ומוסרם הנעימים וכאשר האריכו גם בשאר ספרי דחסידי ושמא כדבעי למעבד לא עבד כי בודאי מי יכול לילך מחיל אל חיל בתורה ובחסידות עד אשר יגיע למדרגת החסידים הגמורים והוא מתעצל ואינו עושה כן לא יצא ידי חובתו וחייב בדינו שמים כמו שאמרו רז"ל בהדיא חייב אדם לומר אימתי יגיעו מעשי למעשה אברהם יצחק ויעקב ובויקרא רבה אמר ריש לקיש משל לעירוני פירוש בן עיר שאינו ממשפח' המלכים שיה נשוי בת מלכים אף על פי שמאכילה כל מעדני עולם אינו יוצא ידי חובתו למה לפי שהיא בת מלכים כך כל מה שיפעול האדם עם נפשו אינו יוצא ידי חובתו לפי שהיא מלמעלה ע"כ ולזה אמרו בהספינה שכל אחד ואחד מהצדיקים נכוה מחופתו של חבירו שהיא גדולה מחופתו ואומרים אוי לאותה בושה וכו'.

ומכאן תשובה לכת המדברים והמצפצפים שאין אנו מחוייבים ליזהר מהענינים שלא לעשות או מעניני' לשמור ולעשות ולקיים כי אם אותן הדברים הכתובים בתלמוד באזהרה גמורה אבל הדברים והעניינים הכתובים בתלמוד שלא באזהרת גמורה וכן העניינים הכתובים בזוהר או בשאר ספרי דחסידי בודאי המקיימן קדוש יאמר לו אבל מי שאינו רוצה בקיומן אין בזה עון אשר חטא ואין עליו עונש. והנה לא הטיבו את אשר דברו כי מאמרים הנזכרים הם מתנגדים להם ואף שפטור מדין אדם חייב בדיני שמים ועתיד ליתן את הדין על אשר לא שמר ועשה את הדבר ועשה חת רוח ליוצרו יתברך במה שיהא יכולת בידו לעשות טוב. ורבותינו הקדושים והנמשכים אחריהם ע"ה לכך לא הטילו חיובם ועונשם על כל קהל עדת ישראל כקטן כגדול לפי שאין רוב הצבור יכולים לעמוד בו ולא העמידו דבריהם חיובם על כל ישראל אבל במי שיש יכולת לעמוד בהיכל המלך ה' צבאות ולקיים כל הכתוב בספר הזוהר ובשאר ספרי דחסידי הקולר תלוי בצוארו לעשות ולקיים ואי אפשר לו לפרוק עול מעל צוארו כמו שהזכיר ז"ל במאמרי הזוה' על כן טהור ידים יוסיף אומץ. ומעתה יגדל נא הכח בדרכי השם ומעלה למעלה להעלות תמיד נר אלהים נשמתו טרם יכבה ויסור הצל כי בפתע פתאום בינו לבין המות ומשאול לא ינצל ואם העצל יתעצל איך יתנצל ויצל עצמו כשילך לבית עולמו בקום אלהים למשפט אתו עמו כי גדול יום ה' ונורא מאד מי יכילנו ומי יקום לפני זעמו והנה על פי הדברים האלה שזכרנו למעלה אם יפשפש האדם בפרטי כל מעשיו ובמדותיו ובפעולותיו שפעל ועשה כל היום וידקדק אחר כל דבריו ויבדוק בחורים ובסדקים ובכל המקומות שדרך להשתמש שם החומץ ובליעל אין ספק שיראה וימצא בגבולו השאור שבעיסה והמעכב וסימניך דאורייתא ויחפש בגדול החל ובקטן כלה וימצא ואחר הבדיקה מיד בלילה יבטלנו ויבערנו ולהשם יתברך אשר לכבודו ברא

והמציא כל נמצא והוא חוקר הכל ושוקל ובוחן כליות ולב חוקר אנחנו מחלים שיתן בלבנו אהבתו ויראתו כל הימים באמת ובתמים בענין דלא ניעול קמי נכלמים ונהיה מהמוצאים חן בעיניו ומרואי פניו. בענין דברים שצריך האדם לשמור מהם כדי להיות בריא לעבוד לבוראו בהיות דחמירא סכנתא מאיכורא אפילו ספק סכנה ירחיק עצמו אל ירחץ אדם ידיו שחרית במים מגולים ק"ו בהדחת הפה שלא יהיו המים מגולים כ"ש מגולים כל הלילה אמרו רז"ל ארבע דברים העושה אותם דמו בראשו וחד מנהון המכבה את הנר בפיו וכן הוא בכל בו ויקנח אדם ידו בין דגים לבשר אל ישתה אדם שום משקה שהיה מגולה אפילו ביום כתוב בסמ"ק סי' תע"א וז"ל כל זיעת האדם סם המות חוץ מזיעת הפנים ולא יתן תבשיל תחת המטה אעפ"י שהוא עוסק בסעוד הואפילו מכוסה בכלי ברזל משום רוח רעה שורה עליו ולא יאכל שום קלוף ובצל קלו ובוצה קלופה שעבר עליהם הלילה ויש בני אדם שאינן אוכלים שומים קלופים שחוקים בשבת שחרית מטעם זה ויש שאינם חוששים מאחר שלחם מעורב בתוכם ויש שמשימין קליפ' השומין לתוכה עכ"ל. בענין שתיית יין ד' דברים צוה אליהו ז"ל לרבי יהודא וחד מנהון לא תשתכר ולא תחטא וכו' ועלינו לקיים צוואת אליהו ז"ל וירחיק האדם מאד מאד מן השכרות כי מתוך כך בא אדם לידי בזיון כי אין משוקץ ומתועב יותר ממנו וכל העולם מגנין אותו כי לפעמים יעשה אדם דבר או ידבר דבר בשכרותו אם יתן לו איש הון רב לא יעשה אותו דבר ולא ידבר כזה כשאינו שכור וכל העבירות החמורות הן בעיניו ומישור והוא חוטא בבלי דעת והם לריק כחו וממונו וזמנו ומפסיד השכל גם תפילתו תועבה ובהיות שבכמה מקומות בתלמוד ובמדרשים האריכו רז"ל בגנות השכרות והרעות הגורם לנפשו ולגופו משום כך איני מאריך לך להסי' למי שנלקה בצרעת זו נאמר שאחר שיעבר היין מעליו ישים בדעתו הדברים שעשה ומה שדבר ויראה בשקוץ המעשים ובמיאוס הדברי' שעשה ושדבר ואולי עם זה יתרחק מן השכרות כדי שלא לשוב ליכשל באותם המאוסים שעכשו שהוא בדעתו אינו מאמין דכך עשה וכך דבר שנשפך דמו לשומ' ומואס בחייו בזוכרו ובוחר מחנק נפשו כי הוא מתבייש ומתכלם להביט בפני אותה אנשים שנמצאו בעת שנשתכר ועשה מה שעשה ודבר מה שדבר. ולפחות יועיל שאם יחזור לשתות יזכור מהדופי קצת וישב בדד וידום ולא ידבר טועה ולא יעשה מעשים מכוערים יראה האדם מה היין גורם שהרי חטאו במדין בפעור ובזנות בעבור היין כנודע מרז"ל ונתגלגל הדבר של זמרי עם כזבי ונפלו מהם כ"ד אלף לכן יעזוב השיכו' דרכו וישוב אל ה' וישתה מיינה של תורה דכתיב לכו לחמו בלחמי ושתו ביין מסכתי ויבא יין זה ויכפר על חמת' תנינם יינם ובא לציון גואל ויתקיים מקר' שכתוב יטפו ההרים עסיס שהשותהו יתחכם לתורה ולהבין במושכלות רמות ונעלמות מרזי התורה וסודותיה. הרי כללתי בפרק זה של ארבעים דברים רמים ונעלמים

גלוים לכל קורא מספר יש נוחלין מועילים לגוף ולנשמה ובתוספת שלי באיזה דברים ואעפ"י שיש רמז מכל פרט ופרט בפרקים דלעיל ממ"ש כאן אך כיון שבאים כאן בשינוי לשון ויותר מפורש יערב לקורא וירשמו הדברים בלבו לקיים אותם כי כל כוונתי בחיבור זה לעשות אופנים לייסר את עצמי ולכל בן גילי וכיון שכן כל מה שיכולתי לעשות שירשמו הדברים בלב הקורא עשיתי והשם יעזרני להוציא כוונתי לפועל אנס"ו וכן בפרשת מטות שכפל הדברים איש כי ידור נדר דה"לל איש כי ידדור לה' וכן ואשה כי תדור נדר וכן ואסרה אשר אסרה דהל"ל ואשר אסרה על נפשה וכן וכל איסר אשר אסרה וגם ואם היו תהיה לאיש ולא קאמר ואם תהיה לאיש כפל בדברים ללמד שאין דברים נרשמים אל הדעת כי אם על ידי לחזור עליהם פעמים הרבה.

פרק מא

יהו"ה **הגדול והנורא המהולל** בכל צבא המרום במרו' ובפי עמו ישראל ובפרט בפי לומדי תורתו אשר מכירים באמצעות התורה גדולתו והוד מלכותו ויודעים לכוין הדברים לפורשם בכח כוונתם ועל זה שואל הקב"ה לאדם אם יודע שיעור קומה שלו וכאלה הדברים עיין במדרש משלי. ובמדרש שוחר טוב א"ר ישמעאל בא וראה כמה כחו של יום הדין שעתיד הקב"ה לדון את העולם בעמק יהושפט וכיון שת"ח באים לפניו אומר להם כלום עסקת בתורה אל הן אמר ליה הקב"ה הואיל שהודית אמור לפני מה שקרית ומה ששנית מכאן אמרו כל מה שקרא האדם יהא תפוס בידו מה ששנה יהא תפוס בידו שלא השיגהו כלימה ליום הדין היה רבי ישמעאל אומר אוי לאותה בושה אוי לאותה כלימה וכו' בא מי שיש בידו מקרא ולא יש בידו משנה קב"ה הופך פניו ממנו ומצירי גיהנם גוברים עליו כזאבי ערב והם נוטלים ומשליכים אותו לגיהנם בא מי שיש בידו שני סדרם או ג' אומר לו הקב"ה בני כל ההלכות למה לא שנית אם אומר להם הניחוהו מוטב ואם לאו עושים לו כדינו של ראשון בא מי שיש בידו הלכות א"ל תורת כהנים למה לא שנית בא מי שיש בידו ת"כ הקב"ה א"ל בני למה לא למדת הגדה ולא שנית שבשעה שהחכם יושב ודורש אני מוחל עונותיהם של ישראל ולא עוד אלא בשעה שהם עונים אמן יהא שמיה רבא אפי' אם נחתם גזר דינם אני מוחל להם ומכפר עונותיהם בא מי שיש בידו הגדה הקב"ה א"ל בני גמרא למה לא למדת שכל הנחלי' הולכים אל הים והים אינו מלא ואי זה גמרא בא מי שיש בידו גמרא קב"ה א"ל בני הואיל ונתעסקת בגמרא צפית במרכבה צפית בגאותי שאין לי הנאה בעולמי אלא בשעה שת"ח יושבים והוגים המון התלמוד וכי לא זהו הודי זהו גדולתי זהו סוד יופיי שבני מכירים את גדולתי מכאן היה רבי ישמעאל אומר אשרי ת"ח שמשמר תלמודו בידו כדי שיהיה לו פתחון פה להשיב להקב"ה ליום הדין ע"כ. הרי שת"ח שע"י התורה יכולים להכיר ולידע בגדולתו של הקב"ה ובהסוד יופיו כביכול יכולי' להלל לשבח ולזמר לקב"ה כראוי

בהיותם יודעים בשמות הקודש ויכולים לכוין הדברים אל שורשם ומקודם מה שאין כן שאר העם שאין יודעים מכל זה ואע"פ שכל שירות ותשבחו' של כל ישראל עולים ונעשים עטרה בראש מלכא כנודע ואף שאינן מכוונים הדברים לשרשם דע שעולים בהצטרפות השירות והתשבחו' שאומרי' היודעים לכוין כי דברי היודעים לכוין הדברים אל שורשם נעשים ככנפים לשאת דברי השבח של שאר המון העם ולעלותם למעלה שיעשו עטרה כמדובר ובדברי היודע לכוין משתעשע קב"ה ובהצטרפות' נעשים כלם עטרה וערבה לה לכן כדי שכל התפלות וההילולים והשירות והתשבחות של כל ישראל יעלו לרצון לפני ה' בין מאותם היודעים לכוין הדברים לשורשם בין מאותם שאינן יודעים וכן כל תורה ומצוה שיעשה מי שאינו יודע לכוין בסודות השייך בתפלותיו ולימודיו ויחשב כאלו מכוין בסודות השייכים לאותם התפלות והלימודים שמתפלל ושילמוד בכל ימי חייו יאמר בכל יום התפלה מה שהביא הרב בעל ס' כבוד חכמים ז"ל דף כ"ט ע"א וז"ל התפלה. רבש"ע את יודע כי בשר אנחנו ואין בנו ולא בשום בריה כח להשיג ולכוין מעלתך וגדולתך כמו שנאמר גדול אדונינו ורב כח ולגדולתו אין חקר גם אם היינו יודעים צירוף שמותיך הקדושים וכוונת כל תפלה ותפלה לפי זמנה וכוונת כל ברכה וברכה שבתוך כל תפלה ותפלה וכוונ' ת"ח כל לימוד ולימוד בפני עצמו וכונת מעשה המצוה כל מצוה ומצוה בפני עצמה ובכל הזיווגים ויחודי מדות הקדושות העליונות הראוים לבא על ידיהם וכ"ש כי בשר אנחנו ולא בינת אדם בנו ואין אנו יודעים הכוונת האלה לכן יהי רצון מלפניך יאו"א שיהא חשוב ומרוצה לפניך תפלת שחרית ומוסף ומנחה ונעילה ומעריב שאתפלל לפניך היום ובכל לימוד תורה שאלמוד היום וכל מעשה המצות שאעשה היום כאלו אתכוין בכל צרופי שמות הקדושים העולים מתוכם ובכל היחודים וזיווגי מדות הקדושות העליונות הראויות לבא על ידיהם ותצרף מחשבתי הטובה דרך כלל למעשה פרטיות לכל תפלה ותפלה שאתפלל היום ובכל למוד ולמוד שאלמוד היום ולכל מצוה ומצוה שאעשה היום ויעלו לפניך להיות עטרה לראשך עם שאר תפלות ולמוד תורה ומעש' המצות של בניך היודעים והמבינים כל כוונות שמותיך הקדושים הראוים לכל תפלה ותפלה ולכל למוד למוד ולכל מצוה ומצוה המעלים יחוד וזיווג מדות העליונות וקדושה מעלה ומעלה בכל העולמות אמן. ובאומרו תפלה זו אף מי שאינו יודע בכוונת יחשב לו כאו מכוין הדברים לשורשם.

אמנם במאמר הנזכר ראוי לשים לב כי כפי פשוטו לא שביק חיי לשום בריה כי לכאורה אין איש אפי מגדולי הדור ובפרט מדורות הללו שאנו בגלות המר הזה שיוכל להשיג כל אלו הדברים והלא אין הקב"ה בא בטרוני' עם בריותיו ומה גם כיון שגלו ישראל אין לך בטול תורה גדול מזה כארז"ל במסכת חגיגה וא"כ איך שואל קב"ה לאדם ביום הדין על כל חלקי התורה אם למד ובפרט במעשה מרכבה ובדברי' יותר עמוקים מזה כנזכר

במדרש משלי תראהו משם כי כל השומע מאמרים אלו ורואה בעצמו שהוא משולל מכל זה מתייאש מן החיים בראות עצמו מוכן ומזומן למשפטי גיהנם ואפשר ח"ו יבא לידי בעיטה לומר כאשר אבדתי אבדתי ויעשה כל מה שלבו חפץ בעבירות ועוד שאם דברי מאמר זה הם דברים כפשוטן נמצא סותר מאמר רז"ל שאמרו אחד המרבה וא' הממעיט ובלבד שיכוין לבו לשמים שנראה שבמיעוט שלמד האדם אע"פ שלא השיג כל הנזכר במאמר כיון שלומד לשם שמים זוכה לעולם הבא ועוד מאמר אחר סותר זה דאמרו במדרש רבה יש מה שזוכה למקרא ויש מי שזוכה למשנה ויש לתלמוד ויש זוכה לכל כפי מה שנחלק לנפשו על הר סיני ועוד אמרו במשנה לפום צערא אגרא שנראה שתלוי השכר כפי מה שמצטער האדם בלימודו אעפ"י שלא ישיג בכל חלקי התורה מקרא ומשנה הלכות וכו' ומעשה מרכבה וכו' והוא הפך הנ' במאמר זה ששואל הקב"ה לאדם על הכל. על כן נראה דמוכרחים אנו לומר שכל אחד ואחד מישראל קבל חלקו מסיני יש מי שקבל מקרא לבד ויש משנה ויש תלמוד וכו' ויש מעשה מרכבה ויש כולם כמדובר מהמדרש יש מי שזכה למקרא וכולי ועל כל החלקים אלו אמרו רז"ל אחד המרבה ואחד הממעיט ובלבד שיכוין לבו לשמים כולם שוין לטובה בהיות שכל אחד ואחד עסק בחלק השיעור שנתנו לו וכפי שיעור הצער שעבר עליו להשיג החלק שנתנו לו בסיני כך שכרו ועל זה אמרו לפוס צערא אגרא ובהתקיי' האדם החלק שנתנו לו בסיני זוכה לעולם הבא. וכל השאלות ששואל הקב"ה לאדם ליום הדין אם יש בידו מקרא ומשנה כו' עד מעשה מרכבה והתרשלותו גרם שלא השיג כי אם מקרא בלבד או משנה בלבד או שניהם השיג ולא השאר. וכן מי שנתנו מסיני מקרא ומשנה ותוסר אחד מהם ראוי לעונש אך אם נתנו לאדם מקרא בלבד או משנה בלבד בהיות שלם בה קנה מקומו בגן עדן עמה באופן שכל השאלות עד מעשה מרכבה הם למי שנתנו לו בסיני חלק בהן ובמה יבחן זה שיש אדם שאפילו שיעסוק כל ימיו בתלמוד אינו מבין וחפצו ורצונו אינו כי אם במקרא או משנה או אגדה וכדומה או בהפך בודאי שעל הפרט שחושק ללמוד ומבין בו וזהו החלק שנתנו לו בסיני ואדם שמבין בכל פרט ופרט אם יאמרו לו ודאי שבכל חלקי התורה נתנו לו בסיני ובהיות עוזבם ואינו עוסק בכלם מעותד לעונש.

ומדוייק כל זה מדברי המחמר עצמו באומרו שאומר הקב"ה הואיל והודית שעוסקת בתורה אמור לפני מה שקרית ומה ששנית וכו' דיש לדקדק דלמה לא אמר דרך כלל אמור לפני כל מה שלמדת דמשמע כל החיוב המוטל עליו עד מעשה מרכבה אלא שמפרש ואומר מה שקרית ומה ששנית אלא לרמוז שאין החיוב שוה לכל אדם יש מי שחייב לתת דין וחשבון אם קרא או שנה בלבד ויש מי שחייב על הכל.

וכן תדקדק דקאמר מכאן אמרו כל מה שקרא האדם יהא תפוס בידו ומה ששנה יהא תפוס בידו וכולי דהיה לו לכלול ולומר כל מה שקרא ושנה יהא תפוס בידוד אלא שרצה לרמוז שאם לא השיג דעתו כי אם מקרא בלבד יהא

תפוס בידו כי זה חלקו מסיני ועמו יזכה לעולם הבא ואם לא השיג דעתו כי אם למשנה בלבד יהא תפוס בידו כי זה חלקו לזכות בו לעולם הבא ולכך חילק החלוקות כי כל אחת סוג בפני עצמו ודו"ק.

גדולה מזו דקאמר בא מי שיש בידו מקרא ולא משנה הקב"ה הופך פניו ממנו ומצירי גיהנם נוטלים אותו ומשליכי' אותו לגיהנם בא מי שיש בידו שני סדרים או ג' הקב"ה אומר לו בני כל ההלכות למה לא שנית אם אמר להם הניחוהו מוטב ואם לאו עושים לו כדינו של ראשון כו' דקשה דלמה ממתינין מצירי גיהנם לשמוע אם אומר להם הניחוהו או לא דכיון שלא למד כי אם מקרא משנה ולא הלכות עד מעשה מרכבה ראוי שיקחו אותו כאשר עשו לראשון שחיסר משנה ונטלוהו. אלא ע"כ לומר שאין חיוב כלם שוין כמדובר ולכן בכל פרט ופרט ממתינין מצירי גיהנם לראות מה רומז להם הקב"ה שהוא ית' בלבד היודע מה חלק נתן לו בסיני וכיון שכן כיון שלמה מקרא ומשנה אפי' שחוסר כל השאר לא איכפת ולכן אינן יכולים לנוטלו בגיהנם ומה שהפך הקב"ה מאותו שקרא מקרא ולא משנה אין זו ראיה לשני לנוטלו דשאני הראשון קבל מסיני מקרא ומשנה וחיסר משנה ולכך הפך פניו ממנו אבל השני כיון שקרא מקרא ומשנה אף שלא למד גמרא לא בשביל זה חייב גיהנם דאפשר דזו בלבד קבל מסיני ודוק ואפשר שעל כוונה זו ארז"ל אין אדם לומד תורה אלא ממקום שלבו חפץ שנא' כי אם בתורת ה' חפצו כלומר אם חפץ לבו במקר' ומבין בה מה שאין כן שאר פרטי התורה ילמד מקרא שלבו חפץ שבודאי זו קבל מסיני וכן אם לבו חפץ במשנה ולא בגמרא וכן בכולם עוד ראיה ממי שעוסק בפרקמטיא ומחזיק ידי לומדי תורה חולק עמהם לעה"ב כענין זבולן וישׂשכר כארז"ל הרי זוכה לעה"ב אע"פ שאין בידו גמרא וכ"ש מעשה המרכבה כי אם בכוונתו בלבד כמדובר וא"ת ולמה בסיני נותנין לא' חלק במקר' ולאחד במשנ' ולא' בתלמוד ולא' בכולם לפי שכל א' קבל כפי שורש נשמתו לשעה ואח"כ ע"י גילגולים זוכין לה בכל כי בכל גלגול וגלגול מקיים פרט א' עד שלומד הכל עד מעשה מרכבה דכפי עילוי שורש נשמתו שקונה עם מה שלמד בגלגול ראשון מתנים לו בגלגול שני וכן בכולם ועוד כי אין לנו צורך להבין דעתו יתברך כי נורא הוא והוא היודע למה לזה חלק לו המקרא ולזה במשנה ולזה בכולם. אך הכלל העולה מכל זה שלא בעבור שלא השיג דעתו של אדם בגמרא או מעשה מרכבה זוכה למקרא או למשנה וכו' ועוסק בה תדיר כל ימיו יורש ח"ו גיהנם על שאין בידו גמרא או קבלה כי כל דברי המאמר הנזכר מדבר על מי שביטל מלעסוק מה שחלקו לו בסיני כמו שהוכחתי מדברי המאמר עצמו ומה גם שכל מי שיאמר התפלה שהזכרתי לעיל בכל יום ויום נמצא שיש לו חלק עם אותם שעסקו בכל עד שבאו למעשה מרכבה ולהבין גדולתו ית' וכיוון שמותיו הקדושים כיון שמצטרף עמהם כנז' בתפלה אף שבא לידע בכוונת השמות ולא ידע מהם על שלא עסק בהם נחשב בהצטרפותו עם היודעים בה כאלו כיון בהם ובפרט כי כל ישראל נפש

א' הם כרז"ל על ויהי כל נפש יוצא ירך יעקב שבעים נפש דאינו אומר ע' נפשות ותמצא להרב בעל ס' כבוד חכמי' דף י"ג שדבר בישוב מאמר זה ואם תלמוד דרך רהיטא תחשוב שהכל אחד אך כשתתיישב דעתך בלימודך תראה כמה הפרש יש מפירש לפירוש ושניהם כא' טובים. הנה המוסר היוצא מזה יחשוב אדם בדעתו שאם נותן לו שכלו להבין במקרא או במשנה ואינו עוסק בהן תדיר ומוציא זמנו בעוסק חכמות חצוניות כמה בושת וכלימה מגיע לו ליום הדין והנורא בראות בעיניו שבדבר שאינו קשה כגון מקרא או הגדה היה יכול לקנות עולמו ולא עסק בהם ונמסר ביד מלאכים אכזרים מצירי גיהנם וישך בשרו בשיניו ולא יוכל לתקן ובפרט בבא נגד עיניו החכמות החצוניות שעסק בהן והוציא בהן כל ימיו ואין לו תועלת עכשיו מהם להגין עליו אדרבא הן לו לשוד ושבר להענישו עליהן. גם איך יכול שום חכם שבעולם אעפ"י שיהיה עמוק עמוק בתלמוד להקל בעיניו למי שיידע מקרא או משנה בלבד או הגדה ועוסק בה תמיד באהבה וביראה דאפשר לזה נתנו בסיני זו בלבד ובעסק זה קונה עולמו ויורש ג"ע והוא בעל תלמוד מלא הלכות אפשר שבסיני נתנו לו חלק גם במעשה מרכבה וכיון דלא עסק בה יורד לגיהנם על שלא עסק בה כנזכר במאמר וא"כ מה מועיל לו חכמתו כיון שיענש שם ורואה בעיניו למי שלמד מקרא מקבל שכר ואפש' שעל זה אמר התנא אל תהי בז לכל אדם וכו' ואפי' יהיה האדם שלם בכל פרטי התורה אין לו מקום להקל בעיניו ליודע פחות ממנו משום שזה קונה עולמו על ידי המקרא או הגדה שעוסק בה על עוסקו בחלקו מה שנתנו מסיני כמוהו שעוסק בעמוקו' שנתנו לו מסיני שיקנ' בו עולמו שנמצ' דשניה' שוין בקניי' עול' הבא זה בחלקו שקבל מסיני וזה בחלקו מה שקיבל מסיני ואפש' לפר' עם זה המשנ' על שלשה דברי' העול' עומד על התור' ועל העבוד' ועל גמילות חסדים כו' שהכונה לומר על ג' דברים הועלם עומד על התורה שהיא המקרא דסתם תורה היא תורה שבכתב ועל העבודה לרמוז על מעשה מרכבה שהוא דבר קשה להשיגה ועבודה קשה היא לאדם לעומק השגתה (עיין בילקוט חדש שהביא מהזוהר דדרש עבודה על ענין התורה בערך תורה סימן נ"ו) ועל גמילות חסדים הרומז על ההגה שנלמד מום ההגדות כח הג"ח מסיפורי המעשיות הבאים בתוכם כנודע ואדם מתוך שעוסק בהן לומד לעשות ג"ח ובא לנו התנא לרמוז דכיון שמסיני נחלק לכל א' חלקו לזה מקרא ולזה מעשה מרכבה ולזה הגדה שלשתם גורמים בקיום העולם ואין להקל במי שיודע פחות מחבירו דכלם שוין כיון שכל א' מחזיק לקיים חלקו מקיימים העולם. וע"ז יובן פ' על מה אבדה הארץ על עוזבם את תורתי אשר נתתי לפניהם דיש להבין מאי לפניהם אלא כיון שהדור היה חייב טעו מאד בשיקול דעתם וכל ההמון בראותם שהיו בעלי מקרא ומהם בעלי משנה או בעלי הגדה ולא השיגו יותר בעמוקות כמעשה מרכבה וכדומה אמרו כיון שלא השגנו בעמוקות ולאדם שואלים ביום הדין על זה ובהיות חזר מזה ענוש יענה א"כ מה מועיל מקרא ואגדה

שבידנו ובעטו בכל ועשו כל מה שלבם חפץ ונסתתמו עיני שכלם מלהבין שכל אח' קונה עולמו בהיות עוסק בחלקו שקבל מסיני מקרא או משנה לכן בא הקב"ה והודיעו טעותם שאבדה הארץ על עוזבם את תורתי אשר נתתי לפניה שעזבו מה שנתתי לפני כל אחד ואחד כפי הראוי מצד נשמתו מקרא או משנה. וזהו ג"כ כוונת פ' אשרי האיש וכו' כי אם בתור' ה' חפצו ובתורתו יהגה יומם ולילה דקשה הל"ל ובה יהגה מאי ובתורתו אלא הכונה אשרי מי שבתורת ה' חפצו שחפץ בה מצד אהבו בה ובתורתו שנתנו לו בסיני דהיינו חלק תורתו מקרא או משנה וכו' יהגה יומם ולילה והיה כעץ שתול על פלגי מים וכו' אשר פריו יתן בעתו בועלם הזה ועלהו לא יבול לעולם הבא ביום הדין שכל הבל פיו שהוציא בעסק חלקו ושעסק בה לא יבול. לא כן הרשעים דסוברים כיון שלא השגנו בעמוקות אין לנו תקומה ובועטים בכל והם כמוץ וכו' וזהו כוונת אשרי מי שבא לכאן ותלמודו בידו כלומר תלמודו שקבל בסיני מקרא או משנה וכולי. ובזוהר פרשת בראשית כשהאדם מחדש בדברי תורה כהוגן נעשים שמים חדשים וארץ חדשה אבל כשמחדש ואינו יודע על בוריו נעשה רקיע של שוא דק' דמה יכול לעשות כשאינו יודע על בוריו דמה בידו כיון דחוסר דעתו גרמה לו וכיון שכן למה נעשים רקיע של שוא. אלא כיון שזה כבר חידש כהוגן מורה שחלקו לו בסיני חלק יחד' וכיון שכן כשאינו מחדש על בוריו הוא גורם על שאינו עוסק כראוי לעסוק דאם היה עוסק כראוי היה מחדש על בוריו כיון שמסיני נתנו לו שיחדש כמדובר ונא מזיד הוא ועל זה נעשין רקיעים של שוא להענישו על פועל שפעל. ונבין בזה מאמר הביאו הי"ח בערך מיתה סי' ע"ז א"ר יהושע ב"ל בג' מקומות שמענו שהאדם משמיע תלמודו סמוך למיתתו הא' סוף דבר הכל נשמע.

השני להודיעך קושט דברי אמת השלישי צלמות ולא סדרים ע"כ דראוי לשים לב לדעת על מה משמיע אדם תורתו סמוך למיתה ויש לומר דכיון שואלים לאדם ביום הדין אם עסק במקרא ובמשנה כו' עד מעשה מרכבה וזהו דוקא למי שחלקו לו בסיני שיהיה לו חלק בכל כדפרשית ולכן כל אחד משמיע תלמודו כלומר שיעור תלמודו שנתנו לו בסיני מקרא או משנה או הגדה לסתום פי המקטרגים שלא יתעוררו עליו כי אין ידו בכל חלקי התורה לכן מודיע ומכריז זה חלקי שנתנו לי בסיני ועסקתי בו וכאלו אומר ובעבור שלא נתנו לי חלק בנסתרות לא עסקתי בהן כי לא השיג דעתי להן. עוד נראה תשובה כוללת במאמר אשר בתחילת הפרק שאף שנאמר שכל אדם חייב בעסק מקרא משנה הלכות הגדות מעשה מרכבה לא יפול השאלה ביום הדין כי אם על מי שהיה לו פנאי לעסוק ונתרשל לא עסק דכיון שנתן לו הקדוש ב"ה הבנה למה לא עסק בכל וראוי לעונש כי לא חש על כבוד קונו לידע גדולתו אבל למי שתכפוהו הצרות והדאגות והחסרונות והחולאים או שלא היה לו מי שילמדנו אין מקום לשאול לו צפית במרכבה כי אונס הוא וזוכה לעה"ב עם המקרא או הגדה בלבד שעסק בה לש"ש אך שיצטער כל ימיו איך לע עזרו הזמן

לעסוק בכל זה ומחשבה טובה הקב"ה מצרפה למעשה ובזה המיעוט שלמד לש"ש כדאמרינן אחד המרבה ואחד הממעיט זוכה לעה"ב אע"פ שלא יעסק בעמוקות הם מעשה המרכב' וסודי התורה וראיה מבעל תשובה שהוא גדל מצדיק גמור שעסק בכל התורה ואע"פ שהבעל תשובה לא עסק בתורה אפי' במקרא וכ"ש במעשה מרכבה ועם כ"ז זוכה מיד לעה"ב וכדרז"ל גבי אלעזר בן דורדיא שיצאת בת קול ואמרה ר' אלעזר בן דורדיא מזורק לחיי עולם הבא בכה רבי ואמר יש קונה עולמו בשעה אחת וכו' ולא עוד שקראו אותו רבי ע"כ. הרי רבי אלעזר בן דורדיא שמת מתוך תשובתו ואף עלפי שלא היה בידו תורה ומעה מרכבה וזכה לעולם הבא מיד והוא בעבור שבתשובתו נתחרט על מה שלא עשה רצון קונו לעסוק בתורתו ולהכיר גדולתו והמחשבה נחשב לו למעשה. עוד ראיה לזה דאיתא בילקוט סי' ס"ה א"ר אלעזר אמרו ישראל לפני הקב"ה אנו רוצים ליגע בתורה יומם ולילה אבל אין לנו פנאי אמר להם הקב"ה קיימו מצות תפילין ומעלה אני עליכם כאלו אתם יגיעי' יומם ולילה ומייתי רבי יוחנן ראיה והיו לאות על ידיך וכו' למען תהיה תורת ה' בפיך א"ר יהושע בן לוי לר' אלעזר תינח ביום בלילה דליכא תפילין מאי איכא למימר אלא מה אתם מקיימים ובתורתו יהגה יומם ולילה זה ק"ש שאדם קורא שחרית וערבית מעלין עליו כאלו יגע בתורה יומם ולילה ע"כ הרי בהדיא שאמרו ישראל אין לנו פני לעסוק בתורה ונתן להם שיקיימו מצות תפילין ויחשב להם כאו יגיעין בכל התורה והלא אין משיגים עמוקות ומעשה מרכבה בקיום מצוה זו ועכ"ז זוכים לעה"ב על המחשבה טובה שרוצים ליגע בתורה אלא שאין להם פנאי. גם כל אדם שאין לו פנאי לעסוק בעמוקות מסבת אונס כמדובר בודאי שזוכה לעולם הבא במה שקרא מקרא או משנה בלבד לשם שמים ובמחשבתו הטוב' שמתאוה לעסוק ואין פגע רע ולבו פנוי מכל טרדה ועמל לזה שואלים לו כל הנז' במאמ' דכיון שנתן לו הכנה למה לא השיג כל זה האמור דזהו גדולתו יתברך. ומדוייק זה מן המאמר דקאמר כיון שת"ח באים לפניו אומר להם כלו עסקת בתורה כו' דקשה דכין דקאמר שת"ח באים לפניו שנכנס בלשון רבם הל"ל בלשון רבים ויוצא בל' יחיד לרמוז למה שפירשנו דהן אמת שכל תלמידי חכמים נכנסים לפניו אבל השאלה נופל על אחד המיוחד שהיה לו השקט ושלוה לעסוק בכל חלקי התורה ולזה דוקא שואל הקב"ה ואומר לו הואיל שהודית אמור לפני מה שקרית כלומר על התלמידי חכמים שבאו לפני ולא הודו מסבת שלא היה להם פני לעסוק בכל חלקי התורה איני שואל דאנוסי' הם אבל אתה אחד המיוחד שנתתי לך פנאי אמרו לפני מה שקרית. גם נלמד מהמאמר הנכבד הזה כביכול כמה מצטער הקב"ה בצער האדם שהרי כשבא לפניו מי שיש בידו מקרא ולא משנה הקב"ה הופך פניו ממנו ומצירי גיהנם מתגברים בו וכו' ונוטלים אותו ומשליכים אותו לגיהנם שענין הפכת הפני' ממנו כאב שרואה בצרת בנו ידידו והופך פניו כדי שלא לראות בצערו כי מצטער מאוד לראותו גם הקב"ה הופך מפניו כדי

שלא לראות איך מצירי גיהנם נוטלים אותו לגיהנם וכביכול אינו מצילו משום שכך מחייב שורת הדין למוסרו ביד' כדי שיתמרקו בגיהנ' וכן תראה חמלתו ית' על האדם שעל כל דבר ששואל ממנו אומר לו בני בני שהרי אומר לו בני כל ההלכות למה לא שנית וכו' כמצטער על בנו איך לא עשה החיוב המוטל עליו וגרם לו רעה. ומצאתי סיוע לדברי ממה שפירשו המפרשים ז"ל בפרשת וילך על פסוק ואנכי הסתר אסתיר פני ביום ההוא על כל הרעה אשר עשה וכו' כביכול מסתיר פניו מתוך חיבתו עם ישראל כדי שלא לראות בצערם הבא עליהם על כל הרעה אשר עשה. וכפי הדרך השני הה שפירשנו במאמר דכיון שחפצו ורצונו של אדם לידע כל התורה כולה אלא שאין לו פנאי או שיאן לו מי שילמדנו ונחשב לו כאלו למד הכל ועל זה אינו נופל השאלה למה לא צפית במרכב' למה לא צפית בגאותי וכו' לפי שהמחשבה נחשב לו למעשה נוכיח הענין מפסו' לעשות רצונך אלהי חפצתי ותורתך בוך מעי יובן עם מה שפיר' חז"ל על פ' כי אם בתורת ה' חפצו ובתורתו יהגה יומם ולילה שהכוונה כיון שאין פנאי לאדם ללמוד מסבת איז' אונס אך חפצו ורצונו ללמוד נחשב לו המחשבה כאלו ובתורתו יהג' יומם ולילה דמחשב' טובה הקב"ה מצרפה למעשה וזה עצמו אומר כאן כיון שלעשות רצונך ה' חפצתי נחשב חפצי ורצוני למעשה כאלו ותורתך בתוך מעי ממשה כאלו עסקי ולמדתי כל התורה כולה וזהו גם כן כוונת פסוק במזמור ה' כי אתה תברך צדיק ה' כצנה רצון תעטרנו ירצ' כיון שהצדיק כל רצונו וכל חפצו לעבוד להקדוש ברוך הוא כראוי לעובדו אמר דוד כי אתה תברך צדיק ה' ומה היא הברכה דכצנה רצון תעטרנו כלומר הרצון תעטרנו כלומר הרצון שיש בו תעטרנו שיחשב למעש' באופן שעם הרצון שיש בצדיק מעטרו הקדוש ברך הוא כשם שמעטרו כשעושה מעשה ממש בהיות שהרצון שלו לעובדו וללמוד כל תורתו מחשב לו למעשה. ויש פסוקים הרבה מובנים מאליהם בהקדמה זו ולכך לא הארכי משום שכוונתי אל המוסר בלבד. לכן צריך כל אדם בכל עניניו ועסקיו שיחשוב תמיד שכל מה שעושה הוא לשם יחוד קודש אבריך הוא ושכינתי' ולעשות מצוה אולי יהיה לו פנאי על ידי ענין או עסק שעוסק לעבוד לבוראו כראוי לעובדו ולעסוק בכל חלקי תורתו מקרא ומשנה וגמרא וכו' מעשה מרכבה וכדומה ובזה יחשב לו למעשה אם לא היה לו פנאי וינצל מיום הדין שלא ישאלו ממנה למה לא עסקת בכך וכך וגם כל החושב תמיד שאם היה לו פנאי לעסוק בכל התורה היה עוסק מרויח עוד שאינו חוטא דכיון שהוא עסוק במחשבה זו בלי הפסק אין לו זמן לחשוב במחשבות חצוניו' ומה גם שמחשבו' הקדושות דומים לחוץ את המחשבות החצוניות דכיון שבא לטהר מסייעין אותו והסיוע על שני נים הוא א' שמסייעי' אותו שיוכל לנצח יצרו לגרש מדעתו המחשבות זרות בכח המחשבו' הקדושות שניה שמסייעין אותו להוציא מחשבו בפועל לתת לו פנאי והכנה שיוכל לעבוד לבוראו כרצונו וחפצו ולעסוק בתורתו להשיג להכיר לבוראו על דרך שאמר

דהמע"ה לשלמה בנו דע את אלהי אביך ועבדהו שהכונ' שיעסוק להכיר אלהותו גם בדרך חקיר' כדי שביודעו כחו וגדולתו ומוכרח שמבלעדיו אין אלהים מתדבק עמו בכל לבבו ובכל נפשו ואז אין שום מנגד יכול להפך את דעתו כי זו היא המעלה של מי שמכיר לו ית' דרך חקירה כנודע ובהיות שיש סבה אח' טורדו לאדם מהשגת השלימות כאשר ראיתי בעיני והיא הקפד' האדם על שיחת אנשים הדוברי' עליו בשעת מריבה וקטטה ומצטער ודואג מאותו דברו ימים ולילות עד שעוז פניו ישונה ולבו בל עמו לעסוק בתורה ובמצות וכל זה שטות מבואר משום שאם היה מי שחרפו אוהבו היה לו לחשוב בטובות שעשה מקוד' ובהצלות שהצילו מכמה פגעים רעים בזמן שהיה אוהבו וגרם שהוא חי היום על פני האדמ' ויותר טוב שנמצא חי בעולם ומחורף עתה מלהיות מת אע"פ שלא היה שומע חירוף זה שהרי בהיותו חי מצפה שיחזור לו לאוהב ויבקש ממנו מחילה ואף שלא יחזור הרי הוא בחיים לקיים תורה ומצות ולהעמיד בנים ובנות ואם מי שחירפו הוא זר יש לו לחשוב שאין חירופו תמידי אלא באותה שעה היה ויפרדו איש מעל אחיו כל איש אל מקומו יבא ואיך בעבור חירוף שעה יטרד לבו מהשגה השלימות שהוא לקנות חיים שאין להן קץ ותכלית שהן חיי עה"ב כי אין החירוף נצחיי כדי שיצטער ממנו. ועוד ישים נגד עיניו כי היום או למחר שניהם אינם בעולם כי הילודי' למות וא"כ מה מקום יש להצטער מגדופי בני אדם. והחכ' השלם כמהר"ר ידידיה אבולפ"יא נרו סמך כ"ז במה שאמר דהמע"ה במזמור ק"ב במ"ש כל היום חרפוני אובי מהוללי בי נשבעו כי אפר כלח' אכלתי ושקוי בבכי מסכתי מפני זעמך וקצפך כי נשאתני ותשליכני ימי בצל נטוי ואני כעשב איבש ואתה ה' לעולם תשב וזכרך לדר ודור שהכונה שאמר דוד כל היום היו מחרפי' האויבים והוללים עד שנשבעו לחרפני בראותם אותי כי אפר כלחם אכלתי כו' מפני זעמך וקצפך כי נשאתני ותשליכני על עון בת שבע ולא הייתי שם על לבי שום דבר ממה שמחרפי' אותי מב' סבו' א' כי אמרתי ימי חצל נטוי ואני כעשב איבש כלומר שימי כצל נטוי והיום ומחר אני מת וכן מחרפי וכיון שכן מה מקום יש להקפיד על חירופם של אויבי שני' ואתה ה' דוק' נצחית לעולם תשב זכרך לדור ודור מה שאין כן האדם שאין נצחיות לא בו ולא בדבריו וכיון שכן אין להקפיד מחירופי בני אדם כי אין חירופו תמידי ונצחיי עוד יחשוב אדם בעצמו כי לא בעבור שחירפו חבירו חיסר לו אבר מגופו כי באבריו שהיה לו קודם שחירפו הוא אח' שחירפו ועוד כדי שלא להקפיד על מה שמחרפו חבירו יקפיד על מה שמחרף הוא נשמתו באיזה נבלות שדבר או איזה דברים בטלים ובמה שמתבטל מעסק התורה בהצטע' מדברי החירוף ועוד כדי שלא להקפיד ממה שחירפו חבירו יקפיד מתוכחות על עון שמוכיח התור' ואומרת לעוברים רצונו יתב' עם נבל ולא חכם בנים לא אמן בם וכו' וכן הנביא כי בית מרי המה וכאלה רבות. ויקפיד מכל זה ויתקן מעשיו וישתדל בקיום תורה ומצות ואפשר שע"ז כיון דהמע"ה

במזמור מ"ד באומרו תשימנו חרפה לשכנינו לעג וקלס לסביבותנו תשימנו משל בגוים מנוד ראש בלאומים כל היום כלמתי נגדי ובשת פני כסתני מקול מחרף ומגדף מפני אויב ומתנק' כל זאת באתנו ולא שכחנוך ולא שקרנו בבריתך לא נסוג אחור לבנו ותט אשרנו מני ארחיך כי דכיתנו במקום תנים ותכס עלינו בצלמות אם שכחנו שם אלקינו ונפרוש כפינו לאל זר הלא אלקים יחקר זאת כי הוא יודע תעלומות לב כי עליך הורגנו כל היום נחשבנו כצאן טבחה הנה אומרים ישראל להקב"ה ראה דבקותנו ואהבתנו עמך אע"פ שתשימנו חרפה לשכנינו וכו' ותשימנו משל בגוים וכל היום כלימתי נגדי מקול מחרף ומגדל שמחרפי' אותי תמיד כל זה באתנו כלומר עד כלל זה באתנו שיחרפוני וגדפוני כל היום ועם כל זה לא שכחנוך ולא שקרנו בבריתך כטבע האדם דבשומעו מחרפי' אותו דואג ומצטער וטורד עצמו מלעובדך ולהשיג שלימותו אני בטלתי הטבע ולא עשיתי כך כי לא נסוג אחור לבנו ותט אשרנו מני ארחיך אעפ"י כי דכיתנו במקום תנים כי התנים מדכים אותו ע"י לחש דברים ולנו דכיתנו בדברים של חירוף וגידוף במקום תנים נכנסו במקום וסוג התנים ותכס עלינו בצלמות כל מר כל כך לא הקפדנו להצטער עצמנו נגד אהבתך כדי שלא יפול בה בטול שהיו כל המחרפים נגדנו כאלו כסה עלינו בצלמות ולא ראינו אותם מחרפים לנו ואדם שאינו רואה המחרף לו אע"פ ששומע קול חרוף אינו מתבייש ואינו מקפיד ע"ד סומא אין לו בושת כדי שיפעול דאגה בעצמו לבטלו המשגת השלימות וראיה וכי אם שכחנו שם אלקינו וכו' כדי לומר שנצטערנו מדברי החירוף לבעוט בך ח"ו ואם תאמר לא מאהבת להקב"ה זה כי אם בעבור שלא מצאת יד באומות העולם המחרפיך שיקבלוך אצלם כי כונם לאבדך מן העולם ולא יזכר שם ישראל עוד לזה אמר אלקים יחקו' זאת כי הוא יודע תעלומות לב ואם כן יודע שעל אהבתי עמו לא השגחתי לדברי מחרפי אותי ולמנוע עצמי מהשגת השלימו' כמדובר ועוד ראיה כי עליך הורגנו כל היום והוא מודעא רבה אהבתנו עמך וגם נחשבנו כצאן טבחה מה הטבח הזה שוחט כמה בהמות היו' וחשב מספר שישחוט מחר גם אנחנו עליך הורגנו היום מיד אויביך ונחשבנו העתידי' להרוג למח' כצאן הזה כמדובר ועכ"ז לא שכחנוך אם כן עורה למה תישן ה' למה פניך תסתיר וכו' כי שחה לעפר נפשנו וכיון שבאנו לירידה תחתונה שמלבד גופינו גם נפשנו שחה לארץ קומ' עזרתה לנו כי אח' ירידה עליה ובפרט ירידה כזו אין כמוה וזה שאני אומר לך רבש"ע ופדנו לא למעני אני אומר כך כי אם למען שמך שלא יתחלל משום שבראותם אומות העולם המחרפנו גודל שפלותנו ואין תשובה גדולה כשפלות שנחשב כאלו מקריב כל הקרבנות כדרז"ל על פסוק זבח אלקים רוח נשברה וכו' אין תולין הגלות על עונותינו באומרם כי אין ויאמרו מבלתי יכולת ה' ח"ו לכן עשה למען שמך שלא יתחלל גם כיונו לומר ועשה למען שמך כל מר עשה למען שמך שהוא חסר לגאלנו כדי שישלים. והחכם השלם כמה"ר יוסף גאון פי'

בפ' כי דכיתנו במקום תנים כו' כלו' דכיתנו במקום שהיו תנינים להמיתנו בנשיכתם ואם תאמר ותקדים למים ותנצל כארזל אם אדם קודם למים מת הנחש לזה אמר ותכס עלינו בצלמות כלו' זה אינו משום שתכס בצלמות כדי שלא יראנו מקום המים להקדים להן. גם יחשוב האדם בשומעו קול המחרפו שאינו מלאך או שרף כדי שיקפיד ממנו אלא הוא גוף נגוף מלא אספסוף שנאוי ומשוקץ לפני הקב"ה כיון שמבזה חבירו והוא אהוב ונחמד בפני קונו בהיות נרדף שומע חרפתו ואינו משיב. גם יחשוב כי המחרפו הו' מתוך כעס וכרגע יעבור כעסו ומתחרט על מה שחירפ' וא"כ למה לך להאריך זמן בצער ובדאגה על שחירפך ומי שחירפך בשמחה אע"פ שחטא ואתה שלא חטאת למה תצטער להיות חוטא כמוהו כיון שהצער והדאגה מונע עצמך מן השגת השלימות כמדובר. ואין לאדם לעשות עיקר מדברים חצוניים ולא לנטות בהן אז לבד מדברים הנוגעי' למקום שיעשה מהן עיקר שלא לחללם ולקיים אותם על דרך איש כי ידור נדר לה' או השבע שבועה לאסור איסר על נפשו כלומר אסר איסר לקדש עצמו לעלות נפשו למדרגת רוח ומרוח לנשמה וזהו על נפשו לעלות נפשו בזה דוקא יעשה עיקר מהדברים ולא יחל דברו ככל היוצ' מפיו יעשה אבל בדברי חול אם נשבע להרע ימיר ויחל דברו והקדוש ב"ה ישים חלקנו עם אותם המדברים שיחה של קדושה להשגת שלימות נפשם אמן ואמן נס"ו. וסמך פ' נדרים לפ' מסעי לרמוז שיסע אדם עצמו מלנדור ויקיים הדברים בלי נדר כדכתיב ואם תחדל לנדו' ולא יהיה בך חטא באופן שכל מה שיוכל אד' למעט בדבורו ימעט.

פרק מב

יודע המחשבות ובוחן הלבבות יפרע מן האיש המוצי' זמנו להבל וריק כי בעת שהוא פנוי מעסקו במקום שילך לעסוק בתורה במה שיודע או להלוך לבית המדרש לשמוע דברי חכמים וחידותם כדי ללמד דעת ויראה ה' מוציא זמנו לבטלה בשחוק האיסקא"ק והבא למחות בידו משיב לו שכוונתו הוא לחדד השכל והאמת הוא שמאס בתורת ה' ובדרכיה ולא חפץ לבו ומשום זה בוחר בשחוק מעסק התורה בעבור שלא יחזיקוהו רשע שמגיע לו נזק משיב שכוונתו לחדד שכלו ואינו יודע שבתשובה זו מעיד על עצמו שהתורה היקרה בזויה בעיניו ח"ו כהיות בדעתו שהשחוק מחדד שכלו יותר מהתורה שכתוב בה תורת ה' תמימה משיבת נפש עדות ה' מחכימת פתי וגו' ואם כוונתו כפי האמת לחדד דעתו היה לו לעסוק בתורה כי אין חכמה בחכמת התורה ואין חידוד גדול ממנה כי מפי עליון מקור החכמה נאמרו דבריה ויושר אמריה אם כן מוכרח שכופר בתורה בלבו ובמי שנתנה שהו הקב"ה מלא כל הארץ כבודו שמא מודה על זה איך שוחק לפניו היאמן שהיודע שעומד בפני המלך עושה בפניו דברים של היתול כדי לחייב ראשו למלך. ועוד דהשקר מבואר במה שמשיב שמשחק כדי לחדד שכלו שאין אנו רואים שאחר שחידד שכלו הולך ועוסק בתורה

להבין בה בחידוד האיסקא"ק כ"א בכל עת או יום שהוא פנוי מעסקיו עוסק בשחו' אוי לו ואוי לנפשו שדומה בדעתו שמרמה לקונו הזאת ישיב כשמביאים אותו לדין לפני בוראו שחקתי באיסקא"ק כדי לחדד עמו שכלי להבין תורתך ולא ידחפו אותו מרום רקיע עד תהומא דארעא כזורק אבן מרגמה. וכתב בספר כבוד חכמים מרבינו יונה ז"ל שכתב בשער היראה דברים דומים לזה על המוציא זמנו בדברי בטלה שהוא ככופר בעיקר שאינו מאמין שמלא כל הארץ כבודו כי המאמין שעומד לפני קב"ה לא יעש' לפניו דבר נגד רצונו וקשה בעיני דבר זה יותר מכל העבירות כי שאר עבירות אם יחטא פתאום ויצרו הטענו שלא שם יראת השם כנגדו אין עונשו גדול כ"כ אבל זה שבזדון נפשו יושב שעה אחד או שנים ולפעמים כל היום לא יזכור השם בלבו לפני מי עומד ומשחק עומד ומכעיס ולא אבוש מגדולתו ולא אפחד מדינו והו' עובר על מ"ש השמר לך פן תשכח את ה' אלקיך וא"ת שזוכר את השם ואעפ"כ עומד ומשח' הרי זה במזיד מבזה את השם ואת תורתו שאו' בלבו אין הקב"ה מעניש למי שאינו עוזה רצונו והוא כופר בדברי חכמים והוא צדוקי והוא דומה לאותם שהיו עובדים ע"ז נסתר ואמרו עזב אלקים את הארץ ואין רואה אותם ואלו עובדים ע"ז בגלוי ואין מוחה אותם ע"כ. ויש רעה חולה גדולה מזו שבשבתות וי"ט שלא נתנו לישראל כי אם לעסוק בתורה ולקדש נפשם ויהי לעת ערב והנה בהלה מקצת אנשים אח' שמתפללים מנחה חטופה יושבי' בפתח חצריהם א' מזה ואחד מזה אחר אחד בתוך ומתחילים להכאיב הנשמ' יתירה קודם לכתב בדברי שחוק וחלקלקות ובדברי ביטול בכל מה שאפשר ולא זו בלבד אלא שכל העובר ביניהם צדיק הולך בתומו מרבים לדבר עליו ומטילים מום בקדשים כי ברוב דברים לא יחדל פשע ועוברים על לשון הרע ואם אשה היא העוברת לא יחסר ההסתכלות בה ועוברים על מה שאמרו ז"ל דאסור להסתכל באשה וקרוב הדבר שבאים לידי הרהור ורואים קרי בלילה. ואם אשה רעה היא העוברת אפשר תתן נפשה לחשוק באחד מהם ותבא למאוס בבעלה והקולר תלוי על צוארם וכמה רעות נולדות מישיבות אלו מלבד הבטל' עד שמביאים הנשמה יתירה ובורחת מהם ונשבעת שלא לשוב להם עוד בשבת אחר אם כה יעשו כי במקום אשר היה ראוי ללוותה בעסק התורה אז בדברי יהידות ומוסר לפנש ובשמחה של מצוה בסעודה שלישית במאכלים ערבים ומשקים מתוקים לשם קב"ה ושכינתי' לקיי' וקראת לשבת עונג כדי שתלך במ"ש שמחה לספר ולהעיד עליהם למעלה מענין שמירת השבת מלווין אותה במאכלים המרים מדברי בטלה והיתול ושתוק אוי למי שעושה כן ואוי למי שיכול למחות ואינו מוחה ומעיד אני על שמים וארץ שכל פתח שהורגלו בה הישיבה כל שבת אחר המנחה חורבה ושממה נפל בה ובאו בעליהם לידי עניות ולא השאירו לעולליה' כלום ואני ברבים דרשתי על ענין זה ועשה רושם לשעה וצריך כל חכם שדבריו נשמעי' לשקוד על הדבר הרע הזה לבטלו ושכרו כפול ומכופל מן השמים כי לכל העם בשגגה

בראותם שאין מוחה בידם וכדי למנוע החולי הזה שימנעו ישיבה זו צריך להודיע להם הרעה המגיע להם מישיב' זו שגורמי' מיתה לעצמם שאפשר עוברת אשה ביניהם בתחלת נדותה והרג נופל בהם ואם בסוף נדותה מחלוקת גדול נופל ביניהם כארז"ל ומלבד העונש המעותד להם לעולם הבא בעוברם דברי חכמים שאמרו שלא יעבור איש בין שתי נשים ולא יניחו אשה שתעבו' בין שני אנשים. גם ראיתי להודיע בעונש של אותו בעלי בתים שבורחים מלהשכיר בית לת"ל באומרם אין יכולת בידו לשלם שכירות הבית שבהיות ת"ח איני יכול להוציא בדינא ודיינא ומה מידו אקח בביתו אין לחם ואין שמלה ואם אדבר עמו קשות עוד מעט וסקלוני והמינות של בעל הבית זה מפורסם מכמה פנים חדא שכ"כ התור' בזויה בעיניו שחושב בדעתו בעבור שזה ת"ח אין הקב"ה משגיח עליו כמוהו שאם היה מודה שאדרב' השגחתו ית' עליו תמיד כדכתיב הנה עין ה' אל יראיו וכתי' עיני ה' אל צדיקי' וכתיב כי לא יעזוב את חסידיו וכתיב טרף נתן ליראיו. וכאלה רבות. ממה מתיירא שלא ישיג ידו לשלם שכירותו כאשר נתן לו השגת יד בעושר ובבתים.

ועוד שבעל הבית זה חושד בכשרים הוא והחושד בכשרים לוקה בגופו שהרי חושד לת"ח כאלם וגזלן כעובר על דת שהרי פריעת בעל חוב מצוה ובהיות כן הת"ח מצמצם במאכלו או מוכר כסותו כדי לשלם לקיים פריעת בעל חוב שהוא מצוה והוא חושדו בהפך ועוד דזה בעל הבית מעיד בעצמו שכחו ועוצם ידו עשה לו חילו וממונו שאם מודה שהוא מהקב"ה מי שנתן לו יתן גם כן לת"ח ומה בורח מלהשכיר לו ביתו ועוד הרי הוא בכלל ארור שמסיר הבטחתו מן הקב"ה ושם בשר זרועו באומרו זה יכול לשלם וזה אינו יכול ולמ' לא יחשוב שאפשר שלעם הארץ כמותו שמשכיר ביתו יחזור עליו הגלגל לעניות ולא יוכל לשלם לו ובהיות אינו חושב על זה מעיד עליו דסובר אין משגיח ח"ו וביד האדם העושר והיכולת ואוי לו מעלבונה של תורה והתורה צועקת עליו לפני הקב"ה כי הרחיקה משכונתו כמי שמרחיק משכן רעה"ו. ועונשו מפורש שקנאת השם יעשה זאת שיחזור הגלגל עליו לרעה וחורב בסוף יחרב ביתו וימכו' כל אשר לו ויבקש מקום ישיבה ואין ע"ד על מה אבדה הארץ על עוזבם את תורתי והתלמיד ח' עלה יעלה ויקנה שדות ויבנה בתים ומושב לעניים ויבא זה להתחנן לו לתת לו שכונה עמו וירחיקהו ממנו בדין לקיים הרחק משכן רע וילך נע ונד באפס מקום ואין איש מאסף אותו הביתה כאשר עשה כן יעשה לו כי כל מדותיו של הקב"ה מדה כנגד מדה ובהיות ת"ח מרחם וחונן אף למי שעשה עמו רעה בסוף יחמול עליו לתת לו מושב יען יכיר שבידו ית' היכולת והוא משפיל ומרים ומידו הכל ואם לא יבא ולא יהיה הדבר הזה אלא שימות בעל הבית הזה בישובו בעבור מה שהוא יתברך יודע אדרבא לרע לו להענישו במשפטי גיהנם כי קשה הוא כפלי כפלים מהעונשים של עולם זה ובעבור כי כבדה חטאתו הניחו לשלם לו אחר מותו ולת"ח להרבות שכרו. גם יש בעל הבית משכיר ביתו לת"ח

באומרו ת"ח יודעים מתוך הספרים מהמאורעות שעברו בעולם מענין מלכים ומלחמות ודברים הדומים לאלו ובלילי טבת הארוכות מתחבר עמו יחד עם שאר השכנים חוזר חלילה לילה בבית אחד אנשים ונשים וטף והוא יספר לנו סיפורים ונעבור זמן בזה עד חצי הלילה עד שיבא שינה לעינינו ותנומה לעפעפנו ונלך אז לישן וערבה שינתינו ועל דעת זה מקבל התלמיד א' בשכונתו בסבר פנים טובות וישמח בבואו וכרואו בתוך זמן זה שכוונת הת"ח להתחזק בתור' ולהרבות למודו בלילי טבת הארוכות מיד צועק מר על הטעות שעשה להשכיר לו בית ועושה אופנים בדברי הכעסו' לגרשו עד שבורח מעצמו אוי לו ואוי לנפשו של בעל הבית זה כי מה יענה ומה ישיב ביום בא לדין לפני בוראו וכי ישיב גרשתיהו משכונתי על שלא ביטל למודו לספר לי ספורים חצוניים לעובר זמן היספיק גיהנם של אש ללבנו ושל שלג לטהרו ודע שכתבתי כל זה בהיות מעשה ממש שראו עיני כל זה ואמרתי להעלותו על הספר בדיו שאם יזכני השם להדפיס בעבור רחמיו שיקראו בו הבעלי בתים או ישמעו ויקחו מוסר. ובפרט אותם המרחקים תלמידי חכמים משכונתם יען שלא יכיר במעשיהם המכוערים והרעים וימחה בידם ואם לא יקבלו יגלו חרפתם בקהל במקום שאדרבה היה להם לבקש ת"ח בשכונתם להאיר עיניהם בדרכי השם ולהביאם לכלל אדם כדי שישמחו בסופם. ורמז לדבר שאל ימנע בעל הבית מלהשכיר בית לת"ח בעבור שאינו מספר לו ספורי הבלי העולם בלילה ולא בעבור שיכיר במעשיו הרעים ולא משום אבדת השכירות כמו שהוא סבור. אמרה תורה ואהבת את ה' אלהיך בכל לבבך ובכל נפשך ובכל מאדך ודרשו רז"ל את לרבות ת"ח צריך שתאהוב אותו בכל לבבך בשני יצריך שאף שיצרך תאב בסיפורו העולם. בטל רצונך. וגם בכל נפשך הקרב ת"ח בשכונתך כדי שאדרבא יכיר בכתמי נפשך ויתקן עצמך ובכל מאדך בכל ממונך ואל תחוש לאבידת ממון היינו שכירות הבית וכו' שכל זה הוא פתוי היצה"ר להכניסך במשפטי גיהנם וכמו שאמר שלמה הע"ה במשלי סי' ה' ונהמת באחריתך בכלות בשרך ושארך כלומר שאדם במותו מצטער מהרימה בעוד בשרו קיים כארז"ל על פסוק אך בשרו עליו יכאב ואח"כ ינוח אך דע שכל המתפתה מיצרו אח' כלות בשרו מעליו בקבר מוכן למשפטים אחרי' וזהו אומרו ונהמת באחריתך בכלות בשרך ושארך כלומר אחר שתסלק הבשר מעליך ונהמת מצער משפטים אחרים הבאים עליך באחרית כשיכלה הבשר כמדובר. ואתה בעל הבית איך עולה על דעתך שהת"ח יכול להוציא זמן הלילות בספורי ההבל עמך מאחר שאם יש לך איזה חשבון מענין סחורתך אתה מתבודד באות' לילה לעשות חשבון מדוייק כדי שלא להפסיד דבר מסחורתך ולמה לא תלמוד ממך לת"ח שצריך להתבודד עצמו ימים ולילות להבין במושכלי התורה ושלא לאבד רגע בהבלי העולם וכיון שכתב האר"י זלה"ה בתנאי השגת החכמה שצריך למעט דבורו ולשתוק בכל מה שיוכל כדי שלא להוציא שיחה בטלה כארז"ל סייג

לחכמה שתיקה גם תנאי בדבר תורה שלא תבינהו תבכה עליו כל מה שתוכל. גם עליית הנשמה בלילה לעולם העליון ולא תשוט בהבלי עולם תלוי שתישן בבכיה גם צריך טבול בכל עת הצורך כדי שיהי' מוכן להבין סודי התורה גם צריך שיהיה עמל בתורה פרד"ס שנ' או יחזק במעוזי ואל יחשוב שיגלו לו רזי תורה בהיותו רק דכתיב יהיב חכמה לחכימין ע"כ. ולמי שכל החיובים האלו עליו יוכל להוציא רגע מזמנו לבטלה ובפרט בלילה שאין רינה של תורה אלא בלילה כארז"ל. ובפרט מי שרואה חכמת ר' עקיבא שהיה דורש על כל קוץ וקוץ תלי תלים עד שכמעט תשש כחו של משה רבע"ה כדרז"ל וכן אחז"ל שלא נגלה למשה מה שנגלה לר"ע ובראות האדם כך איך ינוח רגע מעסק התורה אולי יוכל להשיג ממנה מעט מזעיר. אך ענין המאמר תמוה מאוד שר"ע היה יודע מה שלא השיג משה רבע"ה ופי' בס' נגיד ומצוה וז"ל כי ודאי משה רבע"ה ידע כל מה שעתיד להתחדש בעולם בכל התורה אך היה יודע הסודות ההם בעל פה אמנם הרבה מהם לא היה יודע לדורשם ולהוציאם מהכתוב ע"כ וכתב ה' צמח ז"ל וגם זה תימא ונראה לי כי לא היה יודע לדורשם למיעוט' בחינת המקבלים שלא היה להם כח להבין הסוד אם היה מרבע"ה רוצה לגלותו להם לא היו מבינים אותו כי אפילו יהושע שהיה משרתו הוצרך משה למסור לו התורה כמו שפי' הרב זלה"ה על משה קבל תורה מסני ומסרה ליהושע כי בכח המוסר שהוא משה היה יכולת ביהושע מה שאין כן שהוא קבל תורה מסיני הוא בכחו קבלה בלא מסיר' וזהו יהושע שנשאר במקום משה כל שכן שאר חכמים. או נחזור למעלה שמשה רבינו לא היה יודע לדורשם ולהוציאם עד שבאו חכמים והיו דורשין בכל דור ודור וכן הענין ברבי עקיבא שאותם תלי תלים של הלכות היה דורשם על קוצי התורה י"ל צמח על קוצי אותיות של תורה והיה אומר קוץ זה רומז לזה וזה לזה ואמנם ענין זה לא נגלה למשה אך הסוד עצמו ודאי שנגלה לו. צמח נ"ל שמשה מלגאו שהוא בחינה יסוד דאבא המכוסה ויעקב הוא מלבר ממה שנגלה מיסוד דאבא לחוץ מן החזה דזעיר כנז' בדברי הרב זלה"ה ולכן משה כל הדברים שהיה יודע שהוא מלגאו אבל ר"ע שהיה מבחינת יעקב כנזכר בהרב ז"ל והוא מלבר ולכן היו יכולים להבין דבריו שהיו בפי' והיה יודע לפרש כפי בחינת כח המקבלים שג"כ חכמים היו דורשים לכל דור ודור כנ"ל וכן בתחלה היה המשנה והתורה היו מבינים אותה ואח"כ נתמעטו הדורות והוצרכו לעשות פירוש לדור הבא ואח"כ בא רש"י ז"ל ועשה פירוש בתלמוד ובאו תוספת ואח"כ רב אלפס ואח"כ הרמב"ם וכן על דרך זה כדי שיבינו כל הבאים אחריה מקוצר דעתינו בעונותנו הרבים עכ"ל. ולעד"ן לי עם מה שאמרו רז"ל על פ' ויתן אל משה ככלותו מלמד שהיה מרע"ה לומד התור' ושוכח עד שנתנה לו במתנה שנאמר ויתן אל משה ע"כ באופן שע"י שהקב"ה נתן לו התורה במתנה נעשה בעל התורה והבין כל מה שעתיד ולהתחדש בתורה אך ר"ע אעפ"י שלא ניתן לו במתנה מרוב חכמתו וטורחו ועמלו נגלו לו כל מה

שידע מרע"ה על ידי המתנה וזהו שאמרו מה שלא נגלו למשה נגלו לר"ע כלומר מה שלא נגלו למשה על ידי עמל וטורח כי אם על ידי מתנה נגלה לר"ע בלי מתנה כי אם על ידי טורחו ועמלו ולכך תשש כחו של משה כשראה לר"ע על שהשיג הוא בטורחו כל מה שהשיג הוא על ידי המתנה וכו' וקרוב לזה י"ל עוד שאינו מתמיה על כל מה שהיג מרע"ה הכל משום שקבל מפי של הקב"ה ואע"פ שכללים מסר לו הקב"ה כארז"ל ויתן אל משה ככלותו כללים מסר לו וכו' ומשה היה מבין בכללים ודורש מיהו בהיות שקבל הכללים פה אל פה מהקב"ה היה לו בנקל להבין מתוכם כל מה שעתיד להתחדש בעולם מה שאין כן ר' עקיבא שקבל מרבו בשר ודם ונתחכם בטורחו ועמלו להשיג כל מה שהשיג מרע"ה שקבל מפיו של הקב"ה שהדבר קרוב להבין ונמצא שנגלה לר' עקיבא מה שלא נגלה למשה שלמשה נגלה בעבור ששמע מפי הגבורה ולר' עקיבא נגלה אע"פ שלא שמע מפי הגבורה ודוק. עוד נראה מעין מה שפי' הרב צמח ז"ל כנ"ל ידוע שגרים הם בחינת התגין ולכן ר' עקיבא כיון שהיה מגריס היה דורש על כל קוץ וקוץ תלי תלים כי השגתו שם היה הרבה מאד ולכן היה יכול לפרסם ולהמתיק הדברים להבינם לאחרים מה שאין כן מרע"ה שאף על פי שהיה יודע כל רמז וסוד שבכל קוץ וקוץ לא היה יכול לגלותם ולפרסמם כר' עקביא דשורשו שם וזהו נגלה לר' עקיבא מה שלא נגלה למשה כלו' משה היה יודע אבל לא היה יכול לגלות כר' עקיבא והוא על דרך מי שבאה נשמתו בזה העולם לתלמוד ולא להגדה אע"פ שיודע הגדה אינו יכול לפרסמ' באופן שיהי' ערבה לשומעיה' כל כך כמי שבא נשמתו להגדה שלו ניתן לשון למודים לפרשה ולהבינ' לאחרים והדבר בהפכו משום שבכל הדברים על מה שהאדם בא בזה העולם ניתן לו מן השמים אימון דברים שיכונו הדברים בפיו מה שאין כן מי שלא בא על אותו דבר. גם ר' עקיבא שבא מהתגין נתגלה לו לשון לימודים שיוכל לגלותם לחוץ במתק לשונו מה שאין כן משה רבע"ה שאע"פ שיודע סודם לא ניןלו לגלותם כמו שניתן לר' עקיבא כמדובר. ונחזור לענין מאותם המרחקים ת"ח משכונתם על שאינן מוציאים הלילות עמהם בסיפורי שיחה בטלה במקום אשר ראוי לבקש ת"ח בשכר ללמוד עמו כל הלילות תורה ודרך ארץ ושיורה להם איזה דרך ישכון אור כדי לזכות באור החיים לעולם שכלו טוב לעולם שכלו ארוך בהיות שכל אדם ביום הולך אחר צרכיו ועסקיו אשר עליהם יחיה החיים הזמניים ומתוך כך אין לו פנאי לעסוק בדברי תורה כראוי ובלילה הוא שעת הכושר ללמוד וללמד בקביעות כמו שכתב בטור י"ד סי' רמ"ו ז"ל אע"פ שמצוה ללמוד ביום ובלילה אין אדם לומד רוב חכמתו אלא בלילה לפי' מי שירצה לזכות לכתר תורה יזהר בכל לילותיו שלא יאבד א' מהן בשינה ובאכילה ושתיה ושיחה וכיוצא בהן אלא בדברי חכמים ותלמוד תורה ואמרו רז"ל אין רינה של תורה אלא בלילה וכו' אשר אני מבין בזה מאמר מחודש מצאתיהו בס' ברית אברהם בדף ה' ע"ב הביאו ממדר' וזה לשונו תכלית הימי' הלילות תכלי' הלילו'

שבתות תכלית שבתות ראש חדש תכלית ראש חדש המועדים תכלית המועדים ראש השנה תכלית ראש השנה יום כפורים תכלית יום כפורים תשובה תכלית תשובה עולם הבא עכ"ל ונר' בכוונת מאמר זה שבא להליץ בעד כל אשר ישראל יכנה שכל ימי חייו מוציא זמנו לחשוב בהקב"ה כי בהיות האדם כל היום טרוד במזונותיו מצפה בתכלית הימים שהם כילות הוא פנוי מעסקיו כדי ללמוד וללמד בהן ותכלית הלילות מצפה לשבתות להתלבש בנשמה יתירה לזכות עמה להבין ולהשכיל בתורה ממה שלא יכול להבין בלילות בימי החול ובפרט שלא ניתנו שבתות לישראל אלא לעסוק בתורה והטעם שבהן זוכה לנשמה יתירה ונתוסף לו חכמה ותכלית שבתות ראש חדש כלומר אחר השבתות חושב בראש חדש לקדש הלבנה ולזכות להקביל פני שכינה ותכלית ראש חדש מועדים להכיר בהם הנסים שעשה הקב"ה עם ישראל אשר בהם פירסם אלהותו בעולם וכח גברותיו ושאין אלוה מבלעדו ועל ידי כך מקדש נפשו ומתדבק עצמו בהקדוש ברך הוא יותר ויותר ותכלי' מועדים מצפה ראש השנה שהוא יום הדין לחשוב בו לקנות מורא כדי שלא יכשל לעבור פי ה' בכל אשר צוהו ותכלית ראש השנה כדי לבא ליום הכיפורים שיתכפר עליו להיות מנוקה מכל חטא ותכלית יום כפורים תשובה שכיון שמצפה יום הכפורים כדי שיתכפר עליו זהו מביאו לתכלית התשובה שימצא תמיד שלם לפני בוראו ותכלית תשובה עולם הבא ירצה וכוונתו בתשובתו לזכות לעול' הבא באופן שכל ימי חייו יוצאים במחשבת הקודש ובהיות שזה המאמר הקדוש מעיד על כל איש ישראל שכל זמנו מוציא באלו המחשבות הטהורות נמצא המוציא את זמנו לריק כגון שמוציא לילותיו בשיחה בטלה מעיד בעצמו דלאו ישראל הוא לכן כל איש ישראל אשר בשם ישראל יכנה אל יוציא זמנו להבל וריק להרבות בדברי חול כי אינו יוצא מכל זה כי אם חולאים רעים לנפשו ולהכין כלי מות בידיו להרוג את נפשו במיתות משונות במשפטי גיהנם לתת חרב בידם של מלאכי חבלה לעשות בה כרצונם ואם עבר אדם והוציא זמנו להבל יתיעץ בנפשו ויראה כי לא עלה בידו שום תועלת באותו זמן כי אם תחלואי מות ויחזור בינו לבין קונו כי ידו פשוטה לקבל שבים. כדי שיוכל להכנע לבבו הערל יבקר חולים ויעמוד על המתים בשעת מיתתם ואז יכיר כי הכל הבל כמו שכתב בעל ברית אברהם דף י"ב ע"ב משם רבינו תם שיתעסק אדם בצרכי עניים וחולים ויקבור מתים וילך לקברות המתים בכל שבוע ויעמיד לבדו שם ויזכור לנפשו את המעמד ההוא ובזה לא יחטא כמו שהיה עושה איש א' שהיה בתכלית הרשע והפריצות והיו מכפרים תועבותיו למלך ויען איש אחד מהם ויאמר אדוני המלך כי עתה הפליג לעשות מאשר עשה בימיו ואני מעיד בפניך כי שמעתי אותו בחצי הלילה הולך לקברות לגנוב תכריכי המתים כי ביתי בקיר החומה ויצו המלך לשני נאמנים לחקור בדבר והלכו אחריו בלילה עד אשר ראהו כי נכנס לקבר אחד והוציא שלשלת של ברזל וקשר אותו על צוארו והיה מושך

אותו בידו בחוזקה והיה אומר אוי לך הגוף נגוף וגויה עניה ונשמה שממה יחידה וגלמודה ושכל סכל ואנוש ענוש ואדם מאדמה מה תקותך ומה תהיה תשובתך ביום שכבך במקום הזה מדוע התמכרת וזדת ובמעמד הזה לא חשבת ועל מי בטחת איה עוזריך ואיה אוהביך ונאמניך ואיה איפה הם מכיריך יקומו אם יושיעוך בעת רעתך אשר עשית ואתה תשא אתה זרעתה ואתה תקצור אתה מאסת ואתה תהיה נמאס הכנע נפש אולת דע יסודך והכר בוראך ראי ביתך גוש ורימה יכניעוך ותולעים יחלקוך ורשפי אש שלהב' יאכלוך ומה תעשי בבואך במקום הזה בית חשך וצלמת אנה תברח ואנה תמלט זה ביתך וזה מעוניך לבי ראה ביתך צר ואפל ואין נוגה לו מאוריו דואבי וכוכביו נדענים פה תהיה כאלו לא היית ותמיד כאלו לא היית די לך מכל אשר עשית ושב לאלהיך זכור המעמד הזה דאלו היית יכול להמלט ממנו היית ראוי לעשות רצונך וגם אני אודך כי תושיע לך ימינך אבל אחר שסופך למעמד הזה ופה תשכבי למעצבה דע כי אין לעמלך תרופה כי אם תשובה וכאשר נשמע הדבר למלך תמה ונפלא על תשובתו ונכנע המלך ממעשיו הרעים הוא ורבים מפריצי עמו עכ"ל אשר על כן האיש החפץ חיים אוהב ימים לראות טוב בעולם הזה ובעולם הבא אל יוציא זמנו לבטלה שהבטלה מביאו לחשוב בכל עבירה אך יהיה כל מחשבות לבו בהקב"ה בישיבתו ובלכתו בשכבו ובקומו וירויח עם זה שאינו חוטא ועוסק בתורה ובמצות ולפחות אם לא יוכל לעשות במעשה מרויח דמחשבה טובה יחשב לו למעשה וקונה עם זה רפואת לנפשו ולגופו וחיים ארוכים בב' עולמים חיים מתוקים ועריבים בועלם הזה וחיים בכל מיני עידונין בעולם הבא כי העובד אלקים אף שקשה לו בתחלה מפני חמת המציד יצרו הרע המנגדו וממרר חייו כדי למונעו מעבודת הקודש אמנם במסור את עצמו לעבוד לאלקיו יצרו מסור בידו ומשם ואילך חייו חיים מתוקים וערבים הפך ההולך אחרי יצרו הרע שנופת צופים בתחלתו ואחריתו מר כלענה וחד כחרב פפיות השם יזכנו לעובדו בלב שלם ולקיים תורתו ומצותיו אנו וצאצאנו וצאצי צאצאנו כל ימי חיינו מעתה ועל עולם אמן נס"ו.

וכיון שהזרנו בפרק זה ענין תשובה נזכיר גם כן סדר ודוי מספר צדה לדרך וז"ל תפלה לעני כי יעטוף כעבד אל אדוניו צופה. ה' שפתי תפתח ואתה תהיה לי לפה. ה' בוקר תשמע קולי בוקר אערוך לך ואצפה. אל זחלתי ואירא כי טמנתי עוני בחובי ולבי חלל בקרבי. יראה ורעד יבא בי. כי זממו חטאי ואשמי עמי. בילי וביומי בשכבי ובקומי. לחמו בלחמי הן בעון חוללתי ובחטא יחמתני אמי. ואיך אבא אל שער המלך בלבוש כלימה וחרפה ובושה ומה יזכה ילוד אשה. כציץ נובל כצל עובר כאלון וכאלה. זבח שלמים אשמיו אשם גזלות שם מעילה אורחא רחוקא זוודין קלילא. ובמה יתרצה אל אדוניו. ושמים לא זכו בעיניו. וככבי לכת שבעה ומה יעשו יסודות ארבע. אף כי אנוש רמה ובן אדם תולעה. קצר ימים ושבע רוגז להבל דמה. מחובר מרבע אבות נזיקין נחשב במה. כל המחובר לטמא טמא. ואיך כמוני

תולעת ולא איש אל בית המלך לבא יאבה. בן סורר ומורה זולל וסובא. ואירא כי ערום אנכי ואחבא. ולא נותרה בי נשמה. והשם סגר את רחמה. בעבור הרעימה כי יגורתי מפני האף והחימה ואפיל על פני ודום ואשמע קול באזני. דממה דבר בי ומלתו על לשוני. אולי יראה ה' בעוניי. ויאמר לי מה לך נרדם קום קרא אל אלקיך. ואומר אם נא מצאתי חן בעיניך. אל נא תעבור מעל עבדך. לבך לשמים ולארץ עיניך. ותתחלחל להתודות ולהזכיר עוניך. אולי ישא פניך. וכשמעי אחזתני פחד ורעדה. וחרדתי חרדה. צירים אחזוני כצירי יולדה. זעם וצרה צרורה. רעמה שמה ושערוריה אוי לי אם אומרה אוי לי אם לא אומרה. שנסתי מתני. ואעש כאשר צוני לשוני. עט סופר מהיר להגיד עוני. בטרם אלך ואינני. ואקוד ואשתחוה לאל נורא ואיום. אולי יחנן ואמצא פדיום. את חטאי אני מזכיר היום. אבל אמרתי מי הוא זה ואי זה הוא ומה שמו. אשר נטפה מן הים כל ימי צבאו לילו ויומו. רואה את מומו כל הנגעים אדם רואה חוץ מנגעי עצמי עכ"ל. אלהי ואלהי אבותי תבא לפניך תפלתי. ואל תתעלם מתחנתי. שאין אני עזי פנים וקשי עורף לומר לפניך ה' אלהי ואלהי אבוי צדיק אני ולא חטאתי. אבל עוני אני מכיר. ואת חטאי אני מזכיר. והנני מתודה לפניך ה' אלהי ואלהי אבותי בכפיפת ראש בכרפיפה קומה בנמיכת רוח בחלישת חיל בשבירת לב בקידה. בבריכה בכריעה בהשתחויה באימה ביראה ברעדה. בפחד בחלחלה ביליל בגינוח בקינה ונהי בנאקה בצעקה בבכי. ובדמע על החטאות ועל העונות ועל הפשעים שחטאתי ושעויתי ושפשעתי לפני ה' אלהי בסתר ובמחזה כתובים משני עבריהם מזה ומזה. לא ראי זה כראי זה.

(לשון צדה לדרך)

את אשר אהבת שנאתי. ואת אשר אמרת המרתי:

את אשר בחרת ברחתי. ואת אשר בנית הרסתי:

את אשר געלת לבשתי. ואת אשר גזרת הפרתי:

את אשר דברת עברתי. ואת אשר דבקת הפרדתי:

את אשר הורית המרתי. ואת אשר החמרת הקלתי:

את אשר זכית חייבתי. ואת אשר זכרת שכחתי:

את אשר טהרת טמאתי. ואת אשר טמאת טהרתי:

את אשר ישרת עקשתי. ואת אשר יספת גרעתי:

את אשר כבדת בזיתי. ואת אשר כתבת מחקתי:

את אשר למדת שכחתי. ואת אשר לעגת שבחתי:

את אשר מאסת בחרתי. ואת אשר מחצת חתלתי:

את אשר נטעת עקרתי. ואת אשר נתצת בניתי:

את אשר סגרת פתחתי. ואת אשר סמכת הפלתי:

את אשר עזרת החליתי. ואת אשר עטרת גליתי:

את אשר פסלת הכשרתי. ואת אשר פגלת אכלתי:

את אשר צדקת סלפתי. ואת אשר צפנת חשפתי:

את אשר קדשת חללתי. ואת אשר קרבת רחקתי:
את אשר רחקת קרבתי. ואת אשר רצית מאסתי:
את אשר שכנת געלתי. ואת אשר שקצת חבבתי:
את אשר תקנת העותי. ואת אשר תעבת השחתי:
עד כאן לשונו.
על כן בושתי ונכלמתי ונאלמתי מרוב חטאתי ונפעמתי ונפלתי. מרוב עונותי כי רבות אנחותי. צדיק הוא ה' כי פיהו מריתי ואת הרע בעיניו עשיתי. כמעט בכל רע הייתי ולעמורה דמיתי. ועתה אל נא כפר זדוני וסלחת לעוני כי רב הוא. אנא ה' אלהי שמע את תפלת עבדך ואת תחנוניו וקבל את תשובתי ותחני ובקשתי ויהיו לפני כסא כבודך מליצי יושר למליץ בעדי לפניך ולהכניס תפלתי באזניך ואם בעונותי אין מליץ בעדי ואין מלמד עלי זכות תתור נא לי מתחת כסא כבודך ולא אשוב ריקם מלפניך כי אתה שומע תפלה. ותמיד ירגיל עצמו בתפלה זו להזהיר ולהזכיר עצמו על דבר התשובה ויאמר ג"כ. אנא ה' אלהי ואלהי אבותי משם נא איזה זכיות אם עשיתי לפני כסא כבודך ויהיו נגדך תמיד והתועלת שנולד מהם בעולמך בין בעה"ז בין בעה"ב הם יהיו תמיד לפניך מליצים בעדי ויהיו כמסך מבדיל וכמו חומת נחושת ולסתום מלעבור משטין שיבא לפניך עלי כי אני בתשובה חפצתי. ובך תמיד חשבתי. ובקיום מצותיך חשקתי. ואע"פ שמקודם לפניך חטאתי הנה עתה נתחרטית ובלבי גמרתי ואמרתי ומאוס מאסתי בכל מה שהרשעתי ואצלך ברחתי. ובצל רחמך חסיתי כי ידעתי כי אל חפץ חסד אתה יהיו לרצון אמרי פי והגיון לבי לפניך ה' צורי וגאלי. ויבטח אדם בשם ה' וישען באלהיו ואל יתייאש מן הרחמים וישים נגד עיניו כל המסעות שנסעו אבותינו במדבר ובכמה מהם הכעיסו לבוראם ועכ"ז חזר וריחם עליהם כן נוהג עם איש חוטא.

פרק מג

יוצר האדם וחונן הדעת אשר חנני לכתוב בפרק הקודם לזה מענין הדבור שלהשגת החכמה צריך האדם למעט בדבורו וישתוק בכל מה שיוכל כדי שלא להוציא שיחה בטילה כמו שאמרו חז"ל סייג לחכמה שתיקה ומה גם דברוב דברים לא יחדל פשע אכתוב בפרק זה עד כמה מגיע המדבר דברים בטלי' ובפרט דברי נבלות כאשר ראיתי חולה רעה ורבה היא על בני אדם אשר המה מוציאים זרע לבטלה במה שמנבלים פיהם בדברי תפלות ולא שמו יראת אלהים נגדם רק כדי שישחקו השומעים וכן עושים השומעים יפטירו בשפה יניעו ראשם פיהם מלא שחוק עיניהם יזלו מים מרוב השמחה אשר שמעו מהלץ ובלתי ספק כשם שנפרעי' מן האומר ומדבר דברים כאלו כך נפרעי' מהשומעים ומהמשחקים שאלולי המה לא ידבר הלץ רק יהי' ככלב אלם שלא ידע לנבוח ועל השוחקים נאמר טוב כעס משחוק ולשמחה כזו מה זו ולמה זה וכדי שתדעו עד כמה תכבד העבודה הזרה הזאת אכתוב מה ששמעתי מר' ומורי שכל הדברים שאדם מדבר הם

כמוסי' בלב ומיד כשעולה ברצונו של אדם לדבר מיד נאצלת הדבור מהלב וזהו בחינת עולם האצילות והוא בחי' יו"ד של שם הוי"ה וכשמגיע הדבור לחזה הוא בחינת עולם הבריאה והוא כנגד ה' שבהוי"ה וכשעולה הדבור בגרון הוא בחינת עולם היצירה והוא כנגד ו' של שם הוי"ה וכשמגיע הדבור לפה ומוציא לחוץ הוא בחינ' עולם העשיה והוא כנגד ה' אחרונה שבשם הוי"ה ע"כ הרי באדם רמוזים עולמות אבי"ע ובכל דבור ודבור שמוציא מפיו מהו' שם הוי"ה ראה מכאן עד כמה מגיע עונש המנבל פיו ומדבר דברים בטלי' שמצרף השם הקדוש באותו דבור הטמא שמוציא מפיו. ונראה דלכן אמרו רז"ל כל המנבל את פיו מעמיקים לו גיהנם כו' ניתן לו העונש החמור הזה משום שהוא חמור ממעשה לפי שבכל דבור ודבור של נבלות צרף השם עמו כביכול. ונראה דזהו יהיה הסוד מה שאסרו חכמים ז"ל לדבר בבית הכסא לפי שבכל דבור ודבור שמדבר רושם שם הוי"ה כמדובר ואיך יוכל לדבר במקום מטונף. וגם זהו תרעומת הנביא באומרו הוגעתם ה' בדבריכם כלומר בדברים הבטלים והמטונפים הוגעתם הוי"ה דייקא משום שבכל דבור שיוצא מן הפה עושה שם הוי"ה. ובזה מתיישב קושית הרמב"ן וכל המפרשים זל"ה דלמה החמירה תורה במקלל אביו שהוא בסקילה חמורה מבמכה אביו שהוא בחנק שהוא קלה שאדרבא המכה נראה שעשה עבירה חמורה יותר ורבו התשובות על זה תבקשם ותמצאם בספרי המפרשים ז"ל אמנם כפי הקדמתנו זו התשובה מבוארת שהמקלל לא חס על כבוד השם לפי שעם הדבור שהוציא מפיו לקלל צירף שם הוי"ה עמו ולכן מיתתו חמורה שנמצא חטא עם השם ועם אביו מה שאין כן המכה שאינו מצרף השם בהכאה. וזהו טעם מאמר רז"ל ד' כתות אינן רואים פני שכינה כת שקרנים וכת חנפים וכל לצים וכת מספרי לשון הרע. דק' יש עבירות יותר חמורות מאלו ולא אמרו עליהן שאינן מקבלים פני שכינה העושה אותן אלא הוא אשר דברנו שעם כל דבור ודבור שאדם מדבק מצורף עמו שם הוי"ה ואלו ד' כתות הם חוטאים בדבור שהשקר והחנופה והליצנות ולשון הרע תלוים בדבור. ועם זה יבא על נכון מאמר חז"ל כל הנותן לעני מתברך בשש ברכות והמפייסו מתברך בי"א ברכות דכמו זר נחשב שיותר שכר יהיה למפייס שיפטר ממנו וריקה נפשו מהנותן לו שממלא בטנו אלא כיון שהמפייסו עם כל דבור ודבור מדברי הפיוס מצרף עמו שם הוי"ה ההוי"ה עצמה נותן לעני יותר חיזוק מהמאכילו עגלים מפוטמים כי לא על הלחם לבדו יחיה האדם כי על כל מוצא פי ה' יחיה האדם יוצא פי ה' דייקא עם מה שמוציא הוי"ה בכל דבור ודבור שמדבר כמדובר. ומה טוב ומה נעים כפי הקדמה זו דרז"ל באומרם אין דברי תורה מתקיימי' אלא במי שמוציאם בפה דכתיב כי חיים הם למוצאיהם וכו' שהנה כיון שבהוציא תלמוד בפה עושה עם כל דבור ודבור שם הוי"ה ושם הוי"ה בעצמו מעמיד את למודו בלבו שלא ישכח כי אין לפניו שכחה ואיך יפול שכחה בדבור שעמו נתהוה שם הוי"ה. וחוץ מזה פי

החכם השלם כה"ר ידידי' אבולפייא נר"ו שהטעם שהמוציא דברי תורה בפיו אינו שוכח כתבו מקובלים ז"ל דשכחה בחינת קטנות בבחינת שם אלקים שהוא בחינת קטנות והוא בגרון. אך זכירה היא בחינת גדלות בשם הוי"ה שהיא בחינת גדלות ולכן בעוד שאין אדם מוציא הדברים מן השפה ולחוץ שעדיין בגרון הם בחינת אלהים שהוא בגרון והוא בחינת קטנות בבחינת השכחה שהיא בחינת קטנות לכן שולט בו השכח' מה שאין כן כשמוציא הדברים בפיו שאז משלים ה' אחרונה שבשם הוי"ה כפי הקדמתנו והוי"ה בחינת גדלות כזכירה שהיא בחינת גדלות לכן שולט הזכירה בו ונכון. ומה נעמו דברי הנביא בזה באומרו קחו עמכם דברים וכו' דאיך יתכן דבאומרו האדם חטאתי עויתי פשעתי יתכפ' לו מה שעשה דמה פועלי' אלו דברים לכפר על כל עונותיו אלא כיון שהחוטא לא שם שם הוי"ה נגד עיניו ועל ידי כך חטא לכן באמרו דברי הוידוי בכל דבור ודבור עושה שם הוי"ה ונמצא מתקן מה שעיות שלא שם הוי"ה נגד עיניו ועשה כאלו כביכול אינו שם לראותו ובדברי הוידוי מקרבו אצלו בפיו ובלבבו כמדובר ואין תיקון גדול מזה. וזה הטעם שבכל הדברים צריך מחשבה דבור ומעשה כנודע דקשה כיון שיש מעשה שהוא תכלית הכל מה צורך אל הדבור אלא כיון שבכל דבור ודבור עושה שם הוי"ה כמדובר א"כ אם זה חסר מה מועיל המחשבה והמעשה שהרי שם הוי"ה שמהוה עם הדבור מעמיד ומקיים המחשבה והמעשה כי הוא שורש וקיום הכל. כלל העולה מזה שהמדבר דברים בטלים ובפרט דברי נבלות כביכול מכניס הקדושה בתוך הטומאה דשם הוי"ה מצרפו עם אותו דבור של בטלה. והנה בהיות דק' דברים גורמים לאדם רבוי הדברים והם הקנאה והתאוה והכבוד ואמרו רז"ל דג' אלו מוציאים האדם מן העולם ונראה שהוא מטעם דק' אלו גורמים לאדם להרבות הדברים הבטלים מי שיש בו מדת הקינאה תמיד לא פסיק לשון הרע מפיו כדי להשפיל בעיניו הכל כל מי שהוא גדול ממנו בחכמה או עושר או כבוד או איזה מדה טובה וכל זה מסבת הקנאה גם התאוה כדי שיוכל להשיג תאותו מוכרח להרבות בדברים לאלפים ולרבבות עם כל אדם אולי יחנן בעיניהם להשיג על ידם תאות לבו וכן הכבוד הרודף אחריו מוציא זמנו שלא לדבר בשבח שום אדם בעולם כדי שימצא הוא גדול מכלם ויתרבה כבודו בהיות הוא יחיד בחכמה ובמנין וטועה הוא בזה שאם כל העולם כפי דעתו מחוסרי החכמה והמדות והוא השלם בלבד אם כן למי יראה שלימותו ורוב חכמתו ונמצא אז דומה למי שנמצא בין הסוסים ומתיפה עצמו ביניהם דאין שטות גדול מזה ואין הכרזה גדולה מזו שמכריז הוא בעצמו על מעוט שכלו ועל זה נאמר התנ' איזהו מכוב' המכבד את הבריות דכיון שמכבדם ומגדלם נמצא כשמכבדים אותו נקרא מכובד משום שמקבל כבוד מאנשי הכבוד והמעלה מה שאין כן המשפיל והמבזה לכל אדם אם יכבדוהו אינו מכובד כיון שבא לו הכבוד משפלים רקים ופוחזים ומחוסרי הדעת כאשר הוא העיד עליהם ובשומו בעל הרודף אחר

הכבוד אלה הדברים נגד עיניו יקח מוסר לנפשו מלרדוף אחר הכבוד וימנע עצמו מלהרבות בדברים לבקשתו ועל זה אמרו רז"ל כל ההולך אחר הכבוד הכבוד בורחת ממנו וכל הבורח מן הכבוד והכבוד רודף אחריו וכו' והטעם דכיון שרודף אחר הכבוד מרבה לדבר בדופי כל אדם ושאין בעול' כמותו אם כן כשיקבל כבוד מהם אינו כבוד לפי שהכבוד הוא שיכבדוהו אנשים גדולים ושלימים ולא רקים ופוחזים ונמצא שממנו ומסבתו של דבר בשבח שום אדם ברח ממנו הכבוד שאף שיכבדוהו אינו כבוד כמדובר. גם ישים נגד עיניו כל המשפיל ומבזה למי שהוא קטן ממנו בחכמה ובמנין אלה הדברים ויאמר למה אני מבזה ומשפיל לקטן ממני בחכמה כיון שאין רצוני שיבזה וישפיל אותי מי שיודע יותר מחכמתי. ובהיות שאדם משתנה מחבירו בידיעה ובקול ובמראה ובקומה למה יוציא אדם להבל זמנו בדברי חלקלקות להחטיא את עצמו לתת מהדופי בידיעת חבירו או בקולו או במראהו ובקומתו דבר שיכולת ביד אחרים לעשות כמותו ולדבר בדופי שבו במה שנשתה מהם בידיעה אז קול וקומה וכו' ולמה במקום שיתן הודאה ליוצרו על כחו הגדול לברוא צורות אלפים ולרבבות ואין צורה דומה לחברתה ולכל צורה וצורה חכמה ודעת ומראה וקומה בפני עצמה מוציא לריק זמנו לדבר בדופי המשונים ממנו. גם על זו אדרבא צריך להודות שיש בעולם בני אדם פחותי' בערך חכמתו שעם זה יוכר גדולת שכלו ובינתו שעם כלם יהיו שוין בדעת ובחכמה עם מי יוכל להתפאר בגודל השכלתו.

ובמה יוכר בין חכם לטיפש כדי לברך ברוך שחלק מחכמתו אם כן השפל בערכו נמצא מגדלו על דרך אין האור ניכר אלא מתוך החושך. ובהיות כך למה יבזה החכם לקטון בערך חכמו כיון שעל ידו יוכר מעלת רוממות מעלת בינתו כל זה ישים הרודף אחר הכבוד נגד עיניו ויסתום פיו מלדבר בדופי שום אדם.

והרודף אחר הקינאה והתאוה ישים בלבו ויחזק את הדבר בנפשו דכשם שאינו תחת האפשר שיתוש יחרוש יחד עם השור. ושזבוב ימלוך על אנשים. ונמלה שילחם עם אריה. והפיל דעייל בקופא דמחטא. ואדם בלי ראש שיבין וישכיל. כך אי אפשר שישיג האדם דבר שאינו ברצונו יתברך שישיגהו ובהיות כך למה יטרח האדם להוציא להבל זמנו לרדוף להשיג מה שלא נגזר עליו להשיג כי כל ימיו יכלו בעמל וטורח ועצבו' ולא ישיגהו שמחה כל ימיו ויהיה מבוטל מעבודת בוראו משום שאינו יכול לבא לתכלית כוונתו להשיג אותו אף שיטרוח עד יום מותו הלא טוב לו לשמוח בחלקו ואם עליו נגזר טוב יבא מעצמו ואם נמצא שמח במצבו ועבד לבוראו בכל כוונתו ויישב דעתו. וכל מי שטורח למצוא דבר שלא נגזר עליו מן השמים דומה לתינוק שרוא' צלו בכותל ודומה בדעתו שאם ישלח בו יד יתפשהו ושולח ידו בכל ובידו אין וחוז' לתפוס עד כמה פעמים אולי יוכל להחזיק בצל כי אין דעתו משיג שיכלה הזמן ולא יעלה בידו מאומה ועוד כראות האדם שטרח על דבר אחד להשגיו ולא עלה בידו למה יחזור עליה עוד ביום שאחריו שהגיע לו תשות כח

מיום הקודם דכל יום ויום שעובר על האדם נכנס למיתה והשיגתו אפיסת הכחות שהנה ראוי לדון בדעתו כיון שטרחתי על זה ולא מצאתי גזרה מן השמים היא ולמה זה אני מוציא בהבל ימי ושנותי באנחה טוב לי לשמוח בחלקי ובזה יבלו בטוב ימי ושנותי בנעימים. ומהתורה תלמוד שלא להפציר על דבר כאשר יסר משה רבע"ה לישראל בפרשת אלה הדברים ע"ז שחרה אף ה' עליהם בענין שליחות המרגלים שאחר שנגזר עליהם שלא יראו את הארץ זולת כלב בן יפונה ויהושע בן וכו' אמר ותענוה אמרו אלי חטאנו לה' אנחנו נעלה ונלחמנו וכו' ויאמר ' לא תעלו ולא תלחמו וכו' ולא שמעו עלי ויצא האמרי וירדפם וכו' הרי שאון ותרפים הפצר לכן אל יפציר אדם על דבר להשיגו פן יאבד מה שבידו והדבר שמבקש לא יבא ולא יהיה הלא טוב לאדם לשמוח בחלקו ולעבוד לבוראו כמדובר וישיג הטוב בעולם שכולו טוב.

פרק מד

יודע הלבבות ומבין הנסתרות יעיד עלי שכל כוונתי לזכות הרבים ולהשיב רבים מעון לכן כיון שפרק הקודם לזה דברתי בענין ברית הלשון כי המדבר דברים בטלים הוא כזרע לבטלה אכתוב בפ' זה בענין תיקון זרע לבטלה ממש שמצאתי בספר עבודת בורא והיא תקון ע"י תפלה ואע"פ דבפרקים דלעיל כתבתי תקון על זה חזרתי לכתוב התקון הזה כדי שיבחר האדם מה שאוכל לעשות ואולי יועיל גם כן תפלה זו לתקון דברים בטלים שגם הם כזרע לבטלה כמדובר. וז"ל הספר תפלה נאה מתוקן ומקובל לתקון קרי ולהוציא זרע לבטלה הועתק מכ"י של הרב החסיד כמה"ר מענדל פארכוס זצלה"ל וזה סידורה. ישב על הארץ כמנודה ויקבל עליו נזיפה ויאמר'. הריני יושב לקבל נזיפה וניסוי שנתחייבתי מפי ב"ד של מעלה על כמה חטאות ועונות ופשעים שחטאתי ושעוותי ושפשעתי לפניך אנכי נפוץ נבזה הרבתי אשמה אשמתי בתורתך בגדתי ביראתך פגמתי בספירותך השלכתי פגם בקדשיך והמי היוצאים לבית המלך הולכתים לבית הכסא מקום הטינופת אשת זנונים אהבתי הרסתי מזבחך חללתי בריתך בהנשאי הערלה על ברית הקודש פגמתי בכל כ"ב אותיותיך והגברתי החצוניים. והנה אם נתחייבתי נידוי ונזיפה מפי בית דינך הצדק או מפי הקב"ה או מפי שהכונה הרי ישבתי בדד וקבלתי עי הדין ואני מתודה ודוי ומתחרט ובוכה על עונותי חטאתי וישר העותי ולא אשוב בדרך הזה עוד התר התר יוצא בראשית סלח סלח אביר יעקב מחול מחול קדוש ישראל כי אדירי מלכים אתה וסייעני להיות מהשבים בכל לב אשר לחטאתם לא תזכור עוד. ואחר כך יאמר בכוונה גדולה א"מרתי "שמרה ד"רכי "מחטוא' ב" לשוני ויכוון בר"ת של זה הפסוק שעולה שני פעמים כד כד שהם שני חסדים המגולים מת"ת דזעיר וסופפי תיבות גימ' ל"ו הם ל"ו אותיות פשוט ומילוי ומילוי דמילוי ככזה ידוד יו"ד ק"ה ו"ו ק"ה יו"ד וא"ו דל"ת ק"ה ק"ה וא"ו וא"ו ק"ה ק"ה אחר כן יכוין אמרת"י גימט' ט' פעמים אדני" אשמר"ה

גימטריא לף לפי לפי יוד"ד לפי יו"ד אמא. ומלוי הוי"ה של שם ע"ב מזדווגא עמו כזה ו"די"יו דאבא דרכ"י יכוין יוצא הטיפה דרכי בגימטר' יו"ד ק"י וי"ו ק"י יו"ד ק"א וא"ו ק"א יו"ד ק"י וא"ו ק"י יו"ד ק"ה ו"ו ק"ה מחטו"א עם הכולל גימט' אדני" בלשונ"י גימט' א"ף ק"ה יו"ד ק"ה אל"ף ק"ה יו"ד ק"ה אל אדנ"ה ובזה יתוקן פגם הקרי על ידי שם זה קגלם הוא באת"בש דרכי והנקוד בר"ת הפסוק דהיינו קמ"ץ סגו"ל שב"א ציר"י (ואם יכול ללמוד בתקונים מ"ח מ"ט מה טוב ומה נעים) ואחר כך יאמר אנא ה' חטאתי כזאת וכזאת עשיתי מים היותי על האדמה עד היום הזה והיום נשאתי את לבי ונדבה רוחי אותי לשוב אליך בכל לבבי ובכל נפשי ובכל מאודי להיות מודה ועוזב ולהשליך מעלי כל פשעי ולעשות לי לב חדש ורוח חדשה להיות זהיר וזריז ביראתך אתה ידוד אלהי הפותח יד בתשובה ומסייע לב אדם לטהר פתח את ידיך וקבלני בתשובה שלימה לפניך ועזרני נגד השטן הנלחם בתחבולות עלי ומבקש נפשי להמיתני געור בו לבלי יעמוד על ימיני לשטני ועשה למען שמך הקדוש שלא יתחלל ח"ו על ידי ושמור תורתך תמיד לעולם ועד והסר לב האבן מקרבי ותן בקרבי לב בשר ורוח חדשה אנא יהו"ה אלהי שמע את תפלת עבדך ואל תחנוניו ואל יעכב שום חטא ועון לתפלתי ותשובתי ויעמיד לפני כסא כבודך מליץ יושר להמליץ בעדי ולהכניס את תפלתי ותשובתי לפניך ואם בחטאי הרבים והעצומים אין מליץ יושר להמליץ בעדי חתור לי חתירה מתחת כסא כבודך וקבלני בתשובה שלימה לפניך ושמע את תפלתי כי אל שומע תפלת כל פה ברוך אתה ידו"ה שומע תפלה עכ"ל (שלשה שמות של שם הוי"ה ב"ה הנז' בתפלה זו הם בנקוד צירי).

ואני אומר לתקון קרי וזרע לבטלה אם ת"ח הוא ירבה בתורה ויטריח מוחו לחדש חדושים בתורה תמיד תמורת מה שטרח מחשבתו לחשוב מחשבות זרות לעקור הזרע מן המוחין ולהוציאו חוצה ונעה רוצח בניו בידיו חוץ מהפגמים אחרים שעשה לכן לבנות מה שהרס יטריח מחשבתו שהיא במקום המוחין לחשוב מחשבות לחדש חידושי התורה שנקראי' בנים ובונה בהם שמים חדשים שמים מחודשים ועל ידי כך הוא מחליש ומהתך צד הקליפה אשר נתעבה בחטאתו אשר חטא בהוצאת זרע לבטלה. ומחיה בניו אשר המית בזר מעשהו משום דחדושי התורה שמחדש בה נקראים בני הנפש ונעשים נשמה להחיות כל אותם בניו שהמית בידיו ובלבד שכל מה שמחדש יהיה לש"ש ובכונה לתקן מה שעוות וגם יזהר עצמו מדברים בטלים שהם כזרע לבטלה כנודע ומעוררים העון שהוא בסוג שלו וידאג תמיד על מה שעשה וי בכה ויתחנן לפני בוראו להעביר על עונו. וסימן זה יהיה בידך אשר קבלתי אותו מפי סופרים ומפי ספרים שהעוה תשובה על עונו כל זמן שהעון יעלה על זכרונו ומרקד לפניו בידוע שעדיין לא נמחל וירבה בתשובה אך כיון שנשכח ממנו ואינו עולה בזכרונו ידע באמת שכבר נמחל לו שנתקבל תשובתו ועשה הקב"ה שישכח לבשר לו שנתקבל תשובתו ע"כ. ולכן כל המחדש בתורה לתקן מה

שעות כמדובר יהיה הסימן הזה בידו ואם עדיין עונו מרקד נגד עיניו ירבה לחדש חדושים בתורה עד שיבשרו לו מן שמים הסימן כמדובר ונראה שהכל תלוי כפי חוזק חשקת תשובתו ודבקותו בהקב"ה שימחו לו וכפי הצער והדאגה שלוקה בנפשו והטורח אשר טורח לחדש חדושי התורה נכנס קצת במדרגת רוחניות ובזה בא לשכח הגופניות הגמור והמטונף ממעשהו זר והוא הסימן הנזכר ואז בודאי נמחל עונו ועליו נאמר לך אכול בשמחה לחמך ושתה בלב טוב יינך כי כבר רצה אלקים את מעשיך ומצאתי סיוע לדברי בירושלמי סוף מס' ר"ה דקאמר אמר קב"ה כיון שקבלתם עליכם עול תורה מעלה אני עליכם כאלו לא חטאתם מימיכם ועיין בתקונים תקון כ"ב גם ס"ה ע"א ועיין לעיל סו' פרק כ"ב. ואל תק' מדוד דקאמר וחטאתי נגדי תמיד שדוד כתב חטאו בכותלי ביתו לראותו ולזכור ממנו תמיד כמ"ש בס' החסידים דעל זה נא' וחטאתי נגדי תמיד ע"כ ומדאצטריך לכותבו לזוכרו מכלל שנשכח ממנו אלא מתוך חסידות התמיד להיות דואג כל ימיו אע"פ שנמחל כתבו לזכור. ואם יהיה החוטא בעון זה עם הארץ יטריח ויזיע לרדוף אחר המצות וירבה בג"ח בכל לבבו ובכל נפשו ויפנה כל מחשבתו תמיד לחשוב מתי יבא מצוה לידי ואקיימנה וישתדל בכל כחו להדריך בניו לתורה וישמש ת"ח כדי שיוכלו לחדש בתורה ומה טוב ומה נעים אם מוציא מכיסו להחזיק ביד לומדי תורה ולעשות כזבולן וישש כר אם יש יכולת בידו ואם אין ידו משגת לזה יחזיק כפי השגת ידו ואחד המרבה ואח' הממעיט ובלבד שיכוין לבו לשמים. והנה ע"י כך מרבה בבני הנפש ונעשים נשמות להחיות הבנים אשר המית ומחליש ומהתך כח הסטרא אחרא כמדובר לעיל וסר עונו וחטאתו יכופר וקצת מזה כתבתי בפרקים דלעיל אך באופן אחר תבקשהו ותמצאהו. ות"ח וכ"ש הע"ה כדי שלא יבא ליכשל במכשול הזה עוד יחשוב תמיד שהוא כאין והעדר טוב ממציאותו שהוא הבריה שפלה שבכל הנבראים שבעולם ויזכור כי הוא נסתעף מטפה סרוח' ואיך עבר במקום הטינופת ואיך הוא בעל ליחות ובעל מכאובות וכיעורי הונאת הצואה היוצא מגופו מלא טינוף צואת האף צואת האזן ואח"כ יזכור בצוא' חטאיו ועונותיו ופשעיו אשר אין די להרחיק ממנו כמלא עיניו כדין צואה סרוחה אלא ראוי להרחיק ממנו מלא הארץ ויזכור במיעוט ידיעתו בעומק התורה ובסודיה א"כ במה הוא נחשב הלא הנפל טוב ממנו ונוח לו שלא נברא משנברא. כ"כ החסיד בעל לוחות הברית ז"ל בשער האותיות. והאלהי כמהור"ר משה קורדובירו ז"ל כתב יעשה אדם תחבושת מג' סמני' כדי להשפיל עצמו שלא לחטוא א' שירגיל עצמו להיות בורח מן הכבוד כל מה שיכול שאם יתנהג שיכבדוהו בני אדם יתלמד בהם על צד הגאוה ויתרצה הטבע תמיד בכך ובקושי יוכל להרפא ב' שירגיל למחשבתו לראות בבזיונו ויאמר אם היות שבני אדם אינם יודעים גריעותי מה לי בזה וכי אני איני מכיר בעצמי שאני נבזה בכך וכך אם בהעדר הידיעה והולשת היכול' ובזיון המאכל והפרש היוצא ממנו וכיוצא בזה עד שיהיה נבזה

בעיניו נמאס ג' שיחשוב על עונותיו תמיד וירצה בטהרה ותוכחת ויסורין ויאמר מה הם היסורין היותר טובים שבעולם שלא יטרדוני מעבודת השי"ת ין חביב בכולם מאלו שיחרפוהו ויבזוהו ויגדפוהו שהרי לא ימנע ממנו כחו ואינו בחולאים ולא ימנע אכילתו ומלבושיו ולא ימנעו חייו וחיי בניו ביתה א"כ ממש יחפוץ בהם ויאמר מה להתענו' ולהסתגף גופי בשקים ומלקיו' המחלשים כחי מעבודת הבורא ואני לוקח אותם בידי יותר טוב אסתגף בבזיון בני אדם וחרפתם ולא יסיר כחי ולא יחלוש ובזה כשיבאו העלבונות עליו ישמח בהם ואדרבא יחפוץ בהם ויעשה משלש סמנים אלו תחבושת ללבו ויתלמד בהם כל ימיו עכ"ל.

והנני מציג לפניך תפלה לקבלת מלכות עול מלכות שמים שטוב לאומרה בכל יום ובפרט הבעל תשובה הביאו בעל ס' עבודת בורא וז"ל. הנני מוכן ומזומן לקבל עלי אמונת אלהי עולם אשר טמיר ונעלם מעין כל חי מרוב קדושתו. והנני מאמין באמונה שלימה שהבורא ברוך הוא יחיד ומיוחד ואין יחידות כמוהו בשום פני' ברוך הוא שאין בלתו יחיד אלהי הוא היודע דעת ומחשבות יצוריו נשמותיהן הוא האציל יחידי וברא ויצר ועשה כל העולמות ואין שני לו היה הוה ויהיה תקיף ובעל היכולות ומבלעדו אין אלהים הוא הבורא נשמים ושמי השמים וכל צבאם הארץ וכל אשר עליה וכל אשר תחתיה הימים וכל אשר בהם ברא לויתן עם כל התנינים הקטנים עם הגדולים וכל שרץ השורץ ורומש בתוך המים גבול שם לים שלא יעברו גליו. ברא הארץ וכל אשר עליה וכל אשר תחתיה ברא אדם ובהמה חיות השדה וחיתו יער כל צפור וכל כנף וכל אשר תעוף וכל השרץ השורץ ורומש על הארץ ברא הרים וגבעות ברא דומם צומח חי מדבר וכולם זן ומפרנס אות' מבצי כנים ועד קרני ראמים וכולם ברא לכבודו ברא כמה ארצות הנעלמים מבני אדם ובהם כמה מיני בריאות וכלם ברא בחכמה ובדעת והכל לכבודו. ברא כמה רוחות וכחות בין השמים והארץ שם עבים רכובו ומהלך על כנפי רוח. ברא שמים ושמי השמים וכל צבאם. ברא עולם הגלגלים ועולם התחתון כנגד עולם הגלגלים כטיפת חרדל וכל גלגל לפני חבירו הגבוה ממנו כטיפת חרדל. ברא עולם המלאכים אלף אלפי אלפים ורבוא רבבות עד אין מספר לגדוד מעלה. וכולם ברא לכבודו להללו ולספר הודו ועולם הגלגלים כנגד עולם המלאכי' כטיפת חרדל. וכל מלאך לפני חבירו הגבוה ממנו כטיפ' חרדל ומלאך הגבוה שבגבוהים לפני כסא כבודו כאפס וכאין נחשב וכסא כבודו לפניו כמו כן ברוך הוא. והוא ברוך הוא אין לו דמות הגוף ואינו גוף לא נערוך אליו קדושתו. ראשון לכל ראשית אחרון בלי תכלית עילת כל העילות סיבת כל הסיבות שליט בעליונים ובתחתו' היה הוה ויהיה תקיף ובעל היכולות בעלמא דין ובעלמא דאתי אין קדוש כה' ואין צור כאלהינו כי מי אלוה מבלעדי ה' ומי צור זולתו אלהינו (ויאמר מיד ז' פעמים ה' הוא אלהים) ויכוין נגד ז' ספירות גדולה גבורה ת"ח נצח הוד יסוד מלכות ואח"כ יאמר בדעת

ובתבונה ובחכמה בראת עולמך אתה הוא ה' אלהים לבדך (ויכוין על ג' ספירות בינה חכמה כתר כי ר"ת של אתה הוא ה' האלהים אהיה שהוא כתר ואח"כ יאמר הוא אלהי וכו' יכוין שהוא מחבר האהל להיות אחד) הוא אלהי האלהים ואדוני האדונים הוא אשר ברא שדין ולילין ורוחין וזיקין וכל כת דלהון ומציל בני אדם מהם שלא יזיקו אותם כאמור יפול מצדך אלף ורבבה מימינך אליך לא יגש ונאמר לא תאונה אליך רעה ונגע לא יקרב באהלך כי מלאכיו יצוה לך לשמרך בכל דרכך הוא אשר ברא מידי יום ביומו אלף אלפי אלפים ורבוא רבבות מלאכי השרת ומעביר אותם בנהר דנור כאמור חדשים לבקרים רבה אמונתיך. הוא שעתיד להחיות המתים ברוב חסדו ברוך עדי עד שם תהלתו בו אני מאמין ועליו השלכתי יהבי ואליו נשאתי את נפשי ורוחי ונשמתי. והנני מקבל עלי עול מלכותו ועול מצותיו לעבדו בכל לבבי ובכל נפשי ובכל מאודי ע"כ. אשרי להם ואשרי נשמתם מי שאומר כל זה בכל יום בכונה נכונה ועליהן אתמר זכאין חולקיהון דצדיקייא בעלמא דין ובעלמא דאתי ע"כ.

וכדי שיכנס האדם בעול מלכות שמים ראיתי לכתוב שלשה דברים המביאות לאדם לכל עון ופשע כדי שיסור מהן ויהיה נקי מכל חטא הביאם הרב בעל עוללות אפרים ז"ל וז"ל סיבה ראשונה ששוקע אדם עצמו בעבירות מצד קלות החטא בעיניו ודש אותם בעקב ועובר עליו בכל יום כגון רכילות ולשון הרע שבועת שוא שחוק קלות ראש שפת שקר לשון רמיה וכאלה הם רבים שונין ומשלשין בהם עד שנעשה להם כהיתר גמור והן ראשי עבירות.

סיבה שניה היא שכל אדם חכם בעיניו ובזה כל דרכיו ישרים בפניו ואומר יהודי אני ואני יודע תהלות לאל יתברך מה לעשות ומה להניח ואף שמראה מ"ט פנים טהור על השרץ שבידו המטמאה ובסיבה זו אינו שומע לקול מוסר לעולם ואינו בא לידי חרטה ותשובה לעולם.

הסיבה השלישית היא בהיות האדם רודף אחר הנאות חמדת הבלי העולם באכילה ושתיה ומלבוש עושר ונכסים וכבוד.

אלו ג' דברים המכים את האדם בסנורים וטח עיניהם מראות מה תהא באחריתו ועל חושבו כי לעולם חוסן עכ"ל. ונראה לי המחבר שכדי יוכל האדם לעזוב המדות האלו ישים נגד עיניו ג' דברים אחד על מה שעבר מלשון הרע דבר ושחוק וקלות ראש וכדומה הזיק לאחרים ועלה בידו און כי לא הרויח בזה לא ממון ולא כבוד כי אם בזיון הגוף ואיבוד הנפש. ב' בהוה שמתגאה בשכלו והוא חכם בעינו יחשוב שכל הכבוד המגיע לו מזה וכל התענוג שמגיע לו בעשותו כל מה שלבו חפץ באומרו חכם אני ויודע אני שדרכי ישרים וטובים כלם כהרף עין כי הכבוד והתענוג המגיע לו מזה הוא כהרף עין כי הכל עובר כנודע. ג' יחשוב שהעתיד עדיין וא"כ מה לו לסגף עצמו להנאות חמדת העולם שאינן בידו ומשתדל להשיגם כי כל דבר העתיד לבא ההשתדלות להשגתו תם לריק כחו וקודם בואו לידו אפשר ימות בלא עתו ונמצא הוציא בהבל זמנו על דרך אל תצר ליום מחר וכו'

לכן אין טוב לכל אדם כי אם לחשוב תמיד בקיום המצות לומר מתי יבא לידי ואקיימנה אם באים לידו אשריו שמשלים נשמתו ואם אין באים לידו גם הוא אשריו דמחשבה טובה הקב"ה מצרפה למעשה ונמצא הוא רחוק מההפסד וקרוב לשכר. וישליך יהבו על הקב"ה שהוא יזמין פרנסתו אך שירבה בתפלה ותחנונים לפני המקום שיעשה בקשתו כי לנו גדול כמשה רבע"ה וכדי שימלא הקב"ה רצונו ליכנס לארץ והרבה בתחנונים לפני המקום כדכתיב ואתחנן אל ה' בעת ההיא לאמר ואמרו רז"ל מנין ואתחנן התפלל משה להקב"ה ובא התשובה לו רב לך וכי חז"ל רבנות יש לך אם לא תכנס עיין בספריהם הקדושים גם יתפלל האדם לבוראו על בקשתו ואם לא ישיבהו ידע שהוא לטובתו ואם ישבהו למלא את שאלתו מה טוב ומה נעים.

⚜

פרק מה

יוצר **הדם** ומקבל **השבים** נתן לנו תורה ומצות לקדש את נפשנו ולזכותנו לעולם הבא שמדתו להטיב לבריותיו ולבלתי ידח ממנו נידח אשר על כן כדי שיהיה האדם אהוב למקום אכתוב בפ' זה כ"ב דברים שיזהר בהם כדי שיזכה בטוב הצפון לצדיקים הביאם הרב בעל ספר עבודת הבורא. א' בשחרית כשילך לבית הכנסת יאמר הריני הולך לבית הכנסת לשם יחוד קודש' ב"ה ושכינתי' בדחילו ורחימו בשביל כל ישראל ליחד שני אותיות ראשונות של שם הוי"ה עם ו"ה ביחודא שלים ולהקים השכינה מעפרא ולייחדא עם

קודש' ב"ה בדרועא ימינא והריני מוכן ומזומן לקיים מצות ואהבת לרעך כמוך שכל תרי"ג מצות תלוים בה ומיד יאמר שיר המעלות לדוד שמחתי באומרים לי בית ה' נלך. ובמנחה יאמר כנזכר רק שיאמר ליחדא שכינתא עם קודשא ב"ה בדרוע שמאליה בשם כל ישראל. ב' צריך ליזהר שלא יזרוק שום ברכה מפיו בלי כוונ' ועליהם נאמר' ויפתוהו בפיהם ובלשונם יכזבו לו. ג' יהא זהיר מאד שלא יאמר הברכות והזמירות במהירו' ובהלעטה שעל זה אמרו בתקונים הבשר עודנו בין שיניהם וכו' וידקדק לומר כל תיבה ותיבה כתקונה וכן כל נקודה ונקודה. ד' לא יתפלל מיד כשיכנס לבית הכנסת אלא צריך לשהות מעט כדי שיתיישב על לבו לפני מי עומד ולפני מי הוא מתפלל ויזכור גדולתו ורוממותו של הקב"ה. ה'. לא ידבר שום ש'יחת חולין אפילו קודם התפלה או לאחר התפלה. ו' יהא זהיר מאד שלא ירוק בבית הכנסת כלל רק עם יזדמן לו בהכרח איזהו ליחה שצריך לרוק יריק בתוך מטלית אחד או בתוך כסות ועל ידי זה ינצל מדין הרוק בפני חבירו ונמאס בה. ז' לא יכניס אצבעו בתוך האוזן או בתוך החוטם כי צריך נטילה כמבואר בש"ע סי' ד'. ח' יהא נזהר שלא יתפלל על פה אלא אם כן באותם מקומות שצריך לסגור עיניו ויועיל מאד לכוונה. ט' התפלה יהיה הכל בשמחה גדולה ולא בעצבות כלל רק בעת שיזכור עונותיו אז יבכה על העבירות שבידו ויקח הדמעות מה שירדו מעיניו וישים אותם על מצחו ויאמר יכבה דמעותי את חרון אפו ויכוין ששערי דמעות שהם נצח והוד לא ננעלו. י' לא

יתפלל בקול רם ואפי' בפסוקי דזמרה ובתפלה מיושב רק בהכנעה גדולה ובנחת ובנעימה כדי שירא' הכנעתו לפניו ברוך הוא. י"א ילך במרוצ' לב"ה ויאמר בבית אלהים נהלך ברגש ועיין לקמן בסמוך בסוד ברגש ויבדוק מנעליו שלא יהא שו' טינוף ח"ו וע"ז נאמר שמור רגלך באשר תלך אל בית אלהים. י"ג יזהר להקדי' לבית הכנסת כדי שיתפלל עם הצבור ולא ידלג בפסוקי דזמרה כפי דעת הש"ע בסי' נ"ב כי הרב המגיד ובעל תולעת יעקב קוראין תגר על זה וכותבים כאילו הוא קוצץ בנטיעות ח"ו ומהפך הצנורות ומחריב העולמו' ח"ו וכל המשכים לבית הכנסת זוכה לרוח טהרה י"ד צריך לקבוע לו מקום מיוחד בב"ה שיהיה לו לישב עליו וצריך ליזהר שלא יהא עניו ביותר שלא יבחר מקום שפל ביותר כי ענוה ביותר גם זה גאוה רק מקום ממוצע לא גבוה יותר מדאי ולא נמוך יותר מדאי. ט"ו יכוין להיות בכלל צדי"ק ולכן יענה כל יום צ' פעמים אמן ד' פעמים קדוש י' קדשים ק' ברכות ואז נקרא צדיק ובשבת ישלים ק' ברכות בפירות. י"ו כשמתפלל י"ח יסגיר את עיניו ויהיה תמיד במחשבתו כאילו אש גדול ונורא לפניו ואם ירא' לתוכו מיד ישרוף לו האש ויחבק ידיו זה על גב זה ימינא בשמאלא ושמאלא בימינ' כדי למתק הדין שהוא השמאל י"ז צריך ליזהר שלא יוציא שני הגודלים לחוץ רק יהיו תמיד נכללים הגודל ימינו בידו של שמאל וגודל של שמאל בידו של ימינו. י"ח ליתן צדקה קודם שיתפלל וצריך לומר אני בצדק אחזה פניך. ובש"ע של האר"י ז"ל כתוב וז"ל בהלכות צדקה מורי ז"ל היה נוהג לתת צדקה כשהיה אומר ואתה מושל בכל כי בכל הוא היחוד הנקרא כל והוא הנותן צדקה אל השכינה ואל זה ראוי לכוין. גם יכוין במלת בכל שרומז לשכינה הנקרא בכל בסוד בת היתה לו לאברהם אבינו ובכל שמה והוא שם ב"ן העולה בכ"ל וצריך ליתן אותה מעומד ע"ש. י"ט צריך לכוין כשעונה אמן כמו שאחז"ל גדול העונה אמן יותר מן המברך והדבר ידוע שאמן כולל ב' שמות יהו"ה אדנ"י שעולה כמנין אמן אבל העיקר שצריך לכוין כפי ענין הברכה לפעמים הוא מכוין בענית אמן שעונה כאלו הוא מעיד עדות שכן הוא הדברים מה שאנו מספרים שבחו של קב"ה ולפעמים יכוין שהוא כמו תפלה ר"ל אמן כי יעשה האל ברך הוא כמו שאמר ירמיה הנביא ועכ"פ לא יענה אמן יתומה וחטופה כמבואר בגמ'.. ך' ראיתי רוב העלם אינה נזהרים מה שעונין הברכה של נטילת ידים אחר ברכת החזן בב"ה אף שאומרים אותה בביתו בשעת נט"י והדבר מבואר בש"ע סי' מ"ז שלא יאמר אותה ברכה כפל אם אמרה בביתו אכן בעמק הברכה מביא שהש"ץ שרי ליה לומר כפל הברכה ויכוין בזה להוציא למי שאינו בקי ואינו מבין. כ"א כתב בש"ע של האר"י ז"ל צריך שיהיה עוסק בתורה מעוטף בטלית ותפילין ולא יסיח דעתו מן התפילין רק בעת שיעסיק בתורה שאז אין בו משום הסיח הדעת. כ"ב ועסק התור' צריך שיהא עמל פרד"ס ר"ת שלא פשט רמז דרוש סוד.

אמר המחבר ואם אין אדם יכול לקיים כל זה משום איזה סיבה יקיים מה שיכול לקיים ואפי' אחת ואל יאמר

כיון שאיני יכול לקיים כולם בשלימות מה הוא מעלה ומוריד בקיום קצתם. משל לאדם שהיה בכיסו כ"ב דינרים וניקב הכיס ונפלו כולם ולא נשאר כי אם דינר אחד וכי בשביל שנפלו כולם על שלא נזהר לשומרם ישליך האחד שנשאר אלא מה שיש בידו לשמור ישמור. ועוד שאפשר שעל אותה מצוה שיכול לקיים בא לזה העולם להשלים חקו מגלגול ראשון ונמצא שאם יבטל קיומה גורם עצמו גלגול אחר לכן כל מה שיכול האדם לקיים יקיים ואל יאמר כיון שאיני יכול לקיים כולם איני מקיים אפילו קצתם וכ"ש א' או ב' דזהו פתוי היצה"ר לטורדו מן העולם ולגרום לו גלגול אחר כמדובר שהרי מספיק קיום מצוה או גדר או סייג א' להשלים נפשו של אדם ולהצילו מדינה של גיהנם וכמאמר השלם בגמר' ע"פ ופערה פיה לבלי חק למי שלא קיים אפי' חק א' הרי חק א' מצילו מגיהנם. משל למלך ששלח לא' למלחמה וצוה לו לעשות מאה צווים בענין המלחמה ולא היה בדעתו של מלך שיקיים כי אם צווי אחת מהמאה צווים שצוה לו אך צוה לו מאה אולי ממאה יקיים א' ונמצא משלים רצונו בקיום אחת מהם אעפ"י שעבר על השאר וכיון שעם האחד השלים כוונת המלך מוכן ומזומן לקבל שכר מאתו. ג"כ המלך שהוא הקב"ה שולח לנשמה בזה העולם להלחם במלחמת יצר הרע וצוה לקיים במלחמה זו תרי"ג מצות שבכללם רמ"ח של עשה והרב' בהן מטעם שאם לא יוכל לקיים זו יקיים זו וכמו שפירשו חז"ל על משנה ר' חנניא בן עקשיא אומר רצה קב"ה לזכות את ישראל לפיכך הרבה להם תורה ומצות וכו' כלומר כדי שיזכו כולם הרבה במצות שעם זה מקיים כל א' המצוה שיוכל לקיים משא"כ אם לא היה מרבה מצות כי אם היה מצוה כמנין ז' מצות בני נח מי שלא היה יכול בקיום השבעה הי' יוצא ריקם מן הועלם לכן הרבה להם תורה ומצות שכל א' יקיים אותה שיוכל ונמצא בין כל ישראל מקיימין כלם שנא' ה' חפץ למען צדקו יגדיל תורה ויאדיר וא"כ כפי זה איך יאמר אדם כיון שאיני יכול לקיים כלם איני מקיים אפי' אחד אלא יקיים מה שיכול ויזכה לעה"ב אך בתנאי שיהיה לבו דבוק בהקב"ה ובשומרי מצותיו ויתאוה תמיד להשיג ליכולת קיום כל המצות.

ועתה בן אדם שנתרשלת בחורתך בעסק תורה ומצות ועתה בזקנותך מתחרט על שעבר ואין בכוחך לקיים עכשיו כי אפס כח המשיג שמע בקולי איעצך ויהי אלהים עמך התורה על שעבר והזהר מכל חטא והדבק נפשך בשומרי תורה ומצות להסתופף בצלם ולשמוע מפיהם תמיד ושים דעתך ותאותך בלי הפסק במיום התורה והמצות אע"פ שאינך יכול לעשות ומחשבה טובה הקב"ה יצרפנה למעשה ונמצא במותו יצא מן העולם טעון ממצו' ויזכה לחזות בנועם ה' על דרך יש קונה עולמו בשעה א'. לכן מי שתקפו יצרו ונתרשל בבחרותו בקיום המצות אל יאמר בזקנותו חלילה וכשאר אבדתי אבדתי ואלך ואעשה מה שלבי חפץ כי בידו לתקן כדפרישית וזוכה לחלקו בגן עדן כי יוצר האדם חפץ בתשובת השבים על איזה אופן שיוכלו לשוב ואדם יכול לשוב בהיות מתאוה בקיום התורה

והמצות כדפרישית ויחשב למעשה על דרך שאמרה תורה והיה עקב תשמעון את המשפטים האלה ושמרתם ועשיתם אתם כו' ואהבך וברכך והרבך כו' שהכונה עקב השמיעה את המשפטים שיחשב כאלו ושמרתם ועשיתם אותם בפועל וע"י כך ואהבת וברכך. משל לאדם שאכל כל ימיו עגלים מפוטמים וכל מיני תענוגי' שבעולם רק מאכל אחד מיוחד לאכילת המלך לא השתדל לאכול ממנו וכשקפץ עליו הזקנה ואין כל כי אפס כסף ובא לכלל עד ככר לחם ובזוכרו מהאכלים שאכל בבחרותו ולא היה מתאוה להם משום שכבר אכך מהם הרבה פעמי' וטעם טעמם אך כשהי' עולה על זכרונו המאכל המיוחד למלך שהיה יכול' בידו אז להשתדל ולהשיג לאוכלו ולא אכלו מתחזק עליו תאותו ומתרב' עליו התאוה יום יום עד שמרוב התאוה ועוז פניו ישונה ושומן בשרו שהרבה עם אותם המאכלים נתק ונצטמק עד שלא ישאר כי אם גויתו עור וגידים ועצמות בלבד ויוקטן שיעור קומתו ונהפך לשיעור קטן ושנולד דמי כתותי מכתת שיעורו. והנה בבא אדם זה למצב זו הרי נחשב כאילו לא אכל מימיו וכאילו מאכלו פת חרבה מים במשורה. והנמשל האדם שכל ימיו הלך אחר תאות יצרו ואכל והתענג מכל מיני תענוגים אך לא טרח לאכול מאכל א' מיוחד עולה על שלחן המלך שהיא תורה והמצות וכשבא לימי הזקנה חפץ לשוב בתשובה אך אין בידו ובכחו לעשות ישיבה ללמוד תורה ולא לרדוף אחר מצות מחמת אפיסת כחותיו בהיות שמצטער בנפשו מרוב תאותו על עסק התור' באומרו מי יוכל לעסוק בה ומרוב התאוה מהתך בשר גופו שהרבה בתענוגיו נמצא מקטין גופו כנולד דמי וחשוב לפני המקום כתינוק המתאוה נפשו הטהורה להתגדל וללמוד תורה ולקיים מצות ומת קודם שנתגדל שקב"ה חושב לו למעשה מחשבתו הטהורה גם זה כיון שתאותו הקטין גופו ומתאוה בעסק התורה אף ע"פ שלא עסק ומת נחשב כתינוק המת כדפרישית. לכן אל יתיאש שום אדם מן הרחמים אפי' השבים לעת זקנותם כי לכל יש תקנה כנ"ל עד שהגדילו רז"ל לומר עד דכדוכה של מות קב"ה מקבל השבי'. וכדי שתבין בשכלך הדבר אייחד לך פרק א' ממעלת יצירת האדם עד היכן מגיע שרמוזים בצורת תבנית איברי גופו עליונים ותחתונים ולאיש אשר אלה לו מוכרח שהקב"ה מבקש ומגלגל גלגולים לבקש הצלתו לבל ישחית צלם דמו' תבניתו בגיהנם בנהרי נחלי המתהפכים לזפת וגפרית ולכן אפילו במחשבה אם השב האדם בתשובה בעת דכדוכה של מות מקבלו דכביכול מצטער איך נשחת צורה זו ביסורי גיהנם אך האומר אחטא ואשוב בדכדוכה של מות תשובתו אינה מקובל' על דרך אחטא ואשוב כו' כי כל מה שאמרנו הוא דוקא במי שאירע שחטא מחמת תוקף יצרו אך לא לעשות הדבר בקום עשה לחטוא שאז אין לו תשובה כמדובר והשם ישים חלקנו עם עושי רצונו ועם השבים בתשובה בעודם איש אעפ"י שהתשובה מועלת בכל זמן אמנם לא ראי זה כראי זה.

פרק מו

ישמע האדם וישכיל המבין מעלת האדם וחשיבותו אשר בצלם דמות תבניתו כלל בו היוצר עליונים ותחתונים כמ"ש בס"ד ובהיות כן איך ימלא לבו של אדם לחטוא לפני בוראו ולגרום חירוב בבריאה שלימה וכיון שכתבתי בפ' קודם לזה שאל יתיאש אדם מן הרחמים אעפ"י שהרבה לחטוא כדי להחזיק לבו אל התשובה עשיתי פרק זה סניף לפרק הקודם שיראה מעלתו וחשיבותו לפני הבורא אשר צייר בו כל הבריאה וכיון שכן מבקש שיתחיל אדם בתשובה כחודה של מחט ולפתוח לו פתח כפתחו של אולם יהיה התשובה באיזה זמן שיהיה. ונתחיל בציור האדם כתב בס' אורחת חיים דף רי"ב ע"א וכמו שאדם דומה מעט מזער לאלהים כן בנין גופו דומה לכל העולם. עשה לו גולגולת הראש כמו רקיע השמים שעל הרקיע הה. עשה לו תקרה העליונה של פה הנטועות בה שינים והמתלעות כדמות הרקיע הזה שעלינו. וכמו שמבדיל הרקיע הזה שעלינו בין מים העליונים למים התחתונים ג"כ תקרה העליונה של פה מבדיל בין הליחה של פה ובין הליחה שבקרו' העליון. וכמו שהאלהים שוכן שכינתו הקדושה בשמים העליונים שקיה על המים דכתיב המקרה במים עליותיו וכן הכין את רוח נשמת חיים והדעת והבינה בקרם המוח של ראש הנקרם על המוח על הליחה וראה והבין האמת כי אם יקרע קרו' המוח או ינקב מיד ימות האדם על אשר בו מכין רוח חיים. וכמו ששיכן האל יתברך שכינתו הקדושה במערב כן שיכן את המוח אחרי הראש על האזנים ושיכון את רוח חיים על המוח. וכמו שמתקיים העולם ומתנהג בכח אל אחד כך מתנהג כל הגוף בכח רוח חיים א' שנתן לו האל יתברך ומתקיים בו להיות בריא ומקוים עד בא קיצו ואם יתערב בגופו מאומה רוח רע אחרת לא יתקיים להיות כבתחלה. וכמו שנתן ברקיע השמים שני מאורות וחמשה כוכבים כן ברא בראש האדם שבעה שימושים שתי עינים ושני אזנים ושני נחיריים והפה. העין הימנית דומה לחמה והשמאלית דומה למאדים. האף הימני דומה לכוכב והשמאלית דומה לנוגה. הפה והלשון והשפתים דומה לצדק. וכמו שנעשה אויר בין רקיע ובין הארץ כן נעשה בגוף האדם החזה והגויה. וכמו שמשיב הרוח באויר חללו של עול' כן תצא נשמת רוח חיים מן הריא' שבחזה ובגויה הוא חללו של גוף. וכמו שרקע הארץ על המים כן קרם ומתח קרום הבשר שעל הכבד ועל הבטן ועל המעיים ועל הטחול הוא הבשר שבין הריאה ועל הכבד ועל הטחול והמעיים והבטן. וכמו שעשה האל יתברך עופות ודגים וחיות ובהמות תמימים ורחמנים מלעשוק זה לזה. ויש שהם אכזרים וטורפים ובולעי' זה לזה כן עשה וגם בני אדם הטובים נדמו לעופות ולבהמו' הטובים שנאמ' יונתי תמתי ונאמר ואתם צאני צאן מרעיתי ובני אדם הרעים נדמו לחיות רעות לאריה דכתיב דמיונו כאריה יכסוף יטרוף. יש דומים לדובים וזאבים שנאמר כזאבי ערב. בעולם יש אילנות ועשבים ופירות טובות יש שיש להם ריח טוב ופירות טובים לתחייה ולרפואה ויש עשבים ושרשים ופירות להמית

כעשבי סמי המות וכקוץ ודרדר הטובים נדמו לטובים כדכתיב כתפוח בעצי היער כשושנה בין החוחים. והרעים נדמו לרעים כדכתיב ובליעל כקוץ מונד כולהם. וכמו שעשה מתחת לארץ תהומות וטיט ורפש כן עשה לאדם הקר העליון והמעיים שמקבלים המאכל והמשתה. וכמו ששורצים על הרפש ומן המים והטיט שרצים ורמשים למיניהם כן נשרצים במעי האדם מרפש השמרים של המאכל ומשתה שרצים ורמשים תולעים ארוכים וקצרים גדולים וקטנים. וכמו שעשה מקוה ימים בעולם כן עשה מי רגלים הוא הנבל הוא השלפוחית. וכמו שעשה אדני הארץ למטה כן עשה יסוד כן בנין הגוף את עצמות העצה מזה ומזה ושתי ירכיים. וכמו שעשה אבנים מפולמות המשוקעים בתהום אשר מביניהם המים יוצאים כן עשה שתי כליות לצאת ולעבור מביניהם מתוך גידיהם את מי הרגלים הוא השתן אל השלפוחית וגם לחלוח הזרע עובר ויוצא מביניהם על בצי הערוה. וכמו שהתהום קורא אל הצתהו' כדכתיב תהום אל תהו' קורא כך קורא קרב עליון אל אצטומכאו אל המעיי' להקבילם שאר המאכל והמשתה והמעיים קורא אל גידי הכליות שהם כצינורים להקבילם המים מי הרגלים הם המתמצין ונפרדים מן המאכל המעיים ללכת אל השלפוחית וצנורי הכליות קוראין אל השלפוחית להקבילם המים ההם להוליכם להקוותם בתוך השלפוחית שהוא דומה לתחתון שהוא תחתון לכל התהומות. ועוד אותם מעי קורא אל מעי האיצטומכא לקבל אליו הצואה והגלל. וכמו שעה האלהים נהרות להשקות העולם כן עשה בגוף האדם ורידין הן גידי אדם המושכים את הדם להשקות את כל הגוף. וכמו שיש בעול' מים צלולים ועכורים מתוקים ומלחים ומרים כך באדם מעיניו יוצאים מים מלוחים מנחיריו יוצאים מים קרים ומגרונו מים חמין ומפיו מים מתוקים ומאזניו מים מרים ומי השתן הם מרים וסרוחים בעולם יש רוחות קרים וחמין כן באדם כשפותח פיו ונופח אז הרוח חם וכשסוגר פיו ונופח אז הרוח קר. רעמים בעולם קול באדם. ברקים בעולם ברקי' באדם פניו מאירים כברק. מזלות בעולם והחוזים בככבים יודעים מהן עתידות כך יש אותות באדם כשיש שחין לאדם (נ"ל שנ"ל כשיש אדם בלא שחין ובלא כנים ובלא פרעושים כי כשאין לאדם אחד מאלו הדברי יכולים הבקיאי' בזאת החכמה לראות בסימני הגוף ובשירטוטי העתידות של אותו האדם אבל כשיש א' מאלו הם משנים הסימנים) בלא שחין ובלא כנים ובלא פרעוש בזה יודעים הבקיאין בחכמה זאת עתידות וכן בשרטוטי האדם ובתואר פניו יודעים עתידות והחכמה הזאת היתה ביד חכמים הקדמונים אבל מן האחרונים נשתכחה וכן יכולין החכמים לידע עתידות מן האילנות והעשבים וזהו מה שארו על ר' יוחנן בן זכאי שהיה יודע שיחת דקלים פי' היה בקי לראות בתנועת הדקלים ומזה היה יודע עתידות. וכאשר יוצאים מצד דרום והוא צד ימין של עולם החום בטללי ברכה וגשמי ברכה כן יצא בצד ימינו של אדם החום מן המרה התלויה בכבד וכן יוצא לחלות הדם מן הכבד

שבצד ימין האדם וכמו שיצא הרע לעולם מצד צפון בעולם כן יצא הקור מצד שמאל האדם מן הטחול ומן המרה השחורה השוכנת בטחול בתוכו. וכמו שיצא הרעה לעולם מצפון כן יצא כל חולי רע וקשה מן המרה השחורה השוכנת בטחול מצד השמאל. וכמו שבצד צפון של עולם מדור כל המזיקין והזיקין והזועות והרוחות והברקים ורעמים מצויים כך הוא מקור המרה השחורה בטחול בצד שמאל שממנה תולדות כל חולי רע וקשה כמו השחפת רביעית (נ"ל דג' וקדחת רביעית) וכל מיני שיגעון והפחד והרעד של אברים. וכמו שעולים הנשיאים שהן כעשן מן הארץ ומעלים המים מן התהומות אל אויר הרקיע להמטיר על הארץ כן עולה עשן קרב העליון ומעלה לחלוח אל הפה ואל הראש ומן אותו הלחלוח העולה מן הקרב יזלו הדמעות וריר הנחירים ורוק הפה. וכמו שברא בעולם הרים כן ברא בגוף האדם שכמי הכתפים וקשרי הזרועות והארכובות על ברכים מקשרי הקרסולי' ושאר הקשרים של כל האברים וכמו שברא בעולם אבנים וצורים שים כן ברא באדם השינים והמלתעות שהם קשים מברזל ומכל עצם. וכמו שברא בעולם אילנות קשים ורכים כן ברא באדם עצמות קשים ורכים. וכמו שברא בעולם ארץ עבה וקשה ליחה ורכה כן ברא באדם הבשר כנגד הארץ הרכה והעור כנגד הארץ הקשה. וכמו שהאילנות והעשבים העושים פרי לזרע ויש שאינן עושים פרי וזרע כך יש בני אדם שמולידין ויש שאינן מולידין. וכמו שמצמיח עשבים מן הארץ כך מצמיח האדם שער הראש והזקן. וכמו ששרצים חיות ורמש ביער ובארץ כך שורצים בראשו של אדם ובשערו וכמו שברא האלהים בעולם התלי (פי' הם שתי הנקודות המחוברות הגלגלים הנקראות ראש תלי וזנבו הא' שבמערב נקרא ראש ושבמזרח זנב ויש מהתוכנים קראוהו תנין לפי שהוא בצורתו שבאמצע הוא רחב והלך וחסר אל שתי הקצוות ועליו הכתוב אמר ברוח שמים שפרה חוללה ידו נח בריח) ונטהו ברקיע ממזרח ועד מערב מקצה אל קצה והכוכבים והמזלות וכל דבר שבעולם אדוקים בו כך ברא בגוף האדם את הכל המוח הלבן אשר בתוך חולית השדרה והוא נטוי מקצה מוח הראש ועד עצם העצה ושנים עשר הנתחים והצלעים וכל אברי הגוף אדוקים בו מפה ומפה כמו שיש בשנה שס"ה ימים כך יש באדם שס"ה גידים סוף דבר מעשה בראשית ומעשה מרכבה הכל רמוז באדם מעט מזער והיודע סוד הדבר יבין נפלאות השם יתעל על כן נקרא האדם עולם קטן ובעבור אשר גוף האדם הוא מצוייר דוגמת עולם העליון ועולם התחתון לכן ניתצן בו הנפש שהוא דומה מעט מזער. וע"כ אמר וכשם שנפש ממלא כל הגוף ומכלה את הגוף ואינו אוכלת וסובל' את הגוף והיא יחידה בגוף והיא טהורה ורואה ואינה נראה ואינה ישנה כך הקב"ה ממלא עולמו ומכלה את הכל שנאמר המה יאבדו ואתה תעמוד והקב"ה אין לפניו שינה שנא' הנה לא ינום ולא ישן והוא יחיד וגבור וטהור והוא רואה הכל ואין מי שרואהו לכן תבא הנפש שיש בה כל המדות הללו ותשתבח לקב"ה שיש בו כל המדות הללו הנפש יושבת

וחושבת מי בראה ואז היא לובשת ענוה ויראת השם יתברך לכן צריך האדם לראות את עצמו להבין ענינו איך שרשו וגזעו ואיך נוצר מטינוף זרע ואח"כ חתיכת בשר ונפוח בו רוח עליונים מרוקם בעצמות וגידים דם ומוח ולבוש עור ובשר ונוצר וקלסתר פנים ורימת אפים ואיך נקובים נחיריו לפנים ולגרון ולנשימה ולהריח ואזניו לשמוע וחורי עינים לראות ובתוך העין יש כמה צבעים וריסי עיניו פה וגרון וחיך ולשון ושפתים לפתוח ולסגור והמלתעות הלחיים ואצל ידים ורגלים וחלל הגוף ואצבעות וקשריהם וצפרניהם ויכוין איך כל א' משונה מחברו ואיך היה אסור ט' חדשים בבטן אמו ויצא ערום עור חרש וחיגר כל אלה יחשוב ויאמ' בלבו מי פתח פיך ועיניך ואזניך ומי עשה לך כל תיקוני גופך מי השחיר שערותיך בימי בחרותך ואפי' תרחץ בכל נהר שבעולם לא היה מועיל ללבן ובימי זקנותך הוא מתלבט מאילו כאלה וכאלה תחשוב ותהיה עניו ושפל רוח וירא שמים עכ"ל.

ונראה עם האמור שעליונים ותחתונים רמוזים באדם כמדובר כוונת דוד הע"ה מה אנוש כי תזכרנו כו' ותחסרהו מעט מאלהי' וכבוד והדר תעטרהו תמשילהו במעשה ידיך כל שתה תחת רגליו צונה ואלפים כלם וגם בהמות שדי הכוונה אמרו מלאכי השרת להקב"ה מה אנוש בראותם שכלול בו עליונים ותחתונים מכל שיש בעולם מבהמות וחיות ועופות ואילנות ודשאים ועשבים וימים ונהרות והרים וגבעות ושהוא דמי מעט מזער לאלהים כנז' בתחלת הפרק וכו' תמהו אמרו מה אנוש מה מעלה יש לאנוש זה כי תזכרהו כו' עד שתחסרהו מעט מאלהים שעשית לו מעט מזער ממך וכבוד והדר תעטרהו בהמשיל בו עליונים תמשילהו במעשה ידיך שכל מעשיך שעשית בעולמך כללת בו כל שתה תחת רגליו צונ' ואלפים כולם וגם בהמות שדי שבהיותם רמוזים בו נמצא דשתה אותם תחת רגליו ה' אדוננו מה אדיר שמך בכל הארץ בהיותך עושה באדם אשר בארץ כדוגמת עליונים ותחתונים ודמי לך ג"כ מעט מזער וכיון שהאדם שכלול בו כל הבריאה משבח ומרומם לך נמצא אדיר שמך בכל הארץ כי כוללות כל הבריאה יחד משמחים ומשבחים ומרוממים והוא האדם אשר בארץ שבו כל הבריאה כמדובר. גם כפי האמור שאדם דומה מעט מזער מאלהים וכלול בו כל הבריאה יובן פסוק אני אמרתי אלהים אתה ובני עליון כלכם אכן כאדם תמותון וכאחד השרים תפולו כלומר אמר הקב"ה אני אמרתי אלהים אתם שהרי נתתי בכם בחינות שתהיו דומים לי ועוד כין שכללתי בך כל הבריאה נמצא כשם שאני מקומו של עולם כך אתם בהיו' כל הבריאה כלול בכם והוא מקיימ' וכל זה שאמרתי אלהים אתם הוא בעבור שבני עליון כולכם אכן כאדם הראשון תמותון בעבור חטאו דכיון שאמרתי אלהים אתם שדמיתי לכם אלהי היה ראוי שלא ישלוט בכם מיתה ושלא יצא זבל ממה שאתם אוכלים ושיהיה על דרך אוכלי המן שהיה נבלע באברים ולא היו צריכים לנקביהם ועל דרך כשהיה אדם הראשון בגן עדן היו מלאכי השרת צולין לו בשר ומצננין לו

את היין ובודאי הגמור שהיה מאכל רוחני מובלע באברים באופן שלא היה מוציא זבל אך כיון שחטא נגזר עליו מיתה וגם לדורות לכן כאדם הראשון תמותון וכאחד השרים מיוחד שבשרים הוא סמאל הרשע שהפילו הקב"ה לארץ כנודע תפילו שאם לא היה חטא אדם הראשון הייתם כמותי כי כך אמרתי אלהים אתם על שדמיתי אתכם לי ובכם כללתי כל הבריאה כדי שתהיו מקומו של עולם כמוני. והיוצא מזה שאדם העושה המצות ישמח בעשייתם בהיות שבקיום המצות מדמה עצמו ליוצרו ויקבל עשיית המצות במקום קבלת השכר דמה שכר גדול יש מזה שבעשייתם מדמה לבוראו כארז"ל הקב"ה קיים המצות תחלה כו' וזהו דרמז בתורה באומרו בפרשת ראה והברכה אשר תשמעו אל מצות ה' אלהיכם דהול"ל את הברכה אם תשמעו כמו שאמר בקללה והקללה אם לא תשמעו אלא הוא אשר דברנו שהברכה והשכר היא השמיע' עצמה בעשיית המצות שיאן שכר גדול מזה שזכה לקיים המצות להיות דומה ליוצרו וכן פי' החסיד ר' יוסף יעבץ במשנה ששכר מצוה מצוה שהכונה שכר המצוה היא המצוה עצמה שזכה לקיים אותה ועשה רצונו יתברך יש שכר גודל מזה. ובאבות דרבי נתן תמצא מאמר קרוב למה שכתבתי בפרק זה שהעולם מצוייר באדם.

פרק מז

ישמח המקיים והעושה המצות כמו שלל רב בעשייתה דמה שכר גדול יש תחת האפשר כי אם שזכה שנעשה המצוה על ידו שעם זה דומה ליוצרו כאשר כתבתי בשלהי פרק דלעיל ובהיות שכתבתי לעיל שאדם דומה מעט מזער לאלהים אייחד לך פרק בפני עצמו על ענין זה והוא דלמה ברא קב"ה בריה בעולם והיא הקוף שיש לה קצת צורת אדם כנודע וכל השתדלות שלה להדמות לאדם וכל מה שרואה שהאדם עושה גם היא עושה כמוהו כי לא לחנם עשה אלהים לברוא בריה כזו כי אם שילמוד האדם על דרך מלפנו מבהמות ארץ למדנו צניעות מן הגמל והרחקת מהגזל מן הנמלה כאומרם ז"ל והנה הלימוד מהקוף (מיימ"ונה בלע"ז) הוא שכשם שהקוף בעבור ראות עצמה בקצת אבריה דומה לאדם כגון אזניו ואצבעותיו וצפרניו וכולי משתדל בכל כחו להדמות לאדם בכל דרכיו ולכן כל מה שרואה שסוף סוף אינו יכול לבא לתכלית כוונתו ועולה חרס בידו עכ"ז כל זמן שרואה מה שעושה האדם עושה כמותו באומרו אולי יעלה על ידי דבר ק"ו בין בני של ק"ו האדם שיש בו מעט מזער מאלהים שישתדל בכל מאמצי כחו ולהוציא כל ימיו ולילי להדמות ליוצרו בכל דרכיו על דרך והלכת בדרכיו לעשות כל מה שהוא עושה מה הוא חנון אף אתה חנון מה הוא רחום אף אתה רחום מה הוא צדיק אף אתה צדיק וכו' ולקיים המלו' כאשר הוא יתברך מקיי' אותם כארז"ל אמר הקב"ה אי איני כמלך ב"ו שגוזר על אחרים לעשות והוא אינו עושה אני קיימתי מצות וקץ תחלה כו' (כמו שאחז"ל עד אברהם לא הי' זקנה וכתיב והוא יושב ישב כתיב בקש לעמוד אמר לו הקב"ה שב ואני אעמוד ממילא קיים הקב"ה תחלה מפני שיבה

תקום) ועוד אמרו מה הקב"ה גומל חסדים שהכניס חוה לאדם אחר שקשטה ככלה מה הקב"ה מלביש ערומים ויעש ה' אלהים לאדם ולאשתו כתנות עור וילבישם מה הקב"ה קובר מתים דכתיב ויקבור אותו בגי אף אתם כן וכו' וע"י כך מדמה עצמו כמוהו וקונה מעלה לעשות כמעשיו ממש ולפעול פעולותיו כאשר הוא פועל כארז"ל מה הקב"ה מחיה מתים אף אליהו ואלישע החיו מתי' מה הקב"ה פוקד עקרות אף אלישע כן מה קב"ה עוצר גשמים אף אליהו כן מה הקב"ה מוריד גשמים אף שמואל הוריד גשמים וכו' הרי פועל לעשות כל מה שהוא יתברך עושה להדמות לו לפועל כמותו ואיך לא ילמוד מן הקוף להוציא כל זמנו לראות כל מה שהוא כביכול עושה ולעשות כמוהו להדמות לו כיון שהמעשה פועל להיות מגיע למדרגתו רצוני לומר לעשות פעולותיו ק"ו ומה הקוף משתדל לעשות כל מה שהאדם עושה אולי יכול להדמות לו ואע"פ שרואה שס"ס אינו יכול לבא לתכלית זה עם כ"ז כל זמן שרואה לאדם עושה דבר עושה כמותו באומרו אולי האדם שבעשותו כמעשיו של הקב"ה כמדובר יבא להיות כמוהו עאכ"ו שלא יאבד רגע מימיו מעשות מעשיו והוא קיום מצותיו ולהלוך בדרכיו כמדובר. ועוד יש לאדם ליקח מוסר מהקוף שהנה בדור הפלגה נתחלקו לשלשה כתות והכת שאמרה נעלה לשמים ונשב שם נעשו קופין רוחין ולילין עיין ענין זה באורך בילקוט פ' נח. ונראה דכיון שהקופין היו מתחלה בני אדם מזה הטעם שיש להם קצת דמיון לאדם וכל מה שרואים שעושים האדם הם עושים כמוהו משום שמבקשים להדמות למה שהיו תחלה ולחזור לקדמותם ועולה חרס בידם וא"כ למה יחטא האדם להביא עליו יסורים מכוערים ועוז פניו ישונ' באופן שמתבייש מבני אדם ומתאוה להיות כמו שהיה ואינו יכול או במות ויורד לגיהנם ונהפך פניו כשולי קדרה ותסלד בחילה ומבקש לחזור בזה העולם כמו שהיה כדי להיות מהקדושים ואינו יכול דהיום לעשותם ולא למחר לעשותם דמיון הקוף שרוצה לחזור לכמות שהיה ואינו יכול. ואתה בן אדם כיון שעיניך הרואות ענין הקוף למה לא תקח מוסר לעצמך ממנה שאדם צריך לדון הדברים בינו לבין עצמו בראות בעיניו כל מה שברא קב"ה בעולמו ליקח מהם מוסר כדכתיב מלפנו מבהמות ארץ. וזהו דרמז בפרשת שופטים ושוטרים תתן לך בכל שעריך אשר ה' אלהיך נותן לך לשבטיך ושפטו את העם משפט צדק כיון לומר שיתן האדם שופטים ושוטרים לעצמו וזהו תתן לך שיתן לעצמו שופטים ושוטרים שהשופטי' ושוטרים של אדם הן חכמתו ועצתו אשר נתן לו הקב"ה בכל שעריו שישער בחכמתו כך ראוי לעשות וכך אין ראוי ובזה ושפטו את העם שהם אברי הגוף משפט צדק על דרך עיר קנטה זו הגוף ואנשים בא מעט אלו האברים כדרז"ל וזהו תתן לך בכל שעריך כלומר בכל שיעורים שתוכל לדון בשכלך ובחכמתך וזהו לשבטיך ובזה ושפטו את העם האברים משפט צדק שלא לחטוא לבוראו בשום א' מהם אלא שיתעסקו תמיד בצדק.

פרק מח

יבינו הלבבות ויתעוררו הרעיונות לדברי הפרק הזה אשר אני עורך לפני כל אדם יחד עשיר ואביון שבהיות שדברינו בפ' הקודם לזה שילמוד האדם מהקוף להשג' השלימות כקוף זה שמשתדל להדמות לאדם כדי להגיע למדרגת שלימות האדם כך ישתדל האדם להדמות לבוראו כאשר פירשנו באורך. נבאר כאן לימוד אחר מהתינוק לעבוד לבוראו על איזה אופן שיכול ואעפ"י שיגיע לו מהביוש והבזיון שהרי התינוק ממלא רצונו בכל אופן שיכול אע"פ שמתבזה עמו ואינו חושש לשום דבר נגד מלאוי תאות גופו ואף אם לפני מלכים יתייצב עושה צרכיו כבהמה ולא בוש כיון שהו תאות גופו וכן בראותו מאכל כנשר יטוש עלי אוכל נופל עליו וחוטף ואוכל ואם שינה תפול עליו במקום שיהיה על רפש וטיט משים משכבו כלל העולה כעיר פרא אדם יולד וכדרכיו נוהג ועושה בכל אשר רוצה למלא תאות גופו ויצרו ואינו מבין לאשורו. ממנו יראה כל אדם ללא תאות נפשו בעבודת הבורא לעבדו בכל לבבו ונפשו ומאודו על איה אופן שיכול ואע"פ שיגיע לו מהביוש והבזיון מהמנגדים עליו אל יחוש כיון שעולה בידו מילוי תאות נפשו כתינוק זה שאינו חושש לדבר נגד מילוי רצונו ואף שהתינוק חסרון ידיעתו גורם לו זר מעשהו והאדם הגדול דעתו מעכבתו עכ"ז נגד קיום עבודת בוראו ישים עצמו כתינוק בבי דעת וידמה עצמו כמוהו ממש. תדע שבערך האדם שהוא בר דעת התינוק כבהמה נחשב כך לפני הבורא שהוא מקור הדעת והחכמה אפי' חכם שבחכמים פחות מבהמה יחשב ובהיות כן למה יתבייש וממי יתבייש בבואו למלא נפשו כי יעקב לעבוד למי שבראו יחשוב עצמו כבהמה באותה שעה ואל יחוש לשום דבר. ובהדיא ארז"ל במדרש והיה עקב תשמעון את המשפטים האלה ושמרתם ועשיתם אותם כו' ואהבך וברכך והרבך כו' ברוך תהיה מכל העמים לא יהיה בך עקר ועקרה ובבהמתך כלומר אמתי יתקיימו בך כל התנאים האלו כשתשים עצמך כבהמה הוא אשר דברנו שכדי שיוכל לעבוד למי שבראו לא יוכל כי אם כשישים עצמו כבהמה שממלא תאות גופו על איזה אופן שיכול ואין שייך בה ביוש ובזיון וכזה התינוק הנמשל בה כך אל יחוש אדם לשום ביוש וכלימה ובזיון מחירוף וגידוף נגד עבודת בוראו כבהמה וכתינוק זה כמדובר. וכדי שלא יתבייש האדם איך חוזר לאחור להיות מדמה עצמו כתינוק כיון שהוא עכשיו בגדר שלימות הדעת והמידות. ישים נגד עיניו שלמצב תינוק עתיד לחזור בזקנותו כארז"ל על פסוק ויום המות מיום הולדו מה יום הולדה בחליטין אף יום מותו בחליטין פי' כשם כשנולד מגדילין אותו במאכלים רכי' כך חוזר בזקנותו שאינו יכול לאכול כ"א דברים רכים כתינוק כי אז אין לו שינים כתחלת ברייתו והנה בהיות שעתיד לחזור כתינוק ממש ממה יתבייש עכשיו להדמות לתינוק דמיון בלבד לעבוד למי שבראו ולהשלים נפשו להצילה מפחדי גיהנם. ולהעלותה תחת כנפי כסא הכבוד שנשמות צדיקים הנה הנם. גם ילמוד אדם לעבוד לבוראו ואל יבטל עבודתו

מפני הבושה מהנואף והגנב שהנה הנואף אם יאמר לו תשוקתו שרצונה בעבור אהבתה שישחיר פניו ויצא לחוץ לעיני כל אדם ובזה היא תתרצה לו ימהר לעשות הדבר ולא יעבור בבל תאחר למהר עשות רצונה ולא יחוש לשום בושה בעולם ולא שיקל כבודו וגם סובל הבושה והכלימה המגיע לו אם יתפשוהו שוכב עמה וכן הגנב כדי למלאת תאות יצרו אינו חושש לבושת המגיע לו כי ימצא כי הוא ביוש גדול כדכתיב כבושת גנב כי ימצא ק"ו בן בנו של ק"ו שלא יחוש האדם לשום בושת וכלימה מהמתלוצצים עליו בעבודת בוראו כדי למונעו ובפרט שבאמת המה יאבדו והוא יעמוד בכבוד גדול כי המצור תחלתה מר וסופה מתוק מנופת צוים וכבוד והדר תעטרהו משא"כ העבירה תחלתה מתוק וסופה מרה כלענה ובושת וכלימה לכן ישים אדם נגד עיניו שעשיית המצות כל התחלות קשות ומיד אחר שמתחיל מסייעים לו מן השמים באופן שקל מהרה נמצאין מקויימות בידו וששון ושמחה ישיג לו והמביישים ומתלוצצים לו יסוגו אחר בבושת וכלימה ופניהם כשולי קדרה. וזהו שכתוב בפרשת כי תצא למלחמה על אויביך ונתנו ה' אלהיך בידך ושבית שביו כיון בזה לרמוז שיתחיל הוא תחלה להלחם עם אויביו ומיד שמתחיל מסייעין לו מן השמים לבא עד תכלית כונתו לעבוד לבוראו בקיום תורתו ומצותיו וזה הוא כי תצא למלחמה על אויביך שהוא היצר הרע שאין גדול מזה ומיד ביציאתך מסייע לך הקב"ה שנותנו ה' אלהיך בידך מוסרהו בידו לכופו ואז ושבית שביו כל העבירות שעשית מקודם בעצתו יתהפכו לזכיות כארז"ל גדולה תשובה שעונו' נעשין לו כזכיות וזהו ושבית שביו.

פרק מט

יהו"ה **האלהים** ו**אדוני** **האדונים** בחמלתו על עמו וצאן מרעיתו חשב מחשבות לבלתי כלותם ובראותו שהרבו לפשוע לפניו הטיל כעסו על מקדשו ושילח' בגלות ושלח שכינתו עמהם ללוות' ולהגין עליהם לבל ישלוט עליהם צר ואויב לכלות אותם וקבע להם זמן עד שיתקנו מה שקלקלו לפניו ובהיות שהעולם נידון אחר רוב זכיות למה לא יחשוב כל האדם לומר כיון שברוב זכיות נקרא דור שכולו זכאי ובזה בן דוד יכול לבא איך אני חוטא שאפשר חטא זה מכריע כף העונות ונמצא אני גורם בגלות שכינה וישראל וידבר עם לבו בינו לבין עצמו ויאמר איך לא תחמול על גלות השכינה ועל חילול שמו הגדול ועל חירוף תורתו וגידוף קדושיו וחסידיו בין העמים ככלב מוסרח באומרם אליהם כל היום עם בלי תורה חסרי הדעת אוהבי שקר ורודפי כזב ואם עליכם משגיח איך אין מציל אתכם מידינו והיך אין גואל אתכם מרשותנו יש חלול השם גדול מזה ולמה לא חמול גם על חרבן ביתו ושוממות היכלו ועל צעקת ארצו שבאו עליה זרים ובעלוה. ולמה תגרום לאומה שלימה להלוך נעה ונדה בלי מלך וממלכה מעם לעם דחופה וסחופה ולמה לא תבכה על ביטול הוד הכהונה

והקרבנות והלוים בשירם וישראל במעמדם ועל בטול התורה והיופי וההוד וההדר והכבוד שהושפל. ולמה בחטאתיך אתה גורם עיכוב הגאולה שעם זה המתים צועקים עליך בהיותך סבת איחור התחיה. וכל עקר ועקרה מעורר דין עיך על איחור פקידתם לפי שבביאת הגואל יתפקדו כארז"ל על פסוק ועלהו לתרופה (ודרשו חז"ל לתרופה להתיר פה של מטה והם עקרות) וכן כל אלם וחיגר וסומ' בקול מה מבקש ממך דין על איחור רפואתם שאז הקב"ה מרפאם ואתה המעכב בעוניך. וכן כל אילן סרק צועק עליך בקול מר כי אז עתיד לתת פרי ובך תלוי המניעה ואין צריך לומר שמש וירח אשר לעתיד יתרבו באורם כדכתיב והיה אור הלבנה כאור החמה ואור החמה יהיה שבעתים כאור שבעת הימים. ועתה בסבתך בחשך ידמו בערך האור שהעתידין לקבל ולמה לא תשים נגד עיניך קצרות חיי האדם ומיתת חתנים וכלות בחופתם אשר מאורעות אלו בימי הגלות כי אריכות ימים על האדמה כתיב כמו שאמר למען ירבו ימיכם וימי בניכ' על האדמה ולמה לא תחמול על צער ישראל לבקשת מזונותיהם הגורם להם בביטול תורה ומצות ופוסק הדבקות בהקב"ה כי בגאולה הקב"ה מוציא לחם מן הארץ כארז"ל עתידה ארץ ישראל להוציא גלוסקאות מן הארץ וכלי מילת וכן כל חמדה ואתה המונע בעונותיך הגאולה והדברים מתאחרים. ולמה לאחר נקמת חסידי עליון וכל קדושים אשר בארץ המה אשר מסרו נפשם על קידוש השי"ת ושפכו דמם כמים ואין קובר והם

צועקים על נקמת דמם תמיד לפני יוצר יצורים יומם ולילה אין הפסק על צעקתם ואין ביטול בבכיתם ומה מחילה יש לגורם מלכותו יתברך שלא יתפרסם משום שאז בגאולת ישראל והיה ה' למלך על כל הארץ וגו'. ומה תקומה יש למי שהשכינה מבקש ממנו פורקן ואין פודה אותה כי בשובו מחטאיו מקרב גאולתה והוא מרבה לחטוא להאריך גלותה. גם ארץ ושמים אשר עתידין להתחדש עומדים עליך בקללה על איחור התחדשם ומפי עוללים ויונקי' קללות בקלא דלא פסיק על מניעת חידושי תורה מפיהם שאז ומלאה הארץ דעה אל ה' כו' ולא יהיה תינוק ותנוקת שלא ידעו את הק' ובחידושי סתרי תורתו. גם הרה ויולדת יחדיו תחיל תצעק על חבליה שינוח על ראשיך על אשר אתה מעכבן בחילה ולא תחמול עליהן מנוע עצמך מלחטוא להביא הגאולה ולגרום הצלתן מרשת חבליהן. ומלאכי שלם ממרומים צועקים עליך בקל בכיה לאמר עד מתי לא תכניע יצרך למנוע מלחטוא ולעכב שלימות עולם מלא עליונים ותחתונים בחטאתיך קום קרא אל אלהיך ושוב אליו בכל לבבך ורפא ירפא מעשיך כל קוקול ידיך כל זה ידבר כל אדם אל לבו בכל יום אולי יכנע לבבו הערל בהעלות על זכרונו רעו' הגורם בחטאיו ועל הצועקים עליו שגורם בצערם ויטיב מעשיו לגרום גאולה עולם לכלם ויפצחו ברי'נ' כי אז ימלא פה כל עצב וכואב שחוק כי ימחה ה' דמעה מעל כל פנים וחרפת עמו יסיר ויהיה עליון על כל מלכי ארץ ויתקיים בו כל הברכות הכתבות בפ' תבא אשר בכללם ברכת יקימך ה' לו

לעם קדוש דקשה מאי לו אלא ר"ל שאעפ"י שהוא יתברך קדוש ואן למעלה מקדושתו כדכתיב כי קדוש אני ה' אלהיכם ודרשו רז"ל קדושתי למעלה מקדושתכם עכ"ז לרומם לישראל קא' יקימך ה' לו לעם קדוש כלומר לו ג"כ יהיה קדושתך לפניו כדבר גדול אע"פ שבערך קדושתו קדושתך לאין יחשב עכ"ז יקימך ה' לו לעם קדוש שגם לו ולפניו תחשב לקדוש כמדובר. ובהיות שכתבתי בפרק זה הרעות הגור' החוט' לכל הבריאה בהיות מעכב הגאולה בחטאיו כי בזמן הגאולה יתקיימו כל הטובות והברכות והישועות והחוטא מאחרם מלבא אייחד פרק שאחר זה פרק קטן הכמות אמנם הוא רב האיכות מדבר על הטובות שמונע האדם בעצמו מעליו בהיות מאחר בחטאיו גלוי הגאולה.

פרק ב

יום הגאולה והשלימות המושג אז באותו זמן, ישים אדם בדעתו ויעלהו תמיד על זכרונו, וידבר עם לבו כמצער על כל פרטי אברי גופו, מהשלמות הנמנע ממה שמגיע לכל אבר ואבר על היותו בגלות. והוא הגורם במעשיו הרעים חורבן המקדש בכל יום, כאמרם רז"ל כל מי שאינו נבנה המקדש בימיו, כאלו נחרב בימיו. והטעם לפי שעונותיו הגורמים. ונמצא הוא מעמידו חרב, ולכן כאילו נחרב בימיו דמי.

לכן ידבר עם לבו – על כל אבר שבאבריו, יתחיל מראשו ויסיים ברגליו, וכה יאמר: ראשי ראשי! איך עונותי מונעים אותך מהיות מרכבה לשכינה, ודלת ראשך ארגמ"ן (אוריא"ל רפא"ל גבריא"ל מיכא"ל נוריא"ל), בהיות עונותי מעכבים הגאולה, אשר אז גילוי שכינה ומלכם בראשם. ולמה מצחי מונע אני לך מלהיות כתוב ונרשם עליך שם הוי"ה, שעתיד הקב"ה לרשום על כל אחד ואחד מישראל בזמן גאולתנו ופדות נפשנו, כדי שיתקיים "וראו כל עמי הארץ כי שם ה' נקרא עליך ויראו ממך".

ועל מה אזני! מונע אני מכם לשמוע בקול מבשר מבשר ואומר, מבשר טוב משמיע ישועה אומר לציון מלך אלהיך. ולשמוע חידושי הלכות ורזי תורה הנגלין בגאולה. ולמה עיני! מעלים ומכסה אני מכם, מלראות באור הצפון לצדיקים שנגנז מששת ימי בראשית, שעתיד הקב"ה להוציאה מנרתקו בימות המשיח, המעוכב על עונותי, שאדם מביט וצופה בו מסוף העולם ועד סופו, וצדיקים מתרפאים בו. וגם מלראות את הנשמע כמתן תורה, כדכתיב על העתיד, "וראו כל בשר יחדיו כי פי ה' דבר". כלומר, יראו בעיניהם מה שפי ה' דבר, כמו בסיני רואים את הקולות, רואים את הנשמע.

וגם מלראות חידושי העולם ומלואו, כגון תחיית המתים, ואשה שתלד בכל יום, ושאין צער העיבור ולא צער הלידה. ושלא יצטרך התינוק לאחר לסייעו, כי מיד על רגליו יעמוד ובפניו ידבר פלאים, וכל עץ יטענו פרי מתוק לפה ומרפא לנפש. וכל עקר ועקרה יתרפאו, ואז ידלג כאיל פסח ותרון לשון אלם, ועינים הסתומות תפקחנה,

ושלום רב בעולם ואין משחית ומזיק, ולא שום פגע רע בעולם. ולראות בנין בנוי בידי שמים בירושלים על תילה, וכל גבולה לאבני חפץ וחומת אש סביב לה, ומלאכי מרום שומרים אותה דרך מעלה וכבוד. וחטה תתמר כתמר, והארץ תוציא לחם אפויה וכלי מילת, ונטפו ההרים עסיס. וכאלה רבות, אין חקר ואין מספר. מונע אני אתכם מלראות, מסיבת עונותי המעכבים ביאת גאולת ישראל.

ואוי ואבוי עליך אפי! במנעי ממך ריחות המתחדשים בביאת הגואל, מדשאים ופירות אשר תנתן אז להם הריח טוב שניטל מהם, וגם מלהריח מריחות גן עדן אשר אז יצאו משם לעולם, כמו שנאמר "עורי צפון ובואי תימן הפיחי גני יזלו בשמיו וגו'".

ומדוע פי! גורם עונותי בעיכוב הגאולה, למנוע ממך הכנסת אכילת הלויתן בסעודות הצדיקים, ויתר מיני התענוגים אשר יעלו באותה סעודה קדושה. ולמה חיכי! מעכב אני ממך טעימת יין המשומר בענביו, יין חכלילי, כל טועמו אומר לי לי. ועל מה לשוני! אני מעכבך משיר ורינון, דאז ימלא שחוק פינו ולשוננו רנה, ומלהיות מפיק מרגליות מחידושי רזי התורה דאז, ומלאה הארץ דעה את ה' כמים לים מכסים. ומלספר תהלות ה' תמיד, על העבר ועל ההוה והעתיד.

ולמה צוארי! מעכב אני מלתלות עליך חרוזים הנעשים מחידושי תורה אשר יתגלו ויתפרסמו אז. ומדוע ידי! קושר אני אתכם מלשאת ולתת בסחורה מעורו של לויתן, שיתחלק לצדיקים לסחורה כאמרם רז"ל. ולמה רגלי לנחושתים הוגשו, בהיותי מעכב אתכם מלעלות בית ה' בכל יום ויום, להקביל פני שכינה וללכת מחיל אל חיל, ללמוד וללמד ולשמוע חידושי הלכות שמתחדשים בכל יום.

וככלותו לדבר כל זה עם אבריו, יהפך עצמו לצד הנפש וידבר עמה וכה יאמר: צר לי עליך נפשי ואללי לי! וכאלה הגוף מדבר עמה ואומר: איך בחטאותי הכעסתיך ובעונותי צערתיך, ובפשעי העליתי חלודה, זוהמא מפסיק ביני ובינך, נתעבה עד קשה כחומת ברזל ונחשת, ואסרתיך שם במצוק ובמצור בחשך אפלה שיעור למשמש בה. ולא הנחתי לך חור קטן, ואפילו סדק כחודה של מחט, כדי שתכנס לך אור דרך שם, ובכל עת ורגע השמעתיך שם פחדים מטינופי העבירות שהייתי מחדש בכל יום, ולא נתתי לך מנוחה כלל, למלאות רצונך אפילו פעם אחד לעבוד ליוצר הנשמות, ולגרום עם זה קירוב גאולת השכינה, אשר בגאולתה ינוסו יגון ואנחה. וכל אברי היו משיגים כל המעלות והטובות והשלימות אשר יהיו בימים ההם כנ"ל. וממך מנעתי השלימות הגדול והשלם, שאתה חלק אלוה ממעל! ואינך יכולה להדבק עם הנ"ל עד מלאת ימי טהרה, ממה שישבת בתוך הטומאה בגוף טמא כמוני. ולאיש אשר עשה ככה בעולמו, מה סופו ומה אחריתו, אנשי לבב לא שיערוהו, וחכמים לא ימדוהו, ונבונים לא ישקלוהו. ובזה בעלות אדם בלבו הטובות המונע ממנו בעונותיו, ונזק והצער והתקלות הגורם לנפשו ולגופו בהיותם נידונין יחד ביום בואם לדין על מה שעבר. אם חטא נותן לבו לשוב, ואם לא חטא שוב אינו חוטא.

כי לא דבר ריק וקטן, לשרש בלבו כי הוא הגורם העיכוב הגאולה, דבר הנוגע לגאולת השכינה ולתועלת עליונים ותחתונים, ותיקון ארץ ומלואה, תבל ויושבי בה. והדברים השלימים הנוגעים לכל פרטי איבריו, מזדעזע וחוזר לאחוריו ושוב אינו חוטא. ולפחות אם יחטא, לא יהיה דרך זדון ומרד, כי אם דרך אונס, שאז אין החטא כבד ובנקל ימחק. ומה גם אם יעלה על לבבו שחטאו עושה פגם גדול, כי נשמתם של ישראל עמדו במעמד הר סיני ונתחייבו במצות, ואם כן פגם שעושה האדם, הוא פגם ודבר נרגש, על דרך אם פחות שבפחותים יקלל באדם גדול אינו נרגש מקללתו, מה שאין כן אם יקללהו גדול כמותו שמרגיש צער וקלון. לכן ישראל שנשמותיהן של כולם עמדו בסיני, כדכתיב בפרשת נצבים, "כי את אשר ישנו פה וגו' ואת אשר איננו פה". כאמרם רז"ל פגם שלו נרגש.

ונראה דזהו כוונת פסוק "אתם נצבים היום כלכם לפני ה' אלהיכם". דמלת כלכם אך למותר, אלא אמר כלכם, לרמוז שעמדו בנציבה זו, לא אתם בלבד אלא כלכם, גם כל הכלולין בכם, שהן הנשמות העתידות להיות עד סוף כל הדורות, וזהו כלכם לפני ה' אלהיכם כמדובר.

פרק נא

יום הנחמה וגילוי המשיח נעלמה מעיני כל חי, ומעיני השמים נסתרה – אלו המלאכים, כי לבא לפומא לא גלי. ובהיות שבפרק הקודם לזה דברתי מהדברים שיהיו באותן הימים, יחדתי סמוך לפרקו – פרק זה, שלא יוציא אדם זמנו לבקש קיצין ולומר בזמן פלוני יהיה הגאולה או בזמן פלוני, כי יוציא זמנו להבל, כי לא ישיג כולם מאחר שהדבר כמוס וסתום. ונפיק מזה חורבה, שהמון העם השומעים בראותם שבא הזמן המיועד ולא בא, בועט באמרו שוב אינו בא. כי אינם יודעים שכוונת הנותן את הקץ היה לומר, ראוי לבא בזמן פלוני אם יזכו, אך אם לא יזכו יתאחר עד זמן הקבוע להקב"ה היודע הנסתרות. לכן אין לאדם כי אם לשרש בלבו אמונת עיקר ביאת הגואל, שהוא אחד משלש עשרה העיקרים. ויחשוב בלבו הישועות והטובות והמעלות השלמיות במושכלות הגופניות המגיע לישראל באותן הימים, ויחשוק בחשק גדול ואהבה רבה ודבקות גדול, לאמר מי יתננו היות הגאולה בימי לבא באותם הימים, כאדם שיש לו חשוקה שנקשרה נפשו בנפשה, שכל חשקו ומחשבתו בה בלי פירוד ומקשר עמה כל מחשבתו, כן יהיה תאות נפשו על אותם הימים, כדי להשיג שלימות נפשו וגופו, להדמות לבוראו על ידי השגת סתרי רזי תורתו. ובזה נקרא שכל ימיו הוא מצפה הגאולה, ואם ימות אין דין עליו – צפית לישועה! כי אין קיווי גדול מזה. ובפרט שכוונת הקיווי אינו אלא כי אם כדי להבין ולידע סתרי תורה ולדבקה בה, ולהיות דומה לקונו כמדובר.

כי הנה כבר יש לו דמיון מעט לאלקים כמ"ש בס"ד, וכל שכן אז שיתרבה חכמתו ובינתו ויתרבה בשלמיות השכליות. הבט וראה בדמיון האדם לאלקים, בספר אורחות חיים (דף ר"י

ע"ב) וז"ל: ועתה שמע חכמה מופלאה, כמו שהאלקים עליון ומושל על כל האדם ועל כל העולם למעלה ולמטה, כן האדם כל עת שיעשה רצון בוראו, כי למשה ע"ה אמר הקב"ה במעשה העגל, "הרף ממני ואשמידם וגו'" ובמעשה קרח בלעה האדמה אותם ואת כל אשר להם על פיו, ואליהו נשבע שלא יהיה טל ומטר כי אם לפי דבריו, והוריד האש והרג לנביאי הבעל והחיה המת וגזר על אלישע להיות לו פי שנים ברוחו. וכן כל הקדושים אשר בארץ היו מושלים למעלה ולמטה ברצון הקב"ה כשעושין רצונו, לכן הזהר לקיים תורותיו וחקותיו ומצותיו כדי שתזכה לרב טוב הצפון. וכמו שהאלקים יודע ומבין אחור וקדם, כן האדם שנתן לו אלקים חכמה, וכמו שמספיק אלקים ונותן לחם לכל בשר, כן האדם מכלכל את בני ביתו ומשרתיו ובהמתו. וכמו שהאלקים משלם גמול טוב ורע כן האדם. וכמו שהאלקים עושה בנין העולם ומוסדות הארץ ונטיית הרקיע ומקוה ימים, כן האדם עשוי לבנות וליסד לחרוש ולזרוע ולהצמיח ולנטוע ולעשות כל דבר, אך ביגיעה ותלאה והכל ברצון הבורא. וכמו שאין כל בריה יכולה לראות את האלקים, כך אין יכולת בריה לראות את הנשמה. וכמו שהאלקים יודע עתידות, כן גם האדם בעת אשר ינוח רוחו וגופו מלעשות בעמל צרכיו, וינוח וישקוט רוח החיים מלהתעסק בצרכי הגוף, אז יראה בחלומו עתידות ויראה רוחות המתים ומקומות שלא ראה, ודברים ותמיהות גדולות מה שאינו יכול לראות כשהוא ער. וכמו שאין בריה בעולם שיודעת סתרי האלקים, כך אין בריה מבני אדם שידע סתרי מחשבות לב האדם כי אם האלקים לבדו, ככתוב ה' יודע מחשבות אדם.

וברוב דברים ידמה האדם במעט מזעיר לאלקים. ולפי מיעוט הכח וקצרות החיים שנתן לו האלקים, הוסיף הקב"ה יצה"ר לטובתו ולרעתו, כדי לבחנו ולנסותו בין טוב ובין רע, וכדי להתגאות לבנות ולנטוע ולהרוס ולעקור נטוע ולהרוג ולייסר לצבור הון ולהלחם ולשלול ולקצוף עד מאד. אם לא היה היצר הרע בשביל אימת המות, לא היה עוסק בפריה ורביה, ולא היה בונה בנין ולא היה מתאוה לקנות מקנה וקנין, ולא היה נוטע וזורע, כי היה אומר בלבו, מאחר שנגזרה גזרת המות, מה לי לעמול לאחר, והיה כל העולם נאבד ונהרס. והקב"ה לא ברא העולם מימי בראשית כי אם להבנות ולהתנהג ברחמיו הרבים על ידי בני אדם. ואם יתגבר ביצרו הטוב לכבוש ליצר הרע שלא יחטא לפני יוצרו, כי ישתמש ביצרו הרע לעשות הכל ביראת השם ברוך הוא בלא עון ופשע, זו היא טובתו, אשריו ואשרי יולדתו ע"כ.

הרי אדם דומה מעט מזעיר לאלקים. וכל שכן בימות הגאולה, שירבה הקב"ה לאדם חכמה ובינה, וישלימנו בתכלית השלימות כי אז יתגדל הדמיון, ומצד פנים זו יצפה לגאולה ולא להשגת מעלת הגופניות בלבד כמדובר. וכיון שממעלת העתידות לישראל לימות המשיח הם דברים תמוהים אשר עין לא ראתה, כמו אור הגנוז שאדם מביט וצופה מסוף העולם ועד סופו, וירושלים מיוסדת בנופך

ספיר ויהלום, וכל אבן יקרה וכל גבולה לאבני חפץ וחומת אש סביב, ומלאכים שומרי החומות דרך מעלה וכבוד, ועורו של לויתן על חומותיה מבהיק זיוו מסוף העולם ועד סופו, ובמאכל בשרו כלולים כל מיני מטעמים. וגלוסקאות וכלי מילת מן הארץ, וההרים יטפו עסיס. והרה ויולדת יחדיו, ואין צער הלידה ולא צער גידול בנים, ואשה תלד בכל יום ואין יגון ואנחה כי אם ששון ושמחה. ועושר רב מעלה וכבוד רב, ורוב חכמה ובינה ויופי וגדולה, ואין שליטת יצה"ר כי אם לב בשר. ואין עקר ועקרה ואין מום בשום אדם, ובלע המות לנצח ותחיית המתים. ויזדמן לאדם לפניו כל מה שיתאוה לבו, ויכנס בגן עדן ויצא ויחזור ליכנס כשירצה. כי יפתח הקב"ה שערי גן עדן כדי שיצאו משם לכאן ומכאן לשם כמ"ש רבינו סעדיה גאון ז"ל. וירושלים יתעלה ויתגדל עד כסא הכבוד כאמרם רז"ל הביאו הילקוט. וכאלה רבות אין חקר ואין מספר, ובפרט שם הוי"ה כתוב על מצחו של כל אחד ואחד, ועתידין שיקראו ג"כ בשם הוי"ה.

אם כן אין לאדם להתרעם על אריכות הגלות הזה, כי כפי המעלות המושגות אז אפילו לקטן שבקטנים, לא הגיע בעולם לגדול שבגדולים, אינו מהתימא האריכות. דלהשגה כזו צריך מירוק גדול ולפום צערא אגרא, ובפרט להשגת מעלות בלי פיסוק לעולם ועד. והוא משל לפועל שכפי שיעור גודל השכר סובל צער הפעולה ונקל בעיניו. הגם שיש לי טעם אחר לאריכות הגלות, שאדרבה לטוב לנו ולרחמים גדולים ומעלות אין מספר לעתיד, כי הנה ראה הקב"ה שישראל מקיימים התורה והמצות בגלותם בטורח גדול ובהוצאות גדולות לכל מצוה ומצוה, ועכ"ז אין ישראל בועטים ומוסרים נפשם, כדי שלא לעבור וסובלים עול המצות בכפלים מרוב הסייגים וגדרים שנתרבו, כי נתמעטו הלבבות ואין מבין, וכדי שלא ליכשל בא חומרא על חומרא וסייג על סייג, וכל אחד מישראל שוקד ומחמיר עוד על עצמו. וכל זה מורה על הדבקות הגדול והחזק עם הקב"ה. מה שאין כן בהיות ישראל על אדמתם, ומה גם שלא נכנסו אל הנסיון כמונו היום, בתוך הנסיון סבלנו הכל כמדובר, וערבה לה' והאריך גלותנו, כי שמחה רבה לפני כסא כבודו על קיום מצותיו ותורותיו מתוך צער ודוחק בשמחה ובטוב לבב כדפרישית. וגזרה חכמתו הרמה להאריך הגלות לראות בחשקנו עמו ובתורתו, כי שמחה רבה לפניו להראות אהבתנו עמו לכל צבא המרום במרום. ובשכר אריכות הצער להרבות בטובות סגוליות לא נראו כמותו, ואין צר וקטרוג יכול לקטרג, כיון שראו אהבתנו עמו ונכון.

אך שמעתי טעם אחר על אורך גלותנו, לפי שהקב"ה גזר כל היום דוה. שהוא אלף שנים, שיומו אלף שנים, אך שיהיו אלו אלף שנים דוים עד מאד בלי השקט ומנוחה כלל. ובחמלתו עלינו כי ראה שלא יוכלו לסבול, האריך הגלות לחלק הצער והדוחק בשנים הרבה, כדי להקל מעלינו, ושיעור הגלות עד שישתלם הצער של אלף השנים הדוים שנתחלק למעוטים ביותר שנים נוספים על האלף, והוא יתברך יודע שיעור ההשלמה ע"כ.

ונראה דמזה הטעם אין אדם יכול להשיג יום הישועה אימתי, שאין ביכולתו לידע שיעור חילוק הצער של האלף הדוים, כמה שנים עוד צריך להוסיף עליהם כדי להקל מעליהם ודו"ק.

עוד נ"ל שהגזרה היא כל היום דוה האלף שנים והיו דוים ביותר, מכלל שיש שנים אחרים על האלף שאינם דוים. יקבל כל אחד מישראל עול הגלות עליו ואל יקוץ בתוכחתו של מקום, כי כל מה שהוא עושה לטוב לישראל הוא עושה, כי מה שהאריך הגלות לטוב לנו האריך כדפרישית. עד בא יבא עת גאולתנו ופדות נפשנו על ידו יתברך, לא על ידי מלאך ולא על ידי שליח. וכמאמר משה רבינו ע"ה לישראל בפרשת וילך, בן מאה ועשרים שנה אנכי היום לא אוכל עוד לצאת ולבא וגו' ה' אלהיך הוא עובר לפניך וגו'. יהושע הוא עובר לפניך כאשר דבר ה'. שהכוונה בראות משה שנגזר עליו למות, התחיל לפייס את ישראל, ואמר דעו כי בן מאה ועשרים שנה אנכי היום.

באופן שאין בי כח לצאת ולבא לפניכם לעשות צרכיכם. א"כ אל תעצבו ממיתתי, דעו כי אחר מותי ה' אלהיך הוא בעצמו ההולך לפניך, אך לענין חילוק הירושות הוא על ידי יהושע, וזהו אומרו וירשתם יהושע הוא עובר לפניך כאשר דבר ה'. כל שכן וקל וחומר הגאולה אחרונה הזאת, שתהיה על ידו יתברך ויתעלה שמו, שהיא גאולה שאין לה קץ ותכלית.

פרק נב

ישתבח הבורא ויתעלה היוצר אשר יצר את האדם בחכמה ובראו מן האדמה מדבר יותר שפל שהכל דשין בה ותקינו מבשר ודם דבר רך כדי שילמוד מעיקר בריאתו למאוס בגאוה ולבחור בשפלות כי הוא היסוד כדי שיוכל לעובדו הפך ורם לבבך ושכחת את ה' אלהיך ולכן כשנתגאו בזמן הבית גרמו חרבן שהגאות שרש לכל העונות כנודע וא"כ אינו חוזר בנינו כ"א בקנית מדת השפלות לתקן המעוות שמסבת הגאות נסתלקה שכינה מביניהם כרז"ל שאו' הקב"ה על המתגאה אין אני והוא יכולין לדור במקום א' שנא' אותו לא אוכל כו' ולכן צריך לאחוז במדת הענוה כדי שתחזור השכינה כי אינה שורה כ"א על מאנין תבירין שנאמר את דכא ודרשו רז"ל אני את דכא. והנה כדי שתכנס במדת העונה והשפלות ולא תתגאה בא איזה מעלה לידך שים נגד עוניך ענין הסולם שאם תטה אותה ותשפילנה תוכל לעלות בה ואם תעמידה בקומתה לא תוכל לעלות ואם תפציר לעלות תחזור לאחור ותכול ארצה ותמות כך בבא דבר של מעלה לידיך דרוך עליה והשפל אותה בעיניך ואל תתגאה בה ובזה תוכל ליכנס ולעלות באותה מעלה ותחיה ולא תמות דכיון שהמעלה דבר שפל בעיניך לא תבא להתגאות עמה ותוכל להתקיים. גם ראה ב' דברים אשר מהם תלמוד לקנות מדת השפלו' שים תמיד בין עיניך שאם תאריך זמן לעמוד על רגלך ימס לבבך כמים ותתעלף ותפול לארץ ותחלה לא כן אם תשפיל קומתך לישב או לשכב שתמצא מרגוע לנפשך ותקנה בריאות

באבריך. הרי שבהתרומם עצמך לעמוד בקומה זקופ' המות מסבבך ואם תשפיל קומתך להיות יושב החיים עמך הדבר הב' אם תמצא על הארץ נופך ספיר כלום תוכל לקחתם אם לא תשפיל קומתך לתפוש בהן הרי שבהשפיל עצמך אתה זוכה להן.

ובהיות שבפרקים שבתחלת הספר דברתי בהם בענין השפלות לכם סיימתי הספר בענין עצמו כדי שיהיה נעוץ תחלתו בסופו וסופו בתחלתו לפי שהשגת השלימות וקיום התורה והמצות הכל תלוי אם יאחוז האדם במדה שבה נשתבח אדון הנביאים משה רבע"ה שנא' והאיש משה עניו מאד מכל האדם אשר על פני האדמה ועל ידה יתבנה המקדש כי היא תיקון על מה שנחרב. גם למוד ענוה מהבורא מענין המקדש אשר עזב השמים ושמי השמי' ובא להשרות שכינתו עם שוכני בתי חומר ובמקום מעט הכמות בין בדי האדן והוא כדי שילמוד האדם כל כך גדול שיהיה כך ישפיל עצמו. דע מעלת השפלות עד כמה מגיע שהיא הגורמת מציאות השלום בעולם וידוע שאין מדרגה גדולה לפני המקום כשלום עד שהוא בעצמו נקרא שלום ולא מצא כלי מחזיק טובה לישראל אלא שלום והעולם יסדו על השלום שהוא אחד מרגלי העולם והגורם השלום הוא השפלות שכיון שאדם אוחז בפלך השפלות שוב אינו מקפיד בשום דבר עם חברו בעולם ובזה הכל שלום באופן שהשפלות שרש להצמיח השלום בעולם וכיון שכן וכי יש דבר גדול כשפלות והענוה כיון שהיא מדה שורשית להצמיח דבר שאין גדול ממנה בעליונים ותחתונים שהוא השלום. הנה תראה רמז על מעלת השלם עד כמה הגיע דכתוב בפ' האזינו כי שם ה' אקרא הבו גודל לאלהינו דהנה כי שם עולה במספר שע"ו עם ארבע אותיות ושני תיבות של כולל כמספר שלום שעולה שע"ו לרמוז כשיש שלום אז ה' אקרא אבל כשאין שלום ח"ו בא אדם לשכח להקב"ה שלא לקרותו כי המחלוקת מושך את הכעס המסלק מעליו השכינה וגם עוז פניו ישונה שמסתל' מעליו צלם אלהים והשכחה מצויה ומביאו לשכח אם יש אלהים שופטים בארץ. וכן תראה בפרשת וזאת הברכה כשבא מרע"ה לברכם אער ה' מסיני בא הזכיר ענין מתן תורה שישראל קבלו התורה מכל אומה ולשון לרמוז שראוים לברכה על שקבלו התורה שנקראת שלום שנאמ' דרכיה דרכי נועם וכל נתיבותיה שלום וגם היו באותו מעמד בשלום בלב אחד ועל זה ראוים הם לברכה. והגאולה תלויה בשלום כארז"ל הביאו הילקוט פ' נצבים דף תקל"ה ע"א דבר אחר אתם נצבים אימתי כשתהיו אגודה אחת וכו' וכן את מוצא שאין ישראל נגאלים עד שיהיו אגודה אחת שנאמר ילכו בית יהודה על בית ישראל ויבאו יחדיו מארץ צפון כו'. ובזה שכתבנו לעיל שהקב"ה עזב השמים ושמי השמים לדור עם התחתונים והשרה שכינתו בין בדי הארון כדי שילמוד כל אדם לאחוז במדת השפלות יבא על נכון כונת מאמר חז"ל כל מי שיש בו גאוה אומר הקב"ה אין אני והוא יכולין לדור במקום אחד שנאמר גבה עינים ורחב לבב אותו לא אוכל אל תקרי אותו אלא אתו ע"כ הכונה כיון שכוונתו יתברך בהשרות את שכינתו

בתחתונים כדי שילמוד האדם עמנו להשפיל את עצמו הנה כיון שלא השפיל עצמו נמצא שלא הועיל בתקנתו כלום לכן אומר שאינו יכול לדור אתו בעולם אלא צריך לסלק שכינתי למעלה כלום באתי למטה כי אם כדי שילמוד ממני שפלות וכיון שמתגאה ואינו לומד איני דר אתו דמה מועיל דירתי עמו כיון שאינו לומד. ובזה יובן מאמר רז"ל הרבנות מקברת את בעליה וכולי הטעם הוא דכיון שהשרה שכינתו בתחתונים ללמד שפלות זה שנוהג ברבנות ואינו לומד צריך שבעבורו יסלק שכונתו בעליונים ונמצא זה מזיק לאחרים שאין להם ממי ללמוד לכן מה הקב"ה עושה כדי להיות כאן למטה כדי שילמדו אחרים מסלק לזה מן העולם כדי להיות כאן עם התחתונים כי הוא תברך רוצה שילמדו אחרים ולא בעבור אחד שלא למד יסלק שכינתו ויאבדו אחרים לכן ממית לזה שאינו לומד ונוהג ברבנות ויושב עם התחתונים כדי שילמדו כמדובר. הנה ראה בחוש הראות איך השפלות מציל לאדם ממות נפשו שהנה רעב כי יהיה בעיר בהיותו שפל דופק בדלתי עשירים ומשפיל לפניהם ומתפרנס וחי בעולם משא"כ מי שנוהג ברבנות שגאותו מחייבו שלא להשפיל עצמו ומת ברעב ונמצא ממית עצמו בידיו וכן מלחמה כי יבא בעיר אין תפארתם להרוג לנמוכי הרוח שמשפילים עצמם כעפר דמה גדולה קונים בהריגת פרעוש א' אלא כל מגמתם בהריגה אותם המתגאים ובוטחים בגבורתם לעמוד כנגדם הרי גאות אדם ישפלנו ויגיענו לשערי מות. וכן אין אדם דוחק ומצער אלא לגדול ממנו באומרו שאם יניחנו יתגבר עליו ומבקש המיתו נמצא הרבנות מקברת את בעליה דכיון שנוהג ברבנות מבקשים להוציאו מן העול'. הרי אפי' המלך אם ישפיל עצמו יתקיים מלכותו ואם יגאה להכביד עולו על עמו מורדים בו וראיה מרחבעם בן שלמה על שנטה לעצת הנערים להכביד בעול העם נחלק מלכותו ורמזו הקב"ה למוד זה בסדר אותיות אלפא ביתא ך' ל' מ' סדר קריאתם הם מלת כלם ואם תקראם לאחור נקראים מלך לומר אם ישפיל המלך עצמו ויחזור לאחור מלמלא תאותו למלוך בחזק על עמו יהיה עליהם לעולם מלך ואם ירצה שיעבור גזרת עולו הלאה הרי כלם יכלה מלכותו. ילמוד אדם שפלות מאברי גופו שהראש הוא מובחר הגוף ומלך עליו כי שם מקום החכמה והדעת והעקבים הם האבר יותר שפל ובזוי מהגוף כלום יתגאה הראש עליהם שלא להשגיח עליה' להניחם להלוך על הגחלים או על הקוצים ובורקנים אם כה יעשה יגיע חולי או איזה נזק בהם ונפל למשכב ונמצא גם הראש נופל עמהם אך בהשגחתו עליהם אע"פ שהם שפלים לשומרם משוחה עמוקה ומכל נזק גם היא נשמרת כנודע. גם הבט וראה שאם כסף אז זהב שהם המתכות החשובים והמעולים תשחקם לעפר תזרע בה לא יעלה צמח ואם על עפר שמזבלין אותו בזבל שהוא הדבר יותר שפל ונמאס מזרע יעלה בו עץ פרי עושה פרי וכל מה שושן ופרח מחולפים בתארם ובריחם ובגוונם לברך עליהן לבורא הכל הרי הדבר השפל מצליח. והמעולה בהפך כדי

שיראה האדם וילמוד לבחור בשפלות ולמאוס בגאות כי סוף השפלות מעלה וכבוד בעיני אלהים ואדם. וסוף הגאות שפלות ומיאוס ושפיכות דם וכן תראה הפצירה פיס (לימ"ה בלע"ז) משחק כל דבר קשה כברזל וכדומה וישימם לעפר דק ובספוג שהוא דבר רך אינו שולט לשוחקו וכן כל סכין חד יחתוך הכל לבד המוך שהוא רך אין שולט בו לחתכו כל זה עשה אלקים שילמוד האדם מדת השפלות כדי שיהיה קיום העולם העומד על השלום הנולד מהשפלות דכיון שאדם מחזיק עצמו שפל מתרבה השלום כי אינו מקפיד לשום דבר שבעולם ובזה אינו בא לידי קטטה ומריבה עם שום אדם בעולם. גם ילמוד האדם מהנמלה ידרוך עליה רגל אדם לא יוכל להמיתה ודקותה ושפלותה גורם שכיון שהיא מעט הכמות אין בה תפיסה שישלוט בה כף רגלו של אדם משא"כ כל דבר שיש בו בליטה ששולט בו הדריכה ומרמסתו הלא תראה האדם ברוח פיו שאין בו ממש מכבה את הנר ומהפך אור לחשך ומונע אור מכמה אנשים המשתמשים לאורו הרי דבר שאין בו ממש שולט על דבר ממש ופועל פעולה גדולה שמונע מאנשים אורה וזהו לימוד לאדם שהשפל שנחשב לאין והדבר שאין בו ממש כל יכול. גם ראה איך המשפיל עצמו קונה חיים והדבר בהפכו שהנה מלך שנטבע בנהר בכובד מלבושי מלכותו שעליו מכסף וזהב וכל אבן יקרה אם יתגאה שלא להפשיט' ולהשליכם מעליו לשים עצמו כאחד הרקים והשפלים ערום בלי לבוש יכבדו עליו מלבושיו ויטבע בנהר ויחנק ובשים עצמו ערום שוה לאחד השפלים המבוזים יכול לשוט ולצאת ונמצא עם השפלות קונה חיים עוד ראה איך החיים קשורים וגם השפלות לפי שמי שהוא שפל מקבל תוכחה כי הגאה אינו מקבל עליו עול המוסר דאגתו גורם לו לשרש בטבעו כי אין כמוהו ואיך יתכן 'טועה הוא בשום דבר ובזה מואס כל המוכיח לו וכיון שכן מואס בחיים לפי שהחיים דבקים עם התוכחה כמ"ש רבי' בחיי בריש פ' נצבים וז"ל החיים דבקים עם התוכחה והמית' דבקה עם מי ששונא התוכחה החיים דבקים עם התוכחה הוא שכתוב ודרך חמס תוכחות מוסר וכתיב אורח לחיים שומר מוסר וכתוב מרפה לשון עץ חיים יאמר כי רפואת הלשון והוא התוכחה הוא עץ החיים. והמיתה דבקה במי ששונא את התוכחה הוא שכתוב מוסר רע לעוזב אורח שונא תוכחת ימות יאמר כי עוזב אורח הוא שעובר על דברי תורה לשעה אבל אינו שונא התוכחה יהיה נפשט במוסר רע ייסרנו השם יתעלה למען ישוב מדרכו הרעה אבל מי שהוא שונא התוכחה לא יספיק לו שיהיה נשפט ביסורין כי אין לו תקנה ועל כן היה נשפט במיתה אהבת התוכחה הוא אות ומופת על טוב המדות ושאתת התוכחה עדות גדולה על רוע הטבע ועל פחיתות המדות ועל זה אמר הכתוב אל תוכח לץ פלי שאנך הוכח לחכם ויאהבך. המוכיח לחברו ראוי לו שיגלה אליו מצפוני האמת ואינו ראוי להחניף לו רק שיצדיק אותו במה שראוי וירשיענו במה שראוי שהרי צדיק ורשע שני הפכים ומי שנמלט מדרך הרשע אינו נקרא צדיק עד שיתקרב למעלת הצדיק לפי שמדת

הרשע בקצה הראשון ומדת הצדיק בקצה האחרון וזה הנמלט ממדת הרשע הוא באמצע ומפני זה ראוי המוכיח לגלות את הנוכח כל האמת בענינינו ובמעשיו כי היא התוכח העקרית ע"כ. באופן כי החיים דבקים עם התוכחה והתוכחה אינה מקבלה כי אם מי שהוא שפל כמדובר הרי שהחיים שוכנת עם השפל שעל ידי כך הוא מקבל ושומע מוסר מכל המייסרו יהיה מי שיהיה ראה עד כמה מגיע מדת השפלות שעמה אדם זוכה לתורה אשר עם התורה זוכה לעה"ב כדאמרי' בפ' א' מתעניות למה נמשלה תורה במים ביין ובחלב לומר לך מה שלשה משקים הללו אין מתקיימים כו' אלא במי שדעתו שפלה עליו. ודע וראה כיצד התורה מתקיים במי שדעתו שפלה עליו ולא במי שהוא גאה מי שדעתו שפלה אינו מתבייש לומר לא הבנתי ואז המלמדו חוזר לו למודו עד שיבינהו. גם אם רואה לקטן ממנו שיודע יותר הוא עצמו הולך אצלו ללמוד ממנו גם שפלותו גורם שיכיר שאינו יודע וחוזר תמיד ללמוד וע"י כך התורה מתקיים בו משא"כ מי שיש בו גאות שגאותו גורם לו להעלים מה שלא הבין וכ"ש וק"ו שאע"פ שיכי' בקטן שיש בו חכמת שלמה הע"ה אינו משפיל את עצמו להלוך אצלו וגם מעלם לא יוכל להכיר בחוסר ידיעתו כדי לבקש ללמד שגאותו מפתהו דאיך אפשר שיש בו חסרון הידיעה כיון שהוא רב בחכמה.

והנני מציג לפניך הדברים המתלוין עם השפלות שמביאים לאדם לעבודת בוראו הביאם בעל ספר תפוחי זהב וז"ל דברים המקדשים לאדם ענוה שפלות הרחקת גאוה והכעס והקפדה והזהר בברכת הנהנין להזהר לקו' בחצות לילה להיות תפילין דר"ח עליו בשעת הלימוד ועיון בהלכה בכל יום וליזהר בטבילת קרי להיות מעשרה ראשונים ואחרוני' בבית הכנס' וליזהר בטלית ותפילין מן המובחר. ולקיים עונה משבת לשבת וליזהר במים ראשונים ואחרונים כראוי. עוד כתב להשגת החכמה למעט בדבור רק דבור מצוה והפרח ולבכות על דבר תורה שאינו מבין ולהתודות בלילה מה שעשה ביום ולישן מתוך בכיה וליזהר מעצבות ובפרט בשעת התפלה והתורה רק וגילו ברעדה כתיב טהרה טבילה יראת הרוממות בגין דהוא רב ושליט וליזהר מקלות ראש וליזהר לרחוק מבשר ויין כל מה דאפשר ולקדש עצמו בשעת תשמיש ולהשלים מלת צדי"ק בכל יום (צדי"ק ר"ת צ' תשעים אמנין ד' ארבע קדושות י' עשרה קדישין ק' מאה ברכות בכל יום) וליזהר מהגאוה וללמוד תורה מעוטף בטלית ותפילין עכ"ל.

עוד כתב בשער היראה יום ראשון וז"ל להסיר לבו מדת האכזריות ונקמה והכעס והקנאה שכל אלו הם מדות נמשכות מיצר הרע ששורשו שורש הדין. ואעפ"י שמדות יצר הרע הם רבות השרשים הם שלשה הגאוה וקושי עורף והרתחת האדם לדבר קשות סימן לדבר רוח רעש אש אשר לא בהם ה' אמנם בקול דממה דקה שם נמצא המלך וכן דרך בני היכל מלכות בשר ודם להיות דבריהם בחשאי ומי שדבריו בקול נמוך הוא מדרכי הענוה ובלי ספק הוא מתדבק עם המלך עכ"ל. הרי שאין השגת השלימות כי אם

בהרחקת מהגאוה ולבחור בשפלות ואף על פי שיש דברים המתלוין עמהם אמנם דע שהשפלות הוא שרש להמשיך לכלן.

אך כיון שהגאות על הרוב נמשך לאדם בראות עצמו בחור בכחו ובגבורתו ובפרט אם הוא יפה עינים וטוב רואי מתגאה בכחו וביופיו ורועה רוח ורודף קדים לרדוף אחר שרירות לבו. אך כל זמן שיצר גאותו מתגבר עליו ישים נגד עיניו איזה זקן שבימיו ויסתכל בו כי עוז פניו ישונה מרבוי הקמטים וסר כחו מעליו והולך על שלש מדוכה וכפוף מרתת בלכתו כמשא בביתו אין כח בו לדבר ולא דבר רך לשבר אינו טועם מאכל ומים בוחר מות מחיים. וישים נגד עיניו כי כך עתיד להיות אם יגיע לזקנה ויכלם ויתבושש בינו לבין עצמו באומרו מי שעתיד לבא במצב זה איך הוא מתפאר בכח ויופי כי מה יענ' לכל שואל בזקנותו היכן כחך ויופיך אשר עמהן הכעסת לבוראך והתגברת על חברך והיית רע לשמים ולבריות. וגם ישים נגד עיניו שבבא למצב הזקנה זכור יזכור מכל אשר עשה בבחרותו וימאס בכל מעשיו כמדת הזקן שהוא מואס בדרכי הבחורים כנבלה מוסרחת ואז יראה בעיניו פרי מעשיו המתועבים ויכסהו בושה וכלימה בלי יוכל לתקן מה שעיות ובשומו כל זה נגד עיניו ישפיל עצמו עד עפר ואז השפלות יבאהו אל היראֹ' לעבוד לבוראו בכל לבבו ובכל נפשו.

וכדי שתראה מעלת השפלות הנני כותב לך מעלת אברהם אבינו ע"ה מה שהגיע לו עם נמרוד הרשע מיום הולדו עד שנתפרסם בעולם ועכ"ז לא נתגאה והשפיל עצמו עד אומרו ואנכי עפר ואפר כ"ש כל אדם שאף עפ"י שיחי אלף שנים ברוב גדולות לא יוכל להשיג אחד מיני אלף מה שהשיג האדם הגדול בענקים אברם הוא אברהם.

(מעשה אברהם אע"ה ממה שאירע לו עם נמרוד)

אמרו שקודם שנברא אברהם היה נמרוד כופר באמונת האל יתברך והיה מתגאה בעצמו ואומר שהוא אלוה ואנשי זמנו הקדמונים היו עובדים ומשתחוים לו והיה זה המלך תוכן וחכם וראה בחכמת הכוכבים שיולד אדם א' בימיו ויעמוד כנגדו להכחישו מאמונתו ולנצחו ויחרד חרדה גדולה ומפחיו מה עשה שלח אחרי השרים והפחות שלו והגיד להם הדבר ואמר להם מה תיעצוני לעשות בזה הילד שעתיד לבא. אמרו לו העצה שאנו מסכימים על זה הוא שתבנה בית גדול ותשים שומר בפתחו ותכריז בכל מלכותך שכל הנשים שהן מעוברות שיבואו לשם ואחרי בואם יבואו גם כן החיות ויהיו אצלם לשמור עד זמן לדתם ובבוא האשה ללדת יראו אם בן הוא ישחטוהו על בטנה ואם בת היא וחיה ותתן מתנות לאמה ותלבישנה בגדי מלכות ותקרא לפניה ככה יעשה לאשה אשר תלד בת. ויהי בשמעו עצתם שמח שמחה גדולה עד מאד והכריז בכל מדינות מלכותו שיבואו כל האומנים לבנות בית גדול למלך גבהו ששים אמה ורחבו שמוני' אמה ואחר כלות לבנות הבית הכריז שיבאו כל הנשים המעוברות לבית ההוא להיות שם עד שתלדנה שם והפקיד פקידים להביאם לשם גם הפקיד על הבית שומרים לשמור את הפתח

לבלתי ילכו. גם הפקיד עליהן נשים מילדות להולידן וגזר עליהן שהבן היולד ישחטו אותו על חזה אמו שיולדה והבת שילבישו את אמה בגדי שש משי ורקמה ויוציאנה משם ויעשו לה כבוד הרב' כי כן צוה המלך ויוליכוה לביתה בכבוד. אמר המגיד שנהרגו על הדבר ההוא יותר משבעים אלף זכרים וכראות מלאכי מעלה הריגת אלו הילדים אמרו לפני הקב"ה רבש"ה הלא ראית מה שעה הרשע הכופר נמרוד בן כנען אשר הרג כמה ילדים ושפך דמם ארצה על לא חמס בכפיהם אמר להם מלאכים קדושים ידעתי וראיתי כל לא אנום ולא אישן ורואה אני ויודע הנסתרות והנגלות אבל אתם תראו מה אעשה לרשע הכופר הזה כי אשים ידי עליו ליסרו. אמר המגיד שבזמן ההוא הלכה אם אברהם אע"ה ולקחה איש תרח שמו ותהר ממנו ויהי כמשלש חדשים ותגדל בטנה ופניה מוריקות אמר לה תרח בעלה מה לך אשתי פניך מוריקות ובטנך גדולה אמרה לו בכל שנה ושנה אירע לי זה החולי שיאמרו לו קו"לצני אמר לה תרח הראיני בטנך שיראה לי שאת מעוברת ואם כך הוא אין ראוי לעבור את מצות אלהינו נמרוד שם ידו על בטנה עשה לה הקב"ה נס והלך הילד למעלה תחת החזה ופשפש בידיו ולא מצא שום דבר אמר לה צדקת מה שאמרת ולא נראה הדבר ולא נודע עד שנשלמו חדשי הילד ומרוב פחדה יצאה מן העיר והלכה דרך המדבר קרוב לנהר אחד ומצאה שם מערה גדול' ונכנסה לשם. ולמחר אחזוה חבלי יולדה ותלד בן ותראה את המערה כלה מאירה כשמש מאור פני הילד ושמחה שמחה גדולה והוא היה אברהם אע"ה ופתחה פיה ואמרה אוי שילדתיך בזמן הזה שמלך נמרוד הרג בעבורך ע' אלף זכרים ואני אפחד עליך מאד שאם ידע בך יהרגך ועל זה יותר טוב שתמות במערה הזאת ולא יראוך עיני שחוט על החזה שלי ולקחה מלבוש אשר עליה והלבישה אותו ועזבתו במערה ואמרה יהי אלהיך עמך לא ירפך ולא יעזבך והלכה לדרכה. אמר המגיד שאברהם אע"ה בעודו במערה ילד קטן ולא היה לו מינקת שתניקהו בכה ושמע הש"י בכייתו באשר הוא שם ושלח לגבריאל המלך לחיות אותו ולתת לו חלב כי היה מוציא לו חלב מאצבעו הימין והוא היה יונק ממנו עד שהיה אברהם בן עשרה ימים והתחיל ללכת בארץ ויצא ממערה וילך על שפת הנהר וכשבא השמש ויצאו הככבים אמר אלו הם האלהים אח"כ כשעלה עמוד השחר לא ראה הככבים אמר לא אעבוד את אלו כי אינם אלהים ואחר כך ראה השמש אמר זה אלי ואנוהו. וכשבא השמש אמר אין זה אלוה ראה הירח אמר זה אלי ואעבוד אותו כשהחשיך אמר אין זה אלוה יש להם מניע עודנו מדבר והנה בא המלאך גבריאל ואמר לו שלום עליך אברהם א"ל עיך שלום א"ל מי אתה א"ל אני גבריאל המלאך שליח מן הקב"ה בשעה ההיא הלך למעיין אחד שמצא שם ורחץ פניו ידיו ורגליו והתפלל שם לאל יתברך בכריעה והשתחויה. אמר המגיד אם אברהם אע"ה זכרה אותו ובכתה בכיה גדולה ויצתה מן העיר לבקש את בנ' במער' שעזבתו שמה ולא מצאתו והרבת לבכות עוד עליו והיתה אומרת

אוי לי כי ילדתיך טרף לחיות השדה לדובים או לאריות או לזאבים והיתה הולכת על שפת הנהר ומצאה את בנה ולא ידעתהו כי גדל מאד בקומה אמרה לו שלום עליך והשיב לה ועליך שלום מה את הולכת באלו המדברות אמרה לו אני יצאתי מן העיר לבקש את בני אמר לה ובנך מי הביאו הנה אמרה לו הייתי הרה מארח אישי ובזמן הלידה פחדתי על בני שהיה בבטני שלא יהרגני מלכנו נמרוד בן כנען כמו שהרג מספר ע' אלף ילדים ובאתי אל המערה אחד בזה הנהר ואחזני צירי יולדה וילדתי בן ועזבתיהו במערה והלכתי לביתי ועתה באתי לבקש ולא מצאתיו. אמר לה אברהם אלו הדברים שאמרת שעזבת ילד כמה ימים יש לו אמרה לו כמו עשרים יום אמר לה וכי יש בעולם אשה שתעזוב את בנה קטן במדבר לבדו ותבא לבקש אותו אחר עשרים יום אמרה היא אולי יחנן האל אמר לה אני בנך אברהם שבאת לזה הנהר בעבורו אמרה לו בני גדלת מאד כ"כ והלכת על רגליך ודברת בפיך וכל זה בעשרים יום אמר לה כן שיודע לך אמי שיש בעולם אל גדול ונורא חי וקיים רואה ואינו נראה והוא בשמים מלא כל הארץ כבודו אמרה לו בני וכי יש אל אחר מבלעדי נמרוד אמר לה כן אמי אלהי השמים ואלהי הארץ ואלהי נמרוד בן כנען ועל זה תלכי לנמרוד ותודיעי אותו כזה הדבר הלכה לעיר ואמרה לאישה תרח איך מצאה בני ותרח היה שר וגדול בבית המלך נמרוד והלך לבירה מקום אשר המלך שם והשתחוה למלך ופניו ארצה ובזמן ההוא כל המשתחוה למלך לא היה מרים ראשו עד שיאמר לו תרים ראשך. א"ל המלך הרם ראשך ושאל חפצך א"ל יחי אדוני המלך ובאתי לבשר אותך על מה שראית בחכמת הככבים שיולד ילד במלכותך שיפסיד אמונתך והרגת בעבורו ע' אל זכרים אבשרך שהוא בני ואמו היתה הרה ולא ידעי בהריונה כי אמרה לי חולה הייתי מחולי קולצנ"י ובקשתי בטנה ולא מצאתי שום עובר.

ויהי כאשר נשלמו חדשי הילד הלכה מן העיר לנהר ומצאה שם מערה ותלד שם בן ועזבה אותו לחיות השדה ואחר עשרים יום הלכה אליו ומצאתה מהלך על שפת הנהר ומדבר כאדם גדול ואומר שיש אלהים בשמים רואה ואינו נראה א' ואין שני. וכשמוע מנרוד אלו הדברים חרד חרדה גדולה עד מאד ויאמר ליועציו ושריו מה לעשות מזה הילד אמרו מלכנו ואלהינו כיצד תפחד מילד קטן ויש בכל מלכותך אלף אלפי אלפים שרים שרי אלפים ושרי מאות שרי חמשים ושרי עשרות ושוטרים אין מספר הקטן שבשרים ילך ויביאנו ושימנו בבית הסוהר אמר להם הראיתם מימיכם ילד מעשרים יום הולך על רגליו ומדבר בפי' ובלשונו מבשר ואומר שיש אלוה בשמים אחד ואין שני לו והוא רואה ואינו נראה. אמר המגיד שכל השרים שהיו שמה תמהו תמיה גדולה מאלו הדברים ובין כך ובין כך בא השטן בדמות אדם לבוש משי שחור והלך והשתחוה לפני המלך נמרוד עד שאמר לו המלך הרם ראשך ושאל חפצך אמר לו מה אתה דואג וכלכם תמהים מילד אחד קטן איעצך עצה מה לעשות אמר לו המלך מה עצתך אל תפתח אוצרות כלי המלחמה ותתן לכל השרים והסגנים

והפחות ולכל אנשי המלחמה ותשלחם אליו שיבא לעבוד אותך ויהיה תחת ידיך. אמר המגיד שצוה המלך לכל השרים ולכל אנשי המלחמה שיבואו ויקחו כלי זיין מאוצרות המלך וילכו להביא לאברהם וכראות אברהם אבינו שבאו אליו עם רב אחזהו רעדה ופחד גדול מפניהם ויצעק לאלהי השמים שיצילהו מידם כי הוא המציל עני מחזק ממנו ואתה תצילנו מהם וישמע אלהים את צעקתו וירא את דמעותיו וישלח לו את מלאך גבריאל להציל אותו מידם אמר לו המלאך מה לך אברהם ומה אתה בוכה א"ל פחדתי מאנשים האלו הבאים עלי להרגני א"ל לא תירא ולא תפחד כי האלהים עמך והוא יצילך מכף כל אויביך. אמר המגיד שהקב"ה צוה לגבריאל שישים ענן וערפל בינו וביניה' בראותם הענן והחשך והערפל פחדו פחד ושבו אל נמרוד מלכם ואמרו לו נסעה ונלכה ממלכות זה וכשמוע המלך כך נתן מעות לכל שריו ועבדיו ונסעו משם למדינת בבל. ויהי אחרי נוסעם ויאמר אלהים לגבריאל לך אמור לאברהם שילך אחרי האויב נמרוד לבבל אמר לו אברהם אין לי צידה לדרך ולא סוס לרכוב עליו ולא אנשי חיל לעשות עמו מלחמה א"ל גבריאל המלאך אין אתה צריך לשום דבר לא לצידה לדרך ולא לסוס לרכוב עליו ולא אנשי חיל לעשות עמו מלחמה ולא רכב וגם פרשים כי על כתפי תרכב ואני אשאך ואגיעך על בבל ויקם אברהם וירכב על כתפו של גבריאל כהרף עין באותה שעה מצא עצמו בשערי מדינת בבל וא"ל המלאך יכנס למדינה ותקרא בקול גדול ה' הוא האלהים בשמים ממעל ועל הארץ מתחת אין עוד אחר אחד ואין שני אין לו דמות הגוף ואינו גוף והוא אלהי האלהים ואלהי נמרוד ואני אברהם עבדו נאמן ביתו הלך אברהם אבינו ע"ה וכנס בתוך המדינה והכריז בקול גדול לכל אנשי המדינה ה' הוא האלהים אחד ואין שני והוא אלהי השמים והוא אלהי האלהים ואלהי נמרוד העידו כלם אנשים ונשים וטף על זה שהוא אמת וגם תעידו שאני אברהם עבדו נאמן ביתו. ויהי הוא הולך בשוקים וברחובות ומכריז מצא אביו ואמו וגם מצא למלאך גבריאל אמר לו המלאך אברהם תאמר לאביך ולאמך שיאמינו גם הם ויעידו בזה שאתה מכריז שה' הוא האלהים אין עוד מלבדו. ויהי כשמוע אברהם את דבר המלאך אמר לאביו ולאמו אתם עובדים לאדם כמוכם ותשתחוו אליו לדמות דמות נמרוד הלא ידעתם כי יש לו פה ולא ידבר עין ולא יראה אזן ולא ישמע ולא ילך ברגליו ולא יש בו תועלת לא לעצמו ולא לאחרים. ויהי כשמוע תרח את דבריו לקח אותו בדברים והביאו אל ביתו ויספר לו כל המאורע שביום א' הלך מהלך מ' יום וכשומעו זה הלך אצל נמרוד וא"ל תדע אדונינו המלך הנער בני אשר היית בורח מפניו הנה בא ושאלתיו כמה זמן יש שהוא הולך בזה הדרך א"ל אמש נסעתי משם והיום הגעתי הנה ויהי בשומעו ככה ויחרד חרדה גדולה עד מאד ויאמר לפני כל השרים והיועצים והחכמים להביא לו עצה על זה הילד מה לעשות עמו ויענו לו פה אחד יחי המלך נמרוד לעולם ויצוה ויכריזו שיכריז בכל המדינה משתה ושמחה שבעת ימים וכל איש ימשח

בביתו וילבש ויצא בכל מיני לבושים ומשכיות ושיהיה כל המדינה צהלה ושמחה וגם תעשה בחצר בית המלך החיצונה והפנימית ובכל מדינות מלכותך ועוצם יכולתך הגדול יבא כל אדם ויעבוד אותך ויאמר המלך לעשות כן ותנתן דת בבבל בשוקים וברחובות וילבשו כלם כלי יופי ויתקנו אותם בכל לבושי שש ומשי ורקמה וכל מיני משכיות כסף איש איש כאשר השיג ידו. ויעשן כן.

ויהי אחרי כן כשבת מלך נמרוד על כסא מלכותו שלח אחרי אברהם ויבא אליו ואביו תרח עמו ויעבור אברהם לפני הפחות והסגנים עד שהגיע לכסא המלך אשר הוא יושב עליו ויתפוס בכסא והניע אותו ויקרא בקול גדול כדברים האלה אי נמרוד הנגעל הכופר בעיקר וכופר באל חי וקיים ובאברהם עבדו נאמן ביתו תמיד ותאמר כמוני שה' הוא האלהים אחד ואין שני ואינו גוף והוא חי ולא ימות לא ינום ולא ישן ותעיד על עצמך ותאמין שאני אברהם והוא ברא את כל העולם כדי שיאמינו בו וישא את קולו באלו הדברים והנה הדמותם שהיו שם עומדים נפלו על פניהם וכראות המלך והשרים במפלתם וגם צעקת אברהם נפלו כלם על פניהם ארצה עם מלכם נמרוד וימס לבו ונשאר כמו שתי שעות וחצי ארצה וימס לבו בקרבו גם פרחס נשמתו ממנו ואחר שתי שעות שב רוחו ונשמתו אל גופו ויקץ משינתו ויאמר המלך הקולך זה אברהם או קול אלהיך ויאמור לו קול זה קול בריה קטנה מכל בריות שברא קב"ה בשעה ההיא אמר המלך נמרוד באמת אלהיך אברהם אלוה גדול וחזק מלך מלכי המלכים

ואמר לתרח אביו שישא את בנו ויסר מעליו וילך לעירו וילכו שניהם יחדיו.

ויהי אחרי כן ויגדל אברהם עד שהיה מבן עשרים שנה ותרח אביו חלה ויאמר אל בניו הרן ואברם בחייכם בני תמכרו לי אלו השני דמותם שאין לי מעות להוצאותינו הלך חרן ומכר את הדמותם הביא מעות להוצאות אביו וילך אברהם ויקח שני הדמותם אחרי' למכרם ושם חבל על גרונם ופניהם ארצה והוא היה סוחב אותם וצעק ואומר מי הוא זה שיקנה דמות איננו תועלת לא לעצמו ולא למי שיקנהו לעוהבדו וגם יש לו פה ולא ידבר עין ולא יראה רגלים ולא ילך אזן ולא ישמע וכשמוע אנשי המדינה את דברי אברהם תמהו עד מאד והוא הולך בא ופגע זקנ' אחת ותאמר לו בחייך אברהם תבחר לי דמות אחד טוב מאד וגדול לעבדו ולאהבו אמר לה אברהם זקנה זקנה איני יודע בהם תועלת לא בגדול ולא בקטן לא לעצמם ולא לאחרים אמר לה והדמות הגדול אשר לקחת מאחי הרן לעבדו היכן הלך אמרה לו באו גנבים בלילה הוא וגנבו אותו בעודי בבית המרחץ אמר לה א"כ כיצד תעבוד לדמות כי אף לעצמו לא הציל מן הגנבים כ"ש יציל לאחרים מרעתם ולך הזקנה השוטה וכיצחד תאמרו שהדמות שעבדת שהוא אלוה אם הוא אלוה למה לא הציל את עצמו מיד הגנבים אלא שהוא דמות אין בו תועלת לא לעצמו ולא למי שיעבוד אותו אמרה לו הזקנה א"כ אברהם כדבריך למי אעבוד אמר לה תעבודי לאלהי האלהים ואדוני האדונים בורא שמים וארץ הים וכל אשר בם והוא אלהי נמרוד ואלהי תרח ואלהי מזרח

ומערב דרום ופצון ומי הוא נמרוד הכלב שיעשה עצמו אלוה לעבוד אותו. אמרה הזקנה מכאן ולהלן לא אעבוד כי אם אלהיך אלהי אברהם ואם אעבוד אותו מה תועלת יהיה לי אמר לה כל מה שגנבו ישוב לך וגם תציל נפשך מגיהנם אמרה הזקנה מה אומר כדי להציל את נפשי משחת א"ל תאמרי ה' הוא האלהים בשמים ממעל ועל הארץ מתחת א' ואין שני ממית ומחיה הוא חי לא יראה מות וגם אני אברהם עבדו נאמן ביתו אמרה הזקנה מכאן ולהלן אני אומרת כדבריך ואעיד על עצמי שה' הוא האלהים בשמים ממעל ועל הארץ מתחת ואתה אברהם נביאו ואאמין בשי"ת ובך. אמר המגיד ששבה בתשובה ונתחרטה על שעבדה את הדמות ואמרו שגם מצאה הגנבים והשיבו לה הגניבה וגם הדמות מה עשתה זאת הזקנה לקחה אבן בידה והכתה על ראש הדמו' ואומרת אוי לך ולמי שיעבוד אותך עוד כי אין בך תועלת ולא למי שיעבוד אותך ויצאה מביתו בשוקים וברחבות והיא צועקת ואומרת מי שרוצ' להציל נפשו משחת ויצליח בכל מעשיו יעבוד לאלהי אברהם. אמר המגיד שהזקנה בכל יום היתה זועקת עד שהשיבה בתשובה אנשים ונשים הרבה שמע המלך שמועה זו שלח אחריה והביאוה לפניו אמר לה מה עשית כי שטית מאחרי עבודתי למה לא תעבידי אותי שאני אלהיך ואני יצרתיך אף תמכתיך בימיני. השיבה ואמרה אתה מן הכוזבים ואתם כופר בעיקר באל א' ואין שני ואתה אוכל מטובו ותעבוד אל אחר ותכפור בו ובתורתו ובאברהם עבדו. ויהי כשמוע המלך את דבריה צוה להרוג אותה והרגו אותה ופחד ורהב לבבו מדבריה ותמה על עצמו ולא ידע מה יעשה עם אברהם שהפסיד אמונתו כי רוב המון העם האמינו באלהי אברהם וכראות השרים שלו היגון אשר שם בלבו ובשומעם דבריו אמרו לו קום מהרה והלכת אל המקום אשר היית הולך פעמים אחרות ותכריז שכל אנשי המדינה יעשו ז' ימים משתה ויום טוב וישימו עליהם כל החפצים ובגדי משי ורקמה ואבנים טובות ואבנים יקרות שהום וישפה ודברי' אחרים וכל כלי זהב וכסף ומאכל ומשתה וכל מיני מגדים וכראות אברהם את גודל העושר ותוקף אנשי רוב המדינה ורוב עושרם יבא ליכנס תחת אמונתיך. ויהי כשמוע השמועה נמרוד שמח שמחה גדולה ויבא עצה וצוה שיכריזו אל כל אנשי המדינה ללכת אל המקום אשר היו רגילין לבא שם שנה בשנ' בגן ויביאו שם הדמות' ויעשו שם ימי משתה ושמח' ויום טוב יותר ממה שהיו רגילים מקודם. ויהי בתוך ימי המשתה ויאמר המלך לתרח אבי אברהם להביא את בנו לראות גדולתו ועושר כבוד מלכותו ורוב שריו ועבדיו ויאמר תרח לבנו בני אברהם בא עמי למועד המלך נמרוד אלהינו אמר אברהם איני יכול לצאת לשם א"ל תרח א"כ תשב עם הדמותם עד בואנו משם ויעש כן וילך תרח וישב אברהם עם הדמותם וגם דמות המלך היו שם וירא אברהם אשר הלך המלך אל בית הועד אשר לו ויקח בידו גרזן ובראותו דמות המלך יושבים אמר ה' הוא האלהים ה' הוא האלהים וישליכם מעל כסאם ארצה ויך בהם מכה גדולה בגדול החל ובקטן כלה לזה

קטע רגלו ולזה כרת ראשו ולזה שבר עיניו ולזה שיבר את רגליו וכלם נשברים ויצא אברהם וישלמו ימי המשתה ויבא המלך אל ביתו וקודם זה כששיבר אותם שם הגרזן ביד גדול הדמות. וכראות המלך את צלמיו שבורים אמר מי היה כאן ומי הוא אשר מלאו לבו לעשות כן ויענו כל העם בוכים ויאמרו אדונינו המלך תדע לך שאברהם היה יושב אצלם ושמענו שהיה משבר להם. ויצו המלך להביא את אברהם לפניו ויביאו אותו ויאמר לו המלך ושריו למה שברת את אלהינו אמר אני לא שרתי אותם לא שבר אותם כי אם הגדול שבהם הלא תראה היות הגרזן בידו ואם לא תאמיני שאל ממנו והוא יגיד ובשומעו דבריו חרה לו עד מות ויאמר להוליכו לבית הסוהר ויצו אל שר בית הסוהר לבלתי תת לו פת לאכול ולא מים לשתות. אמר המגיד שאברהם אע"ה בעודו בבית הסוהר נתן עיניו לשמים ויאמר ה' אלהי אתה יודע הנסתרות ואתה ידעת כי לא הגעתי עד הנה כ"א על עבודתך והקב"ה שמע את תפלתו ושלח לו המלאך גבריאל להושיעו מיד זה וא"ל שלום עליך אברהם אל תירא ואל תחת כי ה' אלהיך עמך בשעת ההיא נר' לו מעין מים חיים א' ושתה מהן והביא לו המלאך כל מיני מאכל לאכול וישב עמו שם כדי ללוותו שנה תמימ'.

ויהי אחרי השנה ההיא באו שרי המלך ויעציו לאכול ולשתות עם המלך ויאמרו למלך לבנות לו גדר גדול ולהכריז בכל מדינתו שכל מי הוא חפץ לעבוד בעבודת הלך שיביא אל הבית הזה עצים הרבה עד שימלא כל המקום עצים פה לפה ואחר כך יבעירו העצים באש עד שתעלה השלהבת לשמים ותשליך בתוכה לאברהם ובזה יאמינו בך לעולם ולא תפסיד אמונתך. וישמח המלך על העצה הזאת יעוצה שמחה גדולה מאד ויצו לכל העם לאמר כל איש ואשה נער וזקן אשר בכל מדינות המלך יביאו עצים אל הבית הזה הגדול אשר בנה עד מלאת אותו ויעשו כן כל העם וימהרו להביא את העצים אל הבית ההוא כי נתן להם זמן עד מ' יום ובכל זאת אברהם עומד בבית הסוהר ויצו המלך לעשות כבשן גדול בתוך הבית אשר בנה וידליקו את העצים בתוכו והנה עלה השלהבת עד לשמים עד שכל העם פחדו מרוב האש ושלח אל שר בית הסוהר לאמר לו תביא לי את אויבי אברהם והשליכהו לתוך זה הכבשן של אש ויבא שר בית הסוהר לפני המלך להשתחוות לפניו ויאמר לו איך תשאל ממני אדם שזה לו עכשיו שנה תמימ' שעמד בבית הסוהר ולא הביא לו שום אדם לא לחם ולא מים ולא שום מאכל בעולם אמר לו עכ"ז תלך בבית הסוהר ותצעק אליו אם ישיבך תביאנו ואשליכנו באש ואם מת יותר טוב ותקברו אותו ולא יזכר שמו עוד הלך שר בית הסוהר לפתח הבור ויקרא בקול גדול וחזק אברה' אתה חי או מת ויען אותו אנכי חי אמר לו מי נתן לך אכילה ושתיה עד הנה אמר לו האכילני והשקני מי שהוא יכול על כל הוא אלקי האלקים ואדוני האדונים עושה נפלאות לבדו וגם הוא אלקי נמרוד ואלקי תרח אלקי כל העולם הוא זן ומפרנס לכל ראוה ואינו נראה והו' בשמים ממעל ונמצא בבכל מקום ומשגיח כל הפרטים. ויהי כשמוע שר

בית הסוהר את דבריו ויאמן גם הוא באלקי אברהם ויאמר אלקיך אברהם הוא האלקים ואני אעיד על זה וגם אתה עבדו ונביאו באמת ונמרוד הוא משקר ויהי באומרו כך ויגידו למלך לאמר הנה שר בית הסוהר מעיד על אלקי אברהם שהוא אמת ואברהם עבדו אמת ויתמה המלך מאד וישלח אחריו ויאמר לו מה לך שר בית הסוהר איך כפרת בי ואמרת שאלקי אברהם אמת וגם אברהם עבדו אמת. אמר לו שכן הוא האמת ואתה המלך נמרוד כופר באמת ובראות המלך את דברי שר בית הסוהר נתעצבן אל לבו מאד וימלא חמה ויצו לפגוע באיש הזה להמיתו ויצעק שר בית הסוהר בפגוע בו ויאמר ה' הוא האלקים הוא אלקי כל העולם ואלקי נמרוד הכופר. אמר המגיד שהסייף לא היה חותך בצוארו ויותר שהיה מכה בסייף היה משבר הסייף תמה המלך ויצר להביא את אברהם ולהשליכו בתוך כבשן האש הלך א' מן השרים והביאו לניו ואמר לו המלך תשליכהו לתוך האש הגדולה ויקום להשליכו ותצא אש מן הכבשן ותשרוף אותו ויקום שר א' מלפני נמרוד להשליך אותו באש גם כן נשרף וכל מי שיהי לוקח אותו להשליכו באש היה שורפת אותו עד שמתו רבים אין חקר ואין מספר. ויבא השטן בדמות איש וישתחו לפני המלך ויאמר לו המלך מה לך תשאל ומה תרצה אמר לו איעצך עצה להשליך לאברהם בתוך כבשן האש תעשה תחבולה והבה לי עצים הרבה ומסמרות וחבלים ואני אעשה לך טראבוק"ו שמתוך תנועתו תשליכהו בתוך כבשן האש מרחוק ולא ישרף האש לאיש ההוא וישמח המלך מאד על העצה הזו ויצו לעשות כן ויעשו הטראבו"קו ואחר אשר השלימו לעשות נסו אותו בפני המלך שלשה פעמים עד שמרחוק השליכו בו אבנים לתוך האש והוא הנקרא טראבוק"ו ויקחו את אברהם וקשרו זרועותיו ידיו ורגליו בקשר חזק וישימו אותו בתוך הטראבו"קו להשליכו. וכראו' אברהם אע"ה איך קשרו אותו נשא עיניו לשמים ואמר ה' אלקי אתה רואה את אשר הוא עושה בי הרשע הזה גם מלאכי מעלה אמרו לפני הקב"ה רבש"ע מלא כל הארץ כבודך הלא ראית מה עשה מלך נמרוד בעבדך ונביאך אברהם אמר הקב"ה איך לא אדע ואנכי יודע כל הנסתרות אבל אראה אני לכם נקמה בנמרוד הכופר ואציל את אברהם עבדי אמר המגיד שהשטן בא אצל אברהם בדמות אדם וא"ל אברהם אם תרצה להציל מאש נמרוד השתחוה אליו והאמן בו ויהי כשמוע אברהם את דברי השטן ויאמר לו יגער ה' בך השטן פחות נבזה ארור כופר ויצא מלפניו. ותא אמו של אברהם לנשק לבנה קודם שישליכו אותו לכבשן האש ותאמר לו בני השתחוה לנמרוד ותכנס תחת אמונתו ותנצל מכבשן האש. אמר לה אברהם אמי אמי תלכי מעלי ודחה אותה מעליו ויאמר לה אמי אש נמרוד תכבה אותו המים אבל אש אלקי לעד לעולם אינו מכובה ומים לא יוכלו לכבותו וכששמע' דבריו דברי מצודקי' אמרה לו האלקים אשר אתה עובד הוא יצילך מאש נמרוד. ויהי אחרי כן וישימו אותו בכף הטראבוק"ו להשליך אותו בתוך הכבשן מלאכי השרת בקשו רחמים מלפני הקב"ה לרדת להצילו מאש

נמרוד. ויבא אליו גבריאל ויאמר לו מה אברהם האצילך מזה האש אמר ליה האלקים אשר אני בוטח בו אלקי שמים וארץ הוא יצילנו וכראות הקב"ה כוונתו הטובה פנה אליו ברחמים ויאמר לאש ההיא קרה ושלוה על עבדי אברהם. אמר המגיד שהאש נכבה בלא מים והעצים הציצו ציץ וכלם הוציאו פירות כל עץ יתן פריו ושב הכבשן כמו גנת ביתן המלך והמלאכים יושבים עם אברהם בתוכו ויפן המלך וירא את הגן ואת המלכים יושבים עם אברהם בתוך הגן ויאמר לאברהם כשוף גדול אתה יודע שהאש אינה שולטת בך ולא עוד שאתה מראה לעם שאתה בתוך גנת ביתן ויענו כל שרי נמרוד יחדיו למלך לא אדונינו אין זה כשוף כי אם יכולת אולה גדול אלהי אברהם ואין שלוה אחר מלבדו ואנחנו מעידים על זה. וגם שאברהם עבדו באמת ויאמינו בשעה ההיא כל שרי נמרוד וכל עמו בה' אלהי אברהם ויאמרו ה' הוא האלהים בשמים ממעל ועל הארץ מתחת אין עוד עכ"ל.

הרי עיניך הרואות מעלת אברהם אע"ה עד שקראו קב"ה אוהבי דכתיב זרע אברהם אוהבי ועכ"ז לא נתגאה היש בכל באי עולם שיוכל להתגאה כמוהו ועכ"ז השפיל עצמו עד עפר ואמר ואנכי עפר ואפר מי לנו גדול כמשה אדון הנביאים שהתורה מעידה עליו ולא קם נביא עוד בישראל כמשה ורכב ערבות ועשה מלחמה במלאכים והנחיל תורה לישראל והשפיל עצמו יותר מאברהם באומרו לקרח ועדתו ונחנו מה דבר שאין בו ממש כארז"ל דמשה ואהרן השפילו עצמם יותר מאברהם דעפר ואפר יש בו ממש ומה דבר שאין בו ממש וישמע כל אדם ויוסיף שפלו' לעצמו בנושא ק"ו מיסודי עולם שהשפילו עצמם כ"כ והשפלות מביאו לאדם לא לבעוט ביסורין אם באים עליו דכיון שמחשיב עצמו אין גומר בדעתו שעונותיו גרמו לו ואפילו שיכיר בעצמו שלא חטא מעולם גומר בדעתו שהם יסורין שבאו עליו להרבות שכרו שלפעמים הקב"ה מביא יסורין על צדיק על לא חמס בכפיו להרבות שכרו לעולם הבא. והנה ראה ראיתי מקשים על זה וכי קצרה ידו יתברך ח"ו להרבות בשכרם בלי יסורין כיון שאינם ראוים להם ועיין בספרי המפרשים ז"ל.

והנראה לכאורה לע"ד שאם ירבה הקב"ה בשכר הצדיקים על דרך מתנת חנם בלי יסורין יתביישו הצדיקים משום מאן דאכיל דלאו דילי הבהיל לאסתכולי באפיה דמטעם זה יצא תחלה לבא בעולם זה כנודע ואם יקבל עכשיו בחנם מה הואיל בתקנתו. אבל עוד לאלוה מילין.

ואגב יתבאר הקושי העצום צדיק וטוב לו צדיק ורע לו רשע וטוב לו רשע ורע לו אשר נתחבטו בו הררי עולם. דע שיש גלגול ויש עיבור גלגול הוא שהנשמה אחר מותה חוזרת בעולם השפל זה ונכנסת בגוף כאשר היתה בתחלה כבואה בראשונה והוא כדי שישלים איזה מצוה או מצות שחיסר מלקיים ושיסבול יסורין ויחזור לטעום טעם מיתה וחיבוט הקבר על הסבה הידועה לפני בורא עולם דיין האמת. ויש סוד העיבור כי יש נשמה שיצא דינה שלא יחזור בזה העולם בגוף מיוחד לה כדי שלא יחזור לטעום טעם מיתה ושאר הדינין הנמשכים אחריה

כחיבוט הקבר וכדומה מה עושה הקב"ה גוזר שיתלבש זאת הנשמה באיזה גוף מהחיים וישב שם עד מלאת ימי טהרה על ידי הצער והיסורין שסובלת בזמן עיבורה בגוף זה וכשנשלמת מסתלקת מגוף זה ועולה למעלה ויורת מקומה בג"ע ונמצא זו שלא חזרה לטעום טעם מיתה וחיבוט קבר וכדומה כי לא חייב הפגם שבידו על זה כי אם עיבור בגוף אחר דרך השאלה עד זמן מה כמדובר. והנה בבואה נשמה זו להתעברת בגוף זה אם הוא צדיק צריך הקב"ה להביא יסורין על הצדיק הזה אעפ"י שאין בידו עון אשר חטא כדי שיצטער הנשמה שנתעברה בו כדי להיות לה הצער מירוק על פגם שבידה וכיון שאין ביד הצדיק עון כלל ונלקה על חנם בעבור הנשמה אשר נתעברה בו צריך הקב"ה להרבות שכרו לעה"ב יען שנצטער כדי לתקן את הנשמה המתעברת בו. וזה מה שארז"ל שהקב"ה מביא יסורין על צדיק בלי עון כדי להרבות זכרו וק"ל. וזהו סוד צדיק וטוב לו צדיק ורע לו שהנה צדיק וטוב לו הוא צדיק שלא נתעבר בו שום נשמה מעולם ולכן כל ימיו שלוה והשקט ובטח עד עולם שכך מחייב הדין שראוי הצדיק להיות בשלוה. צדיק ורע לו הוא צדיק שנתעברה בו נשמה בהיות' משורש נשמתו וכדי למרקה צריך הקב"ה להביא יסורין על צדיק זה כדי לצער לנשמה המעוברת בו כדי למרק' ולהשלימה ועל מה שנצטער בעבור אחרים מרבה הקב"ה שכרו בעה"ב על הפעולה שנעשה על ידו שנתקנה נשמה וחזרה למקומה וכו'. רשע וטוב לו הוא רשע שנתעבר בו נשמה כדי שיסבול צער גדול בהיותה בתוך גוף הרשע הזה בהיות עושה דברים רצים והוא נגד רצונה כי בהיותה בעולם זה בראשונה מאסה בדרכים אלה והורגלה בדרכי תורה שדרכיה דרכי נועם ועכשו שדין של מעלה חייב שתתעבר בגוף הרשע זה בעבור איזה פגם שבידו שיתמרק בקבלת צער ראות עושה זה שנתעבר בו דברים אשר לא כדת ובתשלום זמנה שכבר נתמרקה מסתלקת ממנו ועולה למעלה ומיהו כיון שע"י רשע הזה נשתלמה אותה הנשמה משלם לו הקב"ה שכרו בעולם הזה וזהו רשע וטוב לו. רשע ורע לו הוא רשע שלא היה בו עיבור נשמה כמדובר ולכן רע לו דכך מחייב הדין שלא יהיה טוב לרשע. ובזה מתיישב בכמה צדיקים שפעמים בשלוה וטוב להם ובקצת זמן ביסורין ורע להם הוא אשר דברנו והוא שבזמן שיש בהם עיבור נשמה רע להם כדי שיתמרק אותה נשמה וכשמסתלקת מהם טוב להם. וזהו גם כן ברשעים דקצת זמן טוב להם שהם בשלוה וקצת זמן רע להם דקודם שתתעבר בהם נשמה רע להם ואחר שתתעבר בהם נשמה טוב להם לשלם להם פעולם שנשלמה על ידם כדפרישית.

ואפשר לומה דכל זה רמזוהו רז"ל באומרם צדיק וטוב לו צדיק גמור כלומר הנשמה שנתעברה בו היא נשמת צדיק גמור ולא נתעברה בו כי אם להדריכו ולזמרו לבל יכשל בשום דבר כיון שהוא התחיל לנהוג עצמו בזה וזה הוא צדיק גמור ירצה הוא צדיק מצד עצמו והמתעבר בו גמור ומושלם ג"כ ולא בא אלא להדריכו כמדובר. צדיק ורע לו צדיק שאינו

גמור כלומר הוא צדיק אבל מי שנתעבר בו אינו גמור וכיון שצריך לגמור ולהשלים עצמו צריך להביא עליו יסורין כדי שיתמרק המתעבר בו.
רשע וטוב לו רשע שאינו גמור ירצה הוא רשע והמתעבר בו אינו מושלם וגמור ונגזר עליו שיתעבר בו לסבול צער מעשיו המכוערים ועל כן טוב לו שמשלם שכר פעולתו כדפרישית.
רשע ורע לו רשע גמור הכוונה הוא רשע ונתעבר בו נשמה של שלם גמור משורשו אולי יכול להדריכו בדרך טוב ולא יכול ועל כן ורע לו יען שלא שמע עצת הגמור שנתעבר בו וזה הוא רשע גמור כלומר הוא רע ונתעבר בו גמור ומושלם להדריכו בדרך ישרה ולא רצה.
וזהו הטעם דפעמים תראה רשע אין כמוהו ברשעות דפתע פתאום חוזר בו ומתחרט מכל הרעות שעשה ועושה תשובה ונעשה צדיק אין כמוה הנשמה שנתעברה בו מדריכו ושמע לעצתה.
דרך שני אמשול משל לבא לענין משל לשני מלכים האחד מלך גדול רם ונשא מלכותו בכל משלה מקור השלמיות והשני מלך שפל בתכלית השפלות מחוסר מכל שלימות רק אין עליו כי אם שם מלך כי אינו משורש המלוכה כ"א שמרד ומלך מעצמו ויתלקטו עמו אנשים רקים ופוחזים וכל מר נפש והולך נע ונד מהר להר ומגבעה לגבעה לפצות לעוברים ושבים בדברי חלקלקות ונודר להם מתנות נשיאים ורוח וגשם אין מתהלל במתת שקר שיניחו למלך הגדול והנורא שמלכותו בכל משלה ויבואו אצלו ומי שיאן בו דעת מתפת' ממנו ומתקרב עצלו מסמיות עינים שיש לו מלהסתכל שאין למלך זה מלכות בפני עצמו כי מה שמולך הוא בתוך ממשלת המלך הגדול ומפתו אוכל ומימיו שותה אלא דמורד ואומר כי המלכות שלו והמלך האדיר והגדול מרוב יכולתו וממשלתו משחק ממנו ולכל איש הפורש ממנו ומתחבר עם המלך השפל מעשירו עושר גדול ברוב שלוה והשקט להראות גדולת מלכותו עם זה כאילו אומר אין מלכותו תלוי ברוב עם כי הממלכה שלו הוא והרוצה לפרוש יפרוש כי אין שום חסרון מגיע לו מפרישותו ואדרבה לאנשים אשר עמו תחת ממשלתו אינו מעשירם כדי שלא יראה שהם מחזיקים מלכותו ואם ירצו לעובדו מצד הטוב במה שהוא טוב מוטב ואם לא הרשות נתונה שאם רוצה לפרוש ממנו יפרוש ולכן כל אנשיו מהם עשירים מהם עניים לרמוז שאיני מסביר להם פנים כדי שיעבדוהו יתגדל מלכותו דאין מלכותו תלוי בהם דמטעם זה לכל הפורש ממנו ומתחבר עם המלך השפל מצליחו ומעשירו לומר הרי החזקתי בידיך שתבא בחברת מלכך לבא להלחם עמי אם תוכל ואז תראה משפלות ובזוי מלכך אשר בחרת ואיך מלכותו הבל ואין בו מועיל. והנה הנמשל מובן מעצמו ומיהו אפרשנו קצת שהנה המלך הגדול הוא הקב"ה שהמלכות שלו הוא ומלכותו בכל משלה ולהראות על זה כל המתחבר עמו שהוא הצדיק ורע לו כדי שלא יראה שתלוי מלכותו בחברת רבוי אנשים עמו ומחזיק בידם כדי שלא יפרשו ממנו כי המלכות שלו היא ואין צורך לו מאנשים וכמו שפירשו חז"ל על פסוק ה' למבול ישב וישב ה' מלך לעולם שבשעה שהביא מבול

לעול' וימח את כל היקום ולא נשאר בריה אז וישב ה' מלך לעולם לומר שאין מלכותו תלוי ברוב עם כמלך ב"ו שתלוי מלכותו באנשים שאם אדם אין על מי ימלוך. והמלך השפל הוא סמאל הרשע דמרד ברבו ועליו נאמר לא תשתחוה אל אחר דא סמאל כי איתא בזוהר המפתה לאדם למרוד במלך האמת ויתחבר עמו והוא רשע וטוב לו דכיון שפירש מהקב"ה ומתחבר עם סמאל מעשירו הקב"ה עושר גדול כאילו אומר הנה החזקתי בידך שתבא עם מלכך אשר בחרת בו להלחם עמי ותראה רפיון כח ושפלות ממשלת המלך אשר בחרת לחסות בצלו וזו היא הסיב' צדיק ורע לו רשע וטוב לו כי הצדיק אינו מעשיר אותו הקב"ה ואין נותן לו מנוחה שלא יראה שמחזיק ביד כל המתחבר עמו כאילו מלכותו תלוי בהיות עמו רוב עם וכל הבוחר להיות עמו בעבור שהוא מלך אמת ואין מלך כמוה יהיה וכל הפורש יפרוש שאין מעלתו תלויה באחרים כמלך ב"ו כו' כדפרישי' ולכן רוב המתחברים עמו עניים ורע להם שאם יתעשר לכל המתחברים עמו שהם הצדיקים נראה שמבקש אנשי' לעזרת מלכותו ושוחדם בממון כדי שלא יפרושו ממנו ושיתקבצו עמו רבים לכן אינו מעשיר לכל הצדיקים ומה שמעשיר לזה יותר מאחר לפי שרואה דבקותו עמו אין סוף ומתו כך אף שיבואו עליו כל יסורין שבעולם אינו פורש ממנו לכך מעשירו אך לצדיק שרואה בו צד מה שמץ טינא בלבו אינו מעשירו כדי שלא יאמר דשוחדו בממון כדי שלא יפורש ממנו כדי שיתגדל מלכותות וזהו שרמזו רז"ל בדבריהם הנעימים צדיק וטוב לו צדיק גמור צדיק ורע לו צדיק שאינו גמור והוא כדפרישית ורשע וטוב לו הוא רשע שאינו גמור והלך ודבק בסמאל הרשע ומעשירו הקב"ה לומר לו ראה שאיני מצטער מפרישותך כי אין מלכותי תלוי בעם הנני מחזיק בידך שתבא עם מלכך כנגדי ובהיות רשע שאינו גמור נותן לבו בטעם העושר שנולד לו כשנתחבר בסמאל ומבין טעמו של דבר ונותן לב לשוב אל ה' וזהו שאמרו רשע וטוב לו רשע שאינו גמור רשע ורע לו רשע גמור ולזה כשפורש מקב"ה אינו מעשירו כי יודע הקב"ה דרוב רשעתו סותם שכלו ואם יעשירנו טח לבו להבין כי העשירו הקב"ה כדי לרמוז שאינו מצטער על שפירש ממנו ודבק באחר לפי שאין מלכותו תלוי בעם וכיון שאינו מבין מה צורך להעשירו וזהו רשע ורע לו רשע גמור דוק והבן במה שכתבתי דענין נאה ונחמד הוא לכל מי שאוכל יטעם לו הקב"ה יגלה כבוד מלכותו במהרה בימינו אמן כדי להבין סודי תורתו ויתקי' תורה חדשה מאתי תצא אנס"ו.

מוסר השכל בתערומת האדם עם יצרו הרע וכה יאמר לו יצרי יצרי אתה היית תחלת כל תחלואיכי וצרה ויגון טעמתי כי מיום שידעתיך עוד טובה לא ראו עיני כי אויל ביום יודע כעסו שעל כל מה שהבטחתני מצאתיך כוזב ותחת לשונך מרמה ותוך כי עד ארגיעה לשון שקר בדברי חלקלקות באת אצלי וחשבתיך לאוהב נאמן ומצאתיך אויב שונא נוקם ונוטר יצאת לשטן לי בכל משלח ידי משמשתי את כל כי מה מצאתי מלאים חלאת טומאתך נסתכלתי בעיני שכלי ראיתי שכל

מחשבותיך עלי להכרית מארץ זכרי ולהכניסני במבואות אפלות ליפול בשחת לא אוכל קום אשר משם דרך למשפטי גיהנם ארץ חשך וצלמות. כי ראיתי טומאת המעשים שהכרחתני לעשות והנה עלה מהם צחנת עד לברוח למרחקים להנצל מארס הריח אשר ממנו מתהוה שרש כל החולאים הממיתים אשר בראותי כן גזרה חכמתי לעשות אופנים לתקן מה שעויתי על ידך ולצאת מרשותך ושלא להביאתך עוד לעולם כי מות נמשך ממך ופשטים לאין מספר. ונתיעצתי עם נפשי רוחי ונשמתי וכה אמרו לי לעשות משערות ראשי מחטים לתפור בהם הקרעים שעשיתי על ידיך במלבושי הנשמה. ומגבות עיני לעשות חצים וזרועותי כקשת נחושה לזרוק על לבי חצי שנונים לפתוח פתחים להוציא דרך שם טומאת המחשבות אשר החביא יצרי הרע בקרבו. ולפשוט עורי מעלי בתער השכירה ולהעבידו עיבוד לשמה לתקן ממנו מגילות ארוכות מארץ מדה ומעצמותי קולמוסים לכתוב בדמי עליהם כל מה שהרבתי מהחטאים ועונו' ופשעים לפני מי שהרבה עמי חסדים לאין חקר ואין מספר ה' צבאות שמו כדי שיהיו פרושות לפני נגד עיני תמיד לכסה כלימה פני בהיותי קורא בהם דברים הזרים והמעשים המכוערים אשר עשיתי לפני מי שרואה ואינו נראה. ואמרו לי עוד יועצי הנז' הקדושים והטהורים לעשות מגידי מלקות לתפרו בעורקי ללקות עצמי מלקות ארבעים כל עת ורגע שיעלה על זכרוני מה שהכעסתי לבוראי בעצת הבוגד יצרי הרע אשר אבדתי זמני לרוץ אחריו כאיל ויחמור ובסוף הכרתי שהייתי כרץ אחרי החמור כל על כל המעשי' שהדריכני לילה ויומם מצאתיהו עביט של מי רגלים. ולטבול עצמי לטהר חלאת זוהמתי שהטיל בי הצורר יעצוני לעשות חלל גופי מקום מקוה ארבעים סאה ולמלאתו ממימי דמעות עיני. ולהתיך חלבי בחום להב הסיגופים להדליק ממנו מדורה להיותי נידון באש ובמים יחד יומם ולילה לא יכבה. ובמלאת ימי טהרתי לעשות ממעי עבותים חדשים לקשור עצמי בהם כדי להיות מוכנע לעבודת בוראי כאשר ידריכני יצרי הטוב והטהור ולא לצאת עוד לרשות אחר.

עוד הוסיפו לדבר יועצי נפשי פקח עיניך ועשה אותם כשני אבוקות כשמש וכירח מאירות לפני ה' תמיד בעסק תורתו ללמוד וללמד לשמור ולעשות ושפחותיך ממללות במרוצה כברק להרבות בתפלה ותחנות אולי יחנן ה'. ולשונך כעני סופר מהיר ברבוי דברים לפייס מדת הדין וראשך עלך כמגדל דוד וגופך כחומת ברזל נשגבה וחזקה לסבול צער הסגופים למרק טעימת עבירו' שעבר' ואת אשר אלהיך הכעסת שוב ואל תתרשל עד זמן שתרא' בעצמך שימחו כל עונותיך ואח"כ לך אכול בשמחה לחמך ושתה בלב טוב יינך. כל זה יעצני נשמתי רוחי ונפשי וראיתי שדברי קדש הם נחמדים מזהב ומפז ומתוקים מדבש ונופת צופים ישרים משמחי לב. ויהי כשומעי חשתי ולא התמהמהתי ועשיתי רגלי קלות כאילות לברוח מעצת יצרי הרע דמיונו כאריה יכסף לטרוף נפשי ולמסרה לחצר מות וככפיר יושב במסתרים ללוכדני בפח

מוקשים ולהושיבני הצלמות גמרתי בלבי להלחם עמו בחזקה וביד חזקה. ולהפיל כל בנין שעל ידו בניתי וכל קנין אשר עמו קניתי. בהסתכלותי שכלם בנוים על קו תהו ואבני בהו ראיתי בעיני שכלי בתים שעמו בניתי ומשכיות שבהם תקנתי במום סיד הלבן בקירות הבתים הזפת השחור סחור סחור ויסודותיה בחשך יוסדו ובמקום תקרה צלמות כולו מות. והבית מלאה גלגולם מעשה אלילים עד שעלה צחנתו נתרבה סרחונו עד לברוח למרחקים או לעלות שחקים להציל מריח הרע באש אין כמוהו דבר רע. מאנה לנגוע נפשי ולא בחפצי. השלכתיהו אחור לבל אראה ברעתי ולא בצרתי. לכן בחרתי בעצת נשמתי רוחי ונפשי בכל לבבי ובכל חפצי לעשות כאשר צווני. שבאמת ידעתי כי לא רמוני ובדרך החיים הדריכוני. ובעשותי עצתם אין פגע ואין שטן ואל עזרי עזרני והצילנו מיד אויבי יצרי הרע אשר בי סרח. והראני יוצרי מקום לברוח ואריכות זמן לשוב אליו כי אל חפץ חסד הוא עוזר לשבים ומסייע למתקרבים. ותומך וסומך למדבקים עמו גם לבאים מבחוץ שבתחלה לא היו בכלל עמו. כאשר נהג עם החוטאים ששבו מיום שברא אדם על הארץ ועד עולם. ברוך המקרב אליו השבים כאב המקרב את בנים לאוהבם ולעדן נשמתם בגן עדנו מקום אשר עין לא ראתה אלהים זולתך יעשה למחכה לו ומתנהג עמהם כאילו מעולם לא חטאו. ולא מדרך שטו. שבריה חדשה חישבם ביום שידובר בם.

ואחר עשותי עצת נשמתי והשלכתי מעלי כל אשמתי עשיתי שליח לנפשי שגם היא יעצני לטובה לעלות ראש להלוך במקום להבת שלהבת לפני בוראי ולשמוע מאחרי הפרגוד מה נעשה בדיני אחרי שובי וישמע את הקול כה אמר ' שמעתי את תפלתך ראיתי דמעתך הנני מוסיף על ימיך ושובע שמחות על פניך נעימות בימינך נצח. כה בשרני נפשי וכה העיד רוחי ונשמתי עדים נאמנים ראוי לסמוך בהם ואין לנטות מעליהם.

תם ונשלם
שבח לאל בורא עולם